ideato da
ALESSANDRO
BARICCO
scritto alla
SCUOLA
HOLDEN

la seconda luna

LEGGERE 2

Costellazioni
di poesie e racconti

PER IL COMPUTER E PER IL TABLET

L'eBook multimediale

1 REGÌSTRATI

Vai su **my.zanichelli.it** e regìstrati come studente

2 ATTIVA IL TUO LIBRO

Una volta entrato in **myZanichelli**, inserisci la **chiave di attivazione** che trovi sul bollino argentato in questa pagina

3 CLICCA SULLA COPERTINA

Puoi:

- **scaricare l'eBook offline** sul tuo computer o sul tuo tablet
- **sfogliare un'anteprima** dell'eBook online

ZANICHELLI

La seconda luna è un progetto di Alessandro Baricco e Annalisa Ambrosio con i Maestri della Scuola Holden

I testi poetici sono stati scelti da Valerio Magrelli
I testi in prosa sono stati scelti da Alessandro Baricco e dai docenti del College Scrivere della Scuola Holden (Emiliano Poddi, Davide Longo, Elena Varvello, Martino Gozzi, Andrea Tarabbia, Mattia Zuccatti, Raffaele Riba)

Realizzazione editoriale:
- Coordinamento del progetto: Isabella Araldi per Zanichelli, Sara Busto e Marco Quartana per la Scuola Holden
- Coordinamento redazionale: Maria Gaudiano per Zanichelli e Annalisa Ambrosio per la Scuola Holden
- I *Commenti* sono a cura di Pierfranco Brandimarte (poesia) e Annalisa Ambrosio (prosa)
- Le *Costellazioni* sono a cura di Francesco Giovenco e Luca Vallese
- Gli *Esercizi* sono a cura di Serena Cacchioli (poesia) e Gabriella Dal Lago, con Benedetta Gallo (prosa)
- Le *Vite* sono a cura di Veronica Coppo, con Alessandro Bianchi, Alessandra Serena Cappelletti, Virginia Giustetto, Pierpaolo Moscatello e Alessio Posar
- Editing e correzione di bozze: Maria Gaudiano con la collaborazione di Monica Garbarini per Zanichelli; Lucia Moisio (editing) e Alessandra Urbinati (correzione di bozze) per la Scuola Holden
- Redazione: Maria Gaudiano per Zanichelli e Annalisa Ambrosio per la Scuola Holden
- Segreteria di redazione: Deborah Lorenzini, Rossella Frezzato, Mirca Melletti, Esther Fabrizi
- Progetto grafico e impaginazione: Kividesign + Boumaka, Torino
- Ricerca iconografica: Vittorio Mortarotti
- Contributi alla ricerca iconografica: Claudia Patella e Chiara Presepi
- Ricerca testi: Emanuela Faiazza, con Veronica Coppo

eBook multimediale:
- Coordinamento redazionale: Maria Gaudiano per Zanichelli e Sara Busto per la Scuola Holden
- Progettazione e sviluppo software: duDAT srl, Bologna
- Realizzazione: Ingrid Perini
- Video: Produzioni Scuola Holden
- Letture audio: Marco Versari, Forlì (realizzazione), Angela Di Fazio (controllo)

Copertina:
- L'idea della copertina è di Kividesign + Boumaka, Torino
- Progettazione: Studio 8vo, Bologna
- Realizzazione: Roberto Marchetti e Francesca Ponti

Gli autori ringraziano:
Paola Lagossi per la lettura critica e i fondamentali consigli, Valerio Magrelli per le traduzioni di poesia che ha concesso

L'editore ringrazia:
Nadia Ambrosetti, Viola Ardone, Monica Cosci, Anna Del Viscovo, Monica Garbarini, Luciana Saetti, Marco Vacchetti

Prima edizione: febbraio 2018

Ristampa:

5 4 3 2019 2020 2021 2022

Zanichelli garantisce che le risorse digitali di questo volume sotto il suo controllo saranno accessibili, a partire dall'acquisto dell'esemplare nuovo, per tutta la durata della normale utilizzazione didattica dell'opera. Passato questo periodo, alcune o tutte le risorse potrebbero non essere più accessibili o disponibili: per maggiori informazioni, leggi my.zanichelli.it/fuoricatalogo

---

File per sintesi vocale
L'editore mette a disposizione degli studenti non vedenti, ipovedenti, disabili motori o con disturbi specifici di apprendimento i file pdf in cui sono memorizzate le pagine di questo libro. Il formato del file permette l'ingrandimento dei caratteri del testo e la lettura mediante software screen reader. Le informazioni su come ottenere i file sono sul sito http://www.zanichelli.it/scuola/bisogni-educativi-speciali

---

Grazie a chi ci segnala gli errori
Segnalate gli errori e le proposte di correzione su **www.zanichelli.it/correzioni.**
Controlleremo e inseriremo le eventuali correzioni nelle ristampe del libro.
Nello stesso sito troverete anche l'errata corrige, con l'elenco degli errori e delle correzioni.

Zanichelli editore S.p.A. opera con sistema qualità
certificato CertiCarGraf n. 477 secondo la norma UNI EN ISO 9001:2015

Questo libro è stampato su carta che rispetta le foreste.
www.zanichelli.it/chi-siamo/sostenibilita

Stampa: La Fotocromo Emiliana
Via Sardegna 30, 40024 Osteria Grande (Bologna)
per conto di Zanichelli editore S.p.A.
Via Irnerio 34, 40126 Bologna

“Ma cosa vuoi che ti dica della Poesia?
Cosa vuoi che ti dica di queste nubi,
di questo cielo? Guardare, guardare,
guardarle, guardando e nient’altro.
Capirai che un poeta non può
dir nulla sulla Poesia. Lasciamo pure
dire ai critici e ai professori.
Ma né tu né io né alcun altro poeta
sa cos’è la Poesia. Sta qui: guarda.
Ho il fuoco nelle mie mani.
Lo sento e lavoro con lui
perfettamente, ma non posso parlare
di lui senza letteratura.”

Federico García Lorca, da un’intervista di Nicolás Guillén

Com'è fatto

Questo libro funziona così: **la prima parte è come una biblioteca**, trovate tutte le *letture* che potete fare, poesie e prose. Leggete spensieratamente!

Nella seconda parte trovate la teoria, sono le *costellazioni*. Una costellazione è l'immagine prodotta da un insieme di stelle. In effetti, per studiare qualcosa di grande, non c'è niente di meglio che partire da piccole cose, perciò, per godervi la vista di una costellazione, dovreste prima conoscere i brani che contiene. Allora potrete guardarli a una certa distanza e unire i punti.

In coda ci sono le biografie degli autori che incontrerete strada facendo. Non sarebbe male cercare le loro *vite* di volta in volta, non appena sapete che cosa sono stati capaci di fare.

Dunque, ricapitolando:
per le letture andate a pagina 11,
per la teoria scorrete fino a pagina 531,
per le vite saltate a pagina 627.

Di tanto in tanto potete imbattervi in una freccia e un paio di cuffie.

"Play" significa che potete guardare un video di approfondimento. Ce ne sono cinque in totale. Due ritratti, *Poetessa Rosselli* a pagina 204, *Gli anni di Pasolini* a pagina 454 e tre percorsi, *Letteratura in USA non troppo tempo fa* a pagina 280, *Struttura della poesia* a pagina 553, *Tradurre* a pagina 408. Vi saranno utili per immergervi nel mondo che avete appena studiato.

Le cuffie indicano che qualcuno ha letto un brano per voi.

Potete guardare i video e ascoltare gli audio sull'eBook che accompagna questa antologia.

Se scaricate la app GUARDA! sul vostro smartphone e inquadrate il codice all'inizio di ogni costellazione, potete vedere i video e ascoltare gli audio anche sul vostro telefono.

Indice

○ Poesie / ● Racconti e altre prose

Dopo i titoli dei testi trovate il tempo di lettura; accanto ai nomi degli autori, la lingua originale del brano (ad esempio, Rus per il russo) e il secolo in cui è stato scritto.

Costellazione 01

Costellazione 02

Costellazione 03

Costellazione 04

Costellazione 05

Costellazione 06

Costellazione 07

Costellazione 08

Costellazione 09

Costellazione 10

Costellazione 11

Costellazione 12

Costellazione 13

Letture

Anouk Kruithof
Enclosed Content Chatting Away in the Colour Invisibility
(2009-in corso), installazione di circa 3500 libri
presso la Casemore Kirkeby Gallery
San Francisco, 2017

COSTELLAZIONE 01

teoria a pagina 532

PARAROLE SCRITTE CHE INSEGNANO A VIVERE

Al di là della bellezza, i libri ci danno degli strumenti per vivere meglio?

I libri sono torri: lassù avvengono incontri che non tengono conto del tempo né dello spazio.

01

John Keats

Ode a un'urna greca

tempo di lettura 3'
vita dell'autore a p. 646

I

Tu, per sempre inviolata sposa della quiete!
Tu, figlia del tempo lento e del silenzio,
narratrice silvestre, che più di poesia
sai dire e dolcemente un racconto fiorito:
quale leggenda intarsiata di mortali o di dei,
o di dei e mortali, ti pervade
nelle valli di Tempe o dell'Arcadia?
Quali uomini o dei son questi? Quali schive fanciulle?
E quale l'ansioso fine? La guerra da sfuggire?
Quali cembali e flauti? Quale selvaggia estasi?

II

Dolce è la melodia che s'ode, ma ancor più dolce
è quella senza suono; perciò voi, flauti lievi,
continuate, suonate le musiche preziose
e senza melodia, all'animo soltanto.
Ragazzo bello, la tua canzone non puoi finire
sotto gli alberi, né gli alberi morire;
e tu, amante ardito, che mai potrai baciarla
pur così vicina, non lamentarti
se non hai la gioia: l'amerai sempre
e sempre così bella, lei non può svanire!

III

Oh rami, rami felici! Che non potete perdere le foglie,
né mai direte addio a Primavera!
Oh felice, mai stanco suonatore
che sempre suonerai canzoni e sempre nuove!
E più felice amore! Più felice, più felice amore!
Per sempre caldo e pronto per la gioia,

sempre ansimante e giovane per sempre;
così lontano d'ogni passione umana
che lascia il cuore tormentato e sazio,
la fronte in fiamme e arida la lingua.

IV

E chi son questi che vanno al sacrificio?
Sacerdote misterioso, a quale altare verde
conduci muggente la giovenca
adorna di ghirlande ai fianchi morbidi?
Quale paese in riva al mare o al fiume,
quale tranquilla acropoli sul monte
è vuota in questo giorno degli dei?
Oh sì, paese, le tue strade per sempre
saranno quiete: nessuno ritornerà
a dire perché sei vuoto.

V

Attica forma! Dolce disposizione
di uomini e fanciulle nel marmo ricamati,
di rami d'albero e d'erba calpestata!
Tu, silenziosa immagine! Sgomenti il pensiero
come l'eternità. Fredda pastorale!
Quando l'età avrà perso questa generazione,
tu resterai e tra nuovi dolori amica sarai
all'uomo, gli dirai che «bellezza è verità
e verità bellezza; e questo è tutto quello che sappiamo
al mondo, e tutto quello che dobbiamo sapere».

da **John Keats,** ***Sonno e poesia,*** Milano, Guanda, 1981.
Traduzione dall'inglese di Franco Buffoni.

Commento

"Che terribile bellezza!"

Questo verso può riassumere bene l'opera di Keats, e si adatta perfettamente anche alla poesia che avete sotto gli occhi.
Lo sguardo del poeta è attratto da un'antica urna greca, cioè un vaso di pietra lavorata su cui dopo secoli si possono ancora scorgere delle figure.
La prima strofa della poesia è un'interrogazione insistente, un "tu" che si ripete, affinché l'urna stessa prenda in mano le redini della storia per raccontare ciò che sa delle immagini che la ricoprono. Un tentativo di farla schiudere con un "apriti Sesamo!". La cosa evidentemente non riesce. Il poeta che guarda può solo continuare a domandare, ma la tempesta di domande sortisce un effetto. Leggendola, sembra che il desiderio di Keats di penetrare i segreti dell'urna si intensifichi e la sua energia soffi sul materiale inerte modificandolo, ripulendolo, infondendo vita nei personaggi.

«Dolce è la melodia che s'ode, ma ancor più dolce / è quella senza suono... », un principio che potete sperimentare facilmente. Chi tace, chi si nasconde, può suscitare una maggiore attenzione di chi vuole a tutti i costi mettersi in mostra, così come può valere la regola che l'invisibile attragga più del visibile. La materia immobile non produce suono, non racconta, non risponde all'invito del poeta.
Il suono che si sente è un flauto interiore, una musica (una poesia) che passa attraverso altre frequenze e, trascinata dagli interrogativi, si è interrata e ha rianimato per noi la pietra.
Cominciate a intravedere i contorni della bellezza terribile.

Com'è vivere nella pietra

Il primo personaggio che vi viene incontro è un ragazzo che canta e subito dopo arriva un amante a baciare l'amata. Fermi così, immobili per secoli e secoli, avranno il canto e il bacio a mezz'aria in un ambiente sempre uguale. Le loro intenzioni, dice il poeta, non si compiranno mai, e dureranno per sempre.

Siete al dunque, il momento che avete tanto aspettato, il viso di lei si accosta al vostro, le sue labbra così vicine che ne potete già sentire il calore, ripassate la teoria, pensate già a come fare, e già non riuscite più a pensarci, perché sta per succedere, chiudete gli occhi e tac... gelati. Siete fermi così: la sentirete a distanza di tre centimetri per sempre. Un incubo. Ma il poeta dice anche il contrario.
Non arrivare mai a quello che desideri può essere il modo per continuare a desiderarlo, per congelare in un'eterna tensione l'attesa, e quindi: che bello rimanere così, sulla soglia di un grande piacere! Che bello evitare che arrivi quella «passione umana / che lascia il cuore tormentato e sazio, / la fronte in fiamme e arida la lingua». Accadrebbe se, per incanto, facessimo entrare il tempo nella pietra e arrivare il giovane al bacio e oltre, fino al consumarsi di ogni desiderio.
Vedete poi un intero paese fermo e intrappolato nel tempo, e un sacrificio che sta per compiersi. Le immagini scorrono tra le domande del poeta, che fissa e cerca dettagli.

Un'ultima riflessione

Notate la chiusura della quarta strofa. Per l'ultima volta, il poeta si rivolge a un elemento della storia e gli parla direttamente, spigliato, come fosse una persona: «Oh sì, paese, le tue strade per sempre / saranno quiete: nessuno ritornerà / a dire perché sei vuoto».
Con questa reiterazione del medesimo concetto il poeta ci porta a immaginare una duplice quiete: quella attuale, con il paese vuoto, e quella futura in cui nessuno andrà ad abitarlo. C'è anche un terzo e acrobatico stacco. Un'ennesima capriola temporale, in cui qualcuno entra nel paese e si domanda come mai non ci sia nessuno. Tutto ciò che non accadrà mai, eppure è accaduto.
Il paese vuoto non avrà più né abitanti né visitatori, ma il poeta è riuscito a entrarvi e con le sue domande ha fatto muovere le figure, ha immaginato una tristezza o una felicità, qualcosa di umano dove non c'era nient'altro che pietra.

Esercizi

ESPLORARE

01 Che cos'è un'*urna*? A che cosa ti fa pensare?

02 Perché i rami sull'urna sono «felici»?

03 Che intende il poeta con «Fredda pastorale», nella strofa V? Se necessario, cerca *pastorale* sul dizionario.

04 A che tipo di "bellezza senza tempo" si riferisce il poeta? A che cosa viene contrapposta?

05 Com'è trattato dall'autore il tema del tempo?

SMONTARE

06 Secondo te come mai Keats dedica la lirica proprio a un'urna?

07 Perché pensi che gli ultimi versi della poesia siano tra virgolette?

08 Quale verso ti ha fatto immaginare il vaso in maniera più vivida? Sapresti spiegare perché?

COSTRUIRE

09 Guardati intorno e cerca un'immagine riprodotta su un oggetto. Su una borsa, su una maglia, su un libro, dove vuoi. Osserva bene e descrivila.

....

....

....

10 Pensi che Keats abbia visto davvero un'urna greca con queste caratteristiche o credi che se la sia inventata? Perché? Spiegalo ai compagni.

Honoré de Balzac

La Grande Bretèche

tempo di lettura 40'
vita dell'autore a p. 629

Nei pressi di Vendôme, ad un centinaio di passi dalla città, sulle rive del Loir c'è una vecchia casa scura, sormontata da tetti assai alti, e isolata a tal punto che non esistono all'intorno le concerie maleodoranti o le squallide locande che si vedono nei dintorni di quasi tutte le piccole città. Il fronte della casa dà su un giardino prospiciente il fiume, dove gli arbusti di bosso, un tempo potati e che disegnavano i viali, ramificano ora senza alcuna regola. Alcuni salici, nati nel Loir, sono cresciuti rapidamente, come le siepi di recinzione, e quasi nascondono la casa. Quelle che generalmente definiamo erbacce decorano con la loro bella vegetazione la scarpata della riva. Gli alberi da frutto, trascurati da dieci anni, non producono piú, e i loro rami disordinati formano un bosco ceduo. Le spalliere somigliano a viali di carpini. I sentieri, un tempo cosparsi di sabbia, sono oggi pieni di portulaca; a dire il vero, però, dei sentieri non vi è piú traccia. Dall'alto della montagna su cui stanno appollaiate le rovine del vecchio castello dei duchi di Vendôme, il solo luogo da cui l'occhio possa penetrare all'interno della tenuta, vien fatto di pensare che in un tempo ormai difficilmente precisabile quell'angolo di terra debba aver fatto la gioia di un qualche gentiluomo con la passione delle rose, dei tulipani, insomma dell'orticoltura, ma soprattutto ghiotto di buona frutta. Si scorge un pergolato, o meglio i resti di un pergolato, con sotto un tavolo che il tempo non ha interamente distrutto. L'aspetto di quel giardino che non esiste piú fa intuire le gioie negative della tranquilla vita di cui si gode in provincia, cosí come si indovina la vita di un buon commerciante leggendone l'epitaffio sulla tomba. A completare la folla di pensieri tristi e dolci da cui l'animo è pervaso, uno dei muri offre alla vista una meridiana adorna di questa iscrizione borghesemente cristiana: *Ultimam cogita!* I tetti della casa sono in uno stato tremendo di degrado, le persiane sempre chiuse, i balconi coperti di nidi di rondine, le porte costantemente sbarrate. Le erbacce sottolineano con tratti di verde le fessure della scalinata, le inferriate sono piene di ruggine. La luna, il sole, l'inverno, l'estate, la neve, hanno scavato i legnami, hanno contorto gli assiti, hanno corroso le pitture. Il silenzio cupo che regna in quel luogo è turbato soltanto da uccelli, gatti, faine e topi di ogni qualità, pienamente liberi di scorrazzare, di combattersi, di mangiarsi a vicenda. Una mano invisibile ha scritto in ogni dove la parola *Mistero*. Se, spinti dalla curiosità, andaste a vedere la casa dal lato della strada, scorgereste una grande porta ad arco nella quale i ragazzi del paese hanno praticato numerosi buchi. Seppi in seguito che quella porta era murata da dieci anni. Attraverso quelle brecce irregolari potreste osservare l'armonia perfetta che intercorre fra la facciata del giardino e la facciata della corte. Vi regna lo stesso disordine. Le lastre del pavimento sono incorniciate da ciuffi d'erba. Lucertole enormi percorrono i muri, le cui creste annerite sono avviluppate dai mille festoni della parietaria. I gradini della soglia sono sconnessi, la corda della campana è marcia, le grondaie sono a pezzi. «Quale fulmine vi passò? Quale tribunale ordinò di spargere il sale su quella casa? Dio fu forse insultato, in quel luogo? Vi si tradí la Francia?» Questo vien fatto di chiedersi. I rettili si arrampicano senza rispondere. La casa vuota e deserta è un immenso enigma di cui nessuno conosce la chiave. Un tempo era un piccolo feudo, ed il suo nome è *la Grande Bretèche*. Nel periodo in cui soggiornai a Vendôme, dove Desplein mi aveva lasciato perché curassi una facoltosa paziente, la vista di quella strana casa divenne per me uno dei piaceri piú vivi. Non era forse qualcosa di piú che una rovina? Ad una rovina sono legati ricordi di inconfutabile autenticità; ma quell'abitazione, ancora in piedi benché lentamente demolita da una mano vendicatrice, racchiudeva un segreto, un pensiero sconosciuto: o quanto meno lasciava intuire un capriccio. Piú volte, di sera, mi feci condurre vicino alla siepe inselvatichita che proteggeva la tenuta. Sfidando i graffi, entravo nel giardino ormai senza padroni, in quella proprietà che non era piú né pubblica né privata; e restavo ore ed ore a contemplarne il disordine. L'idea di fare anche una sola domanda a qualche pettegolo di Vendôme, per conoscere la vicenda cui certo era dovuto quel bizzarro spettacolo, non mi allettava affatto. Componevo in quel luogo romanzi deliziosi, abbandonandomi a piccole orge di malinconia che mi incantavano. Se avessi conosciuto il motivo, magari volgare, di quell'abbandono, avrei perduto la poeticità inconsueta di cui m'inebriavo.

Quel rifugio condensava per me le immagini piú svariate della vita umana, che tante sventure amareggiano: vi trovavo talvolta il clima del convento, monaci a parte; talaltro la pace dei cimiteri, senza i morti che vi parlano col linguaggio degli epitaffi; oggi la casa del lebbroso, domani quella degli Atridi; ma soprattutto era la provincia, con i suoi raccoglimenti e la sua vita al contagocce. Spesso lí ho pianto, non vi ho riso mai. Piú di una volta provai involontari terrori udendo, sopra il mio capo, il fischio sordo delle ali di qualche colombaccio frettoloso. Il suolo è umido; bisogna stare attenti alle lucertole, alle vipere, alle ranocchie, che scorrazzano in quel luogo con la selvaggia libertà propria della natura; soprattutto bisogna non temere il freddo, perché in pochi istanti vi sentite addosso un mantello gelido, che vi si posa sulle spalle come la mano del Commendatore sul collo di Don Giovanni. Una sera rabbrividii: il vento aveva fatto girare una vecchia banderuola arrugginita, il cui cigolio sembrava un gemito esalato dalla casa stessa, e questo proprio nell'attimo in cui stavo portando a termine un dramma piuttosto cupo, mediante il quale mi davo una spiegazione di quel dolore fattosi monumento. Tornai in albergo, in preda a foschi pensieri. Dopo cena, l'ostessa entrò nella mia stanza con aria di mistero e mi disse:

– Signore, ecco il signor Regnault.

– E chi è, il signor Regnault?

– Come, il signore non conosce il signor Regnault? Ah! È buffo! – disse la donna andandosene.

A un tratto vidi comparire un uomo lungo, esile, vestito di nero, con il cappello in mano, che si presentò al modo di un caprone pronto a scagliarsi sul rivale, mostrandomi una fronte sfuggente, una testolina puntuta e un viso pallido, abbastanza simile ad un bicchiere d'acqua sporca. Lo si sarebbe detto l'usciere di un ministro. Lo sconosciuto indossava un abito vecchio, molto liso alle cuciture; ma alla cravatta portava un diamante, e aveva anelli d'oro alle orecchie.

– Con chi ho l'onore di parlare, signore? – gli chiesi.

Sedette su di una sedia, si mise dinanzi al mio fuoco, posò il cappello sul mio tavolo, e stropicciandosi le mani mi rispose:

– Ah, che freddo! Sono il signor Regnault, signore.

Mi inchinai dicendo fra me e me:

– *Il Bondocani*! Cerca!

– Faccio il notaio a Vendôme, – riprese.

– Ne sono lieto, signore, – esclamai, – ma per ragioni a me ben note non sono in condizione di far testamento.

– Momentino! – interloquí l'uomo, levando la mano come ad impormi silenzio. – Permettete, signore, permettete! Ho saputo che qualche volta andavate a passeggio nel giardino della Grande Bretèche.

– Sí, signore.

– Momentino! – disse ripetendo il gesto; – Quest'atto costituisce un crimine vero e proprio. In nome e come esecutore testamentario della fu signora contessa de Merret, signore, vengo a pregarvi di interrompere le vostre visite. Momentino! Non sono un selvaggio, e non intendo farvene una colpa. D'altronde è lecito che ignoriate le circostanze che mi obbligano a lasciar cadere in rovina il piú bel palazzo di Vendôme. Tuttavia, signore, voi sembrate persona istruita, e certo saprete che le leggi vietano, pena severe sanzioni, l'invasione di una proprietà recintata. Una siepe ha lo stesso valore di un muro. Ma lo stato in cui attualmente si trova la casa può servire da scusante alla vostra curiosità. Non chiederei di meglio che lasciarvi la libertà di andare e venire in quella casa; ma poiché ho il compito di eseguire le volontà della testatrice ho l'onore, signore, di pregarvi di non entrare piú nel giardino. Io stesso, signore, dopo l'apertura del testamento non ho piú messo piede in quella casa, che come ebbi l'onore di dirvi fa parte della successione della signora de Merret. Ci limitammo a constatare il numero di porte e finestre allo scopo di fissare l'imponibile per le tasse, che vengono da me pagate con fondi all'uopo destinati dalla defunta signora contessa. Ah, caro signore, a Vendôme quel testamento fece molto scalpore!

A questo punto s'interruppe per soffiarsi il naso, l'onest'uomo. Rispettai la sua loquacità, avendo perfettamente capito che la successione della signora de Merret era l'evento piú importante della sua vita, la sua reputazione, la sua gloria, la sua Restaurazione. Dovevo dire addio alle mie belle fantasticherie, alle mie romantiche congetture: non mi ribellai dunque al piacere di apprendere la verità in modo ufficiale.

– Sarebbe indiscreto chiedervi, signore, la ragione di tale stranezza? – dissi.

A queste parole, passò sul viso del notaio qualcosa che esprimeva tutto il piacere di chi è abituato ad inforcare il suo *dadà*, il suo cavallo di battaglia. Si rialzò il collo della camicia con una sorta di fatuità, trasse di tasca la tabacchiera, l'aprí, mi offerse del tabacco; al mio rifiuto, ne prese invece un buon pizzico. Era felice! Chi non ha un *dadà* ignora il meglio della vita. Il *dadà* è esattamente a metà fra la passione e la monomania. Compresi in quel momento la bella espressione di Sterne in tutta la sua portata, ed ebbi un'idea completa della gioia con cui lo zio Tobia inforcava, con l'aiuto di Trim, il suo cavallo di battaglia.

– Signore, – mi disse il signor Regnault, – sono stato primo apprendista del signor Roguin, a Parigi. Un ottimo studio, ne avete sentito parlare? No? E tuttavia uno sventurato fallimento lo rese celebre. Non avendo un patrimonio che mi consentisse di esercitare a Parigi, al prezzo cui le cariche salirono nel 1816, venni qui a rilevare lo studio del mio predecessore. A Vendôme avevo dei parenti, fra cui mia zia ricchissima, che mi diede in moglie sua figlia... Signore, – riprese dopo una breve pausa, – tre mesi dopo aver ricevuto il benestare di Monsignore il Guardasigilli una sera, mentre stavo per coricarmi (non ero ancora sposato), la contessa de Merret mi mandò a chiamare, perché mi recassi subito al suo castello di Merret. La sua cameriera, una brava ragazza che attualmente è a servizio in questo albergo, mi aspettava alla porta con la carrozza della signora contessa. Ah, momentino!... Debbo dirvi, signore, che il signor conte de Merret se n'era morto a Parigi due mesi prima della mia venuta qui. Morí miseramente, dopo essersi abbandonato ad eccessi di ogni genere. Capite? Il giorno in cui era partito la signora contessa aveva lasciato la Grande Bretèche, portando via anche i mobili. C'è chi pretende perfino che abbia bruciato gli arredamenti, le tappezzerie, insomma tutte le cose, quali che fossero, che adornavano i luoghi presentemente locati dal detto signore... (Ma guarda un po', cosa vado dicendo? Scusatemi, credevo di dettare un contratto di affitto) ... che li bruciò – riprese – sul prato di Merret. Siete stato a Merret, signore? No? – disse rispondendosi da solo. – Ah, è un gran bel posto! Da circa tre mesi, – proseguí dopo aver scosso leggermente il capo, – il signor conte e la signora contessa avevano vissuto in uno strano modo: non ricevevano nessuno, la signora abitava al pianterreno e il signore al primo piano. Rimasta sola, la signora contessa non si mostrò piú altro che in chiesa. In seguito, in casa sua, al castello, rifiutò di ricevere amici e amiche che si recarono a farle visita. Quando lasciò la Grande Bretèche per andare a Merret era già molto cambiata. Quella cara donna... (dico cara perché questo diamante mi proviene da lei, per il resto non la vidi che una sola volta); la buona signora era dunque assai malata; certo disperava di potersi salvare, perché è morta senza voler chiamare medici; per questo molte delle nostre signore pensarono che non avesse piú la testa del tutto a posto. La mia curiosità fu dunque vivamente eccitata, signore, vedendo che la signora de Merret aveva bisogno dei miei servigi. Non ero il solo ad interessarmi a quella vicenda. La città intera seppe che andavo a Merret quella sera stessa, benché fosse tardi. Alle domande che le posi lungo la strada la cameriera rispose in modo piuttosto vago; mi disse però che la sua padrona aveva ricevuto i sacramenti dal parroco di Merret quel giorno stesso, e che le sue condizioni erano tali che sembrava non dover superare la notte. Arrivai al castello verso le undici. Salii la grande scalinata. Dopo aver attraversato ampie stanze alte e buie, terribilmente fredde e umide, giunsi alla camera da letto padronale in cui si trovava la signora contessa. Dalle voci che correvano sul suo conto (se dovessi ripetere tutte le chiacchiere fatte in proposito, signore, non la finirei piú!), me l'ero immaginata come una tipica civetta. E pensate, invece, che mi fu difficile scorgerla, nel grande letto in cui giaceva. Vero è che per rischiarare quell'enorme camera a fregi in stile *ancien régime*, pieni di polvere da far starnutire solo a vederli, non c'era che una vecchia lampada Argand. Ah, ma voi non siete mai stato a Merret! Ebbene, signore, il letto è di quelli di una volta, con il cielo alto adorno di seta indiana a fiori. Vicino al letto c'era un comodino sul quale vidi una *Imitazione di Gesú Cristo* che, fra parentesi, ho poi acquistato, insieme alla lampada, per mia moglie. C'era anche una grande poltrona per la dama di compagnia, e due sedie. Niente fuoco. Questo era tutto il mobilio. Non sarebbero state neanche dieci righe, in un inventario. Ah, caro signore, se aveste visto, come io la vidi allora, quell'enorme stanza dalle tappezzerie scure, vi sareste sentito trasportato proprio in una scena da romanzo. Era tutto glaciale, anzi di piú, era funereo, – soggiunse, alzando le braccia con gesto teatrale e facendo una pausa. – Guarda che ti riguarda, accostandomi al letto finii per vedere la signora de Merret, sempre grazie alla lampada, la cui luce batteva sui cuscini. Aveva il viso giallo come la cera, simile ormai a due mani giunte. La signora contessa aveva una cuffia di trine che lasciava intravvedere dei capelli belli, ma bianchi come il cotone. S'era sollevata a sedere, ma sembrava che ciò le costasse molto. I grandi occhi neri abbattuti dalla febbre, senza dubbio, e già quasi morti, si muovevano appena sotto le ossa dove sono le sopracciglia. (Queste qui, – disse l'uomo mostrandomi l'arco degli occhi.) Aveva la fronte madida. Le mani scarnite sembravano ossa ricoperte di pelle tesa; vene e muscoli si scorgevano perfettamente. Doveva esser stata molto bella; ma in quel momento fui preso da non so quale sentimento, al vederla. Mai creatura vivente – stando a chi l'ha sepolta – era giunta a tal punto di magrezza senza morire. Era spaventosa a vedersi, insomma! Il male l'aveva talmente rosa che ormai quella donna era solo un fantasma. Le labbra viola pallido parvero immobili, quando mi parlò. Benché la professione che svolgo mi abbia reso familiari spettacoli di questo genere, conducendomi talvolta al capezzale dei morenti per constatarne le ultime volontà, ebbene confesso che le famiglie in lacrime e le agonie che ho visto erano un'inezia, in confronto a quella donna, sola e silenziosa in quel vasto castello. Non udivo il minimo rumore, non vedevo il movimento che il respiro dell'inferma avrebbe dovuto imprimere alle lenzuola che la ricoprivano, e me ne stavo affatto immobile, a fissarla, come stupefatto. La vedo come fosse ora. I suoi grandi occhi infine si mossero, tentò di sollevare la mano destra che ricadde sul letto, e queste parole uscirono dalla sua bocca come un soffio, perché la sua voce già non era piú una voce: «Vi attendevo con molta impazienza». Le si imporporarono le guance: parlare, signore, le costava fatica. «Signora...», le dissi. Mi fece cenno di tacere. In quel momento la vecchia guardarobiera si alzò e mi disse all'orecchio: «Non parlate, la signora contessa non può sopportare il benché minimo rumore; e ciò che le direste potrebbe metterla in agitazione». Mi sedetti. Qualche istante dopo la signora de Merret riuní tutte le forze che le restavano per muovere il braccio destro, che mise, non senza infinita fatica, sotto il traversino del letto; si fermò un attimo; poi fece un ultimo sforzo per ritirare la mano, e quando ebbe preso un plico sigillato stille di sudore le caddero dalla fronte. «Vi affido il mio testamento...», disse. «Ah, mio Dio! Ah!». Fu tutto. Prese un crocefisso che aveva sul letto, lo portò rapidamente alle labbra, e spirò. L'espressione dei suoi occhi fissi mi fa ancora rabbrividire, se ci penso. Quanto aveva dovuto soffrire! Nel suo ultimo sguardo c'era come una gioia, e quel sentimento restò inciso nei suoi occhi di morta. Portai via con me il testamento; quando lo si aperse, vidi che la signora de Merret mi aveva nominato suo esecutore testamentario. A parte alcuni lasciti particolari devolveva tutto all'ospedale di Vendôme. Ma ecco quali furono le sue disposizioni in merito alla Grande Bretèche. Mi raccomandò di lasciare la casa, per cinquant'anni intieri a far data dalla sua morte, nello stato in cui si sarebbe trovata al momento del suo decesso, proibendo a chicchessia l'ingresso negli appartamenti, vietando di compiervi la minima riparazione, ed istituendo perfino un fondo per pagare, ove se ne presentasse la necessità, dei guardiani che garantissero la piena esecuzione delle sue volontà. Allo spirare di quel termine, se il voto della testatrice sarà stato adempiuto, la casa apparterrà ai miei eredi, perché come il signore saprà un notaio non può accettare lasciti; in caso contrario la Grande Bretèche andrebbe agli aventi diritto, ma solo a patto di adempiere le condizioni indicate in un codicillo annesso al testamento, e che non deve essere aperto se non al termine dei cinquant'anni anzidetti. Il testamento non è stato impugnato, quindi...

Su questa parola, e senza concludere la frase, il bislungo notaio mi guardò con aria di trionfo, ed io completai la sua felicità rivolgendogli qualche complimento.

– Avete fatto una tale impressione su di me, signore, – gli dissi infine, – che mi par di vederla, quella moribonda, piú pallida delle sue lenzuola; quegli occhi luminosi mi fanno paura: la sognerò, stanotte. Ma certo avrete fatto qualche congettura, sulle disposizioni contenute in quello strano testamento.

– Signore, – mi disse con comico riserbo, – non mi permetto mai giudizi sul modo di comportarsi di chi mi ha fatto l'onore di donarmi un diamante.

Ben presto però sciolsi la lingua dello scrupoloso notaio di Vendôme, che mi comunicò, non senza lunghe digressioni, le osservazioni dovute alle profonde menti politiche di ambo i sessi che con i loro giudizi dettavano legge in città. Ma quelle osservazioni erano tanto contraddittorie e confuse che rischiai di addormentarmi, benché tutto ciò che riguardava quella vicenda di vita vissuta mi interessasse. Il tono greve e l'accento monotono del notaio, certo aduso ad ascoltarsi e a farsi ascoltare da clienti e compatrioti, prevalse sulla mia curiosità. Alla fine, per fortuna, se ne andò.

– Ah! Ah! C'è molta gente, signore, – mi disse sulle scale, – che vorrebbe vivere altri quarantacinque anni; ma, momentino!

E mise l'indice della mano destra sulla narice con aria furba, come avesse voluto dire: «Badate però ad una cosa!».

– Per riuscirci, – disse, – bisogna non essere sulla sessantina.

Chiusi la porta della mia stanza dopo esser stato tratto dalla mia apatia grazie a quest'ultima frase, che il notaio ritenne molto spiritosa; sedetti quindi in poltrona, con i piedi appoggiati agli alari del camino. Stavo già tuffandomi in un romanzo alla Radcliffe, basato sui dati giuridici del signor Regnault, quando la porta, manovrata dalle abili mani di una donna, girò sui cardini. Vidi entrare l'ostessa, un donnone allegro e di buon carattere che aveva tradito la sua vocazione: era una fiamminga che sarebbe dovuta nascere in un quadro di Teniers.

– Ebbene, signore, – mi disse, – il signor Regnault vi ha ammannito la sua storia della Grande Bretèche, non è vero?

– Sí, comare Lepas.

– Che cosa vi ha detto?

Le ripetei in poche parole la storia tenebrosa e agghiacciante della signora de Merret. Ad ogni frase la mia ospite tendeva il collo, guardandomi con quella perspicacia di locandiera che è un qualcosa a metà fra l'istinto del poliziotto, l'astuzia della spia e la furbizia del commerciante.

– Mia cara signora Lepas, – le dissi concludendo, – sembra che voi la sappiate piú lunga, eh? Altrimenti, perché sareste venuta quassú in camera mia?

– Ah! Sulla mia parola di donna onesta e quant'è vero che mi chiamo Lepas...

– Non giurate, i vostri occhi sono gravidi di un segreto. Voi avete conosciuto il signor de Merret. Che tipo era?

– Perbacco, il signor de Merret, vedete, era un bell'uomo, che non si finiva piú di vederlo tanto era lungo! Un ottimo gentiluomo venuto dalla Piccardia, che come diciamo qui aveva la testa vicina al berretto. Pagava tutto in contanti, non voleva questioni con nessuno. Vedete, era un po' vivace. Le nostre signore trovavano tutte che era molto gradevole.

– Perché era vivace? – chiesi alla mia ospite.

– Forse sí, – disse. – Lo capite da voi, signore, bisognava aver qualcosa in tasca per sposare la signora de Merret che, senza voler dir male delle altre, era la ragazza piú bella e piú ricca della regione. Aveva circa ventimila lire di rendita. Alle nozze assisté l'intera città. La sposa era graziosa e avvenente, un vero gioiello di moglie. Ah, erano proprio una bella coppia, a quel tempo!

– Un matrimonio felice?

– Eh, eh! Sí e no, da quanto si può presumere, perché capite bene che noialtri, con loro, non si mangiava mica gomito a gomito! La signora de Merret era buona e cortese, e certo la vivacità del marito la faceva soffrire, qualche volta; ma benché fosse un po' orgoglioso gli volevamo bene. Mah! Era fatto cosí! Quando uno è nobile, voi mi capite...

– Ma perché il signore e la signora de Merret si separassero dev'esserci stata di mezzo qualche catastrofe!

– Non ho detto che ci sia stata una catastrofe, signore. Io non ne so niente.

– Bene. Ora sono sicuro che sapete tutto.

– E sia, signore, vi dirò tutto. Quando ho visto che il signor Regnault saliva qui da voi ho pensato che vi avrebbe parlato della signora de Merret, a proposito della Grande Bretèche. Cosí mi è venuta l'idea di consultare voi, signore, che mi sembrate uomo di buoni consigli e che non vorrete tradire la fiducia di una povera donna come me, che non ha mai fatto male a una mosca e che tuttavia ha dei rimorsi di coscienza. Finora mi è mancato il coraggio di parlare con la gente di qui, tutti chiacchieroni dalla lingua tagliente. Insomma, signore, non mi era ancora capitato nessun viaggiatore che rimanesse nel mio albergo a lungo quanto voi, e al quale potessi confidare la storia dei quindicimila franchi.

– Mia cara signora Lepas, – le dissi, arginando quel fiume di parole, – se la confidenza che volete farmi è di natura tale da compromettermi, per nessuna ragione al mondo vorrei saperne qualcosa.

– Non temete, – disse interrompendomi, – vedrete.

La sua fretta mi fece pensare che non fossi il solo cui la buona ostessa avesse confidato il segreto del quale dovevo essere l'unico depositario, e ascoltai.

– Signore, – disse la donna, – quando l'Imperatore inviò qui certi spagnoli, prigionieri di guerra o d'altra specie, alloggiai per conto del governo un giovane spagnolo, inviato a Vendôme prigioniero sulla parola. Aveva dato la sua parola d'onore, ma andava a farsi vedere dal sottoprefetto ogni giorno. Era un Grande di Spagna, scusate se è poco! Aveva un nome in *os* e in *dia*, tipo Bagos de Feredia. Ho il nome scritto sui registri: potete leggerlo, se volete. Oh! Era un bel giovane per essere uno spagnolo, dato che si dice che siano tutti brutti. Era alto non piú di cinque piedi e due o tre pollici, ma era ben fatto; aveva delle manine di cui aveva una cura, ah! Bisognava vederlo! Per le mani aveva tante spazzole quante ne ha una donna per l'intero abbigliamento. Aveva dei gran capelli neri, gli occhi di brace, una carnagione leggermente abbronzata, ma che comunque mi piaceva. Indossava biancheria fine come non ne ho mai vista a nessuno, benché abbiano alloggiato qui anche delle principesse, e fra gli altri il generale Bertrand, il duca e la duchessa d'Abrantès, il signor Decazes e il re di Spagna. Non mangiava molto; ma era di modi cosí cortesi, cosí educati, che non si poteva volergliene. Oh! Mi piaceva molto, benché non dicesse quattro parole al giorno e fosse impossibile avere con lui la minima conversazione; se gli si parlava non rispondeva: era un suo tic, una mania che hanno tutti costoro, a quanto mi è stato detto. Leggeva il breviario come un prete, andava regolarmente a messa e a tutte le funzioni. E dove si metteva? Lo abbiamo notato solo dopo: a due passi dalla cappella della signora de Merret. Si mise lí fin dalla prima volta che venne in chiesa, perciò nessuno pensò che la cosa fosse intenzionale. Del resto non alzava il naso dal libro di preghiere, povero giovane! La sera, in quel periodo, passeggiava sulle montagne, tra le rovine del castello. Per quel poveretto era l'unico svago, gli ricordava il suo paese. Si dice che la Spagna sia tutta montagne! Fin dai primi giorni di confino rincasò tardi, la sera. Mi inquietai, perché non lo vidi tornare che allo scoccare della mezzanotte; ma ci adattammo tutti alle sue abitudini: ebbe le chiavi della porta, e non lo aspettammo piú. Alloggiava nella nostra casa di rue des Casernes. Uno dei nostri stallieri ci disse che una sera, andando a far bagnare i cavalli, gli era parso di vedere il Grande di Spagna che nuotava nel fiume, al largo, proprio come un pesce. Quando tornò, gli dissi di stare attento alle alghe; parve seccato di esser stato visto in acqua. Finalmente, signore, un giorno, o per meglio dire un mattino, non lo trovammo piú nella sua camera: non era tornato. A furia di frugare in ogni dove, vidi uno scritto nel cassetto del suo tavolo, dove c'erano cinquanta di quelle monete d'oro spagnole che si chiamano portoghesi, e che valevano circa cinquemila franchi; poi dei diamanti per diecimila franchi in una scatolina sigillata. Lo scritto diceva che in caso non fosse tornato ci lasciava denaro e diamanti, con l'obbligo però di istituire delle messe per ringraziare Iddio della sua evasione e per la sua salvezza. A quel tempo avevo ancora il mio uomo, che corse a cercarlo. Ed ecco il lato strano della faccenda! Riportò qui gli abiti dello spagnolo, che aveva trovato sotto un masso, in una specie di caverna in riva al fiume, dal lato del castello, press'a poco di fronte alla Grande Bretèche. Mio marito vi si era recato cosí di buon mattino che nessuno lo aveva visto. Dopo aver letto la lettera bruciò gli abiti, e abbiamo poi dichiarato, secondo i desideri del conte Feredia, che era evaso. Il sottoprefetto gli mise alle calcagna l'intera gendarmeria: macché! Non lo acchiapparono. Lepas pensava che lo spagnolo fosse annegato. Per parte mia, signore, non ci credo; penso invece che abbia qualcosa a che fare con la storia della signora de Merret, perché Rosalie mi disse che il crocefisso cui la sua padrona teneva tanto da farcisi seppellire era d'ebano e argento; e nei primi tempi del suo soggiorno qui il signor Feredia ne aveva uno d'ebano e argento che poi non ho piú rivisto. A questo punto, signore, non è vero che non devo aver rimorsi per i quindicimila franchi dello spagnolo, e che sono proprio miei?

– Certo. Ma non avete provato ad interrogare Rosalie? – le dissi.

– Oh, sicuro, signore. Ma cosa volete, quella ragazza è un muro. Sa qualcosa, ma non si riesce a farla parlare.

Dopo aver chiacchierato con me ancora un attimo, l'ostessa mi lasciò in preda a pensieri vaghi e tenebrosi, ad una curiosità romantica, ad un terrore religioso simile al sentimento profondo che ci prende entrando di notte in una chiesa oscura, quando sotto le arcate maestose scorgiamo una debole luce in lontananza; un'ombra indecisa scivola via, si ode un fruscio di veste o di sottana... ne rabbrividiamo. La Grande Bretèche e le sue alte erbacce, le finestre murate, le inferriate arrugginite, le porte sbarrate, le stanze deserte, ad un tratto tutto ciò si configurò ai miei occhi in modo fantastico. Cercai di penetrare con la mente in quella misteriosa dimora, in cerca del nodo di quella storia solenne, del dramma che aveva ucciso tre persone. Rosalie divenne per me la persona piú importante di tutta Vendôme. Esaminandola con attenzione scopersi in lei le tracce di un pensiero segreto, anche se il suo viso paffutello scoppiava di salute. C'era in lei come un germe di rimorso o di speranza; il suo atteggiamento denotava un segreto, cosí come accade per le devote che pregano troppo o per la ragazza infanticida che continua a sentire l'ultimo grido di suo figlio. Ma alla fin fine era ingenua e grossolana, il suo sorriso sciocco non aveva niente di criminale, e per ritenerla innocente bastava vedere il fazzolettone a quadri rossi e azzurri che copriva il suo petto vigoroso, inquadrato, stretto e infagottato in un vestito a righe bianche e viola.

No, pensavo, non me ne andrò da Vendôme senza aver saputo tutta la storia della Grande Bretèche. Per giungere allo scopo diventerò amante di Rosalie, se è proprio necessario.

– Rosalie... – le dissi una sera.

– Il signore desidera?

– Non siete sposata?

Trasalí appena.

– Oh, gli uomini non mi mancheranno di certo, quando mi verrà voglia di essere infelice! – disse ridendo.

Dall'emozione si riprese subito, perché ogni donna, dalla gran dama alla serva d'albergo inclusa, ha un sangue freddo affatto particolare.

– Siete fresca e appetitosa quanto basta perché gli innamorati non vi manchino! Ma ditemi, Rosalie, perché siete diventata serva d'albergo, quando siete andata via dalla signora de Merret? Non vi ha lasciato niente, in eredità?

– Oh, sí! Ma il posto che ho, signore, è il migliore di tutta Vendôme.

La risposta era di quelle che giudici e avvocati definiscono *dilatorie*. In quella storia romanzesca Rosalie mi parve la casella centrale della scacchiera: era al centro dell'interesse e della verità, mi pareva interna al nucleo piú intimo della vicenda. Non era una seduzione delle solite, quella che dovevo tentare; quella ragazza racchiudeva in sé l'ultimo capitolo di un romanzo; perciò da quell'istante Rosalie divenne oggetto della mia predilezione. A furia di studiarla, trovai in quella ragazza, come in tutte le donne che poniamo al centro dei nostri pensieri, un buon numero di doti: era pulita, curata; naturalmente era graziosa; ben presto ebbe tutte le attrattive che il nostro desiderio attribuisce alle donne, qualunque ne sia la situazione.

Quindici giorni dopo la visita del notaio, una sera, o per meglio dire un mattino, perché era molto presto, dissi a Rosalie:

– Raccontami tutto quel che sai della signora de Merret.

– Oh, – rispose atterrita, – non chiedetemelo, signor Horace!

Il suo bel viso si oscurò, l'incarnato vivace e animato si fece pallido, gli occhi persero il loro innocente, umido splendore. Ma insistetti.

– Ebbene, – riprese, – visto che lo volete ve lo dirò; ma custodite bene il segreto!

– Va là, mia povera ragazza, custodirò tutti i tuoi segreti con l'onestà di un ladro, la piú leale che ci sia.

– Se per voi fa lo stesso, – mi disse, – preferisco la vostra, di onestà.

A questo punto si risistemò il fazzoletto, e si dispose come per narrare, perché certo per raccontare è necessaria una situazione di confidenza e sicurezza. I migliori racconti vengono fuori ad una certa ora, seduti attorno ad una tavola come siamo noi adesso; in piedi o a digiuno non esistono buoni narratori. Ma per riprodurre la diffusa eloquenza di Rosalie non basterebbe un volume. E poiché l'avvenimento di cui mi diede la nozione confusa è esattamente a metà strada fra il chiacchiericcio del notaio e quello della signora Lepas, proprio come i termini medi di una proporzione aritmetica sono situati fra i loro estremi, non mi rimane che riferirne a voi in poche parole; e dunque abbrevio.

La camera occupata dalla signora de Merret alla Grande Bretèche era al pianterreno. Uno stanzino profondo circa quattro piedi, ricavato all'interno del muro, le serviva da guardaroba. Tre mesi prima della sera di cui sto per narrarvi le vicende, la signora de Merret era stata indisposta in modo piuttosto serio, ragion per cui il marito l'aveva lasciata sola nel suo appartamento e dormiva in una camera del primo piano. Quella sera, per un caso imprevedibile, tornò due ore piú tardi del solito dal circolo dove andava a leggere i giornali e a parlare di politica con la gente del luogo. La moglie pensava che fosse già rientrato, a letto, addormentato. Ma l'invasione della Francia era stata oggetto di una discussione particolarmente animata; la partita di biliardo era stata vivace, e il gentiluomo aveva perso quaranta franchi, una somma enorme per Vendôme, dove tutti risparmiano e dove i costumi sono d'una modestia degna di elogio, una modestia che è forse all'origine di una felicità vera, di cui nessun parigino si cura. Da qualche tempo il signor de Merret si limitava a chiedere a Rosalie se la signora era a letto; alla risposta costantemente affermativa della ragazza andava subito in camera sua, con la bonarietà che deriva dall'abitudine e dalla fiducia. Rientrando in casa, ebbe però il capriccio di recarsi dalla moglie per narrarle la sua disavventura e forse anche per farsi consolare. Durante il pranzo la signora de Merret gli era parsa molto civettuola; lungo la strada dal circolo a casa andava dicendosi che sua moglie non era piú indisposta, che la convalescenza l'aveva abbellita, e se ne accorgeva un po' tardi, come sempre capita ai mariti. Anziché chiamare Rosalie, che in quel momento era occupata in cucina perché stava guardando la cuoca e il cocchiere che giocavano una difficile partita a briscola, il signor de Merret si diresse verso la camera, alla luce della lanterna che aveva deposto sul primo gradino della scala. Il suo passo, facilmente riconoscibile, rimbombava sotto la volta del corridoio. Nel momento in cui il gentiluomo girò la maniglia della camera della moglie, gli parve di sentir chiudere la porta dello stanzino di cui vi ho parlato, ma quando entrò la signora de Merret era sola, in piedi davanti al caminetto. Il marito pensò ingenuamente che nello stanzino ci fosse Rosalie, e tuttavia l'inquietò un sospetto, che gli risonò nell'orecchio come uno scampanio; guardò la moglie e trovò nei suoi occhi qualcosa di torbido e selvaggio.

– Rincasate molto tardi, – disse lei.

Quella voce solitamente tanto pura e graziosa gli parve lievemente alterata. Il signor de Merret non ribatté, perché in quel momento entrò Rosalie. Ne fu come fulminato. Prese a passeggiare per la camera da una finestra all'altra, con moto uniforme, a braccia conserte.

– Avete avuto qualche brutta notizia o non vi sentite bene? – gli chiese timidamente la moglie mentre Rosalie la svestiva.

L'uomo rimase in silenzio.

– Andate pure, – disse alla cameriera la signora de Merret, – i capelli li sistemerò da sola.

Già il viso del marito le fece presagire una qualche sventura, e volle restar sola con lui. Quando Rosalie se ne fu andata, o si ritenne che cosí avesse fatto, perché invece rimase alcuni istanti nel corridoio, il signor de Merret si mise di fronte alla moglie e le disse freddamente:

– Signora, nel vostro spogliatoio c'è qualcuno!

La donna fissò calma il marito e rispose semplicemente:

– No, signore.

Quel *no* ferí Merret; non ci credeva, e tuttavia sua moglie non gli era mai sembrata pura e sacra come in quel momento. Si alzò per andare ad aprire lo spogliatoio; la signora de Merret gli prese la mano, lo fissò con aria malinconica, e con voce stranamente turbata gli disse:

– Pensateci, se non trovate nessuno tutto sarà finito tra noi!

L'incredibile dignità che improntava l'atteggiamento della moglie restituí al gentiluomo una profonda stima per lei, e gli ispirò una di quelle risoluzioni cui per divenire immortali manca soltanto uno scenario piú vasto.

– No, Joséphine, – disse, – non entrerò. Nell'un caso e nell'altro saremmo divisi per sempre. Ascolta, conosco tutta la purezza della tua anima, so che vivi come una santa e che non vorresti commettere peccato mortale neppure a costo della vita.

A quelle parole la signora de Merret guardò il marito con occhi stravolti.

– Ecco il tuo crocefisso, – soggiunse l'uomo.

– Giurami dinanzi a Dio che non c'è nessuno e ti crederò, non aprirò mai quella porta.

La signora de Merret prese il crocefisso e disse:

– Lo giuro.

– Piú forte, – disse il marito, – e ripeti: «Giuro dinanzi a Dio che in quello stanzino non c'è nessuno».

La donna ripeté la frase senza turbarsi.

– Bene, – disse freddamente il signor de Merret.

Poi, dopo un attimo di silenzio:

– Avete un oggetto molto bello e che non vi avevo mai visto, – disse esaminando il crocefisso d'ebano incrostato d'argento e scolpito con arte.

– L'ho trovato da Duvivier, che l'aveva acquistato da un monaco spagnolo l'anno scorso, quando passò per Vendôme quel gruppo di prigionieri.

– Ah, – disse il signor de Merret, riappendendo al chiodo il crocefisso.

E suonò. Rosalie non si fece attendere. Il signor de Merret le si fece rapidamente incontro, la condusse nel vano della finestra che dava sul giardino e le disse sottovoce:

— So che Gorenflot vuole sposarti e che soltanto la povertà vi impedisce di metter su famiglia, perché gli hai detto che non sarai sua moglie finché non riesce a diventare capomastro... Ebbene, vallo a cercare, digli di venir qui con la cazzuola e gli arnesi. Fa' in modo di non svegliare altri che lui, in casa; la sua fortuna sarà maggiore di quanto possiate desiderare. Ma soprattutto esci di qui senza far chiacchiere, altrimenti...

Aggrottò le sopracciglia. Rosalie uscí, la richiamò indietro.

– Tieni, prendi le mie chiavi, – disse.

– Jean! – tuonò verso il corridoio il signor de Merret.

Jean, che era assieme il suo cocchiere e l'uomo di fiducia, lasciò la partita di briscola e accorse.

– Andate tutti a letto, – disse il padrone facendogli cenno di accostarsi.

E a bassa voce il gentiluomo soggiunse:

– Quando saranno tutti addormentati, *addormentati*, mi sono spiegato? scenderai qui ad avvisarmi.

Il signor de Merret, che pur impartendo questi ordini non aveva perso di vista la moglie, tornò tranquillamente accanto a lei dinanzi al fuoco, e prese a narrarle gli avvenimenti della partita di biliardo e le discussioni al circolo. Quando fu di ritorno, Rosalie trovò il signore e la signora de Merret che conversavano molto amichevolmente. Il gentiluomo aveva da poco fatto intonacare le stanze che formavano l'appartamento di rappresentanza, al pianterreno. Il gesso a Vendôme è molto raro, e il trasporto ne aumenta notevolmente il prezzo; il gentiluomo ne aveva fatto arrivare una quantità rilevante, sapendo che per quello che gliene fosse eventualmente rimasto avrebbe sempre trovato acquirenti. Quella circostanza gli suggerí il piano da attuare.

– C'è Gorenflot, signore, – disse piano Rosalie.

– Che entri! – rispose ad alta voce il gentiluomo piccardo.

Vedendo il muratore la signora de Merret impallidí leggermente.

– Gorenflot, – disse il marito, – va' nella rimessa a prendere dei mattoni, e portane quanto basta per murare la porta di questo stanzino; per intonacare il muro ti servirai del gesso che mi rimane.

Poi, prendendo a parte Rosalie e l'operaio, disse sottovoce:

– Senti, Gorenflot, stanotte dormirai qui. Domattina però avrai un passaporto per andare all'estero, nella città che ti indicherò. Ti darò seimila franchi per il viaggio. Rimarrai in quella città per dieci anni; se non sarà di tuo gusto potrai andare a stare in un'altra, purché sia nello stesso paese. Passerai da Parigi, dove mi aspetterai, e dove ti garantirò con contratto altri seimila franchi da pagarti al tuo ritorno, sempre che tu abbia adempiuto le condizioni nel nostro accordo. Questo sarà il prezzo per conservare il piú profondo silenzio su quanto avrai fatto qui stanotte. Quanto a te, Rosalie, ti assegnerò diecimila franchi, che ti saranno consegnati solo il giorno delle nozze, e a condizione che tu sposi Gorenflot; ma per sposarvi bisogna tacere. Niente dote, altrimenti.

– Rosalie, – disse la signora de Merret, – venite a pettinarmi.

Il marito passeggiò tranquillamente in lungo e in largo, sorvegliando la porta, l'operaio e la moglie, ma senza lasciar trasparire ingiuriose diffidenze. Gorenflot fu costretto a far rumore. La signora de Merret colse l'attimo in cui l'operaio scaricava i mattoni, mentre il marito si trovava all'altro estremo della camera, per dire a Rosalie:

– Mille franchi di rendita per te, bambina cara, se puoi dire a Gorenflot di lasciare una fessura in fondo al muro.

Quindi, ad alta voce, le disse con notevole sangue freddo:

– Va' ad aiutarlo!

Il signore e la signora de Merret, per tutto il tempo che fu necessario a Gorenflot per murare la porta, rimasero in silenzio. Un silenzio calcolato da parte del marito, che non voleva offrire alla moglie nessun pretesto per dire parole a doppio senso, mentre per la signora de Merret quel silenzio era prudenza o fierezza. Quando il muro fu alzato per metà, l'astuto muratore colse l'attimo in cui il signor de Merret era di spalle per dare un colpo di piccone in uno dei due vetri della porta. Quel gesto fece capire alla signora de Merret che Rosalie aveva parlato a Gorenflot. Tutti e tre videro allora una figura maschile cupa e bruna, dei capelli neri, uno sguardo di fuoco. Prima che il marito si voltasse la povera donna ebbe il tempo di fare un cenno del capo allo straniero, per il quale il segno significava: «Sperate!». Alle quattro, verso l'alba, perché si era in settembre, la costruzione del muro fu ultimata. Il muratore rimase affidato alla custodia di Jean, e il signor de Merret andò a dormire in camera della moglie. L'indomani mattina, alzandosi, disse con noncuranza:

– Ah, diamine, devo andare in municipio per il passaporto.

Si mise il cappello sul capo, fece tre passi verso la porta, cambiò idea, prese il crocefisso. La moglie trasalí di felicità.

– Andrà da Duvivier, – pensò.

Appena il gentiluomo fu uscito, la signora de Merret chiamò Rosalie ed esclamò con voce terribile:

– Il piccone! Il piccone! Al lavoro! Ieri ho visto come faceva Gorenflot, avremo il tempo di fare un buco e di richiuderlo.

In un batter d'occhio Rosalie le portò una specie di *mazzapicchio*, e la padrona, con un ardore di cui non si può dare un'idea, si mise a demolire il muro. Aveva già fatto saltare qualche mattone quando, prendendo lo slancio per dare al muro un colpo ancor piú vigoroso, vide alle sue spalle il signor de Merret, e svenne.

– Portate a letto la signora, – disse freddamente il gentiluomo.

Aveva teso una trappola alla moglie, prevedendo ciò che sarebbe avvenuto in sua assenza; al sindaco aveva semplicemente scritto, e aveva mandato a chiamare Duvivier. L'orefice giunse quando già la stanza era stata riordinata.

– Duvivier, – gli chiese il gentiluomo, avete comprato qualche crocefisso dagli spagnoli che sono passati da qui?

– No, signore.

– Bene, vi ringrazio, – disse, scambiando una occhiata ferina con la moglie. – Jean, – soggiunse, rivolgendosi al cameriere di fiducia, – mi farete servire i pasti nella camera della signora de Merret; è ammalata, e fin quando non si sarà ristabilita, non voglio lasciarla sola.

Il crudele gentiluomo rimase accanto alla moglie venti giorni. Nei primi momenti, quando nello stanzino murato si udiva qualche rumore e Joséphine voleva chieder grazia per lo sconosciuto che stava morendo, il marito, senza che lei potesse dire una sola parola, le diceva:

– Avete giurato sulla croce che non c'era nessuno.

da **Honoré De Balzac, *L'albergo rosso*,** Roma, Editori Riuniti, 1984.
Traduzione dal francese di Bruno Schacherl e Clara Sereni.

Commento

Rovine

Conviene partire dal titolo: *bretèche* in francese vuol dire *bertesca*, che sta a indicare la parte più riparata e svettante di una fortificazione, spesso una torre merlata atta a spiare le mosse degli assalitori dall'alto, e magari colpirli. La *Grande Bretèche* di Vendôme è una casa antica, in rovina, una casa costruita attorno a una di quelle torri, misteriosa, divorata dalle malerbe, una casa che emana un fascino irresistibile perché nasconde una storia da raccontare.

È il fascino dei Fori Imperiali, delle Ville Venete e del Partenone, delle Piramidi, ma anche del relitto del Titanic e del Palazzo d'Inverno: ognuno di questi luoghi è ai nostri occhi una cicatrice del tempo, vi è successo qualcosa che resterà iscritto per sempre nello spirito del luogo. Quel che è accaduto laggiù, di solito, è tanto più elettrizzante quanto più lo sentite distante da voi, ed è tanto più elettrizzante quanto più è catastrofico, perché, si sa, osservare un temporale sotto un plaid di lana procura una discreta goduria.

Osservate la tecnica di Balzac: parte da una descrizione totale, ampia e lunga, che dal paese passa alla bertesca e dalla bertesca alle sue mura, fino a scendere nel dettaglio di un piccolo buco. È uno zoom che passa dal generale al dettaglio, scontornando così oggetti e personaggi. È la stessa strategia che mette in campo nel narrare la vicenda, da un quadro generico dell'accaduto fino ai dettagli (merito di Rosalie).

L'indagine, primo livello: scheletri nell'armadio

Un uomo fa murare in una stanzetta l'amante della moglie. A raccontare in prima persona la storia è il dottor Blanchon, un personaggio ricorrente nel capolavoro di Balzac, *La Commedia umana* (1842). Si tratta di una specie di Muraglia cinese della letteratura occidentale: 137 opere in cui si intrecciano le vicende di 2209 personaggi (qualcuno li ha contati...). Oltre a essere motivata da grafomania e da un'olimpionica ambizione, *La Commedia umana*, secondo l'autore, doveva essere "un'anagrafe dei suoi tempi", in cui sarebbero state ritratte tutte le figure sociali, dal calzolaio al principe.

Nel quadro sconfinato, questo racconto non è che un piccolo tassello, ma significativo al punto che Balzac lo spostò diverse volte, decidendo poi

di pubblicarlo anche a sé stante. Una simile ansia di piazzarlo doveva avere una qualche spiegazione.
Può capitare che il lavoro del critico letterario assomigli a quello di un detective, ed è questo il caso. Chi ha studiato il testo, fino a conoscerlo come le sue tasche, si è accorto che parlava di una materia assai calda per Balzac: la sua stessa vita. La signora de Merret è plasmata sulla madre, una bella diciannovenne che tradì l'anziano padre Balzac più volte, una di queste con il signor Ferdinand Hérédia, ufficiale spagnolo da cui prende il nome il personaggio di Feredia. Un'altra scappatella della signora Balzac con un giovane castellano le procurò un figlio illegittimo, Henry, l'odiato fratello rivale dello scrittore. Non è tutto. A Vendôme, Honoré de Balzac era stato rinchiuso in un severissimo collegio per ben sette anni, autorizzato a scrivere ai genitori solo il sabato e la domenica. E ancora, "Grande Bretèche" era il soprannome dato al convento vicino alla cittadina di Tours dove Balzac e sua sorella Laure furono allevati da una balia, lontani dalla madre libertina.
La Grande Bretèche – l'ha scoperto il formidabile critico Mario Lavagetto – è il rimosso di Balzac, la ferita del suo esilio infantile che si riapre, un materiale incandescente che lo scrittore aveva cercato a lungo di sigillare dentro uno stanzino.

L'indagine, secondo livello: personaggi testimoni

Il segreto al centro delle pagine, però riguarda la storia tenebrosa della famiglia de Merret: uno scheletro nell'armadio. Per accedere al *mistero* (una delle parole più insistite di queste righe), Blanchot deve indagare a sua volta, anche se, almeno all'inizio, sono i testimoni che lo raggiungono, senza che lui muova un passo. Tre momenti della storia, raccontati da tre testimoni: il notaio Regnault, la pettegola Lepas, la timida Rosalie, che «racchiudeva in sé l'ultimo capitolo di un romanzo». Ogni passaggio è indispensabile, complici il crocifisso d'ebano spagnolo e la carne debole della cameriera Rosalie. Balzac, con *La Grande Bretèche*, racconta come si costruisce ogni racconto: il segreto è spostarsi progressivamente nel cuore di una fortezza.

Esercizi

ESPLORARE

01 Nel racconto c'è una frase che suggerisce il mestiere del narratore. Qual è la frase e di che professione si tratta?

02 Perché secondo il narratore Rosalie «racchiudeva in sé l'ultimo capitolo di un romanzo»?

03 Come mai il signor de Merret rimane «come fulminato» quando Rosalie entra nella camera della signora de Merret?

04 Per quel che hai potuto capire, qual è il motivo per cui la signora de Merret prima di morire lascia detto che per cinquant'anni nessuno dovrà mai mettere piede nella Grande Bretèche?

05 Nel racconto si dice: «quando l'Imperatore inviò qui certi spagnoli, prigionieri di guerra». Chi è l'Imperatore?

06 L'inizio del racconto usa un linguaggio difficile, pieno di riferimenti. Aggiungi tre note per spiegare che cos'è un *dadà*, chi è il Commendatore del *Don Giovanni* e che significa *ultimam cogita*.

07 Che cosa vuol dire: «Custodirò tutti i tuoi segreti con l'onestà di un ladro»?

08 Che cosa vuol dire: «Stavo già tuffandomi in un romanzo alla Radcliffe»? Chi era Ann Radcliffe? E che tipo di romanzi scriveva?

09 «Un ottimo gentiluomo venuto dalla Piccardia, che come diciamo qui aveva la testa vicina al berretto». "*Avoir la tête près du chapeau*" è un modo di dire francese. Scopri che cosa significa.

SMONTARE

10 Questo racconto è quasi un'indagine di polizia: il narratore deve ricostruire la storia basandosi sulle testimonianze di diverse persone. Chi sono i testimoni, e quali indizi chiave gli suggeriscono?

11 Balzac scrive che quando Rosalie racconta a Blanchot il suo segreto è «molto presto». Dove o in che condizioni pensi che avvenga il dialogo, dal momento che si specifica «molto presto»?

COSTRUIRE

12 Riassumi in tre righe le prime pagine del racconto, fino all'arrivo del signor Regnault.

....

....

....

13 Il protagonista, durante il suo soggiorno a Vendôme, ha modo di fare la conoscenza di numerosi altri personaggi, tutti in qualche modo collegati alla triste vicenda della signora de Merret.
Che impressione ti hanno fatto queste figure che popolano la narrazione di Balzac? Ti sembra che abbiano dei tratti in comune?

....

....

....

....

....

14 Mentre parla, il signor Regnault usa un intercalare per aiutarsi a portare avanti il discorso, che è «Momentino!». Probabilmente lo fai anche tu, mentre parli coi tuoi amici o quando sei in una situazione di agitazione (un'interrogazione, per esempio). Che intercalare usi?
Pensaci e confrontati con i tuoi compagni.

15 Cerca un'immagine che assomigli all'idea che ti sei fatto della casa in rovina.

03

Joyce Carol Oates

Dove vai, dove sei stata

tempo di lettura 22'
vita dell'autrice a p. 652

Si chiamava Connie. Aveva quindici anni e il vezzo di allungare il collo svelta e nervosa, con una risatina, per guardarsi allo specchio o per osservare la faccia degli altri e avere così conferma che la sua fosse a posto. Sua madre, che notava tutto, sapeva tutto e non aveva più grandi motivi per guardare la propria di faccia, la rimbrottava sempre per quell'abitudine. «Piantala di guardarti con quell'aria ebete. Ma chi ti credi di essere? Pensi di essere così carina?» diceva. A quelle lamentele ormai trite e ritrite Connie sollevava le sopracciglia e fissava lo sguardo oltre la madre, su un'indistinta visione di sé in quel preciso momento: sapeva di essere carina e solo quello contava. Anche sua madre una volta era stata carina, per lo meno a voler dar credito a quelle vecchie istantanee nell'album, ma ora la bellezza se n'era andata ed era per questo che dava continuamente addosso a Connie.

«Perché non tieni in ordine la camera come fa tua sorella? Ma come ti sei conciata i capelli... e cos'è questa puzza? Lacca? Tua sorella non usa queste schifezze.»

Sua sorella June aveva ventiquattro anni e viveva ancora in casa. Faceva la segretaria nel liceo di Connie, e come se averla nello stesso edificio non fosse già abbastanza, era talmente insignificante, tarchiata e giudiziosa che a Connie toccava sentire in continuazione madre e zie cantarne le lodi. E June ha fatto questo, e June ha fatto quest'altro; June metteva da parte i soldi e aiutava a pulire la casa e a cucinare mentre Connie non sapeva fare niente, la testa persa dietro inutili sogni a occhi aperti. Il padre era quasi sempre fuori per lavoro e quando tornava a casa voleva cenare e durante la cena leggeva il giornale e dopo cena andava a letto. Non si dava la pena di parlare con loro, ma al di sopra della sua testa china la moglie continuava a punzecchiare Connie al punto che la ragazza desiderava vederla morta e morire lei stessa e che tutto fosse finito. «A volte mi fa venire voglia di vomitare» si lamentava Connie con le amiche. Aveva un tono di voce alto, trepido e divertito che faceva sembrare leggermente forzato quel che diceva, che fosse sincero o no.

Un lato buono c'era: June andava in giro con le sue amiche, ragazze insignificanti e giudiziose quanto lei, e quando Connie voleva fare lo stesso la madre non aveva obiezioni. Il padre della migliore amica di Connie accompagnava le ragazze fino in città, a cinque chilometri di distanza, e le lasciava in un centro commerciale dove potevano girare per negozi o andare al cinema, e quando tornava a prenderle alle undici non si curava di chiedere cosa avessero fatto.

Dovevano essere uno spettacolo abituale, quelle ragazzine in pantaloncini corti a passeggio nel centro commerciale, le ballerine strascicate sul marciapiede e i braccialetti pieni di ciondoli che tintinnavano ai polsi sottili. Si appoggiavano l'una all'altra sussurrando e ridendo di nascosto se passava qualcuno che suscitava il loro interesse o le divertiva. Connie aveva lunghi capelli biondo scuro che attiravano l'attenzione e che portava in parte raccolti e cotonati sul davanti, e per il resto sciolti sulle spalle. Indossava una giacchetta di jersey attillata che a casa appariva in un modo e fuori in un altro. Tutto di lei aveva due aspetti, uno per casa e uno per gli altri posti che non erano casa: il modo di camminare, che poteva essere infantile e molleggiato, o abbastanza languido da far pensare che stesse ascoltando una musica nella sua testa; la bocca, quasi sempre pallida e con un sorriso affettato, ma vivace e rosea durante le serate fuori; la risata, cinica e strascicata a casa («Ah, ah, ah, molto divertente»), ma acuta e nervosa in qualunque altro posto, come il tintinnio dei ciondoli sul suo braccialetto.

A volte Connie e l'amica andavano davvero a fare shopping o al cinema, ma altre volte attraversavano la superstrada, superando svelte le corsie trafficate, fino a un drive-in dove si ritrovavano i ragazzi più grandi. Il ristorante aveva la forma di una grossa bottiglia, ma più tozza di una bottiglia vera, e sul tappo c'era la sagoma roteante di un ragazzo che stringeva trionfante un hamburger. Una sera di mezza estate attraversarono, senza fiato per il rischio corso, e quasi subito qualcuno si sporse dal finestrino e le invitò, ma era solo un ragazzo della scuola che a loro non piaceva. Riuscirono a ignorarlo e la cosa le fece sentire bene. Proseguirono nel dedalo di macchine parcheggiate e di passaggio fino a raggiungere il ristorante illuminato e infestato di mosche, con un'espressione compiaciuta e trepidante sul viso come se stessero per entrare in un edificio sacro apparso all'improvviso nella notte per offrire loro il rifugio e le benedizioni a cui anelavano. Si sedettero al bancone con le caviglie incrociate, le spalle sottili tese per l'eccitazione, ad ascoltare la musica che rendeva tutto così bello: c'era sempre musica in sottofondo, come durante la funzione in chiesa; era qualcosa su cui si poteva contare.

Un ragazzo di nome Eddie entrò e attaccò discorso con loro. Si era seduto con le spalle al bancone e continuava a fare mezzi giri con lo sgabello, a scatti, fermandosi e poi riprendendo a girare; dopo un po' chiese a Connie se voleva mangiare qualcosa. Lei acconsentì e diede una pacca sul braccio dell'amica mentre usciva; l'amica fece una faccia coraggiosa e buffa insieme, e Connie disse che si sarebbero riviste alle undici, dall'altra parte della strada. «È che mi scoccia mollarla così» disse Connie sincera, ma il ragazzo disse che non sarebbe rimasta sola a lungo. Così uscirono per andare alla macchina di lui e nel tragitto Connie non poté fare a meno di gettare lo sguardo ai parabrezza e ai volti che la circondavano, il viso rilucente di una gioia che non aveva nulla a che fare con Eddie né con quel posto; forse era la musica. Raddrizzò le spalle e inspirò per il puro piacere di essere viva e proprio in quel momento posò per caso gli occhi su un volto a pochi metri di distanza da lei. Era un ragazzo dai capelli neri, arruffati, su una decappottabile sgangherata verniciata in color oro. Lui la fissò e le labbra si aprirono in un sorriso. Connie socchiuse gli occhi e si girò, ma poi non poté fare a meno di guardarsi indietro, e lui era lì, che continuava a fissarla. Agitò un dito e disse ridendo: «Non mi scappi, piccola» e Connie si girò di nuovo senza che Eddie si fosse accorto di nulla.

Passò tre ore con lui, prima al ristorante dove mangiarono hamburger e bevvero Coca-Cola in bicchieri di polistirolo umidi di condensa, poi in una stradina a un paio di chilometri di distanza e alle undici meno cinque, quando lui la lasciò al centro commerciale, solo il cinema era ancora aperto. L'amica era là, che parlava con un ragazzo. Quando Connie tornò le due amiche si sorrisero e Connie chiese: «Com'era il film?» e l'altra disse: «Dimmelo tu». Se ne andarono con il padre della ragazza, assonnate e soddisfatte e Connie non poté evitare di voltarsi a guardare il centro commerciale buio con il parcheggio vuoto e le insegne incolori e spettrali e poi il drive-in dove le macchine continuavano a girare in tondo senza sosta. Da quella distanza non sentiva la musica.

La mattina seguente June le chiese com'era il film e lei rispose: «Così così».

Connie usciva con la sua amica, e talvolta con una terza ragazza, più volte la settimana. Erano le vacanze estive e il resto del tempo lo passava a casa, a infastidire sua madre e a pensare e fantasticare sui ragazzi che aveva conosciuto. Ma tutti quei ragazzi scomparivano e si confondevano in un unico viso, che non era neppure un viso ma un'idea, una sensazione mescolata al martellio insistente e pressante della musica e all'aria umida delle notti di luglio. La madre la riportava coi piedi per terra trovando cose da farle fare o dicendo all'improvviso: «Com'è la storia della figlia dei Pettinger?».

E Connie diceva nervosa: «Oh, quella. Una vera scema». Connie tracciava confini chiari e netti tra sé e quel genere di ragazze, e la madre era ingenua e abbastanza gentile da crederci. Talmente ingenua, pensava Connie, che era crudele prenderla in giro a quel modo. Si trascinava per casa in un paio di vecchie ciabatte e al telefono con una delle due sorelle si lamentava dell'altra; poi quest'altra la chiamava e insieme si lamentavano della terza. Se veniva fatto il nome di June dalla voce della madre traspariva approvazione, mentre se nominavano Connie il tono era di rimprovero. Ciò non significava che Connie non le piacesse; anzi Connie pensava che la madre preferisse lei a June perché era più carina, ma tutte e due esibivano una maschera di esasperazione, come se si accanissero a combattere per qualcosa che per entrambe aveva scarso valore. A volte, davanti a una tazza di caffè, erano quasi amiche, ma poi saltava fuori qualcosa: un malumore simile a una mosca che all'improvviso ronzava sulle loro teste, e le facce si indurivano per il disprezzo.

Una domenica Connie si alzò alle undici – nessuno di loro ci teneva particolarmente ad andare in chiesa – e si lavò i capelli di modo che asciugassero al sole durante la giornata. I genitori e la sorella stavano andando a un barbecue a casa di una zia e Connie disse di no, che non le interessava, alzando gli occhi al cielo per far capire alla madre cosa ne pensasse. «E allora sta' a casa da sola» disse l'altra in tono secco. Connie si piazzò su una sedia in giardino e li guardò andare via, il padre silenzioso e pelato, che si girava per fare retromarcia, la madre con lo sguardo ancora iroso e per nulla addolcito dietro il parabrezza, e sul sedile posteriore quella poveraccia di June, tutta in ghingheri come se non sapesse cos'era un barbecue, con i bambini urlanti che corrono dappertutto e le mosche. Seduta al sole con gli occhi chiusi, sognante e intorpidita dalla calura che la avviluppava come una carezza affettuosa, come una specie d'amore, Connie tornò col pensiero al ragazzo con cui era stata la sera precedente e a quanto era stato carino, dolce come sempre, non nel modo che poteva immaginarsi una come June, ma dolce e delicato come nei film e come promettevano le canzoni... e quando riaprì gli occhi quasi non sapeva dove si trovava; il giardino finiva nelle erbacce e in una fila di alberi simile a uno steccato, dietro alla quale il cielo era perfettamente azzurro e immoto. Rimase sconcertata alla vista della casa a un solo piano, rivestita d'amianto, che aveva ormai tre anni: sembrava piccola. Scosse la testa come per svegliarsi.

Faceva troppo caldo. Connie entrò in casa e accese la radio per attutire il silenzio. Si sedette sul bordo del letto, scalza, e per un'ora e mezza ascoltò la *Sarabanda domenicale*, disco dopo disco, una serie di canzoni dure, veloci, urlate che anche lei cantava insieme alla radio, inframmezzate dai commenti di "Bobby King": «Ed ecco qui, per le ragazze del Napoleon... Son e Charley vogliono che ascoltiate con attenzione il prossimo pezzo!».

E Connie ascoltava con attenzione, immersa nel calore di una gioia che pulsava lenta, e sembrava nascere misteriosamente dalla musica stessa, e si appoggiava languida nella stanzetta dall'aria viziata, inspirava ed espirava a ogni palpito del petto.

Dopo un po' sentì un'auto entrare nel vialetto. Si tirò su di colpo, allarmata, perché non poteva essere suo padre così presto. La ghiaia continuava a scricchiolare: il vialetto d'ingresso era piuttosto lungo. Connie corse alla finestra. Era un'automobile che non conosceva, una decappottabile scassata e verniciata di un oro acceso che restava opaco ai raggi del sole. Il cuore prese a batterle forte mentre le dita volavano tra i capelli, per sistemarli, e lei sussurrò: «Cristo, Cristo» preoccupata di essere in disordine. La macchina si fermò vicino alla porta laterale con quattro brevi colpi di clacson, come se si trattasse di un segnale che Connie doveva conoscere.

Lei entrò in cucina e si avvicinò lentamente alla porta, poi si affacciò dalla zanzariera, le dita dei piedi nudi serrate sul bordo del gradino. Sulla macchina c'erano due ragazzi e Connie riconobbe quello alla guida: aveva una chioma strampalata di capelli neri arruffati che sembrava una parrucca, e un ampio sorriso.

«Non sono mica in ritardo, vero?» disse lui.

«Chi cavolo ti credi di essere?» chiese Connie.

«Te l'avevo detto che venivo, o no?»

«Ma se non so neanche chi sei.»

Connie parlava con astio, attenta a non mostrarsi interessata né compiaciuta, mentre il ragazzo parlava rapido in tono vivace. Con calma Connie spinse lo sguardo verso l'altro ragazzo: aveva i capelli castano chiaro con una ciocca che ricadeva sulla fronte. Le basette gli davano un aspetto fiero e imbarazzato, ma fino a quel momento non si era neppure degnato di guardarla. I due portavano occhiali da sole. Quelli del guidatore erano a specchio e riflettevano immagini in miniatura.

«Ti va di fare un giro?» disse lui.

Connie fece un sorrisetto compiaciuto e si lasciò ricadere i capelli su una spalla.

«Non è che per caso non ti piace la mia macchina, eh? L'ho appena verniciata» disse. «Ehi.»

«Cosa?»

«Sei carina.»

Connie giocherellava con le mani, fingendo di scacciare le mosche dalla porta.

«Cos'è, non ci credi?» disse lui.

«Senti, io non so neanche chi sei» disse Connie disgustata.

«Ehi, il mio amico Ellie ha una radio. La mia s'è scassata.» Sollevò il braccio dell'altro ragazzo e mostrò la radiolina a transistor che teneva in mano, e Connie riuscì a sentire la musica. Era lo stesso programma che stava ascoltando in casa.

«Bobby King?» chiese.

«Lo ascolto sempre. È un grande.»

«Abbastanza» disse Connie riluttante.

«Senti, quello è forte per davvero. Lui sì che sa come ci si diverte.»

Connie arrossì leggermente, perché gli occhiali le impedivano di capire cosa lui stesse guardando. Non riusciva a stabilire se le piaceva o se era solo un cretino e così ciondolava sulla porta senza uscire né tornare dentro. Disse: «Cos'è tutta quella roba che hai dipinto sulla macchina?».

«Non sai leggere?» Lui aprì la portiera con estrema lentezza, come se temesse di farla cadere. Poi, con altrettanta cautela, scivolò fuori piantando i piedi ben saldi a terra; il piccolo mondo metallico sui suoi occhiali rallentava come gelatina che solidifica, con la camicetta verde brillante di Connie in mezzo. «Questo qui è il mio nome, tanto per cominciare» disse. Sulla fiancata, a lettere nero catrame, c'era scritto ARNOLD FRIEND e accanto il disegno di una faccia rotonda e sogghignante che a Connie ricordava una zucca, ma con gli occhiali da sole. «Voglio presentarmi: sono Arnold Friend e questo è il mio nome vero, e diventerò tuo amico, tesoro. Dentro alla macchina c'è Ellie Oscar, che è un po' timido.» Ellie sollevò la radio a transistor sulla spalla e la tenne lì in equilibrio. «E questi numeri qui invece, tesoro, sono un codice segreto» spiegò Arnold Friend. Lesse a voce alta i numeri 33, 19, 17 e inarcò le sopracciglia rivolto verso di lei per capire cosa ne pensasse, ma lei non pareva essersi fatta un'opinione particolare. Sul parafango posteriore sinistro c'era un'ammaccatura e tutto intorno, sullo sfondo oro luccicante, c'era scritto: OPERA DI UNA PAZZA AL VOLANTE. Connie non poté fare a meno di ridere. Arnold Friend ne fu compiaciuto e sollevò lo sguardo verso di lei. «Dall'altra parte c'è un sacco di altra roba... Vuoi venire a vedere?»

«No.»

«Perché no?»

«E perché dovrei?»

«Non vuoi vedere cosa c'è sulla macchina? Non vuoi farti un giro?»

«Non so.»

«Perché no?»

«Ho delle cose da fare.»

«Tipo?»

«Delle cose.»

Lui rise, battendosi una mano sulla coscia, come se Connie avesse detto qualcosa di divertente. Aveva uno strano modo di stare in piedi, inclinato in avanti contro la macchina come a tenersi in equilibrio. Non era alto: solo un paio di centimetri più di lei, se fosse scesa al suo livello. A Connie piaceva com'era vestito, che era poi il modo in cui si vestivano tutti: jeans scoloriti e attillati, infilati dentro stivali neri consunti, una cintura che stringeva la vita sottile e una maglietta bianca un po' sporca che metteva in evidenza i muscoli piccoli e sodi di braccia e spalle. Probabilmente faceva un lavoro pesante, come sollevare e trasportare cose. Anche il collo sembrava muscoloso. E il viso aveva, in un certo senso, un'aria familiare: guance, mento e mascelle scure per la barba di un paio di giorni e il naso lungo e aquilino con cui fiutava l'aria come se Connie fosse una leccornia che lui era pronto a ingurgitare e tutta la faccenda fosse solo uno scherzo.

«Non me la racconti giusta, Connie. Oggi ti sei tenuta libera per fare un giro in macchina con me e lo sai benissimo» disse lui ridendo di nuovo. Il modo in cui si ricompose e si riprese dopo la risata svelò esattamente quanto tutto fosse una messinscena.

«Come fai a sapere il mio nome?» chiese lei sospettosa.

«Connie.»

«Forse sì o forse no.»

«Ti conosco, cara la mia Connie» disse lui agitando un dito. A quel punto lei si ricordò più chiaramente di lui, laggiù al ristorante, e avvampò al pensiero di come aveva trattenuto il respiro proprio quando gli era passata accanto... di come doveva essergli sembrata. E lui si era ricordato di lei. «Io e Ellie siamo venuti fin qui apposta per te» disse. «Ellie può sedersi dietro. Che te ne pare?»

«Dove?»

«Dove cosa?»

«Dove andiamo?»

Lui la guardò. Si tolse gli occhiali da sole e Connie notò quanto fosse pallida la carnagione intorno agli occhi, che erano come buchi non in ombra ma illuminati. Erano come schegge di vetro rotto che catturano la luce in modo piacevole. Arnold Friend sorrise. Pareva che l'idea di andare a fare un giro da qualche parte, in qualche posto, gli suonasse nuova.

«Solo un giretto, Connie tesoro.»

«Non ti ho mai detto che mi chiamo Connie» disse lei.

«Ma io lo so, il tuo nome, e so tutto di te, un sacco di cose» disse Arnold Friend. Non si era mai mosso e restava appoggiato alla fiancata della sua bagnarola. «Mi interessi parecchio, sei una ragazza così carina... e ho scoperto tutto di te, per esempio so che i tuoi e tua sorella sono andati da qualche parte e so anche dove sono andati e quanto tempo staranno via, e poi so con chi sei stata ieri sera e che la tua migliore amica si chiama Betty. Giusto?»

Parlava con voce schietta e cantilenante, proprio come se stesse recitando le parole di una canzone. Il suo sorriso la rassicurava che andava tutto bene. In macchina Ellie alzò il volume della radio senza neppure girarsi verso di loro.

«Ellie può stare sul sedile dietro» disse Arnold Friend. Indicò l'amico con un cenno incurante del mento, come se Ellie non contasse nulla e lei non dovesse preoccuparsene.

«Come hai fatto a sapere tutte queste cose?»

«Senti qui: Betty Schultz e Tony Fitch e Jimmy Pettinger e Nancy Pettinger» disse cantilenando. «Raymond Stanley e Bob Hutter...»

«Li conosci tutti quanti?»

«Io conosco tutti.»

«Mi stai prendendo in giro. Tu non sei di queste parti.»

«Come no.»

«E com'è che non ti abbiamo mai visto prima?»

«Invece sì che mi avete visto» disse e abbassò lo sguardo sugli stivali come se si fosse sentito offeso. «Solo che tu non ti ricordi.»

«Penso che mi ricorderei di uno come te» disse Connie.

«Davvero?» A quell'affermazione lui sollevò gli occhi raggiante. Era compiaciuto. Cominciò a tenere il tempo, battendo leggermente le mani al ritmo della musica della radio. Connie distolse lo sguardo dal suo sorriso e lo spostò sulla macchina, verniciata di un colore così brillante che quasi faceva male agli occhi. Osservò quel nome: ARNOLD FRIEND; e più in là, sul parafango anteriore c'era un'espressione che le suonava familiare: OCCHIO AGLI UFO. Era stato un tormentone in voga tra i ragazzi l'anno precedente, ma adesso non più. Connic guardò la scritta per qualche istante come se le parole avessero un significato a lei ancora ignoto.

«A che stai pensando? Eh?» domandò Arnold Friend. «Non avrai mica paura che ti si spettinano i capelli col vento?»

«No.»

«O magari pensi che io non guido bene?»

«E come faccio a saperlo?»

«Sei una ragazzina difficile. Com'è 'sta storia?» disse lui.

«Non lo sai che sono tuo amico? Non hai visto che facevo il mio segno in aria mentre passavi?»

«Quale segno?»

«Il mio» e sporgendosi verso di lei disegnò una X in aria. Erano distanti circa tre metri l'uno dall'altra. Quando la mano gli ricadde lungo il fianco la X era ancora nell'aria, quasi visibile. Connie lasciò che la zanzariera si richiudesse e rimase perfettamente immobile all'interno, ad ascoltare la musica della sua radio che si confondeva con quella della radiolina dei ragazzi. Fissò Arnold Friend. Se ne stava lì, rilassato ma in realtà rigido, fingendo soltanto di essere rilassato, con una mano abbandonata sulla maniglia della portiera come se si stesse sorreggendo e non avesse alcuna intenzione di muoversi. Diverse cose di lui le erano familiari: i jeans attillati che segnavano cosce e glutei, gli stivali di pelle ingrassata, la maglietta stretta e anche quel suo sorriso cordiale e subdolo, quel sorriso trasognato e indolente con cui tutti i ragazzi trasmettevano un concetto che non volevano dire a parole. Riconobbe tutte quelle cose e anche il modo cantilenante in cui parlava, vagamente beffardo, scherzoso, ma serio e un po' malinconico, e riconobbe il modo in cui batteva una mano sull'altra in omaggio alla musica perennemente in sottofondo. I conti, però, non le tornavano.

«Ehi» disse all'improvviso «ma tu quanti anni hai?»

Il sorriso svanì dalla faccia di lui e Connie vide che non era un ragazzino, era molto più grande: trent'anni, forse di più. Non appena se ne rese conto il cuore cominciò a batterle più forte.

«Che domanda idiota. Non vedi che ho la tua stessa età?»

«Col cavolo.»

«Magari un paio d'anni in più. Ne ho diciotto.»

«Diciotto?» disse lei dubbiosa.

Lui sorrise per rassicurarla e agli angoli della bocca gli comparve qualche ruga. I denti erano grossi e bianchi. Il sorriso era così ampio che gli occhi divennero due fessure e Connie notò che le ciglia erano fittissime, spesse e nere come se fossero state dipinte con catrame. Poi, improvvisamente, lui sembrò cedere all'imbarazzo e girò la testa verso Ellie. «Quello sì che è pazzo» disse. «Non è uno spasso? È davvero squinternato, una vera sagoma.» Ellie continuava ad ascoltare la musica. Gli occhiali da sole non permettevano di capire cosa stesse pensando. Indossava una camicia di un arancione vivace, per metà sbottonata sul petto, che era pallido, azzurrognolo, non muscoloso come quello di Arnold Friend. Il colletto della camicia era sollevato, con le punte tirate su oltre il mento, quasi a proteggerlo. Teneva la radio premuta contro l'orecchio e stava seduto lì, come stordito, sotto il sole.

«In effetti è un po' strano» disse Connie.

«Ehi, questa dice che sei un po' strano! Un po' strano!» urlò Arnold Friend. Diede una botta alla macchina per richiamare l'attenzione di Ellie. L'altro si girò per la prima volta e Connie notò, con sgomento, che nemmeno lui era un ragazzino: aveva una faccia chiara e glabra, le guance leggermente arrossate come se i capillari scorressero troppo vicini alla superficie, il viso di un bambino quarantenne. A quella vista Connie provò una sensazione di vertigine e lo fissò, come in attesa di qualcosa che potesse modificare lo choc del momento e rimettere tutto a posto. Le labbra di Ellie continuavano a formare parole, ripetendo in un mormorio le strofette che gli rimbombavano nell'orecchio.

«Forse è meglio se ve ne andate» disse Connie debolmente.

«Come? Cos'è 'sta storia?» esclamò Arnold Friend. «Siamo venuti qui per portarti a fare un giro. È domenica.» Adesso aveva la stessa voce dell'uomo alla radio. Era proprio la stessa voce, pensò Connie. «Non lo sai che è domenica tutto il giorno? E non mi importa con chi sei stata ieri sera, dolcezza: oggi stai con Arnold Friend, non te lo scordare! Direi che è meglio se esci fuori» disse, ma questa volta la voce era diversa, un po' più debole, come se stesse infine cedendo alla calura.

«No, ho delle cose da fare.»

«Eddai.»

«È meglio se ve ne andate.»

«Non ce ne andiamo finché non vieni con noi.»

«Col cavolo che...»

«Connie, non prendermi in giro, ci siamo capiti? Non prendermi in giro» disse lui scuotendo la testa. Rise incredulo. Si tirò gli occhiali da sole sulla testa, con grande cautela, come se avesse davvero una parrucca, e infilò le stanghette dietro le orecchie. Connie lo fissò e fu nuovamente pervasa da una sensazione di vertigine e di paura, tanto che per un attimo non riuscì neppure a metterlo a fuoco e non vide altro che una macchia indistinta contro l'automobile dorata. Benché lui fosse arrivato fin lì percorrendo il vialetto, a Connie pareva che fosse sbucato dal nulla, che non appartenesse ad alcun luogo e che tutto in lui, anche quella musica che le era così familiare, fosse reale solo per metà.

«Se mio padre torna e ti vede...»

«Non torna. È a un barbecue.»

«E tu come lo sai?»

«Da zia Tillie. E in questo preciso momento stanno... mm... stanno bevendo. Seduti qua e là» disse lui vago, gli occhi socchiusi, come se stesse guardando oltre la città, fino al giardino della zia Tillie. Poi la visione sembrò farsi più chiara e lui annuì energicamente. «Sì. Seduti in giro. C'è anche tua sorella, con un vestito blu, eh? E i tacchi alti, povera scemotta... certo che con te non c'entra proprio niente, tesoro! E tua madre sta aiutando una cicciona con le pannocchie, puliscono le pannocchie... le scartocciano...»

«Che cicciona?» esclamò Connie.

«E io come faccio a sapere che cicciona! Mica conosco tutte le ciccione [...] di questo mondo!» disse Arnold Friend ridendo.

«Oh, è la signora Hornsby... E chi l'ha invitata?» disse Connie. Si sentiva un po' stordita. Il respiro cominciava a farsi sempre più veloce.

«È troppo grassa. A me le grasse non mi piacciono. A me mi piacciono quelle come te, dolcezza» disse lui con un sorriso indolente. Si fissarono per qualche istante attraverso la zanzariera. Poi lui continuò in tono sommesso: «Allora... sai cosa facciamo... adesso esci da quella porta e ti siedi qui davanti insieme a me; Ellie si mette dietro, e al diavolo Ellie, giusto? Mica è Ellie quello che deve uscire con te. Tu esci con me. Io sono il tuo amante, dolcezza.»

«Cosa? Tu sei matto...»

«Sì, io sono il tuo amante. Tu non sai cosa vuol dire, ma lo capirai» disse. «So anche questo. So tutto di te. Stammi a sentire: è una cosa davvero stupenda e non potevi capitare con uno più bravo o più educato di me. Io mantengo sempre la parola. Ti dirò come andrà: io sono sempre carino all'inizio, la prima volta. Ti terrò stretta così forte che non ci penserai neppure a scappare o anche solo a far finta perché saprai che tanto non puoi farlo. E poi io entrerò dentro di te, dove tutto è segreto e tu ti lascerai andare e mi amerai...»

«Falla finita! Tu sei pazzo!» disse Connie. Si allontanò dalla porta e si premette le mani sulle orecchie come se avesse sentito qualcosa di orribile, qualcosa che non doveva sentire. «Non si parla in questo modo. Tu sei pazzo» borbottò. Il cuore le scoppiava nel petto, batteva talmente forte che era fradicia di sudore. Guardò fuori e vide Arnold Friend fermarsi e poi muovere un passo barcollante verso la veranda. Fu quasi sul punto di cadere, ma poi, come un bravo ubriaco, riuscì a riprendere l'equilibrio. Traballò sugli stivali alti e alla fine si aggrappò a una delle colonne della veranda.

«Tesoro?» disse. «Stai ancora ascoltando?»

«Vattene via!»

«Fai la brava, tesoro. Ascoltami...»

«Io chiamo la polizia...»

Lui barcollò di nuovo e a denti stretti sputò un'imprecazione, una digressione non destinata alle orecchie di lei. Ma anche il suo

«Cristo!» suonò forzato. Poi recuperò il sorriso. Connie osservò quel sorriso sgraziato, come se lui sorridesse da dietro una maschera. La sua faccia era una maschera, pensò agitata, scura fino al collo e poi più niente, come se si fosse impiastrato la faccia di trucco, dimenticandosi del collo.

«Tesoro?... Senti com'è la storia. Io sono uno che dice sempre la verità e ti prometto una cosa: non ti seguirò dentro casa.»

«Non provarci neanche! Altrimenti io chiamo la polizia, se... se non...»

«Tesoro» disse lui sovrastando la sua voce. «Tesoro, io dentro non ci vengo, però tu esci qui fuori. E lo sai perché?»

Connie ansimava. La cucina le sembrò un posto mai visto prima, una stanza in cui si era rifugiata ma che non serviva, non le sarebbe stata d'aiuto. Alla finestra, da tre anni a quella parte, non c'era mai stata una tenda; nel lavandino c'erano dei piatti che probabilmente aspettavano lei, e se avesse passato la mano sul tavolo forse avrebbe sentito qualcosa di appiccicoso.

«Mi stai ascoltando, tesoro? Eh?»

«...io chiamo la polizia...»

«Se tocchi il telefono io non mantengo la promessa e vengo dentro. Ma mi sa che non vuoi che succeda.»

Connie si gettò in avanti e cercò di chiudere a chiave la porta. Le tremavano le dita. «Perché vuoi chiudere a chiave?» disse Arnold Friend gentilmente, parlandole proprio davanti alla faccia. «È solo una zanzariera. Non è niente.» Uno degli stivali era inclinato con una strana angolatura, come se dentro non ci fosse il piede. Puntava all'infuori, verso sinistra, piegato sulla caviglia. «Voglio dire, chiunque può buttare giù una zanzariera o un vetro o del legno o del ferro o qualunque altra cosa, se è necessario. Chiunque può farlo, figurati Arnold Friend. Se la casa andasse a fuoco, tesoro, usciresti di corsa per buttarti tra le mie braccia, dritta tra le mie braccia, sana e salva... perché hai capito che sono il tuo amante e devi piantarla di fare la scema. A me le ragazze timide e carine non mi dispiacciono, ma non mi piace quando fanno le sceme.» Arnold Friend pronunciò parte di quelle parole con una cadenza ritmica e Connie credette quasi di riconoscerle: l'eco di una canzone dell'anno prima, che parlava di una ragazza che si rifugiava tra le braccia del suo ragazzo, sana e salva...

Rimase là a fissarlo, scalza sul pavimento di linoleum. «Cosa vuoi?» sussurrò.

«Voglio te» disse lui.

«Cosa?»

«Ti ho vista l'altra sera e ho pensato, eccola qui, sissignore. Non devo più cercare.»

«Ma mio padre sta tornando. Torna a prendermi. Io dovevo prima lavarmi i capelli...» Connie parlava veloce con voce roca, quasi impercettibile.

«No, il tuo papà non sta tornando e sì, dovevi lavarti i capelli, e te li sei lavati per me. Sono belli e lucidi... tutti per me. Grazie, dolcezza» disse facendo un inchino scherzoso, ma di nuovo rischiò di perdere l'equilibrio. Dovette piegarsi e sistemarsi gli stivali. Evidentemente il piede non arrivava fino in fondo: doveva aver infilato qualcosa negli stivali in modo da sembrare più alto. Connie guardò verso di lui e poi alle sue spalle, in direzione di Ellie che se ne stava in macchina e sembrava guardare lontano, alla propria sinistra, nel vuoto. Tirando fuori le parole dall'aria, una dopo l'altra, come se le stesse scoprendo proprio in quel momento Ellie disse: «Vuoi che stacco il telefono?».

«Chiudi la bocca e tienila chiusa» disse Arnold Friend rosso in viso per essere stato piegato in avanti, o forse imbarazzato che Connie avesse visto i suoi stivali. «Non sono affari tuoi.»

«Cosa... cosa stai facendo? Cosa vuoi?» disse Connie. «Se chiamo la polizia ti prendono e ti arrestano...»

«Ho promesso che non entro se tu non tocchi il telefono, e manterrò la promessa» disse. Riprese la posizione eretta e cercò di raddrizzare le spalle. Sembrava l'eroe di un film che fa una dichiarazione importante. Ma parlava a voce troppo alta e sembrava rivolgersi a qualcuno dietro Connie. «Non avevo mica pensato di entrare in questa casa che non è mia, ma solo che tu venivi qui fuori da me, e dovresti proprio farlo. Non lo sai chi sono io?»

«Tu sei pazzo» sussurrò lei. Si allontanò dalla porta ma non voleva ritirarsi in un'altra parte della casa, per non farlo sentire autorizzato a entrare.

«Ma cosa... tu sei pazzo, tu...»

«Come? Cosa stai dicendo, tesoro?»

Gli occhi di Connie guizzarono per tutta la cucina. Non si ricordava più che stanza fosse.

«Le cose stanno così: tu adesso esci di casa e ce ne andiamo via in macchina a farci un bel giro. Ma se non esci, aspettiamo qui finché i tuoi tornano e così ci rimetteranno tutti quanti.»

«Vuoi che stacco il telefono?» disse Ellie allontanando la radio dall'orecchio con una smorfia, come se senza radio l'aria gli fosse insopportabile.

«T'ho detto di chiudere la bocca, Ellie» disse Arnold Friend. «Se sei sordo fatti un apparecchio acustico, chiaro? Datti una regolata. Questa ragazzina non è un problema e farà la brava con me, quindi tu fatti i fatti tuoi, che lei non è mica la tua ragazza... chiaro? E non starmi addosso, non alitarmi sul collo, non rompere, non impicciarti, non seguirmi sempre» disse veloce, insensato, come se stesse ricapitolando tutte le espressioni che conosceva ma senza essere sicuro di quale fosse la più appropriata, per poi passarne in rassegna di nuove, con gli occhi chiusi. «Non passare il segno, non infilarti nella mia tana, non sniffarti la mia roba e fatti i fattacci tuoi!» Si schermò gli occhi con la mano e scrutò Connie, che si era ritirata contro il tavolo della cucina. «Non fargli caso, tesoro, è solo un rompiscatole. Un deficiente. Chiaro? Io sono il tuo tipo. Come ti stavo dicendo, adesso fai la brava, esci e mi dai la mano e nessun altro si farà del male, vale a dire il tuo caro babbo pelatino e la tua mamma e la tua sorellona con i tacchi alti. Spiegami: perché dovresti tirare dentro anche loro?»

«Lasciami in pace» sussurrò Connie.

«Ehi, conosci quella vecchia che sta in fondo alla strada, quella con i polli e roba del genere... la conosci?»

«È morta.»

«Morta? Come? La conosci?» disse Arnold Friend.

«È morta...»

«Cos'è? Non ti piace?»

«È morta... lei... non c'è più...»

«Ma non ti piace, cioè, hai qualcosa contro di lei? Qualche rancore?» Poi abbassò la voce, come se si fosse reso conto di essere stato maleducato. Si toccò gli occhiali da sole sistemati sopra la testa quasi ad assicurarsi che fossero ancora al loro posto. «Fa' la brava, adesso.»

«Cosa vuoi fare?»

«Solo un paio di cosette, o forse tre» disse Arnold Friend. «Ma ti giuro che non ci vorrà molto e alla fine vedrai che ti affezioni a me come a quelli a cui vuoi bene. Davvero. Non c'è più niente da fare; vieni fuori. Non vorrai mica mettere nei guai i tuoi, vero?»

Connie si girò e sbatté contro una seggiola o qualcosa del genere e si fece male a una gamba, ma corse verso la stanza sul retro e afferrò il telefono. Qualcosa le rimbombò nell'orecchio, un boato contenuto, ma era così nauseata dalla paura che non riuscì a fare nulla se non restare ad ascoltare... Il telefono era appiccicaticcio e troppo pesante; le dita si mossero a tentoni verso i numeri, ma erano troppo deboli per toccarli. Si mise a urlare nel telefono, contro il boato. Gridò. Chiamava sua madre e sentiva il respiro andare avanti e indietro nei polmoni, come fosse qualcosa con cui Arnold Friend la stava pugnalando, senza pietà, più e più volte. Tutto intorno si levò un lamento infelice, rumoroso, che la imprigionò, così come era imprigionata dentro casa.

Dopo qualche istante Connie riuscì di nuovo a sentire. Era seduta sul pavimento, con la schiena bagnata contro la parete.

Dalla porta Arnold Friend diceva: «Da brava. Metti giù il telefono».

Con un calcio lei scagliò il telefono lontano.

«No, tesoro. Raccoglilo. Rimettilo a posto come si deve.»

Lei lo raccolse e lo rimise a posto. Il segnale di linea si interruppe.

«Brava bambina. E adesso vieni fuori.»

Della paura che l'aveva assordata ora non rimaneva che un senso di vuoto. Tutte quelle urla l'avevano scaraventata fuori da se stessa. Si sedette, con una gamba sotto le natiche, e nel profondo della sua mente c'era qualcosa, come un minuscolo punto luminoso che non si fermava e le impediva di rilassarsi. Non rivedrò più mia madre, pensò. Non dormirò mai più nel mio letto, pensò. La camicia verde brillante era fradicia.

Con una voce gentile e sonora, simile a quella di un attore, Arnold Friend disse: «Il posto da cui sei venuta non c'è più, e quello dove pensavi di andare è stato eliminato. Il luogo in cui sei ora, la casa di tuo padre, è solo uno scatolone che posso buttare giù quando mi pare. Lo sai e l'hai sempre saputo. Mi hai sentito?».

Devo riflettere, pensò Connie. Devo capire cosa fare.

«Adesso ce ne andiamo in un bel campo, fuori città, dove c'è il sole e tutto profuma» disse Arnold Friend. «E poi ti stringo così forte tra le braccia che non cercherai nemmeno di scappare e ti faccio vedere cos'è l'amore, cosa fa. Al diavolo questa casa. Sembra solida, d'accordo» disse. Fece scorrere un'unghia lungo la zanzariera e a quel rumore Connie non rabbrividì, come avrebbe fatto il giorno prima. «E adesso mettiti la mano sul cuore, tesoro. Lo senti? Anche quello sembra solido, ma noi lo sappiamo come stanno le cose. Fa' la brava, cerca di essere dolce, perché cos'altro può fare una ragazza come te se non essere dolce e carina e lasciarsi andare?... E uscire prima che i suoi tornino?»

Connie sentì il cuore che batteva. Sembrava che la mano potesse racchiuderlo. Per la prima volta in vita sua pensò che non fosse una cosa sua, che non le appartenesse, ma fosse solo un oggetto vivo e pulsante all'interno di un corpo, neppure quello davvero suo.

«Tu non vuoi che si facciano male» continuò Arnold Friend. «Quindi alzati, tesoro. Alzati per conto tuo.»

Lei si alzò.

«Ora voltati da questa parte. Brava. Vieni da me... Metti via quell'affare, Ellie, quante volte te lo devo dire? Idiota. Brutto rompiballe deficiente» disse Arnold Friend. Nelle sue parole non c'era rabbia, erano solo parte di un incantesimo. Un incantesimo benevolo.

«Adesso esci dalla cucina e vieni qui, tesoro, e fammi un bel sorriso, dai, provaci. Tu sei una ragazza dolce e coraggiosa e loro adesso stanno mangiando pannocchie e salsicce alla brace, e non ti conoscono, non ti hanno mai conosciuta, tesoro tu sei meglio di loro perché nessuno di loro avrebbe fatto questo per te.»

Connie sentì il linoleum sotto i piedi; era fresco. Si scostò i capelli dagli occhi. Titubante, Arnold Friend mollò la colonna e aprì le braccia, i gomiti verso l'interno e i polsi molli, per farle vedere che si trattava di un abbraccio imbarazzato e quasi scherzoso e che non voleva metterla a disagio.

Lei allungò la mano contro la zanzariera e vide se stessa spingere la porta lentamente e aprirla come se stesse tornando sana e salva in un luogo imprecisato al di là della soglia, e guardava quel corpo e la testa di capelli lunghi che usciva nel sole dove Arnold Friend aspettava.

«La mia dolce ragazza dagli occhi azzurri» disse lui con un sospiro quasi cantato che non aveva nulla a che vedere con gli occhi marroni di lei, ma fu accolto ugualmente dalle distese soleggiate della terra alle sue spalle e intorno a lui... una terra vastissima che Connie non aveva mai visto prima e non riconosceva, ma sapeva solo che avrebbe raggiunto.

da **Joyce Carol Oates, *Storie americane*,** Milano, Marco Tropea Editore, 2005. Traduzione dall'inglese di Lucia Fochi e Isabella Zani.

Commento

Questa storia è ispirata a una serie di omicidi avvenuti tra il 1964 e il 1965 a Tucson, in Arizona

In seguito si è scoperto che il colpevole era un tale di nome Charles Schmid. Le sue vittime furono tre adolescenti. Un anno più tardi è uscito un articolo al riguardo sulla rivista "Life", e Joyce Carol Oates dice di aver pescato da lì la tensione che ha poi descritto nel racconto; d'altra parte lo fa spesso: la cronaca nera è uno dei posti che visita di più per decidere che cosa scrivere. È difficilissimo scriverne così, con la grazia e la vividezza con cui ci riesce lei, rispettando gli esseri umani coinvolti. In un mondo di programmi scandalistici sui serial killer, dove l'interesse per i fatti di questo tipo finisce per essere morboso oppure clinico – senza vie di mezzo –, Joyce Carol Oates è una delle poche in grado di mutare la cronaca in vera letteratura, per cui leggendo di Connie potete pensare a lei come a un essere umano (tale e quale a voi) e non a un pezzo di carne da macello o a una vittima innocente. Altri maestri nell'arte sono Stephen King (autore di *Shining* e *Il miglio verde*) e Jonathan Demme (che ha portato al cinema il romanzo *Il silenzio degli innocenti* di Thomas Harris).

Come si può raccontare un fatto cruento in modo rispettoso?

In questo caso specifico (e non solo), la risposta potrebbe essere: tenendosi un passo indietro. Oates non vi dice com'è andata a finire per Connie, si ferma un attimo prima di mostrarvelo. La ragazza non sa che cosa le toccherà, e voi neppure. La vostra paura non è inferiore a quella che provereste se sapeste, anzi: l'ignoto, si sa, terrorizza più di qualsiasi altra cosa. Il finale è aperto, anche se Arnold Friend è stato molto chiaro: desidera il corpo di Connie ed è lì per averlo. Tutta la seconda parte del racconto è il tentativo disperato di difendersi da una forza inarginabile.

Oates sta facendo letteratura perché parla di un tema (tra l'altro molto battuto dai narratori) che è "universale", dato che prima o poi tocca tutti: il superamento della linea d'ombra. È sincera, non ci sono ammiccamenti, vi sta dicendo che arriva il momento di uscire dall'adolescenza e di misurarsi con la vita degli adulti, dove la morte e la violenza sono all'ordine del giorno.

Il cattivo si chiama Arnold *Friend*, falso amico. Non è un caso: ogni cosa in lui sembra buona e bella, ma si rivela finta e posticcia; a partire dagli occhi, nascosti da una vera e propria maschera – gli occhiali da sole. Quando se li toglie, guardandolo fisso per un po', Connie capisce che è più vecchio e che gli stivali lo alzano da terra. Nel notare tutto ciò, muove i primi passi verso l'ombra: la ragazza si fidava perché adolescenti e bambini sono disarmati, hanno fiducia nel bene; gli adulti, invece, si sono lasciati alle spalle per sempre il mondo della confidenza. La donna cresciuta alla velocità della luce nel cervello allarmato di Connie capisce che non ha senso che un uomo stia lì, mentre lei è sola in casa.

Perché leggerlo?

Il racconto fa paura, è vero, ma – è Stephen King a dirlo – la paura che provate è mitigata dalla percezione del linguaggio. Detto in altri termini: per quanto male ci sia, se c'è qualcuno che si sta prendendo la briga di raccontarvi una storia, vuol dire che il mondo va avanti. Di fronte a questa cura che il narratore ha per voi, tutto è sopportabile.

Pare che il racconto sia dedicato a Bob Dylan, perché Joyce l'avrebbe scritto ascoltando una sua canzone, *It's All Over Now, Baby Blue*, dove una misteriosa bambina sta per andarsene, e non si sa dove né perché.

Che cos'altro? Si consiglia fortemente la lettura di *Una famiglia americana*, forse il più grande romanzo di Joyce Carol Oates, la storia del lutto che scuote i brillanti Mulvanay. Se vi piacerà, avrete poi l'imbarazzo della scelta: Oates va per i 70 libri pubblicati.

Esercizi

ESPLORARE

01 «Tutto di lei aveva due aspetti, uno per casa e uno per gli altri posti che non erano casa»: quali sono le bugie che Connie racconta alla famiglia?

02 Connie ha già incontrato Arnold, prima di trovarselo nel giardino di casa. Quando? Cerca nel testo questo primo contatto.

03 Quale oggetto che tornerà nel secondo incontro con Arnold viene descritto anche nel primo?

04 Quand'è che Connie inizia a dubitare di Arnold? Sottolinea le riflessioni della ragazza.

SMONTARE

05 I personaggi sono descritti con molta cura. Scegli tre colori diversi e sottolinea tutte le descrizioni di Connie, June e Arnold che riesci a trovare. Poi sfoglia il racconto e guarda come i colori sono distribuiti sulle pagine.

06 Arnold non parla mai in modo sincero. Riscrivi queste due frasi con il loro significato reale, togliendo di mezzo i trucchetti con cui Arnold cerca di mascherarsi.
a. «Stammi a sentire: è una cosa davvero stupenda e non potevi capitare con uno più bravo o più educato di me. Io mantengo sempre la parola. Ti dirò come andrà: io sono sempre carino all'inizio, la prima volta. Ti terrò stretta così forte che non ci penserai neppure a scappare o anche solo a far finta perché saprai che tanto non puoi farlo. E poi io entrerò dentro di te, dove tutto è segreto e tu ti lascerai andare e mi amerai...».
b. «Le cose stanno così: tu adesso esci di casa e ce ne andiamo via in macchina a farci un bel giro. Ma se non esci, aspettiamo qui finché i tuoi non tornano e così ci rimetteranno tutti quanti».

07 A un certo punto Connie guarda Arnold negli occhi. Come l'aveva visto prima, e come lo vede dopo?

08 Il titolo del racconto fa riferimento a una frase che viene pronunciata all'interno del testo. Quale?

09 Non tornare indietro a sbirciare. Quante pagine pensi sia lungo il racconto della vita di Connie fino all'arrivo di Arnold davanti a casa sua? E quante pagine dura il loro incontro, fino alla fine? Prova a rispondere e poi vai a verificare.

COSTRUIRE

10 La descrizione della paura di Connie è molto fisica, e per questo forte. Prova a pensare a ciò che proveresti se fossi in trappola: mettilo per iscritto, imitando Joyce Carol Oates.

....

....

....

....

....

11 Il dialogo tra Connie e Arnold è serrato. Smetti di usare questa antologia come un libro: alzati in piedi e scegli una persona con cui leggerlo ad alta voce (o, se sei bravissimo a sdoppiare la tua personalità, leggilo da solo ad alta voce). Come suona?

....

....

....

12 Joyce Carol Oates prende ispirazione da un fatto realmente accaduto. Emma Cline, ad esempio, fa la stessa cosa: il suo romanzo *Le ragazze* si ispira ai delitti compiuti da Charles Manson e dalla sua comune. Immagina di farlo anche tu: quale fatto di cronaca nera sceglieresti, e perché?

....

....

....

Carlo Rovelli

La più bella delle teorie

tempo di lettura 15'

vita dell'autore a p. 658

Da ragazzo, Albert Einstein ha trascorso un anno a bighellonare oziosamente. Se non si perde tempo non si arriva da nessuna parte, cosa che i genitori degli adolescenti purtroppo dimenticano spesso. Era a Pavia. Aveva raggiunto la famiglia dopo aver abbandonato gli studi in Germania, dove non sopportava il rigore del liceo. Era l'inizio del secolo e in Italia l'inizio della rivoluzione industriale. Il padre, ingegnere, installava le prime centrali elettriche in pianura padana. Albert leggeva Kant e seguiva a tempo perso lezioni all'Università di Pavia: per divertimento, senza essere iscritto né fare esami. È così che si diventa scienziati sul serio.

Poi si era iscritto all'Università di Zurigo e si era immerso nella fisica. Pochi anni dopo, nel 1905, aveva spedito tre articoli alla principale rivista scientifica del tempo, gli «Annalen der Physik». Ciascuno dei tre valeva un premio Nobel. Il primo mostrava che gli atomi esistono davvero. Il secondo apriva la porta alla Meccanica dei Quanti, di cui parlerò nella prossima lezione. Il terzo presentava la sua prima Teoria della Relatività (oggi chiamata «relatività ristretta»), la teoria che chiarisce come il tempo non passi eguale per tutti: due gemelli si ritrovano di età diversa, se uno dei due ha viaggiato velocemente.

Einstein diventa improvvisamente scienziato rinomato e riceve offerte di lavoro da varie università. Ma qualcosa lo turba: la sua teoria della relatività, per quanto subito celebrata, non quadra con quanto sappiamo sulla gravità, cioè su come cadono le cose. Se ne accorge scrivendo un articolo di rassegna sulla sua teoria, e si chiede se la vetusta e paludata «gravitazione universale» del grande padre Newton non debba essere riveduta anch'essa, per renderla compatibile con la nuova relatività. S'immerge nel problema. Ci vorranno dieci anni per risolverlo. Dieci anni di studi pazzi, tentativi, errori, confusione, articoli sbagliati, idee folgoranti, idee sbagliate. Finalmente, nel novembre del 1915, manda alle stampe un articolo con la soluzione completa: una nuova teoria della gravità, cui dà nome «teoria della relatività generale», il suo capolavoro. La «più bella delle teorie scientifiche» l'ha chiamata il grande fisico russo Lev Landau.

Ci sono capolavori assoluti che ci emozionano intensamente, il *Requiem* di Mozart, l'*Odissea*, la Cappella Sistina, *Re Lear*... Coglierne lo splendore può richiedere un percorso di apprendistato. Ma il premio è la pura bellezza. E non solo: anche l'aprirsi ai nostri occhi di uno sguardo nuovo sul mondo. La Relatività Generale, il gioiello di Albert Einstein, è uno di questi.

Ricordo l'emozione quando cominciai a capirne qualcosa. Era estate. Ero su una spiaggia della Calabria, a Condofuri, immerso nel sole della grecità mediterranea, al tempo dell'ultimo anno di università. I periodi di vacanza sono quelli in cui si studia meglio, perché non si è distratti dalla scuola. Studiavo su un libro con i margini rosicchiati dai topi, perché l'avevo usato per chiudere le tane di queste povere bestiole, di notte, nella casa malandata un po' hippy nella collina umbra dove andavo a rifugiarmi dalla noia delle lezioni universitarie di Bologna. Ogni tanto alzavo gli occhi dal libro per guardare lo scintillio del mare: mi sembrava di vedere l'incurvarsi dello spazio e del tempo immaginati da Einstein.

Era come una magia: come se un amico mi sussurrasse all'orecchio una straordinaria verità nascosta, e d'un tratto scostasse un velo dalla realtà per svelarne un ordine più semplice e profondo. Da quando abbiamo imparato che la Terra è rotonda e gira come una trottola pazza, abbiamo capito che la realtà non è come ci appare: ogni volta che ne intravediamo un pezzo nuovo è un'emozione. Un altro velo che cade.

Ma fra tutti i numerosi salti avanti del nostro sapere, avvenuti uno dopo l'altro nel corso della storia, quello compiuto da Einstein è forse senza eguale. Perché? Per prima cosa, perché una volta capito come funziona, la teoria è di una semplicità mozzafiato. Ne riassumo l'idea:

Newton aveva cercato di spiegare la ragione per la quale le cose cadono e i pianeti girano. Aveva immaginato una «forza» che tira tutti i corpi l'uno verso l'altro: l'aveva chiamata «forza di gravità». Come facesse questa forza a tirare cose che stanno lontano l'una dall'altra, senza che ci fosse niente in mezzo, non era dato sapere, e il grande padre della scienza si era cautamente guardato dall'azzardare ipotesi. Newton aveva anche immaginato che i corpi si muovessero nello spazio, e lo spazio fosse un grande contenitore vuoto, uno scatolone per l'universo. Un'immensa scaffalatura nella quale corrono diritti gli oggetti, fino a che una forza non li faccia curvare. Di cosa fosse fatto questo «spazio», contenitore del mondo, inventato da Newton, neppure questo era dato sapere.

Ma pochi anni prima della nascita di Albert, due grandi fisici britannici, Faraday e Maxwell, avevano aggiunto un ingrediente al freddo mondo di Newton: il campo elettromagnetico. Il campo è un'entità reale diffusa ovunque, che porta le onde radio, riempie lo spazio, può vibrare e ondulare come la superficie di un lago, e «porta in giro» la forza elettrica. Einstein era affascinato fin da ragazzo dal campo elettromagnetico, che faceva girare i rotori delle centrali elettriche costruite da papà, e presto capisce che anche la gravità, come l'elettricità, deve essere portata da un campo: deve esistere un «campo gravitazionale», analogo al «campo elettrico»; e cerca di capire come possa essere fatto questo «campo gravitazionale» e quali equazioni lo possano descrivere.

E qui arriva l'idea straordinaria, il puro genio: il campo gravitazionale non è *diffuso nello* spazio: il campo gravitazionale è lo spazio. Questa è l'idea della teoria della relatività generale.

Lo «spazio» di Newton, nel quale si muovono le cose, e il «campo gravitazionale», che porta la forza di gravità, sono la stessa cosa.

È una folgorazione. Una semplificazione impressionante del mondo: lo spazio non è più qualcosa di diverso dalla materia: è una delle componenti «materiali» del mondo. Un'entità che ondula, si flette, s'incurva, si storce. Non siamo contenuti in un'invisibile scaffalatura rigida: siamo immersi in un gigantesco mollusco flessibile. Il Sole piega lo spazio intorno a sé e la Terra non gli gira intorno perché tirata da una misteriosa forza, ma perché sta correndo diritta in uno spazio che si inclina. Come una pallina che rotoli in un imbuto: non ci sono misteriose «forze» generate dal centro dell'imbuto, è la natura curva delle pareti a fare ruotare la pallina. I pianeti girano intorno al Sole e le cose cadono perché lo spazio si incurva.

Come descrivere questo incurvarsi dello spazio? Il più grande matematico dell'Ottocento, Carl Friedrich Gauss, il «principe dei matematici», aveva scritto la matematica per descrivere le superfici curve bidimensionali, come la superficie delle colline. Poi aveva chiesto a un suo bravo studente di generalizzare il tutto a spazi curvi di dimensione tre o più.

Lo studente, Bernhard Riemann, aveva prodotto una ponderosa tesi di dottorato, di quelle che sembrano completamente inutili. Il risultato era che le proprietà di uno spazio curvo sono catturate da un certo oggetto matematico, che oggi chiamiamo la curvatura di Riemann e indichiamo con R. Einstein scrive un'equazione che dice che R è proporzionale all'energia della materia. Cioè: lo spazio si incurva là dove ci sia materia. È tutto. L'equazione sta in una mezza riga, non c'è altro. Una visione – lo spazio che si incurva – e un'equazione.

Ma dentro quest'equazione c'è un universo rutilante. E qui si apre la ricchezza magica della teoria. Una successione fantasmagorica di predizioni che sembrano i deliri di un pazzo, e invece sono state tutte verificate dall'esperienza.

Per cominciare, l'equazione descrive come si curva lo spazio intorno a una stella. A causa di questa curvatura, non solo i pianeti orbitano intorno alla stella, ma anche la luce smette di viaggiare diritta e devia. Einstein predice che il Sole devii la luce. Nel 1919 viene compiuta la misura, e risulta essere vero.

Ma non è solo lo spazio a incurvarsi, è anche il tempo. Einstein predice che il tempo passi più veloce in alto e più lento in basso, vicino alla Terra. Si misura, e risulta essere vero. Di poco, ma il gemello che ha vissuto al mare ritrova il gemello che ha vissuto in montagna un poco più vecchio di lui. È solo l'inizio.

Quando una grande stella ha bruciato tutto il suo combustibile (l'idrogeno), finisce per spegnersi. Quanto resta non è più sorretto dal calore della combustione e crolla schiacciato sotto il suo stesso peso, fino a curvare lo spazio così fortemente da sprofondare dentro un vero e proprio buco. Sono i famosi *buchi neri*. Quando studiavo all'università, erano poco credibili predizioni di una teoria esoterica. Oggi sono osservati nel cielo a centinaia, e studiati nei loro dettagli dagli astronomi. Ma non basta.

Lo spazio intero può distendersi e dilatarsi; anzi, l'equazione di Einstein indica che lo spazio non può stare fermo, *deve* essere in espansione. Nel 1930, l'espansione dell'universo viene effettivamente osservata. La stessa equazione predice che l'espansione debba essere scaturita dall'esplosione di un giovane universo piccolissimo e caldissimo: è il *Big Bang*. Ancora una volta, nessuno ci crede, ma le prove si accumulano, fino a che nel cielo viene osservata la *radiazione cosmica di fondo*: il bagliore diffuso che rimane dal calore dell'esplosione iniziale. La predizione dell'equazione di Einstein è corretta.

E ancora, la teoria predice che lo spazio si increspi come la superficie del mare, e gli effetti di queste «onde gravitazionali» sono osservati nel cielo sulle stelle binarie, e combaciano con le previsioni della teoria fino alla sbalorditiva precisione di una parte su cento miliardi. E così via.

Insomma, la teoria descrive un mondo colorato e stupefacente, dove esplodono universi, lo spazio sprofonda in buchi senza uscita, il tempo rallenta abbassandosi su un pianeta, e le sconfinate distese di spazio interstellare s'increspano e ondeggiano come la superficie del mare... e tutto questo, che emergeva pian piano dal mio libro rosicchiato dai topi, non era una favola raccontata da un idiota in un accesso di furore, o l'effetto del bruciante sole mediterraneo della Calabria, un'allucinazione sul baluginare del mare. Era realtà.

O meglio, uno sguardo verso la realtà, un po' meno velato di quello della nostra offuscata banalità quotidiana. Una realtà che sembra anch'essa fatta della materia di cui sono fatti i sogni, ma pur tuttavia più reale del nostro annebbiato sogno quotidiano.

Tutto questo, il risultato di un'intuizione elementare: lo spazio e il campo sono la stessa cosa. E di un'equazione semplice, che non resisto a ricopiare qui, anche se il mio lettore non potrà certo decifrarla, ma vorrei che almeno ne vedesse la grande semplicità:

$$R_{ab} - \frac{1}{2} R g_{ab} = T_{ab}$$

Tutto qui. Certo, ci vuole un percorso di apprendistato per digerire la matematica di Riemann e impadronirsi della tecnica per leggere quest'equazione. Ci vuole un po' d'impegno e fatica. Ma meno di quelli necessari per arrivare a sentire la rarefatta bellezza di uno degli ultimi quartetti di Beethoven. In un caso e nell'altro, il premio è la bellezza, e occhi nuovi per vedere il mondo.

da **Carlo Rovelli, *Sette brevi lezioni di fisica***, Milano, Adelphi, 2014.

Commento

Atti di fede

La maggior parte delle cose che fate, da quando vi alzate la mattina in avanti, avvengono in automatico, senza che vi preoccupiate di saperne il perché e il per come. Esempi? Che cosa accade dentro il vostro intestino durante la notte? Per quale motivo i vostri neuroni, al risveglio, si ricordano la merenda del giorno prima o una gita al lago che avete fatto cinque anni fa con una vecchia zia? Perché una pasta di dentifricio verde dovrebbe pulire i vostri denti anziché sporcarli? Ma soprattutto: per quale misteriosa ragione un ascensore è in grado di portarvi da un piano all'altro? Come funziona? Finché non sapete rispondere a queste domande, pur vivendo benissimo, la vostra vita è un susseguirsi pressoché ininterrotto di atti di fede. Potete studiare com'è fatto un frigorifero e dimenticarlo dopo pochi minuti, pazienza, i vostri cibi non smetteranno di raffreddarsi ma, per tutto il tempo in cui saprete come stanno le cose, sarete in grado di capirne eventuali malfunzionamenti, o semplicemente avrete un'idea più realistica di ciò che vi circonda.

Una nuova visione

Qui nel brano, che è la prima di *Sette brevi lezioni di fisica* (2014), Carlo Rovelli parte da qualcosa di ben più complesso rispetto a un ascensore: si tratta della teoria della relatività generale, l'idea con cui Albert Einstein, oramai sinonimo di un'intelligenza fuori dal comune, spiegò in un pugno di formule il funzionamento dell'universo, o almeno della porzione di universo che conosciamo (ascensori, lavatrici, memoria e dentifricio compresi).

Il motivo per cui Rovelli, che è un fisico, non sta nella pelle nel raccontarvi questa scoperta, è che lui ci è passato («era estate»): si ricorda del momento in cui ha capito che cosa si nascondeva dietro all'espressione fredda e difficile di "relatività generale".

Mentre è abbastanza facile dimenticarsi del frigorifero, perché non sposta più di tanto il modo in cui vi siete immaginati che stesse in piedi il mondo, qui è diverso: Rovelli vi sta parlando dello spazio e del tempo.

Chi lesse i tre articoli di Einstein per la prima volta fu sorpreso quanto quelli che appresero come la Terra non fosse affatto al centro dell'universo. Però, c'è un però. Questa sorpresa è rinnovata per chiunque si trovi di fronte a una spiegazione abbastanza semplice e accessibile della relatività generale. Rovelli dice che basta qualche anno di studio in fisica per leggere Einstein. Ma, per quelli che non si iscriveranno all'università apposta, ci pensa lui. Che cosa fa? Traduce una breve ed elegante formula nel linguaggio di tutti i giorni: lo spazio, anche quella distanza trasparente fatta di aria che solitamente immaginate vuota, si comporta come una bella pellicola di plastica flessibile, che si piega sotto il peso dei corpi che ospita, ad esempio i pianeti. Due conseguenze: 1. le forze che spostano gli oggetti della galassia non sono magiche, sono l'effetto di uno spazio che si piega e si modella; 2. lo spazio, essendo un corpo, si espande, né più né meno di un foglio che qualcuno ha appallottolato e poi lasciato libero di riassestarsi. Ecco che, grazie alla divulgazione di Rovelli, al suo sforzo di spiegare cose difficili con parole facili e immagini comuni, l'universo non sarà più quello di prima.

Aforismi

Alla fine c'è la formula. Dà soddisfazione vedere un enigma appena risolto nella forma incomprensibile che aveva prima di sbirciarci dentro.

"Eleganza" è una parola che ricorre più volte in questo brano: sembrerebbe che per Rovelli l'eleganza consista nel dire in modo stringato e pulito qualcosa di enormemente grande e bello, e complesso, nel restituire la complessità senza fatica e con leggerezza.

Si dà il caso che Einstein, anche quando riponeva il linguaggio matematico, amasse gli aforismi. Il più famoso racchiude cosa pensa uno che ha scoperto l'infinita pellicola di gomma dello spazio e ha riassunto tutto quel che esiste in 15 segni grafici: "Dio non gioca a dadi con l'universo", cioè "niente è per caso".

Esercizi

ESPLORARE

01 Come si diventa scienziati sul serio? Cerca la risposta nel testo.

02 Albert Einstein nel 1905 spedisce alla rivista scientifica "Annalen der Physik" tre articoli per tre teorie. Di che cosa parlano?

03 Qual è la «più bella delle teorie scientifiche», e chi l'ha definita così?

04 Perché Rovelli scrive nel testo un'equazione?

05 Impegno e fatica: qual è il premio?

SMONTARE

06 Nel testo ci sono degli aneddoti sulla vita di Einstein che te lo fanno sembrare più vicino: quali?

07 Rovelli fa la stessa cosa anche con se stesso: in quale passaggio racconta un ricordo personale?

08 Per descrivere lo spazio, Rovelli costruisce molte metafore. Sottolineale nel testo, e completa questa affermazione: *lo spazio è...*

09 "La teoria della relatività generale, elaborata da Albert Einstein e pubblicata nel 1915, è l'attuale teoria fisica della gravitazione. Essa descrive l'interazione gravitazionale non più come azione a distanza fra corpi massivi, come la teoria newtoniana, ma come effetto di una legge fisica che lega la geometria (più specificamente la curvatura) dello spazio-tempo con la distribuzione e il flusso in esso di massa, energia e impulso". Questa è la Relatività Generale secondo Wikipedia. Ci hai capito qualcosa? Perché pensi che Rovelli riesca a spiegarti come funziona una cosa così difficile anche se non hai vinto il premio Nobel?

COSTRUIRE

10 La scienza sembra un gioco di squadra: elenca i nomi degli scienziati che compaiono nel racconto, la nazionale in cui giocherebbero durante i mondiali e l'anno di nascita. Per esempio: Albert Einstein, classe 1879, Germania / Svizzera / Stati Uniti (è naturalizzato svizzero e statunitense!).

11 Prova a spiegare in modo semplice un'operazione complicata che sai svolgere bene.

....

....

....

....

....

12 Conosci il film *La teoria del tutto* (Marsh, 2014)? In quel caso, la storia di uno scienziato è diventata un film. Se non l'hai mai visto, guardalo. Conosci altri film o libri che parlano di scienziati o teorie scientifiche? Fai una ricerca, e raccogli dei titoli per organizzare un cineforum che abbia come tema la scienza.

....

....

....

....

....

13 Immagina ora di dover scrivere un racconto su uno scienziato, un inventore, una teoria o un'invenzione. Chi o che cosa sceglieresti, e perché?

....

....

....

....

....

05

Orazio

Ode 1, 11

tempo di lettura 1'
vita dell'autore a p. 652

Non domandare tu mai
quando si chiuderà la tua
vita, la mia vita,
non tentare gli oroscopi d'oriente:
male è sapere, Leucònoe.
Meglio accettare quello che verrà,
gli altri inverni che Giove donerà
o se è l'ultimo, questo
che stanca il mare etrusco
e gli scogli di pomice leggera.
Ma sii saggia: e filtra vino,
e recidi la speranza
lontana, perché breve è il nostro
cammino, e ora, mentre
si parla, il tempo
è già in fuga, come se ci odiasse!
Così cogli
la giornata, non credere al domani.

da **Orazio, *Odi ed epodi*,** Milano, Rizzoli, 1985.
Traduzione dal latino di Enzo Mandruzzato.

Commento

Parole passate alla storia

Qui trovate una delle frasi più ripetute delle storia, quel *carpe diem* latino, tradotto con «cogli la giornata», che ha fatto talmente tanta strada da essere rielaborato e rielaborato fino a perdersi e trasformarsi quasi nel suo contrario: dall'"A ciascun giorno basta la sua pena" a "Sogna come se dovessi vivere per sempre, vivi come se dovessi morire oggi". James Dean, per esempio, attore di Hollywood morto in giovane età per un incidente su un'auto da corsa, interprete di un film come *Gioventù bruciata*, potrebbe sembrarvi il perfetto interprete del *carpe diem* di Orazio; invece vedrete come proprio a un tipo simile Orazio avrebbe rivolto la sua raccomandazione: *carpe diem*, James.

Nel pensiero jamesdeaniano, o contemporaneo o quello che è, si mette l'accento sul tempo che sta per finire, dando un'idea di velocità e di fretta: "stasera muori, per cui vedi di sbizzarrirti finché ce n'è". "Che faresti se dovessi morire oggi?" è la domanda. Allora la testa cerca in mille direzioni le passioni di cui ingozzarsi, come qualcuno che sente l'acqua salirgli alla gola, e cerca appigli per non annegare subito. In questo modo, un consiglio che contiene la medicina al più grande male che affligge la nostra società occidentale, cioè l'ansia, potrebbe diventare una dose in aggiunta dello stesso male. "Sbrigati che stasera muori", oppure "fai tutto ora che domani chissà".

Perla di saggezza

La saggezza di Orazio, che veniva dall'insegnamento di Epicuro, ha un altro significato, che presuppone il non voler sapere. Orazio non vuole che si cerchi un termine, e qui sta il punto fondamentale. Orazio dice di non pensare al tempo che sta per venire, perché per prima cosa non sai se verrà e, per seconda, non è affar tuo. Dice "non credere al domani" e di non pensare quindi né alle cose buone né a quelle cattive che potrà portare. Rimane quel «filtra vino», richiamo all'allegria e a un'occupazione concreta. Orazio dice un grande "Stai qui", prendi questo tempo come un frutto, coglilo, godi le piccole cose e datti una calmata.

Pensateci, sentite come la medicina agisce.
Orazio poi ha tessuto in ogni modo le lodi della moderazione, insita nello stesso *carpe diem*, che rappresenta una norma di vita equilibrata, ben protetta dalle seduzioni delle apparenze, l'*aurea mediocritas* insomma, la "dorata via di mezzo" (la nostra "mediocrità" non c'entra nulla). E un'altra espressione famosa del poeta, forse un po' in contrasto con la via di mezzo di cui parlavamo prima – è l'espressione *exegi monumentum*, "ho innalzato un monumento", da cui "fare un monumento a qualcuno" – nel caso specifico, voleva farlo a se stesso, per aver dato vita a un'opera che né la pioggia, né il vento, né il tempo avrebbero potuto demolire.

Questa poesia fa parte delle *Odi*, una serie di componimenti che si ispirano ai lirici greci, di cui Orazio, che aveva studiato per qualche tempo ad Atene, aveva una buona conoscenza, oltre a considerarli maestri insuperabili. Spesso i versi cominciano con una citazione e le imbastiscono attorno un quadretto essenziale e asciutto, dove il poeta dà al lettore delle dritte spicce e semplici per vivere meglio. Il tempo e la capacità di non farsene travolgere occupano un posto d'onore.

Radici e fiori

Formatosi durante l'ultima guerra civile, morto nel fiorire della pace augustea, Orazio spaziò praticamente in ogni registro poetico. La sua specialità, però, resta cantare la vita quotidiana, praticare un'amara ironia e ribadire che il controllo delle passioni è l'unica via per non esserne travolto. Per questo si è parlato di un "temperamento antilirico", meno sanguigno di quello di chi aveva abbracciato la poesia come via per crogiolarsi nella passionalità e nei sentimenti.

Il famoso Mecenate, ricchissimo ministro alla corte di Augusto, dopo il primo incontro con un Orazio timido e impacciato, lo adottò nel suo pantheon di poeti e ne fece la fortuna. In cambio, Orazio gli dedicò fiumi di versi.

Esercizi

ESPLORARE

01 La poesia si rivolge a una donna o a un uomo? Qual è il suo nome?

02 Perché il poeta scrive che «male è sapere»?

03 Che cosa significa «accettare quello che verrà»?

04 Come mai la pietra pomice è leggera?

SMONTARE

05 Immagina che la poesia sia divisa in due parti e che la prima finisca con il verso: «e gli scogli di pomice leggera». Come intitoleresti la prima parte? E la seconda?

06 In quale punto ti pare che la poesia si stia rivolgendo più apertamente a te che leggi? E che cosa te lo fa pensare?

COSTRUIRE

07 «Non domandare tu mai / quando si chiuderà la tua / vita, la mia vita, / non tentare gli oroscopi d'oriente: / male è sapere, Leucònoe». Trasforma questi cinque versi in prosa.

....

....

....

08 «Così cogli / la giornata, non credere al domani». Traduci il contenuto di questi due versi in tre sms. Immagina che il primo sia per un amico, il secondo per un tuo professore che sta per andare in pensione, il terzo per il tuo ragazzo o la tua ragazza.

....

....

Mike Slack
Untitled (Blythe, CA)
da *The Transverse Path*
2017

COSTELLAZIONE 02

teoria a pagina 539

TRA RACCONTO E ROMANZO

Che cosa cambia tra una gara di velocità e una corsa di resistenza?

A volte il confine fra un luogo delimitato
e un paesaggio aperto non è altro che una cornice.

06

Daniel Keyes

Fiori per Algernon

tempo di lettura 40'
vita dell'autore a p. 646

resocconto 1 – 5 marzo 1965

Il dottor Strauss dice che devo scrivere quello che penso e tutte le cose che mi succiedono dorinnazi. Non so il motivo ma lui dice che è una cosa importante cosí vedono se devono usarmi. Spero mi usaranno. Miss Kinnian dice forse cosí dopo mi fanno diventare inteliggente. Io c'iò volontà affinché divento inteliggente. Mi chiamo Charlie Gordon. C'iò 37 anni e da due settimane era il mio compleanno. Adesso non c'iò piú niente da scrivere cosí finisco peroggi.

resocconto 2 – 6 marzo

Oggi c'iò avuto un test. Ò paura che lo sbagliato e cosí forse adesso non mi usano piú. È andata che cera un giovanotto simpatico nella stanza e ciaveva dei fogli bianchi che sopra ciavevano versato tutto linchiostro. Mi fa Charlie cosa vedi su questo foglio. Io ciavevo paura anche colla mia zampa di coniglio che la stringevo in tasca perché quando ero piccolo sbagliavo sempre i test a scuola e versavo anche tutto linchiostro.

C'iò detto vedo una macchia dinchiostro. Lui dice sí e io tiro il fiato. Credevo che era finito ma allorquando mi sono alzato lui mi ferma. Ma detto stà seduto Charlie cosa credi che abbiamo finito. Dopo non mi ricordo piú tanto ma voleva che gli dicevo cosa cera dentro linchiostro. Io non vedevo niente dentro linchiostro ma lui diceva che cera delle figure che tutta la gente vedeva le figure lí dentro. Io non vedevo nessune figure. Ò ciercato tuttimodi di vedere. Mi ò messo il foglio vicino vicino e dopo lontano. Dopo dico se c'iò gli occhiali ci vedo di piú abitudinamente metto solo gli occhiali al cinema o alla televisione ma gli dico sono nel armadio nel entrata. Sono andato a prenderli.

Poi dico mi fa vedere il foglio un altra volta scommetto che le trovo stavolta.

Ò guardato tuttimodi ma quantunque non vedevo mai le figure vedevo solo linchiostro. Gli ò detto forse c'iò bisogno di occhiali nuovi. Lui à scritto delle cose sopra di un pezzo di carta e io c'iò avuto paura che avevo sbagliato il test. Cosí gli dico ma che bella macchia dinchiostro che mi piaceva proprio con tutti quei puntini intorno. Lui à fatto una faccia come se piangeva cosí doveva essere un altra cosa. Dico per favore mi facesse gentilmente provare nuovamente. Cincue minuti e ciarrivo disicuro perché sono uno che va piano certe volte. Anche per leggere vado piano nella classe di Miss Kinnian per adulti ritardati ma cè la buona volontà. Ma fatto provare gentilmente con un'altro foglio che ci avevano versato sopra due inchiostri uno rosso e uno blu.

Era proprio gentile e parlava pianopiano come Miss Kinnian e ma spiegato che era una prova di roscia. Ha detto che la gente vedevano delle cose dentro linchiostro. Dico mi fa vedere anche a me. Lui dice cosa ti fa pensare prova su. Gli dico penso a una macchia dinchiostro ma era sbagliato di nuovo. Dice cosa somiglia – imagina qualcosa. Ò chiuso gli occhi un bel pezzo per imaginare. Dopo gli ò detto che imaginavo una penna stilografica con tutto linchiostro che si versava sulla tovaglia. Allora lui sè alzato e uscito.

Non credo che mi è andata bene questa prova di roscia.

resocconto 3 – 7 marzo

Il dottor Strauss e il dottor Nemur dicono pazienza per le macchie dinchiostro non importa. Gli ò detto non sono stato io a versare linchiostro su quei fogli e non vedevo proprio niente dentro linchiostro molto spiacente. Loro ànno detto fa niente che forse mi usano lostesso.

Io ò detto Miss Kinnian non mi faceva mai dei test cosí solo silabare e leggere. Loro ànno detto Miss Kinnian dice che ero lalunno piú bravo di tutti alla scuola serale degli adulti perché ciavevo la buona volontà e volevo tuttimodi imparare a leggere. Dopo mi chiedono come va che sei andato alla scuola serale degli adulti tutto da solo Charlie. Come ài fatto a trovarla. Io ò detto ò domandato a della gente e uno ma detto dove necessitava andare se volevo imparare a leggere e tutte le parole. Allora ànno detto qualè il motivo che volevo far questo. Ò detto perché tutta la vita volevo essere inteliggente e non scemo. Ma è tanto difficile essere inteliggente. Loro ànno detto lo sai che possibilmente sarà solo temporaleo. Ò detto sí. Miss Kinnian mela detto. E se fa male pazienza.

Dopo mi ànno fatto degli altri sarpenti di test oggi. La gentile signora che meli à fatti ma detto come si chiama e io c'iò domandato come si scrive cosí posso metterlo nel mio resocconto. THEMATIC APPERCEPTION TEST. Che lo chiamano anche tat. Non ò conoscenza delle due prime parole ma però so cosa vuol dire test. Devi passarlo o se no ti dànno i brutti voti. Questo test io credevo che era facile perché vedevo le figure. Però stavolta invece non voleva che le dicevo le figure. Conseguentemente mi sono un pò confuso. Gli dico quel gentile signore ieri voleva che gli dicevo cosa vedevo dentro linchiostro ma lei à detto non importa. À detto raccontami un pò delle storie sulla gente che ci sono nelle figure. Io gli dico come faccio a raccontare delle storie sulla gente che non li conosco mai visti ne conosciuti. Dico perché vuole che gli dico delle bugie. Io non racconto mai piú nessuna bugia perché tanto mi beccano sempre. Lei ma detto che questo test del tat e cosí pure laltro della roscia sarebbe che lo fanno per vedere la personalità. Io c'iò riso in faccia che quasi piangevo. C'iò detto ma come fate a vedere le personalità dentro le macchie dinchiostro e nelle foto. Lei allora gli è venuta la rabbia e à messo via tutte le figure. Io non mimporta niente tanto era una cretinata. Credo che ò sbagliato anche questo test.

Dopo degli uomini con delle camicie bianche manno portato da unaltra parte dello spedale e manno dato da fare un gioco. Era come fosse una corsa con un topo bianco. Il topo lo chiamavano Algernon. Algernon era dentro una cassetta e cera come fosse tanti muretti tanti muretti che giravano e loro manno dato una matita e un foglio con sopra tante righe e dei quadretti. Da una parte diceva PARTENZA e al fondo diceva ARRIVO. Manno detto che era un lavorinto e io e Algernon ciavevamo lo stesso lavorinto da fare preciso identico. Io ci volevo domandare come fanno a dire che ciavevamo lo stesso lavorinto non vedono che Algernon c'ià una cassetta e io c'iò il foglio con le righe ma non ò detto niente. Non cera neanche il tempo da parlare perché la corsa è cominciata.

Uno degli uomini ciaveva un orologio e voleva nasconderlo che io non lo vedevo cosí io facevo finta che non guardavo e mè venuto il nervoso.

È succiesso che quel test lí ma buttato giú di morale piú di tutti gli altri per il motivo che me lanno fatto fare bensí 10 volte o 11 volte con tutti lavorinti diversi e Algernon à vinto sempre lui tutte le volte. Chi lo sapeva che i topi ciavevano tutta quella inteliggenza. Quantunque Algernon è un topo bianco, ecco perché. Quantunque i topi bianchi sono piú inteliggenti degli altri topi non bianchi.

resocconto 4 – 8 marzo

Mi vogliono usare! Sono tutto agitato dalla commozione della testa che mi fa male scrivere perfino e per segno. Il dottor Strauss e il dottor Nemur prima si sono bisticciati. Il dottor Nemur era dentro il suo ufficio allorquando il dottor Strauss ma preso e ma portato dentro con lui. Il dottor Nemur parlava che non mi voleva usare per niente ma il dottor Strauss gli dice prego tener presente che Miss Kinnian ciaveva buon ricordo di me che ero il piú bravo di tutta la gente che lei glinsegnava. Io voglio bene a Miss Kinnian perché è tanto una maestra inteliggente. E lei ma detto Charlie ciai una bella fortuna se la vuoi. Se ti dai volontario per questo asperimento diventassi magari inteliggente. Loro non lo sanno se è una cosa permanente ma chisa. Per questo vero motivo ò detto va bene cistò anche quando ciavevo paura perché lei diceva che cera un operazione. Lei ma detto non aver paura Charlie ài fatto tanto progresso con poca roba che ciai poveretto te lo meriti piú di tutti.

Cosí c'iò avuto paura allorquando il dottor Nemur e il dottor Strauss si sono bisticciati analogamente. Il dottor Strauss à detto che io ciavevo una cosa che era proprio buona che andava bene. À detto che ciavevo una buona moto-vazione. Io non sapevo che ce lavevo quella cosa lí. Ero tutto contento nella testa quando lui à detto che solo pochi di quelli che cianno il quozziente al 68 cianno quella cosa buona che c'iò io. Io non lo so cosa è e dove lo presa ma lui dice che ce la anche Algernon tale quale. La moto-vazione di Algernon sarebbe il formaggio che loro gli mettono dentro della cassetta. Ma non può essere quello perché non ò mangiato niente formaggio questa settimana.

Dopo à detto al dottor Nemur una cosa che io non c'iò capito niente e cosí durante che loro parlavano ò scritto le cose che dicevano non tutte però.

À detto dottor Nemur lo so lo so Charlie non è il tipo che lei aveva in mente come primo esem°° (mè scappata la precisa parola) della sua nuova raza di superointel°°. Ma quasi tutti quelli che cianno il suo livello mentale sono ost°° e non coo°° ma invece sono sempre apat°° e è difficile stimol°°. Lui c'ià buon carattere e sinteressa e c'ià la buona volontà. Il dottor Nemur ci risponde si ricordi che lui sarà il primo essere umano che ciavrà l'inteliggenza triplicata dalla chirugia. Il dottor Strauss ci risponde appunto guardi come à imparato bene il leggere scrivere per la sua età mentale è uninpresa come fosse che lei e io impariamo la tioria della °°vità di aistan da soli. Laqualcosa dimostra la forte moto-vazione. Comparat°° è uninpresa °°abile io dico dobbiamo usare Charlie.

Non ò capito tutte le parole e loro parlavano troppo presto ma ò avuto il sentimento come se il dottor Strauss teneva per me e laltro era contro.

Dopo il dottor Nemur faceva cosí con la testa e à detto va bene forse c'ià ragione lei. Usaremo Charlie. Allorquando ha detto cosí io ero tutto contento che son saltato sú e ci ho stretto la mano per il motivo che lui era stato di buon cuore con me alla fine. C'iò detto graziemille dottore non ciavrà pentimento che ma aiutato. E c'iò la volontà sincera di far bene come ho detto al dottore effettivamente. Dopo loperazione mi metto lí e cierco di essere inteliggente. Effettivamente di buona volontà.

resocconto 5 – 10 marzo

C'iò paura. Un sacco di gente che lavorano qui e le infirmiere e cosí pure quelli là del tat e della roscia sono tutti quanti venuti e manno portato dei dolci e dicevano tanti auguri buona fortuna. Io spero di aver la fortuna. C'iò il mio piede di coniglio e il mio soldo bucato e il mio ferro di cavallo. Però un gatto nero ma passato proprio davanti durante che venivo a lo spedale. Il dottor Strauss dice non devi aver supestizione Charlie questa qui è scienza. Quantunque io mi tengo lo stesso il mio piede di coniglio. Ò domandato al dottor Strauss se dopo finita questa loperazione batto possibilmente Algernon nella corsa e lui ma detto possibile. Se loperazione va glielo faccio vedere a quel topo che sono inteliggente tale quale lui. Di piú di lui forse. Dopo cosí posso leggere bene e scrivere le parole tutte giuste e sapere un sacco di cose lostesso delaltra gente. Io c'iò volontà affinché divento inteliggente lostesso delaltra gente. Se resta permanente fanno diventare tutti inteliggenti in tutto il mondo.

Stamattina non manno dato niente da mangiare. Io domando cosa centra il mangiare col diventare inteliggenti. C'iò tanta fame e il dottor Nemur ma portato via tutti i dolci. Quel dottor Nemur c'ià sempre da dire. Il dottor Strauss dice che melo dànno subito che è finita loperazione. Non si può mangiare prima di una loperazione...

resocconto 6 – 15 marzo

Loperazione non ma fatto male. Lanno fatta allorquando io dormivo. Oggi manno levato le bende dagli occhi e cosí pure dalla testa perché cosí potevo scrivere un RESOCONTO. Il dottor Nemur à guardato quelli di precedenza e lui dice che io scrivo RESOCONTO tutto sbagliato e ma imparato a scriverlo. Adesso devo avere la buona volontà di ricordarlo.

C'iò tanto disgraziata memoria per scrivere giuste le parole. Il dottor Strauss dice che va bene che dico tutte le cose che mi succiedono ma dice che devo dire di piú le cose che sento e quello che penso nella testa. Quando io c'iò detto non sono capace a pensare come si fa lui ma detto prova. Tutto il tempo che ciavevo le bende sugli occhi ò provato di pensare. Non è capitato niente. Non so di cosa pensare. Forse se gli domando mi dice la maniera di pensare adesso che mi viene l'inteliggenza. Di cosa pensano la gente inteliggente. Delle cose interessanti. Gradirei già sapere delle cose interessanti.

resocconto 7 – 19 marzo

Non capita niente. Manno fatto un mucchio di test e ò fatto le corse con Algernon tuttimodi. Ce lo proprio in antipatia quel topo. Mi batte sempre. E il dottor Strauss à detto tassativamente dovevo fare quei giochi. E à detto devo fare quei test ancora unaltra volta. Queste macchie dinchiostro sono una cretinata. E quelle figure cosí pure. Ò piacere a disegnare una figura di un uomo e una donna ma non sono buono a dire bugie sulla gente.

Mè venuta malditesta che pensavo e pensavo troppo. Io ciavevo buona fiducia che il dottor Strauss era mio amico ma invece non maiuta niente. Non mi dice di cosa pensare e cosí pure quando divento inteliggente. Miss Kinnian non è venuta a trovarmi. Anche questi resocconti sono una cretinata cosa servono a niente.

resocconto 8 – 23 marzo

Torno a lavorare nella fabrica. Loro dicono che era meglio che andavo di nuovo a lavorare ma tassativamente non ò bisogno che dico a nessuno il sincero motivo di questa loperazione che manno fatto e poi zitto zitto devo venire allo spedale tutte le sere dopo il lavoro che mi tengono unora. Loro tuttimesi mi pagano dei soldi perché io imparo a diventare inteliggente.

Sono contento che vado di nuovo a lavorare perché avevo malinconia del mio lavoro e di tutti i miei amici e della bella allegria che facciamo là.

Il dottor Strauss dice che continuo pure a scrivere le cose ma non ò necessità che lo faccio tutti i giorni solo quando c'iò un pensiero oppure succede una cosa speciale. Ma detto non perdere il coraggio perché necessita tempo e viene poco alla volta. Dice che ciè voluto un sacco di tempo a Algernon prima che diventava 3 volte piú inteliggente che era prima. È questo il sincero motivo che Algernon mi batte tuttimodi perché cianno fatto loperazione medesima cosí pure a lui. Conseguentemente ho piú tranquillità. Possibilmente alla fine posso fare quel lavorinto piú veloce di un topo qualunque. Possibilmente finisce che batto Algernon. Sarebbe proprio bello. Fino adesso dice che Algernon sembra che resta inteliggente permanente.

25 marzo. (Non c'iò piú necessità di scrivere RESOCCONTO in principio solo quando lo porto una volta la settimana al dottor Nemur che lo leggesse. Ò solo necessità di mettere la data. Cosí guadagno del tempo).

Abbiamo avuto molto divertimento oggi alla fabrica. Joe Carp à detto ei venite a vedere dove che cianno fatto loperazione a Charlie cosa tanno fatto Charlie tanno messo dentro un pò di cervello. Io volevo esprimere il fatto ma poi mi ricordo del dottor Strauss che maveva detto no tassativamente. Dopo Frank Reilly ma detto cosai fatto Charlie ti sei dimenticato la chiave e ài aperto la porta con la testa. Era buona e ma fatto ridere. Effettivamente sono miei amici e mi vogliono bene in sincerità.

Delle volte uno dice dí guarda Joe o Frank o George che fa il Charlie Gordon. Io non capisco il motivo che dicono questa cosa ma loro ridono tutti. Stamattina Amos Borg che è capomastro da Donegan à fatto il mio nome allorquando à sgridato Ernie il fattorino. Ernie aveva perso un pacco e lui à detto Ernie diocristo cosa fai che ti metti a fare il Charlie Gordon adesso. Io non capisco perché la detto. Mai perduto un pacco io.

28 marzo. Il dottor Strauss è venuto nella mia stanza stasera per vedere il motivo che non ero andato da lui che invece dovevo. Gli ò detto non avessi piú piacere delle corse con Algernon. Lui dice pazienza lasciamo stare per umpò ma vieni lostesso. Ciaveva un regalo per me però non era un sincero regalo ma solo che me lo prestava. Credevo che era una piccola televisione ma invece no. Lui à detto che avevo necessità di aprirla allorquando dormivo. Io gli dico ma siamo matti che devo aprirla allorquando mi metto a dormire. Mai sentito una cosa cosí. Ma lui à detto se voglio diventare inteliggente ò necessità di fare come dice lui. Io gli ò detto non ci credevo che diventavo mai inteliggente effettivamente e lui ma messo una mano sulla spalla e dice Charlie tu non sai ancora ma diventi inteliggente tutti i giorni che passa. Solo non ti puoi accorgere cosí subito. Io credo che era gentile perfinta con l'intendimento di farmi coraggio per il motivo che sono sempre lostesso.

A si mi dimenticavo una cosa. C'iò domandato quando vado di

nuovo a scuola da Miss Kinnian e lui ma detto che non ci vado piú. Dice che brevemente Miss Kinnian viene lei allo spedale e li mimpara solo a me cose speciali. Io ciavevo la rabbia con lei che non è venuta durante che manno fatto loperazione ma c'iò simpatia di lei conseguentemente siamo dinuovo amici forse tra poco.

29 marzo. Quella televisione non ma fatto dormire tutta la notte. Come faccio a dormire con una cosa che grida delle cose da matti tutta la notte che ce lo proprio nelle orecchie. E quelle figure da matti. Cristo. Non capisco niente di cosa dice allorquando sto sveglio e allora come faccio a capire allorquando sto a dormire.

Il dottor Strauss dice che va tutto bene cosí. Dice che il mio ciervello impara lostesso allorquando sto a dormire e cosí aiuta per quando successivamente Miss Kinnian comincia a impararmi le lezioni speciali nello spedale (solo ma detto che non è uno spedale loro lo chiamano lavoratorio). Per me è tutta una cosa da matti. Se uno è capace a diventare inteliggente allorquando sta a dormire perché la gente va scuola scusi. Non ci credo che questa cosa serve a niente. Una volta guardavo sempre la televisione che stavo lí seduto fino alla fine ultima e lostesso non diventavo mica inteliggente. Forse che uno à necessità di dormire durante che la guarda allora serve.

resocconto 9 – 3 aprile

Il dottor Strauss ma fatto vedere come si fa per tenere giú la televisione che non si sente tanto cosí adesso posso dormire. Non sento niente. E lostesso sempre non capisco cosa dice. Diverse volte lo fatta di nuovo girare alla mattina per vedere cosa che avevo imparato durante che dormivo e non capisco lostesso. Miss Kinnian dice forse è unaltra lingua che parla. Ma parla americano quasi sempre. Parla tanto presto ancora piú presto di Miss Gold che era la mia maestra in prima e lei parlava tanto presto anche lei non capivo niente. C'iò detto al dottor Strauss cosa serve se divento inteliggente durante che sto a dormire. Io ò volontà affinché divento inteliggente durante che sono sveglio di giorno. Lui dice che è il medesimo inquantoché io c'iò due menti. Ciè il *subconscio* e poi il *conscio* (è questa la maniera che necessita scriverlo). E una mente non dice mai allaltra cosa fa. Loro due non si parlano nemmeno. È questo il motivo che durante che dormo faccio i sogni. Ò fatto dei sogni da matti. Cristo. È principiato dopo quella televisione di notte.

Ò dimenticato di domandargli se ero soltanto io ovvero se cosí pure tutti gli altri cianno queste due menti.

(Ò guardato adesso la parola nel dizionario che ma dato il dottor Strauss. La parola è *subconscio. agg. proprio di processi mentali non ancora presenti alla coscienza; come, conflitto subconscio di desideri*). Dice ancora delle altre cose ma io tanto non capisco lostesso cosa vuol dire. Non è un dizionario che va tanto bene per la gente come me che non cià l'inteliggenza.

Quantunque il malditesta mè venuto dopo la festa. I miei amici della fabrica Joe Carp e Frank Reilly manno invitato che andavo con loro al Muggsys Saloon a bere. Io non bevo volenterosamente che mi piace ma loro manno detto vieni che ridiamo un pò. Mi sono divertito.

Joe Carp à detto che dovevo fargli vedere alle signorine effettivamente la maniera che scopo i gabinetti nella fabrica e ma dato in mano una scopa. Io gli ò fatto vedere e dopo tutti ànno riso inquantoché ò detto cosa mi dice sempre Mr Donnegan che io sono il piú bravo operaio di tutti per motivo che faccio il mio lavoro volenterosamente e di buona volontà e anche non arrivo mai tardi e non perdo un giorno solo quelli per loperazione.

Ò detto Miss Kinnian mi dice sempre Charlie devi essere fiero del tuo lavoro inquantoché lo fai bene.

Tutti ridevano da matti e ci siamo divertiti e loro manno dato tanto da bere e Joe à detto Charlie è un vero fenomeno quando è brillo. Io non so cosa vuol dire ma tutti cianno della simpatia per me e cosí ci divertiamo. Spero diventerò prestamente inteliggente lostesso dei miei cari amici Joe Carp e Frank Reilly.

Non mi ricordo la maniera che è finita la festa ma penso sono possibilmente uscito per il motivo di acquistare un giornale e del caffè per Joe e Frank e quando sono tornato non cera piú nessuno. Li ho cercati tuttimodi perfino a tardi. Dopo non mi ricordo tanto bene ma penso ò avuto desiderio di dormire o di vomitare rispettosamente parlando. Una gentile guardia ma portato a casa. Mela detto Mrs Flynn ovvero la mia padrona che mi affitta.

Ma c'iò malditesta e un bozzo grosso cosí sopra la testa e sono tutto nero e blu dappertutto. Possibilmente sono caduto per terra ma Joe Carp dice che mela fatto la guardia che loro battono gli ubriachi delle volte. Io non credo. Miss Kinnian dice che le guardie sono per aiutare la gente. Quantunque c'iò tanto malditesta e mi fa male dappertutto e cosí pure dentro lo stomaco. Credo non bevo mai piú.

6 aprile. Ò battuto Algernon! Non lo sapevo che lavevo battuto ma poi Burt che mi fa sempre i test me la detto lui. Poi la seconda volta ò perso per il motivo che ero tutto agitato e conseguentemente sono caduto dalla sedia avanti di finire. Ma dopo lo nuovamente battuto 8 volte ancora. Si vede effettivamente che sono diventato inteliggente per battere un topo inteliggente come Algernon. Ma non c'iò il sentimento che sono piú inteliggente.

Volevo fare le corse con Algernon ancora un pò ma Burt à detto perog-gi bastava. Melanno dato in mano da tenere un minuto. Non fa nessun senso. È tutto molle lostesso di una palla di cotone. Chiude sempre gli occhi ma dopo li apre che sono neri dentro e intorno tutti rosa.

Ò domandato che volevo dargli qualcosa da mangiare per il motivo che ciavevo pentimento che lavevo tanto battuto e volevo fargli vedere che ero suo amico. Burt à detto no Algernon è un topo tutto speciale con loperazione lostesso della mia e era il primo tassativamente di tutti gli animali che restava inteliggente un pezzo cosí lungo. Ma detto che Algernon c'ià cosí tanta inteliggenza e per questo moti-vo tutti i giorni gli fanno un test prima che mangia. È una cosa come fosse una porta che la chiudono differentemente nella serratura tutte le volte prima che Algernon arriva e dopo lui deve imparare sempre una cosa nuova se vuole mangiare. Ma fatto dispiacere per il motivo che qualora non impara c'ià fame. Secondo il mio pensamento non va bene che ti fanno il test per mangiare. Mica gli piacerebbe al dottor Nemur che gli fanno tassativamente passare un test tutte le volte che lui vuol mangiare. Voglio diventare amico di Algernon.

9 aprile. Stasera dopo il lavoro Miss Kinnian era al lavoratorio sem-brava che era contenta di vedermi ma ciaveva paura. Gli ò detto non cè daver paura Miss Kinnian non sono ancora inteliggente e lei sè messa a ridere. Ma detto ò fiducia in te Charlie che ài volenterosamente lavorato

per leggere e scrivere piú di tutti gli altri. Per male che va ce lavrai per un poco e fai una bella cosa per la scenza.

Leggiamo un libro tanto difficile. Non avevo mai letto un libro difficile lostesso di questo. Si chiama *Robinson Crusoe* che parla di un uomo che va finire dentro lisola Deserta. È tanto inteliggente e fabrica un sacco di cose cosí tira su una bella casa e trova sempre da mangiare e nuota lostesso dei pesci. Ma ò dispiacere di lui inquantoché è tutto solo e non c'ià nessun amico. Ma credo cè effettivamente dellaltra gente sopra lisola per il motivo che ò visto una figura che cè lui col suo ombrello da ridere che guarda dei segni dei piedi. Spero sinceramente affinché trova un amico e non resta sempre da solo.

10 aprile. Miss Kinnian mimpara a scrivere bene le parole. Dice guarda una parola e chiudi gli occhi e dopo dilla tante tante volte che ti ricordi. Ho difficoltà con le doppie e le vocali che peresempio si dice *fabbrica* e non *fabrica* e cosí pure *intelligente* e non *inteliggente* e tassativamente sempre è sbagliato scrivere *c'iò* in luogo di *ho* quantunque uno lo dice. In quel modo lí tutto sbagliato scrivevo prima che ero intelligente. Non ho capito tanto bene ma Miss Kinnian dice che è inutile cercare un motivo ne lortografia.

14 aprile. Finito *Robinson Crusoe*. Volevo sapere come va a finire questa persona cosa gli capita successivamente ma Miss Kinnian dice che finisce lí non ci è nientaltro. Perché.

15 aprile. Miss Kinnian dice che imparo presto. Ha letto i resoconti non tutti e ma guardato strano. Dice che sono proprio in gamba e gli faccio vedere a tutti quanti. Ci ho chiesto perché. Ma detto nonimporta ma che non devo perdere il coraggio se possibilmente salta fuori che non tutti sono gentili e buoni lo stesso che io mi credevo tra me. Ha detto che uno che ci ha avuto cosí poco dalla natura ugualmente ho fatto di piú di tanti che hanno un cervello che non lusano mai. Io ho detto tutti i miei amici sono intelligenti ma gente brava e gentile. Mi vogliono bene e non manno mai fatto una cosa brutta. Dopo lei aveva una cosa ne locchio e è andata alla tualet di corsa.

16 aprile. Oggi, ho imparato, la *virgola*, questa è una virgola (,) un punto, con la coda, Miss Kinnian, dice è una, cosa che è importante, perché, cosí

uno, scrive meglio, ha detto, uno possibilmente perde, un sacco, di soldi, se una virgola, non è, nel posto, giusto io non, ho soldi e non capisco come, fa una, virgola a, impedire che, li perdi,

Ma lei dice, tutti quanti, mettono le virgole, cosí le, metto anchio,

17 aprile. Ho messo le virgole tutte sbagliate. Si chiama punteggiatura. Miss Kinnian ma detto di cercare le parole lunghe nel dizionario cosí imparo come sono scritte. Ho detto cosa serve che tanto si capisce lostesso. Lei ha detto che quella è leducazione cosí dorinnazi guardo tutte le parole che non so scriverle. Necessita molto tempo nello scrivere cosí ma comincio a ricordare. Ho solo necessità che guardo una sola volta e dopo già le imparo. Ho fatto cosí per imparare giusta la parola *punteggiatura*. (Sta scritta cosí dentro il dizionario). Miss Kinnian dice che anche un punto è nella punteggiatura, e dopo ci sono un sacco di altri segni che necessita imparare. Gli ho detto credevo tutti i punti tassativamente necessitavano di avere la coda ma lei ma detto no. Necessita di mescolarli, ma fatto? vedere» la maniera. come si fa! nel mescolarli (e adesso; sono! capace di mescolarli tuttimodi» allorquando scrivo? Ci sono, un sacco! di regole? che necessita imparare; ma piano piano mi entrano nella testa.

Una cosa? che mi piace della, Cara Miss Kinnian: (è questa la maniera che scrivono le lettere commerciali se eventualmente vado nel commercio) che mi dice, sempre "il motivo» delle cose: allorquando domando – È un. vero gen'io! Se magari diventò, intelligente» lo stesso, di lei;

(La punteggiatura, è; proprio un-divertimento?)

18 aprile. Sono un vero cretino! Non avevo nemmeno capito di cosa lei parlava. Ho letto il libro della grammatica ierisera che spiega tutte le cose. Allora ho visto che era lo stesso che Miss Kinnian voleva farmi capire ma io non ci ero arrivato. Mi sono alzato in mezzo alla notte e avevo tutte le cose chiare nella testa.

Miss Kinnian dice che è per il motivo della televisione che allorquando stavo a dormire mi aiutava. Dice che sono arrivato a un platò. Che sarebbe lo stesso che in cima a una collina, solo piatta.

Dopo quando ho capito come è questa cosa della punteggiatura, ho letto di nuovo tutti i miei resoconti dal principio. Che roba! Scrivevo tutto sbagliato e la punteggiatura era cosí pure sbagliata. Ho detto a Miss Kinnian che dovevo guardare bene tutte le pagine e mettere giusti tutti gli sbagli ma lei ha detto: «No, Charlie, il dottor Nemur li vuole cosí tale quale. È questo il motivo che te li ha lasciati a te dopo che li hanno fotografati perché tu vedevi il tuo progresso. Vai bene Charlie, vai svelto».

Ero tutto contento. Dopo la lezione sono andato giú per giocare con Algernon. Non facciamo piú le corse.

20 aprile. Ho male dentro. Non male come per il dottore, ma dentro dello stomaco è vuoto lo stesso che prendere un pugno e bruciare tutto insieme.

Non avevo la volontà di scrivere di questa cosa ma devo farlo perché è importante. Oggi è la prima volta che sono stato a casa da lavorare.

Ieri sera Joe Carp e Frank Reilly m'hanno invitato se andavo a una festa. Ci erano molte signorine e degli uomini della fabbrica. Io ci avevo il ricordo che ero stato tanto male l'ultima volta avendo bevuto eccessivamente, cosí ho detto a Joe: «Non voglio bere niente». Lui m'ha dato una coca e basta. Ci aveva un gusto strano, ma ho pensato che era un gusto cattivo dentro la mia bocca.

Abbiamo avuto grande allegria per un pò di tempo. Joe ha detto che dovevo ballare con Ellen che lei mi insegnava i passi. Ma cadevo sempre e non capivo il motivo in quanto che nessuno ballava, solo Ellen e io. E sempre cadevo per il motivo che allungavano il piede di nascosto.

Dopo quando mi sono tirato su ho visto la faccia di Joe come mi guardava e ho avuto questo male principiante nello stomaco. «È un fenomeno», ha detto una di quelle signorine. Tutti si sono messi a ridere.

Frank ha detto: «Non ho piú riso cosí dopo quella notte da Muggsy's che l'abbiamo mandato a prendere il giornale e l'abbiamo piantato lí».

«Guardalo, è rosso in faccia».

«Arrossisce. Charlie che arrossisce».

«Ehi, Ellen, cosa gli fai a Charlie? Non l'ho mai visto far cosí prima».

Io non sapevo piú cosa fare e mi voltavo di qua e di là. Tutti mi guardavano e ridevano e io mi sentivo tutto nudo senza vestiti. Volevo nascondermi. Ho corso fuori nella strada e ho vomitato, rispettosamente parlando. Dopo sono andato a casa. Strano che non sapevo che Joe e Frank e tutti gli altri volevano sempre vedermi in giro per il motivo che ridevano poi di me.

Adesso lo so cosa vuol dire quando dicono «fare il Charlie Gordon».

Ho vergogna.

Resoconto II

21 aprile. Oggi pure sono rimasto a casa dalla fabbrica. Ho detto a Mrs Flynn, la mia padrona, se possibilmente telefonava a Mr Donnegan e gli comunicava della mia malattia. Mrs Flynn mi guarda tutto storto da un po', come se le faccio paura. Penso che è una buona cosa che ho scoperto che tutti quanti ridono di me. Ho pensato e pensato a questa cosa. Il motivo è che sono scemo e non so neppure allorquando faccio una cosa da scemo. La gente crede che fa ridere quando uno scemo non è capace di fare le cose nella medesima maniera che loro.

Però adesso lo so che divento tutti i giorni piú intelligente. So la punteggiatura e scrivo le parole giuste. Guardo le parole lunghe nel dizionario e me le ricordo. Leggo un sacco di cose adesso, e Miss Kinnian dice che leggo proprio in fretta. Delle volte capisco perfino cosa leggo, e mi resta dentro la testa. Delle volte chiudo gli occhi e penso a una pagina e me la vedo lí davanti come al cinema.

Dopo la grammatica e la sintassi, storia, geografia e aritmetica, Miss Kinnian dice che bisogna che comincio un pò delle lingue straniere. Il dottor Strauss m'ha dato degli altri nastri da mettere su durante che dormo. Non capisco ancora la maniera che lavora quel fatto della mente conscia e subconscia, ma il dottor Strauss dice di non stare preoccupati per adesso. M'ha domandato che gli prometto che allorquando comincio a imparare le materie dell'università un'altra settimana non mi metto assolutamente a leggere i libri della psicologia – ovvero se lui non mi da il permesso.

Sto molto meglio oggi, ma ho ancora un pò la rabbia per il motivo che tutti ridevano e mi pigliavano in giro essendo io poco intelligente. Quando divento intelligente come dice il dottor Strauss, con tre volte di piú del mio Q.I. di 68, possibilmente sarò lo stesso uguale degli altri e la gente avrà simpatia di me e saranno gentili.

Non so bene cosa è questo Q.I. Il dottor Nemur diceva che era una cosa che misurava l'intelligenza – lo stesso di un peso dal droghiere che segna gli etti e i chili. Ma il dottor Strauss ha bisticciato da matti con lui e diceva che il Q.I. non pesa l'intelligenza un bel niente. Ha detto che il Q.I. fa vedere la quantità d'intelligenza che uno può arrivare, a rassomiglianza dei numeri e delle righine fuori di quelle bottiglie dei bambini piccoli. Ma bisogna ancora riempire la bottiglia con la roba.

Dopo l'ho chiesto a Burt, che è quello che mi fa i test e lavora con Algernon, e lui dice che tutti e due non capiscono nicntc (solo ho promesso sinceramente che non dico a loro che lui me l'ha detto). Burt dice che il Q.I. misura un sacco di cose differenti e anche delle cose che uno ha già imparato, e non serve effettivamente niente.

Cosí sempre non so cosa sarebbe questo Q.I. quantunque il mio arriva sopra i 200 molto presto. Io non ho detto niente, ma non capisco il motivo se non lo sanno *cosa* è, e nemmeno *dove* è – non capisco il motivo che dicono che sanno lo stesso la *quantità* che uno ha.

Il dottor Nemur dice che domani devo passare un *Test Rorshach*. Chissà cosa è.

22 aprile. Ho capito cosa è un *Rorshach*. É il test che m'hanno fatto prima dell'operazione – quello con le macchie d'inchiostro sui pezzi di cartone. L'uomo che m'ha fatto il test di nuovo era lo stesso preciso di allora.

Io avevo una paura da matti di quelle macchie. Lo sapevo già che mi voleva domandare di trovare le figure lí dentro e cosí pure sapevo già che non le trovavo. Pensavo nella mia testa se c'era per caso la maniera di sapere che razza di figure nascondono dentro le macchie. Forse non c'era nessuna figura. Forse era tutto un trucco per vedere se ero cosí scemo che mi mettevo a cercare una cosa che non c'è. Quando ho pensato cosí m'è venuta la rabbia contro di lui.

«Allora Charlie, – ha detto, – hai già visto queste tavole, ti ricordi?»

«Si capisce che mi ricordo».

Dalla maniera che l'ho detto ha capito subito che avevo la rabbia e sembrava un pò stupito. «Certo, certo. Ora voglio che guardi questa qui. Cosa vedi su questa tavola? La gente vede un mucchio di cose in queste macchie. Dimmi cosa può essere secondo te – a cosa ti fa pensare».

Io ci sono rimasto. Non aspettavo che diceva quello.

«Ma non ci sono delle figure nascoste dentro le macchie?»

Lui ha fatto una faccia e si è levati gli occhiali. «Cosa?»

«Delle figure. Nascoste nelle macchie. L'altra volta mi ha detto che tutti le vedevano benissimo e voleva che le trovavo io pure».

Lui mi ha spiegato che l'altra volta aveva detto quasi le medesime parole che aveva detto adesso. Io non lo ho creduto, e ho nondimeno il sospetto che lui quella volta ha fatto apposta a confondermi per ridere un pò. Oppure – non capisco piú niente – possibile che ero tanto stupido allora? Abbiamo passato adagio tutte le tavole. Una sembrava come due pipistrelli che tiravano qualcosa. Un'altra era come due uomini che fanno battaglia con le spade. Ho immaginato un sacco di cose differenti. Credo che mi sono fatto trascinare con la fantasia. Ma ugualmente non avevo piú fiducia in quell'uomo, e giravo le tavole da tutte le parti e perfino le guardavo dietro per vedere se c'era qualcosa che dovevo scoprire. Durante che lui scriveva gli appunti, io ho guardato con la coda dell'occhio. Ma era tutto in codice come per esempio delle cose cosí:

WF + A DdF – Ad orig. WF – A SF + obj

Lo stesso mi sembra che questo test non serve niente, in quanto che tutti possono dire bugie e inventare delle cose che sinceramente non vedono. Come faceva a sapere che io non lo pigliavo in giro dicendo delle cose che sinceramente non avevo immaginato? Forse comprenderò quando il dottor Strauss mi lascia leggere della psicologia.

25 aprile. Ho immaginato un modo nuovo di mettere le macchine in fila nella fabbrica, e Mr Donnegan dice che gli farà risparmiare diecimila dollari all'anno tra ore lavorative e aumento della produzione. Mi ha regalato un premio di venticinque dollari.

Volevo invitare a mangiare fuori Joe Carp e Frank Reilly per festeggiare, ma Joe ha detto che doveva comprare delle cose per sua moglie, e Frank ha detto che aveva un appuntamento con suo cugino. Ci metteranno un po' di tempo per abituarsi al cambiamento che ho fatto. Tutti sembra che hanno paura di me. Quando sono andato vicino a Amos Borg e gli ho battuto sulla spalla, lui è saltato in aria.

La gente non parla piú con me volentieri e nemmeno scherzano come una volta. Al lavoro cosí mi sento un po' solo.

27 aprile. Oggi ho tirato fuori il coraggio e ho domandato a Miss Kinnian se voleva cenare con me domani sera per festeggiare il premio.

Al principio lei non sapeva se faceva bene, ma ho domandato al dottor Strauss e lui ha detto che andava benissimo. Il dottor Strauss e il dottor Nemur mi sembra che non vanno tanto d'accordo. Bisticciano sempre. Stasera quando sono entrato per domandare al dottor Strauss se potevo cenare con Miss Kinnian, ho sentito che gridavano. Il dottor Nemur diceva che era un *suo* esperimento e una *sua* ricerca, e il dottor Strauss urlava che anche lui aveva contribuito altrettanto, in quanto che mi aveva trovato per tramite di Miss Kinnian e poi aveva fatto l'operazione. Il dottor Strauss ha detto che un giorno migliaia di neuro-chirurgi useranno la sua tecnica in tutto il mondo.

Il dottor Nemur voleva pubblicare i risultati dell'esperimento alla fine di questo mese. Il dottor Strauss voleva aspettare ancora un po' per essere proprio sicuro. Il dottor Strauss ha detto che il dottor Nemur aveva piú interesse per la cattedra di Psicologia a Princeton che non per l'esperimento. Il dottor Nemur ha risposto che il dottor Strauss era solo un opportunista che cercava di arrivare alla gloria attaccato alla sua giacca.

Dopo quando sono uscito, tremavo tutto. Non so il perché di sicuro, ma mi pareva come se avessi visto quei due chiaramente per la prima volta. Mi ricordo che una volta Burt ha detto che il dottor Nemur aveva una moglie terribile che lo spingeva sempre a farsi pubblicare affinché diventasse famoso. Burt ha detto che questa donna sognava solo di avere un marito pezzo grosso.

Chissà se il dottor Strauss vuole davvero farsi tirare attaccato alla sua giacca.

28 aprile. Non capisco come mai non avevo mai notato che Miss Kinnian è davvero bellissima. Ha gli occhi scuri e i capelli morbidi e castani che arrivano in alto del collo. Ha soltanto trentaquattro anni! Al principio mi sembrava come un genio irraggiungibile – e molto molto

vecchia. Adesso tutte le volte che la vedo diventa piú giovane e piú bella.

Abbiamo mangiato la cena e abbiamo parlato molto. Quando lei ha detto che io andavo avanti cosí presto che tra poco la lasciavo indietro, mi sono messo a ridere.

«È vero, Charlie. Già presentemente leggi meglio di me. Puoi leggere tutta una pagina con una sola occhiata e io invece posso solo assimilare poche righe alla volta. E tu ti ricordi ogni precisa parola che leggi. Io è tanto che mi ricordo le idee principali e il senso generale».

«Ma io non mi sento intelligente. Ci sono un mucchio di cose che non capisco».

Lei ha tirato fuori una sigaretta e io glie l'ho accesa. «Devi avere un po' di pazienza. Stai facendo in pochi giorni e settimane quello che la gente normale ci mette quasi tutta la vita. È questa la cosa straordinaria. Tu sei come una spugna gigante adesso, che assorbe tutto. Fatti, cifre, nozioni generali. E presto comincerai anche a collegarli. Comprenderai in che modo i diversi rami del sapere si combinano tra loro. Ci sono tanti livelli, Charlie, come i pioli di una grande scala che ti porta su, sempre piú in alto, e ti fa vedere un pezzo di mondo sempre piú grande.

«Io ne posso vedere solo un pezzettino, Charlie, e non andrò molto piú in alto di come sono adesso, ma tu continuerai a salire sempre piú, a vedere sempre di piú, e ogni piolo ti aprirà dei mondi nuovi che tu non sapevi nemmeno che esistevano».

Ha fatto una smorfia. «Spero... voglio solo sperare...»

«Che cosa?»

«Non importa, Charles. Spero solo di non aver fatto uno sbaglio quando ti ho consigliato di accettare questo esperimento».

Io mi sono messo a ridere. «E perché uno sbaglio? Ha funzionato benissimo, no? Anche Algernon continua a restare intelligente».

Siamo stati senza dir niente per un po' e io sapevo cosa lei pensava mentre mi guardava giocare con la catena del mio piede di coniglio e delle chiavi. Io non volevo pensare a quella possibilità come le persone anziane non vogliono pensare alla morte. Lo sapevo che questo era solo il principio. Lo sapevo cosa voleva dire dicendo quella cosa sui livelli perché ne avevo già passati diversi. L'idea che me la lasciavo indietro mi ha dato tristezza.

Sono innamorato di Miss Kinnian.

Resoconto 12

30 aprile. Ho lasciato il mio lavoro alla Donnegan's Plastic Box Company. Mr Donnegan mi ha detto chiaramente che era meglio per tutti quanti se me ne andavo via. Che cosa gli ho fatto che mi odiano tutti cosí?

La prima volta che me ne sono accorto è stato quando Mr Donnegan mi ha fatto vedere la petizione. Ottocento e quaranta nomi, tutti di lavoratori nella fabbrica, tranne Fanny Girden. Passando in fretta gli occhi sulla lista ho visto subito che mancava solo il suo nome. Tutti gli altri domandavano il mio licenziamento.

Joe Carp e Frank Reilly non hanno voluto parlarne con me. Nessuno me ne ha voluto parlare, tranne Fanny. È una delle rare persone che ho conosciuto che si fissano su qualche cosa e ci credono fino in fondo, non gli importa niente di cosa dicono o fanno gli altri – e Fanny non credeva che io dovevo essere licenziato. S'era messa contro la petizione dal principio e nonostante le pressioni e le minacce aveva tenuto duro.

«Con questo non voglio dire, – mi ha spiegato, – che non penso che tu sei diventato molto strano, Charlie. Tutti questi cambiamenti. Non so. Una volta eri un uomo come tutti gli altri, tanto buono, e uno si poteva fidare di te; non tanto sveglio, forse, ma onesto. Chissà cosa hai fatto per diventare tanto intelligente cosí in fretta. Come dicono tutti qui in giro, Charlie, è una cosa che puzza».

«Ma come puoi dire questo Fanny? Cosa c'è di male se un uomo diventa intelligente e vuole conoscere e comprendere il mondo che ha intorno?»

Lei ha chinato la testa sul suo lavoro e io mi sono voltato per andar via. Senza guardarmi, lei ha detto: «Era peccato quando Eva ha dato ascolto al serpente e ha mangiato dall'albero della scienza. Era peccato quando ha visto che era nuda. Se non era per quello, nessuno di noi adesso doveva diventare vecchio e malato, e morire».

Ho di nuovo quella vergogna che mi brucia dentro. Questa intelligenza ha alzato una barriera tra me e tutte le persone che una volta conoscevo e amavo. Prima ridevano di me e mi disprezzavano perché ero ignorante e stupido; adesso mi odiano perché sono colto e intelligente. Cosa vogliono da me, si può sapere? Mi hanno cacciato via dalla fabbrica. Adesso sono piú solo di prima...

15 maggio. Il dottor Strauss è indignato con me perché non ho piú scritto resoconti per due settimane. Ha pienamente ragione, dato che il laboratorio mi paga ora un regolare stipendio. Gli ho detto che ho avuto molto da leggere e da pensare.

Quando gli ho spiegato che scrivere è un'operazione cosí lenta che mi rende nervoso, mi ha suggerito di imparare la dattilografia. Ora è molto piú facile scrivere perché arrivo a battere quasi settantacinque parole al minuto. Il dottor Strauss mi esorta continuamente a scrivere in uno stile semplice e diretto, in modo che tutti possano capirmi.

Cercherò di ricapitolare tutte le cose che mi sono successe durante le due ultime settimane. Martedí scorso Algernon ed io siamo stati presentati alla American Psychological Association riunita in congresso con l'Accademia Universale di Psicologia. Abbiamo fatto sensazione. Il dottor Nemur e il dottor Strauss erano orgogliosi di noi.

Ho il sospetto che il dottor Nemur, che ha sessant'anni – dieci di piú del dottor Strauss – senta il bisogno di ottenere dei risultati tangibili e vistosi. Certamente perché sua moglie lo pungola.

Contrariamente all'opinione che mi ero formata di lui al principio, mi accorgo ora che il dottor Nemur non è affatto un genio. È molto intelligente ma è torturato dalla sfiducia in se stesso. Vorrebbe che gli altri lo giudicassero un genio. Per lui è quindi molto importante che il suo lavoro ottenga un riconoscimento pubblico. Ritengo che il dottor Nemur fosse contrario a ogni ulteriore dilazione perché temeva che qualche altro scienziato potesse fare una scoperta nella stessa direzione e soffiargli tutti gli onori.

Quanto al dottor Strauss, non sarebbe esagerato definirlo un genio, sebbene le sue conoscenze in molti campi del sapere siano troppo limitate. È stato educato secondo il criterio della piú stretta specializzazione; gli aspetti piú generali della cultura sono stati da lui trascurati molto piú del necessario – anche per un neurochirurgo.

Ho appreso con meraviglia che le sole lingue arcaiche da lui conosciute sono il latino, il greco e l'ebraico, e che ignora quasi tutto della matematica al di là del piú elementare livello del calcolo delle variazioni. Quando ha ammesso queste sue lacune ho provato un senso quasi di indignazione. Era come se mi avesse tenuta deliberatamente nascosta questa parte di sé allo scopo di trarmi in inganno facendosi passare – come ho scoperto che molti fanno – per ciò che non è. Nessuna delle persone che ho conosciuto in precedenza è quale appare in superfice.

Il dottor Nemur sembra sentirsi a disagio in mia presenza. A volte, quando cerco di parlare con lui, si limita a guardarmi con aria strana e poi se ne va. Sulle prime mi sono irritato quando il dottor Strauss mi ha detto che avevo scatenato nel dottor Nemur un complesso d'inferiorità. Credevo che volesse prendermi in giro e sono ipersensibile a queste cose.

Come potevo sospettare che un illustre psico-sperimentalista qual è il dottor Nemur non conoscesse l'indostano e il cinese? È una lacuna incredibile, quando si considerano le ricerche attualmente in corso in India e in Cina proprio nel suo stesso campo di studi.

Ho chiesto al dottor Strauss come potesse Nemur confutare le dure critiche di Rahajamati al suo metodo e ai suoi risultati dal momento che, non conoscendo la lingua, non è neppure in grado di leggerle. La strana espressione che è apparsa sul volto del dottor Strauss può significare soltanto due cose: o non vuol parlare al dottor Nemur di ciò che si dice in India, oppure – e la cosa mi dà pensiero – neppure il dottor Strauss ne è informato. Devo stare attento a parlare e a scrivere in modo chiaro e semplice per evitare che la gente rida di me.

18 maggio. Sono molto turbato. Ieri sera ho visto Miss Kinnian dopo oltre una settimana. Ho cercato di evitare ogni discussione di carattere intellettuale e di mantenere la conversazione su un livello semplice e quotidiano, ma lei m'ha guardato a occhi sgranati e m'ha chiesto che cosa intendessi parlando dell'equivalente di variazione matematica nel *Quinto Concerto* di Dorbermann.

Quando ho tentato di spiegarle lei m'ha interrotto ed è scoppiata a ridere. Sul momento mi sono offeso, ma evidentemente avevo commesso l'errore di cercare il contatto con lei a un livello sbagliato. Qualsiasi cosa tenti di discutere con lei, non riesco a comunicare. Dovrò rileggermi le equazioni di Vrostadt sui *Livelli di Processione Semantica*. Trovo sempre piú difficile comunicare con gli altri. Ringrazio il cielo che ho i libri e la musica e tante cose da pensare. Sono quasi sempre solo nella mia stanza presso Mrs Flynn e mi capita molto raramente di parlare con qualcuno.

20 maggio. Non avrei certo notato il nuovo lavapiatti, un ragazzo sui sedici anni, al ristorante dell'angolo dove di solito prendo i pasti alla sera, se non fosse stato per l'incidente dei piatti rotti.

Sono piombati fragorosamente sul pavimento, sparpagliandosi in mille pezzi sotto i tavoli. Il ragazzo è rimasto dov'era, atterrito e come paralizzato, col vassoio vuoto in mano. I fischi e i commenti della clientela (le grida di «preparate la colla!»... «chi rompe paga!»... e «bravo, cominci bene!» che sembrano costituire l'inevitabile coro di ogni incidente del genere in un ristorante) parevano sconcertarlo grandemente.

Quando il proprietario venne a vedere la ragione di tanto chiasso, il ragazzo si ritrasse e alzò le braccia come per allontanare le botte.

«Avanti sbrigati, idiota, – gridò il proprietario, – non star lí come un pezzo di legno! Su, va' a prendere una scopa e fa' pulizia. Una scopa... t'ho detto una scopa, deficiente! È in cucina. Fammi sparire questi cocci, svelto».

Il ragazzo capí che non sarebbe stato punito. La sua espressione di spavento scomparve e subito cominciò a sorridere; quando tornò con la scopa canticchiava addirittura. Alcuni degli avventori piú allegri continuarono a commentare il fatto, divertendosi a sue spese.

«Qui ragazzino, da questa parte, ce n'è un pezzo bellissimo...»

«Perché non rompi anche il mio?»

«Non è mica tanto scemo. E piú facile romperli che lavarli...»

Lui continuò a guardare con occhi inespressivi la folla divertita dei clienti, e solo molto lentamente prese coscienza di quei sorrisi e infine abbozzò lui stesso un sorriso incerto a quell'ultima battuta, che evidentemente non aveva capito.

Ho provato un senso improvviso di nausea davanti a quel sorriso spento, vacuo, a quei grandi occhi sgranati di bambino che non è sicuro di come stanno veramente le cose, ma è pronto a far contenti tutti. Ridevano di lui perché era un ritardato mentale.

E anch'io avevo riso di lui.

Ho avuto uno scatto d'ira contro me stesso e contro tutti quelli che si facevano beffe di lui. Sono saltato in piedi e ho gridato: «State zitti! Lasciatelo in pace! Non è colpa sua se non capisce! Ma perdio... è sempre un essere umano!»

S'è fatto subito un gran silenzio. Mi sono morso la lingua per aver perso il controllo e provocato una scena. Ho cercato di non guardare il ragazzo mentre pagavo il conto e uscivo senza toccare un boccone. Mi vergognavo per lui e per me.

Strano che delle persone civili e sensibili, le quali non si sognerebbero di approfittare di un uomo nato senza le braccia o le gambe o gli occhi – queste stesse persone non esitino poi a offendere un uomo nato povero d'intelligenza. E mi riempiva di furore il pensiero che non molto tempo fa anch'io, come quel ragazzo, mi ero stupidamente prestato a fare il pagliaccio.

E me ne ero quasi dimenticato.

Avevo nascosto a me stesso l'immagine del vecchio Charlie Gordon perché ormai ero diventato intelligente e non volevo ricordare la mia condizione passata. Ma oggi, guardando quel ragazzo, ho capito per la prima volta che cosa ero stato. *Ero esattamente come lui!*

Solo poco tempo fa ho scoperto che la gente rideva di me. Ora capisco che, senza saperlo, mi univo a loro per ridere di me stesso. Questo soprattutto mi fa male.

Ho spesso riletto i miei resoconti e ho visto l'ignoranza, l'ingenuità infantile, la fioca intelligenza di quel me stesso che in una stanza buia guardava dal buco della serratura la luce radiosa del mondo di fuori. Capisco che, pur nella mia stupidità, mi rendevo conto di essere inferiore, e che gli altri possedevano qualcosa che a me mancava – qualcosa che a me era negata. Nella mia cecità mentale credevo che questo qualcosa fosse connesso con la capacità di leggere e scrivere, ed ero certo che, se fossi riuscito ad acquisire quella capacità, avrei acquisito automaticamente anche l'intelligenza.

Anche un deficiente sente il bisogno di essere come gli altri. Un bambino può non sapere come nutrirsi o di che cibo, e tuttavia sa che cos'è la fame.

Quello, dunque, ero io. Non l'avevo capito. Nonostante le doti intellettuali di cui ora dispongo, non l'avevo mai capito veramente.

Questa è stata una buona giornata per me. Ora che ho visto il passato con maggiore chiarezza, ho deciso di dedicare tutta la mia intelligenza, la mia cultura e le mie capacità alle ricerche nel campo dei livelli dell'intelligenza umana. Chi meglio di me è qualificato per un lavoro del genere? Chi altri ha avuto modo di vivere in entrambi i mondi? Questi sono i miei fratelli. Userò i miei doni per aiutarli.

Domani discuterò col dottor Strauss in che modo io possa essere impiegato in questo campo. Potrò forse aiutarlo a studiare e a elaborare i problemi connessi con l'impiego estensivo della tecnica che è stata sperimentata su di me. Ho in proposito diverse idee interessanti.

Si potrebbero fare grandi cose perfezionando questa tecnica. Se si è riusciti a fare di me un genio, sono migliaia e migliaia quelli come me che aspettano di essere salvati. E si pensi ai livelli vertiginosi che si potrebbero raggiungere applicando questa tecnica alle persone normali. E ai genii!

Vi sono innumerevoli porte da aprire. Sono impaziente di cominciare.

Resoconto 13

23 maggio. È accaduto oggi. Algernon mi ha morso. Ero andato al laboratorio per fargli la mia solita visita e quando l'ho tolto dalla gabbia m'ha piantato i denti nella mano. L'ho rimesso giú e sono rimasto a osservarlo per un po'. Era insolitamente nervoso e ostile.

24 maggio. Burt, che si occupa degli animali sperimentali, mi dice che Algernon sta cambiando. Coopera sempre meno; rifiuta di percorrere il labirinto; la motivazione generale è diminuita. E non vuol mangiare. Tutti sono molto preoccupati e si chiedono cosa possa significare.

25 maggio. Devono nutrire artificialmente Algernon, che ora rifiuta di passare il test della porta chiusa. Tutti, parlando di lui, pensano a me. In certo modo siamo i primi della nostra specie. Tutti fingono di credere che il comportamento di Algernon non è necessariamente indicativo di ciò che potrebbe accadere a me. Ma è difficile ignorare il fatto che diversi altri animali usati in questo esperimento tengono un comportamento sempre piú strano.

Il dottor Strauss e il dottor Nemur mi hanno pregato di non andar piú al laboratorio. So benissimo quel che pensano, ma non posso acconsentire. Continuerò ugualmente a lavorare per perfezionare e portare innanzi le loro scoperte. Con tutto il dovuto rispetto a questi due ottimi scienziati, mi rendo ben conto dei loro limiti. Se una soluzione c'è, dovrò trovarmela da solo. Di colpo il mio tempo è diventato preziosissimo.

29 maggio. Mi hanno dato un laboratorio per mio uso personale e il permesso di continuare le mie ricerche. Ho già individuato qualcosa di grosso. Lavoro giorno e notte. Mi son fatto portare un lettino nel laboratorio. Gran parte del tempo che mi resta libero per scrivere lo impiego a stendere i miei appunti scientifici, ma di tempo in tempo sento il bisogno di metter giú i miei stati d'animo e i miei pensieri, per mera abitudine.

Il *calcolo dell'intelligenza* è per me uno studio affascinante, il perfetto campo d'applicazione di tutte le conoscenze che ho acquisito. In un certo senso è il problema di cui mi sono occupato tutta la vita.

31 maggio. Il dottor Strauss mi consiglia di non lavorare troppo. Il dottor Nemur dice che sto cercando di stipare una vita intera di ricerche e di pensiero nello spazio di poche settimane. So che dovrei riposarmi, ma mi sento stimolato da qualcosa dentro di me che non mi lascia sostare. Devo ad ogni costo scoprire la ragione della brusca regressione che si è manifestata in Algernon. Devo scoprire *se* e *quando* lo stesso fenomeno capiterà a me.

4 giugno.

Lettera al dottor Strauss (Copia).

Caro dottor Strauss:

Le mando a parte copia della mia relazione intitolata «L'Effetto Algernon-Gordon: Studio sulla Struttura e sul Funzionamento dell'Intelligenza Accresciuta» che sarei lieto se lei leggesse e provvedesse a far pubblicare.

Come vede, i miei esperimenti sono terminati. In appendice ho accluso uno specchietto completo delle mie formule oltre che delle analisi matematiche. Queste ultime vanno naturalmente verificate.

Data l'importanza che il problema riveste sia per lei che per il dottor Nemur (e, occorre dirlo?, per me stesso) ho controllato e ricontrollato i miei risultati diecine di volte, nella speranza di trovare un errore. Sono spiacente di dover concludere che i risultati sono validi. Tuttavia, per amore della scienza, sono grato di aver avuto modo di portare questo piccolo contributo alla conoscenza del funzionamento della mente umana e delle leggi che regolano l'accrescimento artificiale dell'intelligenza umana.

Ricordo di averle sentito dire una volta che un *insuccesso* sperimentale o l'invalidamento di una teoria era, per il progresso del sapere, tanto importante quanto una piena riuscita. Capisco ora la verità delle sue parole. Sono spiacente tuttavia che il mio contributo in questo campo debba fondarsi sulle ceneri dell'opera di due uomini di cui ho cosí alta considerazione.

Il suo rispettosamente
Charles Gordon

5 giugno. Non devo lasciarmi prendere da reazioni emotive. I dati e i risultati dei miei esperimenti sono molto chiari, e gli aspetti piú sensazionali della mia rapidissima ascesa non valgono a oscurare il fatto che la triplicazione dell'intelligenza mediante la tecnica chirurgica elaborata dal dottor Strauss e dal dottor Nemur è da considerarsi priva di ogni applicabilità pratica (almeno per ora) in vista dell'accrescimento dell'intelligenza umana.

Esaminando i piú recenti grafici e dati su Algernon, constato che sebbene l'animale si trovi ancora nell'infanzia fisica, la regressione mentale è già cominciata. L'attività motoria appare diminuita; si nota una riduzione generale dell'attività glandolare; il calo delle capacità di coordinamento è costante e rapido. Sono inoltre evidenti i sintomi di un'amnesia progressiva. Come ho dimostrato nella mia relazione, queste e altre sindromi di deterioramento fisico e mentale possono essere previste con risultati statisticamente significativi applicando la mia formula.

Lo stimolo chirurgico al quale siamo stati entrambi sottoposti ha dato luogo a una intensificazione e accelerazione di tutti i processi mentali. L'inatteso sviluppo che mi sono preso la libertà di definire l'*Effetto Algernon-Gordon*, è la logica conseguenza del salto d'intelligenza. L'ipotesi da me ampiamente verificata si può riassumere nei seguenti termini: l'intelligenza artificialmente accresciuta si deteriora a un ritmo direttamente proporzionale al totale dell'accrescimento.

Ritengo che questa costituisca, di per sé, una scoperta importante.

Finché sarò in grado di scrivere intendo continuare ad annotare i miei pensieri in questi resoconti. È uno dei pochi piaceri che mi siano rimasti. Comunque, tutto sta ad indicare che il mio deterioramento mentale sarà molto rapido.

Ho già cominciato ad avvertire dei segni di instabilità emotiva e di smemoratezza, i primi sintomi del declino.

10 giugno. Il deterioramento si aggrava nettamente. Comincio a essere distratto. Algernon è morto due giorni fa. L'autopsia ha dimostrato che le mie previsioni erano esatte. Il suo cervello era diminuito di peso e si notava un appiattimento generale delle circonvoluzioni oltre all'allargamento e approfondimento dei solchi.

Ritengo che lo stesso processo stia per manifestarsi anche in me, se già non è cominciato. Ora che ne sono assolutamente certo, mi riesce difficile rassegnarmici.

Ho chiuso il corpo di Algernon in una scatola di formaggio e l'ho seppellito in cortile. Ho pianto.

15 giugno. Il dottor Strauss è venuto a trovarmi di nuovo. Non gli ho aperto e gli ho detto di andarsene. Voglio restare solo. Sono diventato suscettibile e mi irrito facilmente. Sento le tenebre richiudersi su di me. È difficile respingere l'idea del suicidio. Continuo a ripetere a me stesso che questo diario introspettivo è di grande interesse scientifico.

È una strana sensazione prendere un libro che poche settimane fa si era letto e gustato, e scoprire che lo si è dimenticato completamente. Ricordavo quanta ammirazione avesse destato in me John Milton, ma quando ho ripreso in mano il *Paradiso perduto* non ho capito nemmeno una parola. Dalla rabbia ho scaraventato il volume contro il muro.

Devo assolutamente cercare di trattenere qualcosa. Almeno una parte di tutto ciò che ho imparato. Oh Dio, ti prego, non riprendermi tutto.

19 giugno. Talvolta, in piena notte, mi alzo ed esco a passeggiare.

Ieri notte non riuscivo piú a ricordare dove abitavo. Un poliziotto mi ha riaccompagnato a casa. Ho la strana sensazione che tutto questo mi sia già accaduto – molto tempo fa. Continuo a ripetermi che sono la sola persona al mondo in grado di descrivere ciò che sto vivendo.

21 giugno. Perché non riesco a ricordare? Bisogna che reagisca. Rimango a letto per giorni e giorni di seguito e non so piú chi sono o dove mi trovo. Poi tutto mi torna alla mente in un lampo. Fughe di amnesia. Sintomi di senilità – seconda infanzia. Li vedo avvicinarsi. Tutto è cosí logico, e cosí crudele. Ho imparato molto e molto in fretta. Ora la mia mente si deteriora rapidamente. Non devo lasciare che questo accada. Devo lottare, reagire. Non posso dimenticare il ragazzo del ristorante, la sua espressione vacua, il sorriso scemo, la gente che rideva di lui. No... per pietà... non voglio tornare cosí...

22 giugno. Dimentico cose che avevo imparato di recente. Il processo sembra seguire lo schema classico; le ultime cose imparate sono le prime a essere dimenticate. Ma è davvero questo lo schema? Meglio che vada a controllare...

Ho riletto la mia relazione sull'*Effetto Algernon-Gordon* e ho avuto la strana impressione che fosse stato scritto da un altro. Alcune parti non le ho neppure capite.

L'attività motoria va indebolendosi. Inciampo dappertutto e mi riesce sempre piú difficile scrivere a macchina.

23 giugno. Ho rinunziato completamente a servirmi della macchina da scrivere. La mia coordinazione è pessima. Noto che i miei movimenti sono sempre piú lenti. Ho avuto un colpo terribile, oggi. Avevo preso una copia di un articolo di cui mi ero servito durante le mie ricerche, *Über psychische Ganzheit* di Krueger, sperando che potesse aiutarmi a capire che cosa avevo fatto. Al primo momento ho creduto che la mia vista si fosse in qualche modo rovinata. Poi ho capito che non sapevo piú il tedesco. Ho provato con altre lingue. Tutte andate.

30 giugno. È passata una settimana prima che avessi il coraggio di rimettermi a scrivere. Tutto mi scivola via come sabbia tra le dita. La

maggior parte dei libri che ho, sono ormai troppo difficili per me. Mi esasperano, perché so che solo poche settimane fa li leggevo e capivo perfettamente.

Ripeto a me stesso che devo continuare a scrivere questi resoconti in modo che si sappia che cosa mi sta succedendo. Ma diventa sempre piú difficile formare le parole e ricordare l'ortografia. Devo controllare anche le parole piú semplici sul dizionario, ormai, e questo mi irrita contro me stesso.

Il dottor Strauss passa a trovarmi quasi ogni giorno, ma gli ho detto che non voglio vedere e parlare con nessuno. Si sente in colpa. Tutti si sentono in colpa verso di me. Ma io non accuso nessuno. Sapevo ciò che rischiavo. Ma come fa male.

7 luglio. Non so com'è passata la settimana. Oggi è domenica lo so perché vedo dalla mia finestra la gente che va in chiesa. Mi pare che sono rimasto a letto tutta la settimana ma mi ricordo che Mrs Flynn mi ha portato da mangiare tre o quattro volte. Continuo a ripetermi che devo fare qualcosa ma poi mi dimentico o forse è piú facile non fare quel che so di dover fare.

Penso molto a mia madre e mio padre in questi giorni. Ho trovato una fotografia di loro due con me sulla spiaggia. Mio padre ha un grosso pallone sotto il braccio e mia madre mi tiene per mano. Non me li ricordo come sono nella foto. Tutto quel che ricordo è mio padre sempre ubriaco che litiga con mia madre per via dei soldi.

Non si rasava volentieri e mi graffava la faccia quando mi abbracciava. Mia madre poi mi disse che era morto ma la cugina Miltie mi raccontò che aveva sentito suo padre e sua madre dire che mio padre era scappato con un'altra donna. Quando domandai a mia madre lei mi diede uno schiaffo e disse che mio padre era morto. Non riuscii mai a sapere la verità ma non me ne importa gran che. (Diceva sempre che una volta mi voleva portare a vedere le mucche in una fattoria ma non lo fece mai. Non manteneva mai le promesse...)

10 luglio. La mia padrona Mrs Flynn non è niente contenta di me. Dice che a star cosí chiuso in casa tutto il giorno senza far niente le faccio venire in mente suo figlio prima che lo cacciava di casa. Dice

che non le piacciono i fannulloni. Se sono malato è una cosa, ma se sono un fannullone allora è un'altra cosa e a lei questo non va. Le ho detto che devo essere malato.

Cerco di leggere qualcosa ogni giorno, tutti romanzi facili, ma spesso devo rileggere la stessa cosa molte volte di seguito perché non capisco cosa vuol dire. E scrivere è difficile. So che dovrei cercare tutte le parole nel dizionario ma è cosí difficile e io sono sempre tanto stanco.

Poi m'è venuta l'idea che potevo usare solo le parole facili invece di quelle lunghe e difficili. Fa guadagnare tempo. Metto dei fiori sulla tomba di Algernon una volta alla settimana. Mrs Flynn dice che sono matto a mettere dei fori sulla tomba di un topo ma io le ho detto che Algernon era un topo speciale.

14 luglio. È di nuovo domenica. Non ho piú niente da fare per passare il tempo perché la televisione s'è rotta e non ho soldi per farla aggiustare. (Ho paura che ho perso l'assegno del laboratorio questo mese. Non mi ricordo). Ho sempre fortemente malditesta e l'aspirina non mi fa niente. Mrs Flynn lo sa che sono sinceramente malato e le faccio compassione. È una donna proprio brava quando uno è malato.

22 luglio. Mrs Flynn ha fatto venire un dottore per visitarmi, uno che non lo conosco. Aveva paura che morivo. Ho detto al dottore che non ero malato grave ma certe volte non ho piú la memoria delle cose. Lui m'ha chiesto come mai non avevo dei parenti o amici e io gli ho detto che non ho nessuno. Gli ho detto che una volta avevo un amico che si chiamava Algernon ma era un topo e facevamo le corse insieme. Mi ha guardato strano come se pensava che ero matto.

Ha fatto un sorriso quando gli ho detto che una volta ero un genio. Mi parlava come a un bambino piccolo e faceva l'occhietto a Mrs Flynn. M'è venuta la rabbia e l'ho cacciato via perché mi prendeva in giro come la gente faceva con me prima.

24 luglio. Non ho piú soldi e Mrs Flynn dice che devo andare a lavorare in qualche posto e pagare l'affitto che non lo pago da due mesi. Io non so fare niente solo il lavoro alla Donnegan's Plastic Box Company. Non voglio tornare là perché tutti mi conoscevano quando

ero intelligente e forse adesso si mettono a ridere di me. Ma non so cosa altro fare per guadagnare dei soldi.

25 luglio. Guardavo i miei resoconti vecchi e m'è venuto da ridere perché non capisco cosa avevo scritto. Certe parole le capisco ma non so cosa vogliono dire.

Miss Kinnian è venuta a bussare ma le ho detto vada via non voglio vederla. Lei piangeva e cosí pure io ma non ho voluto farla entrare perché non volevo che rideva di me. Le ho detto che non le volevo piú bene. Le ho detto che non volevo piú essere intelligente. Non è mica vero. Le voglio sempre bene lo stesso e voglio sempre essere intelligente ma se non dicevo cosí lei non andava via. Ha dato dei soldi a Mrs Flynn per pagare l'affitto. Io non voglio. Bisogna che trovo un lavoro.

Per pietà... non voglio dimenticare il leggere e scrivere...

27 luglio. Mr Donnegan è stato molto gentile quando sono tornato e gli ho detto se mi dava il mio vecchio lavoro della pulizia. Prima era tutto sospettoso ma dopo gli ho detto cosa mera capitato e lui ha fatto una faccia tanto triste e ma messo una mano sulla spalla e ha detto Charlie Gordon ci hai del fegato.

Tutti mi guardavano quando sono andato disotto e mi son messo subito a scopare i gabinetti come facevo una volta. Ho pensato sottovoce Charlie se ti prendono in giro non arrabbiarti perché non sono effettivamente intelligenti come una volta tu credevi che erano. E poi una volta erano tuoi amici e quantunque ridevano di te non vuol dire niente perché ti volevano anche bene.

Uno dei nuovi operai che hanno preso dopo che io ero andato via ha detto una brutta cosa forte ha detto ei Charlie mi dicono che sei un tipo tanto intelligente mi vendi un pò del tuo cervello. Io sono rimasto male ma Joe Carp è venuto lí e la preso per la camicia e ha detto lascialo stare schifoso che se no ti rompo la faccia. Non pensavo mai che Joe teneva per me cosí credo proprio che devessere mio amico.

Dopo Frank Reilly è venuto da me e ha detto Charlie se qualcuno ti rompe le scatole ho vuole approfittarsene hai solo da chiamare me oppure Joe e li mettiamo a posto noi. Ho detto grazie Frank e poi mè venuta una forte commozione che mi sono voltato dall'altra parte e sono andato nel magazzino se no mi vedeva che piangevo. È una bella cosa avere degli amici.

28 luglio. Oggi ò fatto una cosa da stupidi mi sono dimenticato che non ero piú nella classe di Miss Kinnian al centro di reducazione come ci andavo una volta. Sono entrato dentro e mi sono seduto nel mio vecchio banco in fondo alla classe e lei ma guardato e à detto Charles. Prima non mi chiamava mai cosí solo Charlie e cosí c'iò detto buongiorno Miss Kinnian sono pronto per la lezione solo che ò perso il libro che avevo laltra volta. Lei sè messa a piangere e è andata via di corsa e tutti manno guardato e io ò capito che non erano la stessa gente che cerano nella mia classe.

Poi tutto dun colpo mi sono ricordato tutte le cose del loperazione che dovevo diventare inteliggente e ò detto santo cielo ò proprio fatto il Charlie Gordon stavolta. Sono andato via prima che lei torna nella stanza.

Questo è il sincero motivo che adesso vado via da New York definitamente. Non voglio piú fare delle cose come quella. Non voglio che Miss Kinnian c'ià compassione di me. Tutti cianno compassione nella fabrica e quello non mi va lostesso cosí vado in un posto che nessuno sa che Charlie Gordon una volta era un genio e adesso non è nemmeno capacie di leggere un libro e cosí pure scrivere giusto.

Porto due o tre libri via con me che se anche non so leggerli prova e riprova di buona volontà e forse non dimentico tutte le cose che avevo imparato. Se provo con sincera buona volontà possibilmente divento un pò di piú inteliggente che ero prima del loperazione. C'iò il piede di coniglio e il soldo bucato e loro mi aiutano.

Qualora legge questo mio scritto Miss Kinnian prego non aver compassione per me che sono contento che c'iò avuto una bella occasione e ò imparato un sacco di cose che non sapevo nemmeno che cerano in questo mondo e ringrazio sentitamente che le ò viste tutte quante un momentino. Non lo so il motivo che adesso sono di nuovo scemo o cosa ò fatto che era sbagliato possibilmente non ò provato sufficientemente con buona volontà. Quantunque adesso provo tuttimodi e alla fine possibilmente divento un pochino piú inteliggente e imparo tutte le parole. Un pochino mi ricordo comero contento allorquando ò letto il libro azzurro con la fodera strappata. Ecco precisamente il motivo che continuo oraesempre a provare a diventare inteliggente cosí sono dinuovo contento lostesso di all'ora. Il mio desiderio del cuore è che ce lavrei adesso adesso per sedermi sulla sedia e leggere tutto il giorno. Cionostante che sono la prima persona stupida del mondo che à trovato una cosa importante per la scenza. C'iò il ricordo che ò fatto qualcosa ma non ricordo cosa.

Distinti saluti Miss Kinnian e dottor Strauss e tutti quanti.

E PS. di dire al dottor Nemur perfavore che non si fa venire la rabbia come fa lui allorquando la gente lo piglia in giro che conseguentemente uno cià piú amici. È facile farsi gli amici se uno lascia che la gente ridano di lui. Ciavrò un mucchio di amici dove vado adesso.

PPS. Perfavore mettere gentilmente allorquando possibile dei fiori sulla tomba di Algernon dentro il cortile di dietro...

da **AA.VV.**, ***Le meraviglie del possibile***, a cura di S. Solmi e C. Fruttero, Torino, Einaudi, 2004. Traduzione dall'inglese di Carlo Fruttero.

Commento

L'idea

Immaginate la faccia del traduttore che si è trovato di fronte a una simile impresa.
Prima di leggere questo racconto era difficile sostenere che il modo in cui una frase è scritta, senza neanche occuparsi di che cosa c'è scritto, potesse bastare a farvi rattristare o emozionare. Invece Daniel Keyes, psicologo statunitense, ce l'ha fatta. Keyes è l'esempio di un autore che scrive un'unica storia di successo e poi si ritira dai riflettori. Potrebbe essere prova di una grande onestà e della vera urgenza che aveva.

Questa è una storia che viene letta spesso nelle scuole americane e il motivo per cui andar fieri di un racconto simile è chiaro: riassume alcuni tra i temi più scottanti per la società occidentale. Quali? Gli emarginati e il rapporto tra i nostri sistemi statali e la disabilità; più in generale, mostra quanto sia fragile e ambigua la nozione dominante di "che cosa è normale". Inoltre, il racconto parla della scienza: della sua tendenza pericolosa a prendere il sopravvento, a usare le cavie, a essere applicata prima ancora di avere certezze, a non riuscire a volte a coincidere con ciò che è eticamente giusto. Di certo, denuncia la sopravvalutazione dell'idea di quoziente intellettivo, il Q.I.; l'opinione errata che felicità e intelligenza si tengano a braccetto e che i cosiddetti "stupidi" vivano vite peggiori o più infelici di quelle dei cosiddetti "intelligenti". Tutto questo in una trentina di pagine, che rappresentano un esempio straordinario di *narrazione a parabola*, una storia che parte da un punto, evolve, e poi plana di nuovo in basso (intorno al punto di partenza), da non confondere con una *parabola*, una storia che vuole spiegare qualcosa di difficile con un'immagine molto semplice.

Trionfo e caduta di Charlie

Nella parabola un eroe 1) comincia a muoversi in una condizione di debolezza; 2) cresce, migliora, vince; 3) e poi dolorosamente cade; ma il racconto è talmente ben congegnato che non ci si accorge della struttura schematica e perfetta in tre atti. Non solo. L'eroe è un perdente: l'autore dà la parola dall'inizio alla fine a uno sconfitto, e con che risultati!

Bisogna soffermarsi sulla magistrale costruzione del linguaggio. Keyes ha avuto gran coraggio nel proporre a un pubblico questa lingua: grazie alla trovata la parabola non riguarda soltanto il *plot*, cioè la trama, ma anche la sintassi, che parte sghemba, si costruisce e poi si disfa, sempre facendo in modo che tutto resti comprensibile e fluido. Inoltre, l'uso della lingua è tematico, perché la vicenda parla proprio di un deficit di comunicazione, di come troppa o troppo poca intelligenza creino problemi identici: quando Charlie smette di fare errori di grammatica, la voce si riempie di tecnicismi che gli altri non capiscono. È rarissimo che trama e linguaggio vadano di pari passo. La perdita delle parole crea un effetto tragicomico: alcune espressioni appaiono buffe, nella goffaggine suona il disagio della lingua monca, di quel che manca. I primi «resocconti» rappresentano la cura che il dottore ha dato a Charlie, ma col tempo diventano un vero e proprio diario del paziente che ha superato il medico: Gordon è il primo ad accorgersi che il suo quadro clinico involverà, alla pari di quello del topo Algernon.

Un incontro fruttuoso

Il racconto è un genere letterario che *deve* funzionare: o funziona o non funziona, e spesso funziona quando vi prende alla pancia, perché è più vicino alla poesia che alla prosa, sia per la brevità (rispetto al romanzo) sia per il modo in cui prende forma nella testa di chi lo scrive. Nasce da una piccola suggestione o da un'immagine. Il caso di questa storia non è diverso, perché Keyes ha conosciuto il suo protagonista tra gli "allievi speciali" della prima classe di Brooklyn dove ha insegnato. Architettura ottimale e solido artigianato si incontrano: il risultato è un grande racconto.

Dal 1959, anno della prima pubblicazione, *Fiori per Algernon* è diventato un romanzo (1966), un film, una serie televisiva giapponese: è una storia talmente forte che si adatta a forme diverse. Il finale è così struggente che, se Charlie Gordon fosse esistito davvero tale e quale a come Keyes l'ha raccontato, la sua sarebbe la tomba più visitata (e fiorita) degli Stati Uniti d'America.

Esercizi

ESPLORARE

01 Quanti anni ha Charlie e quando li compie? Come lo sai?

02 Qual è il suo lavoro?

03 Qual è il libro che legge Charlie e, secondo te, perché lo scrittore decide di parlarne?

04 In che cosa consiste il test dell'inchiostro a cui l'uomo viene sottoposto? Qual è il risultato?

05 Man mano che Charlie diventa più intelligente, cambia anche la sua percezione del mondo. Di che cosa inizia a rendersi conto?

SMONTARE

06 Da quanti narratori pensi sia raccontata questa storia? Se da più di uno, in che cosa differiscono?

07 Pensi che gli errori di Charlie Gordon creino un effetto comico oppure un effetto tragico? Prova a spiegare perché.

08 Lo sviluppo e il decadimento delle facoltà mentali di Charlie ti ricorda in qualche modo il ciclo di vita di un uomo? Perché?

09 «Come faccio a raccontare delle storie sulla gente che non li conosco mai visti ne conosciuti», dice Charlie al dottore. Di che cosa pensi stia parlando Charlie e di che cosa pensi stia parlando lo scrittore?

10 *Fiori per Algernon* è diventato anche un romanzo, scritto dallo stesso Daniel Keyes. Procurati il libro e leggilo. Poi, in classe, rifletti con i tuoi compagni sulle differenze che ci sono tra racconto e romanzo, sia a livello di trama sia a livello di struttura.

COSTRUIRE

11 Se dovessi parlare di una persona che reputi molto intelligente, chi sceglieresti? E perché?

....

....

....

....

....

12 Che cosa significa Q.I.? Chi ne ha dato per primo la definizione? Fai una breve ricerca.

....

....

....

....

....

13 Traduci nella lingua di Charlie Gordon – prima e dopo la cura – le seguenti frasi:
– Ho molto male alla testa.
– Ieri, andando al supermercato, ho incontrato una donna che mi piaceva da matti.

....

....

....

....

....

07

Alessandro Baricco

La sindrome Boodman

tempo di lettura 15'
vita dell'autore a p. 630

– Ancora un momento, cara… Giusto il tempo di finire.

Il giudice Boodman aveva pronunciato la frase con una certa dolcezza ma senza alzare gli occhi dalla scrivania. Rassegnata e devota, la moglie Anne – nata a Princeton e dunque sorella della famosa amazzone – lasciò la stanza e tornò a intrattenere gli ospiti. Nello studio tornò il silenzio.

Da quattordici anni tre mesi e undici giorni il giudice Boodman – gentiluomo noto e stimato in tutta la Contea – aveva deciso di concedersi all'abitudine di far arrivare l'ora di cena intrattenendosi con un solitario. Mai, in tutto quel tempo, era venuto meno al dilettevole impegno. Poteva essergli successo di saltare la cena, questo sì. Ma il solitario, mai.

Nella circostanza, il giudice aveva scelto l'*Imperatrice*: e la cosa, come ebbe poi a notare il dottor Benedikt, non è da considerarsi ininfluente ai fini della tragedia che, a partire da quella sera, avrebbe segnato il suo triste declino. L'*Imperatrice* non è infatti un semplice solitario: è un solitario mostruoso. Si gioca con quattro mazzi e già solo il disporre sul tavolo lo schieramento iniziale (73 carte collocate secondo apprezzabili geometrie) richiede il suo tempo. Se qualsiasi solitario è un privato duello con il caso l'*Imperatrice* è un duello tutto particolare: più complesso e, in certo modo, solenne.

Ciò può in parte spiegare perché, quella sera d'agosto del 1945, il giudice Boodman se ne stesse chino sulla sua scrivania con un'attenzione che si sarebbe anche potuto definire esagerata. Sotto ai suoi occhi le carte disegnavano un quadro che qualsiasi competente giocatore non avrebbe esitato a giudicare promettente. Tutto sembrava annunciare il raro evento di un'*Imperatrice* riuscita. Fu dunque con motivato ottimismo che il giudice Boodman prese una carta dal tallone e la girò. Sette di fiori. Poteva essere un cinque di quadri o un fante di picche o un dieci di cuori e la sua vita sarebbe scivolata serenamente verso una serena vecchiaia. Ma era un sette di fiori: e quella vita deragliò, impercettibilmente, verso la tragedia. Il giudice rigirò a lungo la carta tra le dita vagando con gli occhi sull'enorme schema che copriva la sua scrivania. Niente da fare: non c'era un solo posto dove quel miserabile sette di fiori potesse servire a qualcosa. Studiò meticolosamente ogni possibilità e andò alla ricerca di qualche precedente, possibile dimenticanza. Niente. Ancora una volta – e questa volta in modo perfido – l'*Imperatrice* aveva vinto.

Il giudice Boodman era persona di ferrei principi e intransigente caratura morale. Tutti i tribunali dello Stato avevano potuto verificarlo. Non deve stupire dunque che in quattordici anni tre mesi e undici giorni mai una volta lo avesse sfiorato l'idea di barare al solitario. Né cesserà mai di stupire il fatto che proprio quella sera – sera in tutto uguale alle altre – gli toccò in sorte di pensare, per la prima volta, a quella deprecabile possibilità. Barare a un solitario è un nulla. Eticamente e tecnicamente è un gesto di comprovabile insignificanza e semplicità. Ma nell'indice della mente del giudice non era previsto. Vi comparve in quel modo inaspettato, come venuto dal nulla, portato da una misteriosa epifania. E quel che doveva succedere successe. Il giudice alzò gli occhi, lesse oziosamente l'ora sulla pendola (sei e un quarto), constatò che nella stanza non c'era nessuno e poi, senz'altra spiegazione che quella dell'umana debolezza, rimise il sette di fiori nel mazzo, esitò un attimo e sollevò un'altra carta dal tallone. Fante. Fante di picche.

Una decina di minuti più tardi il giudice Boodman raggiungeva gli ospiti mescolando alla cordialità dei saluti le sue più umili scuse per il piccolo ma imperdonabile ritardo. Un occhio attento avrebbe riconosciuto in lui quell'eccesso di giovialità che hanno solo i mariti nell'istante in cui, avendo tradito la moglie, appurano di averla fatta franca.

Solo alcuni giorni dopo il giudice Boodman iniziò a maturare la convinzione che, seppur in modo indiretto e certamente anomalo, non l'aveva assolutamente fatta franca. Tutto iniziò con una notizia un po' vaga pubblicata dai giornali: gli americani avevano sganciato una bomba di enorme potenza su una città giapponese. Ci volle qualche tempo perché il giudice Boodman acquisisse tutti gli elementi utili a identificare, in quella notizia, l'inizio della sua fine: la città giapponese si chiamava Hiroshima, la bomba era una bomba atomica, l'aereo che l'aveva sganciata era un B 29 soprannominato Enola Gay (dal nome della madre del comandante) e soprattutto: la bomba era esplosa – inaugurando una nuova era di terrore – alle 8 e 16 (ora di Tokyo) del 6 agosto. A migliaia di chilometri di distanza, in quel preciso istante, il giudice Boodman stava rinfilando un sette di fiori nel mazzo, estraendone subito dopo un fante di picche. La cosa, per molti uomini, non avrebbe rappresentato altro che una curiosa coincidenza. Ma il giudice Boodman era un uomo strano e, come si è già sottolineato, di significativa caratura morale. Non ebbe dubbi: la bomba non sarebbe mai stata sganciata se lui non avesse barato al solitario. Quella bomba era il castigo di una colpa che era solo sua.

Non è facile essere l'uomo che ha causato la prima catastrofe nucleare, e infatti il giudice Boodman iniziò a soffrire di insonnia e a cadere in periodici stati di confusione mentale. Il sopraggiungere di un infarto e la lunga convalescenza lo portarono a uno stato di prostrazione fisica e psichica nei confronti del quale l'affetto della moglie Anne e dei figli Simon e Peter si rivelarono alla lunga impotenti. Nonostante i loro sforzi, il giudice si mostrava indifferente a tutto: l'unica cosa che lo risvegliava dalla sua abulia era una spasmodica e irragionevole curiosità per tutto ciò che potesse riguardare la bomba di Hiroshima. La famiglia, che non conosceva il suo intimo dramma, assecondava questa sua mania, senza peraltro potersela spiegare. Per un po' il giudice fu affidato alle cure del suo medico personale, dottor Wright, e di alcuni farmaci antidepressivi. Poi, quando iniziò a dare chiari segni di squilibrio mentale, fu chiaro a tutti che era divenuto necessario l'intervento di qualche prestigioso psichiatra. Il giudice fu portato in una nota clinica della zona. Non oppose alcuna resistenza. Solo chiese che nella sua stanza, di fianco al letto, fosse appesa una foto che aveva tempo prima strappato da un rotocalco a grande tiratura. La foto mostrava un fungo atomico, era stata scattata in qualche atollo del Pacifico, ed era a colori.

Il medico che lo curò si chiamava Benedict Benedikt. «Il cognome è quello con la kappa», come lui steso aveva imparato a ripetere fin da bambino. Suo padre, Aulo Benedikt, aveva a lungo tentato di far soldi costruendo pianole meccaniche secondo un particolare brevetto a cui lavorò per anni fino a portarlo a perfezione intorno al 1940, e cioè esattamente quando la richiesta di pianole meccaniche crollò definitivamente in tutta Europa e, in definitiva, in tutto il mondo. Non fu un uomo dalla vita facile e ciò può aiutare a comprendere la sottile perfidia con cui, il 4 agosto 1913, in un grigio ufficio dell'Anagrafe, scelse per il suo unico figlio l'unico nome sbagliato tra i mille possibili. Il figlio si vendicò diventando psichiatra.

In questa veste, come s'è detto, curò il giudice Boodman dal 1946 al 1951. Fin dall'inizio si rese conto di essere di fronte a un caso di straordinario interesse scientifico. Boodman – contrariamente a quanto pensavano i suoi nipoti Dick, Till, Polt, Mariane e Louise Anne Adelaide – non era pazzo. Non in senso clinico, almeno. Il complesso di colpa che abitava la sua mente non era stato originato da un evento in sé, quanto dalla scioccante e posteriore interpretazione di quell'evento. A scompigliare la mente di quel giudice non era stato il gesto minimo di barare al solitario ma la convinzione che ci fosse un nesso, sotterraneo ma oggettivo, tra quel gesto e una catastrofe dell'umanità. In questa particolare operazione logica il dottor Benedikt riconobbe qualcosa che non era imputabile alla contingente singolarità di una mente spiritosa, ma che era riconoscibile come una tendenza inconscia assai diffusa nel senso comune: la tendenza a credere che sotto la rete delle causalità esplicite il corso del mondo sia regolato da invisibili connessioni che abbinano le inezie a grandi eventi, il particolare al generale, il minimo allo straordinario. Le origini di una simile «credenza» erano sufficientemente misteriose e le sue conseguenze cliniche sufficientemente temibili da convincere il dottor Benedikt di trovarsi di fronte a una sindrome degna di essere analizzata e studiata: quella che, per sua iniziativa, va ancor oggi nota come sindrome Boodman.

Ad essa il dottor Benedikt dedicò tutta la sua vita, con una dedizione e un'intransigenza tali da procurargli una cattedra all'Università dell'Oregon, la stima del mondo scientifico internazionale, un considerevole conto in banca, un divorzio, periodici disturbi al duodeno mai sfociati in una vera e propria ulcera e, negli ultimi anni, un curioso tic che lo portava a contrarre improvvisamente tre dita della mano destra lasciando tesi e irrigiditi l'indice e il mignolo. La curiosa coincidenza del risultato finale con un volgare gesto dal significato inequivocabile rendeva la cosa, com'è comprensibile, particolarmente penosa.

Da principio (come ha splendidamente raccontato Joseph Adelgrass nel suo encomiabile *Doktor Benedikt. Das Leben. Das Werk*) il dottor Benedikt si preoccupò di censire un numero di casi clinici sufficiente a giustificare la definizione di una vera e propria sindrome. Sapeva che il giudice Boodman non era un'eccezione insignificante ma la punta di un grande iceberg clinico. Lui era uno: doveva trovare gli altri. Spedì questionari a tutti i colleghi con cui coltivava una certa consuetudine e si impegnò personalmente in un capillare lavoro di indagine. I sei quaderni in cui annotò i risultati del suo lavoro (e che sono stati meritoriamente riportati alla luce dal già citato professor Adelgrass) testimoniano le difficoltà che segnarono, in una prima fase, l'impresa.

14 marzo
Sig. Burt Malone
– Ha mai potuto verificare delle curiose coincidenze tra avvenimenti della sua vita privata e significativi eventi storici?
– La mia vita privata è *un evento storico.*
– Prego?

21 aprile
Sig.na Aurelia Crofft
– Le è mai capitato di notare come certi suoi piccoli gesti avessero indirettamente causato clamorose catastrofi dell'umanità?
– Senti tesoro, io sono pagata per fare la pedicure. Se ti va di parlare aggiungi dieci dollari e lo dici chiaramente, ok?

Ben presto, tuttavia, incominciarono ad arrivare le prime, significative, conferme. Un fabbro dell'Ohio gli scrisse per confessargli che non poteva picchiare la moglie senza che, simultaneamente, deragliasse un treno della Burton Railways Company: allegava documentazione (ritagli di giornali e foto della moglie con ecchimosi). A Stoccarda viveva un professore di matematica che non poteva masturbarsi senza provocare, nel sud d'Italia, più o meno ingenti scosse di terremoto. Un *sir* di cui è prudenza tacere il nome si era suicidato non riuscendo a liberarsi dalla convinzione di aver causato il naufragio del Titanic: alla stessa ora dello stesso giorno aveva lasciato la stanza dell'albergo Titanic di Bristol portandosi via l'intero set di asciugamani. Un farmacista dell'Essex causava epidemia nel Terzo Mondo ogni volta che calpestava un tombino (menava ora vita ritirata in un paesino della campagna irlandese), la moglie di un apprezzato chirurgo francese scatenava violentissimi tifoni nell'Estremo Oriente ogni volta che cucinava melanzane fritte, un pianista russo aveva smesso di eseguire in pubblico la Ballata op. 23 di Chopin dopo aver verificato che la cosa, in passato, aveva causato, con disarmante puntualità, la morte di una qualche star del cinema.

Nel giro di un paio d'anni, il dottor Benedikt riuscì a mettere insieme 218 casi di accertata sindrome Boodman. E fu sulla base di una simile, non irrilevante casistica che redasse il primo studio ufficiale sull'argomento, pubblicato dalla prestigiosa «International Psychiatric Review» nel marzo del 1954. L'accoglienza degli studiosi fu tiepida. Lo stesso professor Adelgrass, nella sua già citata monografia, ammette che in quella prima e provvisoria stesura la teoria di Benedikt tradiva una certa fragilità d'impianto e qualche deduzione affrettata. Sulla base dei casi studiati, il testo fissava due principi atti a spiegare la genesi del male e le linee portanti di un'eventuale terapia:

1) gran parte dei soggetti colpiti dalla sindrome coltivava una più o meno sotterranea ossessione per l'ordine. Nell'attribuire nessi precisi tra gesti insignificanti ed eventi clamorosi si manifestava l'esigenza di «controllare» la realtà attraverso la certificazione di oggettivi rapporti di causalità. Il fatto che questa attribuzione portasse a precise e dolorose assunzioni di responsabilità era considerata una sorta di garanzia dell'autenticità del processo. Il dolore e il complesso di colpa che seguivano al gesto compiuto e alle sue rovinose conseguenze erano inconsciamente vissuti come prezzo della liberazione dall'angoscia di un caos indistinto e incontrollabile;

2) nella stragrande maggioranza dei casi studiati (181 su 218) il gesto scatenante la sindrome era un gesto colpevole: o quanto meno era vissuto come tale dal soggetto malato. Il fatto che portasse a conseguenze pubbliche e drammatiche diventava così il meccanismo attraverso cui la colpa veniva smascherata e punita. La sproporzione tra colpa e castigo

(così evidente, ad esempio, nel caso del giudice Boodman) indicava altresì una sotterranea forma di megalomania o la presenza di grosse frustrazioni esistenziali. Buona parte dei soggetti colpiti dalla sindrome credeva di essere Dio o aveva messo in conto di diventarlo.

Per quanto fragili e, in certa misura, ovvi, questi due principi ispirarono per tutti gli anni Cinquanta e nei primi anni Sessanta le ricerche del dottor Benedikt. Approfonditi e aggiornati, compaiono in tutte le sue successive pubblicazioni, accolte dalla comunità scientifica con un interesse via via crescente. Mentre giungevano i primi riconoscimenti ufficiali, il dottor Benedikt si dedicò a sperimentare terapie diverse su soggetti volontariamente offertisi alle sue cure. Fu questa, forse, la parte più affascinante del suo lavoro. I successi collezionati in breve tempo lo portarono a considerare con serietà l'ipotesi di potersi ritenere uno psichiatra di successo. Lo reclamavano, dalle più diverse parti del mondo, i malati più strani: tutti, in qualche modo, affetti da sindrome di Boodman. Il dottor Benedikt selezionava le richieste e si dedicava ai casi più interessanti. Fu nell'estate del 1961 che, tra gli altri, si rivolse a lui un antiquario di Seattle. Si chiamava Providence Providence. Per una sorta di puerile istinto di complicità, il dottor Benedict Benedikt accettò di occuparsi di lui. Sembrava una decisione da nulla. Come si vedrà, non lo era.

Providence Providence aveva 51 anni, una moglie cattolica di sei anni più giovane, e due figli: Arthur (militare di carriera) e Anne (insegnante di educazione fisica in un college nel Maine). Una famiglia felice. Tutto faceva presagire, per Providence Providence, una serena terza età. Ma, volendo attenersi ai fatti, non si può non registrare come, il 12 luglio 1960, l'antiquario di Seattle si trovò a seguire un ragazzo di cui non avrebbe mai saputo il nome fin dentro al cinema Stars e, in seguito a pochi ma significativi preamboli, a consumare la sua prima esperienza omosessuale tra le sedie di legno del suddetto locale. Erano le cinque del pomeriggio. Alla stessa ora, a non più di cinquecento metri dal cinema, un proiettile spezzava la spina dorsale di Wallace Ridde, proprietario di una catena di alberghi e senatore dello Stato. Non c'era nessuna ragione per collegare l'impensabile e deplorevole incidente accaduto allo Stars e l'efferato omicidio: e infatti Providence Providence, per quanto fortemente turbato da ciò che gli era successo, non li collegò. Ma la singolare coincidenza gli tornò alla memoria quando, un mese e mezzo dopo, il capo della polizia locale fu trovato impiccato sotto il Jefferson Bridge. La morte fu fatta risalire alla sera del 22 agosto: in quel momento Providence Providence era in un garage a consumare con sorprendente soddisfazione la sua seconda esperienza omosessuale con un assicuratore newyorchese di 26 anni. Providence Providence cominciò a trascurare il lavoro, ad apparire stranamente scostante con gli amici e inspiegabilmente taciturno in famiglia. Nei sei mesi che seguirono lottò segretamente con le proprie inaspettate inclinazioni, imponendosi una severa disciplina di vita. Ma poiché, come più volte è stato verificato, la carne è debole, si ritrovò per ben tre volte a ricadere in quello che non esitava a considerare un infame peccato. A farne le spese, con disarmante puntualità, furono: Jeff Cosman, avvocato e candidato al Senato, perito in un incidente stradale la cui dinamica non fu mai chiarita, Bill Wright, dirigente sindacale di Seattle, vittima di un attentato di chiaro stampo mafioso, e Kurten Callemberg, colonnello dell'esercito e consigliere militare del Presidente, ripescato nelle acque del Blatt Lake con un'incudine da 43 chili legata alle caviglie. Providence Providence registrò con flemmatica scientificità le tre coincidenze. Fece in tempo a notare che, di volta in volta, la disgrazia sembrava colpire personaggi di sempre più alto profilo. Poi uscì di senno.

Il dottor Benedikt lo prese in cura nel febbraio del '62. Fedele ai propri principi, iniziò col combattere la fobia per il disordine che – scoprì – accompagnava Providence fin da bambino. Poi puntò al cuore del problema: e in soli quattordici mesi di terapia indusse il suo paziente ad accettare la propria omosessualità e a non nasconderla più. La famiglia reagì con composto smarrimento. Providence riprese a lavorare e ritrovò un certo equilibrio psichico. Per la sua completa guarigione mancava un ultimo, fondamentale, tassello: quello che nel linguaggio del dottor Benedikt veniva definito come «la riappropriazione dello shock».

– Dottore, Lei vuole dire che dovrei tornare a cacciarmi in un cinema di periferia con uno di quei benedetti ragazzi?

– Anche in una sauna può andare benissimo.

Providence Providence rimandò la cosa per mesi. Un sottile terrore gli serpeggiava nell'animo riuscendo ogni volta, sul più bello, a bloccarlo. Ma il dottor Benedikt, con cinismo da scienziato, continuò a incalzarlo, implacabilmente. Alla fine, ebbe ragione dei timori del suo paziente. Il 22 novembre 1963 Providence Providence si trovò a uscire dalla toilette del Lincoln Center di Seattle con il viso arrossato, la camicia fuori dai pantaloni e, nell'animo, l'impressione di esser tornato alla vita. Erano le 12 e 30 del mattino. In quel preciso istante un proiettile spappolava il cranio di John Fitzgerald Kennedy, presidente degli Stati Uniti d'America.

Con cortese ma ferma decisione il dottor Benedikt si rifiutò sempre di commentare il singolare epilogo del «caso Providence». Però è noto come, qualche mese dopo i fatti raccontati, abbandonò improvvisamente i suoi pazienti e la sua attività universitaria per ritirarsi a vita privata nella sua residenza estiva di Corfe. Lì lavorò per anni e anni, silenziosamente, all'opera che nelle sue intenzioni doveva dire la parola definitiva sulla sindrome Boodman. I pochi che poterono frequentarlo in quel periodo testimoniano di un suo progressivo decadimento fisico e psichico. Tutti sono concordi nel testimoniare che cadde vittima di violente angosce e di prolungate crisi depressive. In particolare, maturò una fobia impressionante per l'atto di scrivere: era letteralmente terrorizzato dall'eventualità di fare errori di ortografia, ai quali attribuiva enormi e distruttivi poteri maligni. Divenne incapace di scrivere, materialmente, alcunché: inorridiva davanti a una macchina da scrivere e non poteva sopportare la vista di una matita o di una penna. Si dovette ricorrere a una dattilografa che scrivesse sotto dettatura. A questa particolare circostanza, la già citata monografia del professor Adelgrass dedica un intero capitolo, il penultimo. Vi si adombra l'ipotesi, suffragata da alcune testimonianze, che il dottor Benedikt non fosse esente da un principio di sindrome Boodman, e che sostenesse di aver smesso di scrivere dal giorno in cui, per una semplice svista di ortografia, aveva causato il ribaltamento di un bus delle linee londinesi e il conseguente decesso di sei persone. Tale tesi è stata peraltro radicalmente ridimensionata da un saggio di Goddark pubblicato due anni fa in Inghilterra. Le polemiche che ne nacquero hanno trovato sufficiente eco nell'ambiente da rendere inutile, qui, il ricordarle. Sta di fatto che il libro a cui il dottor Benedikt lavorò negli ultimi anni ci è giunto nella forma di seicentotredici cartelle dattiloscritte e senza l'ausilio di appunti preparatori o chiarificatori.

Come è stato unanimemente rilevato dagli studiosi, trattasi di un testo in larga parte incompleto, abbozzato e rapsodico. I pochi passi dotati di una sufficiente disciplina logica risultano incomprensibili o insignificanti. Molte sono le pagine palesemente prive di senso compiuto.

A dispetto di tutto ciò, la sindrome Boodman è ormai ufficialmente accettata dalla comunità scientifica e appare in tutti i principali testi di storia della psichiatria. Sottoposte a parziali e secondarie revisioni, le teorie del dottor Benedikt rappresentano ancora oggi lo strumento migliore per studiarla e curarla. Molti allievi che su di esse si sono formati svolgono intensa attività terapeutica in tutto il mondo, ottenendo rassicuranti risultati. Un premio Benedikt è stato quattro anni fa fondato a Copenaghen per premiare i più brillanti esiti terapeutici. È curioso annotare come proprio quest'anno sia stato assegnato al dottor Grammy, nipote per via materna del più volte citato giudice Boodman.

Quanto al dottor Benedikt, si è ucciso con del veleno per topi il 26 aprile 1986 (non è mancato chi ha notato una singolare coincidenza con il disastroso incidente incorso, quel giorno, a una centrale nucleare sovietica, in località Chernobyl). Prima di togliersi la vita, il dottor Benedikt scrisse di suo pugno – e con una meticolosa lentezza che non è difficile intuire dalla pulizia quasi infantile della grafia – un breve biglietto. Ne pubblichiamo qui, per la prima volta, il testo integrale: «La chiave del garage è nel secondo cassetto a destra, in cucina. Salutatemi la signora Podder e ringraziatela per le gardenie. Il mio numero di telefono è 4423-8781. Il mio nome è Benedict. Can-caminin can-caminin spazzacamin. Andate tutti a cagare. Vivere è un casino. Morire non sarà più difficile che bere un bicchier d'accua».

da **AA.VV.**, ***L'opera al rosso***, Genova, Marietti, 1992.

Commento

Il germe del dubbio

Se questo racconto vi fosse piaciuto, e foste interessati a leggerne un altro dello stesso autore, fareste parecchia fatica a trovarne, perché Baricco ha scritto per lo più romanzi. Poi è noto anche per alcuni saggi divulgativi, dove dice la sua su cose belle e complesse (con *I barbari*, ad esempio, prova a spiegare la mutazione in corso per cui, da qualche tempo a questa parte, si fa crescere la conoscenza digitando una parola su un motore di ricerca). Comunque sia, questa è la prima storia d'invenzione che Baricco ha pubblicato. E parla di una "sindrome", parola che magari avrete usato più volte senza sapere precisamente che cosa sia, ma vuol dire semplicemente "insieme di sintomi".

La tecnica è quella del *mockumentary*, un film di finzione che adotta la forma di un documentario, ma documenta fatti impossibili e inventati. Qui le risate sono contenute, perché la teoria di Boodman – per quanto strampalata – è una variazione sul tema di un'idea che alcuni hanno preso piuttosto seriamente e che circola spesso in questa forma: "una farfalla batte le ali a Pechino, e a New York arriva la pioggia anziché il sole". Effetto farfalla.

Nel caso del giudice del racconto, il principio è più complicato: c'è di mezzo il senso di colpa. Il punto, però, resta lo stesso: il potere del dubbio, il dubbio che qualsiasi cosa debba essere presa sul serio e solennemente, il dubbio che qualsiasi intuizione possa diventare una teoria scientifica, il dubbio come contagio (in effetti, finisce per condurre alla morte sia il giudice Boodman sia lo psichiatra Benedikt). Il potere della scienza, allora, consiste nel rendere terribilmente seria un'affermazione che prima poteva far ridere. Al contrario, il potere della scrittura consiste nel travestire da teoria scientifica un buffo aneddoto d'invenzione.

Un modo elegante di mettersi alla prova

La sindrome Boodman è anche un esercizio di stile, perché dietro c'è uno scrittore giovane che decide di mettersi alla prova e di narrare qualcosa di molto diverso da quello che ha scritto fino a quel momento (saggi) e forse da quel che è (uno scrittore giovane, appunto).
Sta usando una voce e uno stile che vengono da molto lontano, dagli ampollosi romanzi classici dell'Ottocento: ogni cosa viene spiegata, le frasi sono tonde, fluide, articolate ed eleganti.
Vuole però riderne. Perciò, ogni tanto, deve trovare il modo di dare spazio a una dirompente leggerezza, e lo fa cercando le poche, pochissime, prese d'aria possibili: per esempio i nomi esilaranti, o le righe di report che descrivono le reazioni di alcuni pazienti, cioè gli unici luoghi dove il comico può essere di casa in un impianto letterario di questo genere. Il gioco è sempre lo stesso: la sfida è tenere il lettore a bagno nel dubbio insieme a Benedict Benedikt, il dubbio su che cosa sia vero e che cosa sia *fake news*. È un tratto *pop*, di leggerezza e scanzonata inventiva, che è rimasto tale e quale nelle storie successive di Baricco: potete imbattervi in amori, follie, persino morti o dolori, ma non appena l'atmosfera sta per diventare troppo cupa o solenne potete star certi che troverà il modo di darvi una via di fuga e strapparvi un sorriso.

Da lontano o del riportare in vita i cadaveri

Baricco prende un modo di narrare antico e lo rianima, facendone una materia contemporanea e lieve. Se ce l'ha fatta o meno, si può dire soltanto nel finale: guarda caso, Benedikt scrive il suo commiato al mondo, ma soprattutto «accua» senza la q, proprio nel giorno del disastro nucleare. Coincidenze? Come una catena di Sant'Antonio che non finisce mai, il finale rimette ogni cosa in dubbio: si scherza sulla morte, e si prende invece molto, molto seriamente il destino, in una forma senza spigoli però, dove, mal che vada, le tragedie, a saperne vedere i retroscena, sono inciampi brillanti.

Esercizi

ESPLORARE

01 A quale attività si dedica il giudice Boodman per ingannare l'attesa della cena?

02 Quale disastro sarebbe stato provocato dalla disonestà di Boodman nel gioco?

03 Per quale motivo Benedict Benedikt ha deciso di fare lo psichiatra?

04 Quale libro racconta l'impresa scientifica del dottor Benedikt?

05 Con quale avvenimento storico coincide il suicidio del dottor Benedikt?

06 Chi era Kennedy? In che cosa è consistito il «disastroso incidente» di Chernobyl?

07 Ci sono due casi di studio della sindrome Boodman che occupano grande spazio: quali?

08 La sindrome Boodman, teorizzata dal dottor Benedikt, è «la tendenza a credere che sotto la rete delle causalità esplicite il corso del mondo sia regolato da invisibili connessioni che abbinano le inezie a grandi eventi, il particolare al generale, il minimo allo straordinario». Prova a spiegare (con parole tue e brevemente) in che cosa consiste questa sindrome.

SMONTARE

09 Chi è, secondo te, il protagonista di questo racconto e perché?

10 Ti sei reso conto che a un certo punto il narratore copia e incolla nel testo qualcosa? Che cosa e perché lo fa, secondo te?

11 Il 22 novembre 1963, alle ore 12.30, Providence Providence si convince a commettere lo stesso atto che aveva causato la prima disgrazia: si apparta con un ragazzo in un bagno e consuma un rapporto omosessuale. Lo stesso giorno alla stessa ora, John Fitzgerald Kennedy viene ucciso. Perché questo evento è così importante per lo svolgimento del racconto?

12 Che cosa ti fa credere che il dottor Benedikt sia impazzito?

13 Che cosa pensi che faccia di questa storia un racconto e non un romanzo?

COSTRUIRE

14 Questo racconto è così lungo perché pieno zeppo di dettagli, di frasi zigzaganti, di piccole storie collaterali. Fai un esperimento: fingi di essere un giornalista che deve scrivere un articolo sul suicidio del dottor Benedikt, in cui si danno informazioni sulla sua identità e sulle sue ricerche. Conserva solo le informazioni ricavate dal testo che sono necessarie al tuo scritto giornalistico, quelle verosimili, quelle che pensi potresti trovare in un giornale.

....

....

....

....

....

....

15 Ogni volta che il signor M. starnutisce, due macchine tamponano. Immagina un'altra relazione di causa-effetto così assurda.

....

....

16 In questo racconto Alessandro Baricco gioca con i nomi dei propri personaggi. Prova a inventare dei nomi "parlanti" e divertenti per un illustre linguista, un maratoneta scarso, una aspirante trombettista jazz.

....

....

....

Simon Roberts
Beachy Head, Seven Sisters Country Park East Sussex, UK
da *Merrie Albion - Landscape Studies of a Small Island*
2017

COSTELLAZIONE 03

teoria a pagina 546

IL FASCINO DISCRETO DELLA POESIA

Che mestiere fa il poeta?

L'emozione segue percorsi imprevedibili.

08

Marina Ivanovna Cvetaeva

Giovinezza mia

tempo di lettura 1'
vita dell'autrice a p. 637

Giovinezza mia! Mia estranea
Giovinezza! Mia scarpetta spaiata!
Serrando gli occhi infiammati,
così si strappa un foglietto del calendario.

Di tutto il tuo bottino non ha preso
nulla la Musa pensosa.
Giovinezza mia! Non ti richiamo indietro.
Tu eri per me un carico e un fardello.

Di notte bisbigliavi come un pettine,
di notte affilavi le frecce.
Oppressa dalla tua munificenza, come da un mucchio di ghiaia,
Soffrivo per i peccati degli altri.

Ridato a te lo scettro prima del termine,
che importa all'anima ormai di nutrimenti e vivande!
Giovinezza mia! Mia molestia!
Mio brandello di rosso cotone!

5 novembre 1921

da **AA.VV., *Rivista "Incroci"*,** Bari, Adda Editore.
Traduzione dal russo di Angelo Maria Ripellino.

Commento

Marina...

Quando al poeta premio Nobel del 1987 e simbolo della Russia letteraria di allora, Iosif Brodskij (vi consigliamo di leggerlo!) chiesero chi fosse il poeta più importante del XX secolo, lui rispose: "Credo che Cvetaeva sia il più grande poeta del XX secolo. Certamente, Cvetaeva".

Marina Cvetaeva, che in questa poesia urla quasi alla sua stessa vita, ebbe un'esistenza di sventura nera, ed è difficile immaginare un destino più infelice del suo. Pensiamo al carattere, a ciò che ne ha temprato la poesia.
La slavista Serena Vitale ha scritto su di lei una rapida scheda. "Marina Cvetaeva, tratti salienti: gusto del paradosso, disperato individualismo, posa letteraria, stilizzazione romantica, impulsi di anarchismo, repulsione per l'ideologia e rifiuto di ogni medictà". In altre parole, una certa facilità a guardare le cose da un altro punto di vista, un linguaggio e una visione del mondo molto intimi e personali, cura per le parole, temi e atmosfere battute dal romanticismo, niente peli sulla lingua.
"Amo il popolo e i nobili", diceva la poetessa, "Nei miei sentimenti, come in quelli dei bambini, non esistono gradi". Non per nulla, una sua fortunata biografia si intitola *L'eterna ribelle*, ribelle alla famiglia, alla scuola, alla vita coniugale, agli impegni domestici, a ogni residenza prolungata, e dunque inquieta, insofferente e indipendente.

...e la sventura nera

Una vita di atroce penuria, fatta di letture pubbliche, traduzioni dall'amato francese e di elemosine. Marina giunse addirittura a rubare due quaderni in un commissariato: "È con questi che sto scrivendo". E che dire del ladro, entratole in casa, che finì per offrirle denaro, sbigottito da tanta miseria? "Era venuto per *prendere*, e prima di andarsene voleva *dare*...", dichiarò.

Da tali esperienze scaturì una poesia ustionante, nutrita di ebbrezza e profezia, invasamento ed esorcismo, estranea a scuole o movimenti, ispirata al folklore, e insieme innovatrice sul piano del linguaggio (pensate all'uso dei trattini, paragonabile a quello dell'americana Emily Dickinson), capace di inventare parole mai viste (*neologismi*) e limpidi giochi fonetici.

La mitragliata esclamativa di questa poesia

Non un ricordo tenero e intriso di nostalgia per la propria giovinezza, ma uno strapazzo, una sgridata. Per il testo si scuote questo drappo rosso mostrato poi nel finale, quel «brandello di rosso cotone!» che attira lo sguardo, che è colmo di ricchezza e insieme respinto, strofinato sulle superfici incrostate del presente adulto, inadatto a ripulirle, da relegare a un altro tempo, da non rimpiangere. Questa giovinezza carica di empatia – «Soffrivo per i peccati degli altri» – vista dalla poetessa cresciuta, sembra una debolezza ingenua, qualcosa che è bene essersi scrollati di dosso. Eppure la si chiama, con un'esclamazione quasi disperata, con una volontà di trattenere e di strappare. Ora è il tempo della «Musa pensosa» e chi vive prima è un'altra persona.
È un rifiuto doloroso, un atto di coraggio che si stenta a compiere; di tutte le cose preziose assistiamo al rigetto della più preziosa, una giovinezza ideale come nutrice dell'anima, come sensibilità estrema. Nel tentativo di opporre uno schermo di fronte alle ingiurie del mondo, la parte molle dell'anima è questa giovinezza gridata, molesta, perché rende pesanti e deboli. Permette sempre di essere feriti – quel brandello rosso come una benda che ha assorbito il sangue della ferita, va ora gettato. Questa poesia è la cerimonia d'addio, una cerimonia scomposta, piena di grida.

Esercizi

ESPLORARE

01 Commenta questi versi: «Serrando gli occhi infiammati, / così si strappa un foglietto del calendario».

02 Che cosa significa la parola *munificenza*? Come la interpreti nel contesto della poesia? (A che cosa si riferisce, che sentimenti provoca nell'autrice...).

03 Che significa il verso «Ridato a te lo scettro prima del termine»?

SMONTARE

04 A che tipo di esperienze di vita o sentimenti rimandano le immagini «scarpetta spaiata», «un fardello», «bisbigliavi come un pettine», «un mucchio di ghiaia», «Mio brandello di rosso cotone»?

05 Secondo te la poetessa conserva un ricordo positivo o negativo della sua giovinezza? Prova a spiegarti partendo da un verso della poesia.

COSTRUIRE

06 Questa poesia è una sorta di lettera indirizzata alla giovinezza dell'autrice. Ora scrivi tu una lettera alla tua infanzia.

07 Scrivi un brevissimo componimento di senso compiuto che contenga una «scarpetta spaiata» e un «brandello di rosso cotone».

....

....

....

09

Charles Baudelaire

L'Heautontimoroúmenos

tempo di lettura 2'

vita dell'autore a p. 630

A J. G. F.

Io ti colpirò senza collera
E senza odio, come un macellaio,
Come Mosè la roccia!
E dalla tua palpebra,

Per abbeverare il mio Sahara,
Farò scaturire le acque della sofferenza.
Il mio desiderio gonfio di speranza
Nuoterà sui tuoi pianti salati

Come un vascello che prende il largo,
E nel mio cuore ubriaco
I tuoi cari singhiozzi rimbomberanno
Come un tamburo che batte la carica!

Non sono forse io un falso accordo
Nella divina sinfonia,
Grazie alla vorace Ironia
Che mi scuote e che mi morde?

Sta nella mia voce, la stridula!
È tutto il mio sangue, quel nero veleno!
Io sono lo specchio sinistro
in cui la megera si guarda!

Io sono la piaga e il coltello!
Io sono lo schiaffo e la guancia!
Io sono le membra e la ruota,
la vittima e il carnefice!

Io sono del mio cuore il vampiro,
– uno di quei grandi abbandonati,
al riso eterno condannati,
e che non possono più sorridere!

Traduzione dal francese di Valerio Magrelli.

Commento

Contornato da pipistrelli e saette, in una nube di zolfo, viene il principe oscuro della poesia

Vi parla, ascoltatelo. Vi dice come si fa, come si vive di là e di qua dallo specchio, come si naviga per il mare più tormentoso che ci sia, quello del proprio sangue, nei canali delle vene vi guida un tamburo, il tamburo del cuore, il tamburo dei versi. Facciamogli festa.
Voi siete – ne avrete avuto qualche indizio – questo e quello, dentro e fuori. Siete capaci di fare e di vedervi fare, è un gioco di specchi la vita.

Qui, nel campo di questa poesia, battagliano due avversari che sono la stessa persona. *Heautontimoroúmenos*: in greco vuol dire "punitore di se stesso". Versi di otto sillabe che vi mettono davanti il poeta stesso, che si succhia e nutre come un parassita del proprio sangue.

Tenete a mente una parola: "caduta"

In tutta l'opera di Baudelaire si cade, con un cadere profondo e variegato. Si tratta del mito satanico della Caduta che, a partire dal *Paradiso perduto* (1667) di John Milton, affascinò il Romanticismo con l'immagine dell'angelo ribelle: l'angelo Lucifero si ribella a Dio e per questo viene cacciato dal cielo e diventa un diavolo.

La caduta nel mondo cristiano corrisponde alla colpa e al peccato. Caduta c'è nello *spleen*, termine inglese che sta per "noia", "malinconia", "precipizio della vita nel vuoto". Caduta è il rifiuto dell'utilitarismo del mondo borghese delle vetrine pulite e luccicanti, della filosofia del "sempre in vetta", è lo squallore della periferia preferita alla città falsa. Caduta è il mito del *dandy*, una figura in cui l'eleganza diviene una divisa e un'armatura, come quella di un monaco guerriero per difendersi dal resto. I fumi delle droghe da oppio, "hashish" e vino consentono di cadere e di fuggire in un posto artificiale, ai margini.

Caduta è cacciata dalle fantasie naturali, dai giardini climaticamente perfetti, abbondanti di frutta, che cercano di abbellire una metropoli fosca, di pozzanghere e vizi.

Sono termini che ricorrono nell'opera di Baudelaire, sono le immagini che hanno fatto la sua fortuna. Lo sguardo del poeta si rivolge dove la poesia non aveva mai guardato. Mostra che le cose autentiche sono spesso brutte o repellenti. I testi di Baudelaire sono popolati dai tanti derelitti che abitano le nostre città: accattoni, prostitute, anziani alla deriva, passanti travolti dal traffico. Ma, cadendo, nell'attrazione per ciò che è orrendo e malato, il poeta sa trasfigurare il morbo in marmo. Una scrittura impeccabile esalta gli aspetti più scabrosi del mondo industrializzato e mercificato. Questo e altro è Baudelaire, poeta "decadente", principe dei poeti, primo poeta moderno.

Lotta

Ecco che viene, dice a se stesso con un tono da Dio del Vecchio Testamento: «Io ti colpirò senza collera / E senza odio, come un macellaio». Alla porta della poesia c'è un colpo esperto, irrevocabile e crudo dato a se stesso, come quello del contadino che tira il collo alla gallina. È necessario questo colpo, bisogna aprire la scorza, farne uscire il liquido vitale, desiderio e dolore si mescolano in questa fuoriuscita: «desiderio gonfio di speranza».

Nel tono divino che prendono i versi, la voce rivela la propria natura antagonista. Il Dio-poeta che ci parla è un Dio oscuro e caduto, «Non sono forse io un falso accordo / Nella divina sinfonia»: infatti, si rivela in un turbine di immagini oppositive, di coppie di contrasti.
Il Dio-poeta nero è duplice, è sempre in guerra contro se stesso, è la guerra stessa. Leggete la sesta strofa: «la piaga e il coltello!», «lo schiaffo e la guancia!», «le membra e la ruota», «la vittima e il carnefice!».
Se ancora ci fossero dubbi su chi lotta in questi versi, sulla sua identità, scendete all'ultima strofa. C'è il ridere come condanna, un riso folle che distorce il viso, così come la voce «stridula» distorce le parole.
Una prova schiacciante. A lottare è il Dio nero, il grande abbandonato, il vampiro, che cade, mentre il Dio dei cieli lo guarda da lontano.
La nuova poesia, che mostra la brutalità e gli ultimi, sotterra la vecchia, che cercava solo la luce e il bene.

Esercizi

ESPLORARE

01 Leggi attentamente la poesia e spiega perché, secondo te, il poeta vuole autopunirsi.

02 Facendo una breve ricerca, sai dire da dove deriva la parola del titolo e chi l'aveva già usata prima di Baudelaire?

03 Resta dove sei. E investiga: che cosa c'entra Mosè con la roccia?

04 Perché credi che la parola «Ironia» sia in maiuscolo?

05 Che cosa potrebbero essere le «acque della sofferenza» che scaturiscono da una «palpebra»?

SMONTARE

06 A che cosa ti fa pensare l'immagine di uno «specchio sinistro / in cui la megera si guarda»?

07 Perché l'autore si definisce «lo schiaffo e la guancia», «le membra e la ruota», «la vittima e il carnefice»?

08 In che cosa consiste la condanna al «riso eterno»?

COSTRUIRE

09 Prova a trasformare il monologo della poesia in una sorta di piccola *pièce* teatrale a due voci, come se il punitore di se stesso fosse in realtà il punitore di qualcun altro e quest'altro avesse diritto di rispondere a tono.

....

....

....

Stéphane Mallarmé

Tutta l'anima riassunta

tempo di lettura 1'
vita dell'autore a p. 648

Tutta l'anima riassunta
Quando lenta la esaliamo
In anelli fatti fumo
Aboliti in altri anelli

Sa attestare qualche sigaro
Che sapientemente brucia
Se la cenere si stacca
Dal suo chiaro bacio in fiamme

Così il coro di romanze
Giunge in volo fino al labbro
E tu escludine per primo
Il reale perché vile

Troppo esatto il senso annulla
La letteratura vaga

Traduzione dal francese di Valerio Magrelli.

Commento

Benvenuti alla fine del mondo

Siamo all'inizio del dopo-parola. Immaginate Mallarmé che ci pensa sopra e dopo un po' conclude che, dopotutto: "un fiore non è un fiore". Per cui, cari letterati: la parola è morta, evviva la parola!
Ecco le dichiarazioni del poeta Giorgio Caproni in merito alla scoperta: "Buttate pure via / ogni opera in versi o in prosa. / Nessuno è mai riuscito a dire / cos'è, nella sua essenza, una rosa". La questione è grossa. E prima che si scatenino falò di libri e attentati ai premi letterari, mantenete la calma e continuate a indagare sul caso del fiore. Sentite il grande critico George Steiner, informato sui fatti: "La parola fiore non ha né stelo né foglia né spina. Non è né rossa né gialla. Non emana nessun profumo". Ecco il reato compiuto dai poeti secondo Mallarmé: pretendere che un vocabolo si sostituisca alla sostanza. Questo è un abuso che sporca la lingua, pensa, ed allora escogita una via d'uscita. La via d'uscita totale. Ci vuole "poesia pura", libera dalla necessità di significare, come un geroglifico che non si capisce, e che qualcuno legge così e un altro cosà. Mallarmé proclama la "sovranità autistica della parola". Eccoci sistemati. Che direbbe nel vedersi commentata una poesia? Non la prenderebbe bene!

Per opporsi alla logica di un codice utile a comunicare, a parole cioè che servono a dare istruzioni, comandi al cervello, Mallarmé propone una pronuncia oscura, enigmatica, in grado di ripulire le parole dalla loro schiavitù di strumenti. Le sue parole sono libere, si associano senza obbedire a schemi.
Al "linguaggio della tribù" preferisce la forza evocatoria di versi sganciati dalla realtà. Il risultato sarà una serie di tentativi rivoluzionari.

Una rivoluzione visiva

La prima rivoluzione riguarda lo spazio tipografico, che culminerà nell'ultimo progetto dello scrittore, *Un lancio di dadi*, autentica sinfonia visiva volta a sovvertire la disposizione delle parole sul foglio. L'opera abbandona la struttura fisica del volume, per assumere quella "a fisarmonica", come quei souvenir che si trovano ancora nelle vecchie tabaccherie, con una serie di cartoline attaccate una all'altra.

La sua era una striscia di 11 doppie pagine, con un testo di ben 11 diversi caratteri a stampa. Paul Valéry, maestro della poesia francese, considerò l'opera un capolavoro radicale, come "un atto di demenza", capace di elevare la pagina "alla potenza del cielo stellato". Una soluzione cervellotica, è vero, ma dietro c'era una situazione storica da considerare. Nella seconda metà dell'Ottocento, la gente era già sommersa da un fiume di parole dalla mattina alla sera. Si iniziavano a vedere i manifesti affissi per le strade: la scrittura era stata portata via dal chiuso dei libri e delle biblioteche per essere messa al servizio del commercio. E prima che una persona arrivasse a leggere un libro, aveva già gli occhi pieni di formule, di frasi, di lettere colorate e rissose, che facevano a gara per conquistarsi la sua attenzione. Walter Benjamin, illustre filosofo tedesco del Novecento, paragonò quelle parole a sciami di cavallette, destinate a farsi di anno in anno più compatte. Mallarmé cercò di rielaborare l'aggressività dei manifesti pubblicitari. Per quanto solitario e snob, fu lui il primo a ospitare nei versi le tensioni grafiche degli slogan.

Una rivoluzione iconografica

La seconda rivoluzione richiede di tornare allo strano caso del fiore scomparso. Nei contenuti, Mallarmé fece la scoperta del nulla in cui siamo piombati all'inizio di questo commento impossibile (per decisione del poeta stesso). Mallarmé intuì, contrariamente a molti suoi colleghi, che la poesia non era una via d'accesso all'assoluto, ma solo una "Gloriosa Menzogna". Arrivò a stabilire che la lingua poteva essere usata senza dire assolutamente nulla – si tratta di uno snodo cruciale, interno al processo di lacerazione del patto fra parola e mondo che segna la cultura europea di fine Ottocento.
Se la parola "fiore" non indica più nulla e rappresenta, anzi, ciò che manca in ogni mazzo, la verità della parola farà tutt'uno con la sua assenza dal mondo. Così, tra linguaggio e realtà si spalanca una voragine infinita.

Adesso leggete la poesia, giocate a nascondino con il senso che contiene e, se riuscite a trovarlo, tenetevelo stretto e non ditelo a nessuno.

Esercizi

ESPLORARE

01 Qual è l'azione del poeta che non viene nominata, ma attraversa tutto il componimento?

02 L'immagine del fumo esalato viene usata dall'autore come pretesto per parlare di che cosa?

03 Che cosa si intende secondo te con «chiaro bacio in fiamme»?

04 Perché pensi che Mallarmé definisca «riassunta» l'anima? Quanto spazio occuperebbe altrimenti?

05 Spiega che cosa significa, secondo te, l'espressione «Troppo esatto il senso annulla / La letteratura vaga».

SMONTARE

06 Perché gli anelli di fumo scatenano nell'autore pensieri sull'anima?

07 Che effetto ti fa l'assenza di punteggiatura?

COSTRUIRE

08 Pensa a un'attività che ti rilassa e dà piacere – come lo era il fumare per l'autore. Scrivila qui sotto.

....

....

09 Trova un'altra immagine, diversa dal fumo, per significare qualcosa di vago e impalpabile.

....

....

11

Guillaume Apollinaire

Calligrammi

tempo di lettura 1'
vita dell'autore a p. 629

[1]

[2]

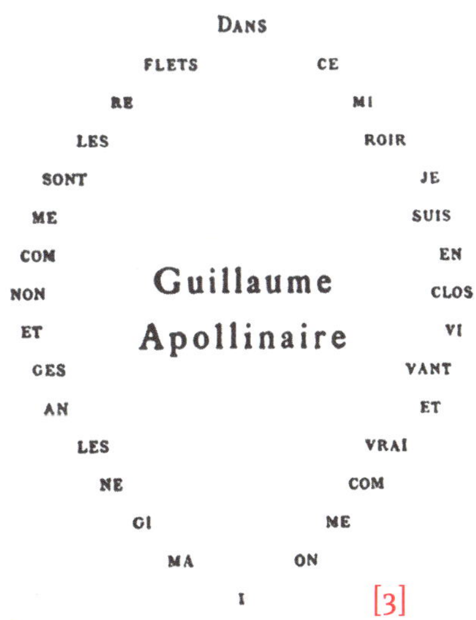

[3]

[1] Il mio cuore simile a una fiamma rovesciata.
[2] I re che muoiono di volta in volta rinascono nel cuore dei poeti.
[3] In questo specchio sono rinchiuso vivo e vero come si immaginano gli angeli e non come sono i riflessi.

da **Guillaume Apollinaire,** ***Alcool Calligrammi*****,** Milano, Mondadori, 1986.
Traduzione dal francese di Sergio Zoppi.

Commento

:-) :-* :-o

Siamo tanto innovativi e in linea con i tempi che ci esprimiamo con le faccette anche per commentare una poesia? In realtà, sono nuovi i mezzi (le chat, i messaggini che, per brevità e per simpatia, farciamo di pupazzetti), non l'idea. L'idea di fondo è vecchia di secoli: c'era nella poesia greca, araba, nella lirica latina, nella *Divina Commedia*. Naturalmente, lì non si chiamavano *emoticon*, ma *technopaegnia*, *carmina figurata* o *calligrammes*; la sostanza però era la stessa: un misto di segno grafico e disegno, alfabeto e immagine.
Adesso, quando usate una faccina, potrete dire che lo facevano già gli artisti bizantini, che lo facevano Teocrito o Simia di Rodi. ;-)

I titoli delle composizioni di Apollinaire sono *Cuore*, *Corona* e *Specchio*, l'autore compone poesie in cui l'oggetto stesso è sia fuori sia dentro le parole. Non pensate che sia così facile. Scrivo casa a forma di casa e ho fatto. No – ricordatevi che parliamo di un grande poeta e la faccenda si fa quindi più complessa, il gioco punta sempre alle stelle.
Vediamo tutti i legami che ci sono tra queste immagini e le parole che le disegnano. Faremo capriole (basta faccette).

Primo e secondo calligramma

Il poeta dice: «Il mio cuore simile a una fiamma rovesciata». Avete di fronte agli occhi la forma stilizzata di un cuore, avete la parola «cuore» e avete la figura retorica, la *similitudine* annunciata dal «come una», che vi introduce a qualcosa di nuovo, e cioè all'immagine della «fiamma». Nella testa, grazie all'istruzione delle parole, voltate la forma compiuta del cuore e vi trovate la fiammella, stilizzata anch'essa. Il cuore brucia, lo sentite accesissimo, pieno di passione. La nostra inventiva si applica, e il meccanismo ci coinvolge più che se avessimo trovato i semplici versi messi in colonna.

Leggendo i tre calligrammi abbiamo la sensazione di scorrere un identikit del poeta, man mano acquisiamo un indizio, una traccia della sua identità. Apollinaire parla di sé e delle qualità che deve avere un poeta, ne fa degli stemmi, delle medagliette ben visibili, da cucirsi sulla giacca per farsi riconoscere. Le tre figure fanno parte di una stessa composizione, come fossero tre strofe della medesima poesia; nella raccolta *Calligrammes*, che Apollinaire pubblicò nel 1913, le troviamo nella stessa pagina. Questo va considerato, perché ogni figura si lega con l'altra.

Il cuore, dopo il cuore-fiamma, torna di nuovo nel disegno accanto, quello della corona. Stavolta il muscolo caro ai poeti non è disegnato, ma soltanto menzionato. «I re che muoiono di volta in volta rinascono nel cuore dei poeti». Ancora cuori e ancora poeti. E ora capriola.

Il nuovo elemento, la corona, è ripreso da questi re che risorgono, è come quando al telegiornale sentite dire "Parigi ha detto", invece di "Il presidente francese, parlando da Parigi, ha detto"; qui il legame è lo stesso: si usa la corona per dire il re, si usa, insomma, una figura retorica, la *metonimia* (consiste nell'utilizzare un nome che ha un rapporto di prossimità con un altro al suo posto: in questo caso si usa il "re" per la "corona"). Riferendosi al cuore dei poeti come a un luogo, Apollinaire anticipa in qualche modo l'immagine successiva.

Terzo calligramma

Il cuore dei poeti è un luogo profondo, acceso di passione, dove la memoria vive e i re non muoiono mai, dove si nascondono segreti. Vedete il nome di Apollinaire lì in mezzo tra due parentesi di parole? Possiamo pensarlo come un ennesimo calligramma: dove potrebbe stare un poeta, se non nella sua firma? Eccovi all'ingrandimento estremo. Gli indizi vi hanno portato al suo nome, racchiuso in un recinto che richiama lo specchio, ma conserva il ricordo del cuore. Sembra un gioco di tarocchi, dove le carte in tavola suggeriscono: "Sono Apollinaire". Avete trovato il poeta, ma in questo abbraccio di segni dovete coglierlo in volo, la pagina non basta. Vi dice che nessuno specchio, nessuna fotografia potrà mai dire la vostra verità, ritrarvi tutti interi, perché la vostra vita più vera è come un'immagine angelica, ideale, ambigua, imprendibile. È un volo difficile, ma è per voi: esercitatevi a farlo.

Esercizi

ESPLORARE

01 Che cos'è che assomiglia a una fiamma rovesciata?

02 Perché il poeta dice di essere rinchiuso in uno specchio?

SMONTARE

03 Secondo te qual è il senso di scrivere una poesia in forma disegnata?

04 Nei tre *calligrammes* presentati qual è quello in cui forma e parole coincidono di più? E quale quello in cui si distanziano di più? Perché?

05 Se non sapessi il significato delle parole del secondo calligramma, se fossero solo segni privi di senso, quale valore daresti alla poesia? Che cosa ti trasmette l'immagine soltanto?

COSTRUIRE

06 Scegli uno dei tre *calligrammes* proposti e decidi se cambiare le parole o la forma del testo. Commenta il risultato che otterrai confrontandolo con l'originale.

07 Ora pensa a una sensazione astratta, a un'idea immateriale, trasformala in una frase e poi mettila in immagine come un calligramma.

08 Adesso, invece, fai il contrario: prendi un semplice triangolo e inventa una frase che potresti scrivere seguendo le sue linee.

Wallace Stevens

Aneddoto della giara

tempo di lettura 1'
vita dell'autore a p. 660

Posai una giara in Tennessee,
ed era tonda, sopra un colle.
Obbligò la sciatta selva
a circondare il colle.

La selva sorse alla sua altezza,
si adagiò attorno, non più selvaggia.
La giara era tonda sul terreno
e alta e ben portante in aria.

Prese dominio dappertutto.
La giara era grigia e nuda.
Non sapeva di cespo o uccello,
come nient'altro in Tennessee.

da **Wallace Stevens, *Tutte le poesie*,** Milano, Mondadori, 2015.
Traduzione dall'inglese di Massimo Bacigalupo.

Commento

Sembra una storiella raccontata da un vecchio saggio

Uno di quelli che si trovano in certi film, a cui si va a fare una domanda della massima importanza, dopo aver scalato montagne o essersi inerpicati per centinaia di gradini. Arrivati al cospetto del sapiente, ancora col fiatone, gli si chiede qualcosa del tipo: "Maestro, che senso ha la vita?" e, dopo una necessaria pausa – in cui si sente soltanto il vostro fiatone –, la risposta è una storiella. "Maestro, ma che significa?", vorremmo chiedere, ma il rispetto e il timore di fare la figura degli ignoranti consigliano il silenzio. Si torna quindi indietro, rimasticando per tutto il percorso la storiella dai mille significati.

Pensiamo a com'è costruita la lirica. Soltanto all'inizio c'è un verbo che indica la presenza di qualcuno, di un "io"; poi la poesia diviene il movimento di un oggetto, di un vaso che con la propria volontà diventa grande come uno Stato americano. Alla fine, dopo aver messo ordine nel paesaggio, la giara «Prese dominio dappertutto».
Una cosa intraprendente, questa giara, tanto che iniziamo a prenderla in simpatia: dà un senso di sicurezza, semplice, tonda, massiccia, si posa su un colle e diventa un punto di riferimento visibile quasi dallo spazio. È un prodigio che viene dalle mani dell'uomo e, come tutti i manufatti, porta con sé il contrasto tra la resistenza «selvaggia» dei materiali e il lavoro pianificato dell'artigiano. Ora procediamo, grazie a un semplice oggetto, dal caos all'ordine.

Che cosa rappresenta la giara?

Un uomo che, dopo il primo verso, scompare, lasciando campo libero alla sua creatura. Il costruttore della giara è come un Dio che pianta un seme e poi se ne va, ciò che cresce saprà cavarsela, sarà lui il protagonista. Ma il protagonista di quale storia? Che cosa rappresenta la giara? Vi viene in soccorso una famosa interpretazione della poesia. Il critico George Steiner trova nell'aneddoto della giara una definizione della poesia stessa, cioè del suo rapporto con il mondo e, ancora più in generale, del lavoro che l'arte fa per noi. Per spiegarsi meglio, Steiner ricorre al mito di Orfeo. Orfeo era un poeta-musicista che, grazie alla sua arte, riusciva a incantare gli animali, rappresentanti del mondo selvaggio. Qui la giara, come fosse la poesia stessa, si svincola dall'uomo e fa come Orfeo, contiene, addomestica, ordina il mondo, gli impone una forma, guida il bosco e lo interrompe.

Stevens lascia parlare le cose

Così disse lo stesso Stevens: "Non c'è nulla da capire, il mondo non lo dobbiamo comprendere completo. Ogni cosa è quella che è, niente manca di ciò che c'è. E la poesia stessa è una cosa".
Se per definire la poesia altri hanno fatto ricorso al loro corpo, alle sensazioni (pensate a quel che hanno scritto Dickinson a pagina 301 e Rilke a pagina 214). Stevens è più discreto, più nascosto, fa parlare l'inanimato, lo rende simbolo oscuro di quanto vuole dire. Normalmente, noi cerchiamo di attribuire un senso alle cose; Stevens, invece del senso, aggiunge alla realtà la poesia, fabbrica i versi così come un vasaio fabbricherebbe una giara. Una giara portentosa, certo.

Lo stile di Stevens è sempre percorso da un filo di ironia, anche nelle composizioni più complesse. A serrate argomentazioni può seguire un "tra-la-la" di sollievo. Pensate a un altro titolo: *San Giovanni e il Mal di Schiena*, e a un verso: "Parlo al di sotto / della tensione della lira".
Il sommo musicista, come un buon atleta, si riconosce proprio dall'*understatement*, cioè dalla capacità di non sforzare il tono, dall'assoluta naturalezza ed eleganza che mostra persino sotto sforzo, piegato da una grande emozione o sottoposto a una gran fatica. Che classe! Parla di grandi cose eppure è leggero.

Ritornando all'immagine dell'inizio del commento, avete ormai percorso alcuni chilometri verso casa, la rabbia nei confronti del vecchio saggio è calata, gli avete perdonato tutta quella fatica, anzi, cominciate a ringraziarlo per avervi fatto fare il cammino: essere andati fino a lui, là in cima, vi ha dato modo di capire la storiella.
Se vi avesse risposto qualcosa come: "Fai tanto sport e mangia la verdura", sarebbe stato di certo più semplice, ma tutta un'altra cosa.

Esercizi

ESPLORARE

01 A che cosa ti rimanda l'immagine di una giara – simbolo del lavoro umano – collocata in cima a un colle, ovvero in piena natura?

02 Che cos'è il Tennessee?

SMONTARE

03 Qual è la figura geometrica predominante nella poesia? Secondo te perché l'autore ha scelto proprio quella?

04 Per capire il meccanismo usato dal poeta, inventa e descrivi due o tre immagini che raffigurino la contrapposizione tra due sistemi diversi o addirittura opposti.

05 Che cosa significa per te "addomesticare un paesaggio"?

06 La giara «grigia e nuda» si oppone alla rigogliosità selvaggia della natura. Come interpreti il contrasto?

07 La giara ti dà un'idea di modernità o di antichità? E con che cosa contrasta?

COSTRUIRE

08 C'è una poesia di Wallace Stevens che si chiama *Conversazione continua con un uomo silenzioso*. Senza leggerla prima, prova a scrivere anche tu un componimento intitolato così. E poi cerca e leggi quello di Stevens.

09 E se dovessi trasformare questa poesia in una specie di alfabeto Morse? Riscrivila, ma usando solamente i trattini bassi: "_". Allungali quanto pensi sia opportuno. Così facendo, ti concentrerai sullo spazio che occupano le parole.

13

Gerard Manley Hopkins

La bellezza cangiante

tempo di lettura 1'
vita dell'autore a p. 645

Gloria a Dio per le cose che ha spruzzate:
i cieli bicolori, pezzati come vacche,
la striscia roseo-biliottata della
trota in acqua, il tonfar delle castagne
– crollo di tizzi giovani nel fuoco –
e l'ali del fringuello; per le toppe
dei campi arati e dissodati, e tutti
i traffici e gli arnesi, e tutto ch'è
fuor di squadra, difforme, impari e strambo,
tutto che muta, punto da lentiggini
(chissà come?) di fretta o di lentezza,
di dolce o d'aspro, di lucore o buio.
Quegli le esprime – lode a Lui – ch'è sola
bellezza non mutabile.

da **Gerard Manley Hopkins**, ***Tutte le poesie***, Milano, Mondadori, 1984.
Traduzione dall'inglese di Eugenio Montale.

Commento

Tenetevi cara questa poesia per i giorni in cui tutto vi sembrerà piatto e noioso

Non vi rimetterà di buonumore, ma potrebbe avere un effetto stimolante, come acqua fredda sugli occhi.
A primo impatto vi può sembrare una preghiera o una complicazione del detto popolare: "Il mondo è bello perché è vario" e, in effetti, entrambe le cose sono giuste.

La poesia comincia con «Gloria a Dio» e verso la fine recita «lode a Lui». Tra questi due termini, con gli occhi stravolti per lo sforzo (uno sforzo felice che vedrete tra poco), si ringrazia per ciò che si reputa importante. Di solito non si va molto per il sottile e si citano i fondamentali: il sole, la luna, l'acqua, il pane (come nel *Cantico delle Creature* di San Francesco, che potete leggere a pagina 511) – sembrerebbe quasi offensivo ringraziare Dio per aver fatto i grillitalpa o le foglie della menta. Hopkins, invece, avrebbe obiettato che Dio sta nei dettagli (forse avete sentito dire che è il diavolo che sta nei dettagli, comunque sia, Dio o diavolo, i dettagli sono di massima importanza).

Per riempire il suo elenco, Hopkins addestra un occhio-collezionista

Quest'occhio deve infilarsi dappertutto e sfogliare il mondo quasi come fosse un'enciclopedia. Deve cercare soltanto le cose che Dio «ha spruzzate», ossia ciò di cui non troveremo mai copia identica.
L'occhio-collezionista porta indietro cieli, vacche e trote, li sceglie per la loro superficie irregolare, maculata. Il poeta raccoglie e compone il bottino, spezza i suoni, ne fa una granella che imita l'attenzione complessa dell'occhio con assonanze e variazioni (sentite un verso in inglese: «*Landscape **plo**tted and **pie**ced – **fo**ld, **fa**llow, and **plo**ugh*», leggete le parti in neretto, e sentite quel che cambia e si ripete, come una bocca che rimastica qualcosa).
L'occhio-collezionista non va a cercare uova di storione o pregiati uccelli tropicali, non abbatte fauna protetta e non si addentra

in regioni inesplorate, coglie lo strano e l'originale nelle cose che potete osservare nell'arco di una mezza giornata in campagna. Passa dalla cartolina (cieli e mucche), al microscopio (macchie punteggiate), dalla mappa del catasto agricolo (le «toppe dei campi arati»), al museo del lavoro («i traffici», «gli arnesi»).

Nella seconda parte della poesia, dopo l'esposizione del bottino, si torna alla teoria, alle istruzioni per l'occhio-collezionista. Invece di continuare la missione e l'elenco, l'occhio si riposa, sembra annichilito dall'impresa, da tutto ciò che è «fuor di squadra, difforme, impari e strambo», che dovrebbe fiondarsi a prendere – sempre tenendo in conto i desideri di Hopkins, quelli ben evidenti nel piccolo elenco della prima parte. Sappiamo che la sua idea di «strambo» e «difforme» non corrisponde a quella della media degli uomini.

In bilico sul tutto

L'elenco di Hopkins non è «difforme» o «strambo» per i materiali di cui è composto, ma per il punto di vista che adotta. Il suo modo di guardare sembra ripetere: "la vita è nei dettagli, Dio è nei dettagli e i dettagli sono innanzitutto differenze".

Sta a voi continuare l'elenco, se volete. Hopkins, per evitare la vertigine, si affretta a cercare un punto d'appoggio. Chiama chi può aiutarlo a concepire il tutto in uno, il generatore di «bellezza non mutabile», lì si riposa e lo ringrazia, «lode a Lui».

Se non riuscite a vedere quanti dettagli in movimento avete intorno, quante differenze offerte in visione, ecco qui: acqua fredda per gli occhi.

Esercizi

ESPLORARE

01 Leggi i primi quattro versi. Quali sono gli elementi che per il poeta rappresentano la «bellezza cangiante» del titolo?

02 Che cosa vuol dire *cangiante* nel titolo?

03 Quali tipi di bellezza vengono menzionati nella poesia e che rapporto c'è tra di loro?

SMONTARE

04 Prova a spiegare come mai il poeta usa proprio il verbo "spruzzare".

05 Guarda il settimo e l'ottavo verso: c'è qualche legame fra loro?

06 I cieli, le macchie e le altre immagini usate dal poeta ti sembrano qualcosa di «fuor di squadra, difforme, impari e strambo»?
E se sì, perché?

COSTRUIRE

07 Fai un elenco di cose che ti piacciono. Cerca di essere molto concreto e di ogni cosa prendi un particolare. Scrivi ad esempio: *la scia colorata che lasciano le auto in corsa*, e non: *le auto*.

....

....

....

....

....

Umberto Saba

A mia moglie

tempo di lettura 2'
vita dell'autore a p. 658

Tu sei come una giovane,
una bianca pollastra.
Le si arruffano al vento
le piume, il collo china
per bere, e in terra raspa;
ma, nell'andare, ha il lento
tuo passo di regina,
ed incede sull'erba
pettoruta e superba.
È migliore del maschio.
È come sono tutte
le femmine di tutti
i sereni animali
che avvicinano a Dio.
Così se l'occhio, se il giudizio mio
non m'inganna, fra queste hai le tue uguali,
e in nessun'altra donna.
Quando la sera assonna
le gallinelle,
mettono voci che ricordan quelle,
dolcissime, onde a volte dei tuoi mali
ti quereli, e non sai
che la tua voce ha la soave e triste
musica dei pollai.

Tu sei come una gravida
giovenca;
libera ancora e senza

gravezza, anzi festosa;
che, se la lisci, il collo
volge, ove tinge un rosa
tenero la sua carne.
Se l'incontri e muggire
l'odi, tanto è quel suono
lamentoso, che l'erba
strappi, per farle un dono.
È così che il mio dono
t'offro quando sei triste.

Tu sei come una lunga
cagna, che sempre tanta
dolcezza ha negli occhi,
e ferocia nel cuore.
Ai tuoi piedi una santa
sembra, che d'un fervore
indomabile arda,
e così ti riguarda
come il suo Dio e Signore.
Quando in casa o per via
segue, a chi solo tenti
avvicinarsi, i denti
candidissimi scopre.
Ed il suo amore soffre
di gelosia.

Tu sei come la pavida
coniglia. Entro l'angusta
gabbia ritta al vederti
s'alza,
e verso te gli orecchi
alti protende e fermi;
che la crusca e i radicchi
tu le porti, di cui
priva in sé si rannicchia,

cerca gli angoli bui.
Chi potrebbe quel cibo
ritoglierle? chi il pelo
che si strappa di dosso,
per aggiungerlo al nido
dove poi partorire?
Chi mai farti soffrire?

Tu sei come la rondine
che torna in primavera.
Ma in autunno riparte;
e tu non hai quest'arte.
Tu questo hai della rondine:
le movenze leggere;
questo che a me, che mi sentiva ed era
vecchio, annunciavi un'altra primavera.

Tu sei come la provvida
formica. Di lei, quando
escono alla campagna,
parla al bimbo la nonna
che l'accompagna.
E così nella pecchia
ti ritrovo, ed in tutte
le femmine di tutti
i sereni animali
che avvicinano a Dio;
e in nessun'altra donna.

da **Umberto Saba, *Tutte le poesie*,** Milano, Mondadori, 2001.

Commento

Congetture ed errori

Certamente farete fatica a dedicare questi versi alla vostra innamorata, o, con opportune modifiche, al vostro innamorato, perché mazzi di paglia e conigli spelacchiati raramente hanno fatto colpo. Umberto Poli, in arte Saba, con questa poesia fece discutere e ridere i contemporanei. Perché uno può pensare quanto poco romantico sia un poeta che paragona l'amata a una pollastra – e infatti Saba non è affatto romantico, e un poeta non deve essere per forza romantico. Quando smisero di trovare ridicola la poesia, arrivarono a dire che era "proletaria", che cioè incarnava la visione di quello che allora era la forza nuova dell'Italia e del mondo, il Partito comunista. Dissero così perché probabilmente il suo elenco di animali era umile e popolare e rassomigliava alla classe rappresentata dal Partito (i proletari, appunto). Dovendo combattere la ricchezza e le forme del potere dominante, i comunisti potevano sentire una spontanea simpatia per pollastre, mucche e gli altri abitanti di fattoria. Una donna poi, una moglie, concreta e famigliare come questa, dai fianchi idealmente solidi, dalle tendenze guardiane e curatrici, dalle fragilità non troppo complicate, non aveva niente a che fare con le sciantose dell'alta borghesia, ricche e impellicciate, paragonabili soltanto a dee, semidee, pantere e altri grossi felini.

La parola al poeta

Nessuno aveva capito l'intento di Saba e allora lui, esasperato, fece qualcosa di imprevedibile e sconveniente: si mise a spiegare per filo e per segno ciò che aveva scritto. Aveva creato l'opera e ora, data la critica inadeguata, provvedeva a scrivere anche la critica dell'opera. Questo gesto, che può sembrare patetico se non addirittura presuntuoso, aveva le sue ragioni: infatti, ci voleva pochissimo per smarrire la chiave della poesia e perdersi in interpretazioni senza capo né coda. Così, a chi diceva che *A mia moglie* era fatta per scandalizzare, sorprendere, far ridere, o incitare i comunisti, Saba rispose:

"Noi (Umberto Poli e Saba) pensiamo invece che sia una poesia 'infantile'; se un bambino potesse sposare e scrivere una poesia per sua moglie, scriverebbe questa".

Rileggete adesso la poesia e osservate che cosa cambia

Saba assegnava a se stesso e ai poeti del futuro una missione delicata, sempre più urgente, dal momento che erano sempre di più quelli disposti a far di tutto per guadagnarsi la notorietà e la fama. In poche parole, il vero scrittore deve essere "nella vita come nella letteratura, un uomo onesto", capace di ritornare agli oggetti più primitivi e banali. Intendeva spiegare che non si può falsare la propria visione per apparire più belli agli occhi degli altri, non si possono scrivere bei versi solo per far colpo, ma bisogna allineare ciò che si sente e si vede a ciò che si scrive, con chiarezza e disciplina. Altrimenti si perde la propria personalità e si diventa schiavi di un'immagine fasulla di se stessi. Il poeta non scrive soltanto con il bambino che rimane in lui, ma, in più, deve farlo incontrare all'adulto che è diventato.
Ecco il fondo di questa poesia e dei suoi sereni animali, della donna concreta che descrivono, e della musica semplice (solo all'apparenza, perché la semplicità è un effetto che si ottiene con un grande lavorio).
Una cosa vecchia e nuovissima, infantile e saggia insieme.
È una pagina che all'inizio fa ridere, poi fa pensare ad altro e infine, forse, si fa capire.
Allora un infantile mazzo di paglia sarà il dono migliore.

Esercizi

ESPLORARE

01 Fai la conta: quanti animali compaiono in questa poesia?

02 Perché pensi che il poeta paragoni la moglie a tanti animali e non a uno solo?

03 Che cosa vuol dire «mettono voci che ricordan quelle»? E «dei tuoi mali / ti quereli»?

04 Che cosa significa «senza gravezza»?

05 Che cos'è una *pecchia*? (La trovi nell'ultima strofa.)

SMONTARE

06 Che cosa hanno in comune gli animali protagonisti delle sei strofe?

07 Leggi i primi versi di ogni strofa. Che attributi sceglie Saba per i suoi animali e che effetto ti fanno?

08 Perché secondo te Saba usa delle bestie e non altre donne per descrivere la moglie?

09 Cerchia tutti i «Tu sei come». Perché pensi che il poeta ripeta sempre questa espressione e non ne scelga altre?

COSTRUIRE

10 Scrivi una poesia come quella di Saba e descrivi qualcuno utilizzando soltanto gli animali marini.

....

....

....

....

....

11 Accosta un attributo a ciascuno di questi animali: giraffa, mantide, cinciallegra, donnola, testuggine, cerva, serpe. Li stai paragonando all'ultima persona che hai amato.

....

....

....

....

....

....

....

12 Se la persona in questione fosse il tuo migliore amico, come cambierebbero gli aggettivi? Concentrati sia sull'aspetto esteriore sia sul carattere della persona.

....

....

....

....

....

....

....

J Carrier
da *Elementary Calculus*
2012

COSTELLAZIONE 04

teoria a pagina 553

COMPOSIZIONI

Che cosa si può costruire con i versi?

Oggetti messi insieme che suonano come se fossero musica.

15

Francesco Petrarca

Dicemi spesso il mio fidato speglio

tempo di lettura 1'
vita dell'autore a p. 655

Dicemi spesso il mio fidato speglio,
l'animo stanco, e la cangiata scorza,
e la scemata mia destrezza e forza:
– Non ti nasconder più: tu se' pur vèglio.

Obedir a Natura in tutto è il meglio,
ch'a contender con lei il tempo ne sforza –.
Súbito allor, com'acqua 'l foco amorza,
d'un lungo e grave sonno mi risveglio:

e veggio ben che 'l nostro viver vola
e ch'esser non si pò più d'una volta;
e 'n mezzo 'l cor mi sona una parola

di lei ch'è or dal suo bel nodo sciolta,
ma ne' suoi giorni al mondo fu sí sola,
ch'a tutte, s'i' non erro, fama ha tolta.

da **Francesco Petrarca, *Canzoniere*,** Torino, Einaudi, 2016.

Commento

Lei e lui

Tra le più celebri coppie amorose del mondo, ce ne sono almeno due alla base della storia letteraria mondiale. Entrambe le coppie sono italiane, la prima conta "Dante e Beatrice" e la seconda "Petrarca e Laura". Sappiate che, quando un poeta si innamora, la cosa potrebbe finire in un libro e, se il poeta è un grande poeta, ne potrebbe venire fuori un capolavoro.

La poesia di cui stiamo per parlare viene da una raccolta leggendaria che ha fatto da modello alle generazioni successive di scrittori. Si intitola *Canzoniere* e contiene tante poesie quanti sono i giorni dell'anno, più una introduttiva (in totale 366). Sono poesie in cui si ragiona d'amore e dunque di Laura, che è un po' la Madonna e un po' donna vera – Petrarca l'aveva vista a malapena una volta: forse il segreto degli amori eterni sta nel vedersi poco, chi lo sa. All'interno del *Canzoniere*, questa poesia corrisponde al giorno 25 dicembre, Natale. Con l'inverno e il libro che sta per finire, Petrarca va a guardarsi allo specchio e si trova invecchiato e stanco.

Leggetela ad alta voce, sentite come slittano i versi, e immaginatevi la scena

È un marchingegno infallibile, fatto di rime, assonanze e figure retoriche, è il prototipo stesso dei marchingegni del genere, il *sonetto*. Sentite come vanno le rime in -eglio: da «speglio» si salta fino a «vèglio» e vengono poi «meglio» e «risveglio», portandoci a ridosso della rivelazione, quella di cui vi diranno i versi successivi.

Il poeta si accosta allo specchio, si guarda intristito e mansueto: che c'è da fare? Non si può sfidare il tempo. Ma dopo un po' che si è guardato, è colto da un brivido. Qualcosa nella percezione del poeta muta, «com'acqua 'l foco amorza», all'improvviso. Si invecchia, si deve morire, d'accordo, ma sentirsi addosso questa conclusione è diverso. Il poeta la sente in un attimo, sente con forza la sua fine e riesce a sentirla, perché arriva lei (nel *Canzoniere* c'è solo una lei),

Laura, una presenza che è quasi l'incarnazione della sensibilità stessa del poeta e non un'altra persona: «e 'n mezzo 'l cor mi sona una parola / di lei...». Laura torna nella mente del poeta in modo inaspettato, con la sua voce. «Una parola di lei», che sarà mai? Una battuta che si erano scambiati, una frase, chissà qual è la parola che ritorna alla sua memoria. Ma sia quale sia, quel brandello di voce è il ricordo di un tempo passato, dell'incontro con Laura, il massimo della vita e della giovinezza – per questo la vecchiaia e la fine, per contrasto con il tempo lieto, aggrediscono con più foga.

Nella fine

Andate a quella meraviglia di verso che si trova all'inizio dell'ultima strofa.
Come si fa a dire che qualcuno è morto? «di lei ch'è or dal suo bel nodo sciolta». Apriamo questo guscio retorico in tutte le sue estensioni. La morte come un nodo che si scioglie, quindi la vita come nodi che restano annodati. Immaginate un nodo che si scioglie, e un bel nodo per giunta, magari fatto in una stoffa preziosa o in morbidi capelli di donna. Così se n'è andata Laura, perché Laura al tempo di questa poesia è già morta e il poeta innamorato le sopravvive ancora per anni.

Negli ultimi due versi non manca la lode alla bellezza unica che non c'è più. Petrarca dice come Laura, quand'era al mondo, era così speciale da togliere importanza a tutte le altre. E pensate, la voce di questa donna è tornata da lui adesso, il 25 dicembre del libro, a ridargli la vita e l'idea della morte insieme.

Esercizi

ESPLORARE

01 Che cosa dice lo specchio al poeta?

02 Perché Petrarca guardandosi allo specchio pensa a Laura?

SMONTARE

03 Con quale immagine il poeta dice che la vita di Laura è finita?

04 Osserva le ultime parole di ciascun verso: quali rimano con quali altre?

05 Se dovessi definire con una sola parola il tema della lirica, quale useresti?

COSTRUIRE

06 Immagina: il tuo specchio ti parla e ti dice come sei, però ti vede in un modo molto particolare, che non ti saresti aspettato. Racconta come (in versi).

....

....

....

....

....

16

Federico García Lorca

La chitarra

tempo di lettura 1'
vita dell'autore a p. 641

Comincia il pianto
della chitarra.
Si rompono i calici
dell'alba.
Comincia il pianto
della chitarra.
È inutile
calmarla.
È impossibile
calmarla.
Piange monotona
come piange l'acqua,
come piange il vento
sulla nevicata.
È impossibile
calmarla.
Piange per cose
lontane.
Sabbia del Sud rovente
che chiede camelie bianche.
Piange freccia senza bersaglio,
la sera senza domani,
e il primo uccello morto
sopra il ramo.
Oh chitarra!
Cuore trafitto
da cinque spade.

da **Federico García Lorca, *Poesie*,** vol. I, Milano, Rizzoli, 1994.
Traduzione dallo spagnolo di Lorenzo Blini.

Commento

Federico García Lorca parla della poesia. Ascoltate

"Che cosa vuoi che ti dica della Poesia? Cosa vuoi che ti dica di queste nubi, di questo cielo? Guardare, guardare, guardarle, guardarlo e nient'altro. Capirai che un poeta non può dir nulla sulla Poesia. Lasciamo dire pure ai critici e ai professori. Ma né tu, né io, né alcun altro poeta sa cos'è la Poesia. Sta qui: guarda. Ho il fuoco nelle mie mani. Lo sento e lavoro con lui perfettamente, ma non posso parlare di lui senza letteratura". Se ci avete fatto caso, sono le stesse parole che aprono questo libro.
Bene, dopo averle lette, che cosa dovremmo fare? Probabilmente tacere, andare a farci una passeggiata, scrivere una poesia o leggere quelle di García Lorca. Invece siamo qui a commentare, non è crudele?

Fate suonare lo strumento

Prendete il testo in lingua originale, almeno i primi due versi.
Fate attenzione: «Empieza el llanto / de la guitarra». È fondamentale sentire il suono nella lingua di Lorca, specialmente per questa poesia. La traduzione fa quel che può, voi metteteci qualcosa di più.
Concentratevi sulle due parole che concludono i versi, «llanto» e «guitarra», che, a differenza di pianto e chitarra, contengono entrambe la consonante doppia, la "l" e la "r".
Nei versi di Lorca è come se si riproducesse la vibrazione delle corde di chitarra ed è come una musica nella musica. L'inizio della poesia corrisponde all'attacco della chitarra che suona e piange, che è simile nel suono a un pianto. La chitarra entra nelle fibre stesse della composizione che cerca di imitarne la voce. La sentiamo già da quella "z" tra le due vocali di «Empieza», che si fa volentieri pizzicare e sibila, mentre il dito avanza in cerca della nota successiva. Trova «llanto», parola vibrante, parola aperta, amplificata dal bianco a fine verso, che è voce del verbo "llorar": uno dei termini più onomatopeici per dire il piangere, la parola stessa sembra imbevuta di lacrime, e basta toccare le due "l" iniziali per spremerle. E così via, un nuovo arpeggio al verso successivo, con la stessa «guitarra» che entra in scena, arrotata e guizzante.

Immaginatevi la mano sulle corde che suona un pizzicato di flamenco

Viene da lì questa poesia. La raccolta da cui è tratta, *Poema del cante jondo*, era dedicata proprio al flamenco, ossia il canto profondo, una musica arrivata in Occidente dall'India remota, grazie alle corde della chitarra che l'ha lavorata e approfondita. Lorca adorava il flamenco e adorava la chitarra, come dimostra in questa poesia che le è completamente dedicata.

La fusione tra i due strumenti, quello letterario e quello musicale, è il risultato di un'altra fusione, di una trasformazione a monte. La chitarra piange fin dall'inizio, non suona, e la guardate vivere come un essere umano attraverso i versi della poesia, finché alla fine si rivela, illuminata nella sua struttura organica, «Cuore trafitto / da cinque spade». In fondo al tunnel delle metamorfosi, la chitarra e la sua musica diventano il fulcro del sentimento umano. È la proprietà stessa della musica, se ci pensate, quella di essere inafferrabile ed espressiva come fosse la voce stessa di un sentimento, in questo caso un pianto. La poesia di Lorca è la registrazione di questo strumento "sprofondato" e incontrollabile che, quando vuole, prende a suonare e comunica il fuoco che il poeta dice di sentire nelle mani.

Esercizi

ESPLORARE

01 Leggi bene i motivi per cui piange la chitarra. Sono quattro; quattro immagini: hanno qualcosa in comune secondo te? Perché sono «cose / lontane»?

02 «Si rompono i calici / dell'alba». Che rapporto ci può essere tra calici e alba? Che cosa ti comunicano queste parole messe insieme?

03 Prendiamo i primi versi e gli ultimi. C'è un'associazione tra l'uomo e la chitarra. La chitarra in che cosa si trasforma e il cuore che cosa diventa, e perché?

SMONTARE

04 Come piange l'acqua?

05 Pensi che questa poesia faccia largo uso della rima? Riesci a trovarne almeno una?

COSTRUIRE

06 Adesso pensa a un altro strumento musicale, quello che vuoi. Pensa al suono che fa e scrivi a che cosa assomiglia: prima paragonalo a un'azione umana, poi a elementi non umani.

....

....

....

....

....

17

Thomas Stearns Eliot

La morte per acqua

tempo di lettura 1'
vita dell'autore a p. 640

Phlebas il Fenicio, morto da quindici giorni,
Dimenticò il grido dei gabbiani, e il fondo gorgo del mare,
E il profitto e la perdita.
                                        Una corrente sottomarina
Gli spolpò l'ossa in mormorii. Come affiorava e affondava
Passò attraverso gli stadi della maturità e della giovinezza
Procedendo nel vortice.
                                        Gentile o Giudeo
O tu che volgi la ruota e guardi sopravvento,
Considera Phlebas, che un tempo fu bello, e alto come te.

da **Thomas Stearns Eliot, *Opere*,** Milano, Bompiani, 1986.
Traduzione dall'inglese di Roberto Sanesi.

Commento

The Waste Land (*La terra desolata*) è il capolavoro poetico di Eliot

Quella che leggete è la più corta delle cinque parti di cui è composto, e prende in considerazione il potere dell'acqua. Come intuite dal titolo della raccolta, non stiamo per addentrarci in un ambiente felice. C'è poi qualcosa che non potete intuire ed è la rivoluzione stilistica che vi è contenuta. L'estetica fosca e decadente di questi versi non è priva di ritmi lussuosi, di un'epica imprevista che può affiorare da scorci quotidiani e periferici. Sarà una sorpresa. Potrebbe sembrare alquanto disgustoso cantare la carcassa di un uomo che si decompone nel mare, ma vedrete come alla fine cambierete idea, perché l'acqua che spolpa la carne dalle ossa arriva a significare molto di più, e ne potrete ricavare anche un insegnamento, qualcosa che ha a che fare con l'idea di purezza. Andate all'acqua, guardatela.

Già dall'esordio, con il nome proprio del fenicio, fate un salto temporale e riandate ai tempi mitici della navigazione mediterranea. I fenici erano tra i più abili commercianti che solcavano il mare, aprivano scali, stabilivano prezzi, inauguravano colonie. Non è un caso che si cominci con il dichiarare il nome e il popolo di appartenenza del morto. In un secondo siete piombati sul primo piano di un uomo morto in mare aperto. In un passato di secoli e secoli fa.

Le ultime tracce

È come se il poeta scrivesse la pietra tombale di questo cadavere mentre lo guarda, come una sorta di epitaffio ventoso, che reca le giuste parole all'orecchio di coloro che passeranno di lì (e qualcuno sta per passare, lo vedrete).
Il povero fenicio è a bagno da quindici giorni, non è un bello spettacolo. Prima di parlarvi del suo stato fisico, l'approccio del poeta è di tipo percettivo. Viene un elenco delle cose che sono state dimenticate dal morto, lasciate per sempre.
In tre tocchi Eliot compone tempi e spazi lontani. Al secondo verso

abbiamo il «grido dei gabbiani» e il «fondo gorgo del mare», due esperienze che il fenicio avrà provato tra le ultime della vita, mentre stava per morire annegato. Compite un deciso movimento di su/giù, sentite, nello scarto tra i gabbiani e il gorgo, l'onda che prende nel mare il corpo, il suo sprofondamento, passate dai richiami stridenti dei gabbiani, dalla luce forte del giorno all'oscurità sottomarina (immaginate questo passaggio di colori, di sensazioni).
Andate poi a capo a prendere il terzo elemento: il terzo verso è un altro su/giù, stavolta di differente segno. Se ne sta staccato, su un solo verso, il carattere commerciale di quest'uomo, l'assillo di una vita raschiato via insieme al resto.

Phlebas il Fenicio è andato sotto

È morto, si è alleggerito, non ha più i pensieri di perdita e profitto. Qui, dove il commerciante è defunto, non domina più la legge di domanda e offerta, ma quella della «corrente sottomarina» – notate il suo arrivo nel quarto verso, l'effetto ondeggiante che provoca nella sintassi (mare di parole che spolpa i cadaveri). È viva e mordace la corrente, assale il corpo come un pescecane. Il suono che inventa il poeta, quei mormorii tremendi, rendono l'idea del rosicchiare dell'acqua, come avesse dentini salati che, giorno dopo giorno, arrivano all'effetto desiderato, al bianco dell'osso.
La consumazione operata dal mare non si ferma. Phlebas rotola e si assottiglia, il corpo perde strati e dimentica epoche vissute, regredisce. Il mare lo sta riportando all'origine, lo sta ripulendo da ciò che gli si è accumulato addosso, ovvero la vita. È un lavaggio acido, corrosivo, che riporta al bianco, alla purezza. Eliot in una scena putrida trova la lavatrice dell'esistenza, un movimento che insegna e ammonisce, come facevano le lapidi antiche. Ammonisce un "tu", un marinaio di passaggio, che scorge il cadavere, e parla a lui per parlare a chiunque ascolti. Tu che guardi – dice Eliot, voce di lapide volante – non importa se credi o meno, se sei ebreo oppure no, «Considera Phlebas». Viene offerta al marinaio e a voi la vista del cadavere per poi arrivare al paragone, alla vera e propria lezione. Era bello e alto come te, dice la tomba, era proprio come voi, il fenicio Phlebas.
Ascoltate bene le lapidi, la morte ha sempre qualcosa da insegnare.

Esercizi

ESPLORARE

01 In quale secolo si ambienta la poesia?

02 Che differenza c'è tra «Gentile» e «Giudeo»?

03 Qual è l'immagine principale descritta dalla poesia?

04 Che cosa significa l'espressione «tu che volgi la ruota»? Trova un significato concreto e uno astratto.

SMONTARE

05 Questo componimento è una traduzione dall'inglese.
Secondo te qual è la grande difficoltà della traduzione di testi poetici?

COSTRUIRE

06 All'inizio di *La terra desolata* Eliot afferma che aprile è il mese più crudele: "Aprile è il mese più crudele / genera lillà dalla terra morta, mescola / memoria e desiderio".
Per te qual è il mese più crudele dell'anno e perché?
Scrivi un componimento che contenga la frase "è il mese più crudele".

....

....

....

....

....

07 Che cosa ti fa venire in mente di questi tempi l'immagine di un "morto per l'acqua"? Riesci a riflettere sulle notizie che ascolti al telegiornale oppure, dopo averle sentite, tendi a rimuoverle in fretta? Discutine in classe con i tuoi compagni.

18

Novalis

Inni alla notte

tempo di lettura 2'
vita dell'autore a p. 651

II.

Deve il mattino sempre ritornare? Non finisce mai il dominio terreno? Un'infelice attività consuma il volo celeste della notte. Il sacrificio occulto dell'amore arderà mai in eterno? Fu misurato alla luce il suo tempo; ma la signoria notturna è senza tempo e senza spazio. – Eterna è la durata del sonno. Sacro sonno – non beatificare di rado i consacrati alla notte in quest'opera quotidiana sulla terra. Solo i folli ti disconoscono e nulla sanno del sonno, se non l'ombra che tu compassionevole getti su noi nel crepuscolo della notte veridica. Non ti percepiscono nel flutto dorato del grappolo – nell'olio prodigioso del mandorlo, e nel succo bruno del papavero. Non sanno che sei tu che aleggi intorno al tenero seno di fanciulla e che ne rendi il grembo un cielo – non intendono che tu procedi da antichi racconti e schiudi i cieli, e rechi la chiave ai soggiorni dei beati, silente messaggera di misteri infiniti.

da **Novalis, *Inni alla notte*,** Milano, Feltrinelli, 2012.
Traduzione dal tedesco di Susanna Mati.

Commento

Qui c'è qualcuno che in segreto vi parla di un segreto

La notte non è soltanto la notte, vi dice, la notte è una parte di tutte le cose, è anzi ciò che dà alle cose la loro essenza. E, se sapete come fare, si può passare di là, superare il muro che divide la notte dal giorno, con tutto ciò che ne consegue.
Prima di saltare il muro, respirate, fate un passo per volta.
Se avete sentito parlare dei poeti romantici, pensatori e scrittori vissuti in Germania a cavallo tra il 1700 e il 1800, sappiate che Novalis è *il* poeta romantico e che la raccolta da cui è tratta questa poesia, cioè gli *Inni alla notte*, sono *la* raccolta romantica. Gli elementi caratteristici ci sono tutti: vita e morte, luce e ombra, entrambi abbracciati come amanti, tanto che non si vede la fine di uno e l'inizio dell'altro, e non ultimo c'è un autore dalla vita breve e intensa – Novalis coltivò la fisica, la mineralogia, la matematica e morì di tisi non ancora trentenne.

Gli *Inni* uscirono nel 1800 ed erano dedicati alla dodicenne Sophie von Kuhn, che non li lesse mai, essendo morta di malattia tre anni prima della pubblicazione. Sophie era la fidanzatina di Novalis, di dieci anni più giovane di lui. Dopo la morte di lei, il poeta, allora venticinquenne, cominciò a interrogarsi sulla vita eterna e sulla possibilità di ritrovare l'amata nell'aldilà. Il 13 maggio 1797, girando per il cimitero, annotò nel suo diario: "La sera andai da Sophie. Qui mi sentii indescrivibilmente lieto / lampeggianti momenti di entusiasmo / soffiai via la tomba avanti a me, come polvere / secoli e momenti erano la stessa cosa / la sua vicinanza era sensibile / io credevo che dovesse da un momento all'altro apparirmi...".
Questo è indispensabile per capire la "notte" di Novalis.

Andate alla poesia

La notte di cui parla è come l'ingresso in un'altra dimensione, dove c'è un altro tempo e un altro spazio. È la presenza di una parte oscura sotto la luce di ogni giorno, attorno alla luce del giorno.
Era lo stato d'animo a cui era giunto Novalis meditando sulla morte

della sua bella, e il modo in cui aveva superato la distanza che lo divideva da Sophie.
Il «dominio terreno» è come la sbarra doganale che tiene separati due mondi, i vivi dai morti, e basta il suo venir meno perché le due parti possano confondersi e comunicare. Novalis ha trovato il passaggio nascosto per superare l'ostacolo e i suoi guardiani, una botola interiore che l'ha condotto nella notte perenne.
Lui, come ci dice, è tra i «consacrati alla notte», coloro che praticano il «Sacro sonno», quello che non finisce al mattino. L'amore e la morte hanno dato al poeta una vista potenziata, un potere che ha avvolto di tenebre le cose, facendole risplendere. Tale «sonno» è un superpotere che nessun supereroe accetterebbe.

La parte finale è un messaggio confidenziale per la notte

È rivolto a lei perché lo intendano i profani, coloro che la usano soltanto per dormire e non ne scorgono i misteri.
Dito sull'ottava riga e poi a seguire. Le immagini che sceglie il poeta sono molto particolari, leggete bene. Si comincia da tre spremiture, uva bianca, mandorla, papavero, per passare poi ai seni e al grembo di fanciulla.
È un percorso liscio e denso che conduce al cielo, al codice segreto per aprirne la porta e andare al di là, tra i beati. Novalis richiama leggende notturne, «tu procedi da antichi racconti» ed è lì la fonte del suo sapere di iniziato: nelle vecchie storie vanno rintracciati i simboli del culto notturno, come la via che condusse Orfeo, poeta musicista, nel regno dei morti a ritrovare l'amata Euridice.

Vi sembrerà strana questa forma poetica che non va a capo, che non distingue nettamente i versi, ma procede per frasi come una prosa. La definizione di *prosa poetica* sta appunto nella vocazione musicale di questi periodi, che si susseguono su una medesima onda ritmica e sono composti da una scrittura che sembra voler mettere in chiaro qualcosa di oscuro, un tipo assoluto di notte appunto, il confine labile che conduce da un regno all'altro, dal terreno della prosa ai cieli misteriosi della poesia, dove è possibile dialogare con i morti e dove la morte stessa è abolita.

Esercizi

ESPLORARE

01 Che legame c'è tra le due immagini del «mattino» e del «dominio terreno»? E con che cosa contrastano, invece?

02 Secondo Novalis a quale esperienza può essere paragonata la notte?

SMONTARE

03 L'idea di fine, sonno, notte o morte espressa dal poeta ti sembra complessivamente positiva o negativa? Che differenze trovi tra questa e le più comuni rappresentazioni della morte e della fine delle cose?

04 In che cosa si distingue il testo di questa poesia rispetto a quello delle altre che hai studiato? Qual è la differenza fra poesia e prosa, secondo te?

COSTRUIRE

05 Novalis inizia il proprio componimento con delle domande.
Sono domande retoriche, che probabilmente, secondo l'autore, non hanno risposta. Ma se dovessi rispondergli, che cosa gli diresti?

....

....

....

....

....

....

....

19

Paul Celan

Salmo

tempo di lettura 2'
vita dell'autore a p. 635

Nessuno c'impasta di nuovo, da terra e fango,
nessuno insuffla la vita alla nostra polvere.
Nessuno.

Che tu sia lodato, Nessuno.
È per amor tuo
che vogliamo fiorire.
Incontro a
te.

Noi un Nulla
fummo, siamo,
resteremo, fiorendo:
la rosa del Nulla,
la rosa di Nessuno.

Con
lo stimma anima-chiara,
lo stame ciel-deserto,
la corona rossa
per la parola di porpora
che noi cantammo al di sopra,
ben al di sopra
della spina.

da **Paul Celan, *Poesie*,** Milano, Mondadori, 1998.
Traduzione dal tedesco di Giuseppe Bevilacqua.

Commento

Si possono ricavare poesie da esperienze atroci?

All'origine della poesia di Celan c'è una questione: si possono scrivere poesie sull'esperienza dei lager? Non è cosa da prendere alla leggera. Se uno intende l'arte, la poesia in questo caso, come un abbellimento, una ricerca del bello – che sia bella scrittura, bel canto, bel dipinto, bella musica –, allora come si fa a cavare il bello da una cosa orribile? Chi fa una cosa del genere non è una specie di mostro?
Theodor Adorno, un celebre filosofo tedesco del Novecento, era di questa opinione: "Scrivere una poesia dopo Auschwitz è un atto di barbarie". Peccato che allora Paul Celan avesse già pubblicato una poesia celebre sulla Shoah, *Fuga di morte*. E proprio la "bellezza" di quei versi gli venne rimproverata. La sua risposta alla tacita accusa di complicità con i carnefici furono alcuni versi che, rivolti alla madre assassinata in un campo di concentramento, si chiudono sul nome del nuovo persecutore, Adorno, il "maestro tedesco".

Brutti colpi

Certo, anche Celan voleva evitare che il genocidio hitleriano fosse cantato da belle immagini. "Ciò che preme al mio linguaggio", afferma, "è la precisione: esso non trasfigura, non 'poetizza', esso nomina e instaura". Per questo, pur avendone fatto uso, per qualche tempo assecondò Adorno, e sostenne la messa al bando dei versi poetici dopo la Shoah – parola che, peraltro, non usò mai, preferendo dire soltanto "ciò che è stato". Le rime erano troppo gioiose e i letterati dovevano vestire a lutto.
Qualche anno più tardi il poeta americano Mark Strand disse la sua: "Se non si può scrivere poesia dopo Auschwitz, allora non si può fare neanche colazione". Una frase perfetta, perché toccava un punto nevralgico: tanto i versi, quanto il cibo non sono cose delle quali possiamo scegliere di fare a meno. Adorno, per fortuna, cambiò idea; ma Celan dovette subire altri brutti colpi.
Andò inutilmente a far visita a Martin Heidegger, altro insigne filosofo tedesco, studioso di linguaggio, sperando che prendesse

le distanze dalla sua giovanile ed entusiastica adesione al nazismo. Non fu così. Non meno deludente fu per lui il viaggio in Israele del 1969.
La riunione con la comunità degli ebrei provenienti dal suo paese natale, Czernowitz-Cernauti in Bucovina (oggi tra Ucraina e Romania), fu un fallimento. Si sentiva solo, non capiva più il mondo. Paul Celan era nato in un luogo in cui ogni dieci anni si cambiava lingua: prima il tedesco, poi il romeno, oggi sarebbe il russo. Il suo cognome vero era Antschel. Dopo la guerra scelse l'esilio, prima a Bucarest e Vienna, poi a Parigi, continuando però a scrivere in tedesco, lingua-madre e lingua degli aguzzini. Si suicidò nella Senna nel 1970. La sua vita era stata marcata a fuoco un mattino del giugno 1942, quando, tornato dal rifugio in cui i genitori non avevano voluto accompagnarlo, trovò la casa vuota. Entrambi deportati, morirono: il padre di tifo, la madre trucidata in un lager. Da allora, sprofondato nel senso di colpa, Celan si concentrò sulla memoria, sulla cultura ebraica, sulla patria orientale perduta, raccogliendosi in quella domanda: è possibile dare una spiegazione dell'orrore dei campi in forma poetica?

Un Dio che si è assentato un momento

Questa poesia potrebbe essere intesa come una risposta.
L'inizio racchiude un richiamo biblico, la nascita dell'uomo nella Genesi ma, diversamente da quanto accade nella Bibbia, là dove ci dovrebbe essere Dio, ora non c'è nessuno. Il creatore è scomparso, il suo posto è tragicamente vuoto. Al verso quattro potete trovare una citazione provocatoria, se non blasfema: compare il *Laudetur* cristiano, ripreso da San Francesco nel "Laudato sii" del *Cantico delle creature* (lo potete leggere a pagina 511). Adesso, però, non si può più lodare «Nessuno».
Dio è fuggito – è l'unica spiegazione possibile, dato che nessun Dio creatore e amorevole avrebbe permesso un genocidio (quello nazista e tanti altri). Eppure, nonostante l'assenza, nonostante la barbarie, l'uomo resiste e fiorisce e verseggia, fa sbocciare prodigiosamente una rosa dal nulla, anche per amore di quel Dio-Nessuno.
La poesia è salva, nonostante la barbarie, nonostante le incomprensioni, nonostante tutto.

Esercizi

ESPLORARE

01 Che cos'è un *salmo*?

02 Secondo te a che cosa si riferisce l'autore quando invoca «Nessuno» e il «Nulla»?

03 Che cosa sono lo «stimma», lo «stame» e la «corona»? Che cosa stanno a indicare?

SMONTARE

04 Il fatto che questo componimento si intitoli *Salmo* ti dà, fin da subito, una chiave di lettura precisa. Quale?

05 Perché, secondo te, il poeta mette alcune parole in maiuscolo?

COSTRUIRE

06 Scrivi un paragrafo per spiegare che cosa intende Celan con «spina».

07 Sei autorizzato a rubare un verso a Celan – uno a tua scelta. A partire da quel verso scrivi una nuova poesia (non necessariamente sullo stesso tema o nello stesso tono).

....

....

....

....

....

....

....

Ron Jude
Deadwood Reservoir Spillway #2
da *Lick Creek Line*
1998-2011

COSTELLAZIONE 05

teoria a pagina 560

EFFETTI SONORI, 1

Che cos'è che rende musicale una poesia?

Ogni poesia è uno spartito scritto in mezzo al silenzio.

20

Ugo Foscolo

A Zacinto

tempo di lettura 1'
vita dell'autore a p. 640

Né più mai toccherò le sacre sponde
ove il mio corpo fanciulletto giacque,
Zacinto mia, che te specchi nell'onde
del greco mar da cui vergine nacque

Venere, e fea quelle isole feconde
col suo primo sorriso, onde non tacque
le tue limpide nubi e le tue fronde
l'inclito verso di colui che l'acque

cantò fatali, ed il diverso esiglio
per cui bello di fama e di sventura
baciò la sua petrosa Itaca Ulisse.

Tu non altro che il canto avrai del figlio,
o materna mia terra; a noi prescrisse
il fato illacrimata sepoltura.

da **Ugo Foscolo, *Sepolcri Odi Sonetti*,** Milano, Mondadori, 1987.

Commento

Onde

La nostalgia per il posto in cui siamo nati diventa ancora più forte se sappiamo di non poterci tornare. È un sentimento diffuso tra le migliaia di migranti che ai nostri giorni lasciano la propria casa devastata e cercano salvezza in Europa. Lo stesso sentimento l'aveva provato Foscolo per l'isola greca in cui era nato e da cui era stato esiliato, l'isola di Zante, detta Zacinto.

Se la lontananza può trasformare qualsiasi paese di nascita in un luogo leggendario, capite allora che cosa può succedere se venite da un luogo di per sé mitologico come la Grecia, patria degli dei dell'Olimpo e dei poemi di Omero. Non che Foscolo si potesse considerare greco in piena regola, dato che ai suoi tempi l'isola di Zante apparteneva alla Repubblica di Venezia; tuttavia, da poeta voleva legare se stesso a quelle storie famose, alla nascita di Venere dalla schiuma del mare e alle vicende di Ulisse. Anche lui, a suo modo, si sentiva un eroe, un eroe più sfortunato di Ulisse, perché sapeva che non avrebbe mai rivisto la "sua Itaca". Infatti, morì a Londra nel 1827: aveva lasciato scritto di mettergli due monete di rame sugli occhi affinché, secondo il rituale greco antico, potesse far ritorno, almeno da morto, nella terra degli dei che tanto gli era mancata.

Apnea e ritmo

Ma andiamo al testo. La cosa che più colpisce è la lunga apnea dei primi undici versi. Qui si va di filato, dovete immergervi trattenendo il respiro. Le tante scivolate di un verso nell'altro che troverete, come «sponde / ove» oppure «vergine nacque / Venere» (si chiamano *enjambements*), vi faranno allungare il passo, cercare la parola successiva con più foga, dilatando la struttura dei versi.
Poi, dopo la corsa, respirate, ecco il finale, gli ultimi tre versi, con la pausa del punto e virgola in mezzo e la sentenza sulla «illacrimata sepoltura»: finale senza scampo. Corsa, salto, respiro e, niente da fare, si finisce lì. L'eroe morirà lontano dalla sua terra, lontano dalle lacrime dei

suoi cari – per Foscolo è un pensiero fisso, lo scrive anche nei *Sepolcri*, un'altra sua opera.

Adesso tornate all'inizio. Leggete la strepitosa, triplice negazione «Né più mai». La faccenda è già chiusa, escluso qualsiasi ritorno, zero possibilità. E sentitela bene. È come se il poeta continuasse un discorso già cominciato, che, dopo una serie di riflessioni che non sentiamo, erompe con quei tre inesorabili monosillabi e il verbo successivo «toccherò». Tre sillabe con accento finale più tre sillabe con accento finale: "Né-più-mai toc-che-rò". Sentite il ritmo? Ta-ra-rà ta-ra-rà. Non pensate che «sacre sponde» abbia qualcosa di religioso: le sponde sono sacre per amor di patria, per i ricordi dell'infanzia spensierata, e sono sacre perché sponde della Grecia, culla del mito e della bellezza, come dicevamo all'inizio.

Effetti speciali

Guardate adesso qualche effetto speciale. In questa poesia Foscolo non fa che dire "no" tutto il tempo. Andate al sesto verso.
Leggete «onde non tacque», cioè: "non rimase in silenzio", riferito al poeta Omero. Foscolo vuole ricordarci che Omero non rimase in silenzio di fronte alla sua isola, ma la descrisse nei particolari. Lo dice per sottolineare come sia bella e importante la sua Zante. E voi direte: non poteva scrivere "ne parlò tanto Omero"? Oppure: "ci scrisse molti versi Omero"? No, Foscolo lo dice in questo modo, di sbieco, perché le cose meno appariscenti possono essere più preziose, di certo più eleganti. È un modo retorico di esprimersi, una figura chiamata *litote*, che consiste nel fare un'affermazione negando il contrario. "Non rimase in silenzio" per dire "Ne parlò molto". "Non sei un'aquila" per dire "Sei un vero idiota". Eleganza.
Litote: ricordatevela, può esservi utile.
Che cos'altro? «inclito» sta per "invincibile", "famoso"; «diverso» significa "vario".
Foscolo poi, come facevano i re e i papi, usa il *plurale maiestatis*: invece di dire "a me", dice "a noi". Dopotutto la voce che sentite è quella di un eroe, un nuovo tipo di eroe, quello romantico, tanto più glorioso quanto più è sfortunato.

Esercizi

ESPLORARE

01 Che cos'ha in comune Foscolo con Ulisse e qual è la differenza tra i due?

02 In una parola Foscolo dice che cosa gli impedisce di tornare a Zacinto. Che parola è e che cosa significa?

03 La poesia è un'invocazione a Zacinto, Foscolo parla con la sua isola. Che rapporto sembra esserci tra i due, e come si capisce?

SMONTARE

04 La congiunzione *né* di solito si usa in un elenco di negazioni; ad esempio: "non ho la penna, né il foglio, né la matita". Foscolo inizia la poesia con un *né*, come se ci fosse stato qualcosa prima. Prova a scrivere una serie di negazioni legate alla tua infanzia. Scrivi cose che non puoi avere o fare più. Ad esempio: "Non farò più il bagno allo stabilimento CocoLoco, né mangerò più l'osso buco come me lo faceva mio nonno..." e poi arriva alla cosa che ti manca di più e attacca con "Né più mai". Che effetto fa?

COSTRUIRE

05 Mettici un po' di speranza. Gioca con alcuni pezzi della poesia: «Né più mai» e poi nell'ultima strofa «non altro», «prescrisse» e «illacrimata». Cambia questi pezzi da negativi a positivi. Come, ad esempio, sostituire "come soffro" con "tutto bene". (Se proprio vuoi fare una sostituzione perfetta, prova a usare lo stesso numero di sillabe: ad esempio, le parole "co-me sof-fro" e "tut-to be-ne" hanno un totale di 4 sillabe entrambe. Per le regole sul conto delle sillabe fatti aiutare dall'insegnante, ne uscirà una manomissione perfetta.)

....

....

....

....

....

21

Eugenio Montale

L'anguilla

tempo di lettura 3'
vita dell'autore a p. 650

L'anguilla, la sirena
dei mari freddi che lascia il Baltico
per giungere ai nostri mari,
ai nostri estuarî, ai fiumi
che risale in profondo, sotto la piena avversa,
di ramo in ramo e poi
di capello in capello, assottigliati,
sempre più addentro, sempre più nel cuore
del macigno, filtrando
tra gorielli di melma finché un giorno
una luce scoccata dai castagni
ne accende il guizzo in pozze d'acquamorta,
nei fossi che declinano
dai balzi d'Appennino alla Romagna;
l'anguilla, torcia, frusta,
freccia d'Amore in terra
che solo i nostri botri o i disseccati
ruscelli pirenaici riconducono
a paradisi di fecondazione;
l'anima verde che cerca
vita là dove solo
morde l'arsura e la desolazione,
la scintilla che dice
tutto comincia quando tutto pare
incarbonirsi, bronco seppellito;

l'iride breve, gemella
di quella che incastonano i tuoi cigli
e fai brillare intatta in mezzo ai figli
dell'uomo, immersi nel tuo fango, puoi tu
non crederla sorella?

da **Eugenio Montale, *Tutte le poesie*,** Milano, Mondadori, 1984.

Commento

Più scavi e più escono pepite

Questa splendida poesia è stata scritta nel 1948 ed è una miniera d'oro. Alla prima lettura non capite niente, vi godete il tragitto sinuoso, pieno di curve in discesa. Una volta finito, conservate una sensazione piacevole e misteriosa, vi rendete più o meno conto di aver intravisto qualcosa, ma non sapete ancora bene che cosa.
Guardate com'è fatta e ne capirete di più.

Prima una ricognizione: avete versi di diversa misura – da undici sillabe (endecasillabi) e da sette (settenari) – e poi una riserva di armonie interne, di rime («ai nostri mari» - «ai nostri estuarî» oppure «cigli» - «figli»), ma soprattutto un unico, lunghissimo periodo fatto di trenta versi, con un solo, unico verbo principale che, là nella penultima riga («puoi tu / non crederla sorella?») regge sulle spalle l'ammontare di tutte le righe precedenti.
Vi rendete conto? È come avere agganciato una molla alla prima parola, «L'anguilla», e averla tirata giù, fino al penultimo verso, fissandola bella tesa a quel «tu». Cosicché la prima segnaletica sul percorso vi dice che state andando dal complemento oggetto al soggetto, scendendo in cerca di ciò che manca, come l'anguilla che risale i fiumi in cerca di chissà che cosa.

Guardate sulla pagina la splendida elica di parole

La lunga serie di termini simili nel suono raccontano una lenta trasformazione dell'anguilla in qualcos'altro. Si può dire che prima ancora del pesce e del ritorno verso la sua origine, il protagonista di questo testo sia lo slittamento sillabico del nome. Assistete, infatti, alla graduale metamorfosi dell'anguilla, che diventa «sirena», «torcia», «frusta», «freccia d'Amore in terra», «anima verde», «scintilla», «iride breve» e infine «sorella».

E il testo, mentre conduce l'anguilla alla sua trasformazione finale, procede allo stesso modo, si torce, curva, la accompagna disponendosi sulla pagina con studiati accorgimenti. In questi trenta versi vi trovate di fronte a un disegno riprodotto del pesce, e il suo stesso scivolare lo ritrovate anche nella scelta delle parole, con le lettere che sgusciano anch'esse e spostano a valle il senso. Si tratta di un marchingegno enigmistico chiamato *metagramma*, una progressiva sostituzione di lettere che conduce da un nome a un altro di una coppia prescelta, conservando sempre per le parole intermedie un preciso significato. Guardate quest'esempio, che utilizza il nome dei Dioscuri, semidei greci, Castore e Polluce: CASTORE (Pastore / pastoNe / pEstone / pePtone / pepPone / pAppone / Tappone / taLpone / talLone / Pallone / pallIne / pOlline / polliCe) POLLUCE.

Nelle profondità della miniera

Nella prima parte della poesia vedete il nostro pesce intraprendere il lungo viaggio dai mari del settentrione fino alle foci dei nostri fiumi e poi più addentro. La profondità dell'acqua diminuisce sempre più, diventa fango, ma nonostante questo, l'energia e la vitalità dell'anguilla non si esauriscono. L'approdo finale è un salto di regni, dal pesce alla donna, tramite una similitudine fulminante che passa per l'occhio e torna al fango: questo legame folgorante viene sigillato dall'impennata finale, dal poeta che chiama direttamente in causa la donna, dal punto di domanda.

Un altro trucco. Restando all'enigmistica, nella poesia potete cercare anche una parola nascosta – che troverete ricomponendo le lettere di una parola in un altro modo (si dice *anagramma*). «Anguilla» diventa così «la lingua».

Allora, di che parla questa poesia?

a. Di anguille,
b. della lingua stessa,
c. dell'anguilla che è come una donna,
d. della lingua che è come una donna che è come un'anguilla.

Eravate avvertiti che fosse una miniera, si va sempre più a fondo.

Leggete e rileggete la poesia finché non vi sembra che tutte le risposte siano giuste, altrimenti vi state perdendo qualcosa.

Esercizi

ESPLORARE

01 Considera l'anguilla, pesce misterioso. La poesia trae spunto dal suo comportamento: come mai lascia il Baltico per risalire i fiumi?

02 Rileggi il passaggio «figli / dell'uomo, immersi nel tuo fango». Secondo te che rapporto c'è tra il fango in cui sono immerse le anguille e quel «tuo fango» dove si immergono i «figli dell'uomo»?

03 A chi è rivolta la domanda finale della poesia, «puoi tu / non crederla sorella?».

04 Da dove comincia e dove finisce il percorso dell'anguilla nella poesia?

SMONTARE

05 Durante il suo percorso l'anguilla diventa molte cose. Si comincia da «sirena». Fanne l'elenco completo.

06 Cerchia tutte le parole che fanno rima tra loro.

COSTRUIRE

07 Scrivi un pensiero di senso compiuto usando le parole: *goriello, bronco, botro*. Poi scrivi accanto che cosa significano.

08 Leggi questo brano e poi disponilo sulla pagina imitando il movimento di una farfalla:
La farfalla è un insetto con ali sottili di molti colori. Nasce da un bozzo, vive un momento e poi muore. Di lei sappiamo che ha le antenne e da ferma, quando chiude le ali, sembra mezza. Vola solitaria o a due, a tre, in gruppo.

Giovanni Pascoli

La tovaglia

tempo di lettura 3'
vita dell'autore a p. 653

Le dicevano: – Bambina!
che tu non lasci mai stesa,
dalla sera alla mattina,
ma porta dove l'hai presa,
la tovaglia bianca, appena
ch'è terminata la cena!
Bada, che vengono i morti!
i tristi, i pallidi morti!

Entrano, ansimano muti.
Ognuno è tanto mai stanco!
E si fermano seduti
la notte intorno a quel bianco.
Stanno lì sino al domani,
col capo tra le due mani,
senza che nulla si senta,
sotto la lampada spenta. –

È già grande la bambina;
la casa regge, e lavora:
fa il bucato e la cucina,
fa tutto al modo d'allora.
Pensa a tutto, ma non pensa
a sparecchiare la mensa.
Lascia che vengano i morti,
i buoni, i poveri morti.

Oh! la notte nera nera,
di vento, d'acqua, di neve,
lascia ch'entrino da sera,
col loro anelito lieve;
che alla mensa torno torno
riposino fino a giorno,
cercando fatti lontani
col capo tra le due mani.

Dalla sera alla mattina,
cercando cose lontane,
stanno fissi, a fronte china,
su qualche bricia di pane,
e volendo ricordare,
bevono lagrime amare.
Oh! non ricordano i morti,
i cari, i cari suoi morti!

– Pane, sì... pane si chiama,
che noi spezzammo concordi:
ricordate?... È tela, a dama:
ce n'era tanta: ricordi?...
Queste?... Queste sono due,
come le vostre e le tue,
due nostre lagrime amare
cadute nel ricordare! –

da **Giovanni Pascoli, *Poesie*,** Milano, UTET, 2002.

Commento

Un rituale antico

Parte una canzoncina lieve lieve che vi conduce in uno scenario che nemmeno Tim Burton sarebbe stato capace di evocare. È uno dei capolavori di Giovanni Pascoli, maestro del nostro primo Novecento.

Il testo si divide in due parti. Nella prima, la protagonista è una bambina alla quale alcune voci, probabilmente i genitori, danno un avvertimento, una raccomandazione sinistra. Dicono di non lasciare mai sulla tavola, dopo cena, la tovaglia bianca dove hanno mangiato. Non si tratta di tenere in ordine la cucina, ma di qualcosa di più impegnativo: «Bada, che vengono i morti! / i tristi, i pallidi morti!».

Pascoli non si inventa nulla: dietro l'avvertimento c'è una lunga tradizione. In alcune parti d'Italia, per esempio in Abruzzo, si usava fare attenzione ai resti del pasto e, nel corso di alcune festività, la tovaglia con gli avanzi e un dito d'acqua o vino nei bicchieri veniva lasciata per un'altra cena: quella dei defunti. *Parva petunt Manes* ("I morti si contentano di poco"), diceva Ovidio.
L'usanza è nota anche nel mondo di lingua tedesca, come testimonia uno fra i *Sonetti a Orfeo* di Rilke: "Andando a letto, sgombrate la mensa / da latte e briciole; attirano i morti".

Teneri morti

Questi morti che vengono a mangiare gli avanzi della cena, molliche e un dito di vino, sono creature tutt'altro che spaventose, sono ombre rattrappite, manifestano una debolezza quasi tenera. Ma seguite Pascoli, guardate dove va a parare.

Dopo la descrizione dei morti che entrano in casa ansimando muti, vi aspetta una strofa assai diversa, nella seconda parte della poesia. La bambina è ormai cresciuta, amministra la casa senza avere cambiato le antiche abitudini, tranne per un dettaglio che spezza la tradizione: di sera, dopo aver sparecchiato, non toglie più la tovaglia, e in questo modo lascia che i morti vengano, «i buoni, i poveri morti». Queste mute presenze, «col loro anelito lieve», hanno bisogno

di riposare e al tempo stesso di ricordare il passato. Così, dopo aver trovato rifugio dalla notte «nera nera», li vediamo riprendere la loro umanissima posa, «col capo tra le due mani». Ospiti dell'antica bambina, restano fino all'alba, a fronte china, e piangono per lo sforzo di ricordare.
La paura iniziale per il ritorno dei morti cambia nel corso della poesia. La bambina comprende, sente pietà per queste anime leggere, nomadi, vuole dar loro un posto in cui tornare, come fossero migranti sbalzati da un mare scuro.

Lacrime

La conclusione della poesia è meravigliosa. Vediamo gli ospiti attorno al tavolo, tristi, smarriti, che vorrebbero cominciare un dialogo, ma non riescono. Le cose si sono talmente allontanate, sono regrediti allo stadio di bambini, bambini con un grande vuoto causato dalla nostalgia.
Ed ecco allora la bambina cresciuta che si fa maestra, siede con loro e riannoda la distanza tra cose e parole. Si mette a sillabare i termini più semplici («pane», «tela»), per soffermarsi infine sulla "cosa", sulla sostanza più tragica dell'intero racconto, il solo possesso dei morti, vale a dire le lacrime, l'unico prodotto che li caratterizza, l'unica testimonianza del ritorno sulla Terra che compiono di tanto in tanto.

Il tutto in 48 ottonari rimati, il metro tipico delle filastrocche infantili (*Garibaldi fu ferito* o *Sotto il ponte di Malacca*), ma con un'accentazione mobilissima e dimensione dei versi altrettanto variabile.
In breve, questa poesia rappresenta un'autentica lezione di economia verbale (oltre che domestica), mostrando quanta ricchezza possa scaturire dai materiali più semplici, spogli e popolari.
Da una tovaglia all'aldilà.

Esercizi

ESPLORARE

01 La bambina, quando cresce, non rispetta più l'ordine che le avevano dato un tempo. Secondo te lo fa perché è stufa del passato e vuole cambiare o per qualche altro motivo?

02 Di che cosa sta parlando la bambina secondo te quando dice «È tela, a dama», nell'ultima strofa?

SMONTARE

03 Come cambia l'opinione sui morti dall'inizio alla fine? Trova i tre passaggi in cui lo si dice esplicitamente.

04 Pensi che sarebbe lo stesso se la tovaglia anziché essere «bianca» fosse di un altro colore? Come mai credi che sia proprio «bianca»?

COSTRUIRE

05 Una filastrocca è di solito qualcosa di infantile e spensierato, come:
Ambarabà ciccì coccò
tre civette sul comò.
Ora pensa a qualcosa di triste e scrivi una filastrocca di almeno quattro versi.

....

....

....

....

06 Scrivi almeno due riti o due abitudini del passato (ormai in disuso) di cui hai sentito parlare, magari dai tuoi nonni.

....

....

....

23

Poetessa Rosselli

Amelia Rosselli

Tutto il mondo è vedovo

tempo di lettura 1'
vita dell'autrice a p. 657

Tutto il mondo è vedovo se è vero che tu cammini ancora
tutto il mondo è vedovo se è vero! Tutto il mondo
è vero se è vero che tu cammini ancora, tutto il
mondo è vedovo se tu non muori! Tutto il mondo
è mio se è vero che tu non sei vivo ma solo
una lanterna per i miei occhi obliqui. Cieca rimasi
dalla tua nascita e l'importanza del nuovo giorno
non è che notte per la tua distanza. Cieca sono
ché tu cammini ancora! cieca sono che tu cammini
e il mondo è vedovo e il mondo è cieco se tu cammini
ancora aggrappato ai miei occhi celestiali.

da **Amelia Rosselli, *Variazioni belliche*,** Milano, Garzanti, 1964.

Commento

A ripetizione

C'è, lo sentite, un tamburino che batte e ribatte e non può fare a meno di battere, per quanto si faccia di tutto per evitarlo, ecco i colpi, le frasi che si ripetono, il tema che ritorna e che, in questo caso, è duro e duraturo. La poesia stessa è costruita per manifestare un sentimento ossessivo, un *loop* mentale e sonoro. Il disco s'è incantato. Ma vale la pena di svolgere uno a uno gli abili strati di cui è composta l'ossessione, perché nell'illogico, pazzo, scorrere dei versi si potrà trovare un chiaro motivo.

Rompicapo

Il movimento sembra scimmiottare la logica più cristallina della proprietà transitiva – se A è uguale a B e B è uguale a C, allora A è uguale a C –, un rapporto consequenziale senza sorprese. Eppure le sorprese ci sono, e così i paradossi.
Dichiarazione: «Tutto il mondo è vedovo se è vero che tu cammini ancora». È un verso di grande forza che, posto così al principio, vi colpisce e fa girare a vuoto per un attimo le vostre rotelle: verrebbe da pensare che, se uno cammina, è vivo e quindi non c'è nessuno che lo rimpiange. Invece qui il mondo reagisce agli stimoli di quell'individuo, e nel caso lui camminasse, ne resterebbe addirittura «vedovo».
Il mondo prende le sembianze e le reazioni di una donna (una vedova), si femminizza e sopporta il lutto. È il mondo di una donna che subisce la perdita e si fa nero. Dov'è il cortocircuito? Qui si dice che la vedovanza arriverà soltanto nel caso in cui il "tu" camminasse ancora. Di che si parla allora? Di lutto, ma più esattamente della durata di un lutto e degli effetti di un lutto, e Amelia Rosselli riesce a farlo con una profondità e una forza abbaglianti. Può sembrarvi un po' complicato, ma è qui che si apre l'intera poesia. Attenzione.

La soluzione è un fantasma

Il meccanismo di verifica messo in moto dalla poetessa apparentemente inizia a sfarfallare, è come un algoritmo di cui non capiamo lo scopo o che è stato impostato male. C'è qualcuno che continua a camminare per i versi di questa poesia ed è una presenza che non lascia pace, che continua a oscurare con un drappo di lutto il mondo. La poetessa si rivolge al "tu", e dice cosa accade nel caso cammini ancora e nel caso invece sia morto. Dice: «...il / mondo è vedovo se tu non muori!», affermazione paradossale, che dà un indizio per risolvere l'enigma. Da ora in avanti quel camminare si fa più sinistro e minaccioso. È il camminare di un fantasma, questo.

La morte è intesa qui come una cancellatura definitiva, una sparizione appunto. Se avvenisse davvero la morte, non ci sarebbe più quel suono di passi e il mondo smetterebbe di essere vedovo. Perché la vedovanza è la presenza della morte, l'esistenza della morte e del suo mistero, è la sensazione della morte che si ripete, il fantasma del morto che continua a vivere, a ricordare la sua presenza e la sua mancanza a chi è rimasto in vita.

La seconda parte della poesia dice che, se la poetessa ha forza abbastanza, il ricordo può diventare altro, «una lanterna per i miei occhi obliqui». Se la perdita diventa una profondità di sguardo, è concessa alla poetessa la luce del mondo, la conquista, la visuale e una marcia in più. Sempre più complicato, direte, ma state esplorando degli abissi, i legami segreti tra morte e vita, vista e cecità. Il mondo resta lontano e buio, coperto, se continua la presenza del dolore e della mancanza, se «cammini ancora». Eppure il fantasma stesso può diventare una guida sicura.
Si parla dello sguardo della poetessa, del suo modo di vedere il mondo, che per effetto di un duro colpo è cambiato per sempre.

Così succede: gli eventi più devastanti spostano la nostra vita e insieme a essa l'asse del pianeta. Gli aggettivi si sommano nel finale, i passi portano con sé una striscia di buio: «il mondo è vedovo e il mondo è cieco», fino all'ultimo verso, a quello sguardo in cui tanta notte ha lavorato a fatica un bagliore, e ce ne andiamo dalla poesia con quegli «occhi celestiali».

Esercizi

ESPLORARE

01 Secondo te di che cosa parla questa poesia?

02 Scrivi una definizione della parola *vedovo*.

SMONTARE

03 Cerchia le ripetizioni di parole o di frasi all'interno del testo. Che sensazione ti trasmette questo tipo di ripetizioni?

04 La vita del «tu» ha delle conseguenze per «tutto il mondo». Cerca una frase che descriva una conseguenza positiva e una frase che descriva una conseguenza negativa.

05 Individua tutti i riferimenti alla vista, a partire da «i miei occhi obliqui». Che cosa pensi possano osservare degli occhi del genere?

COSTRUIRE

06 «Tutto il mondo è vedovo se è vero che tu cammini ancora». Sul modello di questa frase, prova a scriverne un'altra.

....

07 Leggi due volte la poesia a voce alta, ascoltane la musicalità. Ora prova a scrivere un piccolo componimento che suoni nello stesso modo (aiutati con l'uso di ripetizioni, esclamazioni e segni di punteggiatura).

08 Ti è mai capitato di sperare che accadessero cose contrarie alla logica? Per esempio, ti è capitato di sperare in un malanno? Quando e perché?

....

....

Carly Steinbrunn
Butterfly
da *The Voyage of Discovery*
2013

COSTELLAZIONE 06

teoria a pagina 556

PICCOLO DIZIONARIO DI FIGURE RETORICHE

Le parole possono disegnare delle figure, ma come s'impara a riconoscerle?

Con le parole si possono inventare geometrie ordinate nel caos del mondo.

24

Giuseppe Ungaretti

Pellegrinaggio

tempo di lettura 1'
vita dell'autore a p. 660

Valloncello dell'Albero Isolato il 16 agosto 1916

In agguato
in queste budella
di macerie
ore e ore
ho strascicato
la mia carcassa
usata dal fango
come una suola
o come un seme
di spinalba

Ungaretti
uomo di pena
ti basta un'illusione
per farti coraggio

Un riflettore
di là
mette un mare
nella nebbia

da **Giuseppe Ungaretti, *I poeti italiani* (n. 17),** Roma, L'Unità, 1993.

Commento

Versi in trincea

Milioni di europei vissero la prima guerra mondiale, ma solo Ungaretti ne trasse una lirica tanto memorabile (qui nella versione del 1942). Solo un nomade nato in Egitto, cresciuto in Italia, formatosi in Francia e trasferitosi per qualche anno in Brasile, seppe inventare una nuova pronuncia dell'orrore. Proprio lui! Un interventista, fascista della prima ora al punto da dedicare una poesia a Mussolini.

E, adesso, la poesia. Per Paul Valéry, grandissimo poeta francese, parafrasare dei versi è come vivisezionare un animale: ucciderlo per vedere che cosa contiene. Rassegniamoci allora a fare da macellai davanti a una composizione che di un macello parla, benché umano. Fu un'atroce esperienza d'immobilità e promiscuità per i fanti della Grande Guerra, chiusi nelle trincee fra bombe, morti, topi, pioggia, fango. La lirica che ne nacque ha tre strofe senza punteggiatura, espediente introdotto dai futuristi e da Apollinaire, poeta e caro amico francese di Ungaretti. La brevità dei versi (guardate «di là», che è un bisillabo tronco, ossia un verso formato da due sillabe accentate sull'ultima) accentua l'incombere del vuoto circostante.

Tecniche

Pur trattandosi di versi di lunghezza variabile, alcune misure e alcuni suoni ritornano e culminano nel cognome dell'autore.
Quanto alla "trama", è presto detta. Mentre spia il nemico, un fante trascina il suo corpo-carcassa nelle «budella / di macerie», descrivendolo prima come un oggetto («una suola»), poi come il chicco di una pianta («un seme / di spinalba»). È qui che irrompe la parola «Ungaretti», secondo la tecnica dell'*autonominazione*, che vuol dire semplicemente fare il proprio nome.
Proseguendo nella "macellazione" testuale, vediamo che l'autore si definisce un «uomo di pena», cui «basta un'illusione» per farsi coraggio. Ebbene, tale illusione la trovate in un riflettore che «mette un mare / nella nebbia», perché le dà una profondità e un'ampiezza che

il buio le toglieva. Pensate, per contrasto, allo splendore della poesia di Ungaretti *Mattina* ("M'illumino / d'immenso"), dove l'idea dell'infinita grandezza si esprime in forma di luce, dando un voltaggio estremo alla propria lampadina personale. Se lì c'era luce a profusione, in *Pellegrinaggio* trovate invece un'alba artificiale e funebre, che però dona al buio in cui il fante si muove un'improvvisa schiarita.

Una pagina corrosa

Concentratevi sull'aspetto della pagina. In poesia è estremamente importante. Dalle esplosioni tipografiche innescate da Mallarmé, alla rivoluzione visiva futurista, la poesia si protendeva verso sperimentazioni sempre più radicali: occupare lo spazio del foglio in maniera nuova, scrivere in grande o in piccolo a seconda dell'importanza della parola, usare tutto lo spazio, usarlo in maniera irregolare. Tuttavia, sotto i bombardamenti, la materia di Ungaretti, invece di orientarsi verso l'immagine, acquistò una sostanza nuova, contratta, abrasa, concentrata, dettata dalla fretta e dall'angoscia. Per dirla con le sue parole: "la mia poesia è nata in realtà in trincea" e ancora: "la guerra improvvisamente mi rivela il linguaggio". Dunque, senza essere esempi di poesia visiva vera e propria, cioè una poesia che viene scritta disponendo le parole a tracciare un disegno o una forma, come i *Calligrammes* di Apollinaire (li incontrate a pagina 147), gli spezzettati "monconi" di *Pellegrinaggio* appaiono esili, filiformi, simili a cardiogrammi o a sismogrammi, autentici disegni di rovine.

Il poeta Eugenio Montale parlò di "stillicidio verticale delle sillabe", per dire come questa poesia possa sembrare il prodotto di un'azione climatica: luce accecante, vento, lavorio insistente e corrosivo dell'acqua. Quello che rimane esprime e riproduce in sé il disastro della Grande Guerra e il destino dell'uomo, colto nel suo estremo stato di precarietà esistenziale – lo stesso che ritrovate nell'altra celebre lirica di Ungaretti intitolata *Soldati*, e datata luglio 1918: "Si sta come / d'autunno / sugli alberi / le foglie".
La similitudine fra uomini e foglie ha una ricca tradizione letteraria, che va dalla *Bibbia* all'*Iliade*, dall'*Eneide* all'*Inferno* dantesco, e arriva a Rilke. Nessuno, però, seppe prosciugare, erodere l'immagine quanto Ungaretti, affidandola a una manciata di parole strappate via dal vento.

Esercizi

ESPLORARE

01 Dove si trova Valloncello dell'Albero Isolato?

02 Secondo te perché Ungaretti usa l'espressione «in queste budella / di macerie»?

03 A che cos'è paragonata l'«illusione» del poeta-soldato?

SMONTARE

04 Nonostante si tratti di una poesia riguardante l'esperienza della guerra, sono presenti continui spunti positivi. Individua nel testo elementi negativi ed elementi positivi.

05 Che rapporto c'è tra la forma in cui viene presentato il testo (via via sempre più sintetico, fino alle brevissime frasi degli ultimi versi) e il contenuto della poesia?

COSTRUIRE

06 Nel mezzo della poesia, l'autore fa un'invocazione a se stesso: «Ungaretti / uomo di pena». Ora racconta, in tre o quattro righe di prosa, un'esperienza per te importante e inserisci un'invocazione a te stesso/a. Che cosa ti diresti? Come ti definiresti e che consigli ti daresti?

....

....

....

....

07 L'esperienza della guerra ha condotto spesso i poeti a un uso parsimonioso delle parole. Prendi il testo che hai scritto per l'esercizio 06, togli tutte le parole che ti sembrano superflue e dimezzalo, oppure trasformalo in una poesia ridotta all'essenziale.

25

Rainer Maria Rilke

Sonetti a Orfeo

tempo di lettura 1'
vita dell'autore a p. 657

V

Muscolo floreale che all'anemone
il mattino dei prati via via schiudi,
finché nel grembo quella polifonica
luce dei cieli sonori si versa,

nella corolla silenziosa teso
muscolo del ricevere infinito,
talvolta tanto oppresso di pienezza
che il pacifico cenno del tramonto

non può più richiamare indietro gli orli
dei petali già troppo dispiegati:
tu, scelta e forza di *quanti* mai mondi!

Noi, noi violenti, duriamo più a lungo.
Ma *quando*, in quale fra tutte le vite
saremo infine aperti per ricevere?

Traduzione dal tedesco di Valerio Magrelli.

Commento

L'anemone poeta

Che cos'è la poesia, che cosa fa un poeta? In queste pagine avete trovato o troverete il gesto di Emily Dickinson che fa ciao-ciao al paradiso (pagina 301), con le palme delle mani ben tese verso la luce. Qualcosa di simile c'è in questa poesia di Rilke. Non le mani che fanno ciao-ciao, ma comunque un'apertura, e il muscolo da cui dipende.

Se la poesia fosse un muscolo, che muscolo sarebbe? Un quadricipite, un dorsale? Il muscolo che ci vuole è un «muscolo floreale». Guardate un anemone. Un occhio al fiore e un occhio alla poesia. Il muscolo si occupa di spalancare la corolla del fiore perché, come è normale, raccolga la luce del giorno (sapete che per i fiori la luce si trasforma in nutrimento?). Siamo al mattino e i fiori si aprono alla luce, tutto va bene. Se la fotosintesi procura la trasformazione della luce in sostanze nutritive, qui leggiamo la trasformazione della luce in altra sostanza, in suono: «luce dei cieli sonori», che cola nel fiore come un liquido, «si versa», altra trasformazione. Il muscolo poetico fa come da imbuto: ogni stimolo esterno vi confluisce e cola nella cavità silenziosa del fiore, là dove avvengono le trasformazioni.

Il muscolo si muove

Al sesto verso questo muscolo-giardiniere fa un salto di qualità e diventa un concetto. Da operaio a qualità sublime, in un verso. Vediamo un ralenti del salto: i nostri sensi ricevono dal mondo esterno informazioni, ma la radice del ricevere è questo muscolo, come fosse un senso aggiunto o un senso che fonde insieme tutti gli altri. Immaginatelo come una disposizione dell'animo, una valvola che sta nel profondo, invisibile. È il «muscolo del ricevere infinito». Da un certo punto in avanti («talvolta tanto oppresso di pienezza») il muscolo si blocca nella sua apertura. Come una vela spiegata esposta ai venti, la tensione del muscolo espone il fiore all'ingorgo, a un'oppressione «di pienezza», a un pericolo.
È sera e per il fiore è ora di richiudersi. Ma il muscolo non fa il suo

lavoro, non si contrae, resta disteso. La sua apertura è irreversibile, lo scopriamo ora. Che fine faranno i petali? E l'anemone non rischia di sovraccaricarsi di luce e sensazioni, non rischia d'incenerirsi o peggio? Dovete conoscere ancora a fondo le ragioni e i movimenti del muscolo signore di questa poesia e simbolo della poesia tutta, secondo Rilke. Di nuovo il verso spicca un salto, per portarvi a un livello più alto di comprensione, si accende l'ennesima definizione: rimanere divaricati alle intemperie è «scelta e forza di *quanti* mai mondi!». Con il sigillo dell'unico esclamativo della lirica siete arrivati all'altezza massima e da qui stop, andiamo altrove – gli ultimi tre versi avranno infatti un altro tono. Lo spettacolo si è chiuso con la fine della frase che vi aveva portato avanti dall'inizio, quand'era mattino, e si è chiuso in bellezza con un movimento in tre tempi: l'annuncio dei due punti, la rincorsa enfatica, l'esclamativo. Vi rimarrà in mente l'atletico anemone, aperto incontro alla notte.

Senza paura di consumarsi

Rilke dedica gli ultimi tre versi alla riflessione. Chiama in causa «noi» lettori, «noi» uomini, e in quel «noi» mette anche se stesso. Dice che i violenti durano di più, stanno chiusi e si difendono, mentre chi sceglie di far andare libero il muscolo, poi se lo strappa. Dice però: ecco, il muscolo della poesia è questo fiore sempre aperto, che riceve mondi e suona, senza paura di consumarsi. Gli altri stanno sicuri, ma non sanno che cosa si perdono.

Che il fiore avesse impressionato la pellicola del poeta era già evidente da una sua lettera più antica della poesia. Scriveva così. "Io sono come il piccolo anemone che ho visto una volta nel giardino, a Roma; il giorno si era spalancato tanto che non riusciva più a chiudersi per la notte. Era terribile vederlo nel prato buio, aperto, ancora intento ad accogliere nel calice follemente spalancato, con troppa notte sopra di sé, che non voleva finire". E poco più avanti: "Anch'io sono inguaribilmente rivolto all'esterno, e dunque tutto mi distrae, e non rifiuto nulla; i miei sensi, senza chiedermelo, si riversano in mille cose che disturbano; se c'è un rumore, io mi annullo e *sono* quel rumore".

Esercizi

ESPLORARE

01 A quale famiglia di piante appartiene l'anemone e per che cosa viene usato?

02 Secondo te perché l'autore usa proprio l'immagine dell'anemone per esprimere la sua idea di apertura?

03 Come interpreti l'ultima strofa del componimento? Secondo te perché l'autore dice «noi violenti, duriamo più a lungo»?

SMONTARE

04 L'anemone simboleggia il poeta solo per la durata di un verso o durante il corso dell'intera poesia?

COSTRUIRE

05 Il sonetto è dedicato a Orfeo. Che personaggio mitologico è? Riassumine la storia in tre righe.

....

....

....

06 Che cos'è per te l'arte? E come si relaziona con la vita quotidiana e concreta? Scrivilo qui sotto e poi trova un'immagine per esprimerlo.

....

....

....

....

26

Sandro Penna

La festa verso l'imbrunire vado

tempo di lettura 1'
vita dell'autore a p. 654

A Eugenio Montale

La festa verso l'imbrunire vado
in direzione opposta della folla
che allegra e svelta sorte dallo stadio.
Io non guardo nessuno e guardo tutti.
Un sorriso raccolgo ogni tanto.
Più raramente un festoso saluto.

Ed io non mi ricordo più chi sono.
Allora di morire mi dispiace.
Di morire mi pare troppo ingiusto.
Anche se non ricordo più chi sono.

da **Sandro Penna, *Poesie*,** Milano, Mondadori, 2010.

Commento

Ritratto e autoritratto

La poesia di Penna è come un fiore senza stelo. Da dove nasce allora, da quale terra?
Penna ha scritto una grande quantità di poesie, e la sua opera è tra le più singolari del Novecento, tanto per la forma quanto per il contenuto.

Ha sempre e solo parlato di un tema, come disse lui stesso nei suoi versi: "'Poeta esclusivo d'amore' / m'hanno chiamato"; o ancora: "Il problema sessuale / prende tutta la mia vita. / Sarà un bene, sarà un male… / Me lo chiedo ad ogni uscita"; e infine: "Sempre fanciulli nelle mie poesie! / Ma io non so parlare d'altre cose. / Le altre cose son tutte noiose. / Io non posso cantarvi Opere Pie".
Ecco, Penna ha sempre parlato di ragazzi. Le sue muse erano giovani uomini che gli comparivano come angeli salvifici, cioè angeli dell'amore. Manifestare certe inclinazioni in un periodo come quello in cui visse Penna poteva essere pericoloso e, se non venivi apertamente attaccato, di certo ti condannavi alla marginalità. Infatti, nonostante l'omosessualità cantata dal poeta sia radiosa e pagana, classica come quella di Saffo o dei poeti alessandrini, c'era poco da fare: nel 1939, quando esordì, l'Italia era un paese fascista, contadino, cattolico e avviato alla guerra.
In un autoritratto in versi Penna si vede così, distante dall'amore e sbagliato come un mostro: "È l'ora in cui si baciano i marmocchi / assonnati sui caldi ginocchi. / Ma io, per lunghe strade, coi miei occhi / inutilmente. Io, mostro da niente".

Lo stile

Dal suo senso di trasgressione nasceva però qualcosa di totalmente opposto. Se leggete le sue poesie, ci trovate un che di miracoloso, come se il linguaggio portasse in un luogo altissimo le azioni più sordide e le comprendesse. Una disperata innocenza.
Il suo stile si è mantenuto inalterato negli anni. La forma metrica prescelta è rimasta simile (di preferenza versi di undici sillabe

che rimano tra loro), con una sintassi ripetitiva, piena di parallelismi. Nella sua scrittura trovate diverse pause e grande solennità. Un armamentario che riesce a proiettare una luce incredibile (perfino divina) su uno scenario urbano fatto di cinema e giardinetti, orinatoi e bar, ospedali e negozi – tutt'al più rischiarati dall'ansa di un fiume.

Conseguenze di queste scelte realistiche e antiermetiche (ovvero estranee alla corrente poetica allora dominante, l'*ermetismo*) sono la mancanza di un'evoluzione visibile a livello stilistico e il disinteresse totale per la società e la politica. Le sue composizioni sono fuori del tempo, epifanie amorose, brividi, idilli, visioni che traducono in uno stemma l'ebbrezza sensuale. Sentite che intensità in questi versi: "Io vivere vorrei addormentato / entro il dolce rumore della vita"; "Felice chi è diverso / essendo egli diverso. / Ma guai a chi è diverso / essendo egli comune"; "Il mare è tutto azzurro. / Il mare è tutto calmo. / Nel cuore è quasi un urlo / di gioia. E tutto è calmo".

Regalo di compleanno

Passiamo ora alla nostra poesia. Si tratta di due strofe originariamente autonome, che Penna unì per fare un regalo di compleanno all'amico premio Nobel Eugenio Montale.

Nella prima strofa osservate il cammino controcorrente del poeta, che fende la folla all'uscita da uno stadio – lo stadio si svuota e il poeta va verso il luogo ormai abbandonato, la festa è finita. Nel camminare vicino a tanta gente coglie dettagli di volti, di espressioni. «Io non guardo nessuno e guardo tutti», siamo sempre insieme al poeta, anche noi ci stiamo perdendo in questo mare di gente e la sensazione di smarrimento, con l'aggiunta della strofa successiva, si amplifica. La folla è una lima che lavora su di voi e sottrae strati di consapevolezza. È come il naufragare leopardiano (leggete l'*Infinito* di Leopardi!) in una sostanza umana che si muove.

La seconda strofa sembra l'effetto della prima, e quando infine la folla è trascorsa e il trattamento di limatura finisce, vi trovate da soli, come in uno stadio vuoto, ridotti al comune denominatore delle creature. La fiammella portata allo scoperto illumina, alla fine, ciò che tutti accomuna: vita e morte, vita e paura di morire.

Esercizi

GUARDARE

01 Leggi l'inizio della poesia. Qual è la situazione, perché c'è aria di festa?

02 Se confronti gli ultimi tre versi con il resto della poesia senti una contraddizione o ti sembra che il testo sia armonioso nel proprio contenuto?

SMONTARE

03 «La festa verso l'imbrunire vado». Riscrivi la frase riordinando le parole.

04 In un'altra poesia Penna scrive: "Felice chi è diverso / essendo egli diverso. / Ma guai a chi è diverso / essendo egli comune". Che cosa accomuna questi versi a *La festa verso l'imbrunire vado*?

COSTRUIRE

05 Prova a creare una poesia nuova ricombinando i versi di Penna.

....

....

....

....

....

....

....

....

....

....

06 Scrivi tre situazioni in cui ti senti solo.

27

John Donne

Notturno sopra il giorno di Santa Lucia, che è il più breve dell'anno

tempo di lettura 3'
vita dell'autore a p. 639

Questa è la mezzanotte dell'anno e lo è del giorno
di Lucia, che per sole sette ore
solleva la sua maschera.
Il sole è esausto e ora le sue fiasche
spremono tenui sprazzi, nessun raggio costante.
Tutta la linfa del mondo è caduta.
L'universale balsamo bevve la terra idropica;
là, quasi a piè del letto, s'è ritratta la vita
morta e interrata. Eppure tutto ciò sembra ridere
appetto a me che sono il suo epitaffio.

Dunque studiatemi, voi che sarete amanti
in altro mondo, un'altra primavera:
sono ogni cosa morta onde operò l'amore
nuova alchimia. Perché una quintessenza
distillò la sua arte anche dal nulla,
da opache privazioni e da scarne vuotezze.
Mi distrusse. E ora mi rigenerano
assenza, buio, morte, le cose che non sono.

Tutti gli altri da tutte le cose
traggono tutto ciò che è buono: vita, anima,
spirito, forma e ne hanno esistenza.
Io, grazie all'alambicco dell'amore,
son la fossa di tutto ciò che è nulla.
Spesso noi due piangemmo
un diluvio e ne fu sommerso il mondo:
noi due. E tramutammo spesso

fino a due caos quando mostrammo cura
d'altri che noi, c talora l'asscnza,
rubandoci le anime, fece di noi carcasse.

Ma, grazie alla sua morte (parola che l'offende),
dal primitivo nulla io son fatto elisir;
fossi uomo, dovrei sapere d'esserlo;
preferirei, se fossi bestia, un qualche
fine od un qualche mezzo, se persino le piante,
persin le pietre detestano od amano:
tutto, tutto s'investe di qualche proprietà;
fossi un nulla qualunque, come l'ombra,
dovrebb'esservi un corpo ed una luce. Ma
sono nulla. E non vuole rinnovarsi il mio sole.

Voi, amanti, pei quali il minor solc
a quest'ora è passato in Capricorno
per succhiarne voluttà nuova e donarla a voi,
o voi tutti, godetevi l'estate.
Poiché ella gode la sua lunga festa
notturna, lasciate ch'io m'accinga
verso di lei, lasciate che io chiami quest'ora
la sua Vigilia, la sua Veglia. Questa
è mezzanotte fonda, e dell'anno e del giorno.

da **John Donne, *Poesie amorose. Poesie teologiche*,** Torino, Einaudi, 1971.
Traduzione dall'inglese di Cristina Campo.

Commento

Mutare il piombo in oro e altre alchimie

13 dicembre del 1611, Santa Lucia. Quando scrisse questa lirica, Donne era disperato: si era dovuto separare per qualche giorno dalla moglie incinta, e l'aveva sognata con il bambino morto fra le braccia. Mandò un corriere da Parigi a Londra, per avere sue notizie; intanto, nell'attesa elettrica («la sua Vigilia, la sua Veglia»), compose il notturno.

Il mondo si è generato dal cosiddetto nulla, l'amore contiene una certa parte di dolore. Sono contrasti. Come luce/buio, vita/morte, ricco/povero. La linea obliqua che divide queste parole non è un'opposizione, ma un legame segreto, un'alchimia. Che vuol dire alchimia? Nei tempi andati, c'era chi pensava che con alcuni procedimenti speciali si potesse ottenere l'oro dai materiali meno preziosi, dal piombo ad esempio. Era qualcosa a metà tra scienza e magia. E la ricerca dell'oro non è da intendere soltanto come una questione concreta, ma anche come un lavoro su se stessi, una metafora che significa portare l'anima dal buio alla luce.
Il buio è fervido, dice John Donne. Il sole (che «non vuole rinnovarsi») con ogni probabilità è lei, la moglie di cui ha perso notizia. L'assenza di luce trascina Donne nella zona nel nulla, a cui sarebbero preferibili la sensibilità di una pianta o di un animale. Nel suo cielo restano solo le stelle che, come «fiasche» di polvere da sparo, hanno immagazzinato l'energia del sole.

Fluido d'amore

Ricorrono i contrasti tra elementi di segno opposto. «E ora mi rigenerano / assenza, buio, morte, le cose che non sono»; «Io, grazie all'alambicco dell'amore, / son la fossa di tutto ciò che è nulla»; «Ma, grazie alla sua morte (parola che l'offende), / dal primitivo nulla io son fatto elisir». La mezzanotte da cui parla il poeta è un luogo in cui si aspetta meglio il sole. È nell'inverno che già si muove l'estate futura.

Fate attenzione all'apertura del sipario, al momento in cui finalmente appare la voce che vi parla. Seconda strofa, terzo verso: «sono ogni cosa morta onde operò l'amore / nuova alchimia». Il lavoro di trasformazione di cui abbiamo parlato – da sassi e oggetti morti diventare anime sensibili, amanti – richiede l'intervento dell'amore come precondizione. Così come le uova si schiudono col caldo, la "tramutazione" riesce soltanto per opera amorosa. Non soltanto in ciò che consideriamo di solito buono come «...vita, anima, / spirito, forma» si genera, ma anche dall'oscurità e dal vuoto, è lì che opera l'alchimia: la scienza amorosa preferisce l'oscurità.
L'amore è quella condizione che può elevare gli amanti alla primavera e un secondo dopo trascinare nel buio totale il poeta in attesa.

Dove si è messo il poeta

Il poeta raccomanda agli amanti lo studio del suo caso, come a dire: "prendete esempio da me". Lo fa mantenendo sempre una distanza di chiaroscuri: gli amanti sono nel futuro primaverile, lui nel mondo buio, nella notte di Santa Lucia, la più lunga dell'anno.
Non è un caso se la poesia è ambientata in questa notte.
È come se Donne volesse raggiungere il punto più buio del calendario e da lì trarre una conoscenza e una suggestione da poter poi riversare in parole, per rivolgerle ai suoi interlocutori, agli apprendisti dell'arte amorosa, dell'alchimia, che sa i legami segreti tra le cose.

Leggete e fatevi ammaliare dal suono prezioso dei versi. Magari non ne riceverete dei suggerimenti per migliorare i vostri amori, ma vedrete qualche ombra in più nelle cose illuminate, e penserete al buio in altri termini: anche la rotazione degli astri, se già non vi sembra notevole, vi apparirà piena di significati misteriosi.

Esercizi

ESPLORARE

01 Che cos'ha di speciale il giorno di Santa Lucia e che significato assume in questa poesia?

02 A chi si rivolge il poeta?

03 Perché pensi che Donne scomodi i pianeti e lo Zodiaco?

04 Che cosa vuole dire il poeta con «L'universale balsamo bevve la terra»?

05 A che cosa ti fa pensare l'espressione «mezzanotte dell'anno»?

06 Che cosa significa *idropico*? *Quintessenza*? E *alambicco*?

SMONTARE

07 Dai un titolo descrittivo a ogni strofa della poesia.

08 Sottolinea le parole più ricorrenti nei versi.

COSTRUIRE

09 «Spesso noi due piangemmo / un diluvio e ne fu sommerso il mondo». Continua in due versi le avventure di questi due amanti giganteschi.

....

....

10 Metti un sottotitolo alla poesia per spiegare di che cosa si parla.

....

Gabriele D'Annunzio

Qui giacciono i miei cani

tempo di lettura 1'
vita dell'autore a p. 638

Qui giacciono i miei cani
gli inutili miei cani,
stupidi e impudichi,
novi sempre et antichi,
fedeli et infedeli,
all'Ozio lor signore,
non a me uom da nulla.
Rosicchiano sotterra
nel buio senza fine
rodon gli ossi i lor ossi,
non cessano di rodere i lor ossi
vuotati di medulla
et io potrei farne
la fistola di Pan
come di sette canne
i' potrei senza cera e senza lino
farne il flauto di Pan
se Pan è il tutto e
se la morte è il tutto.
Ogni uomo nella culla
succia e sbava il suo dito
ogni uomo seppellito
è il cane del suo nulla.

31 ottobre 1935

da **Gabriele D'Annunzio**, ***Versi d'amore e di gloria***, Milano, Mondadori, 1993.

Commento

Voci di corridoio

Potete sentir dire di tutto su D'Annunzio senza che si sfiori l'argomento fondamentale, e cioè che è stato uno scrittore e un poeta imprescindibile per la letteratura italiana. Difficile trovare uno che sia stato altrettanto protagonista del suo tempo.

Nato a Pescara nel 1863, ha amato le donne più belle del suo tempo, è stato un comunicatore formidabile, un soldato eroico, pieno di debiti e di raffinatezze, il comandate di un esercito di sbandati, il governatore di un paese di pirati. È stato un simbolo di giovinezza, un dittatore e un vecchio nostalgico.
Dopo aver occupato la città di Fiume (oggi Rijeka, in Croazia), che era stata persa dall'Italia dopo la prima guerra mondiale, proclamò la reggenza italiana della città, violando i trattati internazionali. Insieme al suo governo varò una Costituzione che prevedeva pensioni di invalidità, suffragio universale maschile e femminile, libertà di opinione, religione e orientamento sessuale, nonché depenalizzazione dell'omosessualità, del nudismo e delle droghe. Lenin dalla Russia scrisse che non esisteva in occidente uno più rivoluzionario di D'Annunzio.

Pur figurando con Filippo Tommaso Marinetti (che lui chiamava secondo i casi "nullità tonante" o "cretino fosforescente") tra i primi firmatari del *Manifesto degli intellettuali fascisti*, non prese mai la tessera del partito e si oppose all'alleanza con Hitler, da lui definito un "pagliaccio feroce". Temendone la popolarità, Mussolini lo neutralizzò ricoprendolo di onori e finanziandolo con un regolare assegno statale, cocaina e prostitute inviategli nella villa di Gardone Riviera (l'attuale Vittoriale degli Italiani). Il Duce riprese molto del carisma di D'Annunzio e fece man bassa delle sue trovate – motti, canti, atteggiamenti, ideali –, riutilizzandole per costruire l'estetica fascista.

L'ultima poesia

Qui giacciono i miei cani è l'ultima poesia che compose, scritta a matita. Per tutta la vita D'Annunzio ha cantato l'energia, vitale e mortale, e anche qui, nel momento del pensiero più desolato, fa ricorso al suo amato dio greco Pan (mezzo uomo, mezzo capro), ossia «il tutto». Sentirete crescere un simbolo musicale bello e pauroso. Come due serpenti che s'avvolgono, ci sono due immagini che montano, curvano, si congiungono alla fine. Si tratta di un flauto e poi del cane e dell'uomo. I cani seppelliti sono all'inizio della poesia, acquistano attributi mano mano che si scende, come una slavina che s'ingrossa. Sentite il rumorio nascosto «Rosicchiano sotterra», e da qui «senza cera e senza lino» assistete alla fabbricazione di un flauto a canne. Il riferimento viene dal mito, come piaceva al poeta, e chiama in causa il dio della natura e il suo strumento caratteristico. Il tutto, traboccante di vita, abbraccia la morte in una coppia di versi con un rapido se-se: «se Pan è il tutto e / se la morte è il tutto». La figura del cane sotterrato che rosicchia i propri ossi, come immagine della vita che si nutre della morte, riceve l'ultimo tocco. Ora si cambia musica.

Gran finale

Si entra nel successivo passaggio: ultimi quattro versi. I due capi della nascita e della morte sono agguantati e ritorti a formare un anello. All'immagine della nascita si sovrappone quella della morte, al bambino quella dell'adulto, all'uomo quella del cane. Quattro versi per un gioco sofisticato. Guardate il primo: «Ogni uomo nella culla». L'accostamento di «uomo» e «culla» dà già un leggero straniamento, e un tempo inclinato, confuso. Si scende al verso successivo e la tenerezza del succhiarsi il pollice è freddata dal brusco «succia e sbava». Di nuovo il *refrain*: «ogni uomo» e un'altra giravolta ci porta sotto terra, dove l'uomo nella culla e l'uomo seppellito si sovrappongono.

Cade qui l'immagine finale, bellissima. L'uomo «è il cane del suo nulla». L'uomo rosicchia il proprio vuoto, si consuma. Una conclusione che fa pensare al lavorio della morte e della vita, dal nulla al tutto.

Gabriele d'Annunzio. Musica di flauto e titoli di coda.

Esercizi

ESPLORARE

01 Qual è l'immagine centrale del testo? E che cosa rappresenta?

02 Leggi la vita di D'Annunzio a pagina 638. Il poeta muore di malattia oppure decede improvvisamente? In che modo pensi che questa informazione ti sia utile per interpretare la poesia?

03 Sapresti ricostruire perché d'Annunzio usa proprio l'espressione «senza cera e senza lino» per riferirsi alla costruzione del flauto di Pan?

04 Che cosa vuol dire che l'uomo «è il cane del suo nulla»? Si tratta di una *metafora*. Spiegala.

SMONTARE

05 «Se Pan è il tutto e / se la morte è il tutto»: è un'*anafora*, ossia la ripetizione della stessa parola («se») a inizio di due versi consecutivi. Riesci a trovarne un'altra?

06 «Rodon gli ossi i lor ossi, / non cessano di rodere i lor ossi». Riscrivi questi due versi in una lingua più semplice.

07 Elenca le caratteristiche del cane secondo D'Annunzio. Che immagine ne viene fuori?

....

....

....

COSTRUIRE

08 Fai un parallelo tra qualcuno che conosci e un animale (diverso dal cane). Metti l'uomo in una precisa situazione (come D'Annunzio che si riferisce a quello «seppellito») e trova poi l'animale che gli assomiglia, spiegando il motivo della somiglianza.

....

....

....

....

....

09 Se dovessi scrivere un componimento sul tema della morte, come lo imposteresti? Sarebbe più un inno alla vita o una constatazione della distruzione e della disgrazia? Motiva la tua risposta.

....

....

....

....

....

29

Callimaco

Il nautilo

tempo di lettura 1'
vita dell'autore a p. 631

Una volta ero una conchiglia prodigiosa, o dea Zefiritide;
ma ora ti appartengo, Cipride: mi ha donata Selenea.
Ero un nautilo: se c'era vento, navigavo sul mare
tendendo la vela con le funi del mio corpo;
se c'era bonaccia, dea splendente, remavo forte
con i tentacoli, facendo un onore al mio nome.
Finché sono finito sulla spiaggia di Iulide,
per diventare un bel balocco nel tuo tempio, Arsinoe.
Sono un involucro senza vita, e i molli alcioni
non fanno più il nido in me, come in passato.
Ma tu esaudisci le preghiere della figlia di Clinia:
è una brava ragazza, e viene da Smirne eolica.

da **Callimaco, *Epigrammi*,** Milano, Mondadori, 1992.
Traduzione dal greco antico di Giuseppe Zanetto.

Commento

Metamorfosi di una conchiglia vivente

Il nautilo è un animaletto comune nelle acque salate, un mollusco che per molto tempo è stato considerato estinto e niente più che un fossile. Poi, i naturalisti dell'Ottocento si sono accorti che in natura esisteva ancora un corpo dentro il guscio, perciò ne hanno corretto il nome in "fossile vivente".

Il nautilo della poesia di Callimaco, però, vivente non lo è più, perché qualcuno l'ha raccolto dalla spiaggia e l'ha trasportato come addobbo nel tempio dedicato alla dea (in un verso Venere da Cipro – «Cipride» –, in un altro la regina egizia Arsinoe). Certo rimpiange i gabbiani («alcioni») che nidificavano nel suo corpo, ma ora, dalla nuova sacra dimora, il nautilo prega teneramente perché la dea esaudisca la preghiera che ha sentito innalzare da una giovane di Smirne.

Mestieri

Callimaco nacque nel IV secolo a.C. a Cirene, poco più a nord dell'odierna Bengasi, in Libia, membro di una nobile dinastia della città. Si trasferì nella capitale del regno tolemaico, Alessandria d'Egitto, alla cui periferia, secondo la sua stessa testimonianza, esercitò la povera professione di insegnante. Recatosi ad Atene per studiare filosofia, ricevette da Tolomeo II Filadelfo il compito di catalogare i testi della Biblioteca di Alessandria, fondata dallo stesso re.
Fu la sua fortuna: anche se non giunse mai a esserne sovrintendente o bibliotecario in capo, la mansione ricevuta gli consentì di comporre i *Pínakes*, un catalogo bio-bibliografico, in ben 120 volumi, di tutti gli autori delle opere presenti nella Biblioteca.

Entrato nei favori di Tolomeo III Evergete, scrisse per la consorte del re *La chioma di Berenice*, celebre elegia che canta l'assunzione in cielo, sotto forma di costellazione, della favolosa capigliatura della regina, sacrificata in voto per il ritorno del marito dalla guerra. Il tema riapparirà nella Roma di Catullo e nell'Inghilterra settecentesca di Alexander Pope, ma vale la pena ricordare almeno una particolarità stilistica del racconto di Callimaco: è narrato in prima persona dalla chioma medesima!

La voce dell'Ellenismo

Le opere in versi e in prosa di Callimaco, la maggior parte delle quali andò purtroppo perduta, raggiunsero gli 800 libri (cioè rotoli di papiro), toccando gli argomenti più disparati: storia, geografia, etnografia. Ritenuto il maestro dell'arte ellenistica e alessandrina, Callimaco basò la propria estetica sull'idea di una poesia lieve, delicata, concisa e accuratamente rifinita.
Basta guardare le immagini dell'armonioso canto della cicala di contro al raglio dell'asino, dei piccoli sentieri solitari di contro alle grandi vie battute dai carri, della fragilità umana di contro alla potenza divina ("tuonare non spetta a me, ma a Zeus"). L'arte è giudicata col metro della perfezione e non più misurata "con la pertica persiana" (cioè in base all'ampiezza). Come si legge chiaramente nel Frammento 368 Pfeiffer, che contiene alcuni versi dell'*Ecale* di Callimaco: "Grande libro, grande bruttura".

Siete insomma di fronte a una "nuova poesia", che nasce in una situazione sociale segnata dalla fine della *polis*, la città-stato, e dal sorgere di un nuovo impero sconfinato, quello di Alessandro Magno. Questa scrittura si faceva sempre più elitaria e autoreferenziale – non per niente le sue allusioni testuali potevano essere comprese soltanto da eruditi. La poesia di Callimaco si caratterizza per brevità, perfezione, eleganza, ironia e varietà in quanto mescolanza di generi. Pertanto, si è detto, i suoi *Giambi* rappresentano un autentico laboratorio in cui la ricerca si lega alla polemica. Lo si vede nell'*Epigramma* XXVIII, vero e proprio manifesto di poetica: "Non amo la poesia comune e odio / la strada aperta a chiunque. / Odio un amante goduto da tutti / e non bevo ad una pubblica fontana. / Odio ogni cosa divisa con altri".

Elitarismo ed eclettismo, dunque, con un'appassionata cura della parola. Così, nei versi sul nautilo, ritrovate quella microscopica e malinconica poesia degli oggetti tipica dell'ellenismo, tra miniatura e letteratura di corte.

Esercizi

GUARDARE

01 Chi è il protagonista della lirica? È vivo o morto?

02 Dove si trova il protagonista della poesia ora che prega la dea?

03 Che cosa significa *balocco*?

04 Dove sono ambientati i versi?

05 Che cosa vuol dire che il nautilo, quando remava forte, faceva «un onore» al suo nome?

SMONTARE

06 Di quali tempi verbali fa uso questa poesia?

07 Potresti affermare che i versi raccontano una storia in ordine cronologico?

08 Il nautilo non ha una vela. Dunque, «tendendo la vela» è un'espressione metaforica. Con quale espressione più letterale potresti tradurla?

COSTRUIRE

09 Nella poesia c'è un nautilo che si trasforma in addobbo per un tempio e invoca la dea perché esaudisca una preghiera. Hai una riga per inventare la trasformazione di un altro oggetto.

....

10 «Ma tu esaudisci le preghiere della figlia di Clinia:». Cambia il finale della poesia e scrivi dopo i due punti un verso che racconti le preghiere della fanciulla.

....

Lieko Shiga
Wedding Veil
da *Canary*
2007

COSTELLAZIONE 07

teoria a pagina 574

EFFETTI SONORI, 2

In quanti modi incredibili si possono usare i suoni sulla pagina scritta?

Le note accendono luci, piantano alberi, disegnano il mondo.

30

Francisco de Quevedo

A due begli occhi che vide all'imbrunire

tempo di lettura 1'
vita dell'autore a p. 656

Diviso il sole partoriva il giorno,
languido nella tomba d'occidente;
risorse dal sepolchro il lume ardente
di bionde stelle coronato intorno.

Era di maestà imperiosa adorno
il mio signor, che co 'l pensier cocente
la mia vita depreda egra, giacente,
per far incinerir il suo soggiorno.

La vita che diè al giorno, a me la tolse,
prodiga a lui di luce ed a me avara,
donna la amai, e riverilla dea.

Ligommi il core il biondo crin, che sciolse,
che dal suo sguardo ad esser crudo impara,
e vidi fulminante Citherea.

da **Francisco de Quevedo, *Sonetti amorosi e morali*,** Torino, Einaudi, 1965.

Commento

Certe bellezze ti segano le gambe

Non è pensabile avvicinarsi, dialogare: ti inceneriscono a distanza con uno sguardo. Il poeta Quevedo non aveva doti del genere, era brutto e miope come una talpa. Aveva però dalla sua la nobiltà del casato e un'erudizione spaventosa. Tanto per dire, conosceva il francese, il latino, il greco, l'arabo, l'ebraico e l'italiano.

La poesia che leggete è una delle due sole che compose direttamente in italiano, e parla appunto di una bellezza così grande che ti lascia di stucco.
Se non fosse per la dedica contenuta nel titolo *A due begli occhi che vide all'imbrunire*, avreste capito solo verso la fine che c'è una donna di mezzo. Solo all'undicesimo verso arriva lei, talmente bella che «donna la amai, e riverilla dea», e cioè talmente bella che il poeta la ama come una donna, ma la riverisce come fosse una dea.
Questa donna è una forza della natura, per tutto il sonetto si cerca di capirne la natura, qualcosa di sovrumano che si mescola con le potenze naturali e le influenza. Un poeta, specialmente uno di epoca barocca, non ama donne mediocri: per farle entrare in una poesia ha bisogno che mostrino almeno delle parentele divine, che siano cugine o bisnipoti di qualche dio, oppure basta che ne sia innamorato e allora ne falsifica i documenti e diventano tutte Venere.

Cercando la luce

Il gioco con i capelli biondi della donna si spinge fino a parlare di luce del sole e delle stelle. Addirittura, la vista della donna dopo il tramonto sembra richiamare indietro la luce del giorno – questo è il senso delle complicate metafore delle prime strofe: «risorse dal sepolchro il lume ardente / di bionde stelle coronato intorno», come un'alba a mezzanotte.

Al nono verso apprendiamo chiaramente con chi abbiamo a che fare. Per quanto sia stata luminosa la sua comparsa, per quanto la sua bellezza faccia tornare la luce, l'effetto che ha sul poeta fa pensare al morso di un vampiro, e siamo anche verso il tramonto. Perché un vampiro? Leggete: «La vita che diè al giorno, a me la tolse». Dunque, l'illusione di questa donna che fa risorgere il giorno attinge le sue risorse magiche direttamente dal poeta, come dire che gli succhia il sangue e ne cava energia, lo vampirizza.

Con che cosa resta

Il poeta non si dispiace del morso, ma si addolora che lei si impegni così tanto a riprodurre i raggi del Sole, a spender tutto per far giorno con la sua bellezza, senza dedicare nemmeno una fiammella di candela per lui – che pure ne avrebbe diritto.

Il cuore del poeta spezzato dallo sguardo indifferente della donna impara «ad essere crudo», a indurirsi. Una lezione capitale, che mette in guardia contro il potere della bellezza divina. Questa donna – è il cuore mal ridotto a parlare al poeta – è «fulminante Citherea», ossia colei che nacque nell'isola greca di Citèra (tra Mar Ionio e Mar Egeo), emergendo dal mare sopra una conchiglia. Parliamo di Afrodite, Venere, la dea dell'amore, una bellezza che fulmina: non una ragazza qualsiasi. Come volevasi dimostrare.

Esercizi

ESPLORARE

01 Che cos'è la «tomba d'occidente»?

02 Perché le stelle sono «bionde»?

03 Il doppio sole notturno (il sole vero e gli occhi della donna) da cui scaturisce l'alba, così come il «cocente» che incenerisce, rimandano a un'immagine contraddittoria dell'amata. Perché?

04 Come mai la donna è avara?

05 Chi è «il mio signor» della seconda strofa?

SMONTARE

06 Trova nel testo gli elementi che rimandano all'idea di sole, di giallo, di biondo, di fuoco, di bruciore e cerca di capire a che cosa servono.

COSTRUIRE

07 È molto difficile scrivere un testo letterario in una lingua diversa dalla propria. Ci hai mai provato? Prova a scrivere qualche verso in una lingua per te straniera. Se non conosci altre lingue, puoi inventare le parole!

....

....

....

....

....

31

Pablo Neruda

Solo la morte

tempo di lettura 2'
vita dell'autore a p. 651

Vi sono cimiteri solitari,
tombe piene d'ossa senza suono,
se il cuore passa da una galleria
buia, buia, buia,
come in un naufragio dentro di noi moriamo
come annegando nel cuore
come scivolando dalla pelle all'anima.

Ci sono cadaveri,
e piedi di viscida argilla fredda,
c'è la morte nelle ossa,
come un suono puro,
come un latrato senza cane,
che viene da campane, da tombe,
che all'umido cresce come pianto o pioggia.

A volte vedo
solo bare a vela
salpare con pallidi defunti, con donne dalle trecce morte,
con panettieri bianchi come angeli,
con fanciulle assorte spose di notai,
bare che salgono il fiume verticale dei morti,
il fiume livido,
in su con le vele gonfiate dal suono della morte,
gonfiate dal suono silenzioso della morte.

La morte arriva a risuonare
comc una scarpa senza piede, un vestito senza uomo,
riesce a bussare come un anello senza pietra né dito,
riesce a gridare senza bocca, né lingua, né gola.

Certo i suoi passi suonano,
e il vestito ha un lieve stormire d'albero.

da **Pablo Neruda, *Poesie*,** Torino, Einaudi, 1952.
Traduzione dallo spagnolo di Salvatore Quasimodo.

Commento

Un amore così grande

Iniziamo con una frase a effetto: nella scrittura di Neruda l'amore diventa lievito perenne del cosmo. Voi direte: benissimo, ma questa poesia parla chiaramente di morte, che cosa c'entra l'amore? Pensate però, in una cascata di sensazioni e tentativi per cogliere il senso della morte, quanto amore per la vita si trova in questi versi, e quanto slancio verso gli uomini serve per poterne abbracciare anche la fine, e rendere in una sola poesia non una morte sola, specifica, ma la morte di tutti, delle «donne», dei «panettieri», delle «fanciulle assorte spose di notai».

Il grande scrittore Julio Cortázar (trovate un suo racconto a pagina 341) provò a descrivere l'arrivo della poesia di Neruda nel panorama letterario di quei tempi così: "Nel quarto decennio del secolo, in un periodo nel quale quasi tutti i poeti percorrevano un itinerario lirico senza sorprese, cade sopra una generazione latino-americana stupita o imbestialita, un'enorme alluvione di parole cariche di materia spessa, di pietre e di licheni, di sperma siderale, di venti del litorale e gabbiani della fine del mondo, un inventario di rovine e di nascite, una nomenclatura di legni e metalli e pettini e donne e faraglioni e splendide bufere".

Sottrazioni e bilanci

Queste parole sono adatte a descrivere la poesia che avete letto. L'alluvione di cui parla Cortázar è a pieno regime in queste strofe, si gonfia, sferza da ogni lato. Lo sforzo è rintracciare un personaggio inafferrabile dandogli un volto, un comportamento, un ambiente che siano colmi della materia più umana possibile, ossia la sensazione. Si potrebbe dire, in un estremo tentativo di riassunto, che Neruda costruisce un enorme paradosso: una presenza che è una mancanza. Così, nella poesia la morte diventa come il segno "meno" della matematica, qualcosa da mettere davanti agli oggetti. Immaginatevi un bilancio il cui titolo sia "La morte di un uomo": dovete stilare un elenco di che cos'è andato perduto: –4 camicie, – voce, – parole,

– sospiri, – pensieri. Così la morte di un uomo va iscritta nel grande bilancio mondiale.
Anche il primo suono che sentite, al secondo verso, porta il meno davanti. Vi dà immediatamente un senso di desolazione, le parole compaiono per esprimere la loro assenza. Ecco i cimiteri, le ossa, il silenzio. L'alluvione di immagini comincia con due similitudini che chiamano in causa il lettore e la sua esperienza. Entrare in una galleria buia, sperimentare quel buio che non finisce («buia, buia, buia») e in un buio simile, interiore, annegate, «dalla pelle all'anima». Sono tentativi di descrivere che cosa accade quando si scompare, di farvi immaginare la vostra assenza. Se vi concentrate, vi vengono i sudori freddi.

Sensazioni

L'accumulazione va avanti: «Ci sono cadaveri», «c'è la morte». I cadaveri, come i cimiteri, sono il simbolo concreto della morte. Dopo il simbolo, si cercano le parole per dire che cosa sia la morte, per darne una sensazione vivida al lettore. Di nuovo un segno meno: «un latrato senza cane». E via, di paradosso in paradosso. La scrittura vuole portare alla vista anche ciò che fa sparire. Perché effettivamente sentite i non-suoni che elenca Neruda, li sentite in un modo particolare, come disturbati da un indizio di tosse. Immaginatevi l'alluvione che scende con la pioggia stilizzata in tanti trattini, tanti segni meno che inzuppano la terra e la portano via.
Sentite: «suono silenzioso della morte». Questo suono non esiste, perché se è un suono, non è il silenzio. Eppure la poesia si spinge spesso a tenere insieme cose che nella realtà insieme non stanno.
Si tratta di una figura retorica che potreste avere già incontrato, se avete studiato la costellazione 06, l'*ossimoro*: ha il potere di tenere insieme il mare e l'asciutto, ad esempio.

Godetevi Neruda. In ogni caso, non potrete uscire da "quest'alluvione di parole" asciutti, senza esservi inzuppati i vestiti.

Esercizi

ESPLORARE

01 Che suono fa «un vestito senza uomo»? Trovalo nella poesia.

02 Leggi da «La morte arriva a risuonare» fino alla fine della poesia. Che cosa fa la morte e a che cosa assomiglia?

03 Secondo te che cosa intende il poeta per «suono puro»?

SMONTARE

04 Sottolinea le parole che si ripetono. Qual è quella più ricorrente?

05 Cerca almeno un esempio per ogni senso rappresentato nella poesia: gusto, olfatto, vista, tatto e udito. Ne manca qualcuno?

COSTRUIRE

06 Riassumi la poesia in tre sensazioni: un suono, una sensazione tattile e un colore.

....

07 Osserva la compagnia dei defunti che segue la morte: «donne dalle trecce morte», «panettieri bianchi come angeli», «fanciulle assorte spose di notai». Allunga l'elenco.

....

....

....

....

....

Giacomo Leopardi

La sera del dì di festa

tempo di lettura 2'
vita dell'autore a p. 647

Dolce e chiara è la notte e senza vento,
e queta sovra i tetti e in mezzo agli orti
posa la luna, e di lontan rivela
serena ogni montagna. O donna mia,
già tace ogni sentiero, e pei balconi
rara traluce la notturna lampa:
tu dormi, che t'accolse agevol sonno
nelle tue chete stanze; e non ti morde
cura nessuna; e già non sai né pensi
quanta piaga m'apristi in mezzo al petto.
Tu dormi: io questo ciel, che sí benigno
appare in vista, a salutar m'affaccio,
e l'antica natura onnipossente,
che mi fece all'affanno. A te la speme
nego, mi disse, anche la speme; e d'altro
non brillin gli occhi tuoi se non di pianto.
Questo dí fu solenne: or da' trastulli
prendi riposo; e forse ti rimembra
in sogno a quanti oggi piacesti, e quanti
piacquero a te: non io, non già, ch'io speri,
al pensier ti ricorro. Intanto io chieggo
quanto a viver mi resti, e qui per terra
mi getto, e grido, e fremo. Oh giorni orrendi
in cosí verde etate! Ahi, per la via
odo non lunge il solitario canto
dell'artigian, che riede a tarda notte,
dopo i sollazzi, al suo povero ostello;
e fieramente mi si stringe il core,

a pensar come tutto al mondo passa,
e quasi orma non lascia. Ecco è fuggito
il dí festivo, ed al festivo il giorno
volgar succede, e se ne porta il tempo
ogni umano accidente. Or dov'è il suono
di que' popoli antichi? or dov'è il grido
de' nostri avi famosi, e il grande impero
di quella Roma, e l'armi, e il fragorio
che n'andò per la terra e l'oceano?
Tutto è pace e silenzio, e tutto posa
il mondo, e piú di lor non si ragiona.
Nella mia prima età, quando s'aspetta
bramosamente il dí festivo, or poscia
ch'egli era spento, io doloroso, in veglia,
premea le piume; ed alla tarda notte
un canto che s'udia per li sentieri
lontanando morire a poco a poco,
già similmente mi stringeva il core.

da **Giacomo Leopardi, *Canti*,** Torino, Einaudi, 1962.

Commento

Impotenza e bellezza

Leopardi scrisse nel suo quaderno, lo *Zibaldone* (ovvero "zabaglione", cioè un misto di diverse cose), l'idea per questa lirica: "Dolor mio nel sentir a tarda notte seguente al giorno di qualche festa il canto notturno de' villani passeggeri". Per il poeta è un tema ricorrente: non c'è nulla di più poetico che ascoltare un suono che viene da lontano, specie se è impossibile conoscerne l'origine.

Quando scrisse *La sera del dì di festa* aveva ventun anni. Ape operosa, sapeva già come trasformare il dolore in miele. Perché di dolore, il figlio deforme del conte Monaldo ne accumulò parecchio. Talvolta la biografia non lascia scampo, e l'infelice grida: «Oh giorni orrendi / in cosí verde etate!». Grazie al filtro dei versi, tuttavia, seppe trarre arte dalla sofferenza. Un suo contemporaneo, d'altronde, il poeta tedesco Goethe, confessava: "Ho imparato dalla malattia molto di ciò che la vita non sarebbe stata in grado di insegnarmi in nessun altro modo". Leopardi, a causa della sua bruttezza, sa che nessuna donna lo potrà amare – il tutto, non dimentichiamolo, in un secolo di machismo e duelli (quelli che, per capirci, portarono alla morte i due maggiori poeti russi dell'Ottocento, Puškin e Lermontov).

Incanto

Ma scendete nel testo: da una parte l'infelicità dell'io poetante, escluso dalle gioie della gioventù, dall'altra il senso di distruzione legato al Tempo.
La poesia è un incanto pastorale, un cosiddetto *idillio* (quadretto), che si apre con la più serena tranquillità notturna. I primi quattro versi restano un miracolo della nostra lingua: sono serviti lo studio di una complessità immensa, la passione di Leopardi per gli antichi e la sua straordinaria erudizione per arrivare a quelle 29 parole di assoluta semplicità (dovreste impararle a memoria come la password del Bancomat!). Per ottenerle, il poeta si è limitato a compiere due gesti: prendere tre fra gli aggettivi comuni della nostra lingua e invertirli

(«Dolce e chiara è la notte e senza vento», anziché "la notte è chiara, dolce e senza vento"), ed eliminare una volta per tutte le rime.

Petrarca e il petrarchismo, i classici, sono alle spalle, di qui in avanti la poesia si scrolla di dosso le forme canoniche, rime e parole antiquate: Leopardi, pur essendo coltissimo, rifiuta le accademie e libera i versi. A questo punto, può apparire l'amata: «O donna mia» ("mia" per modo di dire). È un'interruzione brusca del discorso che ha l'aria di un'invocazione (in poesia è una figura retorica, si chiama *apostrofe*). La dormiente riposa spensierata, ignara delle sofferenze inflitte all'innamorato. Dopo la ripetizione a inizio verso di «Tu dormi», la prima parte della lirica si chiude con due periodi sulla «antica natura onnipossente». Eccola, la colpevole che ha destinato il poeta al dolore («affanno») e al pianto, negandogli la possibilità della speranza – sentite lo stacco tra «nego» e «speme», che evidenzia il definitivo taglio di ogni illusione.

Tutto passa e tutto va

Il contrasto fra la fanciulla serena e lo spasimante disperato torna nella parte centrale, dove si spiega il titolo della composizione. In una specie di "domenica del villaggio", scoprite perché il momento sia tanto solenne: il *dì di festa* volge al termine, alla sua Sera, e preannuncia il ritorno al lavoro – la domenica è già quasi lunedì. Ora il canticchiare di un artigiano, di ritorno alla misera casa («ostello»), arriva al poeta e lo emoziona, ricordandogli lo scorrere del tempo.
Vanitas ("vanità"), *Memento mori* ("ricordati che morirai") o *Ubi sunt?* ("dove sono?", forma contratta di "dove sono coloro che vissero prima?"): le tre famose formule mostrano che la tradizione latina è ossessionata dal tema della caducità delle cose, dal pensiero della morte e dalla domanda sulla fine degli antichi eroi: «Dove sono finiti?».

«Tutto posa», e mentre torna a rintoccare quel verbo, riaffiora un ricordo infantile, di quando il bambino si addormentava nel letto («piume»), pieno di dolore per la festa conclusa. Già allora, ascoltando un canto nella campagna lontana, il cuore gli si stringeva, come se lo spazio fosse divenuto misura del tempo, mutando la distanza in ricordo.

Esercizi

ESPLORARE

01 C'è un suono che si sente a un certo punto e uno che invece non si trova più, quali sono?

02 Secondo te, che significato acquista il suono per il poeta?

03 La donna è nelle «chete stanze», l'artigiano è «per la via», il poeta dov'è? Da che cosa si capisce?

04 Il poeta parla con la sua donna, ma qualcun'altra ha parlato con lui, chi è?

SMONTARE

05 Questa poesia è un *idillio*, cioè una forma poetica in cui tutto è tranquillo e sereno, idilliaco appunto; ma ti sembra davvero così? C'è una frase in particolare che esprime tutto il contrario, quale?

06 Se fai caso ai punti fermi, la poesia si può dividere in dieci frasi. Trovale e scegli un titolo per ognuna.

COSTRUIRE

07 Prendi la prima frase, da «Dolce e chiara» a «ogni montagna», e riscrivila sostituendo ciascun aggettivo con un altro di segno opposto. E mettici anche il vento. Ad esempio: "Amara e scura", invece di «Dolce e chiara». E "ventosa", invece di «senza vento». Che effetto ti fa?

....

....

08 Adesso alla frase che hai scritto sostituisci ogni "e" congiunzione con una virgola. Che effetto ti fa? Che cosa cambia?

....

....

33

Vittorio Sereni

Paura seconda

tempo di lettura 1'
vita dell'autore a p. 659

Niente ha di spavento
la voce che chiama me
proprio me
dalla strada sotto casa
in un'ora di notte:
è un breve risveglio di vento,
una pioggia fuggiasca.
Nel dire il mio nome non enumera
i miei torti, non mi rinfaccia il passato.
Con dolcezza (Vittorio,
Vittorio) mi disarma, arma
contro me stesso me.

da **Vittorio Sereni, *Poesie*,** Milano, Mondadori, 2000.

Commento

Questa poesia è come un risveglio notturno

Avete quanto basta per entrare nell'atmosfera della notte e del silenzio di una strada familiare, da dove sale una voce a chiamare, forse un'allucinazione. Chi vi ha chiamato, che cosa vuole? È uno spavento, fa spaventare, così nel cuore della notte: infatti la poesia si intitola proprio *Paura seconda* (tratta dalla bellissima raccolta *Stella variabile*, andate a cercarla). Eppure il primo verso ci rassicura: «Niente ha di spavento / la voce che chiama me». La voce che chiama, in quest'ora da cani, è dolce, pacifica. Da dove viene allora l'inquietudine che sentite tra le righe? C'è qualcosa che si nasconde, che non si dice, come un animaletto scuro rintanato; vediamo almeno di grattargli la schiena.

La voce è un'impressione lieve che il poeta, alla fine della prima frase, paragona a vento e pioggia – e notate l'abilità con cui smorza i due elementi, come un tennista che rallenta i giri della pallina per piazzare una corta sottorete. Vento e pioggia sono un inizio («un breve risveglio») e sono una fine («pioggia fuggiasca»), che si confondono e ci confondono: l'ho sentito appena, ma l'ho sentito. Che dice la voce? Che può volere qualcuno a quest'ora? Chi è?

È un'eco di sé in differita, il proprio nome chiamato che torna di notte

È l'eco di una voce che vi vuole svegliare, riappiccicare il nome addosso. E la paura è nel nome che sveglia e richiama. La voce si limita a dire «(Vittorio, / Vittorio)» (lo dice tra parentesi, lo smorza di nuovo quel nome). Il poeta però riconosce in due versi che cosa non vuole dire: «i miei torti», «il passato». Rivela così il potere penetrante di quelle parole, è come se un giudice chiamasse all'appello l'imputato, qualcuno che si è nascosto e aspettava alla finestra guardandosi le spalle. Voi non ne conoscete la colpa, ma una colpa si nasconde nella notte, nella «strada sotto casa» e basta un suono per risvegliarla.

Il fuggiasco è raggiunto, non servono a nulla documenti falsi o una nuova identità, basta il suo nome per metterlo al muro.
Il giudice più spietato, vi dice Sereni, siete voi stessi, e in un qualsiasi momento potete sentire chiamare di sotto e siete voi, è finita: siete venuti a prendervi. È la famosa "voce della coscienza".

La misteriosa voce svela così il vero scopo della sua insistenza

Infatti, sebbene agisca con dolcezza, essa finisce per mostrare intenzioni ostili: «mi disarma, arma / contro me stesso me».
"Mi ferisce", potremmo parafrasare, ma con la sadica amabilità degli aguzzini. In questo straziante nodo verbale, fra allitterazioni (disarma / arma) e ripetizioni (mi / me / me), emergono temi tipici dell'autore, come quello dell'insicurezza e dell'inadeguatezza, in cui si riflette la crisi identitaria di chi è sopravvissuto alla seconda guerra mondiale. Anche nel caso di Sereni, dunque, come spesso succede per gli scrittori e per i poeti, la biografia gioca una parte rilevante rispetto all'opera.

Sarà inviato in Africa settentrionale; catturato dagli Alleati, trascorrerà due anni di prigionia fra l'Algeria e il Marocco, tornando a casa alla fine del conflitto. Frutto di questa cattività sarà il rimpianto per non aver partecipato alla Resistenza, e da lì l'impressione di aver vissuto ai margini della storia.
Attore e spettatore di un tempo violato dalla guerra, Sereni sente di dover dire qualcosa sulla vita e sulla responsabilità delle scelte politiche. È l'unica cosa che gli rimane da fare, perché la pioggia è fuggita, trascinando con sé un passato ormai lontano; è rimasta solo la voce, è rimasto solo Vittorio.

Esercizi

ESPLORARE

01 Secondo te perché la poesia s'intitola *Paura seconda*?

02 Perché, secondo te, il poeta si aspettava che la voce nella notte enumerasse i suoi torti e gli rinfacciasse il passato?

03 Prova a spiegare perché la voce dell'autore lo «disarma» e al tempo stesso lo «arma» contro se stesso.

04 Perché, in fondo, la voce non ha niente «di spavento», nonostante sappia armare e disarmare?

SMONTARE

05 Che immagini usa il poeta per trasmettere l'idea di un richiamo nel buio, di una voce nella notte? Perché questa scelta?

06 Leggi a voce alta la poesia una sola volta. Secondo te qual è la vocale prevalente? Ora fai una rapida conta e verifica la tua risposta.

COSTRUIRE

07 Se dovessi dire qual è la tua "paura seconda" in un componimento poetico, quali caratteristiche avrebbe?

....

....

....

....

....

34

Giosue Carducci

San Martino

tempo di lettura 1'
vita dell'autore a p. 633

La nebbia agl'irti colli
Piovigginando sale,
E sotto il maestrale
Urla e biancheggia il mar;

Ma per le vie del borgo
Dal ribollir de' tini
Va l'aspro odor de i vini
L'anime a rallegrar.

Gira su' ceppi accesi
Lo spiedo scoppiettando:
Sta il cacciator fischiando
Su l'uscio a rimirar

Tra le rossastre nubi
Stormi d'uccelli neri,
Com'esuli pensieri,
Nel vespero migrar.

da **Giosuè Carducci, *Poesie*,** Milano, Feltrinelli, 2010.

Commento

Abitudini

Capita che, dopo molto tempo che abbiamo davanti la stessa cosa, questa si ricopra di una specie di muffa d'indifferenza: è normale che sia lì, non ce ne chiediamo più nemmeno il motivo, diventa invisibile. Allo stesso modo nelle antologie ritroviamo il Carducci. Questo nome, preceduto sempre dall'articolo, a furia di sentirlo e rimasticarlo ci sembra diventato color terra, o color noia. La noia col tempo fa la crosta, e adesso, per parlare di Carducci e della sua poesia memorizzata da generazioni di studenti, dobbiamo iniziare col piccone. Perciò menate qualche colpo sopra Carducci fino a rompere la crosta e poi iniziate a leggere. Rompete tutto, pensate di non sapere chi è che vi parla né dove vi trovate. Fate in modo che siano le parole che sentite a portarvi da qualche parte. Riuscirete a possedere un paesaggio, una stagione e un rifugio sicuro.

Da capo

Sentite l'inizio della poesia, i quattro versi che rapidissimi costruiscono l'ambiente. Ecco in un miracolo sensoriale mare e colline nella stagione invernale. Fate caso a come la forza dei verbi vi fa muovere in questo sistema geografico. Facciamo un veloce su e giù. Andiamo verso i colli insieme alla nebbia che pioviggina, in quest'intuizione emozionante che ci include nel respiro naturale della nebbia e poi nella risacca dell'aria gravida d'acqua che diventa vento, «maestrale», va giù verso il suono del mare agitato che appunto «Urla» e si mostra nella sua rabbia schiumosa. Altro che cartoline, qui fate una corsa con l'acqua e col vento. Vi infreddolite fino al midollo, sgranate gli occhi, e il vostro petto si è allargato come dopo una camminata in montagna. Adesso non cercate altro che riparo, adesso già sognate un posto caldo, un po' di riposo per rivivere con calma la grande esperienza.

Dalla seconda strofa entrate nel territorio degli uomini: Carducci vi mette in salvo dalla bellezza gelata della natura. Dopo tutti questi chilometri venite accompagnati per le vie di un paese. Vedete la gente impegnata nei lavori di novembre, a far vino e cuocere carne. Che c'è di più bello che entrare stanchi, affamati, allucinati dalle bellezze naturali, in un paese e respirare per mezzo di «ribollir» e «scoppiettando» l'odore di vino e di arrosto? Questi verbi sonori fanno spandere calore e odore e ve lo portano dentro le ossa e nello stomaco.

Ritornare al riparo

Carducci ci allestisce il rifugio migliore che si possa chiedere, non c'è altro modo, semplice ed efficace come «animo» per dire l'unione di corpo e spirito che, scaldati, si piegano in un sorriso sempre più ampio. Se almeno una volta avete avuto fame e avete trovato il cibo più buono o vi siete persi per arrivare al rifugio migliore, capirete quanto c'è in questa poesia e, se non l'avete mai provato, ve lo farà provare Carducci.

Alla fine della giornata, si torna a guardare il cielo, quello che all'inizio era un combattere d'acqua e di vento, dentro cui siete stati strapazzati e sfiniti. Ci sono adesso le nuvole del tramonto e i pensieri – il peso nero che vi portate dentro per milioni di motivi – se ne volano insieme agli uccelli; rimane soltanto una fiducia tranquilla che vi fa dire: un giorno sta finendo, un altro giorno verrà. Non c'è bisogno d'altro, e siete dove dovevate stare, insieme al cacciatore che fischia appoggiato alla porta. Siete stati gettati in una macina che vi ha ridotto alla sostanza più semplice e leggera, siete uomini trasformati, che hanno lavorato e sono stati allo stesso tempo lavorati da questo ambiente.

Carducci ci dà la misura del suo luogo ideale, una sensazione viva e precisa di benessere, di comunione tra uomo e natura.
San Martino è il suo amuleto, il sogno di chi se ne sta chiuso in una stanza di città. È quel che diceva anche il poeta in una lettera: "Boschi, campi, bovi e vino: ecco l'ideale degli uomini sani".

Esercizi

ESPLORARE

01 Perché i colli sono «irti» e che sensazione ti dà questa parola?

02 Che intende il poeta con «vespero» e a quale altro elemento della strofa puoi collegarlo?

03 In che senso il mare «biancheggia»?

SMONTARE

04 Perché secondo te la seconda strofa inizia con quel «Ma»?

05 Assegna dei colori alla prima e alla seconda strofa. Che cosa noti?

06 Osserva bene: che cos'hanno in comune tutte le strofe della poesia?

07 Trova le (lettere) doppie. Sono tante o poche? Pensi che influiscano sulla musicalità della poesia?

COSTRUIRE

08 Scrivi dei versi pensando al freddo, e dei versi pensando al caldo.

....

....

....

....

....

....

....

09 Impara a memoria la poesia e recitala a un compagno molto lentamente.

Yann Gross
Avalanche 1
da *Lavina*
2006

COSTELLAZIONE 08

teoria a pagina 579

INTENSITÀ

In che cosa consiste e come si individua il grado d'intensità di un testo?

Tutto ciò che ha urgenza di manifestarsi porta con sé un'energia incontenibile.

35

César Vallejo

Ci sono colpi nella vita, così forti... Io non so!

tempo di lettura 2'
vita dell'autore a p. 661

Ci sono colpi nella vita, così forti... Io non so!
Colpi come dell'odio di Dio, quasi dinanzi a loro
la risacca di quanto si è sofferto
facesse pozza nell'anima... Io non so!

Sono pochi, ma sono... Aprono solchi oscuri
sul volto più gagliardo, sulla schiena più forte.
Sono forse i corsieri di Attila barbarici
o i neri messaggeri che ci manda la Morte.

Son dei Cristi dell'anima le cadute profonde,
di una fede adorabile che il Destino bestemmia.
Quei colpi sanguinosi sono lo scoppiettio
di un pane che ci brucia sulla bocca del forno.

E l'uomo... Povero... povero! Gira i suoi occhi, come
quando sopra la spalla una mano ci chiama;
gira i suoi occhi folli e tutta la sua vita
fa pozza, come un fango di colpa, nello sguardo.

Ci sono colpi nella vita, così forti... Io non so!

da **César Vallejo, *Tutte le poesie*,** Milano, Edizioni Accademia, 1973.
Traduzione dallo spagnolo di Roberto Paoli.

Commento

Nel corpo stesso del dolore, come se il dolore avesse braccia e gambe: andiamo lì

I versi di Vallejo sbozzano il corpo del dolore dal blocco marmoreo del destino umano. Vengono da quella zona di stupore che vi si crea negli occhi e nello stomaco di fronte alle sorprese più crude dell'esistenza. Si stenta a credere quanto possa far male la vita. Certe cosc chc capitano, per quanto siate forti, vi assestano colpi alle gambe da lasciarvi piegati. Siete stati forti, capaci di sopportare ogni cosa, poi arriva il colpo e rimanete a bocca aperta, possibile? Allora, dal Capo di Buona Speranza alle Isole Svalbard, da Los Angeles a Ulan Bator, tutti recitano questa poesia, dicono il verso iniziale: «Ci sono colpi nella vita, così forti... Io non so!».

Difficile contraddire Vallejo. Sembra l'attacco di un discorso sul più e sul meno nella sala d'aspetto di un ambulatorio, l'attacco di un genere speciale di monologo che è la *lamentazione* – la trovate dappertutto, state sicuri, basta aspettare. Lo stacco dei puntini di sospensione crea uno spazio necessario al contraccolpo, all'assorbimento della botta, che è l'argomento principale della poesia. L'effetto del colpo, e non del colpo stesso, di questo si parla. È così difficile da dire, da spiegare, e mi ha talmente stupito da lasciarmi senza parole, dice il poeta: «Io non so!». Notate che non si dice mai che tipo di guai sono capitati: Vallejo si concentra sulle dinamiche del dolore e sulle sue conseguenze, e lo fa preparando alcune immagini sfolgoranti.

Mettete il dito al secondo verso e seguite fino al successivo «Io non so!»

Dice Vallejo che, da quando venite colpiti, continuate a sentire il riverbero di quel colpo (pensate alla perdita di una persona cara, o semplicemente a un'umiliazione, a un tradimento), che si ripete e si ripete, ed ecco il meccanismo interiore trasposto con immediatezza qui: «la risacca di quanto si è sofferto». Bellissimo.
La risacca, il va e vieni delle onde che colpiscono la riva, rende l'idea

di un impatto che si ripete, perfetto, e si va oltre. La risacca smuove il liquido doloroso e trasforma l'anima in una pozza, un contenitore dove si rimescola la stessa acqua sporca. Notate come Vallejo, con una metafora accurata, vi presenti quelle situazioni in cui rimanete impantanati, a battere lingua dove il dente duole. Attenti al finale, quando la stessa immagine acquista un'ennesima sfumatura e la «pozza nell'anima» ritorna nella vita, che si fa pozza e si mostra nello sguardo del sofferente come un «fango di colpa».

I colpi di cui parla Vallejo non vengono specificati, ma in qualche modo li intuite

Ci capiamo, dice Vallejo, siamo fra di noi, fra noi uomini e donne, la vita è così, non dimentichiamocene. Dopotutto, ogni poesia è come volesse ricordare qualcosa all'umanità tutta, che tende alla dimenticanza.Il tema di Vallejo acquista nuove sfumature con la metamorfosi delle immagini. Dalla pozza dell'anima si staccano come saette i «corsieri di Attila», il verbo essere ripetuto («Sono», «Son») sembra balbettare sotto il peso di un dire inesprimibile. Gli esclamativi, i puntini di sospensione, concorrono a rompere la regolarità dei versi che sono anche loro sul punto di cedere, di fermarsi a quell'«Io non so!», come contro una cancellata.

Il compianto, il lamento, producono una nuova scintilla. Dalle paludi marine si passa al fuoco domestico. Eccola questa nuova immagine dei colpi: «sono lo scoppiettio / di un pane che ci brucia sulla bocca del forno». Il pane, la cosa più buona e pacifica, s'incendia di cattiveria, scoppietta carbonizzato all'ingresso del forno. La malvagità degli eventi si abbatte su di noi e su quel pezzo di pane stravolgendone il senso, come se i bambini mettessero denti da squalo. Tremendo, vero? Che fare allora? Dove sono le istruzioni per evitare il pericolo?

Il fare a cui spinge la poesia non è niente di preciso. È il ravvivarsi di una parte che cova in ognuno di noi, il senso di smarrimento e di limitatezza di fronte ai casi della vita. Vallejo vi ha messo in mano il nucleo pulsante del dolore, come fosse quel pane scoppiettante, vi ha detto che anche per questo siamo umani: prenderemo colpi, ci saranno puntini di sospensione e sguardi smarriti.

Esercizi

ESPLORARE

01 Che cosa pensi intenda il poeta con l'espressione «Cristi dell'anima»?

02 A che cosa sono paragonati i «colpi nella vita»? Secondo te perché l'autore usa queste immagini?

03 Che cosa prova l'autore per se stesso e per l'umanità in generale, quando deve far fronte ai «colpi nella vita»?

SMONTARE

04 Tutta la poesia è un continuo alternarsi di certezze e incertezze. Quali sono secondo te gli elementi del testo che suggeriscono quest'oscillazione?

COSTRUIRE

05 Soffermati su alcune immagini che usa il poeta. Per esempio: «la risacca di quanto si è sofferto» oppure «Aprono solchi oscuri / sul volto più gagliardo, sulla schiena più forte».
Ora ribalta la situazione: pensa ai colpi di felicità della vita, ai momenti di allegria assoluta.
Quali immagini useresti per descrivere questi momenti di grazia?

....

....

....

....

....

....

....

36

Daniele Del Giudice

Per l'errore

tempo di lettura 16'
vita dell'autore a p. 638

Non c'è un momento preciso né un giorno fissato, non ti sarà preannunciato da alcun segno esteriore, nulla nei comportamenti e nel paesaggio sarà diverso dall'abituale, il sole a filo della pista, la pista che finisce nel mare, niente comunque ti farà presagire che è giunto il momento, per te, di trovarti su un aeroplano senza passeggeri, senza piloti, senz'altri che non sia tu stesso, come nel peggiore dei sogni. Puoi parlare ad alta voce, non v'è divieto, puoi cantare o sudare, non v'è chi se ne accorga, puoi girarti verso destra e guardare il posto vuoto dove abitualmente siede il tuo maestro, considerare quel vuoto come la piú sconsolante rappresentazione del vuoto assoluto, la piú struggente sensazione d'abbandono. Puoi tirare indietro le manette, fermare l'elica, aprire il portello, sganciare le cinture e scendere sollevando le braccia: qualcuno venga a prendere l'aeroplano che stai lasciando lí, allineato all'inizio della pista per il tuo primo decollo da solo. Una decisione di grande saggezza, una decisione onorevole. Ma con quale coraggio? Il tuo comandante è davanti all'hangar, ti guarda non meno perplesso, non meno preoccupato di te, conosci quel modo dei comandanti di scrutare il cielo da aruspici, meteorologi e padri di famiglia; sull'aeroporto è già stato sospeso il traffico per questo tuo primo decollo da solo; per quanto sia presto al mattino e deserto l'ambiente, le pessime figure hanno sempre un vasto, insospettabile pubblico.

Sei lí, qualunque istinto o dolore o malformazione d'inconscio ti abbiano portato a credere che fosse possibile per te trovarti in una simile situazione, sei lí coi piedi disperatamente puntati sui freni affinché l'aereo non decida al tuo posto e cominci a rullare da solo – per il suo primo decollo da solo, probabilmente –; a questo punto tornare indietro sarebbe assai piú complicato che andare avanti, perciò puoi illuderti ancora una volta di non avere scelta dopo aver preparato il cammino affinché cosí fosse, e adesso, nell'ultimissimo istante, teso e muto, vuoi solo vedere come andrà a finire, vuoi andare fino in fondo, al fondo della pista, verso quell'attimo di disequilibrio con cui tutto si solleva, s'impenna, staccando la tua ombra da terra.

Ancora qualche minuto fa ti sedeva accanto un comandante, imperturbabile e a braccia conserte, la tua riserva di irresponsabilità nell'errore (il dio errore), di svagatezza nel compierlo, ancora qualche minuto fa la giornata era normale e imprevedibile, vorresti tornare a quel momento, o anche prima, alla tranquillità inconsapevole con cui sul piazzale facevi i controlli girando attorno all'aereo come se fosse appena uscito di fabbrica e tu ne fossi il primo collaudatore, mentre eri semplicemente un allievo pilota e l'aereo era stato perfettamente ispezionato dai meccanici come ogni giorno, torneresti a quando nel cockpit sfioravi con le dita gli strumenti spuntando ad alta voce parole da un elenco che conoscevi a memoria, liturgia del mattino, preghiera manuale dell'anche questo è a posto, aspettando che il comandante salisse a bordo per la messa in moto, saliva sempre all'ultimo momento, non aveva tempo da perdere lui. Bruno non era solo un comandante, era un capo indiano, un vecchio capo indiano di pochissime parole, di ancor minori spiegazioni. Bruno era un maestro che non spiega, e di come questo fosse possibile in una materia tanto delicata bisognerà parlare piú avanti. L'idea della manovra, in Bruno, coincideva con una disciplina e un rigore assoluti, ma a lui interessava l'intuito, una manovra correttamente eseguita non era ancora nulla, il minimo presentabile, non te lo diceva naturalmente, ma si capiva che era cosí, volare era tutt'altro che una manovra ben fatta. Lui non spiegava, si comportava come se tu sapessi già, e quello che non sapevi, cioè tutto, dovevi ricavarlo dal silenzio delle sue occhiate, dalle sue facce, dal suo modo di riprenderti nelle manovre con cenni rapidi e senza sonoro indicando col dito uno strumento o l'orizzonte fuori o un riferimento invisibile nel cielo, questo per lui era imparare. Meno che mai ti avrebbe annunciato quando fosse arrivato per te il momento di volare da solo. Come tutti, pregavi che arrivasse tra la sesta e l'ottava ora a doppio comando, altrimenti, questo lo sapevi, non sarebbe arrivato mai piú.

Poi Bruno era salito a bordo e tu avevi cominciato ad aspettare: aspettare che inforcasse gli occhiali da presbite e trascrivesse i dati iniziali del volo, aspettare che nel contempo facesse un cenno con la mano che significava metta in moto e andiamo via, aspettare d'essere autorizzato dalla torre al rullaggio, e poi sulla soglia della pista d'essere autorizzato all'allineamento e al decollo, aspettare era una parte costitutiva del volo quanto il volare, aspettare controllando e ricontrollando, c'è sempre un modo utile di impiegare l'attesa, c'è sempre qualcosa da fare a bordo prima di spingere avanti le manette e cominciare a correre sobbalzando, e ripensandoci adesso avresti dovuto farlo. Quando l'ordine cosmico o il complesso degli eventi o la coincidenza delle cose si erano disposte finalmente al via, avevi dato potenza, rilasciato i freni, guardato il contagiri e l'anemometro, accompagnato i movimenti imbardanti dell'aereo verso sinistra e verso destra contenendoli con i pedali. La corsa di decollo è una metamorfosi, ecco una quantità di metallo che si trasforma in aeroplano per mezzo dell'aria, ogni corsa di decollo è la nascita di un aeroplano, anche questa volta l'avevi sentita cosí, con lo stupore di ogni metamorfosi; verso la fine della trasformazione e della pista senti che l'aeroplano prorompe, non è piú terrestre, troppi sobbalzi, troppe imbardate di qua e di là, a terra non lo tieni piú, meglio volare che correre cosí, aspetti solo che diventi definitivamente un aeroplano, vorresti che lo fosse già, a quel punto talvolta viene su da solo, e appena viene su si acquieta, altre volte basta una leggera, leggerissima chiamata con il volantino. Tu avevi chiamato con delicatezza, appena qualche millimetro per non strappare l'aereo da terra, poi senza badarci avevi tirato ancora, come ripetere una parola detta a voce troppo bassa e non sentita. Tiravi piano ma l'aereo non veniva. Tiravi con piú continuità ma l'aereo non ti seguiva. Tiravi decisamente e l'aereo non saliva. Avevi guardato la pista e ti eri accorto di essere oltre la metà, vedevi la striscia di mare delle bocche di porto, guarda come si avvicina, anzi guarda il cruscotto e gli strumenti, concentrati meglio, e tu ti eri rivolto agli strumenti ad uno ad uno come se chiedessi loro di darti ragione in una lite di strada, e te l'avevano data, i valori erano quelli, ma l'aereo non si staccava da terra. Senza voltarti avevi cercato di cogliere il profilo di Bruno, profilo di pietra, braccia conserte, sguardo fisso davanti a sé, sembrava che aspettasse; ma c'era poco da aspettare, la pista finiva, l'aereo non si staccava, e non avevi piú lo scampo per frenare. Concentrati ancora, guarda gli strumenti, guarda meglio, e a forza di guardare finalmente avevi visto, ecco cosa mancava, chi l'avrebbe detto?, mancavano i flap, la leva dei flap era tutta su, flap a zero, ti eri dimenticato i flap. Ci saranno stati quaranta metri di pista ancora, non di piú, poi il mare, avevi cercato di far scivolare la mano dai comandi del motore verso i flap senza che Bruno se ne accorgesse, avevi una fretta disperata di abbassare quella leva, la pista finiva sul serio, con la sinistra tenevi il volantino, con la destra avevi dato un colpo secco alla leva quasi di nascosto. Tale era la velocità accumulata che appena i flap cominciarono a scendere dal dorso delle ali l'aereo venne risucchiato in alto, preso di peso e staccato da terra, come liberato, trascinato su, in alto sopra il terrapieno con cui la pista finí in quello stesso istante, sopra le bocche di porto, sopra la laguna e sopra il mare.

Il silenzio di Bruno era apparso subito preoccupante, meglio dire qualcosa. Tu avevi detto *ci* siamo dimenticati i flap, col tono di un'osservazione distratta, con un plurale ironico che coinvolgeva anche lui in quella dimenticanza, sebbene lui mai si sarebbe dimenticato i flap, e poi tu eri ai comandi e tua la responsabilità, lo sapevi benissimo. Bruno non aveva risposto e tu avevi proseguito la salita in attesa di indicazioni; dopo il decollo lui annunciava sempre il programma del volo, quale sarebbe stato il menú di oggi, stalli e viti? virate strette? navigazione? emergenze motore? avvicinamento radar a un aeroporto? Ma Bruno non aveva detto nulla, non una parola e nemmeno un'occhiata, aveva fatto semplicemente un ampio gesto circolare con la mano, un gesto in discesa che nella rotazione comprendeva una virata sul mare, un rapido rientro sull'isola, un atterraggio immediato, e dalla bruschezza del gesto avresti detto per sempre definitivo. Ecco il programma.

La paura di prima, la paura della pista che finiva era niente a confronto con la desolazione di adesso, anche l'anima doveva essere arrossita; se fosse stato possibile saresti sceso lí, nell'aria, lasciandogli l'aereo; poi avevi sperato di congedarti almeno con un bell'atterraggio, anzi un atterraggio perfetto, gli avresti fatto vedere tu che capolavoro di ultimo atterraggio gli facevi, ma nel finale, sugli alberi che inspiegabilmente delimitano ogni campo d'aviazione, avevi preso un refolo di turbolenza: leggero squilibrio dell'aereo, correzione immediata, atterraggio su una sola ruota, rimbalzo, nuovo atterraggio, rimbalzo ancora, atterraggio. Puntavi dritto verso gli hangar, volevi arrivarci il piú presto possibile, ma al momento di imboccare il raccordo avevi avvertito una resistenza ai pedali, adesso non riesco piú nemmeno a girare a terra ti dicevi, poi avevi capito che Bruno bloccava la pedaliera dalla sua parte, stava frenando l'aereo sul bordo della pista. Cos'altro c'era ancora? Tu avevi messo l'elica al minimo, Bruno ti aveva scrutato con un'occhiata rapida. Poi fissandoti meglio aveva detto: se la sente di andare su da solo?

Non fingere, hai capito benissimo, del resto è accaduto soltanto pochi istanti fa; hai capito perfettamente e hai dovuto fare il giro di tutte le tue emozioni per venirne a capo, e poi un altro giro per contenerle e mostrarti né troppo felice né troppo deciso, e rispondere se lei pensa di sí, forse sí. Bruno ha aperto la radio, ha chiesto alla torre di sospendere il traffico sull'aeroporto, ha spiegato il motivo della sua richiesta. Poi ti ha detto guardi che tutto sarà diverso, decollerà prima, salirà piú veloce, io la seguirò da terra al bordo del campo, faccia tutte le chiamate radio con me come se parlasse con la torre. Ti aveva dato un'ultima occhiata inserendoti in un controllo generale: di ciò che traspariva sul tuo viso, delle manette, delle cinture allacciate, del cockpit dell'aereo. Anche del portello, una volta fuori, si era assicurato che fosse chiuso bene.

Solo, eccoti solo, 'solista', cosí nei documenti aeronautici viene registrato questo volo, come se fossi un suonatore di violino, e invece sei una persona sola dentro un aeroplano al centro della pista che adesso apre la radio e comunica di essere pronto all'allineamento e al decollo, e ancora non credi che sia vero, ma allineato lo sei già, pronto difficile dirlo, Bruno risponde autorizzato e ti ricorda i valori del vento, nodi e provenienza, ma chi ha tempo di pensare al vento, di immaginare da dove viene e quanto è forte, si vedrà, ormai hai spinto in avanti le manette, sollevi le punte dei piedi dai pedali, si vedrà tra un istante, l'aereo già corre, a un quarto di pista ti chiedi ancora come mai Bruno abbia deciso il tuo decollo da solo invece di cacciarti via per sempre, a metà pista cominci a sentire qualcosa che ha a che fare con la responsabilità, anche se non sai bene di chi, poi a mano a mano che l'aereo si trasforma in aereo tu ti trasformi in Bruno e diventi comandante di te stesso, e in questa nuova dimensione ti controlli e ti riprendi e ti correggi come un allievo. Ci sono le cose da fare e queste cancellano ogni altro pensiero, e solo dopo le cose da fare, dopo che hai chiuso ciò che andava chiuso e aperto ciò che andava aperto e regolato ciò che andava regolato, adesso che l'aereo vola livellato nel cielo, adesso guardi il mare e l'orizzonte nella foschia leggera del mattino e per la prima volta li vedi non soltanto come punti di riferimento per controllare le virate o le salite e le discese, sono il paesaggio cui d'ora in poi potresti appartenere, cosí come a terra appartieni ai fiumi e alle montagne.

Scivoli lungo la costa in una sensazione di immobilità e di durata, a destra l'isola, a sinistra il mare, scivoli ripensando alla prima volta che sei salito quassú con Bruno, la prima volta che hai volato senza mettere mano ai comandi, volo di ambientamento e prova, prima ancora della visita medica, tu sedevi a destra, che bel panorama, Bruno aveva fatto quota tranquillo e a un certo punto ti aveva domandato le sue cinture sono ben strette?, e tu avevi risposto distrattamente di sí, lui aveva tirato fuori gli occhiali, si era piegato verso la placchetta di metallo al centro del cruscotto dove un avviso in inglese indicava i limiti acrobatici di quell'aereo, senza lasciare il volantino aveva sfiorato con il dito le lettere in rilievo, tre giri di vite e non di piú aveva letto ad alta voce, come se quell'aereo non lo conoscesse a memoria, e come se anche tu dovessi essere messo al corrente che dopo il terzo giro di vite non ci sarebbe stata speranza di uscirne, poi senza aggiungere altro si era tolto gli occhiali e aveva picchiato l'aereo mandandolo in vite, tutto di te fu proiettato in avanti, precipitaste seduti roteando sull'asse, laggiú la riva e la spiaggia giravano in senso contrario come nei film, tre giri aveva detto, ma a te sembrarono trenta o trecento, adesso muoio con questo signore che non conosco, che ne sapevi allora che Bruno era Bruno, che era stato pilota acrobatico e pilota collaudatore, che negli anni del dopoguerra si era guadagnato da vivere facendo piroette in pubbliche gare, che aveva trentamila ore di volo su ogni tipo d'aeroplano? Pregavi Iddio che quel signore coi capelli bianchi fosse perfettamente consapevole e abile in ciò che faceva, che l'aereo tenesse, che quella vorticosa picchiata avvitante finisse al piú presto.

Per non parlare della volta successiva, quando ti fece sedere subito a sinistra, posto del comandante, figurarsi; della vasta offerta di strumenti e orologi e chincaglieria elettronica sul cruscotto ti illustrò il minimo indispensabile, poi ti ordinò di decollare, puntaste direttamente sul mare aperto, verso il largo, in una giornata grigia e cupa, e poco alla volta quel grigiore compatto divenne una massa pastosa indistinguibile e ipnotica, fu allora che Bruno disse di colpo torniamo indietro, dov'è l'aeroporto? Ti voltasti per dare un'occhiata attraverso i vetri posteriori, ma lo spettacolo dietro era uguale a quello davanti, grigio e grigio a perdita d'occhio, nessun lembo di terra, niente che fosse diverso da quella calma visiva terribile e piatta. Domandasti a tua volta sí, appunto, dov'è l'aeroporto?, Bruno rispose alzando le spalle, è lei ai comandi disse, è lei che deve saperlo, adesso lei ci riporta a casa. Cominciasti con una lenta virata a sinistra, puramente ad intuito, che cosa conoscevi allora delle bussole, delle rotte inverse, degli strumenti di posizione indecifrabili per te?, e cosí per sola memoria dello spazio e orientamento istintivo cominciasti a virare a sinistra e ancora a sinistra, e quando ti sembrò che potesse bastare raddrizzasti l'aereo, allora ti girasti verso Bruno aspettando un assenso o un diniego ma di nuovo ricevesti nient'altro che un'alzata di spalle. Avanzavi nel grigio, proteso in avanti verso il parabrezza per vedere meglio, per indovinare una costa, ma la costa non si vedeva, guardavi da ogni parte ma da nessuna parte si vedeva terra, finché nel grigio apparve una linea piú grigia, sottile e lontana, ecco la costa, ma quale costa, in che punto?, bravo, avevi trovato la terra, ma l'aeroporto non c'era, neppure la città e nemmeno la laguna, eravate piú a sud. Quando la costa divenne un paesaggio reale, Bruno indicò la direzione col gesto dei carovanieri, disse si ricordi, decollando da un luogo deve prendere la posizione, se a quel luogo vuole tornare.

La voce di Bruno alla radio adesso ti chiede di venire all'atterraggio; per forza di cose, il primo atterraggio da solo è l'altra faccia del primo decollo da solo, guai se non ci fosse. La voce di Bruno alla radio ha sempre una filatura d'incertezza e di preoccupazione, te n'eri già accorto ascoltandola in torre una volta con l'operatore, Bruno si affaccia alle parole con prudenza e da chissà dove, come se le parole andassero usate in casi eccezionali e quando proprio non si può fare diversamente; questa volta l'incrinatura è piú profonda, maggiore la preoccupazione, forse perché gli alberi al fondo della pista ti nascondono alla sua visuale e lui da terra ti domanda in linguaggio aeronautico la tua posizione e subito dopo in parole povere ti chiede se tutto va bene, e tu in linguaggio aeronautico dai la tua posizione e rispondi che sí, tutto va bene. E finalmente, mentre fai i controlli del sottovento, mentre togli l'antighiaccio e arricchisci la miscela e riduci motore e metti dieci gradi di flap, finalmente capisci che il primo decollo da solo è l'incontro di due paure, la tua, la sua, paure reciproche e concordi di due persone costrette a fronteggiare un evento avendo soltanto una conoscenza parziale. Che cosa conosce Bruno di te? Niente. Pura intuizionc. Ti ha mai visto nelle tue scene isteriche? Nei momenti di distrazione assoluta? Ti ha mai visto quando t'incanti e ti perdi nel vuoto e te ne vai lasciando il tuo corpo come un giornale ad occupare un posto nel quale non sei piú? Nei momenti di rabbia fredda, sorda, gelida, di puro odio? – forze del male che ti piacerebbe agire. E che cosa direbbe Bruno se sapesse che uscendo di sera dall'aeroporto e incamminandoti verso casa componi canzoncine tipo questa, e poi vai a tempo:

The night has arrived
the planes sleep
the tower is off
the fax makes a beep

Se tu fossi Bruno, gli metteresti in mano un aereo a uno cosí? Come può aver deciso che eri pronto, che cosa conosce Bruno di te? ciò che può aver valutato attraverso una pratica assai circoscritta come il pilotaggio, un'attitudine e un fare misurabili certo, ma il resto, tutto il resto di una persona, quello che piú conta, e conta anche nei cruciali momenti di emergenza aeronautica, è costretto a intuirlo, a dedurlo appunto attraverso quel fare, quel poco che hai fatto; ed è qui che lui rischia, se ci fosse una panne proprio adesso?, un motore non sa chi è ai comandi, le probabilità non hanno memoria delle circostanze o dell'anzianità di volo. L'altra persona, tu in questo caso, dovrebbe conoscere abbastanza di sé, almeno si spera, ma di quel fare aeronautico, del 'sapere del pilota' che in questo momento della sua vita, in questo suo primo atterraggio da solo, gli sembra cruciale chissà se conosce abbastanza, ed è qui che tu rischi. Qui, in quest'ultima virata dove ti appare la città frontale, sulla destra l'isola, laggiú l'aeroporto; apri la radio, chiama il finale, flap tutti fuori, carrello, luci di atterraggio. Eccolo lí Bruno, piccolo piccolo tra l'erba al bordo della pista, con il viso verso l'alto e la ricetrasmittente all'orecchio, cosí va bene ti dice, cosí va bene ripeti a te stesso controllando le distanze e l'assetto, sei seduto su un patrimonio di velocità da smaltire, di quota da dissipare, la discesa è il momento di maggiore ricchezza del volo (il corpo per primo avverte questo patrimonio da spendere, questa ricchezza della discesa, della caduta, questa felicità del peso ritrovato e della gravità), abbassa il muso dell'aereo, lascialo andare, lasciati andare, vieni giú planando sopra gli alberi, se non fossi cosí concentrato e teso ti accorgeresti dell'ombra che il sole alle spalle ti proietta davanti, di come si ingrandisce sull'erba e tocca prima di te, la tua ombra ha già atterrato, il tuo aereo ha già atterrato, lasciati andare, poggia le ruote centrali sull'erba e per un attimo tieni l'aereo sospeso cosí, subito dopo anche il ruotino davanti aderisce, adesso devi solo frenare, poco alla volta, deciso, frenare finché ciò su cui sei seduto e ti porta, rallentando, non sarà piú un aeroplano.

Non ti resta che risalire verso gli hangar, *taxi to park*, manovra cui Bruno ti ha autorizzato via radio prima di passarti alla torre, dato che l'aeroporto riapre al traffico; è solo l'autorizzazione a un contropista, ma a te sembra un'autorizzazione piú ampia, autorizzato a qualcosa che si è appena iniziato e cui solo un evento ultimativo potrebbe porre fine, un'autorizzazione principale con piccole autorizzazioni corollarie, come quella ad una considerazione meno severa da parte del meccanico che alza gli avambracci incrociati al termine della striscia gialla che stai ricalcando col ruotino, segnale di fine e di arresto, chiusura motore.

(Se nella memoria esistesse un comparto per le prime volte, pensi controllando che tutto sia spento, metteresti il primo decollo da solo nella stessa regione della prima volta in amore, perché l'intensità è quella; curioso però che la prima e piú travolgente compenetrazione con un'altra creatura si trovi per te in compagnia della prima e piú grande solitudine, radicale, 'solista' nell'aria).

E tra le novità, quando scendi dall'aeroplano, c'è non dico un sorriso, ma almeno uno sguardo sgravato da parte di Bruno, e un 'tu', uno di quei tu che non accorciano le distanze, anzi, né scompongono il portamento, ma che piú tardi nel suo ufficio – se può chiamarsi ufficio una vecchia scrivania anni quaranta, una rastrelliera di carte aeronautiche, un dondolo e un monitor con l'Italia e le nubi viste come le vede in quest'istante un satellite meteo – ti consentirà, mentre quel comandante perennemente in camicia bianca e cravatta firma sul tuo libretto il primo decollo da solo, di domandargli nella nuova dimensione del tu come mai proprio oggi, perché proprio stamattina che ti sei dimenticato i flap e per poco non finivate in mare; e consentirà a lui, con un'occhiata rapida e sorpresa, di risponderti perché oggi?, stupito che tu non abbia compreso. Per l'errore, per via dell'errore, hai visto l'errore. Ma il tono è sbrigativo, quasi sottovoce, come si trattasse di una cosa ovvia, e oltretutto segreta. Quando altrimenti?, conclude restituendoti il libretto. Tu, appena fuori dell'ufficio, ti fermi nella luce obliqua del mattino e sfogli le pagine, cerchi la dicitura, la firma che ti immette definitivamente nei luoghi del celeste errore, dove ogni errore è una cicatrice, ma non evita la ricaduta.

da **Daniele Del Giudice, *Staccando l'ombra da terra***, Torino, Einaudi, 1994.

Commento

Daniele Del Giudice sapeva di che cosa stava parlando

Lo sapeva perché era stato a bordo di un aeroplano come questo, l'aveva pilotato, e aveva vissuto sulla sua pelle la «prima volta» descritta qui. L'aveva fatto davvero, guardando la laguna di Venezia, perché era il posto in cui abitava, e forse ci abita ancora, anche se un Alzheimer precoce l'ha zittito prima del tempo.

Chi ha letto tutto quel che ha scritto Del Giudice ha notato che le sue storie finiscono spesso per essere dei dialoghi tra due uomini, che parlano del mondo esterno, tralasciando i loro sentimenti. Nel caso specifico, non c'è un vero e proprio dialogo, perché Bruno è il genere di maestro che non parla.

Il maestro

La figura nel maestro, magari meno dichiarata di quanto accade in *Per l'errore*, accomuna moltissime narrazioni: il maestro è uno che detiene una particolare forma di sapienza, che non consiste tanto nel sapere operare un gesto tecnico alla perfezione (tipo manovrare un aereo), ma piuttosto nel saper capire che l'allievo è pronto a spiccare il volo. Un buon maestro, infine, sa farsi da parte.

Del Giudice un maestro ce l'aveva, e si chiamava Italo Calvino. Calvino seppe osservarlo, farlo crescere, e lasciarlo andare in cielo aperto, dopo che ebbe pubblicato il primo romanzo, *Lo stadio di Wimbledon*. In più Calvino insegnò a Del Giudice che lo scrittore ha una responsabilità, né più né meno che un metereologo: dall'esattezza della comunicazione dipende la felicità del viaggio; in mare si rischia di morire se ci si aspetta una bonaccia che non verrà. Così Del Giudice imparò una lingua esatta, che dichiara solo tempeste e rannuvolamenti certi, e imparò una maniacale precisione. Riguardo a che cosa distingua un allievo pronto da uno che non lo è, il racconto mostra che uno è pronto se ha sotto controllo le cose e, dunque, se sa decifrare gli errori e correggerli. Allora non ha più bisogno di maestri. L'apprendimento è una faccenda complessa: per quanto il maestro sia abile, non può sostituirsi a voi e trasmettervi la propria esperienza, può solo accompagnarvi a correggere da soli l'errore. Qui è un errore fatale, ne va della vita o della morte di due persone. Alla fine il protagonista non ha solo imparato a volare, ha imparato anche come si fa a imparare.

Il tempo è una delle ossessioni di Del Giudice

Qualcuno si è messo a contarc quante volte compariva la parola "tempo" nella raccolta *Staccando l'ombra da terra*: duecento volte.
In effetti, il tempo è una delle ossessioni di Del Giudice. È come se, nella maggior parte delle storie, i suoi uomini stessero cercando qualcosa quando è già troppo tardi. In più, spesso i personaggi sono scienziati, o se non altro tecnici, gente che ha a che fare con la tecnologia. Qui si parla moltissimo di oggetti tecnologici e, a ben pensarci, nel nostro mondo gli oggetti tecnologici sono effimeri, perché hanno una durata limitata e poi si guastano: si chiama *obsolescenza programmata*.
Del Giudice ha scritto sempre di tempo che fugge e di memoria, e poi l'ha persa. La sua mano, tuttavia, è riuscita a compiere un prodigio: ad esempio, trasformare un aeroplano, o un qualsiasi altro oggetto meccanico, elettrico (tecnologico), in un fatto poetico. Come? Solitamente, se gli scrittori vogliono scrivere qualcosa di malinconico e romantico, parlano di libri di carta, amori e penne d'oca, cioè tornano indietro nel tempo; invece Del Giudice, con pazienza, e un'abilità portentosa, guardava da vicino gli aggeggi del futuro. Il segreto, forse, consiste nel rallentarli, nello scomporli: l'aereo, per dire, è qui la somma delle sue componenti (il quadro, le ali, il carrello).

Notate le frasi: sono lunghissime. È un modo di raccontare a cui ci stiamo disabituando poco alla volta – la ragione è la velocità delle nostre vite che non hanno tempo per una simile lentezza –, ma queste frasi sono come carezze sconfinate sul corpo amato e grandissimo della storia, stese per tenerlo insieme tutto.
Che cos'altro? Delicatezza, puntiglio, un elegante inseguimento della realtà per abbracciarla appieno, almeno per un istante, prima che venga il momento di atterrare.

Esercizi

ESPLORARE

01 Questo è il racconto di una prima volta. Quale?

02 A chi somiglia, per via del suo carattere, Bruno?

03 Qual è l'errore commesso dal protagonista al momento del decollo?

04 Che cosa indica la scritta "solista" sui documenti aeronautici? E che cosa pensa il protagonista di questa definizione?

05 Perché Bruno decide di far fare il primo volo da solista al protagonista proprio quel giorno?

SMONTARE

06 Quale di queste tre citazioni è tratta dal racconto di Del Giudice? Sottolinea quella giusta e quindi rispondi: in che persona parla la voce narrante di questo racconto?
a. «È lí, qualunque istinto o dolore o malformazione d'inconscio lo abbiano portato a credere che fosse possibile per lui trovarsi in una situazione simile, è lí con i piedi disperatamente puntati sui freni affinché l'aereo non decida al suo posto e non inizi a rullare da solo».
b. «Sei lí, qualunque istinto o dolore o malformazione d'inconscio ti abbiano portato a credere che fosse possibile per te trovarti in una simile situazione, sei lí coi piedi disperatamente puntati sui freni affinché l'aereo non decida al tuo posto e cominci a rullare da solo».
c. «Sono qui, qualunque istinto o dolore o malformazione d'inconscio mi abbiano portato a credere che fosse possibile per me trovarmi in una simile situazione, sono qui con i piedi disperatamente puntati sui freni affinché l'aereo non decida al mio posto e non inizi a rullare da solo».

07 Il racconto mescola presente e passato. In quale ordine sono narrati i fatti da Del Giudice? In quale ordine sono avvenuti cronologicamente?
a. Il primo atterraggio da solo.
b. Il protagonista è pronto al decollo da solista.
c. «Se la sente di andare su da solo?».
d. Il primo volo con Bruno.

e. Il momento in cui Bruno decide che il protagonista può decollare da solo.
f. Il protagonista decolla da solo.
g. Il secondo volo con Bruno.
h. Il protagonista commette un errore durante il decollo.

08 In questo racconto compaiono dei dialoghi?

09 A un certo punto il protagonista fa una riflessione sulle prime volte: l'autore decide di "staccare" graficamente queste frasi dal testo. Come? E perché, secondo te?

10 Non sappiamo quasi nulla del protagonista. C'è un momento, però, in cui scopriamo un sacco di cose sul suo carattere, sul suo modo di essere. Cercalo e sottolinealo. Qual è la particolarità di questa descrizione?

COSTRUIRE

11 Sai pochissimo del protagonista. Che cosa ti sei immaginato di lui?

....

....

12 Prova a costruire una descrizione come quella di Del Giudice. Scegli un personaggio (può essere anche una persona che conosci, se ti viene più facile!) e racconta chi è in quattro domande che iniziano con: «Ti ha mai visto...?».

....

....

....

....

13 Questo racconto potrebbe intitolarsi anche *Sbagliando si impara*. Che cosa hai imparato tu sbagliando? Rifletti e raccontalo a voce ai compagni.

37

Raymond Carver

Cattedrale

tempo di lettura 23'
vita dell'autore a p. 633

C'era questo cieco, un vecchio amico di mia moglie, che doveva arrivare per passare la notte da noi. Gli era appena morta la moglie. E cosí era andato a trovare i parenti di lei in Connecticut. Aveva chiamato mia moglie da casa loro. Avevano preso accordi. Sarebbe arrivato in treno, un viaggio di cinque ore, e mia moglie sarebbe andata a prenderlo alla stazione. Non l'aveva piú visto da quando aveva lavorato per lui un'estate a Seattle, dieci anni prima. Comunque, lei e il cieco si erano tenuti in contatto. Registravano dei nastri e se li spedivano per posta avanti e indietro. Non è che fossi entusiasta di questa visita. Era un tizio che non conoscevo affatto. E il fatto che fosse cieco mi dava un po' di fastidio. L'idea che avevo della cecità me l'ero fatta al cinema. Nei film i ciechi si muovono lentamente e non ridono mai. A volte sono accompagnati dai cani guida. Insomma, non è che morissi dalla voglia di avere un cieco per casa.

Quell'estate a Seattle lei aveva bisogno di un lavoro. Non aveva un soldo. L'uomo che avrebbe sposato alla fine dell'anno andava alla scuola ufficiali. Non aveva un soldo neanche lui. Ma lei era innamorata di questo tizio e lui era innamorato di lei eccetera eccetera. Insomma, lei aveva visto un annuncio sul giornale, «cercasi lettore per cieco», e un numero di telefono. Aveva chiamato, era andata per un colloquio ed era stata assunta su due piedi. Per tutta l'estate aveva lavorato con questo cieco. Gli leggeva della roba, relazioni, rapporti, cose del genere. Lo aiutava a mandare avanti il suo ufficetto nel dipartimento assistenza sociale della contea. Erano diventati buoni amici, mia moglie e il cieco. Come faccio a sapere queste cose? Me le ha dette lei. E mi ha anche detto un'altra cosa. L'ultimo giorno di lavoro, il cieco le aveva chiesto se poteva toccarle il viso. Lei gli aveva detto di sí. Mi ha raccontato che lui l'aveva sfiorata con le dita dappertutto: il viso, il naso... perfino il collo! Lei non se l'era piú scordato. Aveva addirittura cercato di scriverci su una poesia. Era sempre lí a cercare di scrivere una poesia, lei. Ne scriveva una o due all'anno, di solito subito dopo chc lc cra successo qualcosa di molto importante.

Quando abbiamo cominciato a uscire insieme, me l'ha fatta leggere, quella poesia. Rievocava le dita di lui e il modo in cui s'erano mosse sul suo viso. Nella poesia, parlava delle sensazioni che aveva provato all'epoca, di quello che le passava per la testa mentre il cieco le toccava il naso e le labbra. Ricordo che non mi fece impazzire, quella poesia. Naturalmente non glielo dissi, questo. Sarà che io la poesia non la capisco proprio. Devo ammettere che non è la prima cosa che prendo quando ho voglia di leggere un po'.

A ogni modo, il tizio che per primo aveva goduto dei suoi favori, il futuro ufficiale, era stato il suo fidanzatino dai tempi dell'infanzia. Perciò, va bene. Quel che voglio dire è che, alla fine dell'estate in cui aveva lasciato che il cieco le toccasse il viso, gli ha detto addio, ha sposato il suo fidanzatino dai tempi bla bla, che intanto era diventato ufficiale, e se ne è andata da Seattle. Però si mantennero in contatto, lei e il cieco. Lo cercò lei per prima, piú o meno un anno dopo. Lo chiamò una sera da una base dell'aeronautica in Alabama. Aveva voglia di parlare. Parlarono. Lui le chiese di mandargli un nastro e di raccontargli cosa faceva. Lei lo fece. Gli mandò il nastro. Nel nastro gli raccontava del marito e della loro vita insieme nell'ambiente militare. Gli disse che amava suo marito, ma che non le piaceva per niente dove vivevano e il fatto che lui facesse parte di tutto l'ambaradan dell'industria militare. Disse al cieco che aveva scritto una poesia e che c'era dentro anche lui. Gli disse pure che ne stava scrivendo un'altra per raccontare che cosa voleva dire essere la moglie di un ufficiale dell'aeronautica. Quella poesia non l'aveva ancora finita. La stava ancora scrivendo. Il cieco registrò un nastro di risposta. Glielo mandò. Lei a sua volta ne registrò un altro. Ed è andata avanti cosí per anni. L'ufficiale di mia moglie veniva trasferito da una base all'altra. Lei mandò al cieco nastri dalla base Moody, da McGuire, da McConnell e infine da Travis, vicino a Sacramento, dove una sera lei s'era sentita sola e tagliata fuori dalla gente che continuava a lasciarsi dietro in quella vita vagabonda. Era arrivata al punto che le pareva di non riuscire piú ad andare avanti. Allora aveva inghiottito tutte le pasticche e le capsule che aveva trovato nell'armadietto delle medicine e le aveva annaffiate con una bottiglia di gin. Poi s'era infilata in un bagno caldo e lí era svenuta.

Ma invece di morire si sentí male. Vomitò tutto. Il suo ufficialetto – perché dovrebbe avere un nome? È stato il suo fidanzatino dai tempi dell'infanzia, che altro vuole? – tornò a casa da non so dove, la trovò e chiamò un'ambulanza. Con il tempo, lei raccontò tutta la storia su nastro e la spedí al cieco. Nel corso degli anni, registrò un sacco di cose e spedí nastri a tutta birra. Oltre a scrivere una poesia all'anno, credo fosse il suo principale modo di svagarsi. In uno dei nastri, aveva detto al cieco che aveva deciso di vivere lontano dal suo ufficiale per un certo periodo. In un altro, gli aveva detto del divorzio. Poi io e lei abbiamo cominciato a uscire insieme e, naturalmente, lei ne aveva parlato al cieco. Insomma, gli raccontava tutto, o per lo meno cosí mi pareva. Una volta mi ha perfino chiesto se volevo ascoltare l'ultimo nastro che le aveva mandato il cieco. È stato un anno fa. Ha detto che c'ero anch'io, sul nastro. E cosí le ho detto va bene, sentiamo. Ho preparato da bere e ci siamo accomodati in soggiorno. Eravamo pronti ad ascoltarlo. Prima di tutto lei ha messo il nastro nel registratore e ha regolato un paio di manopole. Poi ha premuto un pulsante. Il nastro ha fischiato un po' e poi qualcuno ha cominciato a parlare a voce molto alta. Lei ha abbassato il volume. Dopo qualche secondo di chiacchiere, ho sentito il mio nome sulla bocca di questo estraneo, un cieco che non conoscevo neanche! E poi ha detto: «Da tutto quello che mi hai detto di lui, posso solo concludere...» Ma a quel punto siamo stati interrotti. Qualcuno ha bussato alla porta o che so io, fatto sta che non siamo piú tornati ad ascoltarlo, quel nastro. Magari è stato meglio cosí. Avevo già sentito tutto quello che volevo sentire.

E adesso questo stesso cieco veniva a dormire a casa mia.

– Magari lo posso portare al bowling, – ho detto a mia moglie. Era al lavello che pelava le patate per lo sformato.

Ha messo giú il coltello e si è girata verso di me.

– Senti, se mi ami, – ha detto, – mi puoi fare questo favore. Se poi non mi ami, pazienza. Ma se tu avessi un amico, qualsiasi amico, e il tuo amico venisse a casa nostra, mi sforzerei di farlo sentire a suo agio –. Si è asciugata le mani su uno strofinaccio.

– Io non ho nessun amico cieco, – le ho detto.

– Tu non hai nessun amico, – ha detto lei. – Punto.

E poi, – ha aggiunto, – accidenti, gli è appena morta la moglie! Possibile che non capisci? Quel poveraccio ha appena perso la moglie!

Non le ho risposto. E cosí lei si è messa a raccontarmi un po' della moglie del cieco. Si chiamava Beulah. Beulah! È un nomc da donna di colore.

– Allora la moglie era negra? – le ho chiesto.

– Ma sei matto? – ha detto mia moglie. – Ti ha dato di volta il cervello o che? – Ha preso un'altra patata. L'ho vista cadere per terra e rotolare sotto il fornello. – Si può sapere che ti piglia? – ha detto lei. – Sei ubriaco?

– Stavo solo chiedendo, – ho detto io.

E allora mia moglie si è messa a raccontarmi tutto fornendo piú particolari di quanti ne volessi sapere. Mi sono preparato da bere e mi sono seduto ad ascoltarla. Pezzo dopo pezzo, la storia cominciava a filare.

A quanto pare Beulah si era messa a lavorare per il cieco l'estate dopo che mia moglie aveva smesso di lavorare per lui. Ben presto Beulah e il cieco si sono ritrovati all'altare. Una piccola cerimonia – ma chi ci andrebbe a un matrimonio del genere? – solo loro due, il pastore e la moglie del pastore. Però si sono sposati in chiesa lo stesso. Era stato un desiderio di Beulah, aveva detto lui. Ma già all'epoca Beulah doveva portarsi dentro il cancro alle ghiandole. Dopo essere stati inseparabili per otto anni – cosí ha detto mia moglie, inseparabili – la salute di Beulah aveva cominciato rapidamente a peggiorare. Era morta in una stanza d'ospedale a Seattle, con il cieco seduto al suo capezzale che le teneva la mano. Si erano sposati, avevano vissuto e lavorato insieme, dormito insieme – e pure scopato, certo – e poi il cieco l'ha dovuta seppellire. Tutto questo senza che lui potesse mai vedere nemmeno che faccia aveva quell'accidenti di donna. Proprio non ci arrivavo a capire una cosa del genere. A sentire questa storia, mi è dispiaciuto un po' per il cieco, devo dire. E poi mi sono ritrovato a riflettere sulla vita disgraziata che quella poveraccia doveva aver avuto. Immaginate un po' una donna che non può mai riconoscersi negli occhi dell'uomo che ama. Una donna che deve vivere giorno dopo giorno senza mai ricevere il benché minimo complimento dall'uomo che ama. Una donna il cui marito non sarebbe mai riuscito a leggere un'espressione sul suo volto, fosse di sofferenza o di gioia. Una che poteva truccarsi oppure no, tanto che differenza faceva per lui? Se voleva, poteva mettersi l'ombretto verde solo su un occhio, infilarsi uno spillone nel naso, indossare pantaloni gialli e scarpe viola, tanto non importava. E poi scivolare verso la morte, con la mano stretta in quella del cieco, gli occhi opachi di lui pieni di lacrime – me lo sto immaginando – e magari il suo ultimo pensiero era stato proprio questo: che il cieco non aveva mai saputo neanche che aspetto avesse e ormai lei era su un treno che la stava portando dritta alla tomba. A Robert erano rimasti solo i soldi di una modesta assicurazione e mezza moneta da venti pesos messicani. L'altra metà era finita nella bara insieme a lei. Che storia patetica.

Insomma, quando è arrivato il momento, mia moglie è andata a prenderlo giú alla stazione. Rimasto lí senza niente da fare – certo, davo la colpa a lui anche di quello –, mi stavo bevendo un goccetto davanti alla televisione quando ho sentito la macchina imboccare il vialetto. Mi sono alzato dal divano e con il bicchiere ancora in mano sono andato alla finestra a guardare fuori.

Ho visto mia moglie ridere mentre parcheggiava. L'ho vista scendere dalla macchina e chiudere lo sportello. Sorrideva ancora. Incredibile. Ha girato intorno al cofano per andare dall'altra parte, dove il cieco stava già uscendo dalla macchina. Ora, questo cieco, immaginate un po', aveva un gran barbone! Un cieco con la barba! Un po' troppo, secondo me. Il cieco ha allungato la mano sul sedile di dietro e ha tirato fuori una valigia. Mia moglie l'ha preso per un braccio, ha chiuso lo sportello e, senza smettere un attimo di chiacchierare, l'ha guidato lungo il vialetto e poi su per i gradini della veranda. Ho spento la televisione. Mi sono scolato il mio bicchiere, l'ho sciacquato e mi sono asciugato le mani. Poi sono andato alla porta.

Mia moglie ha detto: – Ti voglio presentare Robert. Robert, lui è mio marito. Sai già tutto di lui –. Era raggiante. Teneva il cieco per la manica della giacca.

Il cieco molla la valigia ed ecco che arriva la mano.

Gliel'ho presa. Me l'ha stretta forte e a lungo, poi l'ha lasciata andare.

– Ho come la sensazione di conoscerti già, – ha detto con voce roboante.

– Idem, – ho detto. Non sapevo che altro dire. Poi ho aggiunto: – Benvenuto. Ho sentito molto parlare di te –.

Ci siamo spostati, tutti insieme, dalla veranda al soggiorno, con mia moglie che lo guidava per il braccio. Il cieco portava la valigia con l'altra mano. Mia moglie diceva cose tipo: – Qui a sinistra, Robert. Sí, cosí. Adesso attento, c'è una sedia. Ecco. Siediti qua. È il divano. L'abbiamo comprato giusto due settimane fa.

Stavo per cominciare a dire qualcosa a proposito del vecchio divano. C'ero affezionato, a quel vecchio divano. Ma non ho detto niente. Poi volevo dirgli qualcos'altro, cosí, tanto per fare due chiacchiere, sul panorama che si vede risalendo la valle dell'Hudson. Sul fatto che, andando a New York, bisognerebbe sedersi sul lato destro del treno, mentre venendo da New York sul sinistro.

– Hai fatto buon viaggio? – gli ho chiesto. – A proposito, da che lato del treno eri seduto?

– Che razza di domanda? Da che lato! – è intervenuta mia moglie. – Che importa da che lato ci si siede?

– Facevo solo una domanda, – ho detto.

– Sul destro, – ha risposto il cieco. – Erano quasi quarant'anni che non salivo piú su un treno. Da quando ero piccolo. Con i miei. Ne è passato di tempo. Avevo quasi dimenticato che cosa si prova. Ormai l'inverno è arrivato anche sulla mia barba, – ha detto. – Perlomeno, cosí mi dicono. Ti pare che abbia un aspetto distinto, mia cara? – ha chiesto il cieco a mia moglie.

– Hai un aspetto molto distinto, Robert, – ha detto lei. – Robert, – ha ripetuto. – Robert, sono proprio contenta di rivederti.

Finalmente mia moglie è riuscita a staccare gli occhi di dosso al cieco, e mi ha guardato. Ho avuto l'impressione che non le piacesse quello che vedeva. Ho alzato le spalle.

Non avevo mai incontrato o conosciuto personalmente una persona cieca. Questo cieco qui aveva quasi cinquant'anni ed era un uomo massiccio, un po' stempiato, con le spalle curve, come se portasse un grande fardello. Indossava pantaloni marroni, scarpe marroni, una camicia marroncina, la cravatta e una giacca sportiva. Molto chic. E poi aveva questo barbone. Però non aveva né il bastone né gli occhiali scuri. Ero convinto che gli occhiali scuri fossero tutt'uno con i ciechi. E il fatto è che mi sarebbe piaciuto che li portasse. A prima vista, i suoi occhi sembravano normali. Ma, se si faceva piú attenzione, avevano qualcosa di diverso. Tanto per cominciare c'era troppo bianco intorno all'iride, e poi le pupille sembravano muoversi nelle orbite senza che lui se ne rendesse conto o fosse in grado di fermarle. Faceva venire la pelle d'oca. Mentre lo guardavo fisso in faccia, ho visto la pupilla sinistra girarsi verso il naso, mentre l'altra si sforzava di rimanere ferma in un posto. Ma era solo un tentativo, perché anche quell'occhio s'è messo a vagare senza che lui lo sapesse, o che lo volesse.

Gli ho detto: – Ti prendo da bere. Cosa ti va? Abbiamo un po' di tutto. È uno dei nostri passatempi preferiti.

– Amico, io sono un tifoso dello scotch, – ha risposto subito con quel suo vocione.

– Ottimo, – ho detto io. Amico! – Si vede subito. Ci avrei scommesso.

Con le dita sfiorò la valigia che aveva messo accanto al divano. Stava cercando di orientarsi. Non gliene facevo certo una colpa.

– Te la porto di sopra, in camera tua, – gli ha detto mia moglie.

– No, va bene, – ha detto il cieco sempre a voce alta. – Può andare di sopra quando ci vado io.

– Un po' d'acqua nello scotch? – gli ho chiesto.

– Giusto una goccia, – ha risposto lui.

– Ci avrei scommesso, – ho detto io.

Ha aggiunto: – Appena uno schizzo. Hai presente quell'attore irlandese, Barry Fitzgerald? Be', la penso come lui. Quando bevo acqua, diceva Fitzgerald, bevo acqua. Quando bevo whiskey, bevo whiskey –. Mia moglie si è messa a ridere. Il cieco si è portato una mano sotto la barba. L'ha sollevata piano piano e poi l'ha fatta ricadere.

Ho preparato da bere, tre bei bicchieroni di scotch con appena uno schizzo d'acqua dentro. Poi ci siamo messi comodi e abbiamo cominciato a parlare dei viaggi di Robert. Prima il lungo volo dalla costa occidentale al Connecticut, la cronaca completa. Poi il viaggio fin qui con il treno. Quel tratto ha richiesto un altro bicchiere.

Ricordavo di aver letto da qualche parte che i ciechi non fumano perché, secondo quella teoria, non vedono il fumo che esalano. Sapevo questa cosa sui ciechi e, anzi, era l'unica cosa che sapevo di loro. Ma questo cieco qui fumava le sigarette fino al filtro e poi se ne accendeva subito un'altra.

Insomma, lui lí a riempire il posacenere e mia moglie a svuotarlo.

Quando ci siamo seduti a tavola per cena, ci siamo fatti il terzo bicchiere. Mia moglie ha riempito il piatto di Robert con filetto, sformato di patate e fagiolini. Io gli ho imburrato due fette di pane e gli ho detto: – Ecco qua un po' di pane e burro –. Ho mandato giú un sorso dal mio bicchiere. – E adesso preghiamo, – ho detto poi, e il cieco ha subito abbassato la testa. Mia moglie mi ha guardato a bocca aperta. – Preghiamo che il telefono non squilli e che il cibo non si freddi, – ho detto.

Ci abbiamo dato dentro. Abbiamo mangiato tutto il mangiabile finché non è rimasto piú niente in tavola. Abbiamo mangiato come se il sole non dovesse piú sorgere. Senza dire una parola. Abbiamo mangiato e basta. Anzi, ci siamo abbuffati. Abbiamo spolverato la tavola. Una mangiata seria. Il cieco ha localizzato subito le pietanze, sapeva benissimo dov'era ogni cosa che aveva nel piatto. L'osservavo ammirato tagliare la carne con il coltello tenendola ferma con la forchetta. Tagliava due pezzetti di carne, se li infilava in bocca e poi andava a caccia delle patate, poi dei fagiolini, quindi staccava un pezzetto di pane imburrato e mangiava pure quello. Alla fine, si beveva un bel sorso di latte. E non si faceva particolari problemi a usare le dita, di tanto in tanto.

Abbiamo finito tutto, compresa mezza torta alle fragole. Per qualche secondo siamo rimasti lí, come fulminati. Avevamo la faccia imperlata di sudore. Alla fine ci siamo alzati lasciando i piatti sporchi sul tavolo. Non ci siamo neanche girati a guardarli. Ci siamo trasferiti in soggiorno e siamo risprofondati nei nostri posti. Robert e mia moglie sedevano sul divano e io nella poltrona grande. Ci siamo fatti altri due o tre bicchieri di scotch mentre loro parlavano delle cose principali che gli erano capitate negli ultimi dieci anni. Perlopiú, io stavo solo a sentire. Ogni tanto dicevo qualcosa. Non volevo che lui pensasse che ero uscito dalla stanza o che lei credesse che mi sentivo tagliato fuori. Parlavano di cose che erano successe a loro – a loro! – negli ultimi dieci anni. Ho aspettato invano di sentire il mio nome pronunciato dalle dolci labbra di mia moglie: «E poi è entrato in scena il mio caro marito...» o qualcosa del genere. Ma niente da fare. Si è parlato sempre di Robert. A quanto pare, Robert aveva fatto di tutto un po', un vero e proprio tuttofare cieco. Ma negli ultimi tempi lui e la moglie si erano messi a distribuire prodotti della Amway e, da quello che ho capito, riuscivano a ricavare di che vivere, bene o male. Il cieco era anche un provetto radioamatore. Con il suo vocione ci ha raccontato delle conversazioni che aveva avuto con i colleghi radioamatori a Guam, nelle Filippine, in Alaska e perfino a Tahiti. Diceva che avrebbe avuto un sacco di amici in quei posti, se mai fosse riuscito a visitarli. Di tanto in tanto, voltava lo sguardo cieco verso di me; si metteva la mano sotto la barba e mi chiedeva qualcosa. Da quanto tempo lavoravo nel mio impiego attuale? (Tre anni.) Mi piaceva il mio lavoro? (Neanche un po'.) Avrei continuato a farlo? (Che scelta avevo?) Alla fine, quando mi parve che gli si stessero per esaurire le batterie, mi sono alzato e ho acceso la televisione.

Mia moglie mi ha dato un'occhiataccia. Stava per entrare in ebollizione. Poi ha guardato il cieco e gli ha chiesto:

– Di' un po', Robert, ma tu ce l'hai il televisore?

Il cieco le ha risposto: – Mia cara, ne ho due di televisori. Uno a colori e un pezzo d'antiquariato in bianco e nero. È buffo, ma se l'accendo, e l'accendo spesso, accendo sempre quello a colori. Non ti sembra buffo?

Non sapevo che dire in proposito. Assolutamente niente. Nessuna opinione. E cosí mi sono messo a guardare il telegiornale e ho provato ad ascoltare quello che diceva l'annunciatore.

– Questo televisore qui è a colori, – ha detto il cieco. – Non chiedetemi come faccio, ma riesco a capire la differenza.

– Sí, l'abbiamo cambiato da poco, – ho detto io.

Il cieco ha preso un altro sorso del suo scotch. Ha tirato su la barba, l'ha annusata e poi l'ha lasciata *ricadere*. Si è chinato in avanti sul divano. Ha sistemato il posacenere davanti a sé sul tavolinetto, poi s'è acceso la sigaretta. Si è riappoggiato allo schienale e ha incrociato le caviglie.

Mia moglie si è coperta la bocca e ha sbadigliato. Si è stirata un po'. Ha detto: – Mi sa che vado di sopra a mettermi in vestaglia. Mi sa che mi cambio adesso. Robert, tu mettiti pure a tuo agio.

– Sono a mio agio, – ha detto il cieco.

– Voglio che ti senti a tuo agio in questa casa, – ha detto lei.

– Sono a mio agio, – ha ripetuto il cieco.

Dopo che lei è uscita, io e lui abbiamo sentito le previsioni del tempo e poi il riepilogo delle notizie sportive. A quel punto se n'era andata da tanto di quel tempo che non ero mica sicuro che sarebbe tornata. Ho pensato che se ne fosse andata a letto, ormai. Volevo tanto che riscendesse. Non volevo essere lasciato da solo con il cieco. Gli ho chiesto se voleva un altro goccio e lui ha detto: – Come no? – Poi gli ho chiesto se voleva farsi uno spinello insieme a me. L'ho informato che ne avevo appena rollato uno. Non era vero, ma avevo in mente di farlo in men che non si dica.

– Lo provo insieme a te, – ha detto lui.

– Giusto, accidenti! – ho esclamato io. – Cosí si fa.

Ho preparato lo scotch e mi sono seduto sul divano accanto a lui. Poi ho rollato due bei cannoni. Ne ho acceso uno e glicl'ho passato, mettendoglielo tra le dita. Lui l'ha preso e ha aspirato.

– Tienilo dentro finché puoi, – gli ho detto. Avevo capito che non se ne intendeva per niente.

Mia moglie è tornata di sotto con la sua vestaglia rosa e le pantofole rosa.

– Che cos'è questo odore? – ha detto.

– Abbiamo pensato di farci un po' di marijuana, – le ho detto.

Mia moglie mi ha lanciato un'occhiata furibonda. Poi ha guardato il cieco e gli ha detto: – Robert, non sapevo che fumassi.

Lui le ha risposto: – Be', adesso lo sto facendo, mia cara. C'è una prima volta per tutto. Ma ancora non sento niente.

– È roba piuttosto leggera, – ho detto io. – Roba tenera. Erba con cui si ragiona, – ho aggiunto. – Non è che ti sconvolge troppo.

– No, non troppo, davvero, amico, – ha detto e si è messo a ridere.

Mia moglie si è seduta sul divano tra me e il cieco. Le ho passato lo spinello. Lei lo ha preso e gli ha dato una tirata, poi me l'ha ripassato. – Da che parte gira? – ha chiesto. Poi ha detto: – Non dovrei fumarlo. Già non riesco a tenere gli occhi aperti. Quella cena mi ha steso. Non avrei dovuto mangiare tanto.

– Tutta colpa della torta alle fragole, – ha detto il cieco. – È stata senz'altro quella –. È scoppiato in una delle sue risate sonore. Poi ha scosso la testa.

– Ce n'è ancora di torta alle fragole, – ho detto io.

– Ne vuoi ancora un po', Robert? – gli ha chiesto mia moglie.

– Magari piú tardi, – ha risposto lui.

Abbiamo rivolto la nostra attenzione alla televisione. Mia moglie ha sbadigliato di nuovo. Poi ha detto: – Il letto è pronto, quando vuoi andare a letto, Robert. So che devi aver avuto una giornata faticosa. Appena sei pronto per andare a letto, non hai che da dirlo –. Gli ha dato uno strattone. – Robert?

Lui si è riscosso e ha detto: – Mi sono divertito un sacco, davvero. Altro che nastri, eh?

Gli ho detto: – È in arrivo, – e gli ho infilato lo spinello tra le dita. Lui ha inalato, ha trattenuto il fumo e poi l'ha lasciato andare. Adesso era come se l'avesse sempre fatto da quando aveva nove anni.

– Grazie, amico, – ha detto. – Ma mi sa che adesso mi fermo. Mi sa che comincio a sentirlo –. Ha passato il mozzicone fumante a mia moglie.

– Idem come sopra, – ha detto lei. – Mi fermo anch'io –.

Ha preso il mozzicone e me l'ha passato. – Magari me ne sto seduta un altro po' qui tra voi, ragazzi, e chiudo gli occhi. Ma fate come se io non ci fossi, d'accordo? Se dà fastidio a uno di voi, basta che me lo dite. Altrimenti, magari me ne sto seduta qui buona buona con gli occhi chiusi finché non siete pronti per andare a letto, – ha detto. – Il tuo letto è pronto, Robert. Quando vuoi. È proprio accanto alla nostra camera, in cima alle scale. Appena sei pronto, ti accompagniamo di sopra. Sentite, ragazzi, se mi dovessi addormentare, svegliatemi –. Appena detto cosí, ha chiuso gli occhi e si è addormentata.

Alla fine del telegiornale mi sono alzato e ho cambiato canale. Poi mi sono riseduto sul divano. Avrei voluto che mia moglie non fosse crollata in quel modo. Aveva la testa appoggiata allo schienale del divano, la bocca aperta. Si era girata e la vestaglia le si era aperta sulle gambe, lasciando scoperta una coscia succulenta. Ho allungato un braccio per richiudergliela ed è stato a quel punto che ho dato un'occhiata al cieco. Al diavolo! Con un colpetto, le ho riaperto la vestaglia.

– Appena ti va ancora un po' di torta alle fragole, non hai che da dirmelo, – gli ho detto.

– Certo.

Poi gli ho chiesto: – Sei stanco? Vuoi che ti porti di sopra, a letto? Sei pronto per metterti a nanna?

– Ancora no, – ha risposto. – No, starò alzato con te ancora un po', amico. Se non ti dispiace. Starò su finché non sei pronto per ritirarti. Non abbiamo avuto la possibilità di fare due chiacchiere. Capisci che cosa voglio dire? Mi è parso che io e lei abbiamo un po' monopolizzato la serata –. Ha sollevato di nuovo la barba e l'ha lasciata ricadere. Ha preso il pacchetto di sigarette e l'accendino.

– Non ti preoccupare, – l'ho rassicurato. Poi ho detto: – Anzi, mi fa piacere un po' di compagnia.

E mi sa che era vero. Tutte le sere mi fumavo uno spinello e rimanevo alzato finché non crollavo. Ormai io e mia moglie ce ne andavamo a letto alla stessa ora molto di rado. Quando poi mi addormentavo, facevo un sacco di sogni. A volte mi svegliavo nel bel mezzo di uno di questi sogni, con il cuore che correva all'impazzata.

In televisione c'era un documentario sulla Chiesa e il Medioevo. Non era certo il solito programma televisivo. Volevo guardare qualcos'altro. Ho fatto un giro dei canali. Ma anche sugli altri non c'era niente d'interessante. Cosí ho rimesso sul primo canale e mi sono scusato con lui.

– Non c'è problema, amico, – ha detto il cieco. – Per me va bene qualsiasi cosa. Quello che vuoi vedere tu, a me sta bene. Imparo sempre qualcosa. Non si finisce mai d'imparare. Non mi farà certo male imparare qualcosa anche stasera. Le orecchie mi funzionano, – ha detto.

Se n'è rimasto zitto per un po'. Era curvo in avanti, con la testa rivolta dalla mia parte e l'orecchio destro puntato verso l'apparecchio. Molto sconcertante. Di tanto in tanto le palpebre gli calavano sugli occhi, ma poi si riaprivano di scatto. Di tanto in tanto s'infilava le dita nella barba e gli dava una tiratina, come se stesse riflettendo su qualcosa che aveva sentito alla televisione.

Sullo schermo, un gruppo di uomini incappucciati era attaccato e tormentato da altri vestiti da scheletri o in costume da diavolo. I diavoli portavano maschere diaboliche, corna e lunghe code. Questa scena faceva parte di una processione. Il commentatore aveva un accento inglese e diceva che la processione si svolgeva in Spagna una volta all'anno. Ho cercato di spiegare al cieco quello che succedeva.

– Scheletri, – ha detto lui. – Li conosco gli scheletri, – ha detto, annuendo.

La televisione ha fatto vedere questa cattedrale. Poi c'è stata una lunga, lenta carrellata su un'altra cattedrale. Alla fine sul video è apparsa quella famosissima di Parigi, con gli archi rampanti e le guglie che puntano alle nuvole. La telecamera è arretrata per mostrare l'intera cattedrale che si stagliava all'orizzonte.

In certi momenti il commentatore inglese restava in silenzio e si limitava a lasciare che la telecamera inquadrasse varie parti della cattedrale. Oppure l'obiettivo vagava per paesaggi rurali, con uomini nei campi che camminavano dietro ai buoi. Finché ho potuto, sono rimasto in silenzio anch'io. Poi mi sono sentito in dovere di parlare. Ho detto: – Adesso stanno facendo vedere l'esterno di una cattedrale. I doccioni, statuette scolpite a forma di mostri. Adesso mi sa che sono in Italia. Sí, sono proprio in Italia. Le pareti di questa chiesa sono tutte dipinte.

– Per caso sono affreschi, amico? – ha chiesto lui, sorseggiando dal suo bicchiere.

Ho allungato la mano per prendere il mio. Ma era vuoto. Ho cercato di ricordarmi tutto quello che potevo ricordare. – Mi stai chiedendo se sono affreschi? – ho detto. – Bella domanda. Non lo so mica.

Le riprese sono passate a mostrare una cattedrale nei pressi di Lisbona. Le differenze tra la cattedrale portoghese rispetto a quelle francesi o italiane non erano poi cosí marcate. Eppure c'erano. Riguardavano per lo piú l'interno. Poi m'è venuta in mente una cosa e ho detto: – M'è appena venuta in mente una cosa. Ma tu ce l'hai un'idea di che cos'è una cattedrale? Cioè, di che aspetto ha? Capisci? Se qualcuno ti dice «cattedrale», hai un'idea di che cosa sta parlando? Per esempio, la sai la differenza che passa tra quella e una chiesa battista?

Lui ha lasciato uscire pian piano del fumo dalla bocca.

– So che ci sono voluti centinaia di uomini e cinquanta o cent'anni per costruirle, – ha detto. – L'ho appena sentito dire da quel tizio, naturalmente. So che intere generazioni di una stessa famiglia, a volte, hanno lavorato alla stessa cattedrale. Anche questo l'ho sentito dire da lui. Quelli che hanno impiegato tutta una vita di lavoro per cominciarle, non hanno mai visto l'opera finita. Da quel punto di vista, amico, non è che siano molto diversi da tutti noialtri, giusto? – Si è messo a ridere. Poi le palpebre gli sono calate giú di nuovo. La testa gli ciondolava un po'. Pareva sonnecchiare. Magari stava immaginando di essere in Portogallo. In televisione adesso stavano facendo vedere un'altra cattedrale. In Germania, questa volta. La voce dell'inglese continuava a commentare, monotona. – Cattedrali, – ha detto il cieco. Si è tirato su a sedere e ha cominciato a dondolare la testa avanti e indietro. – Se vuoi sapere la verità, amico, questo è su per giú tutto quel che so. Quello che ho appena detto. Quello che ho sentito dire da quel tizio. Ma magari me ne puoi descrivere una tu, eh? Vorrei tanto che lo facessi. Mi piacerebbe un sacco. Se proprio vuoi saperlo, un'idea precisa non ce l'ho mica.

Io mi sono concentrato sull'inquadratura della cattedrale sullo schermo. Come si fa a descriverla, anche a grandi linee? Ma supponiamo che ne vada della mia vita. Mettiamo che un pazzo mi minacci, dicendo che devo farlo, altrimenti...

Ho fissato ancora un po' la cattedrale prima che l'inquadratura passasse di nuovo al paesaggio circostante. Ma era inutile. Mi sono rivolto al cieco e gli ho detto: – Tanto per cominciare, sono altissime –. Mi sono guardato intorno nella stanza in cerca d'aiuto. – Svettano nel cielo. Sempre piú su. Puntate dritte al cielo. Alcune sono cosí grandi che devono avere questa specie di puntelli. Per sostenerle in aria, per cosí dire. Questi puntelli si chiamano archi rampanti. Per qualche motivo, mi fanno venire in mente dei viadotti. Ma magari tu non sai nemmeno che cosa sono i viadotti, eh? A volte le cattedrali hanno diavoli e roba del genere scolpiti all'esterno sulla facciata. Altre volte, dame e cavalieri. Non mi chiedere come mai, – ho detto.

Lui annuiva. Tutta la parte superiore del suo corpo sembrava oscillare avanti e indietro.

– Non me la sto cavando tanto bene, vero? – gli ho chiesto.

Lui ha smesso di annuire e si è chinato in avanti, sul bordo del divano. Mentre mi ascoltava, continuava a passarsi le dita in mezzo alla barba. Mi rendevo conto che non gli stavo spiegando tanto bene. Però voleva che andassi avanti lo stesso. Annuiva, come se cercasse di incoraggiarmi. Mi sono sforzato di pensare a cos'altro dire. – Sono davvero grandi, – ho aggiunto. – Massicce. Sono fatte di pietra. A volte di marmo. Ai vecchi tempi, quando costruivano le cattedrali, gli uomini volevano essere vicini a Dio. Ai vecchi tempi, Dio era una parte importante della vita di ognuno. Lo si capisce da tutte le cattedrali che costruivano. Scusa, – gli ho detto poi, – ma mi sa tanto che questo è il massimo che posso fare per te. È che non sono proprio capace.

– Non ti preoccupare, amico, – ha detto il cieco. – Ehi, sta' a sentire. Spero che non ti dispiaccia quello che sto per chiederti. Posso chiederti una cosa? È una domanda semplice, sí o no. Sono solo curioso, senza offesa. Sono ospite a casa tua. Ma permettimi di chiederti questo:

sei in qualche modo religioso? Ti dispiace se te lo chiedo?

Ho scrollato la testa. Ma lui non poteva mica vederlo. Se annuisci o gli fai l'occhietto, per un cieco è la stessa identica cosa. – Mi sa tanto che non ci credo. In niente. A volte è dura, sai. Capisci cosa voglio dire?

– Certo, – ha detto lui.

– Ecco, – ho detto io.

L'inglese proseguiva imperterrito. Mia moglie ha sospirato nel sonno. Ha tirato un lungo respiro e ha continuato a dormire.

– Mi dovrai scusare, – gli ho detto. – Ma non ci riesco proprio a spiegarti com'è fatta una cattedrale. Non sono proprio capace. Non so fare meglio di cosí.

Il cieco è rimasto seduto immobile ad ascoltarmi, a capo chino.

Ho detto: – Il fatto è che le cattedrali non significano niente di speciale per me. Niente. Le cattedrali. Sono solo una cosa da vedere in televisione la sera tardi. Tutto lí.

È stato a quel punto che il cieco si è schiarito la gola. Gli è venuto su qualcosa. Ha tirato fuori un fazzoletto dalla tasca posteriore. Poi ha detto: – Ho capito, amico. Non è un problema. Capita. Non stare a preoccupartene troppo, – ha aggiunto. – Ehi, sta' a sentire. Me lo fai un favore? Mi è venuta un'idea. Perché non ti procuri un pezzo di cartoncino? E una penna. Proviamo a fare una cosa. Ne disegniamo una insieme. Prendi una penna e un pezzo di cartoncino. Coraggio, amico, trovali e portali qua, – ha detto.

E cosí sono salito di sopra. Mi pareva di non avere piú un briciolo di forza nelle gambe. Me le sentivo come dopo aver fatto una corsa. Ho rovistato un po' nello studio di mia moglie. Ho trovato delle penne a sfera in un contenitore sulla scrivania. E poi mi sono sforzato di pensare a dove potevo trovare il tipo di carta che mi aveva chiesto.

Sono sceso in cucina e ho trovato un sacchetto di carta del supermercato che aveva ancora delle bucce di cipolla in fondo. L'ho svuotato scuotendolo per bene. L'ho portato di là in soggiorno e mi sono seduto per terra vicino alle gambe del cieco. Ho spostato un po' di roba, ho lisciato il sacchetto e l'ho steso sul tavolino.

Il cieco si è alzato dal divano e si è seduto accanto a me sulla moquette.

Ha passato le dita sul sacchetto. Ne ha sfiorato i margini, su e giú. I bordi, perfino i bordi. Ha tastato per bene gli angoli.

– Perfetto, – ha detto. – Perfetto, facciamola.

Ha trovato la mia mano, quella con la penna. Ha chiuso la sua mano sulla mia. – Coraggio, amico, disegna, – ha detto. – Disegna. Vedrai. Io ti vengo dietro. Andrà tutto bene. Fa' come ti dico, comincia subito. Vedrai. Disegna, – ha detto il cieco.

E cosí ho cominciato. Prima ho disegnato una specie di scatola che pareva una casa. Poteva essere la casa in cui abitavo. Poi ci ho messo sopra un tetto. Alle due estremità del tetto, ho disegnato delle guglie. Roba da matti.

– Benone, – ha detto lui. – Magnifico. Vai benissimo, – ha detto. – Non avevi mai pensato che una cosa del genere ti potesse succedere, eh, amico? Be', la vita è strana, sai. Lo sappiamo tutti. Continua pure. Non smettere.

Ci ho messo dentro finestre con gli archi. Ho disegnato archi rampanti. Grandi portali. Non riuscivo a smettere. I programmi della televisione erano finiti. Ho posato la penna e ho aperto e chiuso le dita. Il cieco continuava a tastare la carta. La sfiorava con la punta delle dita, passando sopra a tutto quello che avevo disegnato, e annuiva.

– Vai forte, – ha detto infine.

Ho ripreso la penna e lui ha trovato di nuovo la mia mano. Ho continuato ad aggiungere particolari. Non sono certo un artista. Ma ho continuato a disegnare lo stesso.

Mia moglie ha aperto gli occhi e ci ha fissato. Si è drizzata a sedere sul divano, con la vestaglia spalancata. Ha detto: – Che cosa state facendo? Ditemelo, voglio sapere.

Non le ho risposto.

Il cieco ha detto: – Stiamo disegnando una cattedrale. Ci stiamo lavorando insieme, io e lui. Premi piú forte, – ha detto, rivolto a me. – Sí, cosí. Cosí va bene, – ha aggiunto. – Certo. Ce l'hai fatta, amico. Si capisce bene, adesso. Non credevi di farcela, eh? Ma ce l'hai fatta, ti rendi conto? Adesso sí che vai forte. Capisci cosa voglio dire? Tra un attimo qui avremo un vero capolavoro. Come va il braccio? – ha chiesto. – Ora mettici un po' di gente. Che cattedrale è senza la gente?

Mia moglie ha chiesto: – Ma che succede? Robert, che cosa stai facendo? Si può sapere che succede?

– Tutto a posto, – le ha detto lui. – E adesso chiudi gli occhi, – ha aggiunto, rivolto a me.

L'ho fatto. Li ho chiusi proprio come ha detto lui.

– Li hai chiusi? – ha chiesto. – Non imbrogliare.

– Li ho chiusi, – ho risposto io.

– Tienili cosí, – ha detto. Poi ha aggiunto: – Adesso non fermarti. Continua a disegnare.

E cosí abbiamo continuato. Le sue dita guidavano le mie mentre la mano passava su tutta la carta. Era una sensazione che non avevo mai provato prima in vita mia.

Poi lui ha detto: – Mi sa che ci siamo. Mi sa che ce l'hai fatta, – ha detto. – Da' un po' un'occhiata. Che te ne pare?

Ma io ho continuato a tenere gli occhi chiusi. Volevo tenerli chiusi ancora un po'. Mi pareva una cosa che dovevo fare.

– Allora? – ha chiesto. – La stai guardando?

Tenevo gli occhi ancora chiusi. Ero a casa mia. Lo sapevo. Ma avevo la sensazione di non stare dentro a niente.

– È proprio fantastica, – ho detto.

da **Raymond Carver, *Cattedrale***, Torino, Einaudi, 2014.
Traduzione dall'inglese di Riccardo Duranti.

Commento

Avete appena incontrato Raymond Carver

Prima o poi sarebbe dovuto capitare, perché Carver è una voce inconfondibile della *short story* americana, amato e imitato (a volte con scarsi risultati). Aveva un caratteraccio, molta depressione e alcool in corpo, e si era trovato troppo presto con una fede al dito e due figli a carico, ma questo non gli impedì – sua moglie d'altra parte lo costrinse – di iscriversi a un corso di *creative writing* per corrispondenza, di conoscere il maestro scrittore John Gardner, e di fare la fortuna delle scuole di scrittura creativa a venire, grazie al successo che un giorno avrebbe avuto.

Proveniva da una famiglia umile, lavorava in una segheria, la sua vita era un gomitolo di problemi, e perciò partiva dall'idea che non fosse possibile raggiungere nulla senza la fatica di tirarsi fuori da un pantano, di qualunque pantano si trattasse.
Anche scrivere era per lui un travaglio, oltre che una delle rarissime ragioni di soddisfazione e di gioia dell'esistenza. In più, credeva fermamente che il massimo che possa fare uno scrittore sia andare dritto al punto, descrivere la vita così com'è, essere semplice. Ottenere la semplicità, avrebbe aggiunto, è maledettamente difficile.

Cattedrale

La raccolta omonima (1983) da cui proviene *Cattedrale* si discosta un po' dalla produzione precedente, così quando Carver la mandò al suo *editor* (la persona che aveva il compito di rileggere i testi e di consigliarlo), il celebre Gordon Lish, si sentì in dovere di avvisarlo: aveva usato più aggettivi del solito.
Di solito gli editor non sono celebri, sono preziosissimi professionisti che fanno la fortuna di diversi libri, però da dietro le quinte. L'editor di Carver, invece, aveva una personalità piuttosto eccentrica ed ebbe un ruolo significativo nel contribuire a definire lo stile dello scrittore; in particolare, accentuò l'essenzialità della sua lingua a tal punto che molti critici salutarono Raymond come uno degli esponenti di spicco

del *minimalismo* americano. Carver non amava le etichette, preferiva la parola "essenzialità" alla parola "minimalismo" e viveva di malanimo la parentela che parecchi critici si ostinavano a rintracciare tra lui ed Hemingway.

Ai margini

Le storie di Carver riguardano la gente comune, americani da tinello, nuclei urbani periferici piuttosto che grandi metropoli, un habitat domestico e privato, spesso corroso dalla ripetizione e dalla delusione di vite che, per qualche ragione, non decollano. Leggendo, si avverte un senso d'incompiutezza e di vuoto, i personaggi sono in attesa di qualcosa che non arriva: per questo, se qualcuno si ostina a illustrare Carver, spesso sceglie i quadri di Edward Hopper, dove donne e uomini alzano lo sguardo verso la finestra, senza che capiti niente, a parte la luce che entra. Carver si limita a raccontare cosa accade, con molta attenzione per gli oggetti quotidiani di case umili (divani, televisori, tovaglie, pigiami): poiché suscitano ricordi, danno modo di realizzare il tempo che passa, con accumulo inevitabile di rimpianti.
Questa, rispetto alle altre, è una storia a lieto fine, ma molta dell'emozione è affidata ai margini, agli spazi bianchi: siccome ogni cosa è estremamente normale e sommessa (la casa, i caratteri, le azioni), allora anche frasi («c'è una prima volta per tutto») e gesti («ha chiuso la sua mano sulla mia») che altrove prendereste sotto gamba diventano bombe a orologeria, esplosivi tesi a significare in quel vuoto. Tutto riverbera.

Nel suo *Il mestiere di scrivere*, Carver fa ai giovani scrittori in erba tre raccomandazioni: siate onesti (niente trucchetti e addobbi inutili); raccontate solo quel che vi preme; ma, soprattutto, il più grande piacere che la lettura può dare deriva dalla precisione.
Detto altrimenti, i grandi scrittori sono coloro che hanno la capacità di ritrarre con parole esatte quel che altri hanno vissuto ma non saprebbero spiegare. Al fondo di *Cattedrale*, se Carver ci è riuscito, la vostra mano pulserà, come avesse appena ospitato su di sé la stretta intima e cieca di uno sconosciuto.

Esercizi

ESPLORARE

01 Perché il protagonista è scocciato dalla visita dell'uomo cieco?

02 Come si sono mantenuti in contatto la donna e Robert, per anni?

03 Come mai il protagonista pensa che per una donna essere sposata con un cieco sia una brutta storia?

04 L'arrivo di Robert manda il cervello del protagonista in pappa. Quali domande e azioni fuori luogo fa?

05 Quali pregiudizi smonta Robert, dimostrandosi un «tuttofare cieco», nonché un uomo molto più realizzato di quanto chiunque potesse immaginare?

SMONTARE

06 Il fatto che la narrazione sia condotta in prima persona dal protagonista fa sì che spesso il testo ospiti riflessioni e giudizi. Ne sapresti indicare uno? Secondo te a che cosa serve?

07 Da quale momento in avanti Robert e il padrone di casa diventano complici?

08 Carver è un portento nel far compiere ai suoi personaggi le azioni opportune. Alcune volte sono microscopiche. Trova un gesto che ti ha mostrato quanto il narratore sia geloso della moglie.

09 Prova a ragionare sulla velocità del racconto. Quali sono le parti in cui la narrazione procede più serrata, e quali le parti in cui la velocità rallenta?

10 Ci sono dei momenti in cui a crescere non è la velocità, ma la temperatura: il racconto diventa più caldo, più intenso. Prendi una matita rossa e sottolinea quei passaggi che ti trasmettono questa sensazione. Qual è il personaggio del racconto che invece tende sempre ad "abbassare la temperatura"? Giustifica la tua risposta sottolineando un esempio in azzurro.

COSTRUIRE

11 Per il programma *Ad Alta Voce* di Rai Radio 3, alcuni racconti di Carver sono stati letti da attori, scrittori e traduttori. Fai un esperimento: cerca *I racconti di Raymond Carver* e ascolta *Cattedrale*, letto dal drammaturgo e attore Fausto Paravidino. Hai la possibilità di ascoltare il racconto letto anche in un'altra versione, che trovi tra gli audio dell'antologia. Che cosa cambia tra la lettura che hai fatto e quella che hai ascoltato? Prova a descrivere a voce le tue sensazioni, a parlare delle differenze tra i due tipi di esperienza insieme ai compagni.

12 Prova tu a descrivere una cattedrale a un ipotetico ascoltatore cieco: scrivi quel che diresti. Che cosa cambia rispetto alla descrizione che faresti a una persona vedente?

....

....

....

....

....

....

....

13 Ora prova a disegnare una cattedrale a occhi chiusi. E poi scrivi che cosa capita.

....

....

....

....

....

38

Emily Dickinson

Io abito nella Possibilità

tempo di lettura 1'
vita dell'autrice a p. 639

Io abito nella Possibilità –
Una Casa più bella della Prosa –
Con molte più Finestre –
Superiore – quanto a Porte –

Con Stanze come Cedri –
Inespugnabile all'Occhio –
E per eterno Tetto
La Mansarda del Cielo –

Con Visitatori – i più amabili
Come Occupazione – Questa –
Spalancare le mie piccole Mani
Per accogliere il Paradiso –

Traduzione dall'inglese di Valerio Magrelli.

Commento

Prego, accomodatevi

Quando la poesia incontra l'architettura, che a sua volta incontra una donna che non è quasi mai uscita di casa (anzi, negli ultimi quattro anni di vita non è mai uscita dalla camera), che a sua volta incontra un lettore in cerca di casa, che a sua volta incontra la differenza tra prosa e poesia… Dove siete? All'ingresso di una casa.
«Io» è la prima parola, e da qui comincia l'esplorazione immobiliare. Nessuno vende o affitta: la casa è mostrata per metterla a confronto con le case vicine, che nemmeno lontanamente possono reggere il confronto.

La casa della Prosa deve essere abbastanza regolare, dotata di pareti e porte e finestre quanto basta. La casa della Poesia invece, come fosse stata progettata da un architetto allucinato, è tutta uno slargo, traforata di porte e finestre più che un groviera, con cielo mansardato e stanze pensili, nessuna menzione di bagni e cucina. La porta di casa è sempre aperta e i visitatori sono benvenuti a ogni ora, possono curiosare dappertutto, affacciarsi dalle varie finestre, sostare sugli slarghi. Questi fortunati noteranno anche, e non potranno farne a meno, l'inquilina che ci abita e che esercita qui il suo mestiere, mentre fa una specie di lento ciao-ciao al paradiso, con le mani distese il più possibile verso la città eterna.

Quella tra prosa e poesia è una vecchia contesa

La poetessa, con questo accostamento di case, trova il modo di andare dritta al punto: la *possibilità*. I versi possono venire uno dopo l'altro con enorme libertà, una libertà di gran lunga superiore ai doveri di connessione e di logica affidati alla prosa. Forse voi non l'avete mai detto, ma di un tipo ordinario, forse anche noioso, si può dire "come sei prosaico" (da oggi questa espressione potrete usarla). Mentre il lettore si aspetta dalla prosa di essere accompagnato per mano, alla poesia concede di gettarlo in un bosco o sul ciglio di una strada. Poesia è sinonimo di libertà, sinonimo di possibilità.

La prosa deve stare a dire per filo e per segno, mentre la poesia se ne può frullare via come una tortorella.

Nel vostro giro, mentre curioserete qua e là, fate caso alla particolare punteggiatura della poesia, ai trattini che sostituiscono qualsiasi altro segno, come un respiro grafico.
Fate la prova di scrivere la poesia senza i trattini e poi rimetteteceli: sentite la differenza. Si tratta di una specie di ticchettìo, una forma personale di scrittura, un marchio di fabbrica che potete trovare nelle 1775 poesie di Emily Dickinson (di cui solo 7 furono pubblicate in vita). Sappiate che qualsiasi segno troviate in una poesia, esso partecipa a crearne il carattere.

Soluzioni

Se poi vi è rimasto qualche dubbio sulla contesa tra prosa e poesia, potete seguire il metodo che adottava la stessa Dickinson:
"Se leggo un libro che mi geli tutta, così che nessun fuoco possa scaldarmi, allora so che è poesia. Se fisicamente mi sento come se mi tagliassero la testa, allora so che è poesia. Questi sono i soli modi che ho di conoscerla... Ve ne sono altri?". Ecco, se vi capita di avvertire alcuni di questi sintomi, avrete già la spiegazione pronta.

C'è di più. Emily Dickinson, pur standosene lì in casa, con quel lento ciao-ciao e le braccia distese, viaggia chilometri e chilometri nello spazio e nel tempo, dentro le parole ha costruito il suo mondo come una casa meravigliosa, mai vista, impossibile e invendibile.
Non vi resta che entrare, stare attenti, e leggerla.

Esercizi

ESPLORARE

01 Come sono i cedri? Perché secondo te la poetessa li sceglie come metafora per le stanze?

02 Secondo te che cosa significa il titolo *Io abito nella Possibilità*?

SMONTARE

03 Secondo te perché Emily Dickinson scrive in maiuscolo le iniziali di alcune parole, anche se non si trovano a inizio di frase e anche se non sono nomi propri?

04 In tutto il testo c'è un solo verbo all'indicativo all'inizio («abito») e due verbi all'infinito alla fine («Spalancare» e «accogliere»). Che cosa dicono questi due verbi sul senso complessivo della poesia?

05 Disegna la casa della poesia: va bene anche un semplice schizzo, ma per ogni dettaglio che aggiungi devi essere in grado di spiegare quale verso stai illustrando.

COSTRUIRE

06 Ti sembra paradossale il fatto che Emily Dickinson consideri la poesia come uno spazio ancora più libero della prosa? Se sì, perché? Se no, perché?

07 Inventa un componimento come quello di Emily Dickinson usando come unici verbi un indicativo all'inizio e due infiniti alla fine. Divertiti a fare come l'autrice, scegliendo alcune parole importanti da scrivere con la maiuscola. Scrivilo a matita accanto alla poesia.

David Foster Wallace

Questa è l'acqua

tempo di lettura 25'
vita dell'autore a p. 662

Saluti, ringraziamenti e congratulazioni ai laureandi dell'anno accademico 2005. Ci sono due giovani pesci che nuotano e a un certo punto incontrano un pesce anziano che va nella direzione opposta, fa un cenno di saluto e dice: – Salve, ragazzi. Com'è l'acqua? – I due pesci giovani nuotano un altro po', poi uno guarda l'altro e fa: – Che cavolo è l'acqua?

Negli Stati Uniti un discorso per il conferimento delle lauree non può prescindere dall'impiego di storielle d'impianto parabolico a scopo didascalico. Tra le convenzioni imposte dal genere, questa storiella è una delle migliori e con meno fronzoli... ma non temete: non sono qui nella veste del pesce piú anziano e saggio che spiega cos'è l'acqua ai pesci piú giovani. Non io sono l'anziano pesce saggio. Il succo della storiella dei pesci è semplicemente che le realtà piú ovvie, onnipresenti e importanti sono spesso le piú difficili da capire e da discutere. Detta cosí sembrerà una banalità bella e buona, ma il fatto è che nelle trincee quotidiane dell'esistenza da adulti le banalità belle e buone possono diventare questione di vita o di morte, ed è su questo che vorrei soffermarmi in questa splendida mattinata tersa.

Certo, un discorso come questo presuppone che vi parli in primo luogo del significato della vostra cultura umanistica, che cerchi di spiegarvi perché la laurea che state per prendere ha un effettivo valore umano e non solo un tornaconto materiale. Vediamo perciò di affrontare il cliché in assoluto piú diffuso in questo genere di discorsi, e cioè che scopo di una cultura umanistica non è tanto rimpinzarvi di erudizione quanto «insegnarvi a pensare». Se siete com'ero io ai tempi dell'università, sentirvi dire una cosa del genere non vi sarà mai piaciuto, e anzi troverete un po' offensivo che qualcuno pretenda di insegnarvi come si pensa, visto che il solo fatto di essere entrati in un'università cosí prestigiosa dimostra che ne siete capaci. Ma partirò dal presupposto che il cliché degli studi umanistici non ha niente di offensivo, perché la vera, fondamentale educazione a pensare che dovremmo ricevere in un luogo come questo non riguarda tanto la capacità di pensare, quanto semmai la facoltà di scegliere a cosa pensare. Se la vostra totale libertà di scegliere a cosa pensare sembra fin troppo ovvia per sprecare il fiato a parlarne, vi chiederei di pensare ai pesci e all'acqua mettendo da parte, solo per qualche istante, ogni scetticismo sul valore delle perfette ovvietà.

Eccovi un'altra storiella didascalica. Ci sono due tizi seduti a un bar nel cuore selvaggio dell'Alaska. Uno è credente, l'altro è ateo, e stanno discutendo l'esistenza di Dio con quella foga tutta speciale che viene fuori dopo la quarta birra. L'ateo dice: – Guarda che ho le mie buone ragioni per non credere in Dio. Ne so qualcosa anch'io di Dio e della preghiera. Appena un mese fa mi sono lasciato sorprendere da quella spaventosa tormenta di neve lontano dall'accampamento, non vedevo niente, non sapevo piú dov'ero, c'erano quarantacinque gradi sottozero e cosí ho fatto un tentativo: mi sono inginocchiato nella neve e ho urlato: «Dio, sempre ammesso che Tu esista, mi sono perso nella tormenta e morirò se non mi aiuti!» – A quel punto il credente guarda l'ateo confuso: – Allora non hai piú scuse per non credere, – dice. – Sei qui vivo e vegeto –. L'ateo sbuffa come se il credente fosse uno scemo integrale: – Non è successo un bel niente, a parte il fatto che due eschimesi di passaggio mi hanno indicato la strada per l'accampamento.

È facile analizzare questa storiella secondo i criteri classici delle scienze umanistiche: la stessa identica esperienza può significare due cose completamente diverse per due persone diverse che abbiano due diverse impostazioni ideologiche e due diversi modi di attribuire un significato all'esperienza. Siccome diamo grande valore alla tolleranza e alla diversità ideologica, la nostra analisi di stampo umanistico non ci consente nel modo piú assoluto di dire che l'interpretazione dell'uno è vera e quella dell'altro è falsa o disdicevole. Il che va benissimo, solo che cosí facendo trascuriamo puntualmente l'origine di tali impostazioni e credenze individuali, la loro origine, cioè, *all'interno* di quei due tizi. Quasi che l'orientamento di fondo di una persona rispetto al mondo e al significato della sua esperienza fosse cablato in automatico, come l'altezza o il numero di scarpe, o assorbito dalla cultura come la lingua.

Quasi che il nostro modo di attribuire un significato non fosse questione di scelta personale e deliberata, di decisione consapevole.

C'è poi la questione dell'arroganza. Il non credente liquida con estrema petulanza e sicumera l'eventualità che gli eschimesi avessero qualcosa a che fare con la sua preghiera di aiuto. D'altro canto i credenti che mostrano un'arrogante sicurezza nelle loro interpretazioni non si contano nemmeno. E forse sono anche peggio degli atei, almeno per la maggior parte di noi qui riuniti, ma il fatto è che il problema dei dogmatici religiosi è identico a quello dell'ateo della storiella: arroganza, convinzione cieca, una ristrettezza di idee che si traducc in una prigionia completa al punto che il prigioniero non sa nemmeno di essere sotto chiave. Il punto secondo me è che il mantra delle scienze umanistiche – «insegnami a pensare» – in parte dovrebbe significare proprio questo: essere appena un po' meno arrogante, avere un minimo di «consapevolezza critica» riguardo a me stesso e alle mie certezze... perché un'enorme percentuale delle cose di cui tendo a essere automaticamente certo risultano, a ben vedere, del tutto erronee e illusorie. Io l'ho imparato a mie spese e altrettanto, ho il sospetto, toccherà a voi.

Ecco un esempio dell'erroneità assoluta di una cosa di cui tendo a essere automaticamente certo. Tutto nella mia esperienza diretta corrobora la convinzione profonda che io sono il centro esatto dell'universo, la persona piú reale, concreta e importante che esista. Affrontiamo raramente questa forma di naturale e basilare egocentrismo perché socialmente parlando è disgustosa anche se, sotto sotto, ci accomuna tutti. È la nostra modalità predefinita, inserita nei circuiti fin dalla nascita. Pensateci: non avete vissuto una sola esperienza che non vi vedesse al suo centro esatto. Per voi il mondo è una cosa che vi sta davanti o dietro, a sinistra o a destra, sullo schermo del televisore o su quello del computer. I pensieri e i sentimenti degli altri devono esservi comunque comunicati, i vostri invece sono cosí vicini, pressanti, *reali*. Insomma, ci siamo capiti. Ma state tranquilli, non mi preparo a tenervi una predica sulla compassione, l'eterodirezione o tutte le altre cosiddette «virtú». Non è questione di virtú quanto della scelta di impegnarmi a modificare o a tenere a freno la mia naturale modalità predefinita, che è per forza di cose profondamente e letteralmente egocentrica, e vede e interpreta tutto attraverso la lente dell'io. Le persone capaci di adattare a tal punto la loro modalità predefinita sono spesso considerate l'esatto opposto dei «disadattati», termine che, vi posso assicurare, non ha niente di casuale.

Dato il contesto accademico è naturale domandarsi fino a che punto questo adattamento della modalità predefinita coinvolga il sapere o l'intelletto. La risposta, com'è prevedibile, è che dipende da che cosa intendiamo con sapere. La conseguenza forse piú pericolosa di una cultura accademica, almeno nel mio caso, è che legittima la mia tendenza a essere cerebrale, a perdermi nelle astrazioni anziché prestare semplicemente attenzione a quello che mi succede davanti agli occhi. Anziché prestare attenzione a quello che mi succede *dentro*. Sono sicuro che ormai saprete quanto sia difficile tenere alta la soglia di attenzione e non farsi ipnotizzare dall'ininterrotto monologo che si svolge dentro la testa. Quello che ancora non sapete è quanto sia alta la posta in gioco.

Sono passati vent'anni da quando mi sono laureato e nel frattempo ho capito poco alla volta che il cliché secondo il quale le scienze umanistiche «insegnano a pensare» in realtà sintetizza una verità molto profonda e importante. «Imparare a pensare» di fatto significa imparare a esercitare un certo controllo su *come* e su *cosa* pensare. Significa avere quel minimo di consapevolezza che permette di *scegliere* a cosa prestare attenzione e di scegliere come attribuire un significato all'esperienza. Perché se non sapete o non volete esercitare questo tipo di scelta nella vita da adulti, siete fregati. Un vecchio cliché vuole che la mente sia un ottimo servo ma un pessimo padrone. Questo, come molti altri cliché in apparenza fiacchi e banali, in realtà esprime una grande, terribile verità. Non è certo un caso che gli adulti che si suicidano con armi da fuoco si sparino quasi sempre... alla *testa*. E la verità è che erano quasi tutti già morti da un pezzo quando hanno premuto il grilletto. E date retta a me, il valore reale e schietto della vostra cultura umanistica dovrebbe essere proprio questo: impedirvi di trascorrere la vostra comoda, agiata, rispettabile vita da adulti come morti, inconsapevoli, schiavi della vostra testa e della vostra naturale modalità predefinita che vi impone una solitudine unica, completa e imperiale giorno dopo giorno.

Potrà sembrare un'iperbole, o un'astrazione priva di senso. Perciò mettiamola sul piano pratico. Il fatto è che voi laureandi non avete ancora ben chiaro cosa significhi realmente «giorno dopo giorno». Ci sono interi aspetti della vita americana da adulti che vengono bellamente ignorati da chi tiene discorsi come questo. I genitori e le persone di una certa età qui presenti sanno benissimo a cosa mi riferisco. Mettiamo, per dire, che sia una normale giornata nella vostra vita da adulti: la mattina vi alzate, andate al vostro impegnativo lavoro impiegatizio da laureati, sgobbate per nove o dieci ore e alla fine della giornata siete stanchi, siete stressati e volete solo tornare a casa, fare una bella cenetta, magari rilassarvi un paio d'ore e poi andare a letto presto perché il giorno dopo dovete alzarvi e ripartire daccapo. Ma a quel punto vi ricordate che a casa non c'è niente da mangiare – questa settimana il vostro lavoro impegnativo vi ha impedito di fare la spesa – e cosí dopo il lavoro vi tocca prendere la macchina e andare al supermercato. A quell'ora escono tutti dal lavoro, c'è un traffico mostruoso e il tragitto richiede molto piú del necessario e, quando finalmente arrivate, scoprite che il supermercato è strapieno di gente perché a quell'ora tutti gli altri che come voi lavorano cercano di ficcarsi nei negozi di alimentari, e il supermercato è orribile, illuminato al neon e pervaso da quelle musichette e canzoncine capaci solo di abbrutire, e voi dareste qualsiasi cosa per non essere lí, ma non potete limitarvi a entrare e uscire; vi tocca girare tutti i reparti enormi, iperilluminati e caotici per trovare quello che vi serve, manovrare il carrello scassato in mezzo a tutte le altre persone stanche e trafelate col carrello, e ovviamente ci sono i vecchi di una lentezza glaciale, gli strafatti e i bambini iperattivi che bloccano la corsia e a voi tocca stringere i denti e sforzarvi di chiedere permesso in tono gentile ma poi, quando finalmente avete tutto l'occorrente per la cena, scoprite che non ci sono abbastanza casse aperte anche se è l'ora di punta, e dovete fare una fila chilometrica, il che è assurdo e vi manda in bestia, ma non potete prendervela con la cassiera isterica, oberata com'è quotidianamente da un lavoro cosí noioso e insensato che tutti noi qui riuniti in questa prestigiosa università nemmeno ce lo immaginiamo... fatto sta che finalmente arriva il vostro turno alla cassa, pagate il vostro cibo, aspettate che una macchinetta autentichi il vostro assegno o la vostra carta di credito e vi sentite augurare «buona giornata» con una voce che è esattamente la voce della *morte*, dopodiché mettete quelle raccapriccianti buste di plastica sottilissima nell'esasperante carrello dalla ruota impazzita che tira a sinistra, attraversate tutto il parcheggio intasato, pieno di buche e di rifiuti, e cercate di caricare la spesa in macchina in modo che non esca dalle buste rotolando per tutto il bagagliaio lungo il tragitto, in mezzo al traffico lento, congestionato, strapieno di Suv dell'ora di punta, eccetera, eccetera. Ci siamo passati tutti, certo: ma non rientra ancora nella routine di voi laureati, giorno dopo settimana dopo mese dopo anno. Però finirà col rientrarci, insieme a tante altre squallide, fastidiose routine apparentemente inutili...

Ma non è questo il punto. Il punto è che la scelta entra in gioco proprio nelle boiate frustranti e di poco conto come questa. Perché il traffico congestionato, i reparti affollati e le lunghe file alla cassa mi danno il tempo per pensare, e se non decido consapevolmente come pensare e a cosa prestare attenzione, sarò incazzato e giú di corda ogni volta che mi tocca fare la spesa, perché la mia modalità predefinita naturale dà per scontato che situazioni come questa contemplino davvero esclusivamente *me*. La mia fame, la mia stanchezza, il mio desiderio di tornare a casa, e avrò la netta impressione che tutti gli altri *mi intralcino*. E chi sono tutti questi che *mi intralciano*? Guardali là, fanno quasi tutti schifo mentre se ne stanno in fila alla cassa come tanti stupidi pecoroni con l'occhio smorto e niente di umano; e che odiosi poi quei cafoni che parlano forte al cellulare in mezzo alla fila. Certo che è proprio un'ingiustizia: ho sgobbato tutto il santo giorno, muoio di fame, sono stanco e non posso nemmeno andare a casa a mangiare un boccone e a distendermi un po' per colpa di tutte queste stupide, stramaledette *persone*. Oppure, se gli studi umanistici fanno propendere la mia modalità predefinita verso una maggiore coscienza sociale, posso trascorrere il tempo imbottigliato nel traffico di fine giornata a inorridire per tutti gli enormi, stupidi Suv, Hummer e pickup con motore da 12 valvole che bloccano la corsia bruciando tutti e centottanta i litri di benzina che hanno in quei loro serbatoi spreconi e egoisti, posso riflettere sul fatto che gli adesivi patriottici o religiosi sembrano sempre appiccicati sui veicoli piú grossi e schifosamente egoisti, guidati dagli autisti piú osceni, spericolati e aggressivi, che di norma parlano al cellulare mentre ti tagliano la strada per guadagnare sei stupidi metri nel traffico congestionato, e posso pensare che i figli dei nostri figli ci disprezzeranno per aver sperperato tutto il carburante del futuro, mandando in malora il clima, e a quanto siamo viziati, stupidi, egoisti e ripugnanti, e a come fa tutto veramente *schifo* e chi piú ne ha piú ne metta...

Guardate che se scegliete di pensarla cosí non c'è niente di male, lo facciamo in tanti, solo che pensarla cosí diventa talmente facile e automatico che non *richiede* una scelta. Pensarla cosí è la mia modalità predefinita naturale. È il modo automatico e inconsapevole di affrontare le parti noiose, frustranti e caotiche della mia vita da adulto quando agisco in base alla convinzione automatica e inconsapevole che sono io il centro del mondo, e che sono le mie sensazioni e i miei bisogni immediati a stabilire l'ordine di importanza delle cose. Il fatto è che in frangenti come questo si può pensare in tanti modi diversi. Nel traffico, con tutti i veicoli che mi si piazzano davanti e mi intralciano, non è da escludere che a bordo dei Suv ci sia qualcuno che in passato ha avuto uno spaventoso incidente e ora ha un tale terrore di guidare che il suo analista gli ha ordinato di farsi un Suv mastodontico per sentirsi piú sicuro alla guida; o che al volante dell'Hummer che mi ha appena tagliato la strada ci sia un padre che cerca di portare di corsa in ospedale il figlioletto ferito o malato che gli siede accanto, e la sua fretta è maggiore e piú legittima della mia: anzi, sono io a intralciarlo. Oppure posso scegliere di prendere mio malgrado in considerazione l'eventualità che tutti gli altri in fila alla cassa del supermercato siano annoiati e frustrati almeno quanto me, e che qualcuno magari abbia una vita nel complesso piú difficile, tediosa e sofferta della mia. Vi prego ancora una volta di non pensare che voglia darvi dei consigli morali, o che vi stia dicendo che «dovreste» pensarla cosí, o che qualcuno si aspetta che lo facciate automaticamente, perché è difficile, richiede forza di volontà e impegno mentale e, se siete come me, certi giorni non ci riuscirete proprio, o semplicemente non ne avrete nessuna voglia. Ma quasi tutti gli altri giorni, se siete abbastanza consapevoli da offrirvi una scelta, potrete scegliere di guardare in modo diverso quella signora grassa con l'occhio smorto e il trucco pesante in fila alla cassa che ha appena sgridato il figlio: forse non è sempre cosi; forse è stata sveglia tre notti di seguito a stringere la mano al marito che sta morendo di cancro alle ossa. O forse è quella stessa impiegata assunta alla Motorizzazione col minimo salariale che soltanto ieri ha aiutato vostra moglie a risolvere un problema burocratico da incubo facendole una piccola gentilezza di ordine amministrativo. Non è molto verosimile, d'accordo, ma non è nemmeno da escludere: dipende solo da cosa volete prendere in considerazione. Se siete automaticamente certi di sapere cosa sia la realtà e chi e che cosa siano davvero importanti – se volete operare in modalità predefinita – allora anche voi, come me, probabilmente trascurerete tutte le eventualità che non siano inutili o fastidiose. Ma se avrete davvero imparato a prestare attenzione, allora saprete che le alternative non mancano. Avrete davvero la facoltà di affrontare una situazione caotica, chiassosa, lenta, iperconsumistica, trovandola non solo significativa ma sacra, incendiata dalla stessa forza che ha acceso le stelle: compassione, amore, l'unità sottesa a tutte le cose. Misticherie non necessariamente vere. L'unica cosa Vera con la V maiuscola è che riuscirete a decidere come cercare di vederla. Questa, a mio avviso, è la libertà che viene dalla vera cultura, dall'aver imparato a non essere disadattati; riuscire a decidere consapevolmente che cosa importa e che cosa no. Riuscire a decidere che cosa venerare...

Ecco un'altra cosa vera. Nelle trincee quotidiane della vita da adulti l'ateismo non esiste. Non venerare è impossibile. Tutti venerano qualcosa. L'unica scelta che abbiamo è *che cosa* venerare. E un motivo importantissimo per scegliere di venerare un certo dio o una cosa di tipo spirituale – che sia Gesú Cristo o Allah, che sia YHWH o la dea madre della religione Wicca, le Quattro Nobili Verità o una serie di principi etici inviolabili – è che qualunque altra cosa veneriate vi mangerà vivi. Se venerate il denaro e le cose, se è a loro che attribuite il vero significato della vita, non vi basteranno mai. Non avrete mai la sensazione che vi bastino. È questa la verità. Venerate il vostro corpo, la vostra bellezza e la vostra carica erotica e vi sentirete sempre brutti, e quando compariranno i primi segni del tempo e dell'età, morirete un milione di volte prima che vi sotterrino in via definitiva. Sotto un certo aspetto lo sappiamo già tutti benissimo: è codificato nei miti, nei proverbi, nei cliché, nei luoghi comuni, negli epigrammi, nelle parabole; è la struttura portante di tutte le grandi storie. Il segreto consiste nel dare un ruolo di primo piano alla verità nella consapevolezza quotidiana. Venerate il potere e finirete col sentirvi deboli e spaventati, e vi servirà sempre piú potere sugli altri per tenere a bada la paura. Venerate l'intelletto, spacciatevi per persone in gamba, e finirete col sentirvi stupidi, impostori, sempre sul punto di essere smascherati. E cosí via.

Guardate che l'aspetto insidioso di queste forme di venerazione non è che sono malvagie o peccaminose, è che sono *inconsapevoli*. Sono modalità predefinite. Sono il genere di venerazione in cui scivolate per gradi, giorno dopo giorno, diventando sempre piú selettivi su quello che vedete e sul metro che usate per giudicare senza rendervi nemmeno bene conto di farlo. E il cosiddetto «mondo reale» non vi dissuaderà dall'operare in modalità predefinita, perché il cosiddetto «mondo reale» degli uomini, del denaro e del potere vi accompagna con quel suo piacevole ronzio alimentato dalla paura, dal disprezzo, dalla frustrazione, dalla brama e dalla venerazione dell'io. La cultura odierna ha imbrigliato queste forze in modi che hanno prodotto ricchezza, comodità e libertà personale a iosa. La libertà di essere tutti sovrani dei nostri minuscoli regni formato cranio, soli al centro di tutto il creato. Una libertà non priva di aspetti positivi. Ciò non toglie che esistano svariati generi di libertà, e il genere piú prezioso è spesso taciuto nel grande mondo esterno fatto di vittorie, conquiste e ostentazione. Il genere di libertà davvero importante richiede attenzione, consapevolezza, disciplina, impegno e la capacità di tenere davvero agli altri e di sacrificarsi costantemente per loro, in una miriade di piccoli modi che non hanno niente a che vedere col sesso, ogni santo giorno. Questa è la vera libertà. Questo è imparare a pensare. L'alternativa è l'inconsapevolezza, la modalità predefinita, la corsa sfrenata al successo: essere continuamente divorati dalla sensazione di aver avuto e perso qualcosa di infinito.

So che questa roba forse non vi sembrerà divertente, leggera o altamente ispirata come invece dovrebbe essere nella sostanza un discorso per il conferimento delle lauree. Per come la vedo io è la verità sfrondata da un mucchio di cazzate retoriche. Ovvio che potete prenderla come vi pare. Ma vi pregherei di non liquidarlo come uno di quei sermoni che la dottoressa Laura impartisce agitando il dito. Qui la morale, la religione, il dogma o le grandi domande stravaganti sulla vita dopo la morte non c'entrano. La Verità con la V maiuscola riguarda la vita *prima* della morte. Riguarda il fatto di toccare i trenta, magari i cinquanta, senza il desiderio di spararsi un colpo in testa. Riguarda il valore vero della vera cultura, dove voti e titoli di studio non c'entrano, c'entra solo la consapevolezza pura e semplice: la consapevolezza di ciò che è cosí reale e essenziale, cosí nascosto in bella vista sotto gli occhi di tutti da costringerci a ricordare di continuo a noi stessi: «Questa è l'acqua, questa è l'acqua; dietro questi eschimesi c'è molto piú di quello che sembra». Farlo, vivere in modo consapevole, adulto, giorno dopo giorno, è di una difficoltà inimmaginabile. E questo dimostra la verità di un altro cliché: la vostra cultura è realmente il lavoro di una vita, e comincia... adesso. Augurarvi buona fortuna sarebbe troppo poco.

da **David Foster Wallace, *Questa è l'acqua***, Torino, Einaudi, 2009.
Traduzione dall'inglese di Giovanna Granato.

Commento

Nelle scuole americane l'anno si apre e si chiude con qualcuno che parla

Il preside racconta dove punterà il timone, un ex alunno torna per restituire qualcosa, altre volte parla un grande di passaggio – è il caso di David Forster Wallace. L'importante è che l'argomento faccia breccia ed emozioni l'uditorio: *valedictory* è la parola americana che descrive il discorso di commiato che segue la laurea. Funzionerà se il pubblico lo terrà in testa per un po', finché la visione non produrrà l'effetto che l'amata Beatrice ha prodotto su Dante: una vita nuova.

Wallace passò dal Kenyon College nel 2005 e lasciò il segno, al punto che lo *speech* che tenne in quell'occasione ne divenne suo malgrado l'opera più famosa, se non altro la più letta (era decisamente agile rispetto alle milleduecento pagine del capolavoro *Infinite Jest*). Il discorso non c'entrava molto con il resto della produzione di Wallace. Altrove era un autore cinico, spietato con la società americana. Era un patito di *excursus* e note, amava organizzare le pagine con fantasia e cervello, soprattutto quando scriveva *non fiction*, dividendo il testo in due colonne, inserendo box, facendo delle mosse che negli anni Novanta nessun altro si sognava. Qui il tono è dolce e il contesto non gli consente di straripare.

Lo *speech* è anomalo

Non parla praticamente mai di sé, per quanto raccontare la propria esperienza sarebbe la strada più semplice per cercare di convincere qualcuno che le cose vanno in un certo modo. Wallace fa notare un problema che riguarda tutti: se non avrete qualcosa in cui credere, soprattutto nel tempo libero, quando nessuno vi dà degli ordini, andrete avanti per inerzia, sarete stufi e aridi, non vi accorgerete più di niente. Per superare l'*impasse* propone due strategie: trovare qualcosa in cui credere e raccontarsi le storie giuste.

A prima vista potrebbe sembrare che il problema non vi tocchi; dopotutto, le volte in cui vi trovate bloccati nel traffico o in coda a un supermercato sono ancora poche; ma invece sì, tocca anche voi.

Entrate in «modalità predefinita» quando, scelta una scuola, vi accorgete che non fa per voi eppure restate lì; se tirate avanti una storia d'amore senza che più niente vi faccia brillare gli occhi; se studiate dopo le tre di notte quando non capite più nulla. In ognuno di questi casi non vedete più l'acqua, perché ci siete immersi dentro. Siete diventati il vostro punto cieco.

La soluzione di Wallace è magnifica, perché tiene insieme in modo originale due strategie che i più grandi sapienti del mondo occidentale e del mondo orientale si sono inventati tantissimo tempo fa: il pensiero critico e la meditazione. *Pensare in modo critico* significa chiedersi il perché delle cose, *meditare* significa ripetere un gesto (di solito il respiro) fino a controllarlo pienamente, in modo da entrare in contatto più profondo con se stessi. "Quando siete spenti", sta dicendo, "provate a usare la vostra fantasia e la vostra capacità critica non per scoraggiarvi, ma per mettervi nei panni degli altri e raccontarvi a ripetizione la storia giusta". Il talento di Wallace si spalanca quando riesce a mostrarvi che tutto ciò che esiste, anche la più futile minuzia, osservato con la giusta dose di intensità contiene l'infinito.

La strategia di Wallace

Dovete dare un senso alla vita vivificando ogni gesto. State buttando la pasta o studiando l'analisi del periodo? Potete farlo da vivi o da morti, sta a voi: Wallace vi ingiunge di raccontarvi ogni secondo che state respirando. Va fatto sistematicamente e richiede esercizio (ad esempio, proprio quando vorreste ucciderli tutti, ditevi che gli altri in coda al supermercato stanno peggio di voi).

Un tempo era più facile raccontarsi storie credibili, perché c'erano in circolo grandi narrazioni collettive, soprattutto religiose e politiche, che facevano questo sforzo per gli individui, inserendo la vita e le scelte di ognuno nel quadro di un'orbita più grande; ora le narrazioni collettive esistono, ma sono meno forti, perciò la fatica del racconto è in gran parte individuale, sta a voi.

Alcuni scrittori sono stupendi artigiani, perché dispongono parole ed eventi in modo da farvi ridere, piangere o accapponare la pelle. Altri, come Wallace, sono anche grandi intellettuali: non solo vi emozionano, ma provano anche a capire il mondo in cui vivono e a dirvi perché va così.

Esercizi

ESPLORARE

01 A chi è rivolto questo testo?

02 Che cosa intende Wallace per «modalità predefinita»?

03 Perché secondo lo scrittore i suicidi si sparano proprio alla testa? E che cosa intende dicendo che erano «quasi tutti già morti da un pezzo quando hanno premuto il grilletto»?

04 Qual è la vera libertà che solo la cultura può dare? Trova la frase del discorso che risponde alla domanda.

05 Per che cosa sta l'acqua della «storiella» iniziale?

06 Che cosa insegna la storiella degli eschimesi? Cerca il punto del discorso in cui viene ripresa.

SMONTARE

07 Leggendo il testo è evidente che Wallace ha un pubblico di fronte. Trova almeno due passaggi in cui chiama direttamente in causa i suoi uditori. Secondo te, perché lo fa?

08 Il procedimento retorico utilizzato più frequentemente in questo discorso è quello della "ripresa" (come hai visto svolgendo l'esercizio 06). C'è un punto che viene ribadito continuamente nel discorso: è la tesi che Wallace vuole dimostrare.
Qual è? Ripercorri il testo e sottolinea i punti in cui l'oratore ritorna su questa argomentazione.

09 Molti discorsi iniziano e finiscono con la stessa immagine. E questo non fa eccezione. Secondo te a che serve questa ripetizione?

COSTRUIRE

10 Che cos'è un *cliché*? Fai tre esempi.

....

....

....

11 Copia qui sotto la frase di *Questa è l'acqua* che consideri più memorabile. Imparala a memoria: potrebbe tornarti utile.

....

....

....

....

....

12 Prendi l'ultima parte del discorso (quella che comincia con «Riguarda il fatto»). Pronunciala ad alta voce. Sottolinea le parole a cui vuoi dare più enfasi e segna i punti in cui pensi sia giusto alzare gli occhi sul pubblico.

13 Esiste un audio integrale dello *speech* in inglese, lo puoi trovare su YouTube, cercando *This is Water*. Concentrati sui suoni che senti senza preoccuparti del significato. Come definiresti questa musica rispetto a quella prodotta dalla tua lingua?

....

....

Saffo

Ode alla gelosia

tempo di lettura 1'
vita dell'autrice a p. 659

Mi sembra pari agli dei quell'uomo che siede di fronte a te e vicino ascolta te che dolcemente parli

e ridi un riso che suscita desiderio. Questa visione veramente mi ha turbato il cuore nel petto: appena ti guardo un breve istante, nulla mi è più possibile dire,

ma la lingua mi si spezza e subito un fuoco sottile mi corre sotto la pelle e con gli occhi nulla vedo e rombano le orecchie

e su me sudore si spande e un tremito mi afferra tutta e sono più verde dell'erba e poco lontana da morte sembra a me stessa.

Ma tutto si può sopportare, poiché…

da **Saffo, *Poesie*,** Milano, Rizzoli, 1987.
Traduzione dal greco antico di Franco Ferrari.

Commento

Per patria, l'isola di Lesbo

Per secoli, proprio a causa di Saffo, il nome dell'antica Lesbo ha ricordato uno fra i massimi tabù della cultura cristiana, quello dell'omosessualità femminile. Nacque da lì l'aggettivo *lesbica* (sinonimo appunto di "saffica"), con cui additare al disprezzo una passione che la società europea considerava contraria alla natura. Fortunatamente, malgrado tante prevedibili resistenze, la cultura contemporanea ha piano piano eroso questo fossile ideologico, anche grazie allo sviluppo dei cosiddetti *gender studies*, o studi sull'identità di genere (si pensi alla sigla LGBT, a indicare *Lesbian Gay Bisexual Transgender*).

Negli ultimi anni, mentre l'antico pregiudizio si andava perdendo, il toponimo ha assunto una nuova accezione, certo meno scabrosa, ma indubbiamente drammatica. Sui giornali o in tv, l'isola, infatti, ha finito per diventare il simbolo di una disperata, disumana migrazione. Per mesi e mesi, un flusso di migliaia di persone, in fuga da conflitti e provenienti da Afghanistan, Pakistan o Siria, è approdato ogni giorno su questo lembo di terra greca. Così, da emblema del vizio, l'isola si è trasformata nella porta d'ingresso di un irraggiungibile paradiso sociale, collocato più a nord. Misteri della storia e della geografia...

Ad ogni modo, non c'è dubbio che Lesbo rimarrà sempre la patria di colei che rappresenta la prima, somma poetessa dell'Occidente.

La voce di Saffo: altri frammenti

Saffo, nata intorno al 630 a.C., resta una voce miracolosamente viva, simile a quella rarissima goccia d'acqua racchiusa per millenni in una roccia. Per capirlo basta leggere altri frammenti, ad esempio quello che segue, curiosamente vicino, per ciò che ne rimane, a un *haiku* giapponese: "È tramontata la luna con le Pleiadi, la notte è al mezzo, il tempo trascorre, e io dormo sola". Impossibile descrivere meglio e più concisamente cos'è la solitudine. Quanto all'amore, eccolo arrivare con l'impiego di un verbo giustamente leggendario: "Eros ha squassato il mio cuore, come raffica che irrompe sulle querce montane".
Ed è un peccato che ormai quasi nessun lettore abbia nelle orecchie,

come quelli di un tempo, il boato della tramontana tra le fronde degli alberi, del tutto indifferente ai rami (o ai sentimenti) che va, appunto, "squassando". Altrettanto virulenta, la passione divampa in un frammento di ardua interpretazione. A noi, comunque, basta afferrare questo passo: "Finché di nuovo il desiderio... voli intorno a te che sei bella". Il desiderio acquista volontà, diventa aria che sceglie la bellezza come suo luogo privilegiato.
E adesso possiamo passare alla "specialità della casa", ossia quel particolare stato d'animo che diede alla poetessa un marchio indelebile: la gelosia.

Sintomi di gelosia

Nonostante le opere dei grandi tragici Eschilo, Sofocle, Euripide, probabilmente nessuno giunse a distillare il veleno della gelosia con più maestria di questa donna, letteralmente dilaniata, squarciata dalla sofferenza erotica. È questo il tema del testo presentato, dove il rivale in amore (l'uomo che sta vicino alla donna e che probabilmente è il suo sposo) è paragonato a una divinità. Simile a un nume, l'uomo, il "terzo" del triangolo sentimentale, ascolta le parole e il riso di quella fanciulla che Saffo ama da morire. È facile mettersi nei suoi panni. È possibile che molti di voi abbiano provato almeno una volta una simile sensazione.

La scrittrice presenta tutto come i sintomi di una malattia. Sono effetti clinici che sembrano preannunciare una specie di morte.
Seguite l'incalzare analitico, brutale: la voce manca, la lingua si spezza, un fuoco sottile e improvviso attraversa le membra, e mentre il sangue romba nelle orecchie, il paziente diventa cieco, sordo, tremante, preda dei sudori freddi, infine, verde in volto più dell'erba. La conclusione del frammento, là dove si perde il testo cadendo nei pozzi scuri della storia, ci lascia con una ripresa, un risollevarsi dell'animo dovuto a una qualche consolazione che non sapremo mai, che però possiamo intuire, così come possiamo continuare a sentirci addosso i sintomi di un sentimento tanto umano. Attraverso i secoli, questa voce ci parla ancora e ci fa tremare come fosse cosa viva.

Esercizi

ESPLORARE

01 Da quel che hai capito chi è «quell'uomo» al quale allude Saffo?

02 Qual è la «visione» che ha «turbato il cuore nel petto» della poetessa?

03 Prova a spiegare con parole tue che cosa significa che un amante geloso è «più verde dell'erba».

SMONTARE

04 Trova nella poesia almeno due espressioni riferite all'amore e alla gelosia che non potresti leggere su un trattato scientifico.

....

....

05 Che cosa potrebbe essere il «fuoco sottile» a cui allude Saffo, rinunciando all'immagine poetica?

....

....

....

COSTRUIRE

06 Riscrivi in altre parole l'inizio del verso: «ridi un riso che suscita desiderio».

....

....

07 «Ma tutto si può sopportare, poiché...». Prova a concludere il pensiero di Saffo restando coerente al tema della poesia.

....

....

....

....

....

08 «Ma la lingua mi si spezza e subito un fuoco sottile mi corre sotto la pelle e con gli occhi nulla vedo e rombano le orecchie / e su me sudore si spande e un tremito mi afferra tutta e sono più verde dell'erba e poco lontana da morte sembra a me stessa».
Prova a tradurre questi versi in un linguaggio che non sia poetico.

....

....

....

....

....

09 Un amante geloso è «più verde dell'erba».
E un innamorato *infedele* è *più*... di che cosa?
E un innamorato *fedele* è *più*... di che cosa?
E un amante *annoiato* è *più*... di che cosa?

....

....

....

Stefanie Moshammer
Almost Black
da *Land of Black Milk*
2016

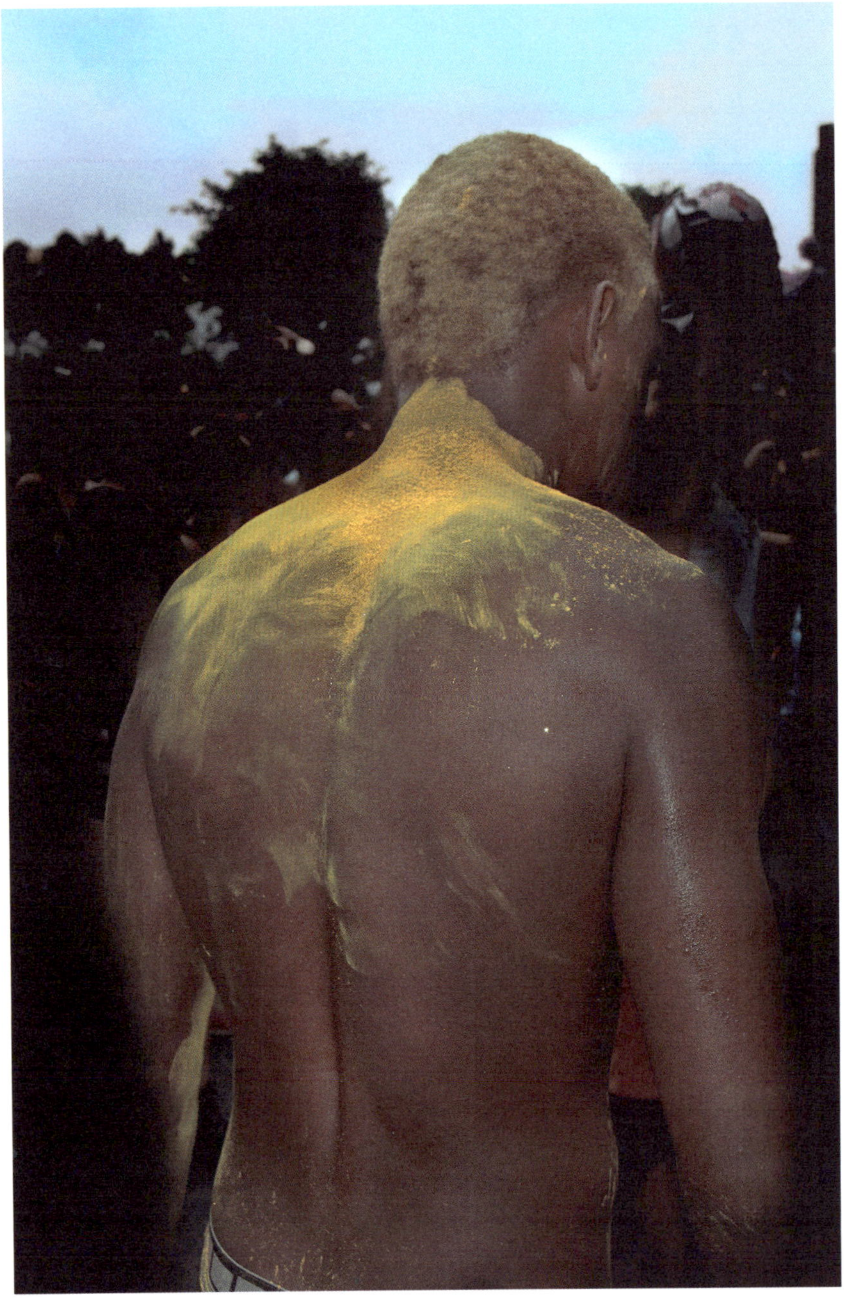

COSTELLAZIONE 09

teoria a pagina 586

IL CORPO

Com’è che lo scrittore utilizza i cinque sensi per coinvolgere chi legge?

Emozioni fisiche dentro pagine scritte.

41

Osip Ėmil'evič Mandel'štam

In cortile mi lavavo

tempo di lettura 1'
vita dell'autore a p. 649

Mi lavavo all'aperto ch'era notte;
di grezze stelle ardeva il firmamento.
Il loro raggio è sale a fior d'ascia; la botte
colma, orli rasi, ghiaccia e si rapprende.

La porta del cortile è ben sprangata;
dura è la terra, secondo coscienza.
Rintraccerai a stento piú puro ordito della
verità d'una tela di bucato.

Si disfa come sale, nella botte, una stella;
piú buia è l'acqua gelida, piú pura
la morte, piú salata la sventura,
ed è piú onesta e paurosa la terra.

1921

da **Osip Ėmil'evič Mandel'štam, *Poesie*,** Milano, Einaudi, 2009.
Traduzione dal russo di Remo Faccani.

Commento

Secchiata d'acqua

La vita è una pelle d'oca, l'acqua fredda all'aperto, in una sera d'inverno. Leggere questa poesia vi dà l'effetto del sangue in circolo, come una secchiata d'acqua improvvisa, un gavettone. È come se i sensi s'aggrappassero meglio alle cose. Andate in mezzo alle parole, a vedere da dove viene questo schiaffo inaspettato.

Già l'esordio vi porta in una situazione determinata, c'è un'azione, qualcuno che si lava di notte. Il verso successivo vi dice che il bagno non è in una vasca di ceramica, nell'acqua calda con le bolle, ma all'aperto, e si vedono le stelle, è una notte chiara. Sentite poi queste stelle, l'aggettivo che sceglie il poeta, «grezze», vi chiede quasi di stropicciarle con le mani e comincia a sollecitarvi la pelle, sentite la luce notturna e il clima esterno sull'epidermide. La metafora che Mandel'štam sceglie per restituirci il tipo di lucore siderale è di nuovo tattile, materica, il «sale a fior d'ascia», e ci fa immaginare granuli bianchi sulla lama dello strumento. Che notte dev'essere stata! Ora vedete dove bisogna farsi il bagno. Una «botte colma» di acqua ghiacciata. Per farvi aumentare i brividi, notate anche quel «si rapprende», come se proprio in quel momento la superficie cominciasse a gelare sul serio.

Insegnamenti delle cose

Il poeta ha citato nomi di oggetti consueti e, arrivato alla consistenza della terra, dice che è «dura», come si riferisse a leggi di ordine superiore: «secondo coscienza». Seguite il poeta nel suo itinerario notturno e arrivate al momento di individuare l'asciugamano che, a questo punto, appare come una rivelazione, come se su quella tela si scoprisse per un attimo una saggezza universale. Il poeta ne ricava un insegnamento: «Rintraccerai a stento piú puro ordito della / verità d'una tela di bucato». C'è come un catechismo fra queste parole, un'idea di giustizia, l'istruzione di un nonno. Dev'essere così, dice il poeta, la terra dura e l'asciugamano di bucato, le verità più semplici e perfette.

L'insegnamento dell'asciugamano è luminoso. Pensate a certi oggetti, alla loro semplicità, utilità, bellezza, a come sembrino metafore per alludere alla purezza. Sentite la trama di una stoffa e dite: "Che bello che ci sei e che sei fatta così, proprio così".

Questa è l'intuizione notturna al cospetto di un bagno gelato e descrive bene la poetica che accomunava Mandel'štam ai compositori russi che aderirono all'*acmeismo* (dal greco *acmé*, cioè "culmine"), un movimento letterario sorto intorno al 1910, che si contrapponeva alla poesia dotta, riportando il fuoco sacro dei versi sulla chiarezza, la concretezza, la semplicità.

Ripulire idee e sensazioni

E ora via, senza pietà, a lavarsi.
Dito al nono verso. La luce stellare cade sull'acqua, il granello di sale si scioglie. Vi siete sporti sullo specchio dell'acqua – immaginatelo buio, che riflette le stelle. La similitudine è magnifica, ci muove con tutto il corpo verso i bordi della botte. Il poeta sposta la vostra attenzione insieme alla luce delle stelle, vi rende sale e vi scioglie nell'acqua. E da qui comincia l'immersione: voi, granelli di sale grosso o fino, state scendendo nella botte piena, vi bagnate, vi sciogliete e la sintassi cambia. Avviene come una scossa, uno schiaffo forte sulla pelle – pensate al freddo dell'acqua, al poeta che inizia a lavarsi a torso nudo –, ondate di brividi successivi: «piú buia», «piú pura», «piú salata», «piú onesta e paurosa». Un acceleratore liquido, una turbina che vi fa schizzare dall'acqua alla terra, passando per morte, sventura e verità. Un arco di questioni umane, il riassunto di una vita che vola in spruzzi gelidi all'intorno.
Sotto un firmamento di sale, il poeta esala in un fiatone vaporoso il suo grazie alle cose. Un "sì" che si allarga, amplificato dalla notte, dal sangue e dal freddo.

Esercizi

ESPLORARE

01 In quale epoca diresti che è ambientata la poesia? E perché?

02 Perché le stelle sono «grezze»?

03 Perché l'acqua nella botte «si rapprende»?

SMONTARE

04 Cerchia tutti gli aggettivi e scrivi, accanto, a quale senso si riferiscono.

05 Leggi gli ultimi versi. Hai notato che cosa succede alle cose?

COSTRUIRE

06 Pensa a tre azioni che ti fanno sentire più vivo.

....

....

....

07 Trova un'immagine che rappresenti per te l'atmosfera di questa poesia e mostrala alla classe spiegando il motivo.

42

Ray Bradbury

L'estate di Picasso

tempo di lettura 7'
vita dell'autore a p. 631

George e Alice Smith sbarcarono a Biarritz, in una giornata d'estate, e in un'ora corsero in albergo, e poi sulla spiaggia, e poi nell'oceano, e poi uscirono di nuovo per arrostirsi al sole.

A vedere George Smith che si abbrustoliva, sdraiato, lo si sarebbe preso solo per un turista scaricato in Europa fresco fresco come lattuga gelata e già pronto da riportare a casa. Invece, era un uomo che amava l'arte ancor più della vita.

«Ecco...» George Smith sospirò. Un'altra oncia di sudore gli corse giù per il torace. Butta fuori tutta l'acqua del rubinetto dell'Ohio, pensò, e poi bevi solo il miglior Bordeaux. Impregnati il sangue di ricco nutrimento locale, e vedrai le cose con gli occhi dei francesi.

Perché? Perché mangiare, bere, respirare tutto ciò che era francese? Così, al momento buono, avrebbe potuto cominciare a capire realmente il genio di un uomo.

La sua bocca si mosse, formando un nome.

«George?» Sua moglie torreggiò su di lui. «So a che cosa pensi. So leggere quello che dici, quando muovi le labbra.»

George Smith rimase perfettamente immobile, in attesa.

«E?»

«Picasso» disse lei.

George fece una smorfia. Un giorno o l'altro, sua moglie avrebbe pur imparato a pronunciare nel modo giusto quel nome.

«Ti prego» disse lei, «rilassati. So che stamattina hai sentito quella notizia, ma dovresti vedere i tuoi occhi... ti è tornato il tic. D'accordo, Picasso è qui, a poche miglia lungo la costa, ospite di amici in qualche paesino di pescatori. Ma devi dimenticartene, altrimenti la nostra vacanza è rovinata.»

«Vorrei non aver mai sentito la notizia» rispose lui, con franchezza.

«Se solo ti piacessero degli altri pittori!»

Altri? Sì, ce n'erano altri. Poteva far colazione in modo congeniale con le nature morte di Caravaggio e le loro pere d'autunno e le loro prugne di mezzanotte. Per pranzo: i girasoli infuocati dai petali come grossi vermi di Van Gogh, quei fiori che anche un cieco avrebbe potuto leggere, se solo avesse passato le dita, bruciandole, sulla tela rovente. Ma il gran festino? I quadri per i quali preservava il suo palato? Chi riempiva l'orizzonte, simile a Nettuno che sorge dalle acque, coronato di vischio, alabastro, corallo, e con i pennelli impugnati come tridenti nelle mani dalle unghie di corno, e con una coda tanto grande da spruzzare scrosci estivi su tutta Gibilterra... chi altri, se non il creatore della *Ragazza allo specchio* e di *Guernica*?

«Alice» disse George Smith, paziente «come devo spiegartelo? Arrivando in treno, pensavo: santo cielo, è *tutto* paese di Picasso!»

Ma lo era veramente? pensò. Il cielo, la terra, la gente, i mattoni rosso fuoco qui, le volute blu elettrico dei balconi di ferro là, un mandolino maturo come un frutto nelle mani dalle mille impronte digitali di un uomo, manifesti stracciati svolazzanti come coriandoli al vento notturno... quanto di tutto questo era Picasso, e quanto George Smith che guardava il mondo attorno a lui con gli occhi da "primitivo" di Picasso? Capiva che non avrebbe mai avuto risposta. Il vecchio aveva distillato dentro George Smith colori e olio di lino al punto che avevano modellato il suo essere, tutto Periodo Blu al tramonto, tutto Periodo Rosa all'alba.

«Continuo a pensare» disse George Smith «che se risparmiassimo...»

«Non avremo mai cinquemila dollari.»

«Lo so» rispose lui, piano. «Ma è bello pensare che un giorno potremmo procurarceli. Non sarebbe meraviglioso andare da lui e dire: "Pablo, ecco cinquemila dollari! Dacci il mare, la sabbia, quel cielo, o qualunque vecchio quadro, e saremo felici..."»

Dopo un attimo, sua moglie gli toccò il braccio.
«Farai meglio a entrare in acqua, ora» disse.
«Sì» rispose George Smith. «Hai ragione.»
Quando George tagliò l'acqua, si alzarono spruzzi di fuoco bianco.
Durante il pomeriggio, George Smith uscì ed entrò nell'oceano con quei larghi movimenti liquidi delle persone che, ora calde, ora fresche, al tramonto del sole tornavano ai loro alberghi simili a torte nuziali, con i corpi color aragosta, color scampo lesso, color porcello.
La spiaggia si stendeva deserta per miglia e miglia, tranne che per due persone. Una era George Smith, asciugamano sulle spalle, là fuori per un ultimo rito.
Molto più lontano, lungo la spiaggia, un altro uomo, più basso e più tozzo, camminava da solo lungo l'acqua tranquilla. Era molto abbronzato, il cranio rasato reso color mogano dal sole, gli occhi chiari e brillanti come pozze d'acqua in mezzo al viso.
Così, il palcoscenico sulla spiaggia era pronto, e fra poco i due uomini si sarebbero incontrati. E di nuovo il Destino fissò le sequenze degli shock e delle sorprese, degli arrivi e delle partenze. E per tutto il tempo i due passeggiatori solitari non pensarono neppure per un attimo alle coincidenze, a quella corrente mai attraversata a nuoto che indugia ai fianchi dell'uomo in ogni folla di ogni città. Né meditarono sul fatto che se l'uomo osa affondare le mani in quella corrente, afferrerà una meraviglia in ogni mano. Come la maggior parte delle persone, non credevano a certe follie e si tenevano ben lontani dall'acqua, per timore che il Destino ce li spingesse dentro.
Lo sconosciuto era solo. Guardandosi attorno, vide la propria solitudine, vide le acque della bella baia, vide il sole scivolare giù fra gli ultimi colori della giornata, e poi, voltandosi a metà, vide un piccolo oggetto di legno sulla sabbia. Era solo il sottile bastoncino di un ghiacciolo al limone sciolto ormai da molto tempo. Sorridendo, l'uomo lo raccolse. Con un'altra occhiata attorno per riassicurarsi della sua solitudine, si fermò di nuovo e, reggendo delicatamente il bastoncino, con lievi movimenti della mano cominciò a fare la cosa che sapeva fare meglio al mondo.
Cominciò a tracciare incredibili figure sulla sabbia.
Abbozzò una figura e poi si spostò, ancora con gli occhi bassi, completamente concentrato sul suo lavoro. Disegnò una seconda e una terza figura, e dopo una quarta, una quinta e una sesta.

George Smith, i piedi affondati nella sabbia, guardò qui, guardò là, e poi vide l'uomo lontano. Avvicinandosi, si accorse che l'uomo, abbronzatissimo, era chino sulla sabbia. Si avvicinò ancora, e fu evidente quello che l'uomo stava facendo. George Smith ridacchiò. Ma certo, ma certo... Solo sulla spiaggia, quell'uomo... quanti anni poteva avere? sessantacinque? settanta?... tracciava ghirigori e scarabocchi. Come volava la sabbia! Con quale vitalità si gettavano sulla spiaggia quei ritratti primitivi! Come...

George Smith fece un altro passo e si fermò, restando immobile.

Lo sconosciuto disegnava e disegnava, e non pareva sentire che c'era qualcuno immediatamente dietro di lui e dietro il mondo disegnato ai suoi piedi. Ma era così immerso nella sua solitaria creazione, così incantato, che se nella baia fossero scoppiate bombe di profondità, non avrebbero fermato la sua mano che volava, né l'avrebbero fatto voltare.

George Smith abbassò lo sguardo sulla sabbia. E dopo un po', guardando, cominciò a tremare.

Perché là, sulla riva piatta, si susseguivano disegni di leoni greci e capre mediterranee e ragazze con la carne di sabbia, come spolverata d'oro, e satiri che suonavano corni intarsiati a mano e bambini che danzavano, spargendo fiori lungo la spiaggia, con agnelli che gli zampettavano dietro, e musici che si dilettavano con le arpe e le lire, e gli unicorni. I ragazzi correvano verso prati lontani, verso boschi, verso templi in rovina e vulcani. Lungo la spiaggia, in una linea ininterrotta, la mano, lo stilo di legno di quell'uomo, chino e come in preda alla febbre e madido di sudore, disegnava, tracciava, descriveva cerchi, attorno, su, attraverso, dentro, fuori, ricuciva, frusciava, si fermava, poi riprendeva rapido come se quel baccanale in movimento dovesse realizzarsi prima che il mare spegnesse il sole. Per venti, trenta o più metri, le ninfee e le driadi e le fonti estive si srotolarono in geroglifici ininterrotti. E la sabbia, nella luce del sole morente, era color rame fuso sul quale era ora inciso un messaggio che qualunque uomo in qualunque tempo poteva leggere e assaporare per anni e anni. Tutto vorticava e si posava nel suo stesso vento, e nella sua stessa forza di gravità. Ora il vino veniva schiacciato sotto i piedi sporchi d'uva delle figlie danzanti dei vignaioli, ora mari ribollenti davano vita a mostri metallici, mentre aquiloni fioriti riversavano profumi su nubi rigonfie... ora... ora... ora...

L'artista si fermò.

George Smith si ritrasse e rimase discosto.

L'artista alzò lo sguardo, sorpreso di trovare qualcuno così vicino. Poi si limitò a restare fermo, a passare lo sguardo da George Smith alla propria creazione sparsa lungo la riva come pigre orme di piedi. Alla fine sorrise e si strinse nelle spalle, come per dire: "Guarda cos'ho fatto. Visto che bambino? Mi perdonerai, vero? A volte, capita a tutti di essere sciocchi... Anche a te, magari? Quindi, permetti questo a un vecchio sciocco, eh? Bene! Bene!".

Ma George Smith riuscì solo a fissare l'ometto dalla pelle scurita dal sole e dai chiari occhi acuti e a sussurrare il nome dell'uomo, una sola volta, dentro di sé.

Rimasero così per altri cinque secondi. George Smith a guardare la sabbia disegnata, e l'artista a guardare George Smith con divertita curiosità. George Smith aprì la bocca, la richiuse, tese la mano, la ritrasse. Avanzò verso i disegni, si tirò indietro. Poi si mosse lungo la fila di figure, come un uomo di fronte a una serie di statue preziose scagliate sulla spiaggia da qualche antica rovina. Non batté ciglio: avrebbe voluto tendere la mano e toccare, ma non lo fece; avrebbe voluto correre, ma non corse via.

All'improvviso guardò verso l'albergo. Correre, sì! Correre! Che? Afferrare una vanga, scavare, affondare, salvare un blocco di quella sabbia che si sgretolava? Trovare un restauratore, trascinarlo là di corsa, con del gesso, perché ricavasse un calco di qualche piccola, fragile parte di quei disegni? No, no. Stupido, stupido. O...? I suoi occhi in un guizzo si volsero alla finestra del suo albergo. La macchina fotografica! Corri a prenderla, torna indietro, corri lungo la riva, scatta, cambia la pellicola, scatta ancora, finché...

George Smith si voltò verso il sole. Bruciava lievemente sulla sua faccia, gli trasformava gli occhi in due piccoli fuochi. Il sole era a metà sott'acqua, e mentre George Smith guardava, nel giro di pochi secondi, scomparve.

L'artista si era avvicinato, e ora guardava la faccia di George Smith con grande amicizia, come se indovinasse ogni pensiero. Ora abbassò la testa, in un abbozzo d'inchino. Ora lasciò cadere il bastoncino del ghiacciolo, distrattamente. Ora disse «buonasera, buonasera». Ora si dileguò, camminando lungo la spiaggia verso sud.

George Smith rimase a seguirlo con lo sguardo. Dopo un minuto buono, fece l'unica cosa possibile. Cominciò dall'inizio del fantastico fregio di satiri e fauni e ragazze immerse nel vino e unicorni in corsa e giovani col flauto e camminò lentamente lungo la riva. Camminò a lungo con gli occhi fissi sul baccanale festoso. E quando arrivò alla fine degli animali e degli uomini, si voltò e si avviò nella direzione opposta, con lo sguardo fisso a terra, come se avesse perso qualcosa e non sapesse esattamente dove cercarlo. Continuò così finché non vi fu più luce nel cielo e sulla sabbia.

Si sedette a tavola, davanti alla cena.

«Sei in ritardo» disse sua moglie. «Non ho potuto fare a meno di scendere, anche se ero sola. Muoio letteralmente di fame.»

«Non importa.»

«È successo qualcosa di interessante, durante la tua passeggiata?»

«No» rispose George Smith.

«Hai un'aria strana, George. Non ti sei spinto troppo al largo, nuotando, vero? Non hai corso il pericolo di affogare, vero? Sì, *ti sei* spinto troppo al largo, eh?»

«Sì.»

«Be'» disse lei, scrutandolo attentamente, «non farlo più. Ora... cosa mangi?»

George Smith prese il menù, cominciò a leggere e si fermò all'improvviso.

«Che c'è?» chiese sua moglie.

George Smith volse il capo e chiuse per un attimo gli occhi.

«Ascolta.»

Lei ascoltò.

«Non sento niente.»

«No?»

«No. Che cos'è?»

«Solo la marea» disse dopo un po' George Smith, seduto, gli occhi ancora chiusi. «Solo la marea in arrivo.»

da **Ray Bradbury, *Cento racconti***, Milano, Mondadori, 2013.
Traduzione dall'inglese di Anna Ravano.

Commento

Il grande mondo laggiù: 34 racconti, pubblicati nel 1984

Uno di questi era *L'estate di Picasso*; la maggior parte degli altri erano storie di fantascienza, perché a descrivere quel tipo di scenario Bradbury dava il meglio di sé.

Qui la trama è semplice, chiunque di voi può avere il desiderio del signor George: finire nella stessa località di mare dove se la sta spassando una celebrità che vi è particolarmente cara, e per di più incontrarla sulla spiaggia, da soli, e ricevere un dono.
È un bel racconto, e allena chi lo legge a fare una delle cose che spiegano perché la letteratura esiste: sognare ad occhi aperti.

La penna di Bradbury è scaltra e fa filare tutto liscissimo: avrete notato le due mosse con cui vi fa entrare nel clima estivo di Biarritz, quando scrive che «in un'ora corsero in albergo, e poi sulla spiaggia, e poi nell'oceano, e poi uscirono di nuovo per arrostirsi al sole».
Capita esattamente così, quando arrivate al mare dopo averlo desiderato tutta la primavera.

Si può anche intravedere una morale della favola

La bellezza è ciò che puoi continuare a desiderare per sempre, perché non la puoi possedere mai, come un'enorme incisione su una spiaggia che va incontro all'alta marea: per ben che vada la guardi un po' più a lungo. L'unico modo che hai per intascartela è ricordare: la macchina fotografica è troppo distante, conservare la spiaggia intera è impossibile.

Da buon autore di fantascienza, Bradbury aveva un'idea piuttosto triste del genere umano, temeva che la società stesse andando in malora e si era domandato a che cosa servisse di preciso inventare mondi fantastici, da dove gli venisse così forte quel bisogno di farlo.
Alla fine, in un saggio sul tema, dichiarò che "la funzione della letteratura scientifica non è predire il futuro, bensì prevenirlo", per far in modo che sia meno peggio di come potrebbe, e imporgli una direzione più umana.
Intervistato, disse anche che la scienza della finzione, cioè inventare storie, è "arte dell'ovvio, mai dell'impossibile": voleva dire sempre che

i buoni narratori riescono a leggere quel che avverrà e che, siccome gli altri non lo vedono ancora, a loro appare come il frutto di una brillante fantasia. Un esempio (riassumendo le parole di Bradbury stesso): se negli anni Cinquanta avesse raccontato la storia di una donna che, inghiottendo una pillola, distrugge la Chiesa cattolica, liberando centinaia di altre signore, nessuno ci avrebbe creduto. I lettori avrebbero riso o si sarebbero entusiasmati per la sua geniale invenzione, ma in ogni caso mai e poi mai avrebbero pensato che sarebbe potuto accadere. E invece la contraccezione ha cambiato la vita di molte donne, il modo di intendere la religiosità e il sesso.

Fahrenheit 451 (1953)

È il romanzo che l'ha reso intramontabile. Qui Bradbury si è occupato della sua più forte passione, prefigurando la sua più grande paura: un impero che bandisce i libri, una polizia speciale con il compito di metterli al rogo. Nella città descritta nel romanzo questo sacrificio si rende necessario per instupidire gli uomini e tenerli sotto scacco, ma alcuni scappano e imparano i libri prediletti a memoria, così che nessuno possa portarglieli via (come a George la sua spiaggia nel racconto che avete letto).

In Illinois Bradbury crebbe visitando tre pomeriggi alla settimana per dieci anni la stessa libreria, della catena Carnagie, dove si appassionò alla vicenda della biblioteca di Alessandria d'Egitto, scomparsa per sempre. Inoltre, soffriva pensando alla quantità di carta stampata che le polizie di Hitler e Stalin avevano mandato al macero. Diceva che le biblioteche sono l'unica vera possibilità che i ragazzi poveri hanno di imparare tutto quel che vogliono senza spendere un dollaro. Agli amici, Bradbury consigliava di prendersi un giorno ogni tanto per scrivere un racconto, andarsene, staccare il telefono, e travasare le emozioni di quel momento sulla carta: il segreto di una buona storia breve, diceva, è un'idea eccitante. Ad esempio, Picasso che disegna sulla sabbia con un «bastoncino del ghiacciolo».

Esercizi

ESPLORARE

01 Da dove vengono Alice e George Smith?

02 Con quale frase è descritto George?

03 George Smith ha un'ossessione: quale?

04 Che cosa pensa Alice Smith dell'ossessione del marito?

SMONTARE

05 Come è descritto Picasso? Sottolinea la descrizione e poi, se non sai come era realmente, cerca una sua foto e confrontala con l'immagine che ti sei fatto leggendo il racconto di Bradbury.

06 In quanto tempo si svolge questa storia?

07 A un certo punto, il narratore interrompe la storia e fa una digressione in cui sembra guardare dall'alto i personaggi. Riesci a trovarla? Disegna intorno a questa digressione una grande parentesi.

08 Trova il punto del racconto in cui hai iniziato a pensare che quel vecchio è proprio Picasso.

09 «Guardandosi attorno, vide la propria solitudine, vide le acque della bella baia, vide il sole scivolare giù fra gli ultimi colori della giornata, e poi, voltandosi a metà, vide un piccolo oggetto di legno sulla sabbia». Chi sta compiendo questi gesti?

10 Sottolinea nel testo tutti gli aggettivi che hanno a che fare con dei colori. Sono più o meno numerosi di quanto ricordavi?

COSTRUIRE

11 Cerca *Guernica* e *Ragazza allo specchio*. Sembrano dipinti da due pittori diversi, eppure sono entrambi di Picasso. Trova le somiglianze tra i due quadri (che è l'opposto di "trova le differenze").

....

....

....

....

....

12 «Cinquemila dollari»: ti sembra un prezzo realistico per l'acquisto di un Picasso? Scopri quanto dovrebbe spendere George oggi per averne uno (piccola anticipazione: moltissimi soldi).

....

....

13 George incontra sulla spiaggia di Biarritz Picasso che disegna con un legnetto. Immagina: tu chi incontri, dove, e che cosa sta facendo?

....

....

....

....

....

....

....

43

Friedrich Hölderlin

Metà della vita

tempo di lettura 1'
vita dell'autore a p. 644

Con gialle pere scende
E folta di rose selvatiche
La terra nel lago,
Amati cigni,
E voi ubriachi di baci
Tuffate il capo
Nell'acqua sobria e sacra.

Ahimè, dove trovare, quando
È inverno, i fiori, e dove
Il raggio del sole,
E l'ombra della terra?
I muri stanno
Afoni e freddi, nel vento
Stridono le bandiere.

da **Friedrich Hölderlin, *Tutte le liriche*,** Milano, Mondadori, 2001.
Traduzione dal tedesco di Luigi Reitani.

Commento

Una poesia divisa in due

Come la vita del poeta che la scrisse, uno dei sommi poeti romantici, una figura che ha raggiunto una dimensione gigantesca nel Novecento. Le due metà della vita di Hölderlin? Trentasei anni di poesia, trentasei anni di follia.

Le due strofe mettono a confronto la tarda estate e l'inverno. Nella prima parte c'è una doppia discesa: la terra scende nel lago e gli «Amati cigni», a imitarne il movimento, in sincrono tuffano il capo nell'acqua. Un profondo e più profondo andare, dalla terra all'acqua e dall'acqua verso la terra che la contiene. Il corteo che accompagna «La terra nel lago», dando l'idea di un rispecchiarsi sulla superficie dell'acqua, è fatto di ricchezze naturali, frutta e fiori. Le «gialle pere» e le «rose selvatiche» sono tante e pesanti, rendono necessario piegarsi verso il basso, come un ramo gravato dal peso dei frutti. Questa estate composta dal poeta pesa e grava, è al suo massimo sboccio, sta per decadere e marcire. Anche l'immersione dei cigni è appesantita, perché i pennuti sono «ubriachi di baci», intontiti da un amore che trabocca. Immaginate una delizia talmente esuberante che fiacca il corpo, gli mette voglia di adagiarsi, distendersi. In questa prima parte precipitate nell'acqua del lago carichi di gioielli. L'acqua vi prende, preziosa anch'essa, vi benedice mentre scendete nel profondo.

Come in un brusco risveglio esclamate all'inizio della strofa successiva

Vi siete svegliati in mezzo alla strada in un giorno troppo freddo per i vostri vestiti ancora estivi. Così scamiciati avanzate nel tempo cambiato, non c'è modo di coprirvi in maniera più adeguata. I gioielli e il peso caldo di prima sono svaniti, evaporati come alcool sulla pelle, lasciandovi addosso uno schiaffo gelato. Pensare a un bagno nel lago vi fa accapponare la pelle, ora. Quello che vi era dato a piene mani un attimo prima, non si trova più da nessuna parte. Il poeta non trova nemmeno «l'ombra della terra». Si tratta di una landa desolata quindi, senza ombre, una città abbandonata in una luce che non è luce. Perfino il suono è bandito. Sembra un incubo postatomico. Uscite dalla poesia con una specie di sibilo gracchiante, la trasformazione di qualcosa che era vivo e significativo, lo stridore delle bandiere. La bandiera, il simbolo per eccellenza (di un paese) si riduce a un brandello di senso.

Opposti

Nella prima edizione delle poesie di Hölderlin, i curatori, scandalizzati dal primo verso, arrivarono a sostituire «pere» con «fiori»! Non meno audace, l'aggettivo composto *heilignüchtern* (traducibile come "sobriamente sacra", in riferimento all'acqua; «Nell'acqua sobria» nella nostra traduzione)rinvia a una armonia degli opposti di sapore classico. Il tutto sigillato dall'apparizione di quei cigni-amanti, che rimandano a una sfera di erotismo e insieme di purezza.

Nella seconda metà della lirica (e dunque «della vita», come indicato dal titolo) tutto cambia: l'immagine della ricerca dei fiori rimanda al tema dell'innamorato folle, già presente nell'*Amleto* di Shakespeare e nel *Werther* di Goethe. Ora, all'accordo, subentra lo smarrimento. Questa volta la coppia d'opposti costituita dal «raggio dcl sole» e dall'«ombra della terra» non consente più equilibrio né pacificazione, così come, a differenza dei cigni, i «muri» non alludono a un senso di comunicazione o scambio, bensì di divisione.
Quanto alle ultime battute, se il sostantivo tedesco lascia aperta la scelta fra "bandiere" e "banderuole [segnavento]", praticamente tutti i traduttori concordano sul verbo "stridere", a conferma di ciò che è ormai irreversibile: sul mondo è piombata una definitiva stortura, una dissonanza.

Esercizi

ESPLORARE

01 Chi è che ama i cigni?

02 Come potresti descrivere la striscia di terra che scende nel lago?

SMONTARE

03 Scrivi due colori che ti fa venire in mente la prima strofa e due colori per la seconda.

04 Nonostante ci sia una differenza sostanziale tra la prima e la seconda strofa, le due hanno anche elementi in comune. Riesci a individuarli?

05 Se dovessi inserire un suono nella prima strofa, quale metteresti?

06 Che sensazioni e riflessioni suscita in te la seconda strofa di questa poesia? Che cosa ti suggerisce, per esempio, la contrapposizione sonora tra i muri «Afoni e freddi» e «nel vento / Stridono le bandiere»?

COSTRUIRE

07 Scrivi a mo' di conclusione qualche verso che possa conciliare entrambe le strofe, l'abbondanza dell'estate e il vuoto dell'inverno.

....

....

....

....

....

08 Discuti in classe con i tuoi compagni su quale potrebbe essere il significato del titolo *Metà della vita*.

44

Julio Cortázar

Istruzioni per salire le scale

tempo di lettura 2'
vita dell'autore a p. 636

Nessuno può non aver notato che sovente il suolo si piega in modo che una parte sale ad angolo retto rispetto al piano del suolo medesimo mentre la parte che segue si colloca parallelamente a questo piano per dar luogo ad un'altra perpendicolare, comportamento che si ripete a spirali o secondo una linea spezzata fino ad altezze sommamente variabili. Chinandoci e mettendo la mano sinistra su una della parti verticali e quella destra sulla corrispondente orizzontale ci troveremo in momentaneo possesso di un gradino o scalino. Ciascuno di questi scalini, formati come si vede da due elementi, si trova ubicato un po' piú in alto e un po' piú in avanti rispetto al precedente, principio che dà significato alla scala, dato che qualsiasi altra combinazione determinerebbe forme magari piú belle o pittoresche, ma inadatte a trasportare da un pianterreno a un primo piano.

Le scale si salgono frontalmente, in quanto all'indietro o di fianco risultano particolarmente scomode. La posizione naturale è quella in piedi, le braccia in giú senza sforzo, la testa eretta ma non tanto da impedire agli occhi di vedere gli scalini immediatamente superiori a quello sul quale ci si trova, e respirando con lentezza e ritmo regolare. Per salire una scala si cominci con l'alzare quella parte del corpo posta a destra in basso, avvolta quasi sempre nel cuoio o nella pelle scamosciata, e che salvo eccezioni è della misura dello scalino. Posta sul primo scalino la suddetta parte, che per brevità chiameremo piede, si tira su la parte corrispondente sinistra (anch'essa detta piede, ma da non confondersi con il piede menzionato), e portandola all'altezza del piede la si fa proseguire fino a poggiarla sul secondo scalino, sul quale grazie a detto movimento riposerà il piede mentre sul primo riposerà il piede. (I primi scalini sono sempre i piú difficili, fino a quando non si sarà acquisito il coordinamento necessario. Il fatto che coincidano nel nome il piede e il piede rende difficoltosa la spiegazione. Fare attenzione a non alzare contemporaneamente il piede e il piede).

Giunti con questo procedimento sul secondo scalino, basta ripetere a tempi alterni i suddetti movimenti fino a trovarsi in cima alla scala. Se ne esce facilmente con un leggero colpo di tallone che la fissa al suo posto, dal quale non si muoverà fino al momento della discesa.

da **Julio Cortázar, *Storie di cronopios e di famas*,** Torino, Einaudi, 1981.
Traduzione dallo spagnolo di Flaviarosa Nicoletti Rossini.

Commento

Dopo questo racconto salire le scale non sarà più la stessa cosa

C'è poco da dire. È il classico esempio di come una fine sensibilità possa mostrare alle persone che tra due numeri consecutivi, in realtà, esiste l'infinito. Qui non ci sono numeri, ma gradini, anzi, forme più semplici, punti, linee, piani e spigoli, a dimostrazione che una banale scala può diventare un organismo complicatissimo e invitante su cui spaccarsi la testa. *Istruzioni per salire le scale*?: in effetti, ve le dà. Cortázar riesce a mantenere la promessa che ha fatto nel titolo, per quanto assurda. Solo che questo genere di istruzioni non è utile a uno che non abbia mai salito le scale, ma a voi, che di scale potete salirne quante volete a occhi chiusi, ma che probabilmente non sareste in grado di dire a parole come si dovrebbe fare.

Senza una sensibilità sopra le righe un racconto simile non esisterebbe

Un uomo che non fosse Cortázar, se anche vedesse tutti i giorni le stesse scale, non penserebbe di scriverci un pezzo del genere al riguardo. Si potrebbe usare la fotografia analogica per definire la *sensibilità*, e dire che è la capacità di tenere la propria pellicola sempre impressionabile, così da registrare ogni passaggio di luce, anche il più tenue, continuando a meravigliarsi per le cose, come fosse sempre la prima volta. Tuttavia, da sola, la sensibilità non basta a creare virtuosismi come questi, ci vuole anche una certa dose di intelligenza. Buona parte di questa intelligenza consiste nel combinare le parole. È come per chi scrive le sceneggiature dei fumetti: la sua abilità sta nel riprodurre i disegni e le immagini con le parole. Sembra facile, ma non lo è. Provate voi a spiegare in poco spazio una situazione complessa a qualcuno che dovrà raffigurarla. Magari non lo conoscete neanche, magari sta dall'altra parte del mondo.
Qui la sfida di Cortázar è la stessa. Nessuno deve disegnare niente, ma noi lettori siamo giudici molto severi, perché abbiamo salito centinaia di scale, e possiamo accorgerci subito se il narratore è abile

a far muovere gli oggetti nello spazio, oppure no. Iniziate a leggere, e dopo quattro parole siete scettici, pensate: "adesso vediamo che scherzo mi fa". Eppure poi è così bravo che gli si crede, e si finisce nel bel mezzo del suo mondo, a guardare delle scale per la prima volta.

Il tratto elettrizzante di questo gesto è che può farlo chiunque

Potete scegliere una porzione di realtà a piacere e aprirla, guardarci dentro e riconsiderarla più da vicino. Se vi sembrava fosse il punto più insignificante dell'universo, ancora meglio.
Gli esempi sarebbero infiniti. Come infiniti sono gli allenamenti a cui potete sottoporvi, se vi interessa affinare questa capacità. Sapreste spiegare a qualcuno come si va in bici ora che lo fate senza sforzo? Potreste stendere la lista dei movimenti che fa il vostro corpo mentre correte? Potreste scrivere delle istruzioni per bere un bicchier d'acqua?
Smontare gli automatismi è sempre un buon punto di partenza per mappare zone della realtà che uno pensava di padroneggiare perfettamente e che invece non sa controllare, specie a parole.

Nel fare la sua magia, Cortázar si prende gioco della letteratura e stravolge la realtà nel surreale. Nessuna trama, pochi personaggi, sentimenti zero, incipit e finale praticamente casuali, meno di una pagina scritta. Chi non lo conoscesse potrebbe cadere nella tentazione che si ha vedendo una tela bucata di Fontana o gli spruzzi di vernice di Pollock, cioè chiedersi: "Questo signore fa veramente il pittore oppure è un buffone?". La risposta che vi dovete dare è la stessa: no, Julio Cortázar non è un impostore, sa scrivere anche racconti più tradizionali, con persone coinvolte, intrecci e dialoghi.
Qui, invece, vi dà "soltanto" istruzioni per salire le scale.

Esercizi

ESPLORARE

01 Di che cosa parla il racconto?

02 Qual è quella cosa che «salvo eccezioni è della misura dello scalino»?

03 Perché non saliamo le scale di fianco, secondo Cortázar?

04 A che cosa serve il «colpo di tallone» finale?

SMONTARE

05 Che cos'è che compare nel racconto e che invece sarebbe fuori luogo in un vero e proprio manuale d'istruzioni?

06 Questo racconto cambierebbe, se Cortázar dovesse dare delle istruzioni a una persona che non ha mai visto delle scale?

07 Secondo te questo è un racconto?

08 Utilizzando un lessico pseudoscientifico per descrivere un gesto semplice come salire una scala, quale effetto ottiene Cortázar?

09 Tutti sappiamo salire le scale. Allora perché, secondo te, Cortázar ritiene di doverci dare delle «istruzioni»?

COSTRUIRE

10 Qual è, in breve, il procedimento per salire le scale?

....

....

....

....

....

11 Inventa altri tre titoli di istruzioni scontate quanto lo sono quelle per salire le scale.

....

....

....

12 Scale immaginarie e infinite le ha dipinte anche il pittore Escher. Una delle sue opere pittoriche più straordinarie è *Relatività*. Cercala e osserva: che cosa rende queste scale impossibili?

....

....

....

....

....

45

John Cheever

Il nuotatore

tempo di lettura 20'
vita dell'autore a p. 636

Era una di quelle domeniche di mezza estate in cui tutti se ne stanno seduti e continuano a ripetere: "Ho bevuto troppo ieri sera". Si potevano udire i parrocchiani che lo bisbigliavano all'uscita della chiesa, si poteva udirlo anche dalle labbra del parroco, mentre si infilava faticosamente la tonaca nel vestibolo, si poteva udirlo nei campi di golf e di tennis, e anche nella riserva per la protezione della fauna, dove il presidente della locale associazione ornitologica era in preda a una feroce emicrania. "Ho bevuto troppo," gemeva Donald Westerhazy. "Tutti abbiamo bevuto troppo," gli faceva eco Lucinda Merrill. "Dev'essere stato il vino," osservava Helen Westerhazy. "Ne ho bevuto troppo di quel vino rosso."

Ciò avveniva ai bordi della piscina di casa Westerhazy. La piscina, alimentata da un pozzo artesiano con un'alta percentuale di ferro, aveva l'acqua d'un pallido colore verdastro. Era una bella giornata. A occidente si vedeva una massiccia formazione di nuvole cumuliformi, ed era così simile a una città vista in lontananza dalla prua di una nave che s'avvicina, che si sarebbe potuto darle un nome, Lisbona o Hackensack. Il sole era caldo. Neddy Merrill era disteso vicino all'acqua verdognola, una mano immersa nell'acqua e l'altra stretta intorno a un bicchiere di gin. Era un uomo snello, con quella particolare snellezza della gioventù, e pur essendo tutt'altro che giovane, quel mattino era scivolato giù dalla ringhiera di casa sua, dando poi una pacca sul sedere della statua in bronzo di Afrodite sul tavolino nell'atrio mentre trotterellava verso l'odore del caffè in sala da pranzo. Merrill poteva essere paragonato a una giornata d'estate, in particolare alle sue ultime ore, e anche se non aveva una racchetta da tennis né una borsa da vela, evocava un'immagine di gioventù sportiva e di tempo clemente. Aveva appena finito di nuotare e ora respirava profondamente, come se volesse mandar giù nei polmoni tutte le componenti di quel momento, il calore del sole e l'intensità del suo piacere; sembrava che tutte venissero aspirate dentro il suo petto. Abitava a Bullet Park, una quindicina di chilometri a sud, dove le sue quattro splendide figlie dovevano aver terminato di pranzare e stavano forse giocando a tennis. In quel momento gli venne l'idea che, seguendo un percorso ad angolo in direzione sudovest, sarebbe potuto arrivare a casa sua a nuoto.

La sua vita non era condizionata, e il piacere che gli dava questa constatazione non poteva essere spiegato con un complesso di fuga. Gli sembrava di vedere, con un occhio da cartografo, quella catena di piscine, quel corso d'acqua quasi sotterraneo che si snodava attraverso la contea. Aveva fatto una scoperta, aveva dato un contributo alla geografia moderna, e quel corso d'acqua l'avrebbe chiamato Lucinda, col nome di sua moglie. Non era uno che amava particolarmente gli scherzi, né era un buffone, ma era volutamente originale, e si considerava in generale, e modestamente, un personaggio leggendario. Era una bella giornata, e gli sembrava che una lunga nuotata ne avrebbe esaltato la bellezza.

Si tolse il golf che teneva sulle spalle e si tuffò in acqua. Nutriva un inesplicabile disprezzo per quegli uomini che non si tuffavano in acqua. Nuotava una specie di crawl irregolare, respirando a ogni bracciata oppure ogni quattro bracciate, e contando mentalmente l'uno-due uno-due del battito dei piedi. Non era uno stile adatto alle lunghe distanze, ma la pratica domestica del nuoto aveva imposto a questo sport alcune consuetudini, e in quella parte del mondo era convenzionale quel tipo di crawl. Il sentirsi avvolto e sostenuto da quell'acqua verdognola gli sembrava non tanto un piacere quanto un ritorno a una condizione naturale, e gli sarebbe piaciuto nuotare senza calzoncini da bagno, ma questo non era possibile, in considerazione del suo progetto. Si issò sul bordo opposto della piscina, lui che non usava mai la scaletta, e s'incamminò attraverso il prato. Quando Lucinda gli domandò dove stava andando, le rispose che ritornava a casa a nuoto.

Le uniche mappe e cartine a cui fare riferimento erano nella memoria o nell'immaginazione, ma erano abbastanza chiare. Per primi venivano i Graham, gli Hammer, i Lear, gli Howland e i Crosscup. Poi avrebbe attraversato Ditmar Street fino alla casa dei Bunker, e da lì, dopo un breve trasbordo, sarebbe arrivato alle piscine dei Levy e dei Welcher, e alla piscina pubblica di Lancaster. Seguivano poi le piscine degli Halloran, dei Sachs, dei Biswanger, e quelle di Shirley Adams, dei Gilmertin e dei Clyde. Era una stupenda giornata, e il fatto di vivere in un mondo così generosamente fornito di acqua gli sembrava un dono del cielo, una benedizione. Si sentiva il cuore leggero, e cominciò a correre sull'erba. L'impresa di avventurarsi verso casa seguendo questa insolita rotta gli dava la sensazione di essere un pellegrino, un esploratore, un uomo del destino, e sapeva che sul percorso avrebbe incontrato molti amici, tutti amici assiepati lungo le rive del fiume Lucinda.

Scavalcò una siepe che divideva il terreno dei Westerhazy da quello dei Graham, camminò sotto alcuni alberi di melo, oltrepassò il capanno della pompa e del filtro dell'acqua, e arrivò così alla piscina dei Graham. "Ehilà, Neddy!" esclamò la signora Graham. "Che magnifica sorpresa! È tutta la mattina che ti cerco al telefono. Su, vieni a bere qualcosa." Al pari di un vero esploratore, si rendeva conto che doveva diplomaticamente rispettare i costumi e le tradizioni di ospitalità degli indigeni locali, se voleva raggiungere la sua destinazione. Non voleva sconcertare i Graham, né sembrar loro sgarbato, ma nemmeno aveva il tempo per trattenersi a lungo a casa loro. Attraversò a nuoto la loro piscina in tutta la sua lunghezza, poi li raggiunse sotto il sole, e pochi minuti dopo fu salvato dall'arrivo di due auto cariche di loro amici del Connecticut. Durante i chiassosi saluti che seguirono, riuscì così a squagliarsela inosservato. Scese il prato davanti alla casa dei Graham, scavalcò una siepe spinosa e attraverso un terreno incolto arrivò alla casa degli Hammer. Alzando lo sguardo dal suo roseto, la signora Hammer lo vide nuotare nella sua piscina, anche se non era sicura che fosse proprio lui. I Lear lo udirono tuffarsi in acqua attraverso le finestre aperte del soggiorno. Gli Howland e i Crosscup non erano in casa. Uscito dalla piscina degli

Howland, Neddy attraversò Ditmar Street e si diresse verso la casa dei Bunker, da dove gli giungevano, pur da lontano, gli echi rumorosi di una festa.

L'acqua rifrangeva il rumore delle voci e delle risate, e sembrava tenerle sospese a mezz'aria. La piscina dei Bunker era su un rialzo di terreno, e Neddy salì alcuni gradini che portavano a una terrazza, dove una trentina di persone stavano bevendo. L'unica persona in acqua era Rusty Towers, che galleggiava su un materassino di gomma. Oh, com'erano incantevoli e lussureggianti le rive del fiume Lucinda! Uomini e donne prosperi erano riuniti intorno alle sue acque color zaffiro, mentre i camerieri in giacca bianca servivano loro bicchieri di gin gelato. Sopra alla testa vedeva volteggiare nel cielo un aereo rosso da addestramento che sembrava gioioso come un bambino sull'altalena. Ned provò un momentaneo sentimento d'affetto per quella scena, un senso di tenerezza per quella gente lì riunita, un sentimento che gli sembrava di poter toccare con mano. In lontananza, udiva il brontolio del tuono. Non appena lo vide, Enid Bunker cominciò a strillare: "Oh, guardate chi c'è! Che magnifica sorpresa! Quando Lucinda mi ha detto che non potevate venire, mi sono sentita quasi morire". Si fece strada attraverso la folla verso di lui, e quando ebbe finito di baciarlo lo condusse verso il bar, una marcia che fu rallentata dal fatto che Ned dovette fermarsi a baciare altre nove o dieci donne e a stringere la mano di altrettanti uomini. Un barista sorridente, che Ned aveva già visto a un centinaio di feste, gli servì un gin tonic, poi si trattenne per un attimo al bar, cercando di non farsi coinvolgere in nessuna conversazione che potesse attardare il suo viaggio. Quando gli sembrò di essere quasi circondato dagli invitati, Ned si tuffò nella piscina e nuotò lungo il bordo per evitare di entrare in collisione con il materassino di Rusty. Giunto all'altra estremità della piscina, passò accanto ai Tomlinson con uno sfolgorante sorriso e si avviò trotterellando lungo il sentiero del giardino. La ghiaia gli faceva male ai piedi, ma questo era l'unico inconveniente. Gli invitati erano tutti raccolti intorno alla piscina, e avviandosi verso la casa, Ned udiva affievolirsi il rumore vivace delle voci riflesse dall'acqua, mentre si faceva più forte quello di una radio nella cucina dei Bunker, dove qualcuno stava ascoltando la cronaca di una partita di pallone. Già, era domenica pomeriggio. Si fece strada attraverso le auto parcheggiate e percorse il bordo erboso del vialetto d'accesso fino in Alewives Lane. Gli seccava farsi vedere per strada in calzoncini da bagno, ma non c'era traffico a quell'ora, e percorse il breve tragitto fino all'ingresso della casa dei Levy, segnato col cartello PROPRIETÀ PRIVATA e con la cassetta verde del "New York Times". Tutte le porte e le finestre della grande casa erano aperte, ma non c'erano segni di vita, nemmeno un cane che abbaiasse. Girando intorno alla casa arrivò alla piscina, e lì vide che i Levy se n'erano andati da poco. Bicchieri, bottiglie e piatti di noccioline erano posati su un tavolo all'estremità della piscina, dove c'era un gazebo o spogliatoio in cui erano appesi lampioncini giapponesi. Dopo aver percorso a nuoto la vasca, prese un bicchiere e si versò da bere. Era il quarto o il quinto bicchiere che beveva, e aveva già percorso a nuoto quasi la metà del fiume Lucinda. Si sentiva stanco, pulito, e contento di esser solo in quel momento, contento di tutto quanto.

Stava per arrivare un temporale. La formazione di nuvole cumuliformi si era alzata ed era divenuta più scura, e mentre era lì seduto udì di nuovo il rombo sordo del tuono. L'aereo da addestramento volteggiava ancora sopra la sua testa, e a Ned sembrava quasi di poter udire il pilota che rideva di piacere nella luce del pomeriggio, ma quando si udì un altro boato di tuoni, il pilota virò per far ritorno alla base. Si udì poi il fischio di una locomotiva, e Ned si domandò che ore erano. Le quattro? O le cinque? Pensò alla stazione a quell'ora, dove un cameriere con lo smoking coperto dall'impermeabile, una nana con un mazzo di fiori avvolti in carta di giornale, una donna con gli occhi rossi di pianto erano in attesa del treno locale. Improvvisamente si fece buio, era quello il momento in cui gli uccellini sembrano intonare tutti insieme un canto che è un acuto e riconoscibile annuncio del temporale che s'avvicina. Poi udì il piacevole rumore dell'acqua che scrosciava dalle fronde di una quercia dietro di lui, come se fosse stato aperto un rubinetto. Quel rumore d'acqua scrosciante gli arrivò poi dalle fronde di tutti gli alberi lì intorno. Ma perché amava tanto i temporali, perché lo eccitava il rumore delle porte spalancate dal vento e delle folate di pioggia che spazzavano violentemente le scale di casa, perché il semplice compito di chiudere le imposte di una vecchia casa gli sembrava così necessario e urgente, perché le prime note cristalline di un vento di tempesta avevano per lui il suono inconfondibile delle buone notizie, dell'allegria, della lieta novella? Poi si sentì un forte boato seguito dall'odore della cordite, e la pioggia investì i lampioncini giapponesi che la signora Levy aveva acquistato a Kyoto due anni prima, o era stato forse l'anno scorso?

Rimase nello spogliatoio dei Levy finché non fu passato il temporale. La pioggia aveva raffreddato l'aria, e Ned si sentì percorrere da un brivido. La forza del vento aveva spogliato un acero di foglie rosse e gialle, che giacevano ora sparse sull'erba e nell'acqua. Essendo mezza estate, l'albero doveva essere malato, ma quel primo segnale dell'autunno gli diede una peculiare malinconia. Poi si riprese dal suo torpore, vuotò il bicchiere e si avviò verso la piscina dei Welcher. Per arrivarvi dovette attraversare la pista d'equitazione dei Lindley, e fu sorpreso di trovarla infestata da erbacce e senza gli ostacoli, che erano stati smontati. Si domandò se i Lindley avevano venduto i loro cavalli o se invece, dovendo partire per le vacanze estive, li avevano affidati a qualche scuderia. Gli sembrava di aver sentito dire qualcosa, a proposito dei Lindley e dei loro cavalli, ma non ricordava bene. Proseguì a piedi nudi sull'erba bagnata, fino alla casa dei Welcher, dove trovò che la loro piscina era stata prosciugata.

Questa interruzione nel flusso del suo corso d'acqua gli diede un assurdo senso di delusione, e si sentì come un esploratore che si spinge alla ricerca delle sorgenti di un fiume e si trova invece davanti a un ramo morto. Era deluso e sconcertato. Era un fatto abbastanza normale che la gente se ne andasse via in estate, ma nessuno aveva mai prosciugato la piscina. I Welcher dovevano essere andati via definitivamente. I mobili del giardino erano stati piegati, ammucchiati e coperti con tela cerata. Anche la cabina era chiusa a chiave, così come tutte le finestre della casa, e quando arrivò al vialetto d'accesso davanti alla casa vide un cartello con la scritta IN VENDITA inchiodato a un albero. Quando aveva sentito l'ultima volta i Welcher, quand'era stato, cioè, che lui e Lucinda avevano ricevuto uno sgradito invito a cena in casa loro? Sembrava soltanto una settimana o due prima. Era la sua memoria che vacillava, o era il fatto che avendola esercitata a rimuovere i ricordi sgradevoli, il suo senso della realtà era ora offuscato? Poi udì in lontananza il rumore di una partita di tennis. Quel rumore lo rallegrò, spazzò via le sue apprensioni e gli consentì di considerare con indifferenza il cielo coperto e l'aria più fredda. Quello era il giorno in cui Neddy Merrill aveva attraversato a nuoto tutta la contea, che giornata! E così si avviò a compiere il suo trasbordo più difficile.

Se quel pomeriggio qualcuno avesse fatto una gita domenicale, avrebbe potuto vederlo, seminudo, ai margini della strada statale 424, in attesa che si presentasse l'occasione di attraversarla. E si sarebbe domandato allora se quell'uomo era vittima di qualche scherzo di cattivo gusto, se la sua auto si era rotta, o se era semplicemente un pazzo. Lì, a piedi scalzi tra le immondizie dell'autostrada, tra lattine di birra, stracci e pezzi di pneumatici scoppiati, esposto a ogni sorta di ridicolo, Ned era una figura patetica. Già al momento della partenza sapeva che quel tratto di strada, segnato sulla sua cartina, faceva parte del percorso, ma una volta giunto davanti a quelle file di auto che si snodavano nella luce d'estate, si era trovato impreparato. Si era visto deriso, beffeggiato, bersagliato perfino da una lattina di birra, e non aveva né la dignità, né il senso dell'umorismo sufficienti per far fronte alla situazione. Sarebbe potuto tornare indietro, a casa dei Westerhazy, dove Lucinda doveva essere ancora distesa al sole. Non aveva firmato niente, non aveva giurato niente, non aveva sottoscritto impegni con nessuno, nemmeno con se stesso. E perché, allora, pur convinto com'era che tutto l'orgoglio umano doveva essere subordinato al buonsenso, non era capace di voltarsi e di tornare indietro? Perché era così deciso a portare a termine il suo viaggio, anche se ciò poteva mettere a repentaglio la sua stessa vita? Quand'era successo che quel gioco, quello scherzo, quell'esibizione erano divenuti una cosa seria? Non poteva tornare indietro, e non riusciva nemmeno a ricordare chiaramente l'acqua verde della piscina dei Westerhazy, la sensazione che aveva provato di respirare le componenti di quella giornata, le voci rilassate degli amici che dicevano di aver bevuto troppo. Nello spazio di un'ora, più o meno, aveva percorso una distanza che rendeva impossibile il suo ritorno.

Un vecchio che arrancava sull'autostrada a venti all'ora lo lasciò passare e poté arrivare così allo spartitraffico erboso in mezzo alla strada. Lì si trovò esposto al ridicolo degli automobilisti diretti verso nord, ma dopo una quindicina di minuti riuscì ad attraversare anche quella carreggiata. Da lì il tragitto era breve fino al centro di ricreazione alla periferia del villaggio di Lancaster, dove c'erano alcuni campi per la pallamano e una piscina pubblica.

L'effetto delle voci sull'acqua, l'illusoria impressione di allegria e di attesa, erano gli stessi che aveva avvertito in casa dei Bunker, ma qui i suoni delle voci erano più forti, aspri e acuti, e non appena entrò nel recinto affollato della piscina si trovò davanti ai suoi regolamenti da caserma: TUTTI I BAGNANTI DEVONO FARE LA DOCCIA PRIMA DI ENTRARE IN ACQUA. TUTTI I BAGNANTI DEVONO LAVARSI I PIEDI. TUTTI I BAGNANTI DEVONO PORTARE APPESA LA MEDAGLIETTA DI RICONOSCIMENTO. Fece la doccia, si lavò i piedi con una soluzione lattiginosa dall'odore amarognolo, poi si fece strada verso il bordo della vasca, che puzzava di cloro e gli sembrava una fogna. Due bagnini in cima a una torretta soffiavano nei loro fischietti da poliziotti a intervalli che sembravano regolari e insultavano i bagnanti attraverso gli altoparlanti. Neddy pensò con nostalgia all'acqua color zaffiro della piscina dei Bunker e si disse che in quest'acqua poteva anche contaminarsi, compromettere il suo aspetto florido e seducente, ma poi si ricordò di essere un esploratore, un pellegrino, e pensò che quella era soltanto un'ansa stagnante del grande fiume Lucinda. Allora si tuffò, storcendo il naso con disgusto, in quell'acqua che puzzava di cloro, nuotando con la testa fuori per evitare collisioni, ma nonostante ciò fu continuamente urtato, investito e spruzzato dagli altri bagnanti. Quando arrivò dove l'acqua era più bassa, udì che i due bagnini stavano gridando al suo indirizzo: "Ehi tu, tu che non hai la medaglietta, esci subito dall'acqua!". Ned uscì, ma i bagnini non avevano la possibilità di inseguirlo, e allora se ne andò, in mezzo a quella puzza di olio abbronzante e di cloro, scavalcò una palizzata e uscì passando attraverso i campi di pallamano. Attraversata la strada, entrò nel bosco della proprietà degli Halloran. Il bosco non era stato pulito, ed era difficile e insidioso camminare lì a piedi nudi, ma alla fine arrivò al prato e alla siepe ben potata che circondava la piscina.

Gli Halloran erano due anziani coniugi immensamente ricchi, che sembravano compiacersi del sospetto che li circondava di essere comunisti. Erano ardenti riformatori, questo sì, ma non comunisti, tuttavia quando erano accusati di essere sovversivi, come talvolta succedeva, ne sembravano compiaciuti ed elettrizzati. La siepe di faggi era ingiallita, e Ned pensò che anch'essi fossero malati come l'acero di Levy. Chiamò gli Halloran ad alta voce, per avvertirli del suo arrivo e per farsi perdonare in qualche modo quell'intrusione nella loro intimità. Per qualche motivo che non gli avevano mai spiegato, gli Halloran non indossavano costumi da bagno, un vezzo che era davvero inspiegabile, anche se il loro nudismo era forse un aspetto del loro irriducibile ardore riformatore. Ned si spogliò educatamente dei suoi calzoncini da bagno prima di varcare un passaggio della siepe.

La signora Halloran, una donna robusta con i capelli bianchi e un volto sereno, stava leggendo il "Times", mentre suo marito era intento a togliere dall'acqua le foglie di faggio con un grande retino. Non sembrarono né sorpresi né dispiaciuti di vederlo arrivare. La loro piscina, forse la più vecchia della zona, era un rettangolo di pietra alimentato da un ruscello. Non aveva filtro né pompa, e la sua acqua aveva l'opaco colore dorato del corso d'acqua. "Sto attraversando a nuoto la contea," annunciò Ned. "Non sapevo che fosse possibile," osservò la signora Halloran. "Be', io ce l'ho fatta fin dalla casa dei Westerhazy," dichiarò Ned. "Devono essere cinque o sei chilometri."

Lasciò i suoi calzoncini sul bordo dell'acqua più alta, andò a piedi dov'era più bassa, poi fece a nuoto la vasca. Mentre si stava issando fuori dall'acqua, udì la signora Halloran che diceva: "Ci è dispiaciuto immensamente sapere di tutte le tue disgrazie, Neddy".

"Le mie disgrazie?" domandò Ned. "Non capisco di che cosa parli."

"Be' abbiamo saputo che hai venduto la casa e che le tue povere bambine..."

"Non ricordo proprio di aver venduto la casa," replicò Ned. "E in quanto alle ragazze, sono a casa."

"Già," sospirò la signora Halloran. "Già..." La sua voce riempiva l'aria di una malinconia fuori stagione, e Ned le disse allora in tono brusco: "Be', grazie della nuotata".

"Buon viaggio!" lo salutò la signora Halloran. Oltrepassata la siepe, si infilò i calzoncini e li legò, ma gli erano larghi, e si domandò allora se, nell'arco di un solo pomeriggio, potesse aver perso peso. Aveva freddo e si sentiva stanco, e oltre a ciò la nudità degli Halloran e l'acqua opaca della loro piscina lo avevano depresso. Era una nuotata troppo lunga per le sue forze, ma come avrebbe potuto prevederlo quel mattino, mentre scivolava giù per la ringhiera e quando stava disteso al sole in casa dei Westerhazy? Sentiva le braccia fiacche, le gambe molli, le giunture che dolevano. Peggio ancora era il freddo che sentiva nelle ossa, insieme con la sensazione che non sarebbe mai più riuscito a riscaldarsi. Le foglie cadevano intorno a lui, e a un tratto sentì nel vento l'odore di legna bruciata. Chi poteva bruciare legna in quella stagione dell'anno?

Sentiva il bisogno di bere qualcosa. Un bicchiere di whisky l'avrebbe riscaldato, l'avrebbe tirato su di morale, gli avrebbe dato le forze per compiere l'ultimo tratto del suo viaggio, avrebbe rinvigorito la sua idea che quella di attraversare a nuoto tutta la contea era un'impresa valorosa e originale. Anche quelli che attraversavano a nuoto la Manica bevevano bicchierini di brandy. Aveva proprio bisogno di uno stimolante. Attraversò il prato davanti alla casa degli Halloran e percorse poi il vialetto che portava alla casa che essi avevano fatto costruire per la loro unica figlia, Helen, e suo marito Eric Sachs. I Sachs avevano una piscina piccola, e Ned li trovò lì accanto. "Oh, Neddy!" esclamò Helen. "Sei stato a pranzo da mia madre?" "Non proprio," rispose lui. "Mi sono fermato a salutare i tuoi genitori." Sembrava una spiegazione più che sufficiente. "Mi dispiace terribilmente di arrivare in questo modo, ma sono gelato e mi chiedevo se mi avreste dato qualcosa da bere."

"Molto volentieri," rispose Helen, "ma non c'è più niente da bere in questa casa da quando Eric è stato operato, tre anni fa."

Ned si domandò se stava perdendo la memoria, se quella sua capacità di rimuovere i fatti spiacevoli gli aveva fatto dimenticare che aveva venduto la casa, che le sue figlie erano in difficoltà, che quel suo amico era stato malato. Il suo sguardo si spostò dal volto di Eric al suo addome, dove vide tre pallide cicatrici suturate, due delle quali lunghe almeno una trentina di centimetri. L'ombelico era scomparso, e Neddy si domandò che sensazione avrebbe provato una mano nel toccare i propri attributi nel letto, alle tre del mattino, e nel sentire una pancia senza ombelico, senza legami con la nascita, un'interruzione nella successione della specie?

"Sono sicura però che troverai da bere in casa dei Biswanger," soggiunse Helen. "Stanno facendo un gran baccano, si può sentirlo anche da qui, ascolta!"

Helen sollevò una mano, e al di là della strada, dei prati, dei giardini, dei boschi, dei campi, Ned udì di nuovo il suono squillante delle voci sull'acqua. "Be', farò un bagno," disse, sentendosi ancora vincolato alla scelta del suo percorso. Si tuffò nell'acqua fredda della piscina dei Sachs, e annaspando, correndo il rischio di annegare, riuscì ad attraversarla da un capo all'altro. "Lucinda e io abbiamo un'enorme voglia di vedervi," disse poi accomiatandosi, e voltando appena la testa, che era già rivolta verso la casa dei Biswanger. "Ci dispiace che sia passato tanto tempo, e sicuramente ci faremo sentire molto, molto presto."

Attraversò alcuni campi, verso la casa dei Biswanger e i rumori della festa che venivano da là. Sarebbero stati onorati di offrirgli qualcosa da bere, ne sarebbero stati davvero felici. I Biswanger invitavano a cena lui e Lucinda quattro volte all'anno, con sei settimane di preavviso, e ogni volta venivano snobbati, eppure continuavano a invitarli, incapaci di comprendere le rigide e antidemocratiche regole della loro società. Erano quel tipo di persone che durante i cocktail discutono di prezzi, che a cena si scambiano informazioni sul mercato, che raccontano barzellette sporche dopo cena all'insieme degli invitati d'ambo i sessi. Non appartenevano all'ambiente di Neddy, e non erano nemmeno compresi nell'elenco degli auguri di Natale di Lucinda. Ned si avviò verso la loro piscina con una sensazione d'indifferenza, di degnazione e anche un po' d'imbarazzo, perché sembrava farsi buio, e quelle erano le giornate più lunghe dell'anno. La festa era molto rumorosa e affollata. Grace Biswanger era quel tipo di padrona di casa che invitava gente di tutti i tipi, l'optometrista, il veterinario, l'agente immobiliare o il dentista. Nessuno era nella piscina, e il crepuscolo che si rifletteva nell'acqua aveva un bagliore invernale. Poi Ned vide il bar e si avviò in quella direzione. Quando Grace Biswanger lo vide, si diresse verso di lui, ma non aveva l'espressione cordiale che lui aveva diritto di aspettarsi, bensì un'aria bellicosa.

"Ehi, in questa festa c'è proprio di tutto," esclamò ad alta voce, "compresi quelli che violano i domicili privati."

Non sarebbe mai riuscita, però, a mortificarlo pubblicamente, su questo non c'era dubbio, e Ned non batté ciglio. "Uno che viola i domicili privati," domandò garbatamente, "si merita almeno qualcosa da bere?"

"Accomodati," rispose lei. "Non sembra che fai molto caso agli inviti."

Poi gli voltò le spalle per andare a raggiungere alcuni invitati, mentre Ned andava al bar a ordinare un whisky. Il barista glielo servì, ma con fare sgarbato. Era un mondo, il suo, in cui i camerieri tenevano un aggiornato registro sociale, e quell'umiliazione da parte di un barista affittato significava uno scadimento del suo rango sociale. Ma forse quell'uomo era nuovo dell'ambiente e non era beninformato. Poi Ned udì Grace che diceva alle sue spalle: "Sono andati in bancarotta da un giorno all'altro, ora non hanno altro che il reddito, e lui è arrivato qui una domenica, ubriaco, e ci ha chiesto di prestargli cinquemila dollari...". Era una donna che parlava sempre di soldi, peggio di uno che mangia i piselli col coltello. Ned si tuffò nella piscina, l'attraversò a nuoto e poi se ne andò.

La successiva piscina del suo elenco, la terz'ultima, era quella di una sua ex amante, Shirley Adams. Se era stato maltrattato a casa dei Biswanger, lì Ned avrebbe trovato consolazione. L'amore, anzi l'esaltazione dei sensi, sarebbe stato il miglior elisir, l'analgesico, la pillola colorata che avrebbe restituito elasticità ai suoi movimenti e gioia al suo cuore. Avevano avuto una relazione la settimana prima, o forse un anno prima, lui non ricordava bene. Era stato lui a troncarla, il coltello dalla parte del manico l'aveva lui, e mentre varcava il cancello del muro di recinzione della piscina sentiva dentro di sé soltanto una grande sicurezza. Sembrava, in un certo senso, che quella piscina gli appartenesse, perché gli amanti, in particolare gli amanti clandestini, posseggono le cose dei loro spasimanti con un'autorità che è sconosciuta nel sacro vincolo del matrimonio. Shirley era lì, con i suoi capelli color rame, ma la sua figura, ai bordi della lucente acqua cerulea, non suscitava in lui profondi ricordi. Era stata una faccenda superficiale, ricordava Ned, anche se lei aveva pianto quando lui l'aveva troncata. Sembrò sconcertata, nel vederlo, e lui si domandò se era ancora offesa. Dio non voglia, si sarebbe messa a piangere di nuovo?

"Che cosa vuoi?" gli domandò.

"Sto attraversando a nuoto la contea," le spiegò lui.

"Oh, Cristo. Ma tu non crescerai mai?"

"Be', che cosa ti prende?"

"Se sei venuto per soldi," rispose lei, "non ti darò nemmeno un altro centesimo."

"Potresti darmi qualcosa da bere."

"Potrei, ma non voglio. Non sono sola."

"Be', passavo solo di qui."

Si tuffò nella piscina e l'attraversò a nuoto, ma quando tentò di issarsi sul bordo, si accorse che non aveva più forza nelle braccia e nelle spalle, e pian piano raggiunse la scaletta e la salì. Voltandosi a guardare dietro di sé, vide un giovanotto nello spogliatoio illuminato. E mentre attraversava il prato già buio sentì nell'aria l'odore di crisantemi o delle calendule, qualche persistente odore autunnale, penetrante come quello del gas. Alzando lo sguardo, vide che le stelle erano già spuntate, ma perché gli sembrava di vedere Andromeda, Cefeo e Cassiopea? Dov'erano finite le costellazioni di mezza estate? E allora gli venne da piangere.

Era forse la prima volta che piangeva, nella sua vita di adulto, e sicuramente era la prima che si sentiva così infelice, infreddolito, stanco e sgomento. Non riusciva a comprendere la maleducazione del barista, né i modi sgarbati di un'amante che era andata da lui in ginocchio, bagnandogli i pantaloni delle sue lacrime. Ecco di che cosa aveva bisogno, di qualcosa da bere, di compagnia, e di vestiti puliti e asciutti, ma anche se sarebbe potuto arrivare direttamente a casa sua tagliando la strada, si diresse invece verso la piscina dei Gilmartin. E qui, per la prima volta in vita sua, non si tuffò in acqua, ma scese la scaletta nell'acqua gelida, e con le lente bracciate laterali che aveva imparato da principiante, nuotò attraverso la piscina. Poi si trascinò barcollando fino alla casa dei Clyde, e percorse anche la loro piscina, fermandosi continuamente a riposare con la mano sul bordo. Quando salì la scaletta, si domandò se ce l'avrebbe fatta a ritornare a casa. Aveva fatto quello che si era proposto, aveva attraversato a nuoto la contea, ma ora era così inebetito dallo sforzo che il suo trionfo gli appariva senza senso. Curvo, aggrappandosi ai paletti del cancello per sostenersi, imboccò finalmente il vialetto che conduceva a casa sua.

Trovò la casa immersa nel buio. Era così tardi che erano andati tutti a letto? Forse Lucinda si era fermata a cena a casa dei Westerhazy? E le ragazze l'avevano raggiunta lì o erano andate in qualche altro posto? Non erano d'accordo di rifiutare la domenica tutti gli inviti per rimanere a casa? Provò ad aprire le porte del garage per vedere quali auto erano dentro, ma le porte erano chiuse a chiave, e sulle mani gli rimase la ruggine delle maniglie. Mentre andava verso la porta di casa, vide che la violenza del temporale aveva strappato un tratto di grondaia, che ora pendeva sopra la porta come la bacchetta di un ombrello. L'avrebbe fatta aggiustare il mattino dopo. La casa era chiusa a chiave, e pensò che doveva averla chiusa qualche stupida cuoca o cameriera, finché non ricordò che già da un po' di tempo non avevano più cuoche e cameriere. Gridò, batté con i pugni sulla porta, tentò di abbatterla a spallate, e poi, guardando attraverso le finestre, vide che la casa era disabitata.

da **John Cheever, *I racconti***, Milano, Feltrinelli, 2014.
Traduzione dall'inglese di Marco Papi.

Commento

Questo racconto

È stato pubblicato per la prima volta sul "New Yorker", il 16 luglio del 1964. Quattro anni più tardi è diventato il film di Frank Perry *Un uomo a nudo*. E nel 1978 la raccolta della quale faceva parte, *The Stories of John Cheever*, ha vinto il Premio Pulitzer, vendendo 800.000 copie. Fu un successo straordinario per una raccolta di racconti e rilanciò quel genere, che gli editori a lungo avevano snobbato, immaginando che non avrebbe mai potuto vendere quanto i romanzi.

Si potrebbe dire che la voce di Cheever narra una sola polifonica storia: l'ipocrisia della classe media americana negli anni Cinquanta. È fin troppo evidente: casette simili, prati perfetti, piscine che gente al fondo della scala sociale non potrebbe permettersi, e alcool, moltissimo alcool. Lo scenario sicuramente non vi è nuovo perché lo mostrano molti film.

Si racconta un viaggio: è una parabola discendente e finisce malissimo

Nella gran parte dei casi, le vicende narrate da Cheever si chiudono meglio di così, almeno non con la solitudine estrema: gli esseri umani che descrive, essendo tutti sulla stessa barca, si fanno compagnia.
Ma non qui.

La costruzione dei mutamenti di Neddy è magistrale, il suo sdoppiamento inizia pianissimo: il clima, il corpo e la rotta si guastano piano piano, ma inesorabilmente. In più, man mano che Merrill procede nello spazio, giù per il fiume Lucinda, si ritrova indietro nel tempo, rattristato da presagi e malesseri sempre più forti (piange, persino).
A un tratto nulla è più come prima, né il corpo dell'uomo, infreddolito e stanco, né il cielo, che si è rannuvolato.
Da lì in avanti, il tono e lo scopo del racconto sono cambiati: è tutto lunare, si va dritti verso la caduta. È il capovolgimento totale del sogno americano, è l'incubo americano: puoi anche essere ricco, vivere col tuo costumino addosso in un bel quartiere di piscine, ma finire fuori è un attimo, e fuori fa un freddo cane.

"Io non lavoro con la trama"

Lo ha dichiarato un giorno del 1976 John Cheever alla "Paris Review": "lavoro con l'intuizione, la percezione, i sogni, i concetti". Poi ha aggiunto: "Non credo ci sia alcuna filosofia morale nella narrativa oltre all'eccellenza". Un buon narratore deve osservare gli esseri umani, studiarli e restituirne una versione più vera, che metta a nudo la realtà; se ce la fa con un'immagine sola, quella è una grande storia, pazienza se non capita niente.

Se c'è una cosa che Cheever è in grado di fare come nessun altro, è trovare "il baco nella mela", che è anche il titolo di un suo racconto: la storia di una famiglia in cui tutti sembrano perfetti e miti, mentre in realtà stanno malissimo. Lì, a proposito della mela, il narratore ipotizza che lo "straordinario colore rosato del frutto servisse solo a nascondere la gravità e la profondità dell'infezione": vedi la mela da lontano ed è una favola, poi ti avvicini e noti che è malata. Anche questo racconto entra come una sonda nel cuore del frutto bacato: parte dalla rosea buccia di una giornata di sole e dalla folle impresa che fa sentire Merrill un avventuriero, per poi addentrarsi nel cavo del suo malessere, fino ad arrivare al centro dell'infezione (una casa deserta). Verrebbe da chiedersi se è tutto un sogno oppure se Neddy parla dall'oltretomba.
Lo scrittore Andrea Bajani, nella prefazione a un'edizione italiana di questi racconti, ha affermato che, per la capacità di ascoltare i fremiti interiori di persone apparentemente a posto, la narrazione di Cheever è una specie di stazione radiofonica dei fantasmi, che "trasmettono sulla loro sequenza di scoppi e di fruscii" invisibili e inudibili dall'esterno.

Cheever, già diversi anni prima di essere tradotto nella nostra lingua, amava l'Italia: si trasferì a Roma per un anno, in via Caetani, e chiamò il suo ultimo figlio Federico. Pare gli piacesse la facilità sfrontata e sensuale che gli italiani avevano nel parlare dei sentimenti, contrariamente ai falsi *yankee* delle sue marce storie d'America.

Esercizi

ESPLORARE

01 Che cosa intende Neddy quando afferma che attraverserà la contea a nuoto? E che cos'è una *contea*?

02 Che cos'è il fiume Lucinda? Trova la descrizione che ne fa Cheever. Potrebbe esistere in una zona popolare della contea?

03 Come definiresti in un aggettivo l'atteggiamento del cameriere dei Biswanger? Perché si comporta così?

04 Secondo te, perché Neddy vuole a tutti i costi portare a termine la traversata?

SMONTARE

05 È Neddy a raccontarci ciò che gli accade?

06 Perché la piscina dei Welcher segna un punto di svolta all'interno del racconto?

07 Trova i dettagli atmosferici che rendono questa giornata estiva tanto inusuale. Perché la voce che racconta insiste nel descrivere il meteo?

08 Neddy Merrill è un tipo strano. Perché? Sapresti rintracciare nel testo di Cheever i passaggi che ti hanno portato a pensarla così?

09 Cheever dispone i fatti in ordine crescente di intensità. In questo caso le cose vanno sempre peggio per Neddy. Individua i momenti del racconto in cui la situazione precipita.

10 Quando hai letto l'ultima parola eri certo che il racconto fosse finito? Perché?

COSTRUIRE

11 Nuotare di piscina in piscina è un modo originale di muoversi nello spazio. Ti vengono in mente almeno due personaggi che si spostano con mezzi poco convenzionali? Vale tutto, compresi film, fumetti e cartoni animati.

....

....

....

....

....

12 Questo racconto si adatta ad altre forme di narrazione? Fai una ricerca su eventuali adattamenti teatrali o cinematografici.

....

....

....

....

....

13 Disegna la mappa del fiume Lucinda: non dimenticare di segnare per ogni piscina un fatto caratterizzante (una festa, un temporale, la presenza di un particolare elemento architettonico).

Mariangela Gualtieri

Sii dolce con me. Sii gentile

tempo di lettura 2'
vita dell'autrice a p. 643

Sii dolce con me. Sii gentile.
È breve il tempo che resta. Poi
saremo scie luminosissime.
E quanta nostalgia avremo
dell'umano. Come ora ne
abbiamo dell'infinità.
Ma non avremo le mani. Non potremo
fare carezze con le mani.
E nemmeno guance da sfiorare
leggere.

Una nostalgia d'imperfetto
ci gonfierà i fotoni lucenti.
Sii dolce con me.
Maneggiami con cura.
Abbi la cautela dei cristalli
con me e anche con te.
Quello che siamo
è prezioso più dell'opera blindata nei sotterranei
e affettivo e fragile. La vita ha bisogno
di un corpo per essere e tu sii dolce
con ogni corpo. Tocca leggermente
leggermente poggia il tuo piede
e abbi cura
di ogni meccanismo di volo
di ogni guizzo e volteggio
e maturazione e radice
e scorrere d'acqua e scatto

e becchettio e schiudersi o
svanire di foglie
fino al fenomeno
della fioritura,
fino al pezzo di carne sulla tavola
che è corpo mangiabile
per il tuo mio ardore d'essere qui.
Ringraziamo. Ogni tanto.
Sia placido questo nostro esserci –
questo essere corpi scelti
per l'incastro dei compagni
d'amore.

da **Mariangela Gualtieri,** ***Bestia di gioia***, Torino, Einaudi, 2010.

Commento

Certezze

Ci sono alcune cose che, malgrado le migliaia di anni di permanenza sul pianeta Terra, non abbiamo ancora capito in pieno, come i due poli opposti del nostro tempo, la nascita e la morte – di cui avrete sentito dire che sono l'unica certezza, e cioè che si nasce e si muore per forza. Per cui, se il ragionamento fila, l'unica certezza che abbiamo sta nelle due cose di cui meno sappiamo al mondo. Vi devono poi aver detto certamente, magari da piccoli, quando non volevate mangiare o quando distruggevate qualcosa, che siete fortunati, ma non ve ne rendete conto.
È possibile che questa poesia renda più incisivo e vivo quel che vi siete sentiti ripetere al riguardo. Vuole porgervi una verità nel miglior modo per farvela ricevere. Lo fa perché contiene al suo interno una doppia vocazione: è una poesia che nasce per essere interpretata dalla voce di un attore ed è una poesia che si rivolge direttamente a chi legge.

Attenzione!

Mariangela Gualtieri ha iniziato a scrivere versi per la compagnia del Teatro Valdoca, fondata da lei e dal regista Cesare Ronconi negli anni Ottanta, in Romagna. La maggior parte delle sue poesie arrivano nelle raccolte poetiche dopo essere state materiali di prove di scena, di sperimentazioni vocali e adattamenti sulla viva voce di un interprete. Questo tipo di creazione influisce sui testi e sulla loro capacità di arrivare al lettore e all'ascoltatore. Sono versi scritti a voce alta.

Leggendo (leggete ad alta voce, leggete a qualcuno), capite bene perché Mariangela Gualtieri definisca la sua poesia "esortativa". È quanto di più vicino ci sia al gesto di san Francesco che mostra la bellezza del creato, quanto di più vicino ci sia alla laude, al dire grazie. Per quanto il mondo possa sembrarci un luogo indesiderabile, possiamo imparare a percepire certi nuclei di gioia sullo sfondo. La poesia ci parla di un legame che può riconnettere il corpo con le «scie luminosissime», l'«umano» e l'«infinità». Ciò è possibile per una forma di comunicazione che è rimasta tra le proiezioni cervellotiche dell'uomo e la materia di cui è fatto, materia naturale che rimanda al pianeta e ai suoi cicli. La difesa di questo legame, che è anche il messaggio fondamentale del testo, si può sintetizzare in una parola che è: "attenzione", ossia la tensione stessa del fare poesia e ciò che la fa nascere. Gualtieri non fa che ripetere: "sta' attento".

La dimenticanza

È un tema centrale in tutta l'opera di Mariangela Gualtieri.
Un richiamo a qualcosa che abbiamo dimenticato, ma che ancora, se ci concentriamo, possiamo sentire. Anche il titolo della raccolta da cui è tratta questa poesia lo suggerisce: *Bestia di gioia* è l'unione di due opposti, animalità e sentimenti umani, che per una comune intensità estrema riescono a comporsi in una creatura fantastica.
Nel futuro, gli umani che non dimenticano, che riescono a sentire, acquisteranno questa nuova classificazione sui libri di biologia.

La voce inizia chiedendo una particolare cura e potrebbe sembrare una conversazione qualunque, sebbene ispirata, tra due innamorati, uno che chiede all'altro di respirare meno in fretta e di darsi una calmata. Ma poi, dopo il piccolo salto di bianco, si approfondiscono i motivi della richiesta e l'essere umano si fonde con i sistemi animali e naturali, minerali, flora e fauna scorrono come esempi di marchingegni complessi e misteriosi, degni di rispetto, degni di essere ammirati senza la patina dell'abitudine. Mentre leggete, potrete pensare al vostro stesso organismo e a come, mentre siete qui con l'occhio sulla riga, qualcosa vi fa muovere il sangue e pompare il cuore, qualcosa manda avanti il vostro tempo.
Una delle malattie più crudeli che colpisce gli uomini è la dimenticanza. Possiamo dimenticare molte cose, che cosa sia la vita, ad esempio, tutto quel mistero di cui è fatta.

Esercizi

ESPLORARE

01 Che cos'è secondo te la «nostalgia d'imperfetto»?

02 Perché la poetessa fa riferimento ai «fotoni»?

03 Che intende la poetessa con «opera blindata nei sotterranei»?

04 La poetessa per «corpo» intende solo il "corpo umano" nella sua interezza o anche altro?

SMONTARE

05 Cerca tutte le istruzioni che Gualtieri dà con i verbi imperativi.

06 La poetessa cita animali e piante nella poesia? In che modo, e perché?

07 La voce della poesia si riferisce sempre a un "tu" oppure cambia? E perché?

COSTRUIRE

08 Come immagini la messa in scena teatrale di questa poesia?

....

....

....

....

09 Mettiti di fronte al tuo compagno di banco e recitagli a voce alta la poesia.

10 Sfoglia un giornale e trova almeno un esempio reale di uso molto irrispettoso del corpo. Poi portalo in classe e confrontati con i tuoi compagni.

Andrea Micheli
Bhaktapur
2014

COSTELLAZIONE 10

teoria a pagina 592

MOSSE CHE FANNO RIDERE

Come si fa a essere sicuri che i lettori rideranno?

La cosa che fa più ridere è la sorpresa.

47

Guido Gozzano

Le golose

tempo di lettura 2'
vita dell'autore a p. 642

Io sono innamorato di tutte le signore
che mangiano le paste nelle confetterie.

Signore e signorine –
le dita senza guanto –
scelgon la pasta. Quanto
ritornano bambine!

Perché niun le veda,
volgon le spalle, in fretta,
sollevan la veletta,
divorano la preda.

C'è quella che s'informa
pensosa della scelta;
quella che toglie svelta,
né cura tinta o forma.

L'una, pur mentre inghiotte,
già pensa al dopo, al poi;
e domina i vassoi
con le pupille ghiotte.

Un'altra – il dolce crebbe –
muove le disperate
bianchissime al giulebbe
dita confetturate!

Un'altra, con bell'arte,
sugge la punta estrema:
invano! ché la crema
esce dall'altra parte!

L'una, senz'abbadare
a giovine che adocchi,
divora in pace. Gli occhi
altra solleva, e pare

sugga, in supremo annunzio,
non crema e cioccolatte,
ma superliquefatte
parole del D'Annunzio.

Fra quegli aromi acuti,
strani, commisti troppo
di cedro, di sciroppo,
di creme, di velluti,

di essenze parigine,
di mammole, di chiome:
oh! le signore come
ritornano bambine!

Perché non m'è concesso –
o legge inopportuna! –

il farmivi da presso,
baciarvi ad una ad una,

o belle bocche intatte
di giovani signore,
baciarvi nel sapore
di crema e cioccolatte?

Io sono innamorato di tutte le signore
che mangiano le paste nelle confetterie.

da **Guido Gozzano, *Poesie*,** Milano, Rizzoli, 2006.

Commento

Il set

Per godervi appieno la scena allestita da Gozzano dovreste aver presente le signore della buona società d'inizio Novecento.
In mancanza d'immaginazione andrà bene visualizzare una signora che abbia impiegato diverse ore ad allestire il trucco e cammini adesso per il principale corso cittadino con la faccia molto seria, l'andatura molto impostata e un po' rigida. Avete visualizzato? Bene.
(Per apprezzare a pieno Gozzano sarebbe inoltre opportuna una breve gita nel centro di Torino, alla Confetteria Baratti & Milano, dove si ambienta la scena: stucchi e sale di legno che introducono a salottini di panciute poltrone in velluto, vistosi lampadari, il piano di marmo del bancone.)

La poesia *racconta* signorine di buona società (nelle «confetterie» non ci potevano andare tutti) che, sedotte dai dolci, perdono la compostezza e si avventano sui vassoi come bambine.
Il poeta le spia con occhio tenero e ironico. Desidera baciarle in quella regressione felice, sulle labbra sporche di dolce, e si lamenta di non poterlo fare, di non poter, cioè, farsi anche lui come un bambino, infrangendo le norme sociali.
C'è tutto un gioco di veli e distanze. C'è il poeta che spia, le signorine che resistono appena («volgon le spalle, in fretta / sollevan la veletta»), prima che la golosità le trascini. E dopo che la visione si è compiuta, la conclusione fa ricadere il velo, inibendo le intenzioni del poeta.

L'azione

Non a caso dicevamo che la poesia "racconta". Tutta la poesia di Gozzano è, infatti, narrativa: allestisce scene singole o vicende.
E non a caso abbiamo scritto "allestisce", perché nel mondo di Gozzano vi può sembrare sempre di percepire l'azione di un teatrino, con burattini leziosi su un fondale démodé. E "leziosi", che abbiamo invece detto a caso, può servire per parlare di un'altra caratteristica di Gozzano, che qui, tra le paste della confetteria, potete sentire bene,

vale a dire una specie particolare di ironia. È come se osservaste il poeta con un perpetuo sorrisetto che per un millimetro di inclinazione può virare dal triste, al dolce, al cinico. E da dove viene?
È la musica di questi versi, il loro ingranaggio di carillon, e insieme è il punto di vista di Gozzano che sale con i suoi burattini sul palco, ma al tempo stesso si osserva da lontano, da un altro tavolo.

La lingua scelta contribuisce a instaurare questa distanza: essendo artificialmente invecchiata – vecchia già per i suoi contemporanei e per questo, in qualche modo, nuova –, gli permette atmosfere senza tempo, situazioni insieme concrete e oniriche. Il suo critico principale, il poeta d'avanguardia Edoardo Sanguineti (1930-2010), diceva che la sua lingua aveva proprio la funzione di estraniare, di colorare con tinte accattivanti anche le cose più trite.

La forma è chiusa e seria, strofe di sette sillabe contornate all'inizio e alla fine da due versi lunghi quattordici sillabe; all'interno, però, ci sono lo scherzo e la commedia.

Dove si è messo il poeta

Il poeta osserva le signorine, si dichiara innamorato, vorrebbe baciarle, e dietro di lui, la percezione di un altro che osserva.
Il movimento delle golose che depongono le armature dei vestiti e dei modi educati per arrivare alla genuità bambina potrebbe essere lo stesso che fa da premessa alla poesia di Gozzano, il suo dichiarato amore che si espone, intenerito per l'allegra abbuffata, e sedotto.

La poesia è percorsa da una tensione giocosa e sensuale, costituita dalla musica, dalla lingua e, insomma, dall'ironia. Gozzano finge se stesso nei versi, si nasconde, si romanza. C'è il Gozzano che sale sulla scena truccato e vestito per la recita, che dice «Io sono innamorato di tutte le signore / che mangiano le paste nelle confetterie», e il Gozzano che è altrove, e gioca a fare l'innamorato. Con una mano vi espone la sua creazione, vi fa divertire, sognare, con l'altra batte sui burattini e vi dice che sono di legno, e vi incanta due volte: per la composizione virtuosa e per l'intelligenza.

Ecco Gozzano, poeta morto ragazzo, poeta di successo, poeta sfuggente e mondano, allestitore di tristi e irresistibili cabaret.

Esercizi

ESPLORARE

01 Quante "golose" ci descrive il poeta e in quali diversi atteggiamenti?

02 Che cos'è il *giulebbe*?

03 Vai alla nona strofa: che cosa intende il poeta con l'accostamento tra i dolci e le parole di D'Annunzio?

04 Qual è la «legge inopportuna» che impedisce al poeta di attuare il suo proposito?

05 Perché, nonostante siano sporche di dolciumi, il poeta parla di «belle bocche intatte»?

SMONTARE

06 Se dovessi individuare una premessa a questa poesia, quale sarebbe?

07 Se questa poesia dovesse essere la scena di un film, come ti immagini le inquadrature?

COSTRUIRE

08 Scrivi la scena dal punto di vista del cameriere della confetteria. In versi, possibilmente.

....

....

....

....

....

48

Achille Campanile

Volta e la patata

tempo di lettura 11'
vita dell'autore a p. 632

Dalla storia:
«Tornando da un viaggio in Francia Alessandro Volta portò in Italia la patata».

Voi credete che la patata si sia sempre trovata in Italia? Che bastasse andare al mercato e chiederne un chilo o due per vedervene empire la sporta? Vi sbagliate e della grossa. Prima del 1777 se uno in trattoria avesse ordinato una porzione di patate – ma che dico? mezza porzione, un quarto di porzione – il cameriere gli avrebbe fatto una risata in faccia.

«La patata?» gli avrebbe detto. «Ma, signore, non è ancora introdotta in Italia.»

E sarebbe stata la pura e semplice verità.

La patata stava in America ed è appunto al nuovo mondo che dobbiamo il dono di essa.

Prima che in Italia, era stata introdotta in altri Paesi d'Europa e a portarla tra noi fu Alessandro Volta. Pensate. Il grande fisico comasco, non contento di averci dato la pila, ci diè anche – per così dire – un possibile contenuto di essa; usando qui la parola pila nell'accezione, comune in alcune regioni d'Italia, di pentola. E in questo senso bisogna dire che in un modo o nell'altro Alessandro Volta, con la pila e la patata, provvide a gran parte del fabbisogno delle cucine; e che, se doloroso sarebbe avere la pila senza la patata, ben più imbarazzante sarebbe avere la patata senza pila.

Ora non bisogna credere ch'egli la portasse come si porterebbe adesso al mercato. Allora era una preziosa rarità. Bisognava portarla con tutti gli onori. Ma trasferiamoci a quei tempi e a quei luoghi per dare un'idea dell'evento.

Il giorno in cui Alessandro Volta, reduce dal giro fatto per incontrarsi con altri scienziati, doveva tornare dalla Francia, gran movimento in casa sua.

«Allegri, ragazzi,» diceva la signora Volta ai figli «oggi arriva papà.»

I ragazzi non stavano nella pelle per la gioia. Chi sa, pensavano, cosa ci porterà.

Anche la moglie, senza dirlo, sperava molto. Aveva parlato al marito prima ch'egli partisse per la *ville lumière*, di certe toilette parigine, di cappellini, borsette, profumi. Qualcosa mi porterà, pensava. E pur senza farsi soverchie illusioni, perché conosceva la stramberia degli scienziati, in un piccolo regalino contava.

Gli andarono incontro alla stazione. Alla stazione delle diligenze, beninteso, ché il treno non esisteva ancora.

Eccolo!

Baci, abbracci, tutti si affollano intorno al grande scienziato e, passate le prime espansioni:

«Papà, che ci hai portato?»

«Una cosa, una cosa che non v'immaginate» faceva Volta in tono misterioso.

E ai marmocchi che l'avevan liberato delle valigie e dei pacchi:

«Ehi, là,» gridava «piano! C'è dentro...»

Ma voleva riserbar la sorpresa.

«A casa, a casa lo saprete» ripeteva con fare sornione ai ragazzi che friggevano per l'impazienza.

A casa, finalmente.

«Be'?» domandano i ragazzi.

Alessandro Volta apre con mille precauzioni il bagaglio.

«Ecco» esclama.

E tira fuori una patata, trionfalmente.

Seguì un penoso silenzio.

«Ma che è?» s'arrischiò a domandare il più grandicello tra i figliuoli.

(Bisogna tener presente che la patata, come s'è detto, non era stata ancora introdotta in Italia.)

E Volta: «La patata.»

Silenzio glaciale.

«Ebbene?» fa Volta. «È questa l'accoglienza che fate a quel che ho portato?»

La moglie era rimasta non meno delusa dei figli.

«Ti sei sprecato,» mormorò tra i denti «ti sei fatto male.»

«Ma non capisci» gridò Volta «che ancora la patata non è stata introdotta in Italia? E l'introduco io. È un prezioso tubero.»

«Ma va', va'» mormora la moglie, senz'affatto dividere l'entusiasmo dello scienziato.

I ragazzi, allibiti, Alessandro Volta, con la patata in mano, lo sguardo scintillante, era pieno d'entusiasmo.

«Per ora» esclamò «la si dà ai maiali, ma io spero di poter indurre anche gli uomini a mangiarla. Pensate: si può fare fritta...»

Ma non riusciva a galvanizzare i familiari. E il gelo diffuso dall'apparizione della patata tra i componenti la famiglia non accennava a dissiparsi.

La moglie, brava donna ma ignorante, mormorò tra i denti:

«Potevi portare anche qualche cipolla.»

La donna di servizio, che era accorsa dalla cucina per vedere – com'aveva detto – «i regali portati da Parigi», se ne tornò a rigovernare con una faccia spoetizzata. Intanto arrivavano in casa le amiche della signora Volta.

«Be',» domandavano «è tornato il professore? Che ha portato?»

E la signora, con imbarazzo:

«La patata.»

«Ma è pazzo?»

La brava donna si stringeva nelle spalle.

Gelo nel salottino. Sorrisetti ironici.

«Mio marito,» disse una delle amiche «quando tornò da Parigi, mi portò una pelliccia di visone.»

La povera signora Volta all'idea della patata si sentiva morire.

Ma bisogna vedere quel che avvenne quando il grande fisico presentò la patata al mondo scientifico.

Per prima cosa la portò a un importante congresso di scienziati. Non lo si voleva lasciar entrare con quel tubercolo.

«Lo deponga al guardaroba» gli diceva l'usciere. «Non abbia paura, ché nessuno glielo porta via.»

Ma Volta insisté e finì per spuntarla. Prese posto al banco che gli era riservato e, chiesta la parola, presentò alla dotta assemblea quel che aveva portato dalla Francia.

«È la patata» disse.

Scetticismo. Nel primo momento non volevano credergli.

«Francamcntc,» disse più d'uno «immaginavo di più.»

Anche perché sapevano che era roba che veniva dall'America.

«Sì,» dicevano altri «è interessante, ma è sempre una patata, tutto sommato.»

Ma poi la patata finì per trionfare. In conclusione, Volta riuscì a imporla.

Ora avvenne che, visto il successo di Alessandro e il rapido attecchire della patata sulle nostre mense, un collega geloso – certo Andrea P. – prese la diligenza per Parigi.

Vediamo, diceva tra sé, se non riesco anch'io a portar qualcosa di interessante. O davvero davvero si deve credere che soltanto lui è capace, che soltanto lui è all'altezza?...

E mentre la diligenza piccola piccola s'inerpicava lungo la strada del Gran San Bernardo in una tormenta di neve, egli fissava i giganti alpini e mormorava tra i denti con tono di sfida: «A noi due, Alessandro. Presto avrai mie nuove.»

Arriva a Parigi e corre dai verdurieri e venditori d'ortaggi alle Halles. Lì c'erano montagne d'ogni ben di Dio, in materia di prodotti ortofrutticoli, e il nostro uomo si sentì allargare il cuore.

«Che avete di buono?» domanda.

E quelli: «Cipolle, piselli, carote...»

Andrea storse il naso.

«Roba vecchia, roba vecchia.»

«Vi assicuro» fa l'erbivendolo un poco offeso «che è tutta roba freschissima, colta stamane.»

«Ho capito, non voglio intendere questo» fa Andrea. «Dico che cipolle e piselli sono cose già note da noi. Io vorrei delle novità da portare in Italia.»

«Allora» dice il verduriere «sarebbe più logico che vi rivolgeste a qualche negozio di mode.»

Fin d'allora Parigi era rinomata per la moda.

Il cliente insisteva: «No, no, voglio novità in campo ortofrutticolo. Qualcosa, insomma, che sia ignota fra noi.»

«Non saprei» mormora l'erbivendolo perplesso. «I cetriolini li conoscete?»

Il collega di Volta si gratta la zucca – la propria beninteso – soprappensiero.

«Non lo so» mormora con imbarazzo.

Manda alla moglie a casa un dispaccio cifrato urgente: «X 22Z 40 – 78 – 13 – y – 7» («Fammi sapere se sono noti costà i cetriolini»). E la moglie, a volta di corriere: «K 7 61 – 0 – 3» («Ma diamine! Non ti ricordi? Te li feci l'anno scorso sottaceto»). E in calce un *post-scriptum*: «5» («Oh, bada che anche i peperoni sono notissimi»). Il brav'uomo non sapeva che pesci pigliare.

L'erbivendolo cercava di spacciargli come novità i pomodori.

«Portate questi,» insisteva «vedrete che successo. Roba mai vista. Ultima creazione di Parigi.»

Ma all'ottimo Andrea la fisionomia dei pomodori non riusciva del tutto nuova. E poi si ricordava bene che erano stati importati dall'America alcuni secoli prima. Ormai, scoprire i pomodori non sarebbe stata la scoperta dell'America. A spacciarli come una novità c'era proprio il caso d'esser preso a pomodori.

Rape, zucchini, ne faceva scorpacciate da anni in casa. Purtroppo. I tartufi costavano troppo. Alla fine si decise per i ravanelli. Il verduriere voleva appioppargliene un mazzetto, ma l'ottimo Andrea s'oppose.

«Basterà uno» disse.

Alessandro Volta aveva portato dalla Francia la patata. Lui avrebbe portato il ravanello.

Di nuovo traversata della Francia, cambiamento di cavalli alle poste, Gran San Bernardo con la diligenza che viene su pian pianino per la strada tortuosa sotto la bufera di neve.

Lui sempre col ravanello gelosamente custodito in una cassetta d'acciaio a triplice chiusura. Arriva a casa e la moglie gli va incontro festosa.

«T'ho preparato una sorpresa,» gli dice «una cosa che non t'avevo mai fatto mangiare.»

«Cioè?»

«Un bel piatto di ravanelli.»

Al povero Andrea mancò poco non venisse un accidente. Tirò fuori dallo scrignetto il ravanello che aveva portato e disse con tristezza:

«Mettici anche questo.»

Poiché abbiamo parlato di Volta, aggiungiamo che, com'è facile immaginare, ma come forse non sapete (anche perché il fatto non è storicamente accertato), al grande fisico furono attribuite molte opere non sue, perché ogni volta che in fondo a una pagina si leggeva: «Volta», tutti credevano che si trattasse di lui e invece di voltar pagina dicevano:

«Però Volta si va rammollendo. Da un pezzo in qua non scrive che cose incomplete. Non conclude.»

E Volta, costretto a fare smentite sotto il titolo: *Per un'omonimia*, e certe volte non gli bastava una facciata per dir tutto e allora scriveva in fondo al foglio «Volta» e i lettori non voltavano perché credevano che almeno in questo caso si trattasse della firma del famoso scienziato. E dicevano: «Addirittura in certi casi lascia la parola a metà, e firma».

In altre occasioni lo scienziato scriveva un poderoso articolo e in fondo ci metteva la firma: «Volta». Il lettore voltava e trovava il foglio bianco.

«Be',» diceva «che scherzi sono questi?»

E anche:

«Che spirito di patate!»

(Perché si ricordavano di quella storia della patata importata d'oltr'Alpe.)

In certi casi scriveva «Volta» in fondo alla prima facciata, perché il testo continuava; e «Volta» in fondo alla seconda pagina perché era la firma. Il lettore continuava a girare il foglio da una parte e dall'altra ricominciando a leggere da capo ogni volta dopo la fine.

Anche per la moglie capitavano molti inconvenienti. Per esempio un amico diceva ad Alessandro:

«Tua moglie non era per caso il mese scorso al mare?»

«No, perché?»

«C'era una Volta...»

«Ma non ho tempo di stare a sentir favole. Dimmi perché.»

«C'era una Volta...»

Finivano col litigare.

Quando qualcuno gli raccontava una favola, cominciava per esempio:

«C'era una volta in Oriente...»

E Volta, interrogando la memoria:

«In Oriente... In Oriente... No. Non era mia parente. I Volta sono originari di Como e non mi risulta che ne siano emigrati in Oriente. Piuttosto, se può interessarti, ti dirò che c'era una Volta in Piemonte che aveva sposato un torinese...»

«Ma che dici? Non vedi che manca il soggetto?»

Finivano per litigare.

Un tale volendo narrare con tono fiabesco l'elettrizzante storia del grande fisico, scrisse: «C'era una volta Volta (volta)...», perché aveva finito il foglio.

La passione per la scienza era ereditaria nella famiglia di Alessandro. Era stata trasmessa di Volta in Volta.

Un giorno la moglie fece affrescare i soffitti dello studio e dell'attigua stanza da letto e Alessandro, quando li vide, ne fu così contento che restò a lungo a contemplare prima quello dello studio, poi l'altro e infine la moglie ideatrice dei freschi.

Da allora restò memorabile la volta in cui il volto di Volta, fu volto a volta a volta alla volta della prima volta, alla volta della seconda volta e alla volta della Volta (volta).

IL PORTINAIO (*riordinando le chiavi che gli sono state affidate dagli inquilini assenti dello stabile in cui abita anche il grande fisico*) Accidenti, non riesco a trovare la chiave di Volta.

da **Achille Campanile, *Vite degli uomini illustri*,** Milano, Rizzoli, 1975.

Commento

Vocazione per l'umorismo

Notare l'incipit. «Dalla storia», con la *s* minuscola, come se la storia del morso fosse un romanzo dal quale si può estrarre senza fatica un passaggio. L'autore sta già ridendo da lì, dalla prima riga, senza nessuna intenzione di prendersi sul serio.

Un giorno, in un'intervista radiofonica, Campanile dichiarò di aver scoperto casualmente la vocazione di umorista. Non aveva soldi e aveva chiesto a un tale se gli andasse di imprestargli 100.000 lire; quel tale, che non ne aveva nessuna intenzione, aveva risposto: "Sa che lei è un umorista?". Ecco qui una *freddura*, cioè una battuta che non fa schiantare dal ridere, ma semmai congela la risata in un sorrisetto sagace, perché è costruita su giochi di parole e doppi sensi, colta.

Suscitare il riso non era soltanto un mestiere per Achille Campanile, era diventato piuttosto un irresistibile modo di pensare, di parlare e di stare al mondo. Scrisse molto per il teatro (teatro dell'assurdo, naturalmente) e poi barzellette, pensieri, storielle, e per questo alcuni critici non lo considerarono uno scrittore, dato che in Italia lo scrittore per eccellenza era ed è il romanziere.

Scrisse soprattutto negli anni del fascismo, ma nessuno si accorse che stava facendo il contropelo alla piccola e sbandata borghesia di regime. La dittatura non ci fece caso per due ragioni: la prima è che non aveva un gran senso dell'umorismo; la seconda è che Campanile era un inventore fuori dai canoni tradizionali, difficile da etichettare e quindi da marchiare come oppositore. Fu un libero pensatore travestito da innocuo buffone, e Mussolini se la prese con lui solo per la licenziosità di *Amiamoci in fretta*, un libro che racconta storie di innamoramenti furtivi e leggeri.

Non stava mai fermo

Quella di Campanile è una scrittura che non sta mai ferma. *Volta e la patata* lo mostra bene: parte da una pagina di storia, narra un aneddoto surreale (fondendo la vita di uno scienziato, la scoperta di un tubero e le rimostranze di una moglie pretenziosa), passa alla disavventura di Andrea P., la abbandona per un gioco linguistico che si arrovella sui significati della parola "volta", quindi liquida il racconto e la trama per virare sul *nonsense*, sulla risata per la risata. Nel finale, *segno* (le parole scritte) e *significato* (quello che vogliono dire) non vanno più in coppia. Non è necessario che il testo rappresenti un evento comico, perché fa ridere di per sé. Fa ridere per com'è scritto.

Umberto Eco (1932-2016), un grande semiologo, scrittore e critico letterario, ha detto che in Campanile si passa dal comico *nel* testo al comico *del* testo.

Quello di Campanile è stato definito pure un "riso scemo", che erompe dall'esagerazione, dalla ripetizione e dal ritmo, dalla violazione delle regole, da personaggi "portati avanti da un piccolo vento di follia", al punto che il lettore si trova sempre disorientato e spinto da una parte all'altra, in balia del caso. Questo tipo di comicità insegna appunto che non prendersi sul serio, non prendere sul serio la pagina scritta, riderne, è un esercizio per vedere un altro mondo possibile. La parola scritta non detta per forza una legge, può essere una festa e uno scherzo. E questo è anche il motivo per cui, storicamente, i comici e gli umoristi in genere sono i primi bersagli di una politica totalitaria e dittatoriale, che non contempla l'alternativa, l'opposizione e l'autoironia.

Fantasia

Tutto l'esercito di allegre scempiaggini contenute nel racconto scaturisce da un fervido scoppio di fantasia, senza briglie, ardito e spensierato. Potete provare qualcosa di simile quando vi mettete a "chattare" con un amico particolarmente brillante. Avrete la sensazione di poter costruire con la materia fragile e leggera della lingua un castello di carte tanto più alto e soddisfacente quanto più osate, quanto più la complicità in circolo cresce: quando il grado del vostro umorismo dipende dalla capacità di sbizzarrirvi con lettere, parole e simboli. Così è per Campanile, un gioco. Un gioco contagioso, perché il suo stile comico è entrato nelle case di moltissimi italiani.

Esercizi

ESPLORARE

01 Da quale paese Alessandro Volta importa la patata?

02 A quale scoperta del fisico Volta si allude nel racconto?

03 Con quale mezzo viaggia Volta?

04 Che cos'è la *ville lumière*?

05 Qual è la reazione della famiglia Volta alla vista della patata?

06 Quale prodotto ortofrutticolo importa Andrea P. per cercare di far concorrenza a Volta?

07 *Per un'omonimia* è il titolo di un saggio scritto da Volta in questo racconto. Se sai che cos'è un'*omonimia*, scrivilo qui a parole tue. In caso contrario, vai a cercare una definizione e annotala al fondo della storia.

SMONTARE

08 Che tipo di racconto è questo? Barra la risposta giusta.
a. storico
b. umoristico
c. biografico

09 «C'era una Volta» e «c'era una volta»: quali inconvenienti causa questa omonimia? Hai scoperto di che cosa si tratta nell'esercizio 07.

10 Usa dei sinonimi per eliminare le omonimie di questa frase: «Da allora, restò memorabile la volta in cui il volto di Volta, fu volto a volta a volta alla volta della prima volta, alla volta della seconda volta e alla volta della Volta (volta)».

11 Questo racconto fa parte di una raccolta che si chiama *Vite degli uomini illustri*: in latino *De viris illustribus* è il titolo di un'opera. Di che cosa si tratta? Informati. Perché pensi che Campanile abbia deciso di usare questo titolo per i suoi racconti?

COSTRUIRE

12 Costruisci un gioco di parole e di equivoci con il cognome di un personaggio famoso (o anche di un tuo amico!): inventa una situazione in cui potrebbero verificarsi degli inconvenienti simili a quelli presenti nella storia. Se sei a corto di idee, usa Enrico Fermi!

....

....

....

....

....

13 *Personaggi: Il fiorellino, Il fungo.*
Il fiorellino: "Che bella cosa essere nato vicino a te. Così tu mi ripari dalla pioggia. Ma dimmi: sei un vero ombrello o fungi da ombrello?"
Il fungo: "Fungo."
Scopri che cos'è questa storiella, e avventurati nell'umorismo di Achille Campanile!

....

....

....

....

....

14 Anche Georges Perec, uno scrittore francese, ha parlato della storia della patata in Europa. Vai in biblioteca, cerca *Il posto delle patate* e scopri la sua versione dei fatti. Poi scrivi qui sotto la procedura necessaria per prendere in prestito un libro in biblioteca.

....

....

....

....

....

Paolo Villaggio

Invito in società

tempo di lettura 9'
vita dell'autore a p. 661

Domenica scorsa Fantozzi e Fracchia sono stati invitati a cena in casa dell'ambasciatore tedesco Otto Reader. Si trattava di un impegno molto serio: i due colleghi accompagnavano il loro direttore magistrale che in quella serata doveva trattare l'acquisto per conto del megapresidente di un grande yacht di proprietà dell'ambasciatore. Era un ex cacciatorpediniere tedesco dell'ultima guerra trasformato e arredato con lusso faraonico, che della veste anteriore aveva conservato tutto l'armamento e il nome: *Il grande Führer*. L'ambasciatore ex nazista e presidente onorario dell'associazione SS a riposo si dilettava infatti, nelle giornate festive, a cannoneggiare le spiagge popolari piú affollate. Lo yacht interessava ora il nostro megapresidente che in onore delle sue maestranze di origine ebraica voleva ribattezzarlo *Auschwitz*. Era, come avrete capito, una missione assai delicata: vuoi perché l'ex nazista aveva un carattere infernale, vuoi perché Fantozzi e Fracchia esordivano in una serata in società e, non conoscendo assolutamente le regole che governano queste serate, si giocavano praticamente il posto.

Come voi ben sapete, a casa propria ciascuno di noi non incontra soverchie difficoltà: mangia la frutta a morsi, il pollo con le dita e se ha sete si beve al frigo di notte delle «caraffate» d'acqua intere che gli vanno giú a cascata. Andate in casa d'altri, tentate a tavola di bere due dita d'acqua e… non c'è nulla da fare: è tutto tappato, non scende nulla, vi va l'acqua per traverso e quella poca che scende fa dei gorgoglioni orrendi.

A conoscenza che l'ambasciatore ex militare prussiano era un uomo intransigente ed esigeva che a casa sua si rispettassero ferocemente tutte le piú lievi sfumature del galateo, Fantozzi e Fracchia, che nulla sapevano delle regole che governano le cene in società, erano drammatizzati dalla paura: salivazione azzerata, mani due spugne e «perlinatura» ghiacciata in fronte. Vanno dal loro direttore magistrale e gli dicono bianchissimi:

– Eccellenza, noi per la serata ci appoggeremmo psicologicamente a lei... Venghi, c'è giú la nostra macchina –. Salgono in macchina. Fantozzi mette in moto e... «cappottò» in parcheggio! Escono dall'auto capovolta e il direttore: – Fantozzi... è emozionato? – E Fantozzi: – Da morire! – Va anticipato a questo punto che il megapresidente ha una curiosissima anomalia: ha sei dita per mano!

Subito all'ingresso la Reader moglie dell'ambasciatore gli fa, per metterlo a suo agio: – Presidente?... Caro... che ore sono? – E il megapresidente apre all'altezza del viso (c'era un forte brusio) tutte e due le mani. – Già mezzanotte?!! – urla la Reader allarmatissima. – No! son le dieci, – fa Fantozzi e salva. Schieramento a tavola. Fantozzi servilmente fa accomodare il direttore magistrale: – Prego... – gli sposta troppo indietro la sedia e quello va a pavimento scomparendo. Otto Reader domanda: – Sono loro due soli? – I due alzano il capo ascellarmente e glielo presentano. Fantozzi non si trova a questo punto di fronte l'unico, logico bicchierone centrale dal quale bere, ma: tre bicchieri sfasati in scala sulla sinistra (plin! plun! plon!), tre bicchieri sfasati in scala sulla destra (plin! plun! plon). Fantozzi aveva una sete della madonna, e la Reader: – Beva caro, beva –. Maledizione, da quale parte bere? Di fronte a lui l'immagine speculare dell'ambasciatore tedesco Otto Reader, che il Fantozzi a questo punto della serata chiamava già per adulazione «Nove»! Non si sa mai! Avanza «Nove» con la mano giusta. Avanza Fantozzi con la mano sbagliata. «Intreccia» le dita della Reader e lei: – Cosa fa? – Fracchia: – Si legge la mano – e salva. Passa a questo punto un gran piatto di riso al forno. Caratteristica dei piatti di riso al forno: pomodorino di guarnizione. Caratteristica dei pomodorini di guarnizione: come la Terra: fuori freddino, dentro... 18000 Fahrenheit! Fantozzi l'acchiappa al volo e con tono giulivo se lo caccia in bocca: – E questo me lo pappo io! – ... Sentirono, nell'atroce silenzio che si era improvvisamente fatto, il «palleggio» disperato fatto a lingua dal Fantozzi: – Pluff... pluff... – Alla fine si salvò sputando a soffitto. Spense la lingua nella brocca dell'acqua, – fuuuu... – temprandola come acciaio all'Italsider. Nel «balordone» piú completo si agganciò a un grissino con prosciutto per passarselo su quella ormai lingua felpa. Iellato, mangia il tutto, gli si aggancia il prosciutto all'ultimo molare. Incontrò subito delle difficoltà di respirazione. Colori del Fantozzi: viola, viola scuro, blu, blu notte, blu

Londra. Sul blu Londra getto di maschera del Fantozzi che si tira su la manica e si estrae a mano il prosciutto, e a Fracchia: – Scusi, come sto andando? – E quello: – Male perdio!

Tordo: la cosa piú difficile in natura. Intorno ai due lavorava sul tordo con bisturi sottili a grande velocità un branco di Barnard e di Valdoni. Fracchia inferse al tordo la prima gran forchettata. Il tordo volò verso il direttore magistrale: Fantozzi salvò con un volo alla Albertosi. Alla fine i due presero una decisione tragica: tordo intero e lo inghiottirono senza acqua, ché non avevano ancora avuto segnalazioni piú precise sui bicchieri. Alla frutta Fantozzi scartò la pera: «irregolare», pensò astutamente. Mela, centro piatto, mira. Partí di forchetta: mezza sala! 32 metri, un record! La Reader: – Già mangiata? – Fantozzi scosse mestamente la testa. Un cameriere preparava delle crêpes-suzette alla fiamma al fianco di Fracchia. Lui si alzò di scatto e con il secchio del ghiaccio spense l'incendio centrando in piena faccia «Nove». A questo punto arrivò un cameriere carogna con una bacinella d'argento per la frutta. E qui Fantozzi si ebbe un lungo applauso bevendo tutto a garganella. Su quell'applauso cercò di chiamare l'ambasciatore tedesco: «Dodici», «Diciotto», – «Ventiquattro», e gli diede anche un «Trenta e lode». Furono cacciati di casa assieme al direttore magistrale. Sul pianerottolo questi sparò a Fantozzi un cazzotto da 3 tonnellate centrando in pieno «Nove» che in quel momento aveva aperto la porta. L'indomani in ufficio un collega domandò: – Come è andata? – I due risposero: – Forse cambiamo lavoro – e avevano un gran groppo di lacrime in gola.

da **Paolo Villaggio, *Fantozzi totale***, Torino, Einaudi, 2010.

Commento

Paolo Villaggio ha costruito un personaggio intramontabile

Nome e cognome? Ugo Fantozzi. Titolo? Ragioniere. Mestiere? Impiegato. Coniugato? Sì, con l'adorabile e devota moglie Pina (non un belvedere). Figli? Una: Mariangela, l'inguardabile.
All'inizio non era un libro né un film, ma uno sketch televisivo che andava in onda durante il programma *Quelli della domenica*. Correva l'anno 1968, e l'attore era lui, Villaggio stesso, così che da quel momento in avanti la sua pelle e quella di Fantozzi sono diventate indistinguibili.

Alcuni dicono che il tratto irresistibile di Fantozzi consista nel condensare in una persona sola i caratteri di più smaccata goffaggine dell'Italia e degli italiani, ma questo significa sminuirlo ed estromettere senza ragione Villaggio dalla parentela con letterati che hanno costruito i pilastri del nostro immaginario. Ad esempio, l'umorista Achille Campanile (che incontrate proprio in questa costellazione, a pagina 380) e Carlo Collodi, autore di *Pinocchio*, che di certo non ha la carica ironica di Paolo Villaggio, ma una potenza inventiva simile, capace di trasfigurare i difetti nostrani (omertà e astuzia) in personaggi fatati (un gatto e una volpe).

Qui vedete bene come funzionano le sue frasi

La base è una semplicità totale, per cui ogni singola stranezza salta all'occhio.
Prendete «Già mezzanotte?!! – urla la Reader allarmatissima». Bene, senza «allarmatissima» non farebbe ridere, ma così diventa l'immagine buffa di una signora che va in panico per l'ora, peraltro sbagliata (dato che le dita del megapresidente sono troppe).
Gli esempi fioccano: «Fantozzi e Fracchia, che nulla sapevano delle regole che governano le cene in società, erano drammatizzati dalla paura». Togliete «drammatizzati» e l'esagerazione è azzerata.
Spesso il narratore sottolinea con le virgolette le parole su cui

concentrare l'attenzione, come se si divertisse ad ammiccare al lettore, riportando le più grandi sparate dei personaggi usciti dalla sua tastiera. Le tinte dei bozzetti sono surreali, di un kitsch sfrenato, movimenti e versi sordi arrivano inaspettati, proprio secondo la legge del pomodorino di guarnizione («fuori freddino, dentro... 18000 Fahrenheit!»), che altro non è che una variazione della legge di Murphy. In più, l'autore ama i numeri e le liste, non può fare a meno di imburrare la storia così: la tentazione di giocare con il nome di Otto Reader è fin troppo evidente; appena può Villaggio ripete, evoca e ingrossa (notare i bicchieri sulla tavola).

Rimedi

Paolo Villaggio aveva lavorato qualche tempo alla Cosider di Genova, una grande società di impianti industriali: lì aveva incontrato una serie di uomini alla Fantozzi, oltre a un collega impiegato che si chiamava Fantozzi per davvero. Dal cappello magico di Villaggio, che studiava i corridoi e l'umanità dell'industria ligure, poteva uscire un romanzo di denuncia sociale oppure Paolino Paperino, invece è spuntato Ugo, uno straordinario successo cinematografico.

L'inerzia del Ragionier nei confronti della "sfiga" è definitiva, e la sua "sfiga" è totale, eppure Fantozzi usa tutta l'intelligenza che possiede per mettersi maldestramente al riparo dai colpi della sorte, che tanto non tarderanno ad arrivare. La prima cosa che gli viene in mente di dichiarare davanti a una pera, per dire, è «irregolare», perché sa che, se si azzarda a pelarla, schizzerà chissà dove. È sicuro.

Che cos'è che fa di lui un personaggio intramontabile? Riesce a farvi ridere della sfortuna. Di più, vi fa ridere di una tristezza insanabile: quella che si insidia nella meschinità quotidiana di tutto ciò che non potete prevedere né controllare e vi fa sentire fuori posto. Fantozzi non ride di sé, ma si rende irresistibile, allenandovi a una risata liberatoria che, in molti casi, resta l'unica cosa da fare.
Se vi viene la «lingua felpa», per esempio.

Esercizi

ESPLORARE

01 Che cosa c'è di grottesco nel rinominare «Auschwitz», in onore delle maestranze di origine ebraica, il cacciatorpediniere «Il grande Führer»? In che periodo siamo?

02 Perché Fantozzi, per elogiare l'ambasciatore tedesco, lo chiama «Nove» (e i successivi numeri)?

03 «E salva». Quest'espressione è ripetuta diverse volte. Che vuol dire? Fai almeno un esempio.

04 Perché i pomodorini di guarnizione sono pericolosi?

05 Alla fine Fantozzi e Fracchia sono cacciati fuori (probabilmente a calci nel sedere); vanno anche incontro al licenziamento?

06 Che vuol dire *cacciatorpediniere*? E le *maestranze* che cosa sono?

SMONTARE

07 «Domenica scorsa». Questa indicazione di tempo secondo te è utile o inutile? Ragiona...

08 Individua l'unico paragrafo in cui la voce narrante parla direttamente a te, lettore. Come mai pensi lo faccia?

09 Quale effetto comico creano le sei dita per mano del direttore?

10 Come definiresti in un solo aggettivo il ritmo di questo racconto? E perché?

COSTRUIRE

11 Cerca in rete uno spezzone del film *Fantozzi* (Salce, 1975): osserva il ragioniere e descrivilo in cinque righe.

....

....

....

....

....

12 Traduci questa frase nella lingua di Villaggio. Il soggetto, naturalmente, è Fantozzi.
Strano per il venti di febbraio non avere freddo in coda allo scivolo, pensò. Quando fu il suo turno, prese la rincorsa e si buttò sullo scivolo a pancia in giù, così, seguendo a tutto spiano la gravità voluta dalla pendenza, sprofondò nell'acqua. Tuttavia, aveva dimenticato di togliersi l'accappatoio.

....

....

....

....

....

50

Giovan Battista Marino

Ninfa mungitrice

tempo di lettura 1'
vita dell'autore a p. 649

Mentre Lidia premea
dentro rustica coppa
a la lanuta la feconda poppa,
i' stava a rimirar doppio candore
di natura e d'amore;
né distinguer sapea
il bianco umor da le sue mani intatte,
ch'altro non discernea che latte in latte.

da **Giovan Battista Marino,** ***Marino e i marinisti. Opere scelte*****,** Milano, De Agostini, 2013.

Commento

Gusto barocco

Giovan Battista Marino, detto Cavalier Marino (e dai nemici "poeta lascivo"), segnò profondamente lo stile del Seicento italiano ed europeo. Già in vita era stato caposcuola di una corrente che portava il suo nome e, dopo la morte, lo considerarono nientemeno che padre fondatore del *Barocco* – appellativo che gli studiosi diedero al gusto caratteristico di quel tempo.

Ma non dovete spaventarvi di fronte a questo colto movimento di scuole e stili letterari, dato che al Cavaliere premeva più di ogni altra cosa correre sfrenato nei campi senza fine della lingua, mescolando invenzione e tradizione con l'unico scopo della meraviglia – perché come diceva lui: "È del poeta il fin la meraviglia / chi non sa far stupir, vada alla striglia!". Lo stupore, quindi, la meraviglia, da ottenere con uno zabaione di classici greci e latini, con un montaggio a neve di forme ritmiche antiche e storie collaudate.

Altre cose che hanno a che fare col Barocco e con Marino sono la farcitura, la decorazione, i riccioli – una capigliatura barocca ha sempre i riccioli, e anche le nuvole barocche sono ricciolute. Sta al centro della scena tutto ciò che non è essenziale, ma a vederlo lascia a bocca aperta. Se, ad esempio, raccontate al Marino come si fa il brodo vegetale è possibile che, se non un poema di quarantamila versi, ci componga almeno un madrigale.

Piccole cose dorate

Ninfa mungitrice è appunto un *madrigale*, cioè una composizione di forma prestabilita che si usava per narrare in versi scene quotidiane e rustiche. E, in effetti, Marino vi fa vedere una donna che munge (più rustico di così non si può). Tuttavia, oltre alla donna che munge, Marino mette in gioco se stesso e il suo sguardo. Lo sguardo Barocco-Marino agisce, s'innamora (la musa di Marino è sempre Venere, la dea della bellezza) e chiama dal cielo miti e leggende per infiocchettare una povera stalla.

La poesia è contenuta nella raccolta *La Lira*, pubblicata dal poeta nel 1608, e vi può dare solo un vago assaggio di quello che sarà il suo banchetto poetico, che culmina nel capolavoro *Adone*, poema pubblicato nel 1623, ma già da anni in elaborazione.

Quante volte avete sentito la similitudine "bianca come il latte" o qualcosa di simile? Ecco, qui siamo nel laboratorio dell'immagine, nel momento in cui l'intuizione sta nascendo in chi osserva, e il risultato è ancora da vedere. È l'emozione dell'occhio che accoppia per la prima volta due cose che non stavano insieme.
Ecco la metamorfosi (il poeta di riferimento di Marino era Ovidio, il libro *Metamorfosi*). L'idea della poesia si sviluppa a partire dalla spinta di un desiderio: lo potete sentire nella pienezza dei versi e nel calore della situazione. Ricordate anche che si tratta di una semplice mungitrice, non certo della regina di Francia (che pure Marino conosceva di persona).

Pericolosa meraviglia

Ricapitoliamo: sensualità più fusione di sacro e profano.
Risultato: meraviglia.
La sensualità la trovate nella situazione da romanzetto erotico campestre, nelle semplici rime «coppa / poppa», «intatte / latte» che rendono gli oggetti in questione tanto vivi e solidi da poterli toccare.
Quanto all'opposizione tra sacro e profano, la mungitrice diventa ninfa, un essere semidivino, con un movimento basso-alto che riprende la lezione dei classici, del padre degli dei, il greco Zeus, che volentieri si abbassava a frequentare gli uomini facendosi uomo, animale o altro, a seconda delle circostanze.

C'è da dire poi che praticare una simile meraviglia, per i tempi di Marino, era pericoloso. Era ancora un'epoca di roghi, quella in cui lo scienziato Galileo doveva rinnegare le sue scoperte per salvarsi la pelle, in cui lo stesso Marino, per ordine ecclesiastico, fu più volte perseguitato e censurato. Peccaminosi erano l'eccessivo ardore di vita, l'amore, i sensi, la sessualità, il divertimento, ma voi, finché non torna l'Inquisizione, potete godervi il Cavalier Marino senza paura.

Esercizi

ESPLORARE

01 Che cos'è la «rustica coppa»?

02 Perché la «poppa» è «lanuta» e «feconda»?

03 Perché il poeta dice «doppio candore»? Che cosa vuole intendere?

04 Perché il poeta dice che le mani della mungitrice sono «intatte»? Che significa?

05 Nel corso della poesia la donna si trasforma: che cos'è all'inizio e che cosa diventa alla fine?

SMONTARE

06 Cerca nel testo tutte le parole con consonante doppia. Che effetto ti fa la loro presenza?

07 Secondo te, se Lidia non venisse chiamata per nome, che cosa cambierebbe?

COSTRUIRE

08 Divertiti a trasformare qualcuno in qualcos'altro. Comincia a descrivere una persona al lavoro e alla fine fondila con quello che sta facendo.

....

....

....

....

....

Federico Clavarino
da *Italia o Italia*
2014

COSTELLAZIONE 11

teoria a pagina 598

RACCONTARE DI SÉ

Perché così tanti autori trovano irresistibile scrivere di se stessi?

Diciamo *noi*, ma dentro c'è il *mondo*.
Diciamo il *mondo*, ma invece siamo *noi*.

51

Fernando Pessoa

Autopsicografia

tempo di lettura 1'
vita dell'autore a p. 654

Il poeta è un fingitore.
Finge così completamente
che arriva a fingere che è dolore
il dolore che davvero sente.

E quanti leggono ciò che ha vergato
nel dolore letto sentono e sanno
non i due che egli ha provato,
ma solo quello che essi non hanno.

E sui binari in tondo per ore
gira, illudendo la nostra ragione,
questo trenino a molla e trazione,
che siamo soliti chiamare cuore.

Traduzione dal portoghese di Valerio Magrelli.

Commento

Una vita non basta

Fernando Pessoa si spense appena quarantasettenne, quasi inedito in patria, ignoto all'estero. L'immensa mole di pagine in prosa e in versi che aveva scritto uscì dopo la morte, *Autopsicografia* compresa. Il suo nome si affermò solo verso il 1980, simbolo di un Portogallo segnato dall'angoscia esistenziale di essere un paese fantasma, fuori dai giochi e periferico. Pessoa si trovò doppiamente ai margini, sia per condizione geo-linguistica sia perché postumo.

Apparteneva a una famiglia di lontana ascendenza ebraica, in cui si erano verificati casi di follia. Trasferitosi con la madre e il suo secondo marito a Durban, in Sudafrica, frequentò l'Università di Città del Capo (Lingua e Letteratura inglese). Rientrato anni dopo a Lisbona, fu impiegato in una ditta di import-export. Sua patria furono i caffè e le conversazioni con gli amici (è noto solo un breve legame sentimentale). Ipersensibile, spesso depresso, si definì "un isteronevrastenico".

L'anno decisivo fu per lui il 1914, che vide la nascita dei suoi principali eteronimi: Alberto Caeiro, Álvaro de Campos e Ricardo Reis. *Eteronimi* sono i nomi diversi di una stessa persona (l'autore di un'opera), corrispondenti a diverse personalità immaginarie – già il collega poeta Rimbaud affermava: "Io è un altro". Così come il coetaneo Luigi Pirandello, Pessoa, nella tendenza alla spersonalizzazione e alla simulazione, diventerà addirittura multiplo: "Ognuno di noi è più di uno, è molti, è una prolissità di se stesso".
Non per niente, il suo nome significa in portoghese "persona", parola che in latino indicava la "maschera". Insomma, in Pessoa-persona, la diffrazione dell'io, trasformando il soggetto in folla, arriverà a produrre numerose decine di eteronimi. Il tutto per reagire a un'emergenza: "la vita non basta", come scrisse e disse.

Prima e seconda strofa: il superpotere del poeta

Il gioco di prestigio comincia. Mettetevi seduti. Il poeta per Pessoa è uno che finge. Un vero poeta «Finge così completamente» che la sua finzione diventa verità – la differenza tra un artista e un poeta mediocre è tutta lì, in quel «completamente», che significa lasciarsi trasportare dalla finzione alla verità, andata e ritorno.
Com'è possibile questa capriola? È il potere della poesia. In scena un attore piange davvero, come se la ragazza l'avesse lasciato, anche se nella realtà non è capitato niente di simile. Come fa allora a piangere? Finge, ma finge ad arte, fino a risultare credibile. Il poeta quando scrive non piange, ma va in cerca delle lacrime per metterle nelle parole: si ricorda di un'esperienza dolorosa (per esempio, di quando la ragazza l'ha lasciato) e scrive come stava. Le lacrime dell'attore sono la sua verità, la poesia del poeta è la sua verità, ma entrambe sono finzioni.

E intanto che cosa succede invece a chi guarda, a chi legge? State leggendo la poesia che parla del dolore del poeta e che cosa vi capita? Non pensate al sentimento del poeta; il sentimento del poeta è solo un magnete che vi fa venire in mente, per esempio, quando la vostra ragazza ha lasciato voi: riporta in superficie sensazioni simili che avete vissuto.

Terza strofa: che cosa c'è di vero

La poesia gira come un carillon: le parole vi trascinano e gli ultimi quattro versi vi lasciano con il lampo di una figura indimenticabile. Un giocattolo vi attraversa la vista (un «trenino»). Iniziate a porvi domande su quel dolore che vi è tornato alla mente: il problema che pensavate fosse solo di Pessoa è diventato un problema universale. Dietro le parole messe lì per finta, per ottenere nella realtà un effetto preciso, c'è qualcosa di vero e di autentico: il cuore di un essere umano, le emozioni e i battiti che lo accomunano a voi. Per questo la finzione non è uno scherno, né una truffa, piuttosto un superpotere che permette a chi lo esercita di coinvolgere chi sta dall'altra parte del foglio, lo fa sfogare nel modo più affine alla poesia, lacrime o risa che siano, o magari soltanto pensieri lievi. Per la ragione che distingue realtà e fantasia parlare di «finzione» ha senso, per il cuore no: finzione e fantasia lo fanno battere indistintamente.

Esercizi

ESPLORARE

01 In che modo il poeta finge il suo dolore? E perché?

02 Il poeta si prende gioco di «quanti leggono»?

03 Quali sono i due dolori che ha provato il poeta e quale quello che i lettori «non hanno»?

04 Nell'ultima strofa Pessoa parla del rapporto tra cuore e ragione. Che cosa dice al riguardo?

SMONTARE

05 Quanti tipi di dolore ci sono in questa poesia? E come sono legati tra loro?

COSTRUIRE

06 Ricorda un grande dolore o una grande gioia che hai provato. Ora descrivila qui, usando il tempo presente.

....

....

....

....

....

07 Lo scrittore è un bugiardo, perché non racconta la vita vera o i suoi reali sentimenti, ma piuttosto trasforma la realtà per renderla più spettacolare ed emozionante. Che ne pensi di questa affermazione? Discutine in classe con i tuoi compagni.

Alice Munro

Uscirne vivi

tempo di lettura 30'
vita dell'autrice a p. 650

Abitavo quand'ero giovane, al fondo di una strada lunga, o di una strada che pareva lunga a me. Alle mie spalle, quando tornavo a casa dalle elementari prima e più tardi dal liceo, si stendeva la cittadina vera e propria con il suo fermento e i marciapiedi e i lampioni per dopo il calare del buio. A segnalare la fine del centro abitato erano due ponti sul fiume Maitland: uno stretto, di ferro, sul quale a volte gli automobilisti avevano difficoltà a stabilire chi dovesse accostare e dare la precedenza, e una passerella di legno alla quale ogni tanto mancava un'asse cosicché si poteva guardare giù, diritto nell'acqua precipitosa e chiara. A me piaceva, ma alla fine arrivava sempre qualcuno a sostituire l'asse mancante.

Subito dopo c'era un lieve avvallamento, un paio di case sgangherate che venivano allagate ogni primavera ma che famiglie sempre diverse si ostinavano comunque a occupare. E infine un altro ponte, sulla gora del mulino che era stretta ma fonda abbastanza da poterci annegare. Dopodiché la strada si divideva: da una parte proseguiva in salita verso sud, passava ancora il fiume e si trasformava in una statale, e dall'altra costeggiava tutto intorno il piazzale delle fiere per poi piegare a ovest.

La strada verso ovest era la mia.

Ce n'era pure una diretta a nord, dotata per un breve tratto di un vero marciapiede, lungo il quale affacciava un gruppo di case, vicine l'una all'altra come fossero in paese. Una di queste aveva un'insegna a una finestra che diceva «Sala da Tea», a riprova del fatto che un tempo aveva ospitato una rivendita di alimentari. Poi c'era la scuola, che avevo frequentato per due anni e che speravo di non rivedere mai più. Dopo quel periodo, mia madre aveva convinto mio padre a comprare un vecchio capanno in paese per poter pagare le tasse municipali e guadagnarmi il diritto ad andare a scuola in centro. In seguito scoprimmo che non sarebbe stato necessario, perché proprio quell' anno, anzi, proprio il mese in cui cominciavano le lezioni, fu dichiarata guerra alla Germania e la vecchia scuola, quella dove i compagni prepotenti mi avevano rubato il pranzo e avevano minacciato di picchiarmi, quella dove nessuno pareva imparare un bel niente a causa della continua baraonda, si era come per incanto placata. Di lì a poco avrebbe avuto un'unica classe e una sola maestra che probabilmente non sprangava nemmeno più le porte, durante la ricreazione. Gli stessi ragazzi che mi terrorizzavano chiedendomi con retorica insistenza se mi andava di scopare sembravano altrettanto smaniosi di trovarsi un impiego quanto i loro fratelli maggiori lo erano di arruolarsi.

Non so se a quel punto si fosse provveduto a risistemare i servizi igienici, ma so che erano stati l'aspetto peggiore dell'istituto. Non che a casa mia non dovessimo ricorrere al gabinetto esterno, ma era pulito e aveva anche il pavimento di linoleum. In quella scuola, per ragioni di spregio o chissà che altro, pareva che nessuno badasse a centrare il buco. Per molti versi anche in quella nuova le cose per me non furono facili dal momento che tutti gli altri si conoscevano dalla prima elementare ed erano tante le cose che io ancora non avevo imparato, ma fu un conforto trovare i water puliti e sentire il rumore civilissimo dei moderni sciacquoni.

Durante il periodo trascorso nella prima scuola, un'amica però me l'ero fatta. Una bambina che chiamerò Diane, arrivata dopo l'inizio del mio secondo anno. Aveva grossomodo la mia età e abitava in una di quelle case con il marciapiede. Un giorno mi chiese se sapevo ballare le danze scozzesi e, quando le dissi di no, si offrì di insegnarmele. Con questa intenzione, andammo insieme a casa sua, dopo la scuola. Sua madre era morta e lei si era trasferita dai nonni. Per ballare le danze scozzesi, mi disse, ci volevano le scarpe apposta che lei aveva e io naturalmente no, ma portavamo quasi lo stesso numero, perciò potevamo scambiarcele durante la lezione. Dopo un po' ci venne sete e sua nonna ci diede un bicchiere d'acqua, ma veniva da un pozzo freatico ed era schifosa come quella di scuola. Spiegai quanto fosse migliore l'acqua di casa nostra che veniva da un pozzo artesiano e sua nonna, senza offendersi minimamente, disse che l'avrebbero tanto voluta anche loro.

Poi però, prima del dovuto, si presentò mia madre che era stata a scuola a cercarmi e aveva scoperto dove mi trovavo. Diede un colpo di clacson e mi chiamò senza nemmeno rispondere al cordiale cenno di saluto della nonna di Diane. Non guidava spesso, mia madre, e quando lo faceva, l'evento assumeva una certa impaziente solennità. Sulla via del ritorno, mi fu intimato di non mettere più piede in quella casa. (Non fu difficile ubbidire perché pochi giorni dopo Diane smise di venire a scuola: l'avevano spedita altrove). Dissi a mia madre che la madre di Diane era morta e lei rispose: Sì, che lo sapeva. Le raccontai delle danze scozzesi e lei disse che avrei potuto impararle prima o poi, ma non in quella casa.

Fu solo in seguito, non ricordo quando, che venni a sapere che la madre di Diane aveva fatto la prostituta e che era morta di qualche malattia apparentemente collegata al mestiere. Aveva chiesto di essere sepolta a casa e a officiare il rito funebre era stato il ministro della nostra chiesa. Ci furono pareri discordi sul versetto sacro che aveva scelto per la sua omelia. Secondo alcuni avrebbe dovuto lasciar perdere, ma mia madre era convinta che avesse fatto bene.

Il salario del peccato è la morte.

Mia madre mi raccontò tutto questo molto tempo dopo, o almeno a me parve molto tempo dopo, quando ero ormai approdata alla fase in cui odiavo gran parte delle cose che diceva, soprattutto se le pronunciava con quella voce vibrante e infervorata dalla convinzione.

Mi capitava ogni tanto di imbattermi nella nonna di Diane. Mi riservava sempre un breve sorriso. Diceva che era una gran bella cosa che io continuassi a studiare e mi informava su Diane che, anche lei, nel nuovo posto dove stava, aveva proseguito la scuola per un bel pezzo, anche se non quanto me. Secondo la nonna aveva poi trovato lavoro in un ristorante di Toronto dove indossava un completo coi lustrini. A quel punto ero abbastanza grande, e abbastanza maligna, da ritenere che si trattasse del tipo di locale in cui il completo coi lustrini capitava anche di doverselo togliere.

La nonna di Diane non era la sola a pensare che me la stessi prendendo comoda, a scuola. Lungo il mio tragitto c'erano diverse case più distanti l'una dall'altra di quelle del centro, ma comunque non circondate da terreni di proprietà. Una di queste, in cima a un cocuzzolo, apparteneva a Waitey Streets, un reduce della Prima guerra mondiale senza un braccio. Allevava qualche pecora e aveva una moglie che, in tutti quegli anni, mi capitò di vedere una volta sola, intenta a riempire il secchio dell'abbeveratoio alla pompa. A Waitey piaceva scherzare sugli anni che avevo passato a studiare e mi ripeteva che era un peccato che non riuscissi a superare i benedetti esami e a farla finita. Io stavo al gioco e gli rispondevo fingendo che fosse così. Non era ben chiaro che cosa lui credesse veramente. Era così che ci si conosceva, con quelli che abitavano lungo la strada. Uno salutava, l'altro rispondeva al saluto, e magari faceva un commento sul tempo, o se era in macchina e tu a piedi, ti offriva un passaggio. Non era proprio come in aperta campagna, dove la gente di solito teneva la porta di casa aperta per i vicini e tutti si guadagnavano da vivere più o meno nello stesso modo.

A finire il liceo non ci stavo mettendo più di chiunque altro volesse completare il quinquennio. Solo che lo facevano in pochi. Nessuno allora si aspettava che gli studenti iscritti alla prima classe del liceo uscissero di scuola cinque anni dopo, carichi di nozioni e di analisi logica. Molti trovavano lavoretti a metà tempo che a poco a poco diventavano impieghi a tempo pieno. Le ragazze si sposavano e sfornavano bambini, non necessariamente in quest'ordine. All'ultimo anno, con appena un quarto della classe di inizio percorso, aleggiava sui rimasti un'aura di studiosità, di serio impegno culturale, o forse solo di una serena mancanza di senso pratico che ti restava addosso, qualunque cosa tu facessi poi nella vita.

Io mi sentivo anni luce lontana dalla maggior parte delle persone che avevo conosciuto all'inizio del liceo, per non parlare di quelle della prima scuola.

In un angolo della nostra sala da pranzo c'era un oggetto che non mancava mai di sorprendermi quando prendevo l'aspirapolvere per pulire i pavimenti. Sapevo che cos'era: una fiammante sacca da golf, completa di mazze e palline. Mi domandavo soltanto che ci facesse in casa nostra.

Dello sport in sé sapevo poco o niente, ma mi ero fatta delle idee sul tipo di persona che lo praticava. Non era gente da tuta da lavoro, come mio padre, che pure per andare in centro si cambiava sempre i pantaloni. Entro certi limiti riuscivo a immaginare mia madre indossare i capi di abbigliamento sportivo appropriati al gioco, o legarsi un foulard sui bei capelli vaporosi. Ma non me la vedevo di certo colpire una pallina cercando di mandarla in buca. La frivolezza del gesto era decisamente al di là della sua persona.

Doveva averla pensata in modo diverso in un periodo precedente. Ma evidentemente c'era stato un tempo in cui l'aveva pensata altrimenti, in cui aveva creduto che lei e mio padre potessero trasformarsi in gente capace di concedersi qualche svago. Come il golf. Le cene eleganti. Forse si era convinta che certi confini sociali non esistessero. Ce l'aveva fatta a tirarsi fuori da una fattoria sperduta sul tavolato roccioso dello Scudo Canadese – una fattoria di gran lunga più misera di quella da cui proveniva mio padre – ed era diventata una maestra che parlava in modo che metteva a disagio perfino i suoi parenti. Doveva essersi fatta l'idea che, dopo un'impresa del genere, sarebbe stata bene accolta ovunque.

Mio padre era di diverso avviso. Non che si ritenesse in alcun modo inferiore alla gente di città o a chiunque altro. Però credeva che gli altri potessero pensarla così. E preferiva non offrire mai modo a nessuno di dimostrarlo.

Sulla questione del golf sembrava essere stato lui ad averla vinta.

Non si può dire d'altronde che gli fosse bastato vivere secondo le aspettative dei suoi genitori, rilevando la loro onesta fattoria. Quando lui e mia madre si lasciarono alle spalle le rispettive comunità e acquistarono quel terreno al fondo della strada di un piccolo centro che nessuno dei due conosceva, la loro speranza era stata quasi certamente di arricchirsi allevando volpi argentate e, in un secondo tempo, visoni. Da ragazzo, mio padre si era sentito più felice a piazzare file di trappole che a dare una mano nella fattoria o a proseguire gli studi; più felice e per giunta più ricco di quanto non fosse mai stato, perciò gli era venuta l'idea di provare a farne un'attività che gli desse da vivere. Investì nel progetto tutti i soldi che aveva messo da parte e mia madre contribuì con i suoi risparmi dello stipendio di maestra. Si costruì i recinti e i ripari in cui sistemare le bestie e tirò su il perimetro di filo spinato che avrebbe ospitato la loro cattività. Il terreno, con i suoi dodici acri di ampiezza, aveva le misure ideali e comprendeva anche un prato da fieno e un pascolo grande abbastanza per la nostra mucca e per i vecchi cavalli tenuti in vita in attesa di essere macellati per le volpi. Sul pascolo che digradava fino al fiume cresceva una dozzina di olmi ombrosi.

Si ammazzava spesso da noi, ora che ci penso. I vecchi cavalli dovevano diventare carne per gli animali da pelliccia, che a loro volta venivano decimati ogni autunno, escludendo gli esemplari da riproduzione. Io però ci ero abituata e riuscivo a non farci caso, allestendo a mio beneficio uno scenario disinfettato secondo il modello di certi romanzi che amavo, come *Anna dai capelli rossi* o *Pat di Silver Bush*. Mi erano d'aiuto gli olmi del pascolo, il fiume scintillante e la sorpresa di una sorgente che sgorgava dalla sponda sopra il prato e garantiva da bere ai cavalli condannati a morte, alle mucche e anche a me, che mi portavo sempre appresso un boccale di latta. C'era letame fresco un po' dappertutto, ma non ci badavo, come immagino facesse anche Anna dai capelli rossi.

Al tempo dovevo aiutare mio padre ogni tanto, perché mio fratello era ancora troppo piccolo. Prendevo l'acqua alla pompa e facevo il mio giro lungo le file dei recinti a pulire e riempire le ciotole di metallo degli animali. Mi piaceva. La responsabilità dell'incarico e la frequente solitudine in cui si svolgeva erano il massimo per me. Più tardi, quando dovetti restare in casa per dare una mano a mia madre diventai scontrosa e aggressiva. «Rispondevo», così si diceva. Il mio atteggiamento la feriva, diceva lei, e prima o poi andava a raccontare tutto a mio padre che lavorava nel fienile. A quel punto a lui toccava interrompere quel che stava facendo per venire a picchiarmi con la cinghia (un castigo abbastanza comune a quei tempi). Dopo le botte, me ne stavo a piangere a letto, organizzando la fuga da casa. Ma anche quella fase passò, e diventai un'adolescente mansueta, allegra, perfino, nota per il modo divertente in cui raccontavo cose sentite in giro per strada o incidenti di scuola.

Casa nostra era di dimensioni discrete. Non sapevamo con esattezza quando fosse stata costruita ma doveva essere passato meno di un secolo, perché il 1858 era l'anno in cui il primo colono si era fermato in una località di nome Bodmin – ormai scomparsa – per costruirsi una zattera, discendere il fiume e abbattere alberi sul territorio su cui sarebbe poi sorto l'intero paese. Quel primo centro abitato ebbe ben presto una segheria, un albergo, tre chiese e una scuola, proprio quella dove andai in principio e che detestai tanto. In seguito, fu costruito un ponte sul fiume e la gente cominciò a pensare quanto sarebbe stato meglio abitare sull'altra sponda, dai terreni più alti, sicché il primo stanziamento si ridusse a poco a poco a quell'avanzo di borgata tra il decrepito e il pittoresco, di cui ho già detto.

Casa nostra non deve essere stata una delle primissime abitazioni di quel borgo originale, perché era già rivestita di mattoni, mentre le altre erano solo di legno, ma è probabile che non risalisse a molti anni dopo. Dava le spalle al villaggio, e guardava a occidente sui prati in leggera discesa fino alla curva nascosta nel punto in cui il fiume formava la cosiddetta Ansa Grande. Di là dal fiume c'era un boschetto di scuri sempreverdi, quasi sicuramente cedri, ma troppo lontani per stabilirlo. E ancora più in là, sul versante di un altro colle, si ergeva, di fronte, una casa, piccola per la distanza, che non avremmo mai visto da vicino o da dentro e che a me pareva una casetta di nani da fiaba. Però sapevamo il nome dell'uomo che ci abitava o che ci aveva abitato un tempo, perché a quel punto poteva già essere morto. Roly Grain, così si chiamava, ma non ha altra parte in quello che vado scrivendo, nonostante il nome da gnomo, perché questa non è una storia, ma solo la vita.

Mia madre ebbe due aborti spontanei prima di avere me, perciò la mia nascita, nel 1931, dovette essere stata motivo di una certa soddisfazione. Purtroppo, i tempi promettevano sempre meno. La verità era che mio padre si era dato al commercio delle pellicce un po' troppo tardi. Il successo che aveva sperato di ottenere sarebbe stato più probabile a metà degli anni Venti, quando la pelliccia era tornata in voga e la gente aveva soldi da spendere. Ma lui non si era buttato nel settore in quel momento. Comunque tirammo avanti, anche negli anni di guerra e, perfino nell'immediato dopoguerra, una ventata di ripresa dovette esserci, se proprio quell'estate mio padre decise di risistemare la casa, applicando uno strato di intonaco marrone sui tradizionali mattoni nudi. L'isolamento dal freddo fornito dai mattoni e dalle assi di legno non era soddisfacente e l'intonaco avrebbe dovuto migliorare le cose, ma non ricordo che sia mai stato così. Ci costruimmo anche un bagno, mentre il montavivande inutilizzato fu trasformato in armadietti per la cucina e l'ampia sala da pranzo con la scala a vista diventò un vano a sé, con la scala incassata. Quest'ultimo cambiamento mi procurò un curioso conforto, perché era in quella vecchia sala che mio padre mi portava per picchiarmi, mentre io avrei voluto morire di infelicità e vergogna. Ora, finalmente, la differenza di scenario rendeva difficile perfino immaginare una cosa del genere. Ormai ero al liceo e me la cavavo sempre meglio di anno in anno, da quando ci eravamo lasciati alle spalle materie come il cucito e la calligrafia, da quando la storia aveva preso il posto dell'educazione civica e si poteva studiare il latino.

Dopo l'ondata di ottimismo di quella stagione di ristrutturazioni, tuttavia, gli affari di famiglia peggiorarono di nuovo e, questa volta, non si ripresero più. Mio padre scuoiò tutte le volpi, poi anche i visoni, e incassò una cifra irrisoria con la vendita delle pelli; dopodiché passò giorni e giorni a demolire i recinti in cui quell'impresa commerciale era nata e si era conclusa, prima di rassegnarsi a trovare un impiego come guardiano serale alla fonderia. Prendeva servizio alle cinque e tornava a casa verso mezzanotte.

Appena rientravo da scuola mi davo da fare a preparargli da mangiare. Gli friggevo due fette di spalla di maiale affumicata e le annegavo nel ketchup. Riempivo un thermos di tè molto carico. Aggiungevo un muffin integrale farcito alla marmellata o magari una fettona di torta fatta in casa. Certi sabati impastavo io una crostata, altre volte se ne occupava mia madre anche se, come cuoca, stava diventando sempre meno affidabile.

Ci era piombata addosso una disgrazia perfino più inattesa e destinata a rivelarsi anche più devastante dei guadagni mancati, ma ancora non lo sapevamo. Erano i primi sintomi del morbo di Parkinson che cominciò a manifestarsi quando mia madre aveva poco più di quarant'anni.

In principio, i sintomi non furono troppo invalidanti. Solo di rado gli occhi le si rovesciavano all'indietro come smarriti e la lieve spuma intorno alla bocca dovuta all'eccesso di salivazione era appena visibile. La mattina, con un po' di aiuto, riusciva a vestirsi ed era ancora in grado di fare qualche lavoro in casa. Seppe conservare una certa dose di vigore fisico per un tempo sorprendentemente lungo.

Suona tutto un po' eccessivo, lo so. La rovina economica, la malattia di mia madre. In un racconto inventato non sarebbe credibile. Ma la cosa strana è che non ricordo quel periodo come infelice. In casa non c'era un'atmosfera particolarmente disperata. Forse non avevamo capito che mia madre avrebbe ormai potuto solo peggiorare. Quanto a mio padre, lui era un uomo energico e lo sarebbe rimasto per molto tempo ancora. Gli piacevano i compagni di lavoro alla fonderia, perlopiù uomini che, come lui, avevano subito una svolta negativa nella vita o si erano ritrovati un fardello in più sulle spalle. Gli piaceva il lavoro impegnativo che svolgeva oltre a quello di guardiano serale: si trattava di rovesciare colate di metallo fuso in appositi stampi. La fonderia produceva stufe di foggia antica vendute in tutto il mondo. Il pericolo c'era, ma bastava fare attenzione, come diceva mio padre. E la paga era dignitosa: una novità, per lui.

Personalmente credo che fosse lieto di starsene fuori, seppure per fare quel lavoro pesante e rischioso. Uscire di casa e ritrovarsi in compagnia di altri uomini carichi di problemi, ma che si sforzavano di reagire.

Appena lui se ne andava, mi occupavo della cena. Potevo sbizzarrirmi con ricette che ritenevo esotiche, tipo spaghetti e omelettes, a patto che costassero poco. E quando finivo di lavare i piatti – asciugarli toccava a mia sorella, mentre mio fratello doveva ogni volta essere convinto con le buone o con le cattive a uscire per buttare l'acqua sporca nel prato buio (avrei anche potuto farlo io, ma comandare mi dava soddisfazione) –, mi sedevo coi piedi nel forno scaldapiatti al quale mancava lo sportello, e leggevo i grandi romanzi presi in prestito alla biblioteca civica: *Gente indipendente*, che parlava della vita in Islanda, una vita di gran lunga più dura della nostra, ma nobilitata da una disperata bellezza, oppure *Alla ricerca del tempo perduto,* che raccontava di cose che non potevo affatto capire ma non per questo mi sarei sognata di abbandonarlo, o ancora *La montagna magica*, una storia di tubercolosi che si sviluppava intorno a un grandioso dibattito tra un'idea della vita positiva e progressista da una parte e un cupo pessimismo per certi versi affascinante dall'altra. Non facevo mai i compiti in quelle ore preziose, ma quando si avvicinava la data degli esami, mi mettevo a sgobbare e stavo sui libri quasi tutta la notte stipandomi la testa di tutto quello che dovevo sapere. Potevo contare su una memoria a breve termine prodigiosa, perfetta per le richieste scolastiche.

A dispetto di numerose circostanze avverse, mi ritenevo una persona fortunata.

Di quando in quando io e mia madre parlavamo, soprattutto dei tempi in cui era giovane. Ormai capitava raramente che contrastassi il suo modo di vedere le cose.

Più di una volta mi raccontò una storia che aveva a che fare con la casa allora di proprietà del reduce Waitey Streets, quello che si meravigliava degli anni che ci stavo mettendo per finire la scuola. Il racconto non riguardava lui, bensì una persona vissuta nella stessa casa molto prima, una vecchia svitata che di cognome faceva Netterfield. Mrs Netterfield, come tutti noi, si faceva consegnare la spesa a domicilio dopo averla ordinata al telefono. Un giorno, raccontava mia madre, il negoziante si era scordato di mettere nel pacco il burro, o forse lei si era dimenticata di ordinarlo; sta di fatto che, quando il fattorino del negozio aprì il retro del furgone, lei si accorse dell'errore e andò in bestia. Ed era pronta a reagire, in un certo senso. Aveva in mano un'accetta e la levò in alto come per dare una lezione al povero fattorino che, in realtà, non aveva colpe e si precipitò a bordo del suo veicolo schizzando via senza nemmeno preoccuparsi di chiudere il portellone posteriore.

Alcuni aspetti della storia erano sconcertanti, anche se al tempo non ci badavo, e nemmeno mia madre. Come faceva la vecchia a sapere per certo che non c'era il burro, nel pacco della spesa? E perché si sarebbe dovuta presentare alla porta armata di accetta ancora prima di scoprire che c'era stato un errore? Se la portava appresso comunque, in caso qualcuno intendesse minacciarla?

Si diceva che in gioventù Mrs Netterfield fosse stata una donna piuttosto distinta.

C'era poi un secondo aneddoto a proposito di Mrs Netterfield e questo era più interessante perché contemplava anche la mia presenza e si era svolto nei pressi di casa nostra.

Era una bellissima giornata d'autunno. Mi avevano messa a dormire in carrozzina fuori sul piccolo prato nuovo. Mio padre era via quel pomeriggio – forse era andato ad aiutare suo padre alla fattoria vecchia, come faceva ogni tanto – e mia madre lavava i panni all'acquaio. Al primo bebè toccava un corredo rituale di completini di maglia, fasce e altre cose da lavare a mano con cura in acqua non calcarea. Non c'era finestra davanti all'acquaio, dove mia madre era intenta a lavare e strizzare i miei panni. Per guardare fuori bisognava attraversare la cucina fino alla parete affacciata a nord. Da lì si vedeva il vialetto d'ingresso, dalla cassetta della posta alla porta di casa.

Che cosa spinse mia madre a lasciare il bucato a metà per andare a guardare fuori? Non aspettava nessuno. Mio padre non era in ritardo. Forse gli aveva chiesto di passare al negozio a comprarle qualcosa di indispensabile per quello che aveva deciso di cucinare per cena, e si chiedeva se sarebbe tornato in tempo. Allora era una cuoca piuttosto estrosa, più di quanto sua suocera e le altre parenti di mio padre reputassero necessario, in effetti. Considerati i costi, come dicevano loro.

O forse la cena non c'entrava affatto; magari era il cartamodello di un abito quello che doveva prenderle, o un pezzo di stoffa per un vestito nuovo che si voleva cucire.

In seguito non disse mai per quale motivo avesse agito così.

Le perplessità riguardo alla sua cucina non erano il suo solo problema con la famiglia di mio padre. È probabile che fossero nate discussioni anche a proposito del suo abbigliamento. Se penso al fatto che aveva l'abitudine di cambiarsi nel pomeriggio anche se poi si metteva a fare il bucato. Dopo pranzo si concedeva un sonnellino di mezz'ora dopo il quale indossava sempre un vestito diverso. Quando mi capitava di guardare le fotografie, anni dopo, pensavo che la moda dei tempi non le donava per niente, ma non donava a nessuno, del resto. Gli abiti erano informi e il taglio di capelli a caschetto non si addiceva al viso pieno e morbido di mia madre. Ma non sarebbe di certo stata questa l'obiezione delle parenti di mio padre, quelle che abitavano abbastanza vicino da tenerla d'occhio. La sua colpa era di apparire diversa da quello che era. Non sembrava una donna cresciuta in una fattoria né tanto meno disposta a rimanerci.

Non vide mio padre arrivare in macchina lungo la stradina. Vide invece la vecchia, Mrs Netterfield. Mrs Netterfield doveva essere venuta a piedi da casa sua. La stessa casa dove, molti anni dopo, mi capitava di incontrare l'uomo senza un braccio che mi prendeva in giro e, un'unica volta, anche sua moglie coi capelli a caschetto, intenta a tirare acqua alla pompa. La stessa casa dalla quale, ben prima che io sentissi parlare di lei, quella matta aveva cacciato il fattorino minacciandolo con un'accetta per un panetto di burro non consegnato.

Chissà quante altre volte mia madre aveva visto Mrs Netterfield prima di sorprenderla su per la stradina di casa nostra. Può darsi che non si fossero mai rivolte la parola. Ma è anche possibile il contrario. Mia madre era il tipo da farsene un dovere, anche se mio padre le avesse detto che non era il caso. Che poteva perfino farci avere delle grane, così è probabile che le avesse detto. Ma mia madre aveva simpatia per le persone come Mrs Netterfield, a patto che si comportassero in modo dignitoso.

In quel momento però cordialità e decoro non le passarono neanche per la testa. Si precipitò fuori dalla porta di servizio e mi prese in braccio. Lasciò coperte e carrozzella dov'erano e tornò in casa cercando di chiudersi la porta di cucina alle spalle. Di quella d'ingresso non doveva preoccuparsi perché restava sempre chiusa a chiave.

C'era un problema, però, con la porta della cucina: per quanto ne so, non aveva mai avuto una vera e propria serratura. Avevamo semplicemente l'abitudine, la sera, di spingerci contro una seggiola inclinandola fino a infilare lo schienale sotto la maniglia, di modo che chiunque si fosse messo a spingere avrebbe fatto un baccano indiavolato. Un sistema piuttosto discutibile di garantirci la sicurezza, secondo me, e anche poco in linea con il fatto che mio padre in casa teneva una pistola, in un cassetto della scrivania. Per giunta, come è ovvio per uno che ammazzava cavalli regolarmente, avevamo due doppiette e un fucile. Scarichi, s'intende.

Avrà pensato di armarsi, mia madre, dopo aver bloccato la maniglia con la sedia? Aveva mai preso in mano o caricato una pistola in vita sua?

Le sarà venuto in mente che la vecchia poteva semplicemente volerci venire a trovare? Non credo. Doveva esserci un che di insolito nell'andatura della vicina, una risolutezza nel passo, sufficienti a convincerla che non si trattasse di una visita di cortesia.

Non è escluso che mia madre abbia pregato, ma non lo disse mai.

Si accorse di un frugare tra le lenzuola della carrozzina perché, l'attimo prima di tirare giù l'avvolgibile della porta di cucina, fece in tempo a scorgere una delle copertine volare fuori e atterrare sul prato. Dopodiché, non fece nemmeno il tentativo di andare ad abbassare le tapparelle delle altre finestre, ma restò immobile in un angolo nel quale non poteva essere vista, con me in braccio.

Nessuno bussò educatamente alla porta. Nessuno spinse contro la sedia. Nessuno prese a colpire con violenza il legno né a scrollare la maniglia. Mia madre, ferma nel suo nascondiglio accanto al montavivande, sperò inutilmente che il silenzio potesse significare che la donna aveva cambiato idea ed era tornata sui suoi passi.

Invece no. Stava facendo il giro della casa, fermandosi sistematicamente davanti a ciascuna finestra del pianterreno. Essendo estate ovviamente non c'erano i doppi vetri. Perciò la donna poteva premere la faccia contro ogni finestra. Le tapparelle erano tutte su fino in cima, vista la bella giornata. Pur non essendo molto alta, la donna non doveva alzarsi in punta di piedi per guardare dentro.

Come faceva mia madre a sapere tutto questo? Non stava mica correndo in giro per la casa con me in braccio, nascondendosi dietro i mobili mentre, terrorizzata, spiava fuori, pronta a incrociare lo sguardo vitreo e magari il ghigno folle della donna.

No, era rimasta vicino al montavivande. Che altro poteva fare?

C'era la cantina, è vero. Da quei finestrini così piccoli non sarebbe riuscito a infilarsi nessuno. Ma la porta della cantina non aveva un gancio all'interno. E poi, sarebbe stato anche più atroce restare intrappolate là sotto al buio, se mai la donna fosse riuscita a spingere via la sedia e a scendere nel seminterrato.

C'erano anche le stanze di sopra, ma per arrivarci mia madre avrebbe dovuto attraversare la grande sala da pranzo – quella dove anni dopo sarei stata picchiata e che perse poi la sua aura malevola quando venne incassata la scala.

Non so quando mia madre mi abbia raccontato questa storia per la prima volta, ma mi sembra che all'inizio il racconto si interrompesse lì, con Mrs Netterfield che premeva mani e faccia contro i vetri, mentre lei si nascondeva. Nelle versioni successive, invece, la donna non si limitava a guardare. La smania o la collera prendevano il sopravvento e cominciavano i colpi alla porta e gli scrolloni. Non si parlava di grida. Forse la vecchia non aveva fiato abbastanza. O forse aveva scordato il motivo per cui era lì, una volta esaurita la furia.

Sta di fatto che lasciò perdere; non andò oltre. Finito il giro di porte e finestre, se ne andò. Mia madre trovò finalmente il coraggio di guardarsi intorno nel silenzio e concluse che Mrs Netterfield aveva deciso di dirigersi altrove.

La sedia, comunque, restò contro la porta fino all'arrivo di mio padre.

Non voglio dire che mia madre ne parlasse sovente. La vicenda non faceva parte del repertorio che avevo imparato a conoscere e che, per lo più, trovavo interessante. La sua battaglia per arrivare alle superiori. La scuola dove aveva insegnato, nell'Alberta, e dove i bambini arrivavano a cavallo. Gli amici che si era fatta al corso di abilitazione, gli scherzi innocenti con cui si divertivano.

Sono sempre riuscita a capire che cosa diceva mia madre anche dopo che la sua voce diventò impastata e gli altri non la capirono più. Ero la sua traduttrice e a volte mi angustiava dover ripetere frasi complesse o quelle che a lei parevano battute rendendomi conto che la gente stava a sentire per gentilezza, ma in realtà moriva dalla voglia di andarsene.

L'irruzione di Mrs Netterfield, come la chiamava lei, non diventò mai un racconto che fossi obbligata a riferire. Ma dovevo averlo sentito da tempo immemorabile. Mi ricordo che una volta le domandai che fine avesse poi fatto, la donna.

«L'hanno portata via» mi disse. «Credo proprio. Non l'hanno lasciata morire da sola.»

Anche dopo essermi sposata e trasferita a Vancouver, continuavo a ricevere il settimanale pubblicato nel piccolo centro in cui ero cresciuta. È probabile che mio padre e la sua seconda moglie ci tenessero a rinnovarmi l'abbonamento. Spesso gli davo appena un'occhiata ma una volta, mentre lo sfogliavo, notai il nome Netterfield. Non si riferiva a una persona residente sul posto in quel momento, era il cognome da nubile di una lettrice di Portland nell'Oregon, che aveva scritto una lettera alla redazione. Anche lei, come me, era ancora abbonata al giornale del suo luogo di nascita, e aveva composto una poesia sulla propria infanzia laggiù.

Conosco un colle erboso
su un fiume d'acqua chiara
un luogo ameno e quieto
memoria a me sì cara.

Proseguiva per parecchie strofe e, leggendo, cominciai a capire che parlava della piana dello stesso fiume che avevo considerato di mia proprietà.

«La poesia che vi mando è stata scritta in ricordo di quel vecchio colle» diceva. «Se la riterrete degna di occupare qualche rigo del vostro onorato giornale, ve ne sarò riconoscente».

Gioca sul fiume il sole
risplende di colori
mentre sull'altra sponda
danzano lieti i fiori

Quella era la nostra sponda. Anzi, la mia sponda. In un'altra strofa menzionava un filare di aceri ma credo che lì la memoria la ingannasse: erano olmi, ormai tutti morti per la grafiosi dell'olmo.

Il seguito della lettera chiariva un po' le cose. La donna spiegava che, nel 1883, suo padre – il cui cognome era appunto Netterfield – aveva acquistato dal governo un lotto di terreno nella zona più tardi denominata Città Bassa. Il terreno costeggiava il fiume Maitland.

All'ombra ampia degli aceri
stormi di oche selvatiche
posano in mezzo agli ireos
sul fiume d'acqua placida.

Quello che aveva tralasciato, come avrei fatto anch'io, era l'acqua della sorgente intorbidata dagli zoccoli dei cavalli. Oltre al letame, ovviamente.

In effetti avevo composto io stessa qualche poesia in passato, di tono molto simile, ma ormai sono scomparse e forse non le ho mai nemmeno messe nero su bianco. Versi in lode della Natura, che avevo lasciato inconclusi. Devo averli composti proprio negli stessi anni in cui mi mostravo tanto insofferente con mia madre, quelli in cui mio padre cercava di convertirmi alle buone maniere a suon di botte. Di farmi passare la voglia di rispondere, come dicevano gli spiritosi allora.

La donna diceva di essere nata nel 1876. Aveva trascorso la giovinezza, fino al matrimonio, nella casa di suo padre. Che stava in fondo al paese, dove cominciava l'aperta campagna, e affacciava a occidente.

Casa nostra.

Possibile che mia madre non l'abbia mai saputo? Che non sapesse che i Netterfield avevano abitato lì e che perciò la vecchia stava guardando dalle finestre di quella che era stata casa sua?

È possibile. In vecchiaia sono diventata curiosa quanto basta per accollarmi la noia di controllare documenti e dati, e così ho scoperto che, da quando i Netterfield vendettero a quando i miei vi si trasferirono, parecchie famiglie si erano avvicendate in quella casa. Viene da domandarsi come mai fosse stata messa in vendita quando la donna aveva ancora anni da vivere davanti a sé. Che fosse rimasta vedova, a corto di finanze? Chi lo sa. E chi era poi venuto a portarsela via, secondo quanto aveva detto mia madre? Magari la figlia, la stessa che scriveva poesie e risiedeva in Oregon. Forse era quella figlia, ormai adulta e lontana, che la vecchia cercava nella mia carrozzina. L'attimo dopo che mia madre si era precipitata a prendermi in braccio, perché ne uscissi viva, come diceva lei.

La figlia non abitava lontano da dove rimasi per un certo periodo della mia vita adulta. Avrei potuto scriverle, perfino farle visita. Se non fossi stata così presa dalla mia giovane famiglia e dalla mia scrittura invariabilmente inadeguata. Ma la persona con cui al tempo avrei davvero voluto parlare era mia madre ormai non più raggiungibile.

Non tornai a casa per la sua ultima malattia e nemmeno per il funerale. Avevo due bambini piccoli e non avrei saputo a chi lasciarli, a Vancouver. C'era anche il costo del viaggio, e mio marito era il tipo che sdegna le formalità, ma perché scaricare la colpa su di lui? La pensavo così anch'io. Di certe cose diciamo che non si possono perdonare, o che non ce le perdoneremo mai. E invece poi lo facciamo, lo facciamo di continuo.

da **Alice Munro**, ***Racconti***, Milano, Mondadori, 2015.
Traduzione dall'inglese di Susanna Basso.

Commento

Cara vita

"È ora di salutarci". Immaginate Alice Munro alla scrivania nella sua casa in Ontario, che, mangiando muffin di mele (vera prelibatezza del posto), inizia una delle ultime fatiche, la raccolta *Dear Life* – letteralmente "Cara vita" –, tradotta in Italia con *Uscirne vivi*, dal titolo del racconto che avete appena letto. Una lettera che contiene "le prime e le ultime cose – e le più private – che ho da dire sulla mia vita", scritta nel pieno della maturità, con voce nitida fino a essere lapidaria, dove ogni orpello è scomparso e non è rimasto che uno scheletro, il residuo della materia.

Materia che è fatta di storie e di ricordi. Alice stessa scrive che i suoi racconti sono "autobiografici nel sentire sebbene non, talvolta, interamente nei fatti"; è nel "sentire" quindi che dovete cercarne l'autenticità, senza cadere nei molti tranelli che l'autrice dissemina riguardo a che cosa sia autobiografico e che cosa no.

Un esempio proprio da *Uscirne vivi*: «questa non è una storia, ma solo la vita». È un tranello, perché la distinzione tra vita e storia è labile; pensate a Mrs Netterfield: la sua vita è stata per molto un affastellarsi di storie, raccontate per giunta da una narratrice inesperta.
Perché si era presentata alla consegna della spesa già armata?
Come possiamo dire che spiava dentro le finestre se la madre della protagonista era nascosta?

Autentico è anche il modo in cui Alice Munro ha dato vita ai personaggi. Ogni vita è movimento e cambiamento, mai stasi; così la scrittrice ha pensato spesso che la storia di ciascuno non poteva essere congelata una volta per sempre, ma andava riscritta, certe volte fino a farla diventare irriconoscibile: gli stessi personaggi ritornano, a distanza di anni.

Tutto ciò è valso a Munro il premio Nobel nel 2013 e il titolo di "maestra del racconto breve contemporaneo".

Come possiamo fare per...

... salvarci? Per salvare qualcuno o qualcosa? La scrittura è un buon modo, può dare l'impressione, almeno per un certo periodo, di possedere interamente qualcosa, che sia un ricordo, una sensazione, o una qualche forma di verità. Che cosa vuole trattenere Alice Munro? Sicuramente una parte del suo paese, il Canada: ne vediamo la vegetazione precisa, le volpi argentate, forse la casa dell'infanzia, i volti delle persone, quasi sempre lavoratori (bustaie, contadini, infermieri, maestre, sarte).

Le storie sono semplici, ma la ricostruzione delle vicende non è mai lineare, e proprio questo passo sghembo, fatto di pause e salti temporali, rende facile l'immedesimazione: le parole dell'autrice si confondono con i vostri ricordi, non necessariamente del Canada si intende, ma magari di un posto che frequentavate, di casa vostra.

Uscirne vivi?

In *Uscirne vivi*, come in altri racconti della raccolta – e da qui la scelta generale del titolo – è chiara la sensazione che si è scampati a un pericolo e che, per un attimo, la vita è stata beffata, vinta. I personaggi, costretti a superare ponti traballanti, sono arrivati sani e salvi dall'altra parte. Dopo un'impresa simile è naturale volersi voltare indietro, per ammirare da un punto privilegiato le proprie gesta; tuttavia, il ponte è sparito, come non fosse mai esistito, a pensarci bene è difficile anche ricordarlo, forse è stato un sogno.

Ogni racconto di Alice Munro è costruito così: la terra sembra sbriciolarsi sotto i piedi dei protagonisti, che sopravvivono sempre, ma nel frattempo hanno perso qualcosa nel cratere.
E Alice che cosa ha perso? La madre. La malattia se l'è presa e Alice non ne ha sopportato il fardello, è andata via, l'ha abbandonata, ha attraversato il ponte: è la sua colpa originaria e la ragione più profonda della sua scrittura. Può sembrare che non ce lo perdoneremo mai, «ma poi lo facciamo, lo facciamo di continuo», perché siamo fatti per *uscirne vivi*.

Esercizi

ESPLORARE

01 Nel racconto viene descritto un oggetto che non ha niente a che fare con la casa dei genitori della protagonista. Di quale oggetto si tratta? Secondo te perché Alice Munro ne parla?

02 Quali sono le due disgrazie che colpiscono la famiglia della protagonista nel dopoguerra?

03 Che cosa sai della giovinezza della madre della protagonista?

04 «Di certe cose diciamo che non si possono perdonare, o che non ce le perdoneremo mai. E invece poi lo facciamo, lo facciamo di continuo». Leggendo questo racconto, riesci a capire qual è almeno una di queste «certe cose» che la protagonista ha fatto fatica a perdonarsi?

05 La madre della protagonista racconta spesso due aneddoti riguardanti Mrs Netterfield. Riassumili a voce.

SMONTARE

06 «Di là dal fiume c'era un boschetto di scuri sempreverdi, quasi sicuramente cedri, ma troppo lontani per stabilirlo». Al lettore non viene data nessuna informazione in più rispetto a quelle che ha a disposizione la voce narrante. Da dove appaiono «lontani» questi alberi, infatti?

07 La narrazione di Alice Munro segue un meccanismo "a scatole cinesi". Prendi per esempio il secondo aneddoto riguardante Mrs Netterfield: all'interno dell'episodio principale compaiono due considerazioni della voce narrante a proposito di sua madre. Individuale.

08 *Uscirne vivi* è anche una riflessione sui meccanismi della narrazione. Individua nel testo:
a. il momento in cui capisci che si tratta di un racconto autobiografico;
b. almeno un passaggio in cui la protagonista si chiede se sua madre stia dicendo la verità.

09 Ci sono molti dettagli che Munro usa per parlare del posto in cui è cresciuta. Senza andare a rileggere, prova a scrivere quelli (o quello) che ti sono rimasti impressi nella memoria.

10 Il cuore del racconto è il rapporto tra la protagonista e sua madre, ma molti personaggi popolano questa storia. Sono soprattutto donne: elencale, e riassumi in poche righe il loro ruolo.

COSTRUIRE

11 Il titolo originale di questo racconto di Alice Munro è *Dear Life*. Fa riferimento a un modo di dire in lingua inglese: "*For dear life*". Scopri che cosa significa questa espressione.

....

....

....

....

12 Oltre che rimandare al significato che hai appena scoperto, *Dear Life* fa pensare anche all'incipit di una lettera. Se tu dovessi scrivere una lettera indirizzata alla tua vita, come la concluderesti?

....

....

....

....

13 La scoperta finale della protagonista a proposito del motivo della visita di Mrs Netterfield cambia completamente la percezione che il lettore ha dell'anziana signora. Se la madre della protagonista avesse saputo, come pensi avrebbe reagito?

....

....

....

....

53

Konrad Lorenz

Una cosa che non fa danni: l'acquario

tempo di lettura 10'
vita dell'autore a p. 647

Non costa quasi nulla eppure è una cosa magnifica: coprite il fondo di un recipiente di vetro con un pugno di sabbia pulita e piantatevi alcune comuni pianticelle acquatiche, versateci sopra delicatamente alcuni litri d'acqua di rubinetto e ponete il tutto su di un davanzale soleggiato. Quando l'acqua si è purificata e le pianticelle hanno incominciato a crescere, mettetevi dentro alcuni pesciolini: o, ancor meglio, recatevi con un vasetto e un acchiappafarfalle allo stagno più vicino, immergete alcune volte la rete, e raccoglierete una miriade di organismi viventi.

In quella reticella per me è ancor oggi rinchiuso l'incanto della fanciullezza. Meglio se non si tratta di uno strumento impeccabile, con manico di ottone e borsa di garza; anzi, la tradizione vuole che ce lo si prepari da soli, a casa, in dieci minuti: il manico con un filo metallico incurvato alla bell'e meglio, la borsa con una calza, un pezzo di tenda o un pannolino. Con un simile aggeggio, a nove anni ho catturato le prime dafnie per i miei pesciolini, scoprendo così le piccole meraviglie dello stagno di acqua dolce che immediatamente mi sedusse con il suo fascino. Dopo la reticella venne la lente d'ingrandimento, dopo di questa un modesto microscopio, e con ciò il mio destino fu irrevocabilmente segnato. Chi infatti ha contemplato una volta con i propri occhi la bellezza della natura non è destinato alla morte come pensa Platen, bensì alla natura stessa, di cui ha intravisto le meraviglie. E se ha davvero degli occhi per vedere, costui diverrà inevitabilmente un naturalista.

Dunque voi fate passare la reticella fra le piante acquatiche del vicino stagno, riempiendovi di solito le scarpe di acqua e di fango. Se avete scelto bene il luogo e avete trovato uno stagno dove c'è roba che fa per voi, presto il fondo della rete sarà tutto un brulichio di piccole creature trasparenti. Rovesciate allora il contenuto della rete nel recipiente che avrete già prima riempito di acqua. Giunti a casa, vuotate delicatamente il vostro bottino nell'acquario e contemplate il piccolo mondo che ora si dispiega ai vostri occhi. L'acquario è infatti un universo, dove, come in uno stagno o in un lago naturale, insomma come in un qualsiasi luogo del nostro pianeta, creature animali e vegetali vivono insieme creando un equilibrio biologico. Le piante consumano l'acido carbonico espirato dagli animali e a loro volta esalano ossigeno. È però errato affermare che le piante respirano non come gli animali, ma «alla rovescia»: come gli animali esse inspirano ossigeno ed espirano acido carbonico, ma, oltre a questo processo e indipendentemente da esso, le piante in via di accrescimento assimilano l'acido carbonico servendosene per costruire la loro sostanza corporea, e l'ossigeno eliminato eccede quindi quello incorporato con la respirazione. Di questo eccesso di ossigeno vivono uomini e animali. Inoltre le piante sono in grado di assimilare i prodotti della decomposizione di altre creature viventi, reinserendoli nel grande ciclo vitale della materia.

Ogni disturbo arrecato a questo ciclo, all'equilibrata convivenza di animali e vegetali, produce conseguenze dannose. Per esempio molti acquariofili, sia bambini sia adulti, non resistono alla tentazione di inserire nel recipiente, già pieno di animali fino al limite della tolleranza della sua parte vegetale, ancora questo o quel bel pesciolino. E proprio il nuovo pesciolino può essere la rovina di quel mondo che è l'acquario, così provvidamente difeso e amato. Dall'eccesso di animali deriverà infatti una mancanza di ossigeno; allora qualche organismo prima o poi soccomberà, e la sua morte potrà anche passare inosservata. Ma la decomposizione del suo corpo farà enormemente aumentare i batteri, l'acqua si intorbiderà, l'ossigeno diminuirà ulteriormente; allora moriranno altri animali, e la distruzione si propagherà con ritmo incalzante; alla fine anche la vegetazione comincerà a decomporsi, e quello che pochi giorni prima era stato un delizioso e limpido laghetto popolato di prospere pianticelle e di vivaci animaletti diverrà in breve tempo una disgustosa e puzzolente brodaglia.

Da questi pericoli l'esperto acquariofilo si difende con l'aerazione artificiale dell'acqua. Tuttavia questo espediente tecnico sminuisce il pregio dell'acquario, che consiste proprio nell'autosufficienza biologica di quel piccolo universo, cui dall'esterno non occorre alcun aiuto, a parte il nutrimento degli animali e la pulizia della vetrina anteriore del recipiente: se infatti vi domina il giusto equilibrio, l'acquario non ha bisogno di essere pulito! Rinunziando ai pesci più grossi, specie a quelli che sommuovono il fondo, nessun danno si avrà se gli escrementi animali e i tessuti vegetali in decomposizione costituiranno a poco a poco uno strato fangoso; anzi, tanto meglio, perché questo strato penetrerà e renderà fertile il fondo, originariamente sterile. Nonostante il fango, l'acqua rimarrà inodore e conserverà la limpidezza cristallina di uno dei nostri laghetti alpini.

Dal punto di vista biologico, e anche da quello estetico, è meglio inaugurare l'acquario in primavera, popolandolo solo di pochi ramoscelli in germoglio: solo le piante che vi sono cresciute riescono ad adattarsi alle particolari condizioni di quell'ambiente e a prosperarvi, mentre tutte le piante che sono state inserite nell'acquario già adulte vi perdono gran parte della loro bellezza. Anche se distano tra loro solo pochi centimetri, due acquari hanno un'individualità così distinta e ben caratterizzata come due laghi che distano tra loro molte ore di cammino. Ed è proprio questa la straordinaria attrattiva di un nuovo acquario, il fatto che, inaugurandolo, non si ha alcuna idea di come esso si svilupperà, dell'aspetto che assumerà una volta raggiunto il suo equilibrio particolare. Supponiamo di riempire contemporaneamente tre recipienti con lo stesso materiale, disponendoli l'uno accanto all'altro sulla stessa tavola e popolandoli tutti con peste d'acqua (*Elodea canadensis*) e miriofili (*Myriophyllum verticillatum*): nel primo recipiente crescerà, poniamo, una fitta giungla di peste d'acqua che soffocherà completamente i teneri miriofili, nella seconda potrà accadere il contrario, e nella terza le due specie armonizzeranno, e come nulla sorgerà una splendida vegetazione di *Nitella flexilis*, una graziosa alga verde tutta ramificata a mo' di candelabro. E l'evoluzione dei tre acquari può essere tanto diversa da rendere diverse anche le proprietà biologiche, favorevoli o sfavorevoli all'insediamento di determinati animali; insomma, benché impostati nello stesso identico modo, i tre acquari svilupperanno ognuno il proprio universo particolare.

Ci vuole un certo tatto e molto autocontrollo per permettere a ogni acquario di «trovare la propria fisionomia», perché anche gli interventi meglio intenzionati possono avere effetti deleteri. Naturalmente si può anche impiantare un acquario «elegante», con fondo artificiale e piantine ben distribuite ad arte; un filtro eviterà la formazione di fango e l'aerazione artificiale consentirà di tenervi molti più pesci di quanto non sarebbe possibile in condizioni più naturali. In questo caso le piante avranno una funzione puramente ornamentale, non essendo necessarie agli animali, cui l'aerazione artificiale fornirà abbastanza ossigeno per le loro esigenze vitali.

È questione di gusti, ma per me un acquario è una comunità autonoma che si mantiene in vita grazie a un proprio equilibrio biologico. Altrimenti si tratta di una specie di stalla, cioè di un ambiente tenuto artificialmente pulito, igienicamente ineccepibile, che non è un fine in se stesso, ma solo un mezzo per contenervi determinati animali.

Con una grande esperienza e un delicato intuito biologico è però possibile, entro certi limiti, predeterminare il carattere generale del microcosmo che si svilupperà poi in un acquario, scegliendone oculatamente il fondo, la posizione del recipiente, la temperatura e la luminosità, e infine gli animali che lo popoleranno. In questo consiste l'arte dell'acquariofilo, in cui eccelleva il mio amico Bernhard Hellmann, perito tragicamente: in uno dei suoi acquari egli era riuscito a riprodurre perfettamente un ambiente naturale ben preciso, il lago di Altaussee; era una vasca grande, assai profonda, fresca, e non troppo esposta alla luce; la vegetazione nell'acqua cristallina consisteva di trasparenti erbe verde chiaro, il fondo sassoso era coperto di scuro muschio dei fossi (*Fontinalis*) e di graziosa Chara. Gli animali non microscopici erano rappresentati solo da alcune minuscole trote, da qualche varone e da un piccolo gambero fluviale: una popolazione ittica dalla densità non molto superiore a quella di uno stagno naturale. Bisogna far molta attenzione a questo aspetto se si vogliono conservare a lungo e far riprodurre animali acquatici assai delicati. La maggior parte dei pesci esotici ornamentali che vediamo negli acquari dei dilettanti ci facilitano il compito, perché anche in natura essi vivono in piccoli stagni non troppo puliti; l'ambiente dei piccoli stagni tropicali, riscaldati dal sole in modo intenso e uniforme, si può facilmente riprodurre presso una qualunque finestra esposta a sud con un po' di riscaldamento elettrico, certo più facilmente di qualunque tipo di habitat delle acque nostrane. È questo il solo motivo per cui è incomparabilmente più difficile allevare pesci dei nostri laghi e torrenti che non pesci tropicali. Ora comprenderete perché vi ho consigliato di raccogliere i primi abitanti del vostro acquario dallo stagno più vicino e con la reticella tradizionale. Fra tutte le centinaia di acquari che ho posseduto la mia particolare preferenza va sempre all'acquario più comune, più economico e per così dire più banale, perché le sue pareti racchiudono la comunità vivente più naturale e più perfetta. Davanti all'acquario si può star delle ore assorti in fantasticherie, come quando si contemplano le fiamme del caminetto o le rapide acque di un torrente. E si imparano molte cose durante questa contemplazione. Se gettassi su di un piatto della bilancia tutto ciò che ho imparato a comprendere in quelle ore di meditazione di fronte all'acquario, e sull'altro tutto ciò che ho ricavato dai libri, come rimarrebbe leggero il secondo!

da **Konrad Lorenz**, ***L'anello di Re Salomone***, Milano, Adelphi, 2016.
Traduzione dal tedesco di Laura Schwarz.

Commento

Non c'è niente di infantile nel costruire (e nel desiderare) un acquario

D'altra parte, sia nell'antico Egitto sia a Roma gli uomini costruivano grandi vasche per allevare i pesci. All'inizio era per mangiarseli, ma intorno al 900 d.C., in Cina, l'imperatore di turno ebbe l'idea di tenerli lì per guardarli soltanto, per "scopi ornamentali": erano belli, ipnotici e rilassanti.
A riprova della serietà dell'acquario, possiamo dire che Lorenz non era esattamente il genere d'uomo che perde tempo in sciocchezze (se si esclude una parentesi di convinta adesione al nazismo): ricevette il premio Nobel per la medicina e la fisiologia nel 1973.
Se cercate una sua foto, faticherete a trovarlo in solitudine: facilmente sarà in compagnia di galline, anatre, cani e così via. Andava matto per gli animali, sapeva chiamarli per nome. Di più: secondo lui, chi ama la bellezza della natura non teme di morire, perché sa che si confonderà con essa, e la cosa non può dispiacergli.

Questa non è proprio una storia

È piuttosto una sorta di colto manuale di istruzioni che spiega come creare un acquario, approfittandone qua e là per insegnarvi qualcos'altro, oltre che per esortarvi ad andare a pescare due piantine da un fosso, piuttosto che comprarle al supermercato. Quel che fa la differenza tra questo testo e il libretto di istruzioni che trovereste in una sottile busta di plastica se prendeste un acquario in un negozio di articoli per animali, è che qui dietro c'è Lorenz, la sua voce, la sua saggezza e il suo modo di vedere le cose: ad esempio, è meglio un acquario semplice perché, oltre a essere un bello spettacolo, vi insegna a trattarlo come un ambiente vero con un suo equilibrio, e non come una scatola in cui buttare dentro dei pesci.

Queste pagine vi spronano a non perdere il contatto con la realtà, a ricordarvi che, oltre la vostra porta di casa, camminando un po' senza fermarvi, a un certo punto, troverete degli alberi, dei fiumi, un ruscello (non molto tempo fa era di sicuro più evidente). Quand'è l'ultima volta che avete usato le mani per realizzare qualcosa che non fosse il nodo sulle scarpe da ginnastica? Sapreste dire qual è il lago più vicino a voi? Lorenz sceglieva le sue case in base a una simile prossimità.

Leggendo fino alla fine, vi siete aggiudicati alcune informazioni interessanti su che cos'è un ecosistema, senza fare neppure il minimo sforzo. Si chiama *divulgazione scientifica*: c'è qualcuno che conosce un certo argomento come le sue tasche, e ve lo spiega come voi potreste raccontare a lui una cosa che vedete tutti i giorni, tipo com'è fatta la vostra stanza. Non avete bisogno di parole difficili per farlo, anzi, riuscite a essere tanto più incisivi quanto più usate le parole che avete in comune con chi ascolta. Se non esistesse la possibilità di raccontare cose complesse in modo facile, ci troveremmo in un mondo dove pochissimi sanno e tutti gli altri brancolano nel buio.

Il testo è tratto dal libro più famoso di Konrad Lorenz, *L'anello di Re Salomone*

Si dice che, grazie all'anello fatato che possedeva, il biblico re fosse in grado di parlare con gli animali. Lorenz voleva mostrare che era possibile farlo anche senza anello.

In un capitolo particolarmente commovente racconta la teoria dell'*imprinting*: Lorenz notò che, se si accovacciava vicino a una covata di anatroccoli e camminava loro a fianco, i piccoli lo seguivano. È una tecnica di apprendimento che consiste nell'imitare quel che vedi, ed è possibile solo da giovanissimi. In quelle pagine si racconta di Martina, la prima oca selvatica covata dentro un'incubatrice, che, visto Lorenz appena uscita dal macchinario, individuò in lui la madre e lo seguì giorno e notte fino a quando spiccò il primo volo.

Esercizi

ESPLORARE

01 Che cosa sono le *dafnie*?

02 Come mai l'acquario è un vero e proprio universo?

03 Qual è l'errore che commettono molti acquariofili?

04 Che cosa intende l'autore con «acquario "elegante"»?

05 Qual è la particolarità dell'acquario di Bernhard Hellmann?

SMONTARE

06 Sottolinea almeno tre nomi scientifici presenti nel racconto: individuarli è facile, perché sono in latino. A proposito, perché sono in latino?

07 Avete imparato a costruire un acquario, d'accordo. Ma non solo: senza che ve ne accorgeste, Lorenz vi ha insegnato a costruire anche un altro indispensabile strumento con le vostre mani. Quale?

08 Nel testo ci sono parti più "narrative" e parti più "tecniche" che entrano nel dettaglio scientifico. Usa due colori diversi per sottolineare un esempio delle prime e uno delle seconde.

09 Sempre scegliendo termini alla portata di tutti, Lorenz sfata anche un "mito" scientifico comune, una convinzione popolare assai diffusa. Quale? (Un indizio: si parla di respirazione.)

10 Anche se non sembra, Lorenz mette molto di se stesso in queste pagine. Quali informazioni "personali" ci dà, per esempio?

COSTRUIRE

11 Non resta che seguire il consiglio di Lorenz e mettersi a osservare i pesci. Se non hai un acquario in casa e non puoi costruirlo, vai da un amico, in un negozio di animali o vicino alla fontana di un parco. Che cosa ti colpisce di più?

....

....

....

....

....

12 Fai come Lorenz: scegli una cosa che sai fare benissimo e prova a raccontarla ai tuoi compagni.
Un consiglio: usa parole semplici, ma soprattutto cerca di far diventare la tua passione contagiosa.

....

....

....

....

....

13 L'autore sostiene che nel momento stesso in cui utilizzò un microscopio per la prima volta, il suo destino «fu irrevocabilmente segnato»: allora capì che sarebbe diventato un naturalista. Ti è mai capitata un'esperienza simile? Che cosa hai capito del tuo futuro?

....

....

....

....

....

Aleksandr Puškin

Inverno. Che fare in campagna?

tempo di lettura 3'
vita dell'autore a p. 655

(2 novembre)

È inverno. Che fare in campagna? Accolgo
Il servo, che mi porta al mattino una tazza di tè,
Lo accolgo con domande: fa un po' caldo? Si è placata la bufera?
C'è la neve fresca o non c'è? Si può lasciare il letto
Per la sella, o è meglio prima di pranzo
Passare il tempo con le vecchie riviste del vicino?
Neve fresca. Ci alziamo, e subito a cavallo,
Al trotto nel campo, alla prima luce del giorno;
I frustini in mano, i cani ci seguono;
Osserviamo con occhi attenti la pallida neve;
Giriamo, cerchiamo, e già si è fatto tardi;
Dopo aver mancato due lepri, torniamo a casa.
Come si sta bene! Ecco la sera; la bufera urla;
Cupa arde la candela; il cuore si stringe, soffre;
A gocce, lentamente, inghiotto il veleno della noia.
Voglio leggere; gli occhi scivolano sulle lettere,
E i pensieri sono lontani... Chiudo il libro;
Prendo la penna, mi siedo; a forza strappo
Alla Musa addormentata parole sconnesse.
I suoni non si armonizzano... Perdo tutti i diritti
Sulla rima, su questa mia strana ancella:
Il verso si stiracchia fiaccamente, freddo e nebbioso.
Stanco, smetto di discutere con la lira.
Vado in salotto; là sento discorsi
Sulle prossime elezioni, su una fabbrica di zucchero;
La padrona è accigliata, come il tempo,

Muove frenetica i ferri da calza d'acciaio,
Oppure fa il solitario, chiede un responso al re di quadri.
Angoscia! Così i giorni trascorrono in solitudine!
Ma se, verso sera, nel triste villaggio,
Mentre io in un angoletto gioco a dama,
Arriva di lontano in carro o slitta
Una famiglia inattesa: una vecchietta, due signorine
(Di bianca pelle, due sorelline slanciate e belle)
Come si ravviva allora lo sperduto luogo!
Come la vita si fa piena, Dio mio!
All'inizio sguardi attenti e sfuggenti,
Poi poche parole, poi conversazioni,
E quindi anche un ridere tra amici, e canti di sera,
E arditi valzer, e un mormorio dietro il tavolo,
E languidi sguardi, e sventati discorsi,
Sulla stretta scaletta prolungati incontri;
E la ragazza al crepuscolo va sul terrazzino:
Il collo è scoperto, e il petto, e la bufera le va in faccia!
Ma le tempeste del nord non sono nocive a una rosa russa.
Come avvampa e brucia caldo il bacio nel gelo!
Come la fanciulla russa è fresca nello spolverio di neve!

(1829)

da **Aleksandr Puškin, *Poesie*,** Milano, Rizzoli, 2017.
Traduzione dal russo di Eridano Bazzerelli.

Commento

Diminutivi e privilegi

Dice di Puškin la poetessa Anna Achmatova: "Chi sa che cosa è la gloria? / A quale prezzo egli acquistò il diritto, / la possibilità o la grazia, / di scherzare su tutto, / così saggio e malizioso, / misterioso tacere / e chiamare un piede piedino?".
In quel diminutivo, da piede a piedino, sta il privilegio e la grandezza di Puškin, padre della poesia e della stessa lingua letteraria russa. Con una frase a effetto possiamo dire che Puškin pagò con la vita il privilegio di poter "chiamare un piede piedino" (leggete la vita a pagina 655), e di farlo, aggiungiamo, in ogni possibile genere letterario. Nel suo repertorio c'è infatti di tutto: dalla fiaba di colore popolare, al teatro di ispirazione shakespeariana (*Boris Godunov*), dai celeberrimi racconti (*La dama di picche*), al romanzo storico (*La figlia del capitano*), dalle quattro "piccole tragedie" (insuperata forma di "micro-dramma"), al reportage (come lo splendido *Viaggio ad Arzrum*), giù giù fino all'epistolario.

Una vita notevole

La famiglia di Puškin era nobile e antica, e lui fu una giovane promessa fin dalla scuola. Subito dopo il liceo prese servizio al ministero degli Esteri e si trasferì a Pietroburgo. Poi giri di danza, una vita turbolenta, salotti e società segrete rivoluzionarie, esili, amori. Ma durante tante peripezie non dimenticò mai carta e penna e compose poemetti simili a quelli del poeta inglese Byron, altro famoso scavezzacollo del secolo.

A Odessa venne accusato di ateismo, gli tolsero il lavoro e lo chiusero nella tenuta in campagna della madre – ma anche in questo caso scrisse e il bel tempo lo assistette: arrivò così uno dei suoi più grandi capolavori, l'*Evgenij Onegin* (consigliatissimo).
Si sposò anche, ma il matrimonio gli costò caro. La donna scelta, con cui avrà quattro figli, era la bellissima Natal′ja Gončarova, una che faceva girare la testa a tutta la corte. Tra i problemi economici e gli ammiratori della moglie (tra cui lo zar Nicola I in persona),

Puškin aveva sempre pensieri per la testa. Finché, per causa proprio della moglie, arrivò il duello con un ufficiale francese, il ferimento e la morte pochi giorni dopo.

Lo stile oltre la morte

Puškin assorbì gli influssi del Romanticismo europeo, ma il carattere ironico lo tenne al riparo dal sentimentalismo: l'ironia gli permetteva di guardare alle emozioni proprie e altrui con un certo distacco, disinnescandole prima che diventassero il centro della poesia e un materiale nostalgico. Riteneva che la scrittura dovesse essere "semplice, breve e precisa". E infatti guardate il testo scelto: non è un esempio perfetto di nitore, equilibrio e naturalezza?

«È inverno. Che fare in campagna?». Già il primo verso vi fa piombare nel mezzo del latifondo russo, in una casa dove un giovane benestante, circondato da servi della gleba, lotta contro un nemico spaventoso, lo stesso che temono tutti i ricchi: la noia. Nevica, una gita a cavallo, poi, di sera, un libro sfogliato distrattamente, il tentativo di scrivere qualcosa, due chiacchiere in salotto, il gioco della dama... Tutto langue, quando, inattese, irrompono due bionde fanciulle. Ecco l'unico antidoto al «veleno della noia»!

È lo stesso mondo del personaggio più famoso di Puškin, Onegin, recluso in campagna, ricco e annoiato. Nel romanzo (in versi) *Evgenij Onegin*, il poeta coglie anche la prospettiva inversa, quella femminile, cosa assai rara. Il famoso scrittore russo Dostoevskij arrivò a dire addirittura che: "Tat'jana [la donna amata da Evgenij nel romanzo] è più profonda di Onegin, e, sicuramente, più intelligente di lui. Forse Puškin avrebbe persino fatto meglio a chiamare il suo poema Tat'jana, e non Onegin, dal momento che è lei, senza alcun dubbio, la protagonista del poema". E con questo modello di donna profonda, musa del poeta russo, sicuramente portatrice di quel piede-piedino da lui tanto amato, cessa qualsiasi noia della vita in campagna, qualsiasi guaio si alleggerisce, e finiscono i versi.

Esercizi

ESPLORARE

01 Che tempo fa? In che modo condiziona la vita in campagna?

02 Che cosa significa che la signora chiede un responso al re di quadri?

03 Tra l'inizio e la fine della poesia senti uno sbalzo di temperatura? Qual è il verso che segna il cambiamento?

04 Quali sono gli antidoti contro la noia invernale?

SMONTARE

05 Cerca nel testo tutte le espressioni che descrivono l'idea di tedio e quelle che esprimono il contrario.

06 Se non sapessi in che anno è stata composta questa poesia, riusciresti a capirlo? Quali indizi ha disseminato il poeta del tempo in cui vive?

COSTRUIRE

07 Crea il kit anti-inverno. Quali sono per te gli antidoti contro la noia invernale? Che cosa metteresti nel kit?

....

....

....

....

....

55

Vladimir Majakovskij

La mia università

tempo di lettura 2'
vita dell'autore a p. 648

Conoscete il francese.
Sapete dividere.
Moltiplicare.
Declinare mirabilmente.
E va bene, declinate pure!
Ma dite,
e cantare d'accordo con una casa,
lo sapete?
La lingua dei tram la capite?
Gl'implumi dell'uomo,
appena con un po' di penne,
pongono mano ai libri,
ai quinterni dei quaderni.
Io imparavo l'alfabeto dalle insegne,
sfogliando pagine di ferro e di latta.
Loro prendono la terra,
la rapano,
la scorticano,
e insegnano,
riducendola tutta a un mappamondo.
Ma io
imparavo la geografia coi fianchi,
mica per niente
mi buttavo a terra
per dormire!
Gli Ilovajskij agitano problemi scottanti:
"Era proprio rossa la barba di Barbarossa?".
Facciano pure!

Io non frugo in sciocchezze polverose.
A me basta conoscere ogni storia di Mosca!
Prendono a studiare Dobroljubov (per odiare il male),
ma hanno contro la famiglia,
e mugola tutto il casato.
Io mi sono abituato
sin dall'infanzia a odiare i grassi,
sempre pronti
a vendersi per un pranzo.
Ben istruiti,
s'apprestano
a piacere alle signore,
e pensierini tintinnano nelle loro piccole fronti di bronzo.
Ma io
parlavo
soltanto con le case.
Miei soli interlocutori, i serbatoi d'acqua nelle strade.
Con l'abbaino attento ad ascoltare,
i tetti afferravano le parole che gli lanciavo nelle orecchie.
E poi cigolavano
della notte
e l'uno dell'altro,
dimenando la loro lingua banderuola.

da **Vladimir Majakovskij,** ***Poemi***, Roma, Editori Riuniti, 1963.
Traduzione dal russo di Giovanni Crino e Mario Socrate.

Commento

Ribellarsi

Leggendo questa poesia viene in mente un ragazzo che si alza con i piedi sopra il banco e urla, dopodiché scappa dalla finestra e mette molta voglia di inseguirlo e di essergli amico.
Voi però cercate di non mettervi in piedi sul tavolo per leggere questa poesia (anche se potrebbe essere un buon esercizio).

Viene proprio da urlarli questi versi. Sono il testo di una ribellione e di uno sberleffo. Il poeta guascone e irriverente spernacchia i noiosi che vogliono insegnargli inutili nozioni. Là fuori nelle strade c'è tutto un altro ritmo, la vita va da tutt'altra parte e a stare appresso a quelli (Ilovajskij, storico reazionario e antisemita, e Dobroljubov, giornalista e critico letterario) si finisce per farsi crescere il muschio addosso.

Una nuova università

È uno scontro tra «io» e gli altri, la reazione violenta di una voce che risponde punto per punto ai comandi della scuola tradizionale.
Con grande inventiva il poeta oppone la declinazione dei verbi al canto delle case. La poesia è percorsa da tutti i segni della città moderna, che diventano simboli vitali, slanciati verso il futuro.
Dopo le case, vengono i tram con il loro alfabeto di rumore.
Il bambino cresciuto sui banchi di scuola e quello che se ne va a zonzo per le strade si fronteggiano, tra quaderni e insegne dei negozi.
Allo schematismo delle cartine si fa fronte con la consapevolezza fisica dei suoli, con lo scarto improvviso dei marciapiedi.
A ogni teoria il poeta contrappone l'esperienza come maestra migliore. La conoscenza di chi vive per le strade di Mosca e del suo popolo è più importante di qualsiasi cosa.

Molti di questi pensieri, che sono come un nuovo programma scolastico, vanno già nel senso della rivoluzione comunista degli albori, quando ancora, più che politica, era ideale, e inneggiava al senso di nuovo e di vento in poppa, abbracciando il futurismo del dopoguerra, che condannava la cultura decrepita e cantava la velocità del progresso in automobili e aeroplani. Majakovskij ne fece di strada: il suo progetto di nuova università, insieme alla sua opera altrettanto sferzante e ribalda, suonò bene agli orecchi dei rivoluzionari, che ne fecero la canzone del nuovo regime. Ecco il passaggio da poeta ribelle a poeta ufficiale, una storia fosca che portò questo gigante scoppiettante di vita a uno strano suicidio che, secondo alcune ricostruzioni, ebbe tutta l'aria di un omicidio.

Una scomoda presenza

Majakovskij bruciò la propria esistenza con uno slancio da eroe romantico, incarnando lo sprezzo, la passione, gli ideali del futurismo sovietico. Ma agli entusiasmi subentrarono ben presto la burocrazia, la censura, il totalitarismo, la morte del leader politico sovietico Lenin, l'ascesa del suo successore Stalin e, infine, questo cosiddetto "suicidio". Ma che si trattasse di suicidio d'amore, come è stato fatto credere, o di assassinio politico, qui poco importa. Certo è che quest'uomo fuori dal comune, fuori misura e fuori formato, un gigante di un metro e novanta schernito come "figlio di Polifemo" e "vestito in modo abominevole", fu immolato dal potere. Come disse il regista Sergej Ejzenštejn: "Bisognava farlo fuori. E lo hanno fatto fuori... Uccidere una persona con le sue stesse mani è la più terribile forma di omicidio, sacrilega e crudele".

Boris Pasternak (1890-1960), poeta e romanziere russo premiato con il Nobel, lo ricorda così: "Sullo sfondo delle pagliacciate dell'epoca, la sua serietà era grave, severa, dolente, era così insolita! Era una poesia magistralmente scolpita, altera, demoniaca e al tempo stesso terribilmente condannata, agonizzante, quasi implorante soccorso". Voi ricordatelo con questi versi, mentre salta dalla finestra per andarsi a stendere sopra i tetti, mentre conversa con gli arredi urbani, assegna a ogni cosa la sua lingua e ci parla da pari a pari.

Esercizi

ESPLORARE

01 Con chi ce l'ha il poeta e perché?

02 Perché Majakovskij ha scelto il titolo *La mia università*?

03 Che cosa significa secondo te «cantare d'accordo con una casa»?

04 Chi sono gli «implumi dell'uomo»? E che cosa sono i «quinterni»?

05 Secondo te il poeta ha studiato soltanto le materie che dice o ha frequentato anche la scuola che tanto critica, e che cosa te lo fa pensare?

06 «Loro prendono la terra». Chi sarebbero questi «Loro»?

SMONTARE

07 A che cosa pensi che servano le domande iniziali? E perché ogni tanto il poeta sceglie di esclamare?

08 Prendi quello che studia il poeta e dagli un nome, come fosse una materia esistente, ad esempio: "canto edile" o "armonia della casa".

09 Diresti che il ritmo della poesia è lento oppure rapido? Cerca di spiegare su che cosa si basa questa tua impressione.

COSTRUIRE

10 Fonda la tua scuola personale. Elenca le materie di studio.
Hai la massima libertà.

....

....

....

....

....

....

....

....

11 Fai una ricerca. Quanti anni dura in Europa il percorso di studi di una persona? E in Italia? Quanto durava nell'Ottocento?

....

....

....

....

12 Partecipa a una discussione in classe. Tu pensi di proseguire gli studi? Credi che sia meglio imparare un mestiere pratico oppure studiare la teoria? Che cosa ti sembra più adatto a te?

Adam Jeppesen
AR-Chalten I
da *Folded*
2014

COSTELLAZIONE 12

teoria a pagina 604

SACRO

Che cosa significa "cantare gli dei"?

Ogni ricerca nel profondo preannuncia piccole o grandi rivelazioni.

56

Salvatore Quasimodo

Milano, agosto 1943

tempo di lettura 1'
vita dell'autore a p. 656

Invano cerchi tra la polvere,
povera mano, la città è morta.
È morta: s'è udito l'ultimo rombo
sul cuore del Naviglio. E l'usignolo
è caduto dall'antenna, alta sul convento,
dove cantava prima del tramonto.
Non scavate pozzi nei cortili:
i vivi non hanno più sete.
Non toccate i morti, così rossi, così gonfi:
lasciateli nella terra delle loro case:
la città è morta, è morta.

da **Salvatore Quasimodo, *Poesie e discorsi sulla poesia*,** Milano, Mondadori, 1994.

Commento

Ascoltate la guerra

Se già l'anno 1943 non ha acceso nella vostra testa una spia d'allarme rossa e rumorosa, i primi versi di questa poesia vi getteranno in un polverone improvviso.

Sono passati molti anni dall'ultima volta che il nostro paese è stato bombardato – per farvi un'idea, a Milano, in una sola notte d'agosto del 1943, gli aerei degli Alleati distrussero seicento edifici, uccidendo centosessanta persone e ferendone il doppio. Da allora, indirettamente, abbiamo saputo di altre guerre e di altri bombardamenti, e abbiamo soltanto potuto immaginare che cosa vuol dire.

Ciò che scrive Quasimodo in questa poesia non è solamente quanto sia brutta la guerra e quanto siano brutti i bombardamenti; il poeta fa un'operazione più profonda: le bombe e la guerra se le mette, e ve le mette, nel cuore – e a tanto non possono arrivare nessun libro di storia e nessun telegiornale.

Una città è la vita

Qui, nella poesia, ciò che va distrutto non è fatto di mattoni e di carne, ma è qualcosa che sentite venire meno altrove, in altre regioni di voi stessi.

Prendiamo l'inizio, i primi due versi. Ci sembra di avere i piedi nelle rovine dei palazzi, mentre ancora fumano i crateri delle esplosioni. La protagonista è una «povera mano», che con una sostituzione ben calibrata prende il posto di un uomo che scava, come fosse un soccorritore. Cosicché il poeta sta parlando a un pezzo di uomo, a una «mano», e le dice, in sintesi, che non c'è niente di vivo da cercare tra la polvere. Subito, a questa mano ostinata viene spiegato il motivo: «la città è morta». Il colpo è forte. Una città può morire? Che cos'è una città?

Quasimodo, con un gesto tecnico complementare alla mano che scava, porta la città a rivelarsi nel suo significato più profondo, ossia un luogo di vita. Lo fa, però, facendola morire. La città bombardata non è un ordine di strade e palazzi in frantumi, ma sono gli uomini che ci vivono silenziati: è un sistema di vita che va in pezzi e ammutolisce.

Il poeta si rivolge poi ad altri soccorritori: qualcuno vuole scavare, ma gli viene dato l'alt, perché «i vivi non hanno più sete». Ma perché i vivi non dovrebbero avere sete? E, se c'è una mano che si muove, se ci sono altri che si sono salvati, perché il poeta gli dice di fermarsi, perché ripete: «la città è morta, è morta»? La morte di cui parla Quasimodo, evidentemente, è qualcosa di più grande. Non si tratta soltanto di cadaveri e macerie. Questa morte è la fine di un modo di vivere, è la fine di un uomo ormai polvere. Questa morte è la vita spenta che contagia come un'epidemia i sopravvissuti che «non hanno più sete».
Il particolare dei cadaveri è crudo e realistico: «così rossi, così gonfi», ma prima ancora leggete la caduta dell'usignolo che cantava, un precipitare lungo due versi e scandito dalle sonorità *-nte*, *-nto*, *-nta*, *-nto*, nel quinto e sesto verso che lo accompagnano come campane a morto. Con il pennuto cade la possibilità del canto, della poesia stessa, la possibilità di avere sete e di avere acqua.

Ricostruire

La «povera mano» e i soccorritori intervengono in uno scenario esteriore e interiore, come i mezzi di soccorso della vita, della poesia stessa che vorrebbe rianimare l'uomo, sentirlo respirare ancora sotto le macerie. La città è dei vivi, ma è morta: non riuscire a separare i vivi dai morti è tremendo. Non c'è più possibilità di ritrovare l'uomo, né la città, c'è solo polvere.

Potete domandarvi allora che cosa può esserci dopo una dichiarazione tanto drammatica, come sia possibile per la voce del poeta continuare a farsi sentire, e da chi poi? Che posto può avere la poesia in uno scenario di guerra? L'ultimo verso sembra come una chiusura definitiva, l'inizio di un silenzio doloroso. I pezzi dell'uomo sono sparsi tra la polvere. Nel 1946, Quasimodo scrisse: "Rifare l'uomo, questo è l'impegno". Ed è come se la voce del poeta riprendesse a parlare dopo il bianco di questa poesia. La mano continua a cercare tra la polvere, per rimettere insieme un nuovo Adamo, l'uomo del futuro.

Esercizi

ESPLORARE

01 A chi parla il poeta?

02 Che cos'è il «Naviglio»?

03 Riesci a trovare qualche elemento positivo nella poesia?

SMONTARE

04 Riassumi gli argomenti che fanno dichiarare a Quasimodo la morte della città.

05 Cerca le ripetizioni usate dal poeta e prova a dire la sensazione che ti danno.

06 Che colori e che suoni ritrovi nella poesia?

COSTRUIRE

07 Hai il totale controllo di un altoparlante di stazione ferroviaria, aeroporto o qualsiasi altro luogo pubblico. Dai istruzioni ai passanti sul da farsi in caso di... Devi decidere tu ogni cosa.

....

....

....

....

....

Pier Paolo Pasolini

10 giugno 1962

tempo di lettura 2'
vita dell'autore a p. 653

Un solo rudere, sogno di un arco,
di una volta romana o romanica,
in un prato dove schiumeggia un sole
il cui calore è calmo come un mare:
lì ridotto, il rudere è senza amore. Uso
e liturgia, ora profondamente estinti,
vivono nel suo stile – e nel sole –
per chi ne comprenda presenza e poesia.
Fai pochi passi, e sei sull'Appia
o sulla Tuscolana: lì tutto è vita,
per tutti. Anzi, meglio è complice
di quella vita, chi stile e storia
non ne sa. I suoi significati
si scambiano nella sordida pace
indifferenza e violenza. Migliaia,
migliaia di persone, pulcinella
d'una modernità di fuoco, nel sole
il cui significato è anch'esso in atto,
si incrociano pullulando scure
sugli accecanti marciapiedi, contro
l'Ina-Case sprofondate nel cielo.
Io sono una forza del Passato.
Solo nella tradizione è il mio amore.
Vengo dai ruderi, dalle chiese,
dalle pale d'altare, dai borghi
abbandonati sugli Appennini o le Prealpi,
dove sono vissuti i fratelli.
Giro per la Tuscolana come un pazzo,

per l'Appia come un cane senza padrone.
O guardo i crepuscoli, le mattine
su Roma, sulla Ciociaria, sul mondo,
come i primi atti della Dopostoria,
cui io assisto, per privilegio d'anagrafe,
dall'orlo estremo di qualche età
sepolta. Mostruoso è chi è nato
dalle viscere di una donna morta.
E io, feto adulto, mi aggiro
più moderno di ogni moderno
a cercare fratelli che non sono più.

da **Pier Paolo Pasolini**, ***Poesia in forma di rosa***, Milano, Garzanti, 2015.

Commento

Carta d'identità

Pensiamo che la maniera per esprimere sinteticamente chi siamo e da dove veniamo sia la carta d'identità, invece è la poesia. Pasolini non avrebbe avuto documento d'identità migliore di questo.

Dovrebbe interessarci più l'opera che il suo autore, ma il caso di Pasolini è particolare. Siamo di fronte a un uomo che per mezzo dell'arte ha sempre cercato di dire nel modo più immediato possibile chi era e che rapporto aveva con gli altri, con tutti gli altri, con la società intera. Qualcuno che sentiva l'urgenza di esprimersi, come una sentinella dai sensi ultrasensibili che percepisce il pericolo. Per cui è impossibile dire della poesia senza dire di Pasolini. Mentre la leggete, il pensiero dell'uomo e la sua voce vi staranno davanti come un corpo.

Sempre a proposito di identità, Pier Paolo Pasolini è stato: scrittore, regista, comunista, drammaturgo, martire, giornalista, anarchico, perseguitato politico, omicidio irrisolto, icona. E si sentiva, più di ogni altra cosa, poeta.

Eclissi

Questa poesia è un pensiero sul presente e una previsione del futuro. Ha il tono di un lamento. La voce del poeta vi investe fin dall'inizio, in toni altissimi. Pasolini dice «fratelli» e «Dopostoria», si slancia in avanti con ogni cosa, cervello e cuore. E anche lo scontro che vi mostra è doppio, c'è un conflitto intimo (la ricerca di fratelli) e uno allargato alla comunità degli uomini (il Dopostoria).
Il movimento è continuo, dal piccolo al grande. Guardate il verso in cui l'«io» si afferma per mezzo di un'entità temporale maiuscola, il «Passato». E più avanti, andando da «Roma» al «mondo», guardate come Pasolini si distende per arrivare ai «primi atti» del nuovo mondo. È la testimonianza di un uomo che non riesce più a capire il suo tempo, che lo vede sinistro e preoccupante ed è rimasto solo, incompreso, e non sa che fare.

Ma di che minaccia si tratta? Che cos'è questo «Dopostoria»? Vi potrà essere utile sapere che altrove, nella stessa raccolta, Pasolini usa l'espressione «Nuova Preistoria». La Storia nasce quando l'uomo scimmia esce dal buio e comincia a lasciare segni, a riflettere e a riflettersi, inizia a scrivere. Quello che sta succedendo, dice Pasolini, è come un tornare in quel buio originario, in un'assenza di pensiero e di ragionamento, in un'indifferenziata incoscienza. Si tratta di un'eclissi, in cui gli uomini spariscono senza fiatare e, anzi, con una certa felicità.

Una mappa (preoccupante) del presente

Pasolini viveva in un periodo di forti cambiamenti. Gli anni Cinquanta e Sessanta hanno trasformato un'Italia agricola in paese industrializzato, assimilandolo alle altre grandi nazioni occidentali. Questo ha significato l'estensione delle città, l'abbandono delle campagne e l'instaurarsi di una nuova cultura che metteva al primo posto il benessere affermando la cosiddetta "società dei consumi" – che è comprensibile non sappiate cosa sia, dato che ci siete nati, ci vivete dentro e perciò sarebbe come voler parlare ai pesci dell'acqua.
Ma che cosa c'è di male, direte voi? C'è che adesso siamo tutti uguali, sia i ricchi che i poveri vogliono le stesse cose e "La tragedia", diceva Pasolini nella sua ultima intervista, "è che non ci sono più esseri umani, ci sono strane macchine che sbattono l'una contro l'altra", perché il fatto che desideriamo le stesse cose ci fa pensare che esista un solo modo di vivere, in cui il denaro è l'unità di misura universale e consumare è un inevitabile modo di vivere. L'essere umano non è un dato di fatto, non è tale perché nato; l'essere umano è il risultato di un processo e della società in cui vive, e l'educazione che riceviamo noi, secondo Pasolini, non crea affatto esseri umani, ma, appunto, macchine.

Il dolore sciolto in poesia è capace di restituire i nomi propri alle cose, di definire quale sia il carattere di quel Passato che sta finendo e di che cosa sta per arrivare. Un esercizio di critica che permette al poeta di fare resistenza, di osservare la corrente del tempo e l'orizzonte scuro verso cui si dirige, dove ogni cosa sarà mescolata e le facoltà stesse della poesia di Pasolini saranno incomprensibili e annullate – siamo già lì.
Solenne nostalgia.

Esercizi

ESPLORARE

01 Ti sembra che il poeta stia parlando a qualcuno e, se sì, a chi?

02 Che cos'è *Ina-Casa*?

03 Che cos'è una *pala d'altare* e perché secondo te il poeta sceglie di inserirla tra le cose che ama e che rappresentano la tradizione?

04 Qual è il rapporto tra il poeta e i nati «dalle viscere di una donna morta»? Che significa secondo te? Chi rappresenterebbe questa «donna morta»?

SMONTARE

05 Trova tutte le indicazioni geografiche che riconducono alla città e quelle che rimandano alla campagna.

06 Individua le espressioni che secondo te marcano il tempo della Storia e quelle che invece segnano il tempo, più piccolo, della storia individuale.

07 Quale immagine sceglieresti per rappresentare questa poesia?

COSTRUIRE

08 In una poesia che trovi nella costellazione 13 Arnaut Daniel (a pagina 478) dice:
«Io sono Arnaut che stipa i suoi granai di vento,
va a caccia della lepre con un bue
e nuota contro la marea che sale».
Trovi che questo "autoritratto poetico" abbia dei punti in comune con quello di Pasolini?

09 Comincia una poesia con "Io sono", poi scrivi da dove vieni e che cosa fai.

....

....

....

Andrea Zanzotto

Luna puella pallidula

tempo di lettura 2'
vita dell'autore a p. 662

13 SETTEMBRE 1959 (VARIANTE)

Luna puella pallidula,
Luna flora eremitica,
Luna unica selenita,
distonia vita traviata,
atonia vita evitata,
mataia, matta morula,
vampirisma, paralisi,
glabro latte, polarizzato zucchero,
peste innocente, patrona inclemente,
protovergine, alfa privativo,
degravitante sughero,
pomo e potenza della polvere,
phiala e coscienza delle tenebre,
geyser, fase, cariocinesi,
Luna neve nevissima novissima,
Luna glacies-glaciei
Luna medulla cordis mei,
Vertigine
per secanti e tangenti fugitiva

La mole della mia fatica
già da me sgombri
la mia sostanza sgombri
a me cresci a me vieni a te vengo
………………………………
………………………………
(Luna puella pallidula)
………………………………

da **Andrea Zanzotto,** ***Le poesie e prose scelte,*** Milano, Mondadori, 2000.

Commento

Una lampadina

Un giorno un ragazzo chiese a Zanzotto perché la poesia contemporanea dovesse essere così difficile da capire. Il poeta rispose che per avere qualcosa di immediatamente chiaro si può leggere un articolo di giornale, ma se si vuole la poesia c'è bisogno di resistenza, di sforzo, di attrito, perché la poesia dev'essere un fatto nuovo e luminoso. Gli disse che la poesia funzionava come una lampadina.

Zanzotto ha percepito intensamente il mondo che gli stava intorno (che è il nostro mondo) fino a farlo entrare nella struttura intima della sua poesia. Si tratta di un mondo in cui molte cose sono cambiate da quando Leopardi parlava alla luna o da quando i Greci e i Romani ci vedevano l'immagine di una divinità. Con la scienza abbiamo fatto gesti meravigliosi e tremendi, abbiamo curato malattie e siamo diventati teppisti cosmici in grado di distruggere il pianeta. Né Dio né l'uomo sono più gli stessi. L'uomo però, con tutto il suo progresso, assomiglia sempre più a un essere smarrito, a un ammasso di materiali che si scontrano fra loro.

Un catalogo di tutto per la divina luna

In pochi versi trovate formule latine, gergo scientifico, grecismi, neologismi, superlativi e abbondanza di segni grafici. E tutto è composto con una certa ironia, come di uno che rifà il verso a una vecchia canzone. La musica che sceglie Zanzotto non è originale. È la litania che elenca una serie di invocazioni alla Madonna ("Madre di misericordia, Vergine prudentissima, Vergine degna di onore, Vergine degna di lode, Vergine potente, Vergine clemente"). Il poeta trasforma una preghiera alla Madonna in preghiera alla luna.

La faccenda è già abbastanza grossa, ma c'è di più. La luna non viene esaltata con invocazioni convenzionali dicendo quanto è bella e santa, ma le vengono rivolte strane definizioni in un gergo pseudo-scientifico. Perfino lo zucchero è rielaborato per darci sensazioni nuove e fenomenali: «polarizzato zucchero».

Lo zucchero così familiare viene freddato da un aggettivo che richiama un processo fisico, che significa in sostanza il raggrupparsi di elementi verso un centro. In questo modo il nostro zucchero si raccoglie, e per l'intervento di una forza fisica – di una forza misteriosa (la scienza spiega come avvengono certe cose ma non perché avvengono) – ecco una massa compatta, una palla di zucchero. L'immagine è meravigliosa e lontana, desta lo stesso incanto prodotto da una nevicata, assomiglia alla luna.

Tanto lavoro per tornare a farla brillare

Nel primo verso vediamo un altro saggio della densità di Zanzotto: «Luna puella pallidula». Sembra il balbettio di un bambino, potrebbe piacere già così, senza conoscerne il significato, senza sapere se ne ha uno. Ma ce l'ha eccome. Poco meno di duemila anni fa l'imperatore Adriano scriveva in latino "*Animula vagula blandula*", primo verso di una poesia che rappresentava l'anima umana come qualcosa di vago ed estremamente delicato. Zanzotto rimescola. Dopo aver sostituito la luna alla Madonna, qui la sostituisce all'anima, e la rafforza anche, modificando quel "*vagula*" in «puella», cioè "fanciulla".
Perché, vi chiederete voi, tutto questo disturbo per dire "Luna ragazza pallida"? Perché Zanzotto sta facendo un gioco che riguarda la nostra cultura, la lingua e la luna, ciò di cui siamo fatti.

Questa luna non divina, non umana, si sta piano piano sollevando davanti a noi, ripulita dalle incrostazioni delle parole e dei pensieri e lo sta facendo proprio grazie al lavorio di parole e pensieri che fanno dire, con un sospiro liberatorio: «la mia sostanza sgombri». L'uomo si libera di se stesso per essere un uomo nuovo e volante. È una poesia che ha la bellezza di una scarica elettrica, di una lampadina, è una preghiera contro il nostro dilagante teppismo cosmico.

Esercizi

ESPLORARE

01 Scopri che cosa è successo il 13 settembre 1959.

02 Che cos'è un *selenita*?

SMONTARE

03 Elenca tutte le espressioni di stretto gergo scientifico presenti nel testo e associale alla loro branca scientifica di provenienza.

04 Elenca le espressioni che ti sembrano legate alla religione e prova a spiegare brevemente il motivo per cui il poeta le usa.

05 Che effetto ti fanno le righe riempite di puntini di sospensione? Secondo te, a che cosa servono?

COSTRUIRE

06 Prendi due canzoni che conosci e mescolale tra loro creando nuovi significati.

....

....

....

....

....

....

07 Pensa alla luna. Dedicale un aggettivo, due verbi, una vocale e una situazione.

....

....

59

Giorgio Caproni

Palo

tempo di lettura 2'
vita dell'autore a p. 632

a Sezis e Mézigue
(Chtibe-Cabane, 17 dic.)

Sapevo che non ci sarebbe stato
nessuno ad aspettarmi.
Eppure io non sapevo darmi
pace, ed uno
sgomento in me saliva
lento, che m'intimidiva.

La nebbia che mi ricopriva
era vuota, era vera.
Ma io non sapevo se ombra
od uomo certo, era
lunga la figura nera
che su e giù andava – alzava
col braccio la lanterna
cieca, e scuoteva
dal cappotto il nevischio
e il fumo, mentre un fischio
la tenebra trapassava.

Sapevo che non si trattava
di partenza, e nemmeno
d'arrivo; né sapevo
se cane fosse o treno
o cuore (o la rosa,
forse, della mia inesplosa
domanda) l'avventura
morta che mi legava al palo
morto della mia paura.

da **Giorgio Caproni, *L'opera in versi*,** Milano, Mondadori, 1998.

Commento

Partire e non partire

Alcuni libri di Caproni sono come la partenza per un grande viaggio. Raccolte come quella da cui è tratta questa poesia (*Il muro della terra*, 1975) vengono costruite attentamente per far entrare il lettore in un nuova dimensione: sono una specie di avventura. Tuttavia, questi grandi tragitti fatti di bagagli, carrozze, addii, porte e dogane da superare, osterie, hanno il carattere speciale della dissolvenza. Ci sono e non ci sono, servono e non servono. Potete percepire la sensazione eccitante del cambiamento e della scoperta tipica di un viaggio, eppure non vi siete mossi. È uno spostamento diverso da quelli a cui siete più abituati, per cui non servono biglietti né prenotazioni. Andiamo per una strada che si perde e, se il contachilometri resterà fermo, è perché nel posto in cui siamo non esistono chilometri.

La poesia ci apre un'immagine nella mente, la scena di una stazione d'inverno. Si vede poco, non ci sono gli orari delle partenze né degli arrivi, c'è disorganizzazione, qualcuno che appare a un certo punto ha una lanterna in mano, come i capitreno di una volta, e ci basta questo per considerarlo uno del personale. I suoi segnali nel nevischio e nel fumo, e quel fischio che trapassa le tenebre (unica impressione sonora della poesia) dicono che qualcosa succede, quel fumo può essere quello di una locomotiva in arrivo. Pensiamo che l'attesa nel freddo sia finalmente finita, immaginiamo già di asciugarci in qualche vagone caldo, e invece resteremo lì. Il poeta ci toglie ogni dubbio circa arrivi e partenze e ce ne mette molti altri su quanto sta succedendo. Dobbiamo rimanere nel tempaccio, piantati, tra possibilità di viaggio che si perdono, legati a questo «palo / morto della mia paura».

Segnaletica

È come nei sogni in cui *sentite* di sapere qualcosa: nell'universo onirico avete una conoscenza che non è logica, che possedete per qualche motivo sconosciuto. Così si apre la poesia e così Caproni, verso dopo verso, crea questo paesaggio invernale. Sapevo e non sapevo. Ci sono lampi di lucidità, una cosa si mostra e poi si cancella.

Cerchiamo meglio nella nebbia di Caproni.
Il verso «se ombra / od uomo certo» viene dall'*Inferno* dantesco, ed è il momento in cui Dante intravede il maestro Virgilio, quello che sarà la sua guida fra le tenebre. In testa alla poesia troviamo la dedica «a Sezis e Mézigue» che viene dall'*argot*, il gergo francese nato negli ambienti della malavita, e significa "a Lui e Me stesso".
Tra le parentesi, l'indicazione diaristica nasconde altre sorprese: quello che sembra il nome di un luogo, «Chtibe-Cabane», è in realtà un'altra coppia di parole argot: "Prigione-Rifugio". La data, 17 dicembre, si ritrova all'inizio di un'altra raccolta di Caproni (*Congedo del viaggiatore cerimonioso & altre prosopopee*) e probabilmente corrisponde a un qualche evento nella vita del poeta.

Un viaggio dentro di sé

Dopo questo setaccio, la figura del capotreno diventa la possibilità mancata di una guida. Il personaggio della poesia diventa un *alter ego* del poeta, un «Lui» inviato a smarrirsi in questa stazione oscura che dovrebbe accogliere treni indirizzati altrove, verso purgatori e paradisi, ma che non si possono prendere. Restano l'inverno infernale e quel palo della paura, che è anche la metà di questo non-viaggio.

Caproni diceva che la poesia era un "inabissarsi talmente in se stesso da scoprirvi... quei nodi di luce che non sono soltanto dell'io ma di tutta la tribù". Il poeta quindi lavora per sé, ma anche "per tutti quegli altri mézingue o me stessi, che formano il mio prossimo del quale io non sono che una delle tante cellule viventi".
Il viaggio non c'è stato e c'è stato. Caproni ti porta in fondo alla nebbia per inchiodarti alla «inesplosa / domanda» che attende nei territori sconosciuti, è ciò che ti ferma, ciò che ti spaventa e vuole dirti chi sei, è il bagaglio pesantissimo dei grandi viaggiatori.

Esercizi

ESPLORARE

01 Secondo te che senso aggiungono le due parole all'inizio della poesia «Chtibe-Cabane» ("Prigione-Rifugio")?

02 La «figura nera» è un uomo o è solo un'ombra, e da che cosa si capisce?

03 Che cos'è una «lanterna cieca»? Esiste davvero o è solo un'invenzione poetica?

04 Che cosa ci fa un cane in questa poesia?

SMONTARE

05 Cerca nei versi quello che il poeta sa e quello che non sa. Le due categorie hanno qualcosa in comune?

06 Questa storia viene raccontata al presente, al passato o al futuro? Com'è che la scelta del tempo influenza il tuo stato d'animo di lettore?

COSTRUIRE

07 Se dovessi riassumere questa poesia con un'immagine (un quadro, una fotografia), quale sceglieresti e perché?

....

....

....

08 Descrivi un sogno che hai fatto o che potresti fare dicendo quello che sai e quello che non sai.

....

....

....

....

....

09 Stai preparando un grande viaggio; elenca tutto ciò che potrebbe fermarti. Cerca di metterci almeno due ragioni realistiche e due surreali.

....

....

....

....

....

60

Gaio Valerio Catullo

Carme 76

tempo di lettura 2'
vita dell'autore a p. 634

Se il bene fatto è dolce a ricordare
Per un uomo che ha timor divino
Ai giuramenti fatti fedele
Incapacissimo nei patti umani
Di usare i sacri nomi per mal fare
Gli anni futuri tuoi farà di gioia
Catullo il tuo sterile amore

Tutto il bene che si può dare
Con fatti e con parole a creatura
Tu l'hai messo a liquefarsi
In un'anima che non sente

Perché allora continui a torturarti?
Hai gli Dei contro esci fuori
Dalla miseria fàtti un cuore forte

Difficile cada a un tratto
Un lungo amore

Però è l'unica via
Quella è la tua salvezza devi riuscire
Sia possibile o no lo devi fare

Se voi siete la compassione
Se nel punto della sua morte
Forza ebbe mai da voi
Qualche creatura umana

O Dei guardate il miserabile che sono
E per la vita innocente
Che ho condotto strappatemi
Questa peste che mi divora
Che dentro mortalmente
Immidollata mi ha spento
Come un sonno di tutto
A ogni cosa che rida

Non voglio più da lei
Un contraccambio d'idolatria
Né una virtù impossibile
Voglio solo guarire
Vincere questo male orribile
O Dei che ho venerato
Guaritemi

da **Gaio Valerio Catullo, *Le poesie*,** Torino, Einaudi, 1991.
Traduzione dal latino di Guido Ceronetti.

Commento

L'amore di Catullo

Quando il giovane Catullo si trasferì a Roma, conobbe una donna che gli cambiò la vita e gli fece provare la felicità e il tormento più intensi. Parliamo d'amore e di un sentimento abbastanza intricato, che forse avrete provato e magari avrete già sentito in "Odio ed amo. Forse domanderai perché lo faccia. / Non lo so, ma lo sento accadere, e mi tormento". Si tratta del *Carme 85*, che Catullo scrisse più di duemila anni fa, quando era un giovane poeta. La donna di cui si era innamorato si chiamava Clodia ed era di dieci anni più grande di lui. Attraverso le sue poesie e i pettegolezzi dei suoi contemporanei possiamo ricostruire il loro rapporto e immaginarcelo abbastanza vividamente, anche perché alcune reazioni umane sembrano restare identiche e un "Odio ed amo" potrebbe capitare di dirlo anche a voi.

A Clodia piaceva circondarsi di molti amanti, con una predilezione per i giovani uomini. Catullo, che nelle sue poesie le cambierà nome in Lesbia, fu dapprima il suo preferito, ma successivamente si trovò a doverla dividere con molti altri. Eccolo che, innamorato cotto, scrive nel *Carme 11*: "Andate a dire alla mia donna / poche parole non buone: / viva e stia bene insieme ai suoi mille amanti / che abbraccia tutti e mille insieme, / non amando davvero nessuno". La relazione si complicava e Catullo, che voleva essere l'unico, sapeva che per evitare di soffrire non ci poteva essere altra via che togliersi dalla testa il suo amore.

Il tormento

Qui, nel *Carme 76*, lo sentite ormai estenuato, che rivolge a se stesso consigli sensati e, allo stesso tempo, si rende conto di come ciò che prova sia un sentimento difficile da addomesticare con le buone maniere. Si rivolge agli dei, li invoca perché con le proprie forze non ce la fa – prima che venisse inventata la psicologia e si potesse andare da un buon terapeuta, c'erano gli dei e c'era la poesia.
Il proposito è chiaro e ben scandito: "Quella è la tua salvezza devi riuscire / Sia possibile o no lo devi fare". Il poverino vuole

con tutto se stesso liberarsi dalla sua fissazione perché sa che continuare ad andare appresso a Lesbia gli farà sempre più male. Elenca le sue virtù, la sincerità del suo sentimento e chiede la liberazione – purtroppo, solo qualche tempo dopo il grande Ovidio avrebbe scritto i *Remedia Amoris*, un manualetto di pronto intervento per resistere agli amori dannosi, che sarebbe stato utile a Catullo.

Certamente il tormento del poeta gli ha dato la possibilità di esplorare sfumature amorose che altrimenti non avrebbe conosciuto. Sentite anche il *Carme 72*: “Ora ti ho conosciuto, e anche se brucio più forte / ai miei occhi vali molto di meno. / Come può essere, dici? Perché l’offesa che tu mi hai fatto costringe / ad amare di più, ma a voler bene di meno”. Qui, il tradimento contrappone la violenza dell’attrazione sessuale (*amare*) all’intensità dello slancio sentimentale (*bene velle,* “voler bene”). Si ama di più, ci si sente più attratti, ma si vuole bene di meno e rimane quindi in cuore un sentimento rabbioso, quasi di competizione e di rivincita – sono descrizioni che potranno esservi utilissime per districarvi nelle vostre relazioni di cuore.

I *neòteroi*, cantori dell’intimo

Non dovete però immaginarvi Catullo soltanto come un poeta problematico, magari un po’ depresso, perché nelle sue opere troverete felicità, migliaia di baci e poi erotismo e oscenità a profusione. La sua scuola poetica fu, infatti, quella dei cosiddetti *neòteroi*, i poeti nuovi, che prendevano a modello il greco Callimaco per distaccarsi dalla poesia epica tradizionale, quella delle grandi storie e degli eroi, per arrivare a composizioni più intime e quotidiane, che potevano esprimere non solo le passioni dei grandi uomini, ma anche le occupazioni degli uomini comuni e delle loro giornate. Volevano passare quindi dall’eccezionale al particolare, o anche trovare l’eccezionale nel particolare.

Dunque, in caso di sensazioni forti e nebulose nel petto, non vi disperate, sappiate che qualcuno c’è passato prima di voi e ne ha fatto poesia.

Esercizi

ESPLORARE

01 Come si comporta un uomo «che ha timor divino»?

02 Il poeta invoca gli dei come un aiuto tra tanti o come estremo rimedio? Da che cosa lo capisci?

03 Scopri che cosa significa *carme*.

SMONTARE

04 A chi si rivolge il poeta e da che cosa lo hai dedotto?

05 Trova i termini più espliciti che ti fanno pensare allo stato del poeta come a una malattia.

COSTRUIRE

06 Scrivi una lettera a te stesso per convincerti a smettere di fare qualcosa che ti fa male.

....

....

....

....

....

07 Mettiti nei panni di Clodia, e rispondi a Catullo. Oppure mettiti nei panni degli dei e rispondi a Catullo.

....

....

....

....

....

....

....

08 Prova a riformulare in quattro modi questa frase: «Dalla miseria fàtti un cuore forte». Naturalmente, puoi cambiare le parole.

....

....

....

....

Amy Elkins
Twenty-two Years out of a Death Row Sentence (Ocean)
da *Black is the Day, Black is the Night*
2009-2016

COSTELLAZIONE 13

teoria a pagina 610

IL SENSO DELLE ORIGINI

Perché studiamo
come ha avuto inizio
la letteratura italiana?

Il punto di inizio è ciò che determina
e illumina tutto quello che verrà dopo.

61

Arnaut Daniel

Sopra un'aria gaia e leggera

tempo di lettura 2'
vita dell'autore a p. 637

Sopra un'aria gaia e leggera
faccio parole, le sgrosso e le piallo,
e avranno forma definita e vera
quando le avrò lisciate con la lima;
è Amore che, sollecito, ogni rima
mi leviga ed indora, è lei che ispira il canto,
lei guidata dal Pregio che le sta sempre accanto.

Ogni giorno miglioro e più m'affino
perché venero ed amo, e non ve lo nascondo,
la più bella del mondo:
sí, sono suo dai piedi fino in cima alla testa.
Soffia pure, fredd'aria di tempesta!
In pieno inverno amore
che piove in me mi tiene caldo il cuore.

Ascolto e faccio dire mille messe,
lumini ad olio e ceri accendo in chiesa,
e che Dio mi conceda lieto esito imploro,
perché gioco di scherme non serve alla sua resa.
E l'amo contemplandone la chioma fulva e d'oro
e il corpo agile e snello
più di chi mi donasse Lucerna e il suo castello.

Cosí profondamente io l'amo e la desidero
che ho paura di perderla per eccesso di brama
(se si rischia di perdere ciò che troppo si ama).

Ché il suo cuore tracima sopra il mio
senza esaurirsi mai
e tanto gli ha dato ad usura
che adesso ne possiede officina e operai.

No, l'impero di Roma non vorrei
né diventare il Supremo Pastore
e rimanere in perdita con lei che a fuoco il cuore
mi mette e me lo incrina;
e se dentro quest'anno
con un suo bacio non ripara il danno
mi dà morte e all'inferno mi destina.

Il danno che m'infligge è duro e duole
ma da perfetto amore non mi tolgo;
anche se in un deserto mi relega, compongo
per lei soltanto melodia e parole.
In questo duro amore mi stremo più di chi
ara i campi; l'amore di Monclí
per Audierna, al confronto, fu come bere un uovo.

Io sono Arnaut che stipa i suoi granai di vento,
va a caccia della lepre con un bue
e nuota contro la marea che sale.

da **Arnaut Daniel, *Sirventese e canzoni***, Torino, Einaudi, 2000.

Commento

Ringraziamenti

Il poeta che fondò la lingua italiana, il padre nostro Dante Alighieri, aveva imparato a scrivere da altri poeti, e li ringraziava a modo suo. Ad Arnaut Daniel intonò un grazie immortale. Nel XXVI canto del *Purgatorio* Dante lo incontra e gli concede il privilegio di porgere un saluto al mondo nella sua lingua madre, il provenzale (lingua antica della Francia del Sud che ha dato origine al moderno occitano).

Aprite ora il vostro immaginario a quel Medioevo mitico, fatto di castelli, banchetti, giullari e leggende cavalleresche. Metteteci poi quella specie particolare di menestrelli, quei poeti che con i loro strumenti musicali giravano di corte in corte, facevano sospirare le dame e tessevano le lodi dei potenti signori che li proteggevano. Daniel era uno di quei famosi cantori di lingua provenzale, che passarono alla storia per aver creato il cosiddetto "amor cortese".

Prima di avere una scuola poetica nostra, la letteratura italiana si nutrì dei temi e dei modi inventati da questi compositori erranti. Oltre a Dante, i nostri migliori autori (Guittone d'Arezzo, Dante, Petrarca, Guinizzelli, Cavalcanti) lessero i provenzali e impararono da loro.

Donna ideale

La poesia di Daniel inizia con l'esplicitazione di una prerogativa dello stile provenzale, ossia l'adattamento dei versi su una base musicale – di cui, in questo caso, non c'è pervenuta traccia. Tratta un tema amoroso, il più caratteristico dei temi di questa scuola. In effetti, l'amor cortese di cui parlavamo prima altro non è che un corteggiamento. Un dire quanto siano belli l'amore e la donna amata con paragoni che nove volte su dieci rimandano a giardini, primavere e uccellini (di cui il preferito era certamente l'usignolo, anzi il "rosignolo"). Daniel, in questo canto, spiega quanto sia forte il suo amore e come non possa smettere di venerarlo, nonostante gli procuri sofferenze.

Se fate attenzione, potrete arrivare a un significato ulteriore rispetto alla schermaglia amorosa tra un lui e una lei («perché gioco

di scherme non serve»), qualcosa di necessario alla vita del poeta. Guardate, ad esempio, gli ultimi tre versi. Sono un ideale documento d'identità del poeta. Sentite che meraviglia: «Io sono Arnaut che stipa i suoi granai di vento» (che in originale suona in tutta la potenza e l'oscurità della contrazione, «Ieu sui Arnautz qu'amas l'aura»).
Con tutti quei paradossi sarebbe una carta d'identità inaccettabile per qualsiasi agente di dogana. Ammassare l'aria, andare a caccia dell'animale più rapido a cavallo del più lento, nuotare contro la forza degli elementi.
Il poeta ama l'amore, la sua fonte di vita a prescindere dal fatto che sia felice o meno, corrisposto o meno; è come cantasse la radice stessa dell'amore e la ponesse al centro della sua vita, superiore a qualsiasi bene materiale. È un amore ideale quello di Arnaut, una pratica simile alla preghiera che serve a temprare lo spirito, a migliorarsi («Ogni giorno miglioro e più m'affino / perché venero ed amo…»).
Si tratta quasi di una professione di fede, un esercizio di felicità. Pensate a una freccia indirizzata non al cuore di una donna, ma a quel cielo che manda l'amore.

Corpi e carni

La poesia dei provenzali non è fatta solo di ideale, ma contiene anche una vena carnale che può spingersi fino all'osceno (ad esempio, il poeta Bernart de Ventadorn vuol baciare la sua donna tanto forte da lasciarle il segno per un mese). Il corpo era una presenza costante e nel repertorio dell'amor cortese si va dal canto degli uccelli alle canzonacce da taverna.

La donna di Daniel è qualcosa che oscilla tra corpo umano e puro spirito, e fa in modo di tenergli acceso il cuore. Qui potrete trovare, in fiore, ciò che sta per avvenire in Italia e che cambiò la letteratura mondiale. Un'idea e un modo di impostare il verso che principalmente si basa sulla musica.

Esercizi

ESPLORARE

01 Perché il poeta dice delle sue parole: «quando le avrò lisciate con la lima» saranno più vere?

02 Che cosa intende il poeta con «Supremo Pastore»? Perché?

03 L'Amore guida il poeta ma la sua donna è guidata a sua volta da qualcos'altro; di che si tratta?

04 Che cosa chiede il poeta alla sua donna e che cosa è disposto a sopportare?

SMONTARE

05 Individua i versi in cui il poeta si presenta. Dove sono? Perché secondo te sono proprio in quella posizione?

06 Quali sono i dettagli fisici della donna che il poesta ci descrive?

COSTRUIRE

07 Calati nello spirito cortese ed elenca le cose a cui sei disposto a rinunciare per il tuo ideale d'amore.

....

....

....

08 Monclì e Audierna sono una famosa coppia di innamorati citata da Virgilio nelle sue opere. Elenca qui altre famose coppie di amanti.

....

....

....

Giacomo da Lentini

[E]o viso – e non diviso – da lo viso

tempo di lettura 2'
vita dell'autore a p. 642

[E]o viso – e non diviso – da lo viso,
e per aviso – credo ben visare;
però diviso – 'viso' – da lo 'viso',
c'altr'è lo viso – che lo divisare.

E per aviso – viso – in tale viso
de l[o] qual me non posso divisare:
viso a vedere quell'è peraviso,
che no è altro se non Deo divisare.

'Ntra viso – e peraviso – no è diviso,
che non è altro che visare in viso:
però mi sforzo tuttora visare.

[E] credo per aviso – che da 'viso'
giamai me' non pos'essere diviso,
che l'uomo vi 'nde possa divisare.

da **Giacomo da Lentini, *Poesie*,** Roma, Bulzoni Editore, 1979.

Commento

Un vagito di bimbo

Giacomo sta parlando di un uomo che ha visto («viso» vuol dire "vedo") in volto la donna amata, ne è stato folgorato, e adesso soffre, perché trova insopportabile essere diviso da lei, dal suo viso. Protagonisti assoluti della lirica sono lo sguardo del poeta, «viso», il volto della donna, di nuovo «viso», la divisione tra i due, «diviso», e il «divisare», cioè "immaginare", ma anche "differenziarsi".

È l'inizio della poesia italiana, ma ve lo potete immaginare anche come il primo pianto di un bambino che respira il mondo, qualcosa di estremamente potente, gioviale, naturalmente infantile. Il bambino in questione è speciale, nato in Sicilia in un crocevia di civiltà: da quella araba ha appreso la serietà e il divertimento sfrenato dell'*arabesco*, un gioco serio che consiste in un fiorire e intrecciarsi continuo di motivi, dalla radice di un albero in su, come un rampicante che scala grattacieli. Si tratta di un bambino molto dotato.

La mossa del poliptoto

Nella poesia scelta trovate un campione perfetto di quanto stiamo dicendo: è una poesia delle origini che si muove ad arabesco o, per dire ancora meglio, secondo quella che chiameremo la "mossa del *poliptoto*" (la trovi anche nella costellazione 06). La mossa in questione sembra un passo di danza, perché contiene in sé il fermento di una parola che si muove innanzi tutto per il piacere del suono. Consiste nel lavorare attorno a una stessa unità e nell'usarla poi con molteplici variazioni.

La nascente poesia italiana, fiorita in Sicilia alla corte di Federico II tra il 1230 e il 1250, subì l'influenza di molti elementi arabi. Lo proverebbe, ad esempio, il diffuso gusto nella ripetizione di lettere, sillabe o suoni affini in una serie di due o più vocaboli: un movimento simile a quello che abbiamo chiamato *arabesco*, se riguarda i suoni delle sillabe e delle parole, si chiama *poliptoto*. I poeti di allora avevano l'abitudine di comporre versi accostando sostantivi ricavati da una stessa radice. Questo modo di fare sarebbe passato dagli scrittori musulmani alla corte del Regno di Sicilia e da qui a Dante, tramite la mediazione di altri poeti di connessione, i cosiddetti siculo-toscani (Guittone d'Arezzo, ad esempio). Giacomo da Lentini è l'anello siciliano della catena, esponente dei cortigiani di Federico II – se leggete il *Purgatorio*, lo troverete tra gli incontri di Dante Alighieri, educato e riconoscente nei confronti degli antichi maestri.

Guardate il testo del poeta di Lentini: riuscite a trovare quel gioco di radice e variazione che dicevamo? Andate col dito ai versi 1, 3, 5, 7 e 9. Si tratta di cinque versi su quattordici contenenti ben tre parole ciascuno con la stessa radice: «vis». Abbiamo poi quattro versi (2, 4, 10 e 12), in cui le parole con radice «vis» sono due. Per finire, i versi 6, 8, 11, 13 e 14, dove la stessa radice ricorre soltanto in una parola.
Fate la somma. Trovate un seme unico, il «vis», che origina un bosco di parole e ritorna 28 volte in una poesia di 14 versi – dato l'amore del poeta per i numeri, non è una quantità casuale: 28, ossia il doppio di 14.

Notaio inventore

Ci sarebbe poi molto altro da attribuire al "Notaro Giacomo" – faceva il notaio, infatti –: ad esempio, l'invenzione di questa forma poetica che ritroverete spesso nella storia della poesia italiana e straniera, il *sonetto* (vedi costellazione 04). Fu lui che pensò per primo di disporre i versi e le rime in tale numero e in tale quantità di sillabe. Ha preso modelli e ispirazioni altrove, e ha fatto un trapianto, ma sostanzialmente si deve a lui la struttura definitiva di questa composizione poetica. Non per niente fu il più imitato e citato dei suoi contemporanei, nonché un interlocutore prezioso per i successivi poeti, come Guittone d'Arezzo e Dante.

Tenete presente la mossa del poliptoto, il verso forte e incantatorio da cui è nata la poesia italiana, quel muovere le parole con lo stupore dell'incastro, della variazione e del suono.
Ricordatevi di Giacomo da Lentini.

Esercizi

ESPLORARE

01 Prendi il vocabolario. Quali sono i significati di *divisare*? Quale interessa al poeta, e perché?

02 In percentuale, alla prima lettura, quanto hai capito di che cosa va dicendo il poeta?

03 Pensi che l'autore sia volutamente oscuro? E perché?

SMONTARE

04 Credi che questa poesia possa essere paragonata a uno scioglilingua, e come mai?

05 Qual è la particella di tre lettere su cui si muove tutta la poesia? Cerca e cerchia le parole che la contengono.

06 Scrivi almeno altre cinque parole italiane che contengano la stessa particella che hai individuato sopra.

COSTRUIRE

07 Scrivi alcuni versi che contengano delle parole con la particella "cor". Non preoccuparti del senso e delle ripetizioni: massima libertà!

....

....

....

....

....

08 Racconta una tua disavventura sentimentale senza usare più di cinque sostantivi.

....

....

....

....

....

09 Prendi un verso della poesia a tuo piacere e traducilo in un italiano più moderno.

....

....

10 Di che cosa parla la poesia? Prova a fare un breve riassunto.

....

....

....

....

....

....

63

Guittone d'Arezzo

Tuttor ch'eo dirò «Gioi», gioiva cosa

tempo di lettura 2'
vita dell'autore a p. 644

Tuttor ch'eo dirò «Gioi», gioiva cosa,
intenderete che di voi favello,
che gioia sete di beltà gioiosa
e gioia di piacer gioioso e bello,

e gioia in cui gioioso avenir posa,
gioi d'adornezze e gioi di cor asnello,
gioia in cui viso è gioi tant'amorosa
ched è gioiosa gioi mirare in ello.

Gioi di volere e gioi di pensamento,
e gioi di dire e gioi di far gioioso
e gioi d'onni gioioso movimento:

per ch'eo, gioiosa Gioi, sì disïoso
di voi mi trovo, che mai gioi non sento
se 'n vostra gioi il meo cor non riposo.

da **Guittone d'Arezzo, *Canzoniere*,** Torino, Einaudi, 1994.

Commento

Passaggio

Siete di fronte a uno snodo decisivo per le sorti della poesia nazionale. Da Giacomo da Lentini, esponente della Scuola siciliana, si risale il tempo e la penisola per trovare Guittone, che riprende la lezione siciliana e la trasforma a suo modo, preparando il terreno ai successivi sviluppi, quelli trecenteschi dello Stilnovo, lo stile "nuovo" appunto, che inizierà a Bologna con Guido Guinizzelli e in Toscana con Guido Cavalcanti e Cino da Pistoia.
Tra Giacomo da Lentini e Guittone, il mondo cambia: si passa da una cultura in cui la massima istituzione era quella imperiale a una in cui si afferma il potere dei Comuni.
Cambiano le regole del gioco, cambia la poesia.

La conversione di Guittone

Guittone nella sua carriera di scrittore attraversò due periodi distinti, che corrispondono a un deciso cambiamento nella sua vita – la parola chiave, l'avrete intuito, è "cambiamento".
Fu una svolta esistenziale e letteraria, che lo portò ad abbandonare la famiglia per darsi anima e corpo alla religione, arrivando a firmarsi "frate Guittone". A questo punto rifiutò la produzione precedente, condannando l'amore mondano che gli era tanto piaciuto.

Nel suo ampio canzoniere troverete due tipi di composizione: una d'ispirazione amorosa e civile (con canzoni che diventeranno modelli d'invettiva); l'altra di taglio religioso, etico e dottrinale (ma sempre dai toni sarcastici ed aspri). Insomma, non si potevano tenere insieme le due cose: o pensate, come i poeti provenzali, sempre all'amore, alle donne, ai piaceri o fate seriamente i cristiani.
La sua conversione fu totale e "convertì" anche il linguaggio erotico giovanile in quello metaforico della devozione. Nell'ultimo periodo, Guittone si dedicò agli interessi politici, impegnandosi a fare della Toscana uno Stato regionale sotto la guida di Firenze.
Sia Dante sia Guinizelli, ansiosi di rinnovare il linguaggio poetico,

gli si opposero duramente. Ma Guittone era un passaggio obbligato e con lui bisognava comunque confrontarsi. Alla lunga i giovani smisero di considerarlo, per i suoi modi ormai sorpassati, e si votarono tutti allo Stile "novo".

Parole incendiarie

Quello che leggete qui è un *sonetto* (dovete cominciare a prendere confidenza con questa parola; leggete la costellazione 04), che ha molto in comune con quello che avete letto di Giacomo da Lentini (*[E]o viso – e non diviso – da lo viso*, a pagina 483) e che si basa su una vertiginosa accumulazione di parole con la stessa radice (poliptoto): la cellula «gioi-» si ripete ben 25 volte in 14 versi. Dunque, la tecnica è d'importazione siciliana, il tema amoroso è d'ispirazione provenzale, ma la speciale vertigine di follia è propria di Guittone.

La donna-gioia spinge il poeta a creare una girandola verbale che replica, sul piano della parola, l'inarrestabile vortice dell'eros. Si comincia con un petardo. Lo si accende in bocca soltanto con la pronuncia e ciò che non è ignifugo prende immediatamente fuoco. È una parola-accendino, che funziona a piacere, «Gioi» appicca gioia a qualsiasi cosa passi alla vista. È il sentimento interno che colora l'aria, come quando vedete tutto rosa o tutto rosso. Il poeta vede un misto dei due, è folle di passione fisica e tenerezza d'amore. Da qui si procede nella piromania più spinta. Ettari di materiale riguardanti il suo rapporto con la donna amata vengono dati alle fiamme in un'estate torrida che alimenta, con venti di scirocco, le tornate dei versi in folate roventi, piene di «Gioi» («Gioi» benzina, carbonella, propano liquido, Guittone sputafuoco).

Alla fine della lettura c'è il rischio di sentirsi coinvolti, di essere presi da quel prurito della parola magica e dolosa. Mantenere la distanza di sicurezza oppure no, sta a voi.

Esercizi

ESPLORARE

01 A chi è rivolta la poesia?

02 Che vuol dire «Tuttor»? Immagina di sostituirlo con una parola più usata.

03 Che cosa significa «gioiva cosa»? Attenzione! «gioiva» non è un verbo.

04 Al poeta basta dire la parola "gioia" per essere gioioso o ha bisogno di qualcos'altro? Da che cosa si capisce?

05 Che cosa vuol dire «cor asnello»?

SMONTARE

06 La cosa gioiosa di cui parla il poeta è fatta di tante cose gioiose; prova a cercarle nel testo e fanne un breve elenco.

07 Il poeta usa due aggettivi per riferirsi alla gioia di cui parla: uno è «gioiosa», l'altro qual è?

COSTRUIRE

08 Se dovessi pensare a una musica che esprime gioia pura, potresti pensare all'*Inno alla gioia* di Beethoven. Scegli un sentimento diverso dalla gioia, magari tristezza, rabbia, disperazione, quello che vuoi, e abbinalo a una canzone.

....

....

....

....

....

64

Guido Guinizzelli

Omo ch'è saggio non corre leggero

tempo di lettura 1'
vita dell'autore a p. 643

Omo ch'è saggio non corre leggero,
ma a passo grada sí com' vol misura:
quand'à pensato, riten su' pensero
infin a tanto che 'l ver l'asigura.

Foll'è chi crede sol veder lo vero
e non pensare che altri i pogna cura:
non se dev'omo tener troppo altero,
ma dé guardar so stato e sua natura.

Volan ausel' per air di straine guise
ed àn diversi loro operamenti
né tutti d'un volar né d'un ardire.

Dëo natura e 'l mondo in grado mise,
e fe' despari senni e intendimenti:
perzò ciò ch'omo pensa non dé dire.

da **Guido Guinizzelli, *Rime*,** Torino, Einaudi, 1946.

Commento

Per comprendere questa poesia bisogna tornare ai tempi di Guinizzelli

Era in atto uno scontro tra bande rivali. Non erano *gang* che s'incontravano di notte per contendersi il territorio, ma poeti, che combattevano a fil di verso per decretare quale fosse il modo migliore di far poesia. Siamo alle soglie del Trecento. Si scontrano i padri della nostra poesia ed è tutto un tratta e ritratta per chi è maestro di chi; quelli che lo sono stati non sembrano adesso esserlo più, e viceversa.

Facciamo un po' d'ordine e posizioniamo le pedine. Il campo di gara è il centro Italia, la lezione dei maestri siciliani è stata portata sin qui, ha risalito la penisola e costruisce la base per quanti si cimentano con l'arte poetica. La posta in palio è la poesia del futuro. La storia delle lettere italiane si farà tra la Toscana e l'Emilia. I due schieramenti: da una parte i cosiddetti poeti della vecchia maniera, quelli che vogliono rimanere il più possibile legati agli stilemi appresi dai Siciliani, il cui capitano è Guittone d'Arezzo, carattere focoso, capacità notevole di polemica in versi; dall'altra parte coloro che apportano modifiche, fanno esperimenti, si distaccano dal canone e si chiamano Stilnovisti (un'anticipazione: questi risulteranno vincenti, il loro condottiero è colui che in seguito sarebbe diventato il poeta della nazione, Dante Alighieri).

Guinizzelli fa parte del gruppo degli avanguardisti

È aspramente bersagliato dagli oppositori (come pure i suoi compagni). In particolare piovono su di lui i colpi del capitano Guittone d'Arezzo e di Buonagiunta Orbicciani. Il primo gli rimprovera di far le donne nei suoi versi troppo cariche di virtù, come fossero la cosa migliore al mondo; invece, secondo Guittone, gli altri oggetti cantati dalla poesia devono avere pari dignità. Il secondo affonda senza pietà nello stile del nostro, che ritiene troppo intellettualistico, ripreso pari pari dai libri, invece che dettato da ispirazione dell'animo.

Siccome Guinizzelli viene dalla città universitaria per eccellenza, cioè Bologna, la critica sembra attagliarsi bene. Buonagiunta non si limita a tacciarlo di pedanteria, ma argomenta che la pedanteria è il frutto di un'ambizione vanitosa. La raccomandazione è quella di rientrare nel seminato.

La cronaca dei colpi dati e presi viene ricostruita nientemeno che nella *Commedia*

Purgatorio, XXIV: vediamo Bonagiunta, esponente dello stile "vecchio", ammettere di essere stato superato da Dante e compagnia, rappresentanti di quello stile "nuovo", che si fa partire appunto da Guinizzelli. Quest'ultimo, chiamato da Dante stesso "padre mio", prende poi la parola, per decretare la fine del partito guittoniano. Si tratta di un episodio di rivincita e ritrattazione letteraria, tanto più indicativo in quanto, nella realtà, Guinizzelli medesimo aveva a sua volta chiamato Guittone "caro padre meo"! Come giudicare una simile ammissione? Il fatto è che Guinizzelli non voleva essere il fondatore di una nuova scuola: saranno Dante e Cavalcanti ad attribuirgli questo ruolo.
Insomma, fu l'autore della *Commedia* a considerarlo, più tardi, suo maestro, grazie a concezioni quali l'identità tra Amore e cuor gentile, il valore beatificante dell'amore, e infine l'aspirazione a fare della donna una "intelligenzia del cielo". Tutte cose che l'Alighieri metterà a frutto nella sua poesia. Prima di Dante, comunque, anche Guinizzelli aveva risposto a Bonagiunta per le rime. La poesia che leggete qui sopra è appunto il suo contrattacco che, in sintesi, dice all'avversario di contare fino a dieci prima di parlare. Non molto minaccioso, è vero, ma dopotutto stiamo parlando di due squadre di poeti.

Esercizi

ESPLORARE

01 Questa poesia è stata pensata in risposta a un dibattito in cui si accusava Guinizzelli di scrivere opere troppo filosofiche o dottrinali e poco liriche. Riesci a individuare un tema più generale?

02 Che cosa significa «guise»?

03 «e fe' despari senni e intendimenti: / perzò ciò ch'omo pensa non dé dire». Che cosa sta dicendo qui il poeta? Chi è che ha distinto i pensieri degli uomini dalle loro azioni?

04 Che immagine usa l'autore per mostrare la diversità tra gli uomini?

05 Prova a spiegare il significato del verso «Dëo natura e 'l mondo in grado mise». Un indizio: l'espressione italiana "essere in grado di", non c'entra. Devi pensare a un altro significato di *grado*, alla parola *gradualità*.

SMONTARE

06 Da quanti raggruppamenti di versi è composta la poesia? Qual è la sua forma metrica?

07 Ti sembra che questa risposta in rime a Bonagiunta Orbicciani abbia un tono ironico? Perché?

08 Rileggi il primo verso. Trova almeno due parole che potrebbero sostituire «leggero» senza stravolgere il senso dell'apertura.

COSTRUIRE

09 Crea un dibattito letterario fra te stesso/a e te stesso/a.
Scrivi: (a.) in poesia i vantaggi dello scrivere in poesia e (b.) in prosa i vantaggi dello scrivere in prosa.

a. ....

....

....

....

....

b. ....

....

....

....

....

10 Ti viene in mente un proverbio italiano che affermi qualcosa di simile a «omo ch'è saggio non corre leggero»?

....

....

....

11 Riscrivi gli ultimi tre versi in un italiano contemporaneo.

....

....

....

Guido Cavalcanti

Noi siàn le triste penne isbigotite

tempo di lettura 1'
vita dell'autore a p. 635

Noi siàn le triste penne isbigotite,
le cesoiuzze e 'l coltellin dolente,
ch'avemo scritte dolorosamente
quelle parole che vo' avete udite.

Or vi diciàn perché noi siàn partite
e siàn venute a voi qui di presente:
la man che ci movea dice che sente
cose dubbiose nel core apparite;

le quali hanno destrutto sí costui
ed hannol posto sí presso a la morte,
ch'altro non n'è rimaso che sospiri.

Or vi preghiàn quanto possiàn piú forte
che non sdegn[i]ate di tenerci noi,
tanto ch'un poco di pietà vi miri.

da **Guido Cavalcanti, *Rime*,** Torino, Einaudi, 1967.

Commento

Il segreto della leggerezza

Quando a un grande scrittore del nostro Novecento, Italo Calvino, chiesero che qualità dovesse avere la letteratura del futuro, lui disse, tra le altre cose, "la leggerezza". Per spiegare che cosa intendesse per leggerezza, fece l'esempio di un poeta che nella sua opera ne aveva dato dimostrazione perfetta: Guido Cavalcanti.
Calvino se lo immaginava saltare contro la forza di gravità e rimanere sospeso, levitare nell'aria come una piuma. Una fantasia più che legittima, se pensate che i protagonisti delle poesie di Cavalcanti sono sospiri, raggi luminosi, immagini ottiche e soprattutto quegli impulsi o messaggi immateriali che egli stesso chiama "spiriti".

Immateriale, d'altronde, è in certo senso il mondo di questo autore leggendario. Infatti, pensate che Cavalcanti affronta un tema concreto e carnale come la sofferenza d'amore ricorrendo a entità impalpabili, a messaggeri che si spostano tra cuore e mente, tra occhi e voce.
In questa poesia (che è un sonetto) trovate una tipologia di spiritelli particolare, di quelli che farebbero felice un apprendista stregone.
Si tratta di animazioni, niente meno che un banco da lavoro che d'improvviso si stiracchia e diventa mobile e dotato di parola.

Il poeta è scomparso

È capitata una congiuntura del tutto eccezionale perché si scomodasse l'intero armamentario dello scrittore. C'è stato come un abdicare, un totale venir meno del corpo del poeta. Cercate le tracce del poeta, scandagliate i versi, scorrete col dito. Che trovate? Dell'intero corpo non trovate che «la man che ci movea» e «sospiri», dato che di lui, del compratore e utente degli arnesi non è «rimaso che sospiri».
In sua rappresentanza, gli arnesi che si usavano all'epoca per scrivere: penne d'oca, piccole cesoie per appuntirle, coltellini per raschiare la pergamena. Penne, cesoie e coltellino si recano dall'innamorata, come delle comari in pensiero per il loro pupillo che deperisce a vista d'occhio. Si vanno a raccomandare perché ultimamente non lo sentono più

parlare: al massimo ansima, o parla per lui la sua mano, che tragedia! Le comari sono stupite come noi e, c'è da immaginare, come la donna amata. Non possono fare a meno di mobilitarsi, dato che le ultime comunicazioni, date dalla mano, dicevano di «cose dubbiose nel core apparite». La notizia ha precipitato lo stato di salute dello scrittore, riducendolo a fantasma di sé. Il poeta innamorato comincia ad annusare qualcosa che non va – gelosia, indifferenza – e non regge, si accascia, e allora la sua fantasia mette in moto questo sistema di corrieri speciali, dalla mano alla penna e poi, senza passare per la carta, la penna va direttamente dall'innamorata, con il suo corteo di oggetti.

Gli ambasciatori e la donna

La richiesta è particolare. La donna che, sempre più stupita, riceve la visita, oltre che impietosirsi per lo stato del poverino, dovrebbe farsi carico della banda rimasta inoperosa. Le viene infatti reso noto lo stato di prostrazione, o meglio di sparizione, in cui versa il poeta e, dato che questi non potrà più fare uso dei suoi strumenti, gli oggetti vogliono che sia lei ad accoglierli, ad usarli.
Queste piccole cose chiedono alla donna di intervenire e, al tempo stesso, cercano un impiego, una nuova casa. Alle prime avvisaglie di cedimento hanno fatto fagotto e sono andate all'indirizzo che sapevano a memoria, dalla persona a cui tante volte si erano indirizzate su carta.

Del poeta – come detto – non c'è traccia, ed è probabile che, in caso la missione vada male, anche i suoi indizi vengano meno. Il poeta è da qualche parte, sospeso, non è altro che un sospiro, una presenza d'aria smossa, una mano che pulsa messaggi. Così, quando le cose si fanno uomini e l'uomo si fa aria, le faccende d'amore diventano complicate, e non si sa chi le deve risolvere.

Esercizi

ESPLORARE

01 Chi ha dettato alle penne e al resto della truppa il messaggio che sono venute a comunicare?

02 A che cosa si riferiscono gli emissari del poeta dicendo «quelle parole che vo' avete udite»?

03 Che cosa possono essere quelle «cose dubbiose nel core apparite»?

04 In sintesi che cosa chiedono gli emissari del poeta alla donna amata?

05 Secondo te c'è ancora speranza per il poeta di conquistare il cuore della sua innamorata?

SMONTARE

06 Scrivi una dopo l'altra le quattordici parole che compaiono a fine verso, in ordine di comparsa.

07 Ora dai lo stesso nome proprio alle parole che fanno rima tra loro, e scrivi i nomi in ordine di comparsa. Ad esempio: Elena, Giorgio, Giorgio, Elena...

COSTRUIRE

08 Utilizza la stessa tecnica di Cavalcanti: immagina di essere impossibilitato (per un motivo a piacere) a comunicare; i tuoi oggetti vanno a chiedere qualcosa a qualcuno per tuo conto.

....

....

....

....

....

66

Cecco Angiolieri

S'i' fosse fuoco, ardereï 'l mondo

tempo di lettura 1'
vita dell'autore a p. 628

S'i' fosse fuoco, ardereï 'l mondo;
s'i' fosse vento, lo tempestarei;
s'i' fosse acqua, i' l'annegherei;
s'i' fosse Dio, mandereil' en profondo;

s'i' fosse papa, allor serei giocondo,
ché tutti cristïani imbrigarei;
s'i' fosse 'mperator, ben lo farei:
a tutti tagliarei lo capo a tondo.

S'i' fosse morte, andarei a mi' padre;
s'i' fosse vita, non starei con lui:
similemente faria da mi' madre.

S'i' fosse Cecco, com' i' sono e fui,
torrei le donne giovani e leggiadre:
le zoppe e vecchie lasserei altrui.

da **Gianfranco Contini (a cura di), *Letteratura italiana delle origini***, Milano, Sansoni, 1970.

Commento

La dotta rabbia del poeta

Anche la rabbia, la ribellione, la distruzione totale hanno bisogno di metodo. Spaccano, scoppiano, ma con metodo.
In poesia non s'improvvisa niente.

Cecco era un nobile senese; suo padre era il banchiere del papa, quindi il piccolo Angiolieri nacque sotto il sole e non gli mancò nulla; eppure qui sembra molto arrabbiato. Invece, sta solo giocando con le parole. La sua è una furia dotta e poetica, che prende di mira un oggetto di studio, esattamente come degli studenti che, mentre leggono il capitolo sul pittore Botticelli, disegnano dei baffi sul volto della sua celebre *Venere*. Ecco perché l'aggettivo "goliardico" si usa come sinonimo di "dissacrante". Pare che la parola derivi dall'antico francese *goliard*, che significa "ghiottone"; altri dicono che a inventare quel nome fu San Bernardo di Chiaravalle, chiamando il suo avversario Abelardo come il diavolo Golia, cioè "Golia Abelardo", da cui "goliardo". Comunque sia, nel Medioevo, la cosiddetta goliardia dei primi universitari aveva dato vita a un vero e proprio genere letterario.

Pernacchie

Il sonetto *S'i' fosse fuoco, arderei 'l mondo* appartiene al genere detto *comico-parodico*, che adotta uno stile basato sullo scherzo e sull'esagerazione. Semplificando, si può dire che tale genere faceva da contraltare alla corrente poetica per così dire più seria, il dominante Dolce Stil Novo, che cantava le donne angelicate, lo spirito, l'amabilità della vita. Scopo delle composizioni goliardiche era rovesciare le convenzioni e insieme irridere il linguaggio elevato – se c'è qualcuno che fa un discorso serio, fategli una pernacchia e state andando nella direzione giusta, ma fatela usando le sue regole, così che non si possa dire che siete ignoranti e sprovvisti di tecnica.

Questo sonetto di Angiolieri mette sottosopra il mondo cantato dai poeti suoi contemporanei (pare, tra l'altro, che lui e Dante si conoscessero). Prende tutto ciò che è considerato importante dalla maggioranza delle persone e lo manda fuori fase, in un tilt maligno. Soltanto di sé gli importa e lui stesso è di volta in volta l'agente del caos, come uno spirito diabolico possiede i corpi delle potenze terrene e ultraterrene. Intende fare piazza pulita, minare il pianeta e le istituzioni, sterminare gli uomini. È una dissacrazione e un passatempo.

La struttura richiama il *plazer* di origine provenzale (una composizione in cui i poeti dicevano quanto belle e piacevoli fossero le realtà cantate), ma di segno capovolto: invece di elencare una serie di cose gradevoli, inveisce contro l'ordine del mondo.

Una serie di maledizioni

Ecco passo dopo passo le istruzioni per disintegrare la biosfera.
Per prima cosa si deve affrontare la natura fisica del pianeta e fargli capire chi comanda. Sobillando gli elementi e prendendone possesso in nome della fantasia, Cecco impersona di volta in volta fuoco, acqua e vento e si scaglia contro la Terra (gli elementi al completo, tre contro uno). Bisogna poi salire nelle alte sfere quanto basta, farsi Dio padre onnipotente e assestare un bel calcio a questo mondo già martoriato da tempeste, alluvioni, incendi. Dalle forze divine e naturali si passa alle autorità terrene – quella spirituale, il papa, e quella temporale, l'imperatore – e la frittata è fatta, un mare di guai per tutti, il potere usato a capriccio sui sottoposti, la crudeltà sfrenata di un bambino che schiaccia formiche.
In due versi, due stoccate decise, Cecco si libera dei genitori e, dopo il massacro, procede con un prelievo chirurgico in casa sua.

Gli ultimi tre versi sono di puro benessere. Portato a termine il progetto, Cecco rientra in sé e si fa un rapido ritratto psicologico. Come la morte uccide, la vita fugge: è il caso quindi di dedicarsi alle belle donne. D'altronde, quando si mandano maledizioni, bisogna pensare a maledire tutto.

Esercizi

ESPLORARE

01 Quante cose immagina di essere Cecco Angiolieri? E come riassumeresti in breve quello che fantastica di fare?

02 Che cosa significa mozzare «lo capo a tondo»?

03 Che farebbe Cecco se fosse Dio?

04 I versi 5 e 6 significano: "Se fossi il papa sarei giocondo, perché metterei nei guai tutti i cristiani". Che cosa vuol dire *giocondo* in questo caso?

SMONTARE

05 C'è una figura retorica che si chiama parallelismo: consiste nel ripetere almeno due volte una frase, magari con parole diverse, ma con struttura invariata. Rintracciala nel testo.

06 Fuoco, vento, acqua, Dio, papa, imperatore, morte, Cecco. Ti sembra che Cecco abbia ordinato in qualche modo riconoscibile queste cose?

COSTRUIRE

07 Cecco immagina di essere cose grandi e potenti. Adesso prova a pensare Cecco nei panni di cose più deboli e marginali, guarda che succede: scrivi anche tu dei *Se fossi*... Almeno quattro.

....

....

....

....

....

67

Dante Alighieri

Al poco giorno e al gran cerchio d'ombra

tempo di lettura 3'
vita dell'autore a p. 628

Al poco giorno e al gran cerchio d'ombra
son giunto, lasso, ed al bianchir de' colli,
quando si perde lo color ne l'erba:
e 'l mio disio però non cangia il verde,
sí è barbato ne la dura petra
che parla e sente come fosse donna.

Similemente questa nova donna
si sta gelata come neve a l'ombra:
ché non la move, se non come petra,
il dolce tempo che riscalda i colli,
e che li fa tornar di bianco in verde
perché li copre di fioretti e d'erba.

Quand'ella ha in testa una ghirlanda d'erba,
trae de la mente nostra ogn'altra donna:
perché si mischia il crespo giallo e 'l verde
sí bel, ch'Amor lí viene a stare a l'ombra,
che m'ha serrato intra piccioli colli
piú forte assai che la calcina petra.

La sua bellezza ha più vertú che petra,
e 'l colpo suo non può sanar per erba:
ch'io son fuggito per piani e per colli,
per potere scampar da cotal donna;
e dal suo lume non mi può far ombra
poggio né muro mai né fronda verde.

Io l'ho veduta già vestita a verde,
sí fatta ch'ella avrebbe messo in petra
l'amor ch'io porto pur a la sua ombra:
ond'io l'ho chesta in un bel prato d'erba,
innamorata com'anco fu donna,
e chiuso intorno d'altissimi colli.

Ma ben ritorneranno i fiumi a' colli
prima che questo legno molle e verde
s'infiammi, come suol far bella donna,
di me; che mi torrei dormire in petra
tutto il mio tempo e gir pascendo l'erba,
sol per veder do' suoi panni fanno ombra.

Quandunque i colli fanno piú nera ombra,
sotto un bel verde la giovane donna
la fa sparer, com'uom petra sott'erba.

da **Dante Alighieri, *Rime*,** Torino, Einaudi, 1946.

Commento

A *te, Dna* della poesia

Come con le informazioni contenute nel Dna si possono creare nuovi organismi viventi, così nell'opera di Dante è contenuto ciò che servirà allo sviluppo letterario futuro. Non dovete pensare soltanto alla *Commedia*. Dante ha scritto anche altri versi, che comunemente vengono detti "opere minori", ma che sono preziosi e basterebbero da soli a farlo il nostro più grande poeta del Duecento-Trecento. Stiamo parlando di due poemetti di circa 90 "rime", un terzo delle quali è incluso e commentato nella *Vita Nova* – il primo canzoniere della nostra tradizione lirica, un libro che racconta l'incontro tra Dante e la sua amata Beatrice.

Quanto alla *Commedia*, una volta che vi abituate alla lingua, è elettrizzante come entrare in un mondo inesplorato, e l'esperienza vale tutta la difficoltà di capire il modo in cui è scritta, anzi è proprio da quel tipo di lingua che vi fiorirà davanti quel panorama. Il poeta russo Mandel'štam diceva: "La *Commedia*, nave portento, esce dal cantiere con lo scafo già incrostato di conchiglie". Come a dire che l'opera non si dimentica il passato, ma ragiona con la tradizione letteraria precedente, la commenta: le conchiglie ne sono il risultato, le stanno intorno come guscio decorativo e la fanno assomigliare a un'imbarcazione magica.

Un ordigno

La composizione scelta è breve, ma a suo modo unica, poiché rappresenta la sola poesia di sei strofe (sestina semplice), più una terzina finale, composta dall'autore. Fu redatta in omaggio all'inventore di questa forma, il trovatore provenzale Arnaut Daniel (potete leggerlo a pagina 478), che nel XXVI canto del *Purgatorio* è detto "il miglior fabbro".

Si tratta di una poesia appartenente alle "Rime petrose", un ciclo basato sul tema della sdegnosa, indifferente *donna pietra*: è logico

che alla sua alterigia risponda un dettato complesso, difficile, aspro e a sua volta "petroso". Una poesia che deve rappresentare la durezza di una donna di pietra, ecco.
Quanto alla sestina, ha un suo meccanismo ben preciso. Consiste in una specie di cubo di Rubik, dove sei parole-rima («ombra», «colli», «erba», «verde», «petra», «donna») "ruotano" lungo tutta la composizione, comparendo sempre in fine di verso, ma secondo un ordine che varia: ABCDEF, FAEBDC, CFDABE e così via. Il risultato è una struttura di 6 strofe di 6 versi, più una terzina di congedo che contiene le 6 parole-rima. Un ordigno, ruote e rotelle che girano.

La forma si sposa con il contenuto

Il tema non potrebbe essere più adatto a una costruzione tanto ossessiva, ripetitiva, fissa: siamo di fronte alla sofferenza di un signore maturo che ama, non corrisposto, una fanciulla.

Già l'incipit "stagionale" verte sulla coppia inverno-vecchiaia, due epoche segnate da giornate brevi e lunghe notti («poco giorno» e «gran cerchio d'ombra»). Ma ecco apparire un primo paradosso, poiché alla freddezza (invernale) dell'anziano, non viene contrapposta la giovane età della ragazza (più in là definita «nova»), bensì l'ardore dell'uomo stesso, triste figura degna di un soggetto pittorico come *Susanna e i vecchioni* (cioè due vecchi che spiano una bellezza, molto più giovane di loro, che si fa il bagno nuda). Primaverile è questo desiderio "impossibile" che, a differenza della natura e del corpo umano, non conosce senilità. Al verso 31 Dante dice che, prima che la donna si innamori di lui, i fiumi andranno al contrario, come dire che sarà tutta sua quando voleranno gli asini, cioè mai – è una figura retorica che sentite spessissimo nel parlato e si chiama *adýnaton*.

La passione di un vecchio per una giovane ha tutta una tradizione letteraria che attinge al passato e crea spunti per il futuro (dalle storie medievali di Mago Merlino innamorato di Viviana, alla Lolita di Vladimir Nabokov).

Esercizi

ESPLORARE

01 Individua il tema della poesia. In che modo si lega alla stagione in cui si trova il soggetto?

02 Che cosa significa che «'l mio disio però non cangia il verde»?

03 Che cosa vuol dire secondo te che la donna è «nova»?

04 Chi è che fa tornare le montagne verdi, da bianche che erano?

05 Che cosa intende Dante con «crespo giallo»?

06 Sotto i «panni» che «fanno ombra» dell'ultima sestina che cosa c'è di tanto caro al poeta?

07 Che cosa vuol dire che la visione della giovane «trae de la mente nostra ogn'altra donna»? Per capirlo basta trovare il significato del verbo.

SMONTARE

08 Nell'italiano attuale l'inizio della poesia potrebbe suonare: "alle giornate brevi e alle lunghe notti". In che periodo dell'anno siamo? Pensi che sia importante per quel che si racconta?

09 Osserva bene: noti alcune parole che si ripetono nel testo?

10 Trova almeno due paragoni all'interno della poesia e riscrivili in italiano dei giorni nostri.

11 Cerchia la parola «erba» tutte le volte che compare. Scrivi accanto ad essa un'altra espressione che potrebbe prendere il suo posto.

COSTRUIRE

12 Si può dire che in questi versi Dante racconta una breve storia. Fanne un riassunto lampo.

....

....

....

13 Il poeta dice che i fiumi andranno al contrario *prima che* la sua amata lo degni di uno sguardo. Trova altre immagini per dire che una cosa è impossibile, ma usa anche tu *prima che*.

....

....

....

....

....

14 Se dovessi raccontare un'esperienza di amore frustrato, non corrisposto, come lo faresti? Prova a scrivere qualche verso che tratti di questa sensazione inserendo almeno due rime e la parola "brillantina".

....

....

....

....

....

68

Francesco d'Assisi

Cantico delle creature

tempo di lettura 2'
vita dell'autore a p. 641

Altissimu, onnipotente, bon Signore,
Tue so' le laude, la gloria e l'honore et onne benedictione.

Ad Te solo, Altissimo, se konfano,
et nullu homo ène dignu Te mentovare.

Laudato sie, mi' Signore, cum tucte le Tue creature,
spetialmente messor lo frate Sole,
lo qual è iorno, et allumini noi per lui.
Et ellu è bellu e radiante cum grande splendore:
de Te, Altissimo, porta significatione.

Laudato si', mi' Signore, per sora Luna e le stelle:
in celu l'ài formate clarite et pretiose et belle.

Laudato si', mi' Signore, per frate Vento
et per aere et nubilo et sereno et onne tempo,
per lo quale a le Tue creature dài sustentamento.

Laudato si', mi' Signore, per sor'Aqua,
la quale è multo utile et humile et pretiosa et casta.

Laudato si', mi' Signore, per frate Focu,
per lo quale ennallumini la nocte:
ed ello è bello et iocundo et robustoso et forte.

Laudato si', mi' Signore, per sora nostra matre Terra,
la quale ne sustenta et governa,
et produce diversi fructi con coloriti flori et herba.

Laudato si', mi' Signore, per quelli ke perdonano per lo Tuo amore
et sostengo infirmitate et tribulatione.

Beati quelli ke 'l sosterrano in pace,
ka da Te, Altissimo, sirano incoronati.

Laudato si', mi' Signore, per sora nostra Morte corporale,
da la quale nullu homo vivente pò skappare:
guai a˙cquelli ke morrano ne le peccata mortali;
beati quelli ke trovarà ne le Tue sanctissime voluntati,
ka la morte secunda no 'l farrà male.

Laudate e benedicete mi' Signore et rengratiate
e serviateli cum grande humilitate.

da **Gianfranco Contini, *Letteratura italiana delle origini*,** Milano, Sansoni, 1970.

Commento

Francesco e la lode

Francesco d'Assisi era un giovane ricco che rinunciò a tutto per vivere di povertà e di amore di Dio; oltre che la lingua degli uomini, colti e meno colti, sapeva parlare la lingua degli animali, degli uccellini come dei lupi feroci. Oltre ad aver compiuto miracoli e vissuto avventure, oltre ad aver pensato a una Chiesa povera al di fuori dalle ricchezze di quella ufficiale, Francesco è stato anche il primo cantautore italiano. Il suo testo più famoso, il *Cantico* che vi presentiamo, era stato infatti pensato per un accompagnamento musicale composto da lui stesso e che però, a differenza del testo, andò perduto. Il fatto che possiamo goderci il *Cantico* anche così, soltanto con le parole, ci dice però quanto la musica dovesse essere semplice. Francesco doveva aver preso ispirazione dai motivi che accompagnavano gli spettacoli dei giullari del tempo per ricavarne un sottofondo utile a invitare i suoi frati, "giullari di Dio", al canto. Insomma, le note saranno anche state importanti, ma la loro mancanza nulla ha tolto a questo testo smagliante, che sa mescolare il concetto di Dio alla poesia, il divertimento all'esperienza religiosa.

Si tratta di una vera e propria danza, che porta l'uomo a braccetto con gli elementi della natura e lo fa girare insieme a un mondo buono e lodevole perfino nei suoi aspetti più spaventosi. Vita e morte si fondono così nella stessa musica amorosa che, con queste premesse, vale la pena di ringraziare fino in fondo.
Provate a confrontare questo testo con quello di Jacopone da Todi, *O Segnor, per cortesia* (a pagina 517). Vedrete che è tutta un'altra musica: in quello trovate il rifiuto e il disprezzo totale per il mondo, mentre qui ne trovate la massima esaltazione.

Tutto il creato è frutto della mano di Dio e per questo è degno di lode

Francesco sembra ripercorrere il tracciato del Creatore, la genesi delle cose del mondo, e comincia dagli astri. A uno a uno li umanizza, chiamandoli "fratello" e "sorella", ne spiega il contributo specifico al mantenimento dell'uomo, o semplicemente dice quanto siano belli. Leggerlo ci fa sentire, in quanto uomini, al centro di un sistema edificato per il nostro benessere. Verso dopo verso, la piccola creatura umana si colma di gratitudine per un progetto così magnifico, per un dono così grande.

È facile seguire il discorso finché si rimane alla schiera degli astri e degli agenti naturali, potenti e incantevoli nelle loro manifestazioni. Si comincia naturalmente dal Sole e dalla sua luce, si passa poi alla bellezza del firmamento e si arriva al ruolo degli agenti atmosferici. I doni di Dio sono convocati come in una sfilata e si mostrano nel loro abito migliore. Si muovono su di noi masse nuvolose, si fa giorno e notte, e piovono ai nostri piedi frutta e fiori.

Più difficile diventa ringraziare Dio quando si passa alle difficoltà del vivere, alle malattie («infirmitate»), alle sofferenze («tribulatione»), ma Francesco riesce a ricombinare tutto per il meglio e a mostrarci l'utilità persino della morte. A coloro che sopporteranno le pene sarà data ricompensa, anzi, la ricompensa sarà il frutto delle pene, come i fiori e i frutti vengono dal clima. La morte non farà male ai virtuosi, sarà anzi una benedizione. La festa è completa, niente ne rimane fuori, niente è senza senso nel creato.

Andate alle lettere

I versi sono composti in una prosa ritmica piena di assonanze, con sintassi piana, condotta in avanti dalle ripetizioni continue a inizio verso (*anafore*) e dalla congiunzione "e" che allinea gli attributi dei vari fratelli e sorelle in lunghe fila. Suoni del dialetto umbro, latini, francesi e toscani si confondono tra loro.

Non mancano riferimenti dotti, come le citazioni bibliche (il *Salmo 148* e il cantico dei tre fanciulli nella fornace, in *Daniele*, 3, 51-89) o la numerologia (con i 33 versi totali e i 9 ritorni di «Laudato» e «Laudate», che rinviano alla Trinità). E tutto si tiene, semplice, spontaneo come lo stupore di un bambino. Che musica, che suono!

Esercizi

ESPLORARE

01 Secondo te perché Francesco non dice niente a proposito degli animali?

02 «spetialmente messor lo frate Sole, / lo qual è iorno, et allumini noi per lui»: Francesco vuol dire che attraverso il sole vengono illuminati gli uomini oppure che gli uomini sono illuminati per fare un piacere al sole?

03 Secondo il poeta concedere il perdono è un'azione positiva o negativa? Che cosa te lo fa pensare?

SMONTARE

04 Osserva con calma il testo. Quali sono le due parole più utilizzate da Francesco d'Assisi?

05 Perché secondo te le preghiere di ogni religione fanno spesso uso di ripetizioni?

06 Riordina queste due frasi che contengono qualche inversione:
a. «Tue so' le laude, la gloria e l'honore et onne benedictione»;
b. «et nullu homo ène dignu Te mentovare».

07 Come mai, secondo te, le parole «Focu», «Aqua», «Vento» cominciano con la lettera maiuscola?

COSTRUIRE

08 Rileggi i primi due versi e riscrivili in italiano corrente.

....

....

09 Scrivi una lauda a un oggetto tecnologico esaltando tutte le sue virtù.

....

....

....

....

....

10 Fai un elenco di cose che ti piacciono scrivendo ad esempio "Beati quelli ke vanno in vacanza a Portofino; Beati quelli ke fanno la raccolta differenziata" e così via. E poi fai un elenco delle cose che non ti piacciono, iniziando con "Guai a quelli ke...".

....

....

....

....

....

....

....

....

....

11 «quelli ke perdonano», «quelli ke 'l sosterranno in pace», «quelli ke morrano», «quelli ke trovarà». Ti viene in mente qualche canzone moderna composta tutta da ripetizioni ed elenchi?

12 Ascolta la versione del *Cantico delle Creature* di Angelo Branduardi. Qual è la prima cosa che noti?

Jacopone da Todi

O Segnor, per cortesia

tempo di lettura 5'
vita dell'autore a p. 645

O Segnor, per cortesia,
manname la malsania!

A me la freve quartana,
la contina e la terzana,
la doppia cotidïana
co la granne etropesia.

A me venga mal de denti,
mal de capo e mal de ventre,
a lo stomaco dolor pognenti,
e 'n canna la squinanzia.

Mal degli occhi e doglia de fianco
e l'apostema dal canto manco;
tiseco me ionga en alco
e d'onne tempo la fernosia.

Aia 'l fecato rescaldato,
la milza grossa, el ventre enfiato,
lo polmone sia piagato
con gran tossa e parlasia.

A me vegna le fistelle
con migliaia de carvoncigli,
e li granchi siano quilli
che tutto repien ne sia.

A me vegna la podagra,
mal de ciglio sì m'agrava;
la disenteria sia piaga
e le morroite a me se dia.

A me venga el mal de l'asmo,
iongasece quel del pasmo,
como al can me venga el rasmo
ed en bocca la grancìa.

A me lo morbo caduco
de cadere en acqua e 'n fuoco,
e ià mai non trovi luoco
che io affritto non ce sia.

A me venga cechetate,
mutezza e sordetate,
la miseria e povertate,
e d'onne tempo en trapparia.

Tanto sia el fetor fetente,
che non sia null'om vivente
che non fugga da me dolente,
posto 'n tanta ipocondria.

En terrebele fossato,
ca Riguerci è nomenato,
loco sia abandonato
da onne bona compagnia.

Gelo, granden, tempestate,
fulgur, troni, oscuritate,
e non sia nulla avversitate
che me non aia en sua bailia.

Le demonia enfernali
sì me sian dati a ministrali,
che m'essercitin li mali
c'aio guadagnati a mia follia.

Enfin del mondo a la finita
sì me duri questa vita,
e poi, a la scivirita,
dura morte me se dia.

Aleggome en sepoltura
un ventre de lupo en voratura,
e l'arliquie en cacatura
en espineta e rogaria.

Li miracul' po' la morte:
chi ce viene aia le scorte
e le vessazione forte
con terrebel fantasia.

Onn'om che m'ode mentovare
sì se deia stupefare
e co la croce signare,
che rio scuntro no i sia en via.

Signor mio, non è vendetta
tutta la pena c'ho ditta:
ché me creasti en tua diletta
e io t'ho morto a villania.

da **AA.VV.**, ***Dal testo alla storia dalla storia al testo***, Torino, Paravia, 1994.

Commento

Che cosa si augura Jacopone

Malattia, febbre quartana, la febbre continua e quella terzana, grave idropisia, mal di denti, mal di testa e di ventre, dolori tremendi allo stomaco, l'angina alla gola, male agli occhi, dolore al fianco, l'ascesso al lato sinistro del cuore, tisi, frenesia, il fegato infiammato, la milza ingrossata, il ventre gonfio, il polmone piagato, le fistole e migliaia di pustole, cancri, podagra, il male alle ciglia, la dissenteria, le emorroidi, l'asma, lo spasimo, la rabbia del cane, una cancrena in bocca, l'epilessia, la cecità, sordità, silenzio, miseria, solitudine, puzza, essere abbandonato nel fossato Riguerci (una località vicino Todi), infreddolito, braccato dai demoni, divorato e poi defecato da un lupo, circondato da spiriti maligni, al punto che ogni uomo si faccia il segno della Croce a sentirne parlare.

Corpo prigione dell'anima

Nel Medioevo cristiano, il corpo poteva essere considerato come un impiccio dell'anima, quando non la putrida sacca di tutti i mali dell'uomo. A quei tempi non c'era da meravigliarsi che un uomo di fede arrivasse a immaginare con tale accanimento la propria fine, o almeno la propria fine corporale.

Ci sono vari gradi di maledizione, si possono utilizzare formule prefabbricate da scagliare al nemico in un lampo, colpi automatici di sicura efficacia, o creare invece rime composite, personalizzate, per mettere la nostra firma sull'arsenale verbale. Passando dal conflitto al virtuosismo, il massimo sarebbe realizzare lunghe concatenazioni a mitraglia, mettendoci dentro un po' di scienza e d'inventiva.

Colpevole fin nella tomba

Jacopone da Todi compone una mirabile maledizione a se stesso in una *lauda* (ballata di argomento religioso) lunga 74 versi e 19 strofe. Il concetto è già chiaro nella strofa d'esordio: «O Segnor, per cortesia,/ manname la malsania!». La «malasania», la malattia, è però una galassia articolata di possibilità, augurarsi la malattia è sbrigativo

e indolore, che ci vuole? Attaccate la seconda strofa e vedrete invece la determinazione radicale di Jacopone, che si immerge nel proposito di annullarsi. Jacopone comincia a tirarsi addosso le parole come fossero pietre, a farsi calamita ultrapotente per i mali, vuole soffrire. Lo vedete autodistruggersi con competenza, attingendo a termini specialistici e al volgare umbro della strada, con perizia si mena colpi a ogni parte del corpo.
La maledizione verso dopo verso cresce, il massacro per paradosso eccita il gusto della parola, sviluppa l'inventiva; Jacopone assapora e ci fa assaporare i vocaboli dello sfacelo, trovare la ricchezza nell'orrido come in un'esplosione pirotecnica di sangue finto, da *splatter movie*. Ma l'horror non si limita alla fisica: Jacopone, colmo di malattie, passa a progettarsi la morte, a rendersi incomodo qualsiasi luogo sulla terra, perfino la tomba. Si è macchiato del reato più terribile, si è allontanato dall'amore di Dio e per lui non c'è punizione sufficiente.

Peccatori

Ma Jacopone non sta solo flagellando se stesso: si sta facendo simbolo dell'umanità colpevole della morte in croce di Cristo, che è invece portatore di amore («ché me creasti en tua diletta / e io t'ho morto a villania»). Bisogna quindi convocare la sventura del creato e quella dell'aldilà.
I resti umani del povero Jacopone vengono da se stesso offerti allo stomaco del lupo e rimessi al mondo come sterco. Voi direte: "Basta, siamo arrivati al culmine". Invece no, l'infamia non finisce mai. La letteratura sconfina, il poeta trapassato e digerito produce spiriti maligni che molestano i passanti e perfino il suo ricordo è una maledizione.

Da Sorella Morte di San Francesco (a pagina 511) a Sorella Malattia di Jacopone, da lode a maledizione, dai cieli ai dirupi, la poesia può arrivare dappertutto.

Esercizi

ESPLORARE

01 Le malattie invocate da Jacopone da Todi si potrebbero manifestare tutte in contemporanea sul suo corpo, o no?

02 Che cos'è l'*ipocondria*?

03 A un certo punto della poesia compare un lupo. Che cosa si augura il poeta?

04 Per quel che sai, il Signore ha esaudito le preghiere di Jacopone?

SMONTARE

05 La poesia letta è una forma di preghiera, ma un po' particolare; perché?

06 Ti sembra che ci sia un crescendo nell'elenco delle malattie citate nel testo? Se sì, individua gli elementi che lo compongono, dal minimo fino al massimo della disgrazia.

COSTRUIRE

07 Questa lauda è composta da una lunga lista delle più atroci malattie che si possono avere. La lista è una forma molto usata in letteratura. Scrivi anche tu un elenco: cataloga tutto ciò che ti sembra urgente.

....

....

....

....

....

08 Ti vengono in mente altre poesie o canzoni che sono in realtà invocazioni o preghiere? In che cosa si differenziano da questa?

....

....

....

....

....

09 Scrivi una serie di scherzi, dal più lieve al più pesante.

....

....

....

....

....

70

Caterina da Siena

Lettera a frate Raimondo da Capua

tempo di lettura 6'
vita dell'autrice a p. 634

LETTERA N. 102

A FRATE RAIMONDO DA CAPUA
DELL'ORDINE DE' PREDICATORI

Al nome di Gesù Cristo crocifisso e di Maria dolce.

Carissimo Padre in Cristo dolce Gesù. Io Catarina, serva e schiava de' servi di Gesù Cristo, scrivo a voi nel prezioso sangue suo; con desiderio di vedervi sposo vero della Verità e seguitatore e amatore d'essa Verità. Ma non veggo il modo che potiamo gustare e abitare con questa Verità se noi non cognosciamo noi medesimi. Perocché nel cognoscimento di noi, in verità cognosciamo, noi non essere, ma troviamo l'essere nostro da Dio, vedendo che egli ci ha creati alla imagine e similitudine sua. E nel cognoscimento di noi troviamo ancora la recreazione che Dio ci fece, recreandoci a Grazia nel sangue dell'unigenito suo Figliuolo; il quale sangue ci manifesta la verità di Dio Padre. La verità sua fu questa; che egli ci creò per gloria e loda del nome suo, e perché noi participassimo l'eterna bellezza sua, perché fussimo santificati in lui. Chi cel dimostra, che questo sia la verità? Il sangue dello immacolato Agnello.

Dove truoviamo questo sangue? Nel cognoscimento di noi. Noi fummo quella terra dove fu fitto il gonfalone della croce: noi stemmo come vasello a ricevere il sangue dell'Agnello, che correva giù per la croce. Perché fummo noi quella terra? Perché la terra non era sufficiente a tenere ritta la croce; anco, averebbe rifiutata tanta ingiustizia; né chiovo era sufficiente a tenerlo confitto e chiavellato, se l'amore ineffabile che Egli aveva alla salute nostra non l'avesse tenuto. Sicché dunque l'affocata carità verso l'onore del Padre e la salute nostra, il tenne. Adunque fummo noi quella terra che ténnemo ritta la croce, e siamo il vaso che ricevemmo il sangue. Chi cognoscerà e sarà sposo di questa Verità, troverà nel sangue la Grazia, la ricchezza e la vita della grazia; e truoverà ricoperta la nudità sua, e vestito del vestimento nuziale del fuoco della carità, intriso e impastato sangue e fuoco, il quale per amore fu sparto e unito con la Deità. Nel sangue si pascerà e notricherà di misericordia; nel sangue dissolve la tenebra e gusta la luce; perocché nel sangue perde la nuvola dell'amore proprio sensitivo, e il timore servile che dà pena: e riceve timore santo e sicurtà nel divino amore, il quale ha truovato nel sangue. Ma chi non sarà truovato amatore della Verità, non la cognoscerà nel cognoscimento di sé e del sangue. Che egli vada schiettamente e senza frasche o novelle o timore servile; e senta il lume della fede viva, non solamente in parole, ma che basti d'ogni tempo, cioè nell'avversità come nella prosperità, e nel tempo della persecuzione come nel tempo della consolazione; e per neuna cosa diminuisca la fede, e il lume suo. Perocché la Verità ha fatto cognoscere nella Verità, e non tanto per gusto, ma per prova. Dico, che se questo lume e questa Verità non sarà truovata nell'anima, non sarà però, che non sia vasello che abbia ricevuto il sangue; ma per suo giudicio e sua confusione, in tenebre e dinudato del vestimento della Grazia, riceverà giustizia, non per difetto del sangue, ma perché esso spregiò il sangue, e, come accecato del proprio amore, non vide né cognobbe la Verità nel sangue: onde egli l'ha ricevuto in ruina; e con grande amaritudine è privato dell'allegrezza del sangue, e della dolcezza e del frutto del sangue, perché esso non conobbe sé né il sangue in sé, e però non fu sposo fedele della Verità.

Adunque v'è bisogno di cognoscere la Verità, a volere essere sposo della Verità. Dove? Nella casa del cognoscimento di voi medesimo, cognoscendo, l'essere vostro avere da Dio per grazia, e non per debito. E in voi cognoscere la recreazione che v'ha data, cioè, d'essere recreato a Grazia nel sangue dell'Agnello, e ine bagnarvi, e annegare e uccidere la propria volontà. In altro modo, non sareste sposo fedele della Verità, ma infedele. E però io dissi che io desideravo di vedervi sposo vero della Verità. Annegatevi dunque nel sangue di Cristo crocifisso, e bagnatevi nel sangue, e inebriatevi del sangue, e saziatevi del sangue, e vestitevi di sangue. E se fuste fatto infedele, ribattezzatevi nel sangue; se il dimonio v'avesse offuscato l'occhio dell'intelletto, lavatevi l'occhio col sangue; se fuste caduto nella ingratitudine de' doni non cognosciuti, siate grato nel sangue; se fuste pastore vile e senza la verga della giustizia, condita con prudenzia e misericordia, traetela dal sangue; e coll'occhio dell'intelletto vederla dentro nel sangue, e con la mano dell'amore pigliarla, e con ansietato desiderio strignerla. Nel caldo del sangue dissolvete la tepidezza; e nel lume del sangue caggia la tenebra; acciocché siate sposo della Verità e pastore vero e governatore delle pecorelle che vi sono messe tra le mani, e amatore della cella dell'anima e del corpo, quanto v'è possibile nello stato vostro. Se starete nel sangue, il farete; e se no, no. E però vi prego per amore di Cristo crocifisso, che voi il facciate. E spogliatevi d'ogni creatura (e io sia la prima); e vestitevi per affetto d'amore di Dio, e ogni creatura per Dio; cioè, d'amarne assai, e conversarne pochi, se non in quanto si vede adoperare la salute dell'anime. E così farò io, quanto Dio mi darà la Grazia. E di nuovo mi voglio vestire di sangue, e spogliarmi ogni vestimento ch'io avessi avuto per fine a qui. Io voglio sangue; e nel sangue satisfò e satisfarò all'anima mia. Ero ingannata quando la cercavo nelle creature. Sicché io voglio nel tempo della sollicitudine accompagnarmi nel sangue; e così truoverò il sangue e le creature; e berrò l'affetto e l'amore loro nel sangue. E così nel tempo della guerra gusterò la pace, e nell'amaritudine la dolcezza; e nell'essere privata delle creature, e della tenerezza del padre, truoverò il Creatore ed il sommo ed eterno Padre. Bagnatevi nel sangue: e godete, che io godo per odio santo di me medesima. Altro non vi dico. Permanete nella santa e dolce dilezione di Dio. Gesù dolce, Gesù amore.

da **Caterina Da Siena, *Epistolario***, Roma, Edizioni Paoline, 1979.

Commento

Una lettura faticosa

Se avete trovato difficoltà a leggere questa lettera, è perché il mondo di santa Caterina da Siena è quanto di più distante dal vostro possiate immaginare. Caterina era spesso preda di visioni mistiche – ad esempio, nella notte dei suoi 28 anni vide distintamente Cristo che le portava un anello e la pregava di sposarlo – e per comprendere il senso profondo del testo bisogna togliere tantissimi strati, e confidare nei racconti del suo biografo, che fu lo stesso Raimondo da Capua a cui è rivolta questa lettera, il superiore dell'Ordine dei Domenicani.

Un avvenimento ha scosso Caterina. Un certo Nicolò di Toldo ha passato al governo di Perugia informazioni sulla politica di Siena; i senesi non l'hanno presa bene, l'hanno processato e condannato a morte per decapitazione. Caterina gli è rimasta accanto durante l'esecuzione. Poi ha avuto la premura di raccoglierne la testa, tenendosela in grembo e pregando per l'anima di Nicolò. Insomma, si può perfettamente capire che sia sconvolta.
Eppure l'episodio va inquadrato nell'universo medievale, quando l'esperienza della morte era familiare. A causa di guerre, carestie ed esecuzioni pubbliche, la mortalità era alta; si moriva spesso in casa o per le strade, non in ospedale: assistere quindi alla morte di qualcuno non era affatto raro.

Come salvarsi

Dunque, Caterina ha appena assistito a una morte violenta. È giovane, non troppo istruita, e l'unica cosa che le hanno letto e riletto, al punto che la sa a memoria, è il Vangelo. Così, nel descrivere la scena, usa il repertorio d'immagini che ha nella testa: ad esempio, il sangue è il sangue di Cristo, cioè il simbolo della passione che l'ha portato a morire in croce; l'agnello è Gesù, emblema di ogni uomo immolato come una vittima sacrificale. Inoltre, si è recata dal condannato per arrecargli conforto religioso, per cui anche la sua persona, la sua scelta

di vita, l'ordine a cui appartiene devono rientrare nella narrazione. Infatti parla di «nozze sacre», quelle che uniscono ogni frate al suo Dio, il Dio che Nicolò, stando alla dottrina cristiana, è sul punto di riabbracciare ora che sta per morire. Caterina sarà stata divisa tra il ribrezzo e l'amore fraterno verso la spia, tra la pena fisica di stare vicino al corpo di un uomo così orrendamente ridotto e l'ideale religioso che le intima di aver fede e di guardare alla morte come a un momento di gioia.
Il suo Dio diffonde un messaggio di speranza e di amore, promettendo che dall'odio, dalla rovina e dalla morte verrà fuori qualcosa di meglio: il suo Dio tiene insieme tutto. Per incontrare una tale pienezza, un fedele deve superare la sua condizione terrena. Di qui, il bisogno di lasciare stare gli strumenti della ragione, le parole e i ragionamenti, abbracciando invece la pratica del *misticismo*, che culmina nello stato dell'*estasi*, dal greco *ex*, "fuori", e *stasis*, "lo stare", cioè la tensione a uscire fuori di sé, per raggiungere l'infinità di Dio.

Santa Caterina

È una mistica. Il suo linguaggio prova a esprimere che cosa ha provato più di quel che ha pensato, perciò parla in maniera densa e confusa. Caterina parla sul serio; la lettera infatti non è stata scritta di suo pugno, ma è un dettato: la ragazza non sapeva scrivere, deve quindi aver raccontato tutto a un confratello molto paziente che l'ha messo su carta per lei.

Per quel che ne sappiamo, dettò 381 lettere, che decise di inviare a pontefici, governanti e confratelli: le premeva cambiare il mondo, celebrare le crociate e fare in modo che il papa tornasse a Roma da Avignone. Quest'ultima impresa le riuscì, ed è uno dei motivi per cui, insieme a san Francesco, è la santa patrona di un'Italia che senza il papato avrebbe perso la sua principale ragione di prestigio. Allora religiosi umili e incolti potevano spostare l'ago della bilancia, ma Caterina ebbe poco tempo per darsi da fare, perché si spense al grido di "Sangue! Sangue!".
Magari negli occhi aveva ancora l'abbraccio alla testa di Nicolò.

Esercizi

ESPLORARE

01 Chi sono mittente e destinatario di questa lettera?

02 Scopri che cos'è l'Ordine dei Predicatori.

03 Qual è l'obiettivo della lettera?

04 Caterina fa alcune domande al suo interlocutore e si dà anche la risposta. In particolare, quali risposte dà a queste domande?
a. «Noi fummo quella terra dove fu fitto il gonfalone della croce: noi stemmo come vasello a ricevere il sangue dell'Agnello, che correva giù per la croce. Perché fummo noi quella terra?»
b. «Adunque v'è bisogno di cognoscere la Verità, a volere essere sposo della Verità. Dove?»

05 «E se fuste fatto infedele, ribattezzatevi nel sangue; se il dimonio v'avesse offuscato l'occhio dell'intelletto, lavatevi l'occhio col sangue; se fuste caduto nella ingratitudine de' doni non cognosciuti, siate grato nel sangue»; che cosa vuol dire, per Caterina, «lavarsi nel sangue» (e le espressioni seguenti)?

SMONTARE

06 Trova nel testo passaggi o formule che ci fanno capire che si tratta di una lettera.

07 Quante volte compare la parola «sangue» nel testo? Rispondi senza contare, poi controlla se ti sei avvicinato al numero esatto.
a. 28
b. 49
c. 42

08 Cerca tutti i modi in cui viene chiamato Gesù.

09 Ci sono delle parole in maiuscolo nel testo. Perché?

COSTRUIRE

10 I testi racchiusi nelle *Lettere* di Caterina da Siena sono composti oralmente, e dettati a persone che le facevano da segretario. Fai un esperimento: prova a comporre oralmente un testo breve (una lettera, una piccola storia), poi dettala a qualcuno. Confrontate in classe i risultati ottenuti. (È possibile fare l'esperimento di dettatura anche in classe!)

11 Caterina da Siena è una delle primissime donne che si affacciano alla letteratura: come mai secondo te le donne sono così poco presenti nella letteratura italiana delle origini? Cerca qualche informazione su una delle poche protagoniste dell'epoca: Compiuta Donzella.

12 Caterina è una mistica e una santa: il suo corpo è stato sparso per l'Italia perché chi crede nella sua santità possa venerarlo. Fai una mappa (un po' *splatter*) delle reliquie di Santa Caterina, indicando città ed edificio sacro in cui sono conservate.

Costellazioni

Anouk Kruithof
Enclosed Content Chatting Away in the Colour Invisibility
(2009-in corso), installazione di circa 3500 libri
presso la Casemore Kirkeby Gallery
San Francisco, 2017

Costellazione 01

Parole scritte che insegnano a vivere

Al di là della bellezza, i libri ci danno degli strumenti per vivere meglio?

Sin dalla notte dei tempi, l'umanità ha avuto bisogno di storie. Per quanto ne sappiamo, le prime sono state dipinte sulle pareti delle caverne, ma certamente la narrazione orale ha radici ben più profonde. Di certo, l'epopea di Gilgamesh, i racconti della Bibbia e i poemi omerici (che potrete leggere nel volume *Narrare*) testimoniano questo bisogno umano di ascoltare e raccontare. Ma è solo una questione di bellezza e piacere oppure le parole scritte ci danno degli strumenti per vivere meglio?
Se volete imparare a montare un divano letto, a usare un forno a microonde o se vi serve sapere qual è il dosaggio corretto di un antibiotico, non ci sono dubbi: i manuali di istruzioni e i foglietti illustrativi sono fatti apposta per dare una risposta alle vostre domande. L'*Iliade*, ad esempio, aveva l'ambizione di fare più cose insieme, perché era costruita come una grande enciclopedia del sapere, dove i contemporanei di Omero, o chi per lui, potevano trovare le indicazioni necessarie a

scolpire uno scudo, e a formare uomini valorosi in battaglia, un vademecum su come cospargere di pece una nave, ma anche un modello di un buon amico (Patroclo), una moglie desiderabile (Andromaca) o di che cosa significa rendere onore a un morto, che sia tuo figlio o il tuo peggior nemico (Priamo e Achille). Ma mettiamo che voi, oggi, vogliate capire come spegnere una nostalgia, consolare un dolore o superare la paura degli insetti. Un buon libro può fare al caso vostro? Impossibile saperlo in anticipo.

Quando un autore scrive racconti, romanzi o poesie, il 99% delle volte non vuole insegnarvi niente. Probabilmente desidera raccontare la sua esperienza, ma di certo non pensa a voi. Il più delle volte sta pensando a se stesso, alla sua rabbia, al suo amore, alla delusione o alla realizzazione personale. Più di rado ha in mente un lettore specifico, siano un vecchio professore o una ex fidanzata, ma voi no, voi non esistete: non vi conosce, non vi vede e non ha la minima idea di che lingua parliate o di che vita conduciate (soprattutto se è morto diversi secoli fa). D'altra parte, voi non sapete niente di veramente rilevante su di lui. Lo scrittore ha capito delle cose della vita e le butta lì sulla carta o sullo schermo, a distanza da voi e senza prevedervi. Poi un bel giorno aprite quel libro, lo leggete, e avete l'impressione che vi riguardi. Di più, avete l'impressione che stia parlando a voi, di voi, con voi, che stia dando una risposta alle vostre domande. In quel momento, se si spalanca quell'intimità tra voi e il libro, allora state imparando qualcosa; allora leggere un pugno di parole scritte diventa un'esperienza esattamente come il primo volo in aereo, scalare una parete di roccia o travasare una pianta.
È un modo straordinario di imparare, perché state imparando a insaputa dell'autore, quindi state imparando senza che nessuno voglia insegnarvi nulla. In più, è incredibile pensare che molti altri lettori, altrove, stanno facendo in contemporanea un'esperienza simile.
Dopo quella scoperta, viene da pensare: "dato che parla a me, allora leggo tutti, ma proprio tutti i libri di quell'autore". Di solito (non sempre) gli altri si rivelano noiosi o deludenti. Questo perché gran parte degli insegnamenti che un libro può darvi sono come i buoni incontri: accadono per serendipità, cioè per una felice scoperta casuale; trovate qualcosa dove non la state cercando. Questo è il motivo per cui non ci possono essere molti Vero o Falso alla fine di questa costellazione.

L'"urgenza" di un testo. Non esiste una risposta esatta alla domanda "Al di là della bellezza, i libri ci hanno degli strumenti per vivere meglio?"; tutto quel che si può fare è guardare dove si annida l'urgenza di un testo, perché è più probabile che l'incontro avvenga lì e che l'incontro generi un insegnamento. Che cosa si intende qui per *urgenza*? Ogni testo contiene una certa quantità di vita: se ciò non fosse, non andreste avanti a leggere. Invece, leggete perché l'autore sta trasformando la sua lingua e la sua esperienza in un messaggio per voi, quindi, anche se non vi sta di fronte (magari perché è morto da milleduecento anni), è come se fosse vivo e avesse qualcosa da dirvi. Quanto più questo messaggio è urgente (per lui e per voi), tanto più un testo si presta a insegnarvi qualcosa. Quanto più questo messaggio è autentico, tanto più è facile che diventi universale e che, in questo modo, possa parlare a moltissimi esseri umani.

Attenzione. Un conto è dire che l'urgenza dell'autore è intima – questo può essere, anzi, è così la maggior parte delle volte –, un altro è dire che nei momenti di maggiore intimità tra le parole scritte e il lettore è più facile che lui apprenda qualcosa (è vero), un altro conto ancora è sostenere che gli insegnamenti scritti sono intimi. Questo è falso. Il sapere è qualcosa di universale, cioè qualcosa di comprensibile e utile a tutti in qualsiasi momento, quindi di condivisibile. Altrimenti sarebbe impossibile persino dare giudizi generali sulle cose. Dunque, quando iniziate a leggere non sapete se v'imbatterete in un certo insegnamento che l'autore ha seminato lì, dentro quelle parole; ma, se vi ci imbattete, sarà più o meno lo stesso in cui moltissimi altri essere umani potranno imbattersi.

Che cos'è urgente per Keats? Deve aver osservato un'urna greca e aver capito che una sola immagine, bella, può comunicare più pienezza vitale di mille parole e traghettare una certa emozione nel tempo. Ha una fretta incredibile di dirvelo. La poesia è tutta esclamativa, vuole essere certo che abbiate la stessa visione: prima la descrive in un'immagine («che lascia il cuore tormentato e sazio, / la fronte in fiamme e arida la lingua»), poi la spiega («bellezza è verità / e verità bellezza; e questo è tutto quello che sappiamo / al mondo, e tutto quello che dobbiamo sapere»). Se non vi sentite lì con lui a vedere l'urna, il messaggio che verità e bellezza si corrispondono è piuttosto freddo, generico, ed è difficile che faccia breccia.

Che cos'è urgente per Balzac? Se avete letto il commento al racconto *La Grande Bretèche*, dovreste sapere quanto era vitale per Balzac raccontare questa storia: c'erano di mezzo la leggerezza della madre e la presenza di un fratellastro troppo odiato. Se però vi concentrate sul racconto, è difficile individuare i punti in cui lo scrittore lascia intravedere quanto la materia sia per lui incandescente. Bisogna soffermarsi sui passaggi in cui la lingua sbrodola, si fa cioè meno controllata e più irregolare. È il caso dell'inizio impetuoso della terza pagina, dove la voce del narratore si fonde con quella di Balzac: «Quel rifugio condensava per me le immagini piú svariate della vita umana, che tante sventure amareggiano», e poi: «Spesso lí ho pianto, non vi ho riso mai», ma soprattutto, nelle prime righe della seconda pagina: «Una mano invisibile ha scritto in ogni dove la parola *Mistero*». Non è solo ottimo artigianato letterario, si avverte in sottofondo il bisogno umano di Balzac: vuole mostrare cos'ha capito di come spesso i misteri fioriscano lì dove bruciano le ferite più profonde.

Che cos'è urgente per Joyce Carol Oates? È una donna, è stata una ragazza, e in *Dove vai, dove sei stata* sta scrivendo di un'adolescente in pericolo. A prima vista potrebbe sembrare che Oates abbia bisogno di raccontarvi che fine ha fatto Connie, ma il finale aperto vi mostra che non è esattamente così: il ritmo del racconto si impenna bruscamente nell'ultima parte, dove la voce che narra sta parlando della paura della ragazza e le sta appiccicata. Lì siete più vicini alla scrittrice e più disposti ad accogliere la storia come un'esperienza, a sentirla sulla vostra pelle. Il messaggio è che il rischio sta dovunque, si annida nelle pieghe più impreviste della vita, per esempio in un ragazzone di paese che non è quel che sembra.

Che cos'è urgente per Rovelli? Lo scrittore fa divulgazione: sta spiegando a un pubblico non specialistico di lettori *La più bella delle teorie*, cioè che cos'è la relatività generale; però, a un certo punto, il modo più spontaneo e sincero per portarli a vedere quel che ha imparato, è parlare della sua esperienza personale, dell'estate in cui si è messo a studiare Einstein. Lì la missione che s'è dato diventa evidente: permettere a qualcun altro di rimanere sbalordito quanto lo è stato lui. Il racconto mostra che spesso c'è una differenza tra il motivo profondo (e intimo) per cui un libro viene scritto – l'entusiasmo di una scoperta – e gli effetti oggettivi che produce – spiegare una teoria.

E per Orazio l'urgenza qual è? Il poeta ha un messaggio universale da dare a tutti coloro che leggeranno la sua *Ode* (Leucònoe c'entra poco): «cogli / la giornata». Si tratta di un insegnamento che potrebbe essere impugnato come una tesi filosofica e sostenuto per centinaia di pagine, però è la forma calda e accorata dei versi che lo accende.

Individuare l'urgenza di un testo scritto non è una garanzia che abbia qualcosa da insegnarvi o che ci riesca, ma è un esercizio importante per allenare la vostra sensibilità di lettori e la vostra capacità di ascolto. Vi ricorda che dall'altra parte c'è un essere umano; può anche essere defunto da parecchi anni, ma dal momento che ha scritto, significa che non ha nessuna intenzione di andarsene.

Ripensa a quello che hai studiato in questa costellazione e leggi:
40 *Ode alla gelosia* di Saffo a p. 319;
52 *Uscirne vivi* di Alice Munro a p. 408;
68 *Cantico delle creature* di Francesco d'Assisi a p. 511.
Tra poco ti tornerà utile.

Esercizi

Aggiungi **V** *di vero o* **F** *di falso, altrimenti, scrivi se la risposta giusta è* **A**, **B** *o* **C**.

MAPPA

01 I libri non possono insegnare niente.

02 I libri, spesso, trasmettono degli insegnamenti al lettore in una forma che non si aspetta.

03 Gli scrittori e i poeti possono essere insegnanti involontari.

04 Gli scrittori e i poeti possono mettere il lettore nella condizione di fare esperienza delle stesse identiche cose che hanno vissuto loro.

05 Gli scrittori e i poeti, scrivendo della loro vita, possono intercettare alcuni bisogni del lettore.

06 Individuare l'urgenza dello scrittore di raccontare qualcosa può aiutare a capire che cosa un testo sarà in grado di insegnare al lettore.

07 Il messaggio che una certa storia contiene è in grado di viaggiare nel tempo.

08 Uno scrittore o un poeta, quando si mette a pensare alla sua storia, non ha la più pallida idea di chi la leggerà.

PAESAGGIO

09 Keats scrive *Ode a un'urna greca* per: **A**. dare al lettore un insegnamento morale sullo scorrere del tempo e i suoi effetti; **B**. raccontare una riflessione profonda che ha covato a partire dalla visione di un vaso; **C**. descrivere un vaso bellissimo che l'ha colpito.

10 Al cuore della narrazione di Balzac c'è un tema: **A**. l'amore; **B**. il delitto; **C**. il mistero.

11 «Connie sentì il cuore che batteva. Sembrava che la mano potesse racchiuderlo. Per la prima volta in vita sua pensò che non fosse una cosa sua, che non le appartenesse, ma fosse solo un oggetto vivo e pulsante all'interno di un corpo, neppure quello davvero suo». Come definiresti l'atteggiamento di Joyce Carol Oates rispetto a questa sua frase? **A**. Freddo e rigoroso; **B**. concitato e coinvolto; **C**. preciso e poetico.

12 Rovelli con *La più bella delle teorie* intende prima di tutto parlare della sua vita. ◯

13 Orazio scrive la sua *Ode* per Leucònoe e non immagina neppure che altri potranno leggerla. ◯

14 Individua una frase che hai letto nei brani di questa costellazione che ti è servita a qualcosa o che pensi potrebbe servirti prima o poi.

TOUR

Istruzioni per l'uso: leggi le poesie numero **40** *e* **68***, il racconto numero* **52** *e verifica quel che hai capito su* ***Parole scritte che insegnano a vivere****.*

15 In *Ode alla gelosia* Saffo parla di un sentimento che la accomuna a ogni lettore, pazienza se vive diversi secoli dopo di lei. ◯

16 In *Ode alla gelosia* Saffo parla di un sentimento che potrebbe accomunarla a ogni lettore, pazienza se vive diversi secoli dopo di lei. ◯

17 Munro in *Uscirne vivi* ha urgenza di parlare di sé. ◯

18 Munro nel racconto ha urgenza di raccontare alcune situazioni, simili a quelle da lei vissute, che le hanno procurato grande sofferenza. ◯

19 Francesco d'Assisi nel suo *Cantico* vuole ringraziare Dio. ◯

20 Il *Cantico* di Francesco d'Assisi non può essere capito da un lettore contemporaneo perché non c'è più alcuna ragione per essere grati al mondo. ◯

21 Prova a guardarti alle spalle, considera anche *Leggere 1*. Qual è il racconto in cui ti sei imbattuto fino ad ora che ha avuto di più da insegnarti, e come te lo spieghi?

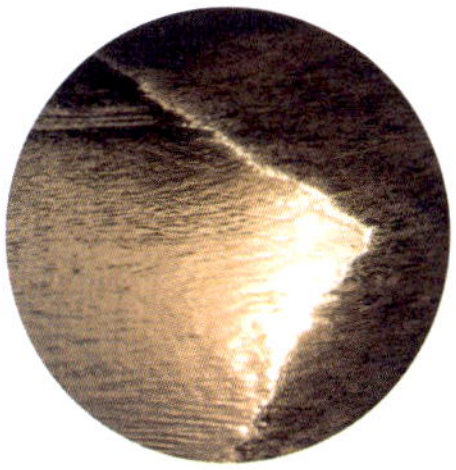

Mike Slack
Untitled (Blythe, CA)
da *The Transverse Path*
2017

Costellazione 02

Tra racconto e romanzo

Che cosa cambia tra una gara di velocità e una corsa di resistenza?

06. *Fiori per Algernon*, Daniel Keyes, p. 80
07. *La sindrome Boodman*, Alessandro Baricco, p. 118

Il *racconto* è breve, il *romanzo* è lungo.
Scrivere un racconto è come correre 400 metri, scrivere un romanzo è come fare una gara di resistenza: i muscoli che si muovono sono pressoché gli stessi, ma i gesti tecnici cambiano, e così gli allenamenti necessari a fare un buon tempo.
Ora, a un lettore non è mai richiesto di distinguere un racconto da un romanzo, e in ogni caso la differenza è abbastanza evidente (ad esempio, i romanzi sono libri autonomi, un racconto isolato esce quasi esclusivamente su una rivista). Invece, può essere interessante domandarsi in che modo gli scrittori riescono a magnificare quella misura, breve o lunga che sia, perché in letteratura lo spazio influenza profondamente l'architettura, la tenuta e lo stile di un testo.
Così lunghezza e brevità hanno a che fare con la dimensione dell'oggetto (numero di pagine) e con il tempo di lettura previsto (quanto ci impiega un lettore ad arrivare alla fine), ma anche con il tipo di storia raccontata.

Intanto, sia per il romanzo sia per il racconto, si parla di una storia in prosa, e di forme relativamente moderne.

La nascita del romanzo. Il *Don Chisciotte* di Miguel de Cervantes, pubblicato in due parti, nel 1605 e nel 1615, è considerato il primo romanzo moderno perché combina avventura, una grande cura per l'interiorità dei personaggi e la figura di un eroe imperfetto che deve forgiarsi affrontando le sfide di un mondo ormai complicato e confuso. Il fantasioso e goffo cavaliere protagonista scambia i mulini a vento per giganti mostruosi – proprio da Cervantes deriva l'espressione "combattere contro i mulini a vento" per dire "un'impresa impossibile", e in un certo senso il romanzo moderno fa proprio questo: dà ai lettori gli strumenti interiori per spiegarsi un pianeta sempre più vasto (dove le terre conosciute prevalgono sulle sconosciute) e reticolare (l'economia si complica, in società si vanno definendo nuovi rapporti gerarchici, identità politiche mai viste prima). Dal 1700 in avanti è un tripudio di romanzi, specie quando, all'inizio del 1800, un signore francese, Louis-François Bertin, si inventa con il *romanzo d'appendice*, che esce a puntate sul suo giornale, un modo per fare decuplicare i lettori di narrativa (comprare un quotidiano costava molto meno che comprare un libro rilegato).

La nascita del racconto. Per quanto riguarda il racconto, invece, i critici individuano nel *Decameron* (1349-1353) di Giovanni Boccaccio il primo vagito della *short story* (gli americani chiamano così il racconto) moderna, perché le sue novelle si occupano di temi realistici, di attualità, e sono inserite in una cornice – l'antenato delle nostre raccolte di racconti –, sul modello delle fiabe orientali *Le mille e una notte*.

Per provare a semplificare, possiamo paragonare il racconto alla stanza di una casa, e il romanzo all'intero edificio. Nel primo caso, dopo aver visto com'è fatta la stanza, aver curiosato in giro, aperto i cassetti, guardato le foto e scoperto tutto quello che c'era da scoprire, difficilmente trovate un buon motivo per rimanere. Anche se avete notato cose incredibilmente belle e avvincenti, dopo un po' non c'è più nulla da vedere e la storia non può che finire. Solitamente, a quel punto, l'autore vi invita in una seconda stanza, e poi in una terza e così via. Ognuna di esse è il luogo di una nuova esplorazione e una nuova storia. Come forse avrete notato, infatti, la maggior parte dei racconti dell'antologia fanno parte di raccolte, proprio perché chi scrive questo tipo di narrativa costruisce spesso delle architetture dove ogni singola stanza è parte di un unico edificio tematico (ad esempio, racconti che parlano di solitudine, di amore, di guerra ecc.). Nel romanzo, invece, quasi sempre le stanze sono collegate da porte, corridoi, scale e ascensori, così chi legge è continuamente incuriosito dalle cose inaspettate che scopre man mano che si muove all'interno dell'edificio, e anche il solo fatto di muoversi diminuisce la percezione del tempo che passa e delle pagine che scorrono una dopo l'altra. In questo caso, la storia più durare anche molto a lungo, proprio perché il sistema di ambienti e di porte che si aprono una dopo l'altra alimenta continuamente il filone narrativo principale (la singola stanza), e posticipa il momento in cui il serbatoio della storia si svuoterà, costringendo lo scrittore a mettere la parola "fine" al suo romanzo.

Le differenze tra racconto e romanzo. Uscendo dal paragone tra una stanza e un intero palazzo e provando a definire il racconto come un testo intorno alle 30 pagine e un romanzo come una storia che ne occupa più di 50, ci sono alcune caratteristiche interne che vi consentono di distinguere un racconto da un romanzo, e che vi permettono di ragionare sulla diversità che esiste tra il fisico di un buon corridore in velocità rispetto a quello di un grande corridore di resistenza:

1. il racconto per lo più sviluppa una sola trama, nel romanzo si incrociano più storie;

2. al racconto (spesso) bastano una singola immagine o una buona idea, il romanzo racconta un mondo;

3. nel racconto uno stile particolarmente barocco o un ritmo sincopato non danno noia, sono spesso un modo per tenere alta l'attenzione del lettore; in un romanzo, invece, il prevalere della lingua sul contenuto è spesso un ostacolo, perché appesantisce troppo la lettura;

4. il racconto ha bisogno di essere letto in un colpo solo: se lo lasci, lo perdi per sempre. Il romanzo, invece, ti aspetta (come ha detto lo scrittore Antonio Tabucchi): puoi iniziarlo, mollarlo e riprenderlo anche dopo un mese o un anno, lui è sempre lì;

5. allo stesso modo, il romanzo difficilmente può essere scritto in un colpo solo, mentre per il racconto esistono entrambe le possibilità: una scrittura calda e impetuosa che si esaurisce in poche ore oppure una riscrittura certosina, che lavora sulla precisione e sul dettaglio.

Tuttavia, su questo tema – la differenza fra racconto e romanzo – ogni definizione rischia di essere contraddetta dal gran numero di eccezioni che la narrativa contemporanea produce quasi a ciclo continuo. Ne sono un esempio i due testi di questa costellazione. Li abbiamo scelti proprio perché la loro differenza strutturale vi permetta di osservare meglio le diverse architetture e di provare a capire di quali stanze sono fatte e che cosa contengono.

Fiori per Algernon di Daniel Keyes ha una struttura piuttosto semplice. Dietro il racconto c'è un'idea sola, chiara e forte: un tipo molto stupido diventa molto intelligente. Keyes racconta i sei mesi cruciali della vita del protagonista attraverso un diario scritto in prima persona. Non c'è nient'altro, non un'introduzione che accompagni il lettore nella storia, né un finale con uno sguardo esterno che lo aiuti a uscire senza lasciare troppi interrogativi sul destino del povero Charlie Gordon. Tutto quello che sapete, ve lo racconta lo stesso Charlie. Siete nella sua stanza, e non c'è nessuna porta da aprire. Quando il protagonista esce, smettendo di scrivere il diario, la storia si esaurisce e il lettore si trova improvvisamente fuori. È senza dubbio una struttura da racconto, verrebbe quindi da pensare. Eppure, qualche anno dopo, Keyes ha fatto di questo testo un romanzo e in seguito *Fiori per Algernon* è diventato un film, una serie tv e perfino un musical.
Com'è possibile che un racconto dall'architettura progettata esattamente per la durata e la struttura di quella singola stanza, regga le oltre 300 pagine del romanzo senza esaurirsi prima (ed esaurire la pazienza dei lettori)? Keyes aveva dalla sua parte un eroe moderno: un personaggio sufficientemente complesso da poter essere approfondito molto più di quanto gli consentiva la misura del racconto. Poi ha sviluppato gli spunti narrativi che il testo gli offriva (la storia d'amore con la dottoressa e l'amicizia con Algernon) e ha impastato materiale nuovo alla malta della trama: ad esempio, una serie di flashback sulla famiglia problematica di Charlie e la relazione sentimentale con un'artista di strada incontrata durante la fuga col topo (!). Queste manipolazioni raramente vengono bene, ma il successo del romanzo dimostra che ogni tanto anche mosse irragionevoli possono riservare grandi sorprese.

La sindrome Boodman di Alessandro Baricco per certi versi ha molte cose in comune con *Fiori per Algernon*. Anche se non sarebbe corretto definirlo

un racconto fantascientifico, la trama salta spesso il confine del verosimile. L'esperimento scientifico è raccontato in forma di studio di casi clinici, per quanto balzani, che hanno lo scopo di avvalorare l'esistenza di una patologia psichiatrica, detta appunto "sindrome Boodman". Come nel racconto di Keyes, l'idea del racconto è un esperimento mentale: chiunque può causare delle catastrofi se fa qualcosa di malvagio, o vile, o egoista.
Tolte queste analogie tra i due brani, dalla lettura si percepisce subito che *La sindrome Boodman* ha un movimento diverso, quasi opposto a quello di *Fiori per Algernon*. Al posto di una struttura chiusa e semplice come una linea tesa tra l'inizio e la fine, tipica del racconto breve, Baricco apre continuamente porte e spinge la narrazione in diverse direzioni aggiungendo in corsa un fiume di personaggi, come ci si aspetterebbe in un romanzo: la storia di ciascuno di loro potrebbe tranquillamente diventare il capitolo di un libro, ma invece di un intero edificio e centinaia di pagine, finisce tutto in meno di 10. Il registro paradossale (talvolta decisamente comico) tiene l'attenzione di chi legge agganciata allo stesso dubbio dei suoi protagonisti (sarà tutto vero o tutto falso?), accelera il ritmo, gli consente di dipingere i personaggi casi di studio dello psichiatra al pari di bozzetti e di passarli in rassegna rapidamente, come immagini diverse prodotte dallo stesso caleidoscopio.

Parole: *racconto*, *romanzo*, *short story*. Puoi trovarle anche nel glossario.

Ripensa a quello che hai studiato in questa costellazione e leggi:
36 *Per l'errore* di Daniele Del Giudice a p. 266;
45 *Il nuotatore* di John Cheever a p. 350;
48 *Volta e la patata* di Achille Campanile a p. 380;
49 *Invito in società* di Paolo Villaggio a p. 391.
Tra poco ti torneranno utili.

Esercizi

Aggiungi **V** *di vero o* **F** *di falso, altrimenti, scrivi se la risposta giusta è* **A**, **B** *o* **C**.

MAPPA

01 Non c'è alcuna differenza sostanziale tra racconto e romanzo, come dimostrano l'esistenza di romanzi brevi e racconti lunghi.

02 Quando un racconto supera le 30 pagine diventa immediatamente un romanzo.

03 Il primo racconto moderno, secondo molti, è *Don Chisciotte* di Cervantes.

04 Le novelle di Boccaccio non trattano temi realistici.

05 Spesso il romanzo trae le mosse da una singola immagine o da una singola idea e le resta fedele.

06 Il romanzo descrive: **A**. diversi personaggi; **B**. vicende realistiche; **C**. un mondo.

07 Il racconto, di solito, ha una lunghezza di circa 10 pagine.

PAESAGGIO

08 *Fiori per Algernon* di Daniel Keyes è un romanzo breve.

09 *Fiori per Algernon* trae spunto da questa idea: **A**. si può scrivere un intero racconto senza curarsi della grammatica; **B**. essere troppo intelligenti può essere difficile quanto non esserlo affatto; **C**. uomini e topi hanno caratteristiche simili.

10 Keyes scrive in forma di diario, cosa che non sarebbe sostenibile per l'intera durata di un romanzo.

11 Si può dire che *La sindrome Boodman* di Baricco si sviluppi a partire da questa singola idea: **A**. un giudice bara a carte; **B**. un giudice pensa che la sua azione negativa abbia conseguenze agghiaccianti sul mondo; **C**. pensare che da una piccola azione malvagia possano derivare enormi disastri.

12 *La sindrome Boodman* è un racconto perché è stato scritto in epoca contemporanea.

13 In *La sindrome Boodman* la storia non ha bisogno di passare per un grande approfondimento dei personaggi.

TOUR

Istruzioni per l'uso: leggi i racconti numero **36**, **45**, **48** *e* **49** *e verifica quel che hai capito su* ***Tra racconto e romanzo****.*

14 Si può dire che il racconto di Del Giudice, *Per l'errore*, sia il classico esempio di una narrazione breve che farebbe fatica a durare più pagine di così: si narra di un singolo evento (una prima volta). ○

15 Se a Del Giudice fosse stato chiesto di trasformare il suo racconto in un romanzo, facilmente avrebbe dovuto inserire questa storia come uno tra i tanti episodi di una storia più ampia, che andasse a comprendere altri fatti. ○

16 Il racconto *Il nuotatore* di John Cheever è inadatto a qualsiasi forma di narrazione più lunga di quella che ha ora. ○

17 L'idea originale che rende unico *Il nuotatore* è questa: **A**. un signore attraversa la contea nuotando in ognuna delle piscine che incontra; **B**. un signore ha perso la memoria; **C**. un signore torna a casa, ma la casa è vuota. ○

18 *Volta e la patata* di Campanile potrebbe essere difficilmente adattato alla forma del romanzo perché: **A**. il tipo di ironia che usa risulterebbe faticosa per decine di pagine; **B**. non ci sono molti spunti narrativi; **C**. i personaggi sono pochissimi. ○

19 *Volta e la patata* si sviluppa attorno all'idea che la stessa cosa possa essere chiamata in tanti modi diversi. ○

20 Si può dire che il racconto di Paolo Villaggio *Invito in società* si adatti bene a comparire in una raccolta con altre storie simili perché ha un protagonista forte che può essere facilmente immaginato in altre circostanze altrettanto buffe. ○

Simon Roberts
Beachy Head, Seven Sisters Country Park East Sussex, UK
da *Merrie Albion - Landscape Studies of a Small Island*
2017

Costellazione 03

Il fascino discreto della poesia

Che mestiere fa il poeta?

Per molto tempo gli studiosi furono convinti che la poesia fosse una forma più istintiva, arretrata e primitiva di letteratura rispetto alla prosa. Credevano che si potesse definire poetico ciò che riguardava i sogni, l'immaginazione, la fantasia degli uomini e il linguaggio più adatto a esprimerli. Pensavano che i primi uomini parlassero a quel modo, con i segni, i rumori, usando la parola come uno strumento grezzo, premettendole il corpo, la musica, l'irrazionalità della bellezza e di una visione infantile di sé e del pianeta. Solo con grande fatica, e nel corso di generazioni, quegli stessi esseri umani si sarebbero impossessati della prosa: una forma espressiva che non serviva più a descrivere la meraviglia, la paura, l'amore e il cielo, ma a ricordare la lista della spesa, a dettare un trattato di pace, a fissare le regole del gioco. Dunque, secondo questa particolare ricostruzione dei fatti (responsabile del pregiudizio che la poesia sia "anacronistica"), poesia e prosa si distinguerebbero in base ai loro oggetti: la poesia racconterebbe sempre il possibile, il fantasioso e i sentimenti; la prosa, invece, sarebbe la sorella più disciplinata, razionale, incline a trattare argomenti più seri e intellettuali, la realtà.

In seguito, il panorama del rapporto tra prosa e poesia è stato completamente ridisegnato: in principio c'era bisogno di comunicare con le parole piane della prosa. Se la poesia, un modo rocambolesco e insolito di stravolgere il discorso, fu prima in qualcosa, si può dire che fu il primo linguaggio dell'arte. Perché? Perché l'umanità ancora bambina aveva bisogno di distinguere molto chiaramente i discorsi sulla realtà dai discorsi inventati. Allora quel gesto stralunato di disporre le parole e di giocare con i suoni proprio della poesia fu un'ottima segnaletica per indicare quale delle due strade stesse imboccando un discorso. Se uno parlava in rima canticchiando e disponendo le parole a piacere, era un poeta; viceversa, era un cavaliere, un sacerdote, un politico, e così via, un non-poeta. Pian piano la poesia poté permettersi di assumere la forma che voleva, senza che la stranezza fosse necessaria a distinguerla dal resto.

Alla Grecia antica, un mondo in cui si succedettero i campioni di queste due opposte strategie di racconto del mondo (cioè i filosofi – cultori della ragione e della prosa – e i grandi lirici – musici e interpreti del sentimento), si deve la più grande critica alla poesia che sia stata mai mossa da un uomo. L'uomo in questione era considerato uno tra i più immensi maestri del tempo, e apparteneva alla schiera dei primi, perché era senza dubbio un filosofo. Si tratta di Platone (428 o 427 a.C. - 348 o 347 a.C.). E, anche se di fatto è noto per diverse opere letterarie, non scriveva di letteratura, ma parlava di politica. Nel suo libro più importante, *La Repubblica*, dove immagina come potrebbe essere lo stato ideale, dove non si compia mai l'ingiustizia perché ciascuno fa esattamente ciò che sa fare meglio per tirare avanti, Platone condanna la poesia. Per lui i migliori governanti sono i sapienti, i filosofi, perché sono interessati al sapere e non al potere, per cui difficilmente tiranneggiano il popolo. Platone sostiene che i governanti non devono mai studiare poesia, figuriamoci comporla. Come mai? Senza entrare nel merito del suo pensiero, che è più complesso di così, si può riassumerlo dicendo che la poesia è considerata un potente mezzo di illusione, che dipinge la realtà diversa da com'è, si occupa di sciocchezze, e fa perdere tempo a chi ha altro di più urgente da fare.
È un luogo comune ancora forte che riguarda il poeta e chi si occupa di

poesia: è un perdigiorno, passa il pomeriggio a interrogare petali di margherita, magari scrive ancora su carta. Platone, però, non era un cinico: ai suoi occhi, il poeta non era scandaloso o insulso, ma pericoloso perché non dice la verità, mente ed educa a mentire.
Questa accusa oggi fa sorridere: sembra esagerato pensare che i poeti siano temibili rivoltosi. Eppure è una storia che si ripete: Platone è solo il primo a muovere questa accusa; dalle sue teorie deriva l'idea che fare o leggere poesia sia una forma di ribellione interiore e pacifica, perciò il poeta è un simbolo di umanità, di libertà e di coraggio. Il paradosso è che *La Repubblica*, che tanto affonda la poesia, di fatto, è un'opera poetica, di invenzione. Il doppio volto della poesia è precisamente questo: un'attività sognante e per certi versi inutile, ma al tempo stesso indispensabile perché permette all'uomo di esprimere una parte fondamentale di sé (quel che non è, ma *potrebbe essere*).

Se, però, non sono i temi che affronta a distinguere la poesia dalla prosa, bisogna ancora capire che cosa cambia. Ecco una lista di cinque tratti che fanno di una poesia una poesia.

1. **Difficile da riassumere.** Se leggete una pagina di prosa, il 95% delle volte riuscite facilmente a raccontare in breve a qualcuno che cosa avete letto. Se leggete una poesia e volete spiegare a un amico di che cosa parla, siete costretti a mostrargliela. Questo perché di solito le poesie sono il risultato di una profonda stratificazione di significati, figure e parole. Prendete *Giovinezza mia* di Cvetaeva: il tema è chiaro fin dal titolo, ma se vi limitate a dire che la poesia parla di giovinezza non avete trasmesso niente del suo significato, che è più articolato di così.

2. **Moltissime informazioni in poco spazio, e precisissime.** Un testo poetico, proprio a causa della profonda stratificazione di significati che ospita, incorpora tanti dati in uno spazio minuscolo. Questi dati spesso, a differenza di quel che accade in una prosa, non sono azioni o fatti, bensì emozioni, percezioni o fantasie, eppure sono dettagliati e chirurgici.
   Prendete la poesia di Baudelaire *L'Heautontimoroúmenos*, in particolare le espressioni «cuore ubriaco» e «vorace Ironia»: a differenza di quanto potrebbe sembrare, "poetico" non è sinonimo di "impreciso", o di "casuale", fantasia e immaginazione non escludono un alto tasso di precisione. Chi ha provato dolore e nostalgia, sa che il suo cuore può

essere ubriaco, anche se non beve alcolici. Lo stesso per l'ironia, che può essere affilata e affamata pur senza avere mai mangiato nulla.
Una così elevata concentrazione di informazioni particolari rende la lettura di un testo poetico più difficile. Di qui, l'impressione che si possa leggere diverse volte la stessa poesia, scoprendo sempre qualcosa di nuovo.

3. **Una parola non vale l'altra.** Se in prosa uno scrittore vuole parlare di un cappello e ha già usato molte volte la parola "cappello", facilmente sceglierà un sinonimo, ad esempio "copricapo". In poesia non è così: le parole non sono convenzioni messe lì per significare qualcosa, e quindi sostituibili con altre che stanno lì a significare le stesse cose. In poesia il modo in cui le parole sono fatte e suonano determina buona parte del loro significato.
Guardate *A mia moglie* di Saba. Se anziché il verbo «raspa» il poeta usasse, ad esempio, "gratta" il risultato non sarebbe lo stesso, perché la parola "raspa" dal punto di vista della poesia non è sostituibile, nessun'altra le corrisponde: "gratta" e "raspa" condividono solo un certo numero di lettere, e alla maggior parte degli esseri umani "gratta" fa pensare a un'azione umana, "raspa" a un'azione animale. La corrispondenza si dà solo, approssimativamente, sul piano del significato. È quel che accade per l'amore: ciascuno è unico. Se uno vuole andare al mare con il suo fidanzato, non sarà equivalente prendere un ragazzo a caso, in buona salute, e con lo stesso colore degli occhi.
In particolare, in poesia una parola non vale l'altra per:

a. l'aspetto delle parole. Ogni parola in poesia è insostituibile perché ha un certo aspetto (dato dal modo in cui sono disposte le lettere che la compongono). Nei *Calligrammi* di Apollinaire è fin troppo evidente: la forma delle parole (misura, grafia, punteggiatura) è importante, perché va a comporre una vera a propria figura;
b. la musica. Ogni parola in poesia è insostituibile perché ha un suono inconfondibile (dato dal modo in cui sono disposti i singoli suoni che la compongono). In *Aneddoto della giara* di Stevens, la parola «Tennessee» chiude il primo e l'ultimo verso: la ripetizione di un suono è una scelta precisa, fa parte della musica voluta dal poeta.

4. **Piccole unità di misura.** In un testo in prosa l'unità di misura è in un certo senso la frase che, con il suo significato, fa evolvere la narrazione. Invece, in una poesia l'unità di misura è la singola parola. Infatti, una citazione

significativa può comprendere anche solo una o due parole: ad esempio, in *La bellezza cangiante* di Hopkins, «punto da lentiggini».

5. **La traduzione.** Considerati tutti i punti che precedono questo, c'è chi afferma che la poesia sia intraducibile, perché la traduzione fa esattamente quello che il poeta non consente al linguaggio (vedi, in particolare, il punto 3): usa una parola (di una lingua)per un'altra (in un'altra lingua). Tuttavia, un buon traduttore di poesia può cercare di ricreare nella lingua d'arrivo il maggior numero possibile di espressioni della lingua di partenza e lo stesso genere di assonanze tra un verso e l'altro.
Qui sotto potete osservare la poesia di Mallarmé, *Tutta l'anima riassunta*, in lingua originale: il traduttore italiano si è sforzato di rispettare gli ingombri, la punteggiatura, il significato, l'ordine delle parole, ma inevitabilmente la poesia cambia (ad esempio, nel suono).

Toute l'âme résumée
Quand lente nous l'expirons
Dans plusieurs ronds de fumée
Abolis en autres ronds

Atteste quelque cigare
Brûlant savamment pour peu
Que la cendre se sépare
De son clair baiser de feu

Ainsi le chœur des romances
A la lèvre vole-t-il
Exclus-en si tu commences
Le réel parce que vil

Le sens trop précis rature
Ta vague littérature

Ripensa a quello che hai studiato in questa costellazione e leggi:
24 *Pellegrinaggio* di Giuseppe Ungaretti a p. 210;
38 *Io abito nella Possibilità* di Emily Dickinson a p. 301;
47 *Le golose* di Guido Gozzano a p. 374;
58 *Luna puella pallidula* di Andrea Zanzotto a p. 459.
Tra poco ti torneranno utili.

Esercizi

Aggiungi **V** *di vero o* **F** *di falso, altrimenti, scrivi se la risposta giusta è* **A**, **B** *o* **C**.

MAPPA

01 Scrivere e leggere poesia nel XXI secolo è anacronistico.

02 Alcuni studiosi ritengono che la poesia sia nata come linguaggio proprio dell'arte, diverso da quello utilizzato tutti i giorni per comunicare.

03 Riassumere una poesia è difficile, perché: **A**. parla di sentimenti; **B**. usa un linguaggio ricco di immagini, dove ogni parola ha un aspetto e una musica insostituibile; **C**. parla di sentimenti e usa un linguaggio complesso.

04 In poesia non si può parlare mai di precisione del linguaggio.

05 Immaginazione e precisione sono incompatibili.

06 In un certo senso si può dire che l'unità di misura di una poesia sia la parola.

PAESAGGIO

07 Dal momento che *Giovinezza mia* di Cvetaeva è un testo tradotto, la musicalità delle parole è irrilevante.

08 «Per abbeverare il mio Sahara». Uno dei tratti che rendono poetica quest'espressione usata da Baudelaire in L'*Heautontimoroúmenos* è che: **A**. di solito uno non possiede un Sahara e tanto meno lo abbevera, eppure il poeta allude con precisione a una condizione dell'animo umano; **B**. di solito uno non possiede un Sahara e tanto meno lo abbevera; **C**. è molto musicale.

09 La poesia di Mallarmé *Tutta l'anima riassunta* riassume la vita di un'anima.

10 I *Calligrammi* di Apollinaire mostrano quanto, in poesia, le parole siano difficilmente sostituibili anche per via del loro aspetto esteriore (unico e irripetibile).

11 La poesia *Aneddoto della giara* di Stevens: **A**. come dice il titolo, racconta una storia; **B.** utilizza parole semplici, combinate in maniera complessa e figurata; **C**. è in lingua originale.

12 In *La bellezza cangiante* di Hopkins la parola «toppe» potrebbe essere sostituita con la parola "rammendi".

13 La compagna di Saba descritta nella poesia *A mia moglie*: **A**. è una gravida giovenca; **B**. assomiglia a una gravida giovenca per il suo aspetto esteriore; **C**. assomiglia a una gravida giovenca per la libertà che la caratterizza.

TOUR

Istruzioni per l'uso: leggi le poesie numero **24**, **38**, **47**, **58** *e verifica quel che hai capito su* ***Il fascino discreto della poesia***.

14 Con la parola «budella», usata nella poesia *Pellegrinaggio*, Ungaretti vuole significare: **A**. un groviglio; **B**. un groviglio di corpi; **C**. un groviglio di corpi e di materiali che le bombe hanno reso indistinguibili.

15 Ungaretti in *Pellegrinaggio* avrebbe potuto indifferentemente usare il proprio nome oppure quello di un qualsiasi altro poeta.

16 Nella poesia *Io abito nella Possibilità* Dickinson afferma che la casa della poesia ha più finestre di quella della prosa, perché: **A**. ad esempio, la poesia consente di usare le parole e lo spazio con maggiore libertà; **B**. la poesia fa un uso più disinvolto degli spazi bianchi; **C**. la poesia è più ariosa.

17 In *Le golose* di Gozzano la scelta delle parole spesso dipende dalla presenza di altre già utilizzate che hanno un suono simile.

18 Sempre Gozzano in *Le golose* scrive: «bianchissime al giulebbe / dita confetturate!». È un esempio di come, in poesia, spesso l'ordine del discorso sia stravolto.

19 Zanzotto in *Luna puella pallidula* descrive una serie di azioni.

20 La poesia di Zanzotto si potrebbe riassumere in una definizione da dizionario della parola *luna*.

J Carrier
da *Elementary Calculus*
2012

Costellazione 04

Composizioni

Che cosa si può costruire con i versi?

L'ispirazione non è sufficiente per dare armonia e musicalità a un testo poetico: la forma e il contenuto non sono parti separate di un componimento, ma si corrispondono. È una materia immensa quella della forma, e in continua mutazione, perché il modo di intendere e comporre poesie è cambiato nei secoli e continua a cambiare: mode, correnti, preferenze di parole e di suoni hanno traghettato le architetture della poesia da una parte all'altra, proprio come accade in musica con i soggetti e i ritornelli delle canzoni. D'altronde, la poesia è nata precisamente dalla musica e per molto tempo ne ha imitato l'andatura e i temi. Qui, tentiamo di misurare i versi e di osservare i modi più riusciti in cui i poeti hanno pensato di arrangiarli insieme: quindi, state studiando *metrica*, l'"arte della misura dei ritmi".

Il verso. Come ogni misurazione che si rispetti, prima di tutto occorre capire di quale unità di misura si tratta: è il *verso*. I versi sono quelle stringhe di parole che costituiscono ogni poesia; ogni verso finisce

con l'a capo. In italiano, i versi prendono il nome dal numero di *sillabe metriche* che contengono (verso *binario*, *ternario*, *quaternario*, *quinario*, *senario*, *settenario*, *ottonario*, *novenario*, *decasillabo* ed *endecasillabo*) e, come dice il nome, le "sillabe metriche" non sono identiche alle sillabe in cui avete imparato a dividere le parole. Che cosa cambia? In poesia guida il ritmo, il suono; il significato viene dopo. Perciò, se state dividendo un verso in sillabe metriche, potete dimenticare il senso compiuto e trattare le vocali come note musicali.
Guardate come si può scomporre il primo verso di *Dicemi spesso il mio fidato speglio* di Petrarca, in cui ogni gruppo di lettere nere è una sillaba metrica:
D**i** **ce** m**i** sp**e**s s**o**‿**i**l m**io** **fi** d**a** **to** sp**e** gl**io**, 11 sillabe (endecasillabo).

Primo trucco. La *o* di «spesso» e la *i* di «il» stanno insieme anche se appartengono a due parole diverse, perché le vocali senza accento che si incontrano, si contano come una sillaba sola; ma se una delle due vocali fosse accentata, accadrebbe il contrario, cioè apparterrebbero a due sillabe diverse.
Secondo trucco. Nella parola «speglio» la *i* e la *o* si contano come una sillaba sola, ma in un'altra parola potrebbe accadere il contrario: per capirlo dovete guardare le altre sillabe e contare quanto vi manca per arrivare a 11.
Terzo trucco. Se un verso finisce con una parola accentata sull'ultima sillaba (ad esempio, città), si conta una sillaba in più.
Quarto trucco. Se un verso finisce con una parola accentata sulla terzultima sillaba (ad esempio, tàvola), si conta una sillaba in meno.

L'unico modo per uscirne è mettersi dal punto di vista del poeta. Se il poeta ha deciso che i versi della sua poesia conteranno 11 sillabe e che il primo parlerà di uno specchio parlante, ci sono già abbastanza vincoli da tenere insieme: sarà lui, di volta in volta, a decidere come contare le vocali. Se tocca a voi e dovete ricostruire che cosa si è inventato per arrivare a 11, vi basta avere una certa flessibilità mentale e ricordarvi i trucchi del mestiere.

La strofa. Di certo conoscete già il significato di *strofa* perché avete ascoltato, cantato o suonato almeno una volta una canzone, e il testo delle canzoni è appunto composto da strofe. La strofa è un insieme di versi con un significato autonomo. È il numero di versi di una strofa a darle il nome: *distico* (2 versi), *terzina* (3 versi), *quartina* (4 versi), *sestina* (6 versi), *ottava* (8 versi).

Le forme metriche. Ora che avete a disposizione un centimetro e un metro, non vi resta che testarli su una struttura poetica. I campioni dell'architettura poetica, quelli che si sono inventati le forme più note, durature e classiche della nostra tradizione, sono vissuti tutti intorno al 1200. Nello scenario complicato e frastagliatissimo della Penisola di allora, due grandi tradizioni musicali confluivano insieme: quelle regionali e quelle dei trovatori provenzali, avi dei moderni cantautori, menestrelli poeti che allietavano con le loro canzoni le corti dell'epoca. I nostri poeti li copiarono, cercando di trasformare in poesia la loro musica. Fu così che nacquero la *canzone* e la *ballata* (che imitava la struttura di una canzone accompagnata dal ballo). In entrambi i componimenti, le strofe, di lunghezza variabile, sono chiamate *stanze*, ma mentre nella ballata le strofe sono alternate da un *ritornello* (come succede ancora oggi nella musica pop), la canzone, talvolta, si limita a inserire fra le strofe un verso breve, detto *chiave*.

Ma la forma metrica più diffusa nella lirica italiana è il *sonetto*.
Pare che il primo a comporre il sonetto sia stato Giacomo da Lentini (per conoscerlo, se non ci siete già stati, dovreste passare da pagina 483). Sonetto significa "piccolo suono", perché forse nasceva da una costola della canzone, ne isolava un pezzo e lo metteva a punto, dandogli una compiutezza e un ritmo perfetto. Il nuovo metro fece innamorare i poeti conterranei e, in seguito, gli inglesi e i francesi, che lo adattarono alle loro lingue e ai loro accenti. La cosa più straordinaria e commovente è che questa forma rigida e colta di poesia, che richiedeva di padroneggiare grandiosamente le parole e il ritmo, era stata pensata per accogliere un solo gigantesco tema: l'amore.
La formula del sonetto? Il poeta deve disporre i suoi endecasillabi in due strofe di quattro versi (quartine) e due strofe di tre versi (terzine). Non solo, il sonetto è in rima. Se ciascuna lettera maiuscola sta per il suono di una parola a fine verso, lo schema ritmico più diffuso del sonetto è: ABAB ABAB CDE EDC, ma anche ABBA ABBA CDC DCD.

La poesia *Dicemi spesso il mio fidato speglio* di Petrarca è un classico esempio di *sonetto*. Guardate la prima quartina:

Dicemi spesso il mio fidato sp**eglio**, A
l'animo stanco, e la cangiata sc**orza**, B

e la scemata mia destrezza e f**orza**: B
Non ti nasconder più: tu se' pur v**èglio**. A

La seconda strofa, se andate a controllare, ha la stessa metrica.
Ecco la terza strofa di tre versi (la prima terzina) e la quarta (seconda terzina):

e veggio ben che 'l nostro viver v**ola** C
e ch'esser non si pò più d'una v**olta**; D
e 'n mezzo 'l cor mi sona una par**ola** C

di lei ch'è or dal suo bel nodo sci**olta**, D
ma ne' suoi giorni al mondo fu sí s**ola**, C
ch'a tutte, s'i' non erro, fama ha t**olta**. D

Lo vedete? Un sentimento enorme confluisce nella rete di quattordici versi. Eleganza assoluta.

Con il passare del tempo, i poeti si sono progressivamente staccati dalle forme tradizionali, trovando più interessante utilizzare la metrica in modo meno rigido e più affine alla loro ispirazione. E visto che era quasi impossibile catalogare e dare un nome a tutte le nuove combinazioni metriche delle poesie dall'Ottocento in poi, si è ragionevolmente deciso di chiamarle *versi liberi*, cioè versi che non hanno la stessa lunghezza e non rispettano un numero prestabilito di rime.
Le poesie di García Lorca, Eliot e Celan sono in versi liberi, anche se molto diverse una dall'altra: la prima, *La chitarra*, scimmiotta una canzone, perché parla di una chitarra e contiene un ritornello; la seconda, *La morte per acqua*, è un curioso caso di verso libero inserito in una struttura classica (fa parte di un poema) e scritto come un'*epigrafe*, cioè uno di quei testi che si trovano sulle lapidi tombali per celebrare in versi il defunto che lì riposa; la terza, *Salmo*, imita la preghiera del salmo, ma per dire tutt'altro.

In molti hanno provato, sulla base della forma, a tracciare un confine tra prosa e poesia, senza grandi risultati. La scrittura in versi è uno dei pochi segni evidenti della differenza, ma se per esempio prendete Novalis, salta tutto. La forma della composizione *Inni alla notte* si chiama *prosa ritmica* o *prosa poetica*, e ha antenati di un certo livello nella letteratura latina. I margini bianchi quasi scompaiono insieme ai versi, ma gli oggetti descritti sono poetici: infiniti, senza tempo, sacri. E trasformarli in questo modo riesce solo ai poeti: le parole vengono combinate prestando più cura alla musicalità (figure retoriche, rime, giochi di parole) che al rigore del contenuto, senza che ci debba essere una trama per forza. Il risultato è che a vederla sembra prosa, ma a leggerla è poesia.

Parole: *metrica, verso, sillabe metriche, strofa, canzone, ballata, stanza, chiave, sonetto, versi liberi, prosa ritmica* o *poetica*. Puoi trovarle anche nel glossario.

Ripensa a quello che hai studiato in questa costellazione e leggi:
22 *La tovaglia* di Giovanni Pascoli a p. 199;
23 *Tutto il mondo è vedovo* di Amelia Rosselli a p. 204;
67 *Al poco giorno e al gran cerchio d'ombra* di Dante Alighieri a p. 505.
Tra poco ti torneranno utili.

Esercizi

Aggiungi **V** *di vero o* **F** *di falso, altrimenti, scrivi se la risposta giusta è* **A**, **B** *o* **C**.

MAPPA

01 Il verso è l'unità minima della: **A**. narrazione; **B**. poesia; **C**. ballata.

02 Un distico è: **A**. un verso di due sillabe; **B**. una strofa di due versi; **C**. un sonetto di due strofe.

03 La ballata e la canzone sono due forme metriche che imitano alcune musiche.

04 Il tema tradizionale del sonetto è l'amore.

05 Una prosa ritmica è una poesia che ha l'aspetto di una prosa, cioè non è scritta in versi.

06 Un endecasillabo è un verso di dieci sillabe.

07 Originariamente una parte della ballata prendeva il nome di ritornello.

PAESAGGIO

08 Il verso di Petrarca «e ch'esser non si pò più d'una volta» conta 11 sillabe.

09 La divisione in sillabe corretta del verso di Petrarca «Obedir a Natura in tutto è il meglio» è la seguente: **A. o** be **dir a** na **tu** ra-in **tut** to-è **il** me **glio**; **B. o** be **dir a** na **tu** ra-in **tut** to-è-il **me** glio; **C. o** be **dir a** na **tu** ra-in **tut** to-è **il** me **gli**-o.

10 Le rime del sonetto di Petrarca sono descritte da questo schema: ABBA ABBA CDE EDC.

11 La poesia *La chitarra* di García Lorca è composta in versi liberi, cioè: **A**. molto lunghi e a tema libero; **B**. senza rime e di lunghezza variabile.

12 La poesia *La morte per acqua* di Eliot è suddivisa in due strofe.

13 La prosa ritmica *Inni alla notte* di Novalis si distingue dalla prosa soprattutto per: **A**. i temi; **B**. la musicalità; **C**. i versi.

14 *Salmo* di Paul Celan è organizzato in quattro strofe.

TOUR

Istruzioni per l'uso: leggi le poesie **22**, **23** *e* **67** *e verifica quel che hai capito su* ***Composizioni****.*

15 *La tovaglia* di Giovanni Pascoli è una poesia suddivisa in sei strofe. ◯

16 I versi della poesia *La tovaglia* di Giovanni Pascoli non rimano mai tra loro. ◯

17 *Tutto il mondo è vedovo* di Amelia Rosselli non è un esempio di prosa ritmica. ◯

18 Il primo verso della poesia di Rosselli è: «Tutto il mondo è vedovo se è vero che tu cammini ancora». ◯

19 *Al poco giorno e al gran cerchio d'ombra* di Dante è una poesia suddivisa in sette strofe. ◯

20 *Al poco giorno e al gran cerchio d'ombra* è un sonetto. ◯

21 Il verso «Al poco giorno e al gran cerchio d'ombra» è un endecasillabo. ◯

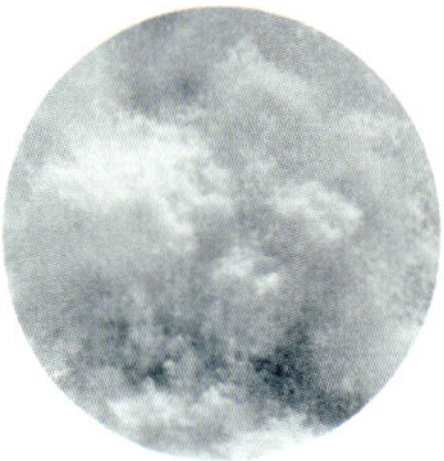

Ron Jude
Deadwood Reservoir Spillway #2
da *Lick Creek Line*
1998-2011

Costellazione 05

Effetti sonori, 1

Che cos'è che rende musicale una poesia?

Sapete qual è la differenza tra suono e rumore? Eccola: entrambi sono onde; solo che i rumori ne sono un ammasso caotico, mentre i suoni no. I suoni sono una somma ordinata di onde risonanti tra loro, la cui frequenza potrebbe essere descritta da regole matematiche precise. Tuttavia, la realtà è più complicata di così. Purtroppo è impossibile prevedere tutte le frequenze armoniche che uno strumento reale produrrà: eppure, insieme ne determinano la "ricchezza" (ciò che permette di distinguere il piatto suono di un violino di plastica da quello ricco di frequenze armoniche di uno Stradivari).
Pensate ora a uno strumento come la voce. La ricchezza della voce, come per il violino, sta nelle sue enormi possibilità espressive: oltre a produrre note, possiamo soffiare, sbattere la lingua sui denti o sul palato, farla vibrare, schioccare le labbra.
Siccome spesso l'attenzione al contenuto ci impedisce di prestare attenzione alla musicalità delle parole, scordiamoci per un attimo di ciò che la poesia afferma ed esploriamo *tutto ciò* che permette alla voce di fare musica *attraverso* il linguaggio poetico.

La struttura. Se avete letto la costellazione 04 di questo libro, siete già informati sulle composizioni di versi che si possono costruire; altrimenti, per capire meglio *Effetti sonori, 1*, vi tocca passare prima di lì.
Ogni poesia tiene insieme diversi ritmi, e quindi ha una certa struttura ritmica. Questa struttura è ciò che si vede al primo colpo d'occhio: dipende dalla lunghezza dei versi, dal modo in cui sono accentati, dai raggruppamenti in cui sono organizzati (strofe) e dalle rime.
Prendete *A Zacinto* di Ugo Foscolo: è scritta unicamente in versi da undici sillabe, detti *endecasillabi*. In poesia, l'endecasillabo è di gran lunga il metro più utilizzato.
La lunghezza del verso determina il luogo in cui fate naturalmente cadere gli accenti nel momento in cui lo leggete. Nel caso di un verso di undici sillabe, un accento cadrà sulla penultima sillaba: «Né più mai toccherò le sacre sp**ó**nde». Questo accade perché il poeta fa in modo che la frase sia musicale e che niente passi sotto silenzio, perciò distribuisce gli accenti tenendo conto della lunghezza del verso.

Le pause. In *Leggere 1*, vi siete già confrontati con questa idea: il *ritmo* in narrativa è dato dall'alternanza tra vuoti e pieni. In poesia, tra suoni e silenzi. Proprio come negli spartiti musicali, tra una nota e l'altra può capitare che abbia senso stare zitti. Immaginate una musica senza pause: non ci sarebbe ritmo. Se il poeta vuole farvi tacere, ha due strumenti a disposizione: l'*enjambement* e la cesura.
L'***enjambement***, "scavalcamento", consiste nel fare andare a capo una frase prima che finisca. Non è una questione di spazio sulla pagina, ha a che fare invece con una delle componenti fondamentali della voce umana come strumento: il respiro. Ogni voce, prima o poi, deve respirare. Dare un ritmo ai respiri significa dare ritmo alla lettura.
Rileggete *L'anguilla* di Montale: ha un andamento tortuoso, come quello di un'anguilla, perché è fatta da settenari ed endecasillabi e si va spesso a capo prima che la frase finisca («l'anima verde che cerca / vita là dove solo», ecco che il cambio di verso divide il verbo dall'oggetto).
La ***cesura*** è una pausa forte che modifica la musica del verso: il poeta può far coincidere il silenzio con la fine del verso (ad esempio in *A Zacinto*, Foscolo lo fa coincidere con un punto che chiude la frase e anche il verso, «baciò la sua petrosa Itaca Ulisse.»). Oppure lo può segnalare con la punteggiatura all'interno del verso («o materna mia terra; a noi prescrisse»), o ancora può farlo seguire a una parola particolarmente importante

(così, dopo averla letta, vi viene da prendere aria, come dopo "fato", nel verso «il fato illacrimata sepoltura»). Per la cesura vale lo stesso discorso degli accenti ritmici: leggendo un verso di una certa lunghezza, oltreché accentarlo in un punto invece che in un altro, viene naturale prendere fiato in un punto invece di un altro.

La rima e le ripetizioni di suoni. Tutti hanno in mente alcune melodie famose. C'è chi si ricorda il tema di *Guerre Stellari*, chi l'attacco della *Quinta Sinfonia* di Beethoven. Anche in poesia c'è un modo facile di creare una musicalità ben riconoscibile *tra* e *nei* versi, ed è l'utilizzo di ripetizioni di sillabe o parole. Quando sono le ultime sillabe a ripetersi, si parla di ***rime***. Le rime possono ripetersi secondo schemi diversi. Nel caso della poesia *La tovaglia* di Giovanni Pascoli, per esempio, i primi quattro versi si comportano così:

Le dicevano: – Bamb**ina**! A
che tu non lasci mai st**esa**, B
dalla sera alla matt**ina**, A
ma porta dove l'hai pr**esa**, B

Le lettere a fianco (schema ABAB) indicano che gli stessi suoni si ripetono in modo alternato, per cui si dice che è una ***rima alternata***.
I secondi quattro versi si comportano così:

la tovaglia bianca, app**ena** C
ch'è terminata la c**ena**! C
Bada, che vengono i **morti**! D
i tristi, i pallidi **morti**! D

Le lettere a fianco indicano che nuovi suoni (C e D) si ripetono due a due, per cui si dice che è una ***rima baciata***.
Oltre a questi, esistono altri due schemi di rime: ABBA ovvero la ***rima incrociata***, e ABA BCB ovvero la ***rima incatenata***.
Poi, violando la regola che rima è ripetizione di due suoni alla fine di due o più versi, una parola può fare rima con un'altra dello stesso verso (***rima interna***): ad esempio, sempre nella poesia *La tovaglia*, «che alla mensa t**orno** t**orno**» (basta ribadire un suono, non è necessario che la parola sia la stessa).

Se i versi di una poesia hanno la stessa lunghezza (ad esempio, sono tutti endecasillabi), ma non rispettano nessuno schema di rime, si dice che sono ***versi sciolti***.

Quando, oltre a non presentare rime, i versi non seguono neppure uno schema metrico (cioè sono di misure diverse), si dice che sono ***versi liberi***, come nelle poesie *L'anguilla* di Montale e *Tutto il mondo è vedovo* di Amelia Rosselli. In quest'ultima poesia non si può dire che ci siano delle vere e proprie rime, quel che capita piuttosto è che alcune parole si ripetano tali e quali («se è vero!, «tutto il mondo», «cieca»): è un modo molto semplice ed efficace di creare una musica.

Il linguaggio è musicale: per "sentirlo", provate a leggere ad alta voce. Non è detto che una forte musicalità sia vantaggiosa per un testo. Nei romanzi, per esempio, può essere un'arma a doppio taglio: provate a sentire la stessa musica per duecento pagine! Se è una musica bella e varia, comunque, è possibile che non stufi. Ciò che è certo invece, è che per molte persone il ricordo di un ritmo è più duraturo di quello delle parole. Una poesia che ha ritmo è una poesia che suona una musica capace di restare in memoria: a risentirla, si torna indietro, in quella specie di posto senza tempo dove giacciono le cose che sono state scritte davvero bene. Gli effetti sonori cambiano molto da una lingua all'altra. I traduttori spesso riescono a rendere rime, giochi di parole e sfumature incredibili, ma è comunque consigliabile, almeno per quel che riguarda la musica, ascoltare innanzitutto la prima esecuzione, la versione in lingua originale. È per questo motivo che le poesie di questa costellazione sono italiane.

Parole: *enjambement, cesura, rima (alternata, baciata, incatenata, incrociata), versi sciolti, versi liberi*. Puoi trovarle anche nel glossario.

Ripensa a quello che hai studiato in questa costellazione e leggi:
33 *Paura seconda* di Vittorio Sereni a p. 252;
48 *Volta e la patata* di Achille Campanile a p. 380;
66 *S'i' fosse fuoco, arderei 'l mondo* di Cecco Angiolieri a p. 501.
Tra poco ti torneranno utili.

Esercizi

Aggiungi **V** *di vero o* **F** *di falso, altrimenti, scrivi se la risposta giusta è* **A**, **B** *o* **C**.

MAPPA

01 La musicalità di un testo poetico è determinata esclusivamente dalla presenza di rime.

02 La struttura di una poesia dipende da: **A**. strofe; **B**. lunghezza dei versi, accenti, strofe, rime; **C**. lunghezza delle rime, versi, strofe, accenti.

03 Si parla di *enjambement* quando: **A**. una frase comincia in un verso e finisce in un altro; **B**. una frase occupa un intero verso; **C**. una frase è interrotta da un segno di punteggiatura.

04 La cesura è una pausa interna al verso oppure è la pausa che segue la fine di un verso.

05 Se i versi di una poesia hanno lunghezze diverse, ma rimano sempre allo stesso modo, si dice che sono *sciolti*.

06 Si ha una rima, per esempio, se l'ultima parola di un verso termina con lo stesso suono con cui termina l'ultima parola del verso successivo.

07 "Sole / mole / profumo / grumo". Ecco un esempio di rima: **A**. alternata; **B**. baciata; **C**. al mezzo.

08 "Banana / pera / melanzana / vera / leggiadra / sfera": ecco un esempio di rima incatenata.

PAESAGGIO

09 La poesia *A Zacinto* di Ugo Foscolo è suddivisa in strofe di versi uguali per lunghezza.

10 «Per cui bello di fama e di sventura»: questo è un verso endecasillabo di Foscolo e la voce di chi lo legge accenta la penultima sillaba, la *u* di "sventura".

11 Guarda le ultime parole dei primi quattro versi di *A Zacinto* di Foscolo: «sponde», «giacque», «onde», «nacque». Si tratta di una rima baciata.

12 «L'anguilla, la sirena / dei mari freddi che lascia il Baltico»: questi due versi in *L'anguilla* di Montale non contengono *enjambement*.

13 «Incarbonirsi, bronco seppellito;»: qui la cesura corrisponde con la fine del verso di Montale. ◯

14 «Le dicevano: – Bambina! / che tu non lasci mai stesa, / dalla sera alla mattina, / ma porta dove l'hai presa»: i primi quattro versi della poesia *La tovaglia* di Pascoli sono un esempio di rima alternata. ◯

15 I versi di *Tutto il mondo è vedovo* di Amelia Rosselli hanno (tutti) la stessa lunghezza. ◯

16 La poesia *Tutto il mondo è vedovo* non è niente affatto ritmata perché non contiene rime vere e proprie. ◯

TOUR

Istruzioni per l'uso: leggi le poesie **33** *e* **66** *e il racconto* **48**, *e verifica quel che hai capito su* ***Effetti sonori, 1***.

17 La poesia *Paura seconda* di Vittorio Sereni è composta in versi sciolti. ◯

18 In *Paura seconda*, il penultimo verso – «Vittorio) mi disarma, arma» – ospita una rima interna. ◯

19 «Niente ha di spavento / la voce che chiama me»: qui, in *Paura seconda*, la suddivisione della frase tra primo e secondo verso prende il nome di cesura. ◯

20 Nel racconto *Volta e la patata*, Campanile fa ampio uso delle ripetizioni, giocando sulla parola "volta". E questo conferisce musicalità al testo, per quanto non si tratti di una poesia. ◯

21 Nella poesia *S'i' fosse fuoco, arderei 'l mondo* di Cecco Angiolieri i primi quattro versi rimano secondo lo schema ABAB. ◯

22 I primi tre versi di *S'i' fosse fuoco, arderei 'l mondo* terminano con una cesura. ◯

23 Nella poesia di Cecco Angiolieri, le sei parole finali degli ultimi sei versi («padre», «lui», «madre», «fui», «leggiadre», «altrui») sono un esempio di *rima incatenata*. ◯

Carly Steinbrunn
Butterfly
da *The Voyage of Discovery*
2013

Costellazione 06

Piccolo dizionario di figure retoriche

Le parole possono disegnare delle figure, ma come s'impara a riconoscerle?

Solitamente, le parole messe in fila una dopo l'altra servono a comporre frasi che hanno un senso compiuto. Su questo principio gli umani hanno costruito le loro lingue, per farsi capire da amici, conoscenti e vicini di casa. Poi, a un certo punto, hanno provato a mescolare alcune parole e a ricomporle in un ordine inconsueto, trovando l'attività spesso divertente e, a volte, sorprendente. Quel che ne veniva fuori era più simile a un disegno che a un discorso.

Per ottenere un tale effetto ancora oggi servono le parole giuste e una certa abilità nel manipolarle, ed è forse questa la ragione per cui nelle poesie, che sono spesso i laboratori più sperimentali e colti di una lingua, si trova la massima concentrazione di simili forme di disegno – talvolta bellissime – che chiamiamo *figure retoriche*. "Retoriche" perché la retorica, nata nel

mondo greco antico, era l'arte che studiava i discorsi, e che veniva insegnata ai giovani delle classi dirigenti future, perché fossero in grado di parlare nella vita pubblica, padroneggiando lo strumento della lingua.
L'abitudine di dare i nomi alle cose interviene sempre dopo la scoperta della loro esistenza (solo dopo che qualcuno ha visto la prima mucca, ha deciso di chiamarla "mucca"), e questo vale anche per le figure retoriche.

Il dizionario che segue è un elenco dei nomi, il più delle volte bizzarri, che sono stati attribuiti a ogni figura. Dizionari ed elenchi, alla fine, sono solo un trucco che si sono inventati gli esseri umani per salvare piccoli pezzi di mondo, tenerli ancorati alla realtà e impedire che affondino nell'oceano delle cose dimenticate. Il nostro dizionario è una lista di tutte le figure retoriche che, come nocciole, sono cadute dagli alberi delle sei poesie di questa costellazione. Chiamare sei poesie alberi di nocciole, ad esempio, significa fare una metafora; ma andiamo con ordine...

Aforisma. Questa è una *figura retorica del discorso*, perché non sono le singole parole a essere disposte in un certo modo, ma le frasi. Immaginate di esporre un argomento complesso per dieci minuti e poi rendervi conto che c'era un modo arguto per dirlo in dieci parole al massimo: avete appena creato un aforisma. Purtroppo il modo arguto non viene quasi mai in mente o comunque arriva troppo tardi, e allora meglio ripiegare su quelli già pronti che trovate nei cioccolatini o nelle poesie della costellazione.
Leggete il verso di John Donne in *Notturno sopra il giorno di Santa Lucia, che è il più breve dell'anno*: «Io, grazie all'alambicco dell'amore, / son la fossa di tutto ciò che è nulla»; qualora lo si estragga e lo si isoli dagli altri versi, è un buon esempio di aforisma.

Allegoria. Si costruisce un'allegoria quando si utilizza un insieme d'immagini o un'intera narrazione per simboleggiare qualcosa. L'allegoria è una metafora continuata (vedi alla voce *Metafora*). Un'allegoria può essere espressa benissimo da centinaia di pagine o migliaia di versi: *La Divina Commedia*, ad esempio, è un'allegoria perché il viaggio di Dante simboleggia il passaggio dal male al bene. Tutta la lirica di Rainer Maria Rilke, la numero cinque dei *Sonetti a Orfeo*, è un'allegoria, perché lo sbocciare dell'anemone simboleggia l'attività e la vocazione del poeta.

Allitterazione. È la ripetizione di una sillaba o di un suono in parole successive (ad esempio, **Co**ca **Co**la). In *Qui giacciono i miei cani* di D'Annunzio: «Ogni uomo ne**ll**a cu**ll**a».

Anafora. È la ripetizione di una parola all'inizio di versi o frasi successive. Si usa per sottolineare e dare forza a un concetto o a un'immagine. D'Annunzio scrive: «**Ogni uomo** nella culla». E due versi dopo: «**ogni uomo** seppellito».

Anastrofe. Si ha quando due parole di una frase non sono scritte nell'ordine naturale del discorso, tipo "questa anastrofe è". Nella poesia di D'Annunzio, «gli inutili miei cani» al posto di "i miei cani inutili".

Antitesi. È la contrapposizione di due concetti opposti; si usa per dare forza e ritmo alla frase. D'Annunzio, in *Qui giacciono i miei cani*, dice: «**novi** sempre et **antichi**, / **fedeli** et **infedeli**».

Antonomasia. Si sostituisce il nome di qualcuno o di qualcosa con un appellativo o una perifrasi che si riferiscono solo a quella persona. Prendete *Il nautilo* di Callimaco: «ma ora ti appartengo, Cipride»: qui, anziché il nome Venere, il poeta mette l'aggettivo che indica dove la dea è approdata una volta sorta dal mare; si scrive con la lettera maiuscola perché non si tratta di un'abitante di Cipro a caso.

Apocope. Si dice di una parola che viene troncata dal poeta, eppure mantiene il suo significato. Un esempio tipico è "**man** mano".
D'Annunzio, in *Qui giacciono i miei cani*, scrive: «non a me **uom** da nulla».

Chiasmo. Si crea un chiasmo se si dispongono le parole simili di una frase o di un verso in modo che seguano una direzione a X.
Un buon esempio è:
Quando il **gioco** si fa **duro**
i **duri** iniziano a **giocare**.
Vedete che se unite "gioco" e "giocare", e "duro" e "duri", avete disegnato una X?
Passate alla poesia di Penna, *La festa verso l'imbrunire vado*:
«Ed io non **mi ricordo più chi sono**. / Allora **di morire** mi dispiace.
Di morire mi pare troppo ingiusto. / Anche se **non ricordo più chi sono**».

Ellissi. È l'omissione di una parola o un verbo, (che) non (è) necessario alla comprensione della frase. Penna ad esempio scrive: «La festa verso l'imbrunire vado», che senza ellissi sarebbe: "Il giorno della festa vado verso l'imbrunire" (contiene anche un'anastrofe).

Epifora. È come l'anafora, ma la ripetizione di parole in questo caso si trova alla fine di un verso o di una frase, e non all'inizio. Nella poesia di D'Annunzio suona così: «rodon gli ossi **i lor ossi**, / non cessano di rodere **i lor ossi**».

Invocazione. Ci si rivolge a qualcosa o qualcuno, come in tono di preghiera o di supplica. Guardate la poesia di Callimaco: «Una volta ero una conchiglia prodigiosa, **o dea Zefiritide**».

Iperbole. È l'esagerazione di un concetto. "Mi piaci da morire", "Ci ho messo un secolo per arrivare", "Quel pensiero è lontano anni luce da me", "Scendo in un nano-secondo": il nostro linguaggio corrente è pieno di iperboli, le usiamo per ridere oppure per sottolineare qualcosa. Nella poesia di Donne è un'iperbole: «Tutta la linfa del mondo è caduta», perché dire "tutta" è dire troppo.

Iterazione. È la ripetizione di parole o di frasi all'interno di un verso. Ad esempio, dalla poesia di Penna: «Allora **di morire** mi dispiace / **Di morire** mi pare troppo ingiusto». In D'Annunzio: «**rodon gli ossi i lor ossi**, / non cessano di **rodere i lor ossi**».

Litote. È un modo per affermare qualcosa negando il suo contrario (niente panico, è più semplice di quello che sembra). Ad esempio, se dite: "Quel tipo non è male", oppure, "Guarda che non sono l'ultimo arrivato", avete appena fatto un litote. Nelle sei poesie di questa costellazione non ci sono litoti, ma vale la pena di cercare questa figura altrove: ad esempio, in *A Zacinto* (andate a pagina 190) Foscolo scrive: «non tacque», per dire che parlò.

Metafora. In greco significa "trasferimento", e indica l'uso di un termine al posto di un altro. "Mi sento uno straccio", ad esempio, o "In vacanza i giorni volano" sono due esempi di metafora: a parole, si finge che qualcosa sia ciò a cui assomiglia. Nella poesia di Donne, il verso «sono ogni cosa morta» è una metafora: significa "mi sento senza vita".

Metonimia. È la sostituzione di un termine con un altro dello stesso ambito, cioè non distante o figurato come nel caso della metafora. Ad esempio: "Stasera resto nella mia cuccia", per dire sto in camera mia, ma anche "Bevo un bicchiere", intendendo non l'oggetto ma il suo contenuto. Nel verso «ho strascicato / la mia carcassa», della poesia *Pellegrinaggio* di Ungaretti, il termine "carcassa", usato al posto di "corpo", è una metonimia.

Ossimoro. Quando in una frase o in un'espressione vengono accostati due termini di significato opposto, incompatibili, siete in presenza di un ossimoro. Ad esempio, una "lucida follia" o un "silenzio assordante", perché un folle è tutt'altro che lucido e il silenzio non assorda nessuno. Non ci sono ossimori nelle poesie di questa costellazione, ma è una figura retorica molto usata nei titoli dei telegiornali e dei film (*Un tranquillo week-end di paura, La notte dei morti viventi*), quindi entra di diritto nel nostro piccolo dizionario.

Perifrasi. È il giro di parole che si fa per evitare di chiamare qualcosa con il suo nome o per pudore. Quando dite: "Il tipo alto della terza C", invece di usare semplicemente il suo nome, state facendo una perifrasi. La poesia ne usa grandi quantità perché rende più elegante il verso, ma anche per evitare di ripetere più volte una parola già usata.
Notturno sopra il giorno di Santa Lucia di Donne, ad esempio, è piena di perifrasi, tipo «la mezzanotte dell'anno», per dire "il giorno di Santa Lucia", «L'universale balsamo», per dire "l'acqua".

Poliptoto. Si costruisce un poliptoto, dall'aggettivo greco "dai molti casi", se, nello stesso verso, si accostano diversi sostantivi che hanno la stessa radice. Se state leggendo il libro in ordine, dalla prima all'ultima costellazione, questa è un'anticipazione: troverete un certo spazio dedicato a questa figura nel commento su Giacomo da Lentini (a pagina 484). Ma per trovare un bel poliptoto vi basta il primo verso della sua lirica a pagina 483: «[E]o **vis**o – e non di**vis**o – da lo **vis**o». Nelle sei poesie di questa costellazione, nessun poliptoto in vista!

Similitudine. È un paragone: lo si ottiene aggiungendo il "come" a una metafora, ma si può anche ottenere usando "sembra" o "assomiglia": "Mangio come un uccellino", "Il tuo banco sembra una discarica", "Mia zia assomiglia a Gargamella". In Ungaretti: «**la mia carcassa** / usata dal fango / **come una suola**».

Sinestesia. È l'accostamento di due parole che evocano esperienze sensoriali diverse per far sprigionare un nuovo significato che non si riferisce a nessun senso in particolare. Per esempio, nella frase "un colore caldo" i due termini appartengono uno al senso della vista (colore) e l'altro al tatto (caldo). Allo stesso modo "dolce visione" o "odore pungente" sono sinestesie. Eccone una nella poesia di Rilke: «**luce** dei **cieli sonori** si versa».

Una postilla: lo stesso verso e la stessa frase possono combinare tra loro più figure retoriche, una non esclude l'altra. Ad esempio, il verso di Penna «La festa verso l'imbrunire vado» che avete incontrato come esempio di ellissi (manca "il giorno"), come abbiamo visto contiene anche un'anastrofe, perché l'ordine naturale del discorso sarebbe: "[Il giorno del] La festa vado verso l'imbrunire".

Parole: *figure retoriche* e *figure del discorso*. Puoi trovarle anche nel glossario.

Ripensa a quello che hai studiato in questa costellazione e leggi:
01 *Ode a un'urna greca* di John Keats a p. 14;
15 *Dicemi spesso il mio fidato speglio* di Francesco Petrarca a p. 168;
16 *La chitarra* di Federico García Lorca a p. 172;
19 *Salmo* di Paul Celan a p. 184;
20 *A Zacinto* di Ugo Foscolo a p. 190;
21 *L'anguilla* di Eugenio Montale a p. 194;
22 *La tovaglia* di Giovanni Pascoli a p. 199;
32 *La sera del dì di festa* di Giacomo Leopardi a p. 247.
Tra poco ti torneranno utili.

Esercizi

*Aggiungi **V** di vero o **F** di falso, altrimenti, scrivi se la risposta giusta è **A**, **B** o **C**.*

MAPPA

01 Le figure retoriche sono particolari e suggestive disposizioni di termini o di frasi all'interno di un discorso. ○

02 "Leggero elefante" è un ossimoro. ○

03 "Alta come una pertica" è: **A**. una metafora; **B**. un'anastrofe; **C**. una similitudine. ○

04 "Tu sei una pertica" è: **A**. una metafora; **B**. un'anastrofe; **C**. una similitudine. ○

05 "Ti amo più della mia vita". Facilmente si tratta di: **A**. un poliptoto; **B**. un'iperbole; **C**. una sinestesia. ○

06 Se dici a una persona molto magra: "Non sei così grasso", stai usando una litote; se dici a una persona molto grassa: "Non sei così grasso", stai dicendo una bugia. ○

07 "Quel ragazzo è un Don Giovanni!". È un esempio di antonomasia. ○

08 È impossibile scrivere o leggere una bella poesia se non si conoscono i nomi delle figure retoriche. ○

PAESAGGIO

09 «la mia carcassa / usata dal fango / come una suola»: questo verso di *Pellegrinaggio* di Ungaretti contiene una similitudine. ○

10 La poesia di Rilke numero cinque dei *Sonetti a Orfeo* contiene una metafora continuata ovvero una allegoria. ○

11 Il verso di Rilke «luce dei cieli sonori si versa» contiene una sinestesia, dato che: **A**. i cieli sono sempre silenziosi;
B. vengono accostati un nome e un aggettivo legati ad ambiti sensoriali diversi;
C. vengono accostati due aggettivi. ○

12 I versi di Penna in *La sera verso l'imbrunire vado*: «Allora di morire mi dispiace. / Di morire mi pare troppo ingiusto» contengono un chiasmo e una iterazione. ○

13 Il verso di Donne nel *Notturno sopra il giorno di Santa Lucia*, «piangemmo / un diluvio», è un esempio di: **A**. sinestesia; **B**. metafora e iperbole; **C**. similitudine e iperbole.

14 Il verso di Donne «Il sole è esausto» contiene una sinestesia.

15 Il verso di D'Annunzio in *Qui giacciono i miei cani*, «**se** Pan è il tutto e / **se** la morte è il tutto», contiene un'anafora.

16 Il verso di Callimaco nella poesia *Il nautilo*, «ma ora ti appartengo, Cipride», contiene allo stesso tempo una invocazione (dice Cipride per dire "oh dea di Cipro") e una antonomasia (sempre Cipride).

TOUR

Istruzioni per l'uso: leggi con attenzione i versi che seguono, tratti dalle poesie numero **01**, **15**, **16**, **19**, **20**, **21**, **22**, **32**, *e verifica quel che hai capito su* ***Piccolo dizionario di figure retoriche***.

17 «E più felice amore! Più felice, più felice amore!». Il verso di J. Keats in *Ode a un'urna greca* contiene una: **A**. anafora; **B**. metafora; **C**. iterazione.

18 «com'acqua 'l foco amorza». Il verso di Petrarca in *Dicemi spesso il mio fidato speglio* contiene una: **A**. prosopopea; **B**. similitudine; **C**. anastrofe.

19 «Oh chitarra!». García Lorca nella poesia *La chitarra* fa uso dell'anafora.

20 «Noi un Nulla / fummo». Il verso di Celan in *Salmo* è una metafora.

21 «baciò la sua petrosa Itaca Ulisse». Se dovesse rispettare l'ordine naturale del discorso, Foscolo in *A Zacinto* direbbe: "Ulisse baciò la sua petrosa Itaca".

22 «ne accende il guizzo in pozze d'acquamorta». Il verso di Montale nell'*Anguilla* contiene sicuramente una: **A**. allitterazione; **B**. similitudine; **C**. anastrofe.

23 «Lascia che vengano i **morti**, / i buoni, i poveri **morti**»: i due versi di Pascoli nella poesia *La tovaglia* costituiscono una epifora.

24 «Dolce e chiara è la notte e senza vento». Il verso di Leopardi in *La sera del dì di festa* è un esempio di anastrofe, perché l'ordine naturale del discorso sarebbe "la notte è dolce, chiara e senza vento".

Lieko Shiga
Wedding Veil
da *Canary*
2007

Costellazione 07

Effetti sonori, 2

In quanti modi incredibili si possono usare i suoni sulla pagina scritta?

In *Effetti sonori, 1* avete potuto vedere che la poesia ha una parentela strettissima con la musica. Per questo un cantante come Bob Dylan può aggiudicarsi il Nobel per la letteratura. Nella costellazione 05 si parla di alcuni modi in cui una poesia può comporre una musica attraverso la lunghezza e la disposizione dei suoi versi, i silenzi, le rime e le ripetizioni. Qui, il discorso si arricchisce, oppure comincia da un'altra parte: i suoni possono trasmettere delle sensazioni e creare delle atmosfere. Se esiste una parola precisa per dirlo, è *fonosimbolismo* (da *suono* e *simbolo*, perché i suoni rimandano a qualcos'altro, come dei simboli).

Dite A. È un suono aperto, liberatorio, chiaro e ampio (infatti, per dirlo, allargate parecchio la bocca). Ricorda le cose che vanno per il verso giusto. Prevalenza di *a* in *La sera del dì di festa* di Leopardi, quando fanno la loro comparsa in scena la luna e la donna: «pos**a** l**a** lun**a**, e di lont**a**n rivel**a** / seren**a** ogni mont**a**gn**a**. O donn**a** mi**a**».

Dite U, dite O. La prima è chiusa, la seconda può essere aperta o chiusa. Sono suoni notturni e cupi, gravi, che non annunciano nulla di buono, rimandano a sensazioni di angoscia e di paura. Neruda, in quel «b**u**ia, b**u**ia, b**u**ia» di *Solo la morte*, usa il suono chiuso della *u* come il rimbombo della galleria di cui si parla.

Dite I, dite E. Dolcezza, luce, calma, qualcosa che nasce, suoni respirati che arrivano dal naso. «Tutto è pac**e** **e** sil**e**nz**i**o, **e** tutto posa», *e* leganti e dolci in Leopardi, se distogliete l'attenzione dalle *t*.

Dite C e G. Sono gutturali, nel senso che sembra vengano dritti dal pozzo della vostra gola. Se ripetute, e usate davanti ad *a*, *o*, *u*, oppure davanti a una consonante, assomigliano a richiami di guerra, ostili e secchi, colpi di frusta. In Neruda, colpi di frusta che scandiscono il verso: «riesce a **g**ridare senza bo**cc**a, né lin**g**ua, né **g**ola». Altri colpi di frusta nella poesia *A due begli occhi che vide all'imbrunire* di Quevedo: «Li**g**ommi il **c**ore il biondo **c**rin, che sciolse».

Dite R. Forza, qualcosa che vibra, bocca che frizza d'aria, lingua rigida in su. Nella seconda strofa di *A due begli occhi che vide all'imbrunire* di Quevedo la *r* prende il sopravvento per descrivere il potere della donna: «impe**r**iosa ado**r**no», «signo**r**, che co 'l pensie**r**», «la mia vita dep**r**eda eg**r**a», «pe**r** fa**r** incine**rir** il suo soggio**r**no».

Dite M, dite N. Suoni elastici e avvolgenti, che obbligano le labbra a toccarsi o la vostra lingua a schioccare sul palato. Sentite le *n* di Quevedo, come un collante, tengono insieme i suoni del verso:«di bio**n**de stelle coro**n**ato i**n**tor**n**o».

Probabilmente l'origine di queste associazioni va fatta risalire ai primi uomini scimmia e alle loro istintive reazioni di gioia o di cordoglio di fronte alla prospettiva di grandi scorpacciate o tempeste terribili. Considerate questa decina di suoni vecchi come il mondo al pari di una tavolozza dalla quale dipenderà il buon esito di qualsiasi quadro, la prevalenza di colori caldi o freddi, complementari o primari. Nel linguaggio, tuttavia, sono le parole a contenere i suoni. I modi più istrionici e creativi in cui combinare le parole per ottenere un certo effetto sonoro rispondono al nome di *figure di suono*, che sono cinque. I loro nomi potrebbero tranquillamente essere i nomi di cinque sorelle. Le avete conosciute a una festa e vi siete trovati benissimo, ma per una cosa o per l'altra non vi siete fatti dire come si chiamano; il ricordo sarà piacevole, ma farete una gran fatica a rintracciarle:

Allitterazione. È la figura che si forma ripetendo suoni simili o uguali all'interno di due o più parole vicine (puoi trovarla anche a pagina 568). In *La sera del dì di festa*, nel verso «di quella **R**oma, e l'a**r**mi, e il f**r**ago**r**io»: l'allitterazione è prodotta dalle *r* che Leopardi rinchiude in un solo verso.
Assonanza. È la figura che si forma accostando parole che hanno le stesse vocali (le parole in rima sono tutte tra loro in assonanza). Qui Vittorio Sereni, in *Paura seconda*, ha scelto tre parole in *a*: «d**a**ll**a** str**a**d**a** sotto c**a**s**a**».
Consonanza. È la figura che si forma accostando parole che hanno le stesse consonanti. La «pio**gg**ia fu**gg**iasca» di Sereni è un tripudio di *g*.
Onomatopea. È la figura che si forma quando una parola assomiglia al suono che racconta. Vi basta aprire un fumetto per trovarla (*ahah, splash, wow, bang, pluf*), oppure andare ai versi di *San Martino*, la poesia di Carducci: «scoppiettando».
Paranomasia. È la figura che si forma quando si accostano parole che hanno significati diversi, ma suoni simili. «appare in vista, a salutar m'**affaccio**, / e l'antica natura onnipossente, / che mi fece all'**affanno**»: tra le due parole usate da Leopardi c'è una somiglianza di suono.

Nel caso della prosa, il numero di parole che ciascun autore dispone su ogni singola pagina è talmente grande che difficilmente potrebbe fare attenzione a come si sono andati a combinare tra loro i suoni. Al centro del testo c'è il suo significato. Tuttavia, istintivamente, la lingua di ciascun autore propende per un'atmosfera ricorrente, e lo spettro dei colori che usa va a definirne lo stile. Viceversa, un poeta ha uno spazio bianco maggiore, in cui ogni parola rimbomba; dunque, spesso, le sue scelte sono consapevoli: per questo può avere senso osservarle.

Parole: *fonosimbolismo, figure di suono, allitterazione, assonanza, consonanza, onomatopea, paronomasia*. Puoi trovarle anche nel glossario.

Ripensa a quello che hai studiato in questa costellazione e leggi:
21 *L'anguilla* di Eugenio Montale a p. 194;
62 *[E]o viso – e non diviso – da lo viso* di Giacomo da Lentini a p. 483;
63 *Tutt'or ch'eo dirò «Gioi», gioiva cosa* di Guittone d'Arezzo a p. 488.
Tra poco ti torneranno utili.

Esercizi

*Aggiungi **V** di vero o **F** di falso, altrimenti, scrivi se la risposta giusta è **A**, **B** o **C**.*

MAPPA

01 Il fonosimbolismo è: **A**. la capacità dei suoni di creare degli ambienti; **B**. la capacità dei suoni di comportarsi come colori; **C**. la capacità dei suoni di rimandare a stati d'animo e di suggerire atmosfere. ○

02 La lettera *e*, generalmente, rimanda a qualcosa di cupo e di grave. ○

03 *C* e *g* vengono definiti suoni "gutturali", perché sembra si generino dalla gola. ○

04 Se volete comunicare gioia in una frase, fate bene a disseminarla di gutturali. ○

05 "Schioccare" è un verbo onomatopeico perché, mentre lo dici, fai schioccare qualcosa. ○

06 "Dalle stelle alle stalle" contiene un'assonanza (*ll*) e una paronomasia ("stelle" e "stalle"). ○

07 Consonanza è quella figura di suono che consiste nella ripetizione della *g*. ○

PAESAGGIO

08 Nella poesia di Quevedo, *A due begli occhi che vide all'imbrunire*, la comparsa della donna potente va di pari passo con una concentrazione di *r*. ○

09 Il verso di *Solo la morte* di Neruda, «A volte vedo», è un esempio di onomatopea. ○

10 Il verso di *Solo la morte* di Neruda, «A volte vedo», è un esempio di paronomasia. ○

11 «Dalla pelle all'anima»: il mezzo verso di *Solo la morte* di Neruda ospita un esempio di allitterazione (*ll*). ○

12 Dal momento che parla di un «dì di festa», la poesia di Leopardi *La sera del dì di festa* fa largo uso del suono *a*. ○

13 In *La sera del dì di festa* «povero ostello» è un'assonanza perché le parole hanno le stesse consonanti. ○

14 «Nel dire il mio nome non enumera» (è un verso di *Paura seconda* di Sereni). Le *n* fanno l'effetto di: **A**. legare tra loro le parole; **B**. ritmo, rapidità; **C**. silenziare le vocali.

15 In *San Martino* di Carducci i suoni dominanti sono: **A**. cupi e nefasti; **B**. cupi e nostalgici; **C**. allegri e caldi.

TOUR

Istruzioni per l'uso: leggi le poesie numero **21**, **62** *e* **63** *e verifica quel che hai capito su* ***Effetti sonori, 2****.*

16 Nella poesia *L'anguilla* di Montale, il verso «una luce scoccata dai castagni» contiene una onomatopea.

17 La parola «guizzo», che usa Montale nella poesia *L'anguilla*, è onomatopeica.

18 Le parole «cigli» e «figli» in *L'anguilla* di Montale costituiscono una assonanza.

19 Il verso di *[E]o viso – e non diviso – da lo viso* di Giacomo da Lentini, «c'altr'è lo viso – che lo divisare», ospita una paronomasia.

20 Se non sai che cos'è una paronomasia, non puoi apprezzare la musica di Giacomo da Lentini.

21 «E gioi di dire e gioi di far gioioso». Il verso di Guittone d'Arezzo in *Tutt'or ch'eo dirò «Gioi», gioiva cosa* ospita una evidente allitterazione della *g*.

22 «Gioi» e «gioioso» insieme, nella poesia di Guittone, formano una paronomasia, perché hanno suoni simili, ma significato del tutto diverso.

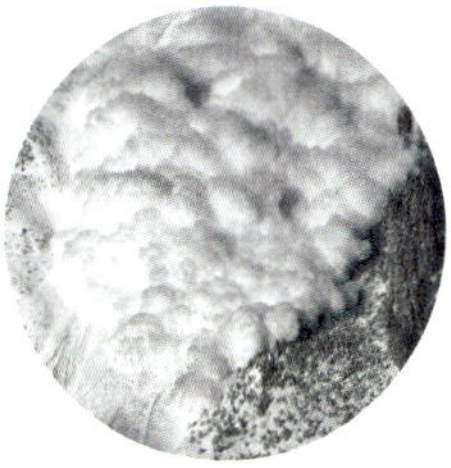

Yann Gross
Avalanche 1
da *Lavina*
2006

Costellazione 08
Intensità

In che cosa consiste e come si individua il grado d'intensità di un testo?

Prima di studiare questa costellazione, dovreste aver già sentito parlare di intensità almeno una volta: nel volume *Leggere 1*, costellazione 14, pagina 712. Laggiù si diceva che, talvolta, quando il grado di intensità di un testo cresce, la difficoltà aumenta. L'*intensità* era definita genericamente come quel che di più prezioso un testo vi dà in cambio, se accettate di compiere la fatica che richiede. È il momento di provare a capire in che cosa consiste quel che dovreste ricevere in cambio, se scegliete di osservare i fatti alla distanza straordinaria in cui vi mette il narratore: dentro, molto vicino o molto lontano dalla vita, più in là di quanto potreste spingervi nella realtà.

Nella nostra lingua ci sono termini che hanno un solo significato e mettono tutti d'accordo sul modo di interpretarli, e altri invece che sono meno precisi e si prestano a essere tradotti in modi diversi. "Intenso" si può dire di un colore molto acceso, un profumo deciso, una luce particolarmente brillante, ma anche uno sguardo, un pensiero o un desiderio profondo. Se ci pensate bene, l'intensità non è altro che l'energia che alcune cose emanano, in determinate condizioni.

Che cos'è l'intensità di un testo? È proprio questo che intendiamo quando parliamo di intensità in una narrazione: l'energia che un testo è in grado di produrre e trasferire a chi legge, in determinate condizioni. È una specie di principio fisico che poco dipende dal contenuto della storia e molto dal contatto emotivo che riesce a stabilire con il lettore. È simile a quello che capita quando un essere umano in carne ed ossa vi fa commuovere, oppure quando guardate uno spettacolo della natura: può trattarsi di qualcuno che conoscete da sempre o di un perfetto sconosciuto, l'incontro può durare pochi secondi oppure molte ore, lo scenario può esservi noto o meno, grandioso o minuscolo, ma vi tocca. D'altronde "commuoversi" significa precisamente questo, "essere messi in movimento", "agitarsi".
Quando, leggendo, siete colpiti da qualcosa che non sapete definire, quando una frase o una descrizione vi fanno sospirare o scoppiare a ridere, quando dopo pagine apparentemente innocue, vi viene improvvisamente consegnato qualcosa di incandescente e di autentico, questo per noi è intensità. È come una scia di piccole esche che l'autore semina fra le righe del suo testo: alcuni autori studiano la sequenza delle esche affinché abbocchiate, altri le buttano in maniera più istintiva (l'incipit in inglese si dice anche *hook*, "esca", perché spesso è la prima esca). Le potete centrare tutte, abboccando subito, o ignorarle, perché magari siete rimasti sul fondo a pensare ai fatti vostri. In ogni caso, non ci capiterà mai di odiare l'autore come farebbe una trota che sta per finire in padella. È un amo che non fa male, anzi, vi rende un po' più felici di prima (il paragone non vi ricorda – tremendamente – l'amore?), perché vi sveglia, vi fa entrare in contatto con la realtà.

L'intensità di una narrazione può manifestarsi a livelli diversi di potenza, quindi non sempre percepibili, non allo stesso modo e non da tutti. Perché è qualcosa che ha a che fare soprattutto con il tipo di sensibilità di chi legge e di chi scrive. L'intensità non dipende da quanto i fatti narrati siano eclatanti: un racconto che parla di collezionismo può essere intenso quanto un racconto che parla dell'uccisione della propria madre. Comunque sia, l'intensità scaturisce sempre da un rapporto: se siete in un ambiente completamente silenzioso, la vostra attenzione sarà rapita dal primo scalpiccio, se siete nel frastuono, sarà il primo istante di pace a incantarvi. Come fa chi scrive a imprimere una certa intensità alla sua narrazione? Naturalmente ci sono infinite strategie per farlo, e molte di queste strategie sono istintive e inconsapevoli. Qui ne potete osservare tre, che spesso e volentieri non sono perseguite in purezza, il che significa che lo stesso autore, nello stesso racconto, può compiere un'operazione e l'altra, a distanza di poche righe. Si può solo provare a cercare, in ciascun brano, il gesto che prevale.

1. Raggiungere un alto grado di intensità combinando le idee

Il testo di Wallace *Questa è l'acqua* non è né un racconto, né una poesia, ma la trascrizione di un discorso. Se vi siete un po' guardati attorno, saprete già che anche una cosa fredda e costruita come un discorso può contenere altissimi livelli di intensità: "Svuotate gli arsenali, riempite i granai", disse il presidente Sandro Pertini;"I have a dream" ripeteva Martin Luter King nel celebre discorso contro il razzismo (questa frase mette ancora i brividi a distanza di quarant'anni); lo "Stay Hungry, Stay Foolish" di Steve Jobs (tra l'altro pronunciato in un discorso ai giovani universitari, come lo *speech* di Wallace) è diventato uno slogan per tutti gli usi, dal web al marketing.
L'intensità del discorso consiste in buona parte nell'urgenza di Wallace di spiegare le sue idee, di trasmettere che cosa ha capito lui di un po' di cose maledettamente serie riguardo a come funziona il mondo. L'intensità è tanto più alta, quanto più sentite che Wallace vi sta dicendo il vero, cioè sta descrivendo comportamenti che sono i vostri e li sta spiegando in un modo che potete condividere: allora è come se stesse togliendo il velo a ciò che non riuscivate a vedere altrettanto lucidamente, vi sta svelando qualcosa con i ragionamenti.

2. Raggiungere un alto grado di intensità combinando le parole

La poesia è il luogo d'elezione dell'intensità. Intanto perché le poesie vivono delle capacità di creare legami spirituali con i lettori, di suscitare emozioni e di mettere in moto sentimenti. E poi perché gli spazi limitati che il format poetico richiede obbligano il poeta a selezionare le parole una a una, privilegiando la potenza espressiva del testo e caricando a pallettoni ogni strofa in modo che sia in grado di evocare, significare, far riflettere. Il trucco è sempre lo stesso: svelarvi qualcosa di grande, accostando pezzi di mondo che di solito non riuscite e combinare in quel modo. Prendete i versi di *Ci sono colpi nella vita così forti... io non so!* di Vallejo: «gira i suoi occhi folli e tutta la sua vita / fa pozza, come un fango di colpa, nello sguardo». L'intensità qui sta nel modo in cui le parole sono messe in fila: la poesia si può permettere di raccontarvi la storia di un sentimento senza azioni e senza riflessioni, solo mettendo a fuoco, in tutta la loro fluidità e in tutta la loro frenesia, i sentimenti di un uomo. Libertà assoluta, altissima intensità.

Prendete la poesia di Emily Dickinson, *Io abito nella Possibilità*. Parla della differenza fra prosa e poesia. Per chi tifa l'autrice è evidente, basta un solo verso e siamo già nella sua curva con trombette e vuvuzelas: «Come Occupazione – Questa – / Spalancare le mie piccole Mani / Per accogliere il Paradiso». Di nuovo, l'intensità scaturisce dalla combinazione delle parole: se leggeste su un testo scientifico che "spalancare le mani" serve ad "accogliere il Paradiso", probabilmente dubitereste della sanità mentale dell'autore, eppure qui è vero. Dickinson ha chiarissima la sua condizione, ovvio, ci è dentro, ma l'unico modo che ha per descriverla senza renderla banale è rubare le parole ad altri orizzonti di significato.

In *Ode alla gelosia*, Saffo dice come l'amore la renda «più verde dell'erba». Nessuno è così sciocco da credere che la poetessa stia dicendo che gli innamorati gelosi cambiano colore: il gesto poetico consiste nel trasfigurare gli oggetti. Eppure è vero, quando siamo innamorati e gelosi di qualcuno diventiamo "più verdi dell'erba", nel senso che perdiamo la capacità di ragionare e chiunque può leggerci in volto la gelosia, siamo trasparenti a noi stessi come fili d'erba. Ciononostante, nessun trattato naturalistico potrebbe mai descriverci così, a meno che non sia in corso un processo di avvelenamento. L'intensità della poesia deriva da questo modo peculiare di dire la verità in modo precisissimo e non scientifico, attraverso acrobazie verbali.

3. **Raggiungere un alto grado di intensità combinando le azioni dei personaggi**
Tutto il racconto di Del Giudice parla di intensità, a un certo punto la nomina perfino («metteresti il primo decollo da solo nella stessa regione della prima volta in amore, perché l'intensità è quella»). Nell'esperienza che racconta il protagonista, ogni frase sembra essere messa lì apposta per alzare l'asticella dell'intensità. Ma se guardate bene, il materiale

incandescente si libera alla fine, nel punto in cui la temperatura del racconto si abbassa e si rivela l'idea semplice su cui si poggia l'intero edificio della storia: sbagliando, si impara. Se ve l'avesse detta così, all'inizio, non vi avrebbe fatto troppo effetto. Invece, dopo un racconto difficile, pieno di tecnicismi, il maestro di volo scioglie la tensione con una frase semplice e umana che spiega il senso della storia e del titolo: «Per l'errore, per via dell'errore, hai visto l'errore. Ma il tono è sbrigativo, quasi sottovoce, come si trattasse di una cosa ovvia, e oltretutto segreta». Improvvisamente capite quello che l'autore voleva dire e perché ci ha impiegato così tanto tempo. Qui l'intensità promana dall'abbassamento della tensione: Del Giudice vi fa entrare in una stanza pienissima di oggetti, di immagini e di rumori, poi di colpo spegne tutto e vi fa sentire solo il sussurro del maestro. Ecco l'intensità.

Se avete letto il racconto di Carver, a questo punto della costellazione *Intensità* dovreste sapere che la strategia perseguita da lui è uguale e opposta a quella di Del Giudice. È difficile pensare che Carver abbia perso un minuto solo in faccende del tipo "creare un contatto col lettore": la sua scrittura è scarna e poco accogliente. Questo non significa che non ci sia intensità nelle parole che scrive; piuttosto si può azzardare che l'intensità si innesti in modo spontaneo nella materia dei suoi racconti, come certi fiori che sbocciano ai bordi dei marciapiedi bucando strati di cemento stradale. *Cattedrale* è uno di questi casi. In un salotto ci sono tre persone imbarazzate che non hanno nulla da dirsi, una è cieca. Di elettrizzante e anomalo c'è poco. Siete in una stanza vuota, dove non capita quasi niente, ma proprio per questo l'intensità vi arriva addosso a ogni piccolo innalzamento della temperatura emotiva: nella lunga sequenza del disegno – c'era da aspettarselo – quando le mani di due uomini così diversi si trovano una sopra l'altra, ma anche in immagini di secondo piano, gesti minimi e sguardi distratti, eppure densi di un'insolita bellezza, che nella vita vera spesso vi sfugge. Carver, invece, li registra.

Parola: *intensità*. Puoi trovarla anche nel glossario.

Ripensa a quello che hai studiato in questa costellazione e leggi:
03 *Dove vai, dove sei stata* di Joyce Carol Oates a p. 42;
23 *Tutto il mondo è vedovo* di Amelia Rosselli a p. 204;
49 *Invito in società* di Paolo Villaggio a p. 391.
Tra poco ti torneranno utili.

Esercizi

Aggiungi **V** *di vero o* **F** *di falso, altrimenti, scrivi se la risposta giusta è* **A**, **B** *o* **C**.

MAPPA

01 Se si parla di narrazioni, si può definire intensità l'energia che un testo è in grado di produrre e di trasferire a chi legge, in determinate condizioni. ○

02 Una storia è tanto più intensa quanto più racconta fatti eclatanti. ○

03 Si può dire che la poesia è il luogo di elezione dell'intensità perché vi si concentrano in poco spazio forti emozioni, spesso espresse attraverso la combinazione inedita di parole. ○

04 Non si può alzare l'intensità di una narrazione spiegando al lettore la propria idea sul mondo. ○

05 Si può dire che l'intensità talvolta scaturisca dal modo in cui sono combinate le azioni dei personaggi. ○

06 Una grande intensità rende sempre molto difficile un testo. ○

07 La misura dell'intensità è in parte: **A**. soggettiva; **B**. matematica; **C**. casuale. ○

08 I passaggi di maggiore intensità di una narrazione, di solito, sono quelli in cui si alza il coinvolgimento del lettore, nonché la temperatura emotiva. ○

PAESAGGIO

09 Nella poesia di Vallejo *Ci son colpi nella vita così forti... Io non so!* è soprattutto il tema a determinare l'intensità. ○

10 Spesso l'incipit è il luogo di massima intensità di un racconto, come accade in *Per l'errore* di Daniele Del Giudice. ○

11 Nel racconto *Per l'errore*, Del Giudice alza la temperatura della narrazione non solo per il modo in cui narra le azioni, ma anche combinando le parole in modo veramente cristallino. ○

12 Nel racconto di Carver *Cattedrale*, l'intensità è espressa anche tramite piccoli gesti, perché: **A**. questi gesti non sono oscurati da fatti eclatanti; **B**. Carver non era interessato a fatti più eclatanti; **C**. il racconto è ambientato in una casa umile. ○

13 Nella poesia *Io abito nella Possibilità*, Emily Dickinson sostiene la tesi che la poesia sia più intensa della prosa.

14 In *Io abito nella Possibilità*, la poetessa immagina che la poesia abbia la possibilità di esprimersi più liberamente rispetto alla prosa.

15 Il discorso di Wallace *Questa è l'acqua* è ugualmente intenso e coinvolgente per tutti coloro che lo leggono.

16 In *Ode alla gelosia* di Saffo, si può dire che l'espressione «più verde dell'erba» riferita agli innamorati gelosi è coinvolgente, perché è: **A**. molto precisa, pur non essendo scientifica; **B**. molto poetica e fantasiosa; **C**. molto precisa e scientifica.

TOUR

Istruzioni per l'uso: leggi i racconti numero **03**, **49** *e la poesia numero* **23** *e verifica quel che hai capito su* ***Intensità***.

17 Nel racconto di Joyce Carol Oates, *Dove vai, dove sei stata* l'intensità passa soprattutto attraverso il modo in cui sono state accostate le parole: infatti, leggerlo fa lo stesso effetto che sortirebbe leggere una poesia.

18 Il racconto *Dove vai, dove sei stata* si fa molto coinvolgente e intenso nel finale, non solo per la vicenda narrata, ma anche per l'ordine in cui Carol Oates ha combinato i fatti, rendendoli sempre più drammatici.

19 La poesia *Tutto il mondo è vedovo* di Rosselli è un esempio di come un'intensità molto alta possa rendere complesso un testo: le parole sono combinate in un modo straordinario che può affaticare la lettura.

20 In *Tutto il mondo è vedovo*, dicendo «tutto il mondo è vedovo, se è vero che tu cammini ancora», Amelia Rosselli esprime: **A**. uno stato d'animo preciso, cioè la liberazione che prova alla morte del marito; **B**. uno stato d'animo impossibile da decifrare per chi legge; **C**. uno stato d'animo preciso, cioè l'angoscia legata alla presenza fantasmagorica del "tu" nella sua vita.

21 In *Invito in società* i momenti di massima intensità, che sono i più esilaranti, dipendono sia dal modo pirotecnico in cui Villaggio combina le parole sia dall'ordine in cui vengono raccontate le azioni.

22 Il racconto *Invito in società* di Paolo Villaggio non può considerarsi intenso, perché appartiene al genere comico.

Stefanie Moshammer
Almost Black
da *Land of Black Milk*
2016

Costellazione 09

Il corpo

Com'è che lo scrittore utilizza i cinque sensi per coinvolgere chi legge?

Vista, olfatto, udito, tatto e gusto sono i sensi principali. In realtà ne abbiamo molti di più: la percezione del dolore, la percezione di noi stessi (anche se chiudiamo gli occhi, sappiamo dove si trovano le nostre spalle), la percezione del calore, il senso dell'equilibrio, il senso della pressione, il senso della fame e quello della sete.
Quando chi scrive vuole tenervi incollati alla pagina, deve anche rivolgersi al vostro corpo, chiamarlo in causa e fargli provare delle sensazioni. Come si fa?
Semplice: lo scrittore deve ricordarsi di consegnarvi più informazioni sensoriali possibili attraverso le parole (aggettivi in testa). Ogni volta che sulla pagina bidimensionale c'è scritto "soffice", "amaro", "ventoso", oppure "sapone di Marsiglia", il vostro corpo avrà la sensazione di qualcosa di "soffice", "amaro", "ventoso", oppure sentirà nel naso il "sapone di Marsiglia". Non è un fatto magico, è merito del modo in cui funziona il nostro cervello; in particolare, è merito della memoria. Per lo stesso

principio, nei sogni potete sentire freddo anche se siete sotto le coperte. Il ricordo delle percezioni può essere così vitale da creare scompiglio. Ad esempio, dopo la prima guerra mondiale è stata definita una nuova sindrome, la "sindrome dell'arto fantasma": benché alcuni soldati avessero perso un arto, continuavano a provare dolore in quella zona del corpo, anche se il braccio non c'era più. Com'è possibile? A causa della memoria delle sensazioni: si ricordavano il dolore che avevano prima, quando l'arto c'era ancora.

Così, se uno scrittore vuole dare spazio e rotondità alle vostre percezioni durante la lettura, non deve fare altro che equipaggiare le descrizioni con una buona varietà di sensazioni.
Qui vale la pena di fare un nome: il campione indiscusso di questa tecnica è uno dei più grandi scrittori francesi di tutti i tempi, Marcel Proust, vissuto a cavallo tra Ottocento e Novecento, e noto per il suo interminabile romanzo di tremila pagine *Alla ricerca del tempo perduto*. Come dice il titolo, Proust amava sollecitare lo spalancamento dei ricordi, e lo faceva di continuo. Si era accorto che la scrittura ha la felicissima capacità di fissare la memoria delle sensazioni, ma soprattutto che, quando ricordiamo qualcosa, per esempio il gusto di una *madeleine* (i dolcetti che lui mangiava da ragazzo), la memoria di quella nostra piccola e insignificante percezione diventa una porta per accedere a un ricordo molto più complesso, che ci permette di ricostruire interi pezzi della nostra vita finiti chissà dove. La ragione è che la memoria delle percezioni non le isola le une dalle altre, quindi, se ricordate il profumo del latte che vi somministravano da neonati, probabilmente, insieme, ricorderete anche la durezza di un bracciolo del letto, la musichetta di un carillon, e così via.
I limiti della scrittura, naturalmente, non permettono di raccontare troppe sensazioni allo stesso tempo. In più, spesso, la vista tende a essere un elemento preponderante, un po' perché le narrazioni scritte sono molto influenzate dal cinema, un po' perché mediante la vista è possibile dare in poco spazio molte informazioni indispensabili.

Leggendo *In cortile mi lavavo* di Osip Mandel'štam il corpo è protagonista assoluto: il tatto la fa da padrone perché diverse espressioni rimandano alla consistenza dei corpi («Mi lavavo», «ardeva», «rasi», «ghiaccia», «si rapprende», «dura», «tela», «disfa», «gelida»), anche quando sono associati a soggetti che di solito si percepiscono con la vista («grezze stelle»). Il gusto è rappresentato («sale», «salata») e l'olfatto pure («bucato» rimanda a un odore).

L'estate di Picasso di Bradbury è soprattutto un racconto visivo, che ha come moto primario la propria suggestione nei confronti del modo che ha Picasso di *vedere* le cose. Tuttavia, l'ultima scena è raccontata unicamente con verbi dell'*udito* (ascoltare, sentire). Perché? Se, sotto il sole alto, dominano la scena le sensazioni del caldo e il tatto, più la luce svanisce e la temperatura si abbassa più l'udito prende il sopravvento, proprio come accade nella realtà. Bradbury si sa prendere cura del vostro corpo.

Avete mai sentito parlare di muri «afoni», come in *Metà della vita* di Friedrich Hölderlin? I muri non parlano, quindi in circostanze normali è piuttosto superfluo dire che sono "afoni". Eppure, la poesia è proprio il luogo privilegiato per giocare con i sensi. Se avete già letto la costellazione 06, sapete che fare una *sinestesia* significa combinare insieme percezioni relative a sensi diversi («Stridono le bandiere», cioè udito e vista legati insieme nel verso): i poeti amano molto queste associazioni.

Il racconto di Cortázar, *Istruzioni per salire le scale*, parla di spazio, e quindi verrebbe spontaneo pensare che i sensi siano ben rappresentati; invece non è così. Si tratta di una descrizione molto astratta, che coinvolge in massimo grado la vista, e poco altro. In effetti, lo scrittore non ha delle buone ragioni per chiamare in causa gli altri sensi: dopotutto si sta facendo beffe della letteratura e delle vostre abitudini, quindi ha buon gioco a tenervi impegnate le meningi. Questo brano dimostra come un maggiore coinvolgimento del corpo faciliti la lettura e, al contrario, un alto grado di astrazione la complichi.

John Cheever, nel racconto *Il nuotatore* scrive: «Era un uomo snello, con quella particolare snellezza della gioventù, e pur essendo tutt'altro che giovane, quel mattino era scivolato giù dalla ringhiera di casa sua, dando poi una pacca sul sedere della statua in bronzo di Afrodite sul tavolino nell'atrio mentre trotterellava verso l'odore del caffè in sala da pranzo». Il corpo di Neddy Merrill è tutto quello che sappiamo di lui per la maggior parte del tempo. I sensi rappresentati sono vista, tatto, olfatto. Cheever è il genere di scrittore che accompagna chi legge in uno scenario ricco di dettagli. In più, seguire le sensazioni di Neddy è fondamentale per apprezzare questa storia.

Sii dolce con me. Sii gentile è una poesia di Mariangela Gualtieri che parla di corpo, raccomanda di tenerlo in conto e di ricordarsi che è proprio la sua presenza a fare la differenza tra l'essere in vita e il non esserci. Il senso del tatto è il più raccontato («carezze», «sfiorare», «gonfierà», «Maneggiami», «fragile», «Tocca leggermente», «leggermente poggia», «incastro»).

Ripensa a quello che hai studiato in questa costellazione e leggi:
16 *La chitarra* di Federico García Lorca a p. 172;
37 *Cattedrale* di Raymond Carver a p. 280;
40 *Ode alla gelosia* di Saffo a p. 319.
Tra poco ti torneranno utili.

Esercizi

Aggiungi **V** *di vero o* **F** *di falso, altrimenti, scrivi se la risposta giusta è* **A**, **B** *o* **C**.

MAPPA

01 Uno scrittore che desideri coinvolgere chi legge, fa bene a tenere in conto il suo corpo. ◯

02 Gli essere umani hanno solo cinque sensi. ◯

03 Se uno scrittore vuole accrescere il coinvolgimento del lettore, deve usare tanti aggettivi. ◯

04 Spesso sono gli aggettivi a comunicare informazioni sensoriali, ma non solo... ◯

05 "Sento caldo" è un'informazione sensoriale legata a: **A**. udito; **B**. vista; **C**. tatto. ◯

06 La memoria consente al lettore di figurarsi le condizioni descritte da chi scrive. ◯

07 Proust, nei suoi libri, amava stimolare il ricordo delle sensazioni passate. ◯

08 Spesso la vista prevale sugli altri sensi, perché: **A**. è facile descrivere qualcosa attraverso colori e forme; **B**. il cinema ci ha educato a questo linguaggio e, in più, vedere qualcosa passa tante informazioni al riguardo in un colpo solo; **C**. consente di inquadrare velocemente come stanno le cose. ◯

PAESAGGIO

09 Nella poesia *In cortile mi lavavo* di Mandel'štam il senso preponderante è l'olfatto. ◯

10 L'espressione «grezze stelle» di *In cortile mi lavavo* coinvolge la vista e il tatto di chi legge. ◯

11 «A vedere George Smith che si abbrustoliva, sdraiato, lo si sarebbe preso solo per un turista scaricato in Europa fresco fresco come lattuga gelata e già pronto da riportare a casa»: qui, in *L'estate di Picasso*, Bradbury racconta soprattutto le sensazioni tattili di George. ◯

12 Nella poesia di Hölderlin *Metà della vita*: **A**. i muri parlano; **B**. i muri sono senza voce; **C**. i muri stridono. ◯

13 Cortázar, in *Istruzioni per salire le scale*, gioca sulla memoria che ciascuno ha di un gesto elementare come salire le scale. ◯

14 Per Cheever è indifferente che il lettore si immedesimi e capisca le sensazioni di Neddy Merrill, protagonista del racconto *Il nuotatore*. ◯

15 «Giunto all'altra estremità della piscina, passò accanto ai Tomlinson con uno sfolgorante sorriso e si avviò trotterellando lungo il sentiero del giardino. La ghiaia gli faceva male ai piedi, ma questo era l'unico inconveniente. Gli invitati erano tutti raccolti intorno alla piscina, e avviandosi verso la casa, Ned udiva affievolirsi il rumore». Ecco i sensi rappresentati in questa frase da Cheever: **A**. vista, udito, tatto, olfatto; **B**. tatto e udito; **C**. vista, olfatto, udito, tatto, gusto. ◯

16 Nella poesia *Sii dolce con me. Sii gentile* di Mariangela Gualtieri tutto passa per il senso della vista. ◯

TOUR

Istruzioni per l'uso: leggi le poesie numero **16** *e* **40** *e il racconto numero* **37** *e verifica quel che hai capito su* ***Il corpo***.

17 Nella poesia *La chitarra* di García Lorca, il verbo *piangere* può evocare emozioni che hanno a che fare con la vista, con l'udito e con il gusto. ◯

18 García Lorca parla di «Camelie bianche». "Bianche" si riferisce sicuramente alla vista. Al contrario, la parola "camelia" può evocare anche un profumo e una consistenza. ◯

19 Nel finale, il racconto di Carver *Cattedrale* si serve del tatto per emozionare il lettore: parla della consistenza di una mano sopra l'altra. ◯

20 In *Cattedrale* non compaiono mai forme e colori perché il narratore è cieco. ◯

21 In *Ode alla gelosia* di Saffo si descrivono le sensazioni che l'amante prova se il suo amato lo guarda. ◯

22 Nei versi: «la lingua mi si spezza e subito un fuoco sottile mi corre sotto la pelle e con gli occhi nulla vedo e rombano le orecchie» di *Ode alla gelosia*, i sensi rappresentati sono tatto e udito. ◯

Andrea Micheli
Bhaktapur
2014

Costellazione 10

Mosse che fanno ridere

Come si fa a essere sicuri che i lettori rideranno?

Fra tutte le straordinarie assurdità del nostro corpo, come il singhiozzo e la pelle d'oca, la risata è allo stesso tempo la più incredibile e la più inspiegabile. Perché troviamo alcune cose divertenti? Qual è la ricetta segreta che rende comica una determinata combinazione di gesti, parole e suoni? I signori che con più determinazione hanno provato a rispondere a queste domande sono tre, tutti vissuti nel Novecento: il filosofo francese Henry-Louis Bergson, lo scrittore italiano Luigi Pirandello, il medico tedesco Sigmund Freud.

La risata è sempre una reazione: a uno stimolo improvviso che può essere fisico, come il solletico, oppure visivo, come qualcuno che scivola su una buccia di banana, o ancora sonoro, come il racconto di una barzelletta. È come se il nostro corpo reagisse in modo quasi automatico a situazioni che escono dall'ordine prevedibile delle cose, quindi assurde, inattese o contraddittorie.

1. Non sapere se ridere o piangere, ovvero il comico secondo Henry-Louis Bergson

L'attore e regista Charlie Chaplin (1889-1977) diceva che la situazione più comica per un uomo si verifica quando questi, trovandosi in una posizione incredibile, finge che non sia successo nulla. Per esempio, è comico un uomo che, penzolando a testa in giù, cerca di aggiustarsi la cravatta. Però, se ci pensate bene, l'uomo appeso a testa in giù potrebbe cadere e farsi male, dunque si trova in una situazione tutt'altro che comica. Stessa cosa si può dire per chi scivola su una buccia di banana, o rovina a terra perché qualcuno gli ha sfilato la sedia da sotto il sedere.

E allora perché ridiamo lo stesso? Perché in quel momento la nostra mente si sgancia dalla realtà, ogni emozione viene azzerata e la nostra immaginazione ci fa credere di essere spettatori di una finzione, non diversamente da come accade a teatro. Henry-Louis Bergson (1859-1941), filosofo francese che indagò in profondità sul tema del riso, sostiene che il comico esige "un'anestesia momentanea del cuore": non devi pensare al livido che ci sarà dopo la scivolata. Solo in questo modo tutti i drammi che ci circondano possono diventare commedia.

Nel testo di Paolo Villaggio, e in generale in tutta la saga di Fantozzi, la comicità scaturisce da situazioni drammatiche vissute dal povero impiegato sfortunato e bistrattato, che solo l'"anestesia del cuore" dello spettatore riesce a trasformare in risate. Perché, senza il filtro dell'immaginazione e della finzione, *Invito in società* non è altro che un terribile elenco di incidenti, dall'auto capottata nel parcheggio, al cibo incandescente ingurgitato per errore, ai soffocamenti da liquidi tracannati in modo goffo. Eppure, non solo ci fanno ridere da matti, ma ne vorremmo sempre di più, e il motivo è, appunto, che non li stiamo davvero prendendo sul serio.

2. Una vecchia signora con i capelli tinti e abiti giovanili, ovvero il comico secondo Luigi Pirandello

"Dici sul serio? No, sto scherzando!". Questa è la tipica domanda che facciamo se nel racconto di qualcuno troviamo qualcosa di *spiazzante*, cioè che rompe l'ordine prevedibile delle cose. Ad esempio, un amico ci dice che, dopo avere ottenuto un appuntamento con la ragazza dei suoi sogni ed essersi preparato a lungo, si è presentato all'incontro con un giorno di ritardo. È un racconto che ci presenta un finale diverso e imprevedibile rispetto a quello che potevamo immaginare, cioè crea una

rottura nella linearità del nostro pensiero e ci costringe a ragionare in modo insolito, attraverso quello che viene chiamato *pensiero laterale*.
Tutto l'umorismo di parola (dalle barzellette ai nuovi comici stile Zelig) sollecita il nostro pensiero laterale. Ci aspettiamo un finale, e ne arriva uno diverso (*barzellette*); ci aspettiamo che una frase sia composta in un certo modo, e invece la troviamo smontata e con significati diversi (*giochi di parole*); ci aspettiamo che alcuni temi o personaggi non vengano ridicolizzati ed eccoli invece presi di mira senza troppi complimenti (*satira*). L'effetto comico può essere più o meno efficace, ma passa sempre da lì, dal pensiero laterale contrapposto a quello lineare (o verticale) con cui siamo abituati a guardare il mondo.
Achille Campanile, nel racconto *Volta e la patata*, gioca sui doppi sensi (fortunatamente innocui, se li paragoniamo a quelli molto espliciti e di dubbio gusto che ci propone spesso una certa tv). La comicità del testo, leggera e un po' datata, è concentrata sulle *omonimie*, cioè sui diversi significati che si possono attribuire sia al cognome Volta, che è anche voce verbale, sia al termine «pila» inteso come batteria portatile (appunto inventata da Volta), ma anche come pentola. Potremmo definire *umorismo demenziale* la ripetizione ossessiva di questi termini e il cambio continuo di significato che costringono il nostro pensiero lineare a saltare come un canguro fra un senso e l'altro, attività insolita dunque "tal-volta" divertente.
In un suo celebre saggio, lo scrittore Luigi Pirandello (1867-1936) sostiene che l'umorismo nasce dall' "avvertimento del contrario", cioè quando notiamo dei comportamenti che contrastano con il tipo di persone che li stanno adottando. Sono comportamenti spiazzanti. Pirandello, ad esempio, racconta di una vecchia signora vestita in modo giovanile: la rende buffa lo scarto tra com'è e come appare.
Delle signorine della poesia *Le golose* di Gozzano, che imbrattano i loro eleganti vestiti mentre si abbuffano di dolci, avvertiamo il contrasto fra apparenza e comportamento (che ci fa sorridere). Per Pirandello questo è il *sentimento del contrario*, capace di farci ridere e piangere nello stesso tempo di fronte ai paradossi della vita.

3. Fuori controllo, ovvero il comico secondo Sigmund Freud

Molto più "rustico" è l'umorismo che attraversa la poesia *Ninfa mungitrice* e, anche se oggi ci fa appena sorridere, possiamo immaginare quanto fosse considerato scandaloso ai tempi in cui Giovan Battista Marino la scrisse. Tuttavia, pur a distanza di secoli, continua a essere valida la regola

che nominare o alludere a certe parti del corpo o al sesso in generale è una mossa che fa ridere. Una buona parte del successo dei "cinepanettoni" (quei film comici che escono al cinema nel periodo natalizio) si fonda su battute, gag e doppi sensi di questo genere, e il numero di spettatori che affollano le sale non ci fa pensare che la tendenza a proporre questo tipo di comicità sia in calo. Ma il rischio di sconfinare nel cattivo gusto è altissimo e il risultato fin troppo facile. Meglio allora Giovan Battista Marino, che rischiò la vita per il suo quasi-casto madrigale.
Stando all'idea di Sigmund Freud (1856-1939), il fondatore della psicanalisi, in questo genere di riso si annida l'indizio più evidente di qual è l'interruttore della risata in generale: si ride per sfuggire al controllo della censura costante che il nostro senso delle regole (lui direbbe *Super-Io*) esercita su di noi. Ridere è liberatorio perché consente a chi lo fa di rendere evidente un imbarazzo, un pensiero o un istinto, senza tensione o conflitto con l'interlocutore, ma viceversa in maniera serena e coinvolgente. Ridere del sesso, ad esempio, è un modo rilassante per manifestare che si nutre un desiderio, aggirando l'ostacolo del tabù, che esigerebbe grande serietà e il silenzio (le risate, al contrario, fanno rumore).

Tra far ridere e far sorridere qualcuno c'è una bella differenza. Per marcare sia questa diversità, sia gli effetti che si desidera suscitare e le mosse necessarie a suscitarli, si può distinguere tra:
Comicità. È la capacità che alcune situazioni o persone hanno di provocare il riso.
Umorismo. Si coglie e sottolinea il carattere buffo delle cose, delle situazioni e delle persone, spesso con arguzia e intelligenza, e senza intento polemico.
Ironia. Si altera l'aspetto di qualcosa per riderci o sorriderci su.
Parodia. Si imita qualcosa per riderne, se ne fa il verso.
Sarcasmo. Si ride di qualcuno, per polemica, suscitando spesso una riflessione o un sorriso amaro.

Parole: *anestesia del cuore*, *sentimento del contrario*, *comicità*, *umorismo*, *ironia*, *parodia* e *sarcasmo*. Puoi trovarle anche nel glossario.

Ripensa a quello che hai studiato in questa costellazione e leggi:
07 *La sindrome Boodman* di Alessandro Baricco a p. 118;
66 *S'i' fosse fuoco, arderei 'l mondo* di Cecco Angiolieri a p. 501.
Tra poco ti torneranno utili.

Esercizi

Aggiungi **V** *di vero o* **F** *di falso, altrimenti, scrivi se la risposta giusta è* **A**, **B** *o* **C**.

MAPPA

01 La risata è sempre una reazione a qualcosa. ◯

02 La risata: **A**. è una reazione fisica a una provocazione intellettuale; **B**. può essere una reazione fisica a una provocazione intellettuale; **C**. non ha a che vedere con il corpo. ◯

03 Si può affermare che spesso la risata ha a che fare con uno stimolo improvviso. ◯

04 Dato che ciascuno ride per motivi diversi, non esistono teorie riguardo a che cosa è comico in generale. ◯

05 Secondo Pirandello: **A**. il *sentimento del contrario*, cioè accostare due cose che solitamente non stanno insieme, fa ridere; **B**. il *sentimento del contrario*, cioè accostare due cose che non possono mai stare insieme, fa ridere; **C**. il *sentimento del contrario*, cioè accostare due cose che solitamente non stanno insieme, può muovere al riso o al pianto. ◯

06 Per Bergson l'*anestesia del cuore* consente: **A**. di ridere delle disgrazie proprie e altrui; **B**. di piangere delle disgrazie proprie e altrui. ◯

07 Secondo Freud, ridere di un tabù è: **A**. liberatorio; **B**. moralmente riprovevole; **C**. sano. ◯

PAESAGGIO

08 La poesia di Gozzano *Le golose* gioca sul contrasto tra l'aspetto delle signorine in questione e la loro voracità, creando un effetto comico. ◯

09 *Le golose* ti mette nella condizione di provare l'*anestesia del cuore* perché ti trovi a ridere dei malanni altrui (l'ingordigia delle signorine ritratte). ◯

10 Il racconto *Volta e la patata* di Achille Campanile gioca sui doppi sensi linguistici dei termini “volta” e “patata”. ◯

11 La comicità del racconto *Volta e la patata* è volgare. ◯

12 *Invito in società* di Paolo Villaggio ti mette nella condizione di provare l'*anestesia del cuore*, perché ti trovi a ridere dei malanni altrui (la perenne inadeguatezza di Fantozzi). ○

13 *Invito in società* è un racconto costruito sulle omonimie. ○

14 La poesia *Ninfa mungitrice* di Giovan Battista Marino, tra le altre cose, mostra che ciò che fa ridere cambia nel tempo. ○

TOUR

Istruzioni per l'uso: leggi con attenzione il racconto numero **07** *e la poesia numero* **66**, *e poi verifica quel che hai capito su* ***Mosse che fanno ridere***.

15 *La sindrome Boodman* di Alessandro Baricco è un racconto comico. ○

16 L'autore di *La sindrome Boodman* non intende mai far ridere o far sorridere il lettore. ○

17 Nel racconto *La sindrome Boodman* il comico scaturisce dal fatto che diversi personaggi sono messi a nudo in alcuni dei gesti più assurdi che compiono (questo desta nel lettore il *sentimento del contrario*). ○

18 La poesia *S'i' fosse fuoco, ardereï 'l mondo* di Cecco Angiolieri è ironica. ○

19 *S'i' fosse fuoco, ardereï 'l mondo* è una parodia. ○

20 L'intento prevalente di Angiolieri, con la poesia *S'i' fosse fuoco, ardereï 'l mondo*, è: **A**. far riflettere il lettore; **B**. far piangere il lettore; **C**. far ridere il lettore. ○

Federico Clavarino
da *Italia o Italia*
2014

Costellazione 11

Raccontare di sé

Perché così tanti autori trovano irresistibile scrivere di se stessi?

Di che cosa parliamo quando diciamo *autonarrazione*? Di uno dei modi più frequenti in cui sono scritte le storie nella letteratura contemporanea. Parlare di sé, calarsi in uno dei personaggi del romanzo o essere direttamente il protagonista della storia, è una tentazione quasi irresistibile per qualsiasi autore di narrativa.
Pensate a tutte le volte che avete raccontato qualcosa che vi è accaduto. Quante volte nel racconto avete usato il pronome "io"? Non sprecate tempo, perdereste il conto. È un dato di fatto che ogni essere umano, fin da quando è dotato di parola, costruisca naturalmente narrazioni al cui centro mette se stesso. E la cosa più affascinante di tutte è che non necessariamente queste storie devono essere accadute davvero.

Ma perché un lettore dovrebbe trovare interessante leggere una storia che parla – in modo più o meno diretto – di faccende e pensieri – più o meno intimi – di chi l'ha scritta?
Prima di cercare una risposta, dobbiamo tenere conto del *patto narrativo*.

Ogni volta che iniziamo a leggere una storia (o ad ascoltarla, o a vederla al cinema) stringiamo con il narratore un accordo implicito: qualsiasi cosa dirà, gli crederemo. Il patto narrativo somiglia al regolamento di un gioco da tavolo. Il narratore vi promette che sta dicendo la verità su quanto racconta di se stesso e degli altri, oppure dichiara subito che quello che leggerete potrebbe contenere solo una parte di verità, o anche nessuna verità. A questo punto il lettore può decidere se partecipare al gioco o lasciar perdere.

Autonarrazione può significare molte cose.

L'autobiografia. Konrad Lorenz, nel suo racconto *Una cosa che non fa danni: l'acquario*, passa attraverso l'esperienza diretta per trasmettere informazioni di natura scientifica. L'utilizzo della prima persona, in questo caso, è soprattutto una questione di autorevolezza: l'ho vissuto in prima persona, so di che cosa parlo. Contemporaneamente il lettore pensa: Lorenz sa tutto di animali, mi fido di quello che dice. Il patto narrativo di verità, sommato all'uso della prima persona, ci dice che si tratta di un racconto *autobiografico*: si racconta qualcosa che è veramente accaduto nella vita di chi scrive. Pessoa spinge ancora di più il pedale della dichiarata *non fiction*, titolando la poesia *Autopsicografia*, per poi ridurre ogni certezza a un pugno di cenere con il primo verso «Il poeta è un fingitore». Pazienza, dovremmo avere già imparato che con le poesie gli schemi tendono a saltare, e poi nessuno chiederebbe mai a un poeta di sottoscrivere patti e promettere verità a tutti i costi. Annotiamo soltanto che in genere le composizioni poetiche hanno sempre qualcosa di autobiografico perché nascono dall'urgenza di esprimere sentimenti, sensazioni o stati d'animo che l'autore ha vissuto e da cui trae ispirazione.

Il diario. Usiamo lo stessa cautela con la poesia *Inverno. Che fare in campagna?* di Aleksandr Puškin, e limitiamoci a osservare che è scritta quasi come un *diario*, cioè un elenco di avvenimenti riportati in ordine cronologico. Vero o inventato che sia, il diario è la forma più diretta di autonarrazione, perché non richiede neanche la presenza dei lettori. Nel diario chi scrive parla di sé e lo fa per se stesso, come un dialogo privato dove il mondo esterno non è invitato e spesso neppure gradito.

Il discorso. Al contrario Majakovskij, in *La mia università*, fa un *discorso* di natura collettiva (religiosa, sociale o politica che sia), rivolgendosi a un gruppo di persone che ha ben in mente: per chi fa parte di questo gruppo l'esperienza personale è il metro attraverso cui misurare il discorso. La verità oggettiva passa in secondo piano rispetto alle opinioni che vengono formulate in cui il lettore può rispecchiarsi o meno a seconda delle proprie idee.

L'autofiction. È un genere letterario la cui dicitura compare per la prima volta in Francia a fine anni Settanta, ma ha radici molto più antiche. Detto in poche parole, *autofiction* è quando un autore si inserisce con la sua vera identità in una narrazione fittizia, allo scopo di spingere il lettore a credere che quanto sta raccontando sia veramente accaduto. Dante Alighieri, ad esempio, nella *Commedia* si è calato in una storia frutto di fantasia, raccontando ciò che accadeva (un viaggio nell'Inferno, nel Purgatorio e nel Paradiso) attraverso lo sguardo del vero Dante, cioè un essere umano in carne ed ossa. Di certo non immaginava che qualche centinaio di anni dopo avremmo definito il suo capolavoro *autofiction*.
Il mondo di oggi invece ne fa un uso massiccio, voi stessi probabilmente lo fate. Pensate ai profili dei social network: sono (quasi sempre) di persone reali con nomi e cognomi (in linea di massima) veri. Però, se andate a leggere quello che scrivono e dicono quei nomi e cognomi, quanta verità c'è? Forse il 70%. Il resto è un aggiustamento della realtà a proprio vantaggio: "Oggi ho segnato un gol pazzesco da fondo campo", "Sono bravissimo a giocare a paddle", "Ho cucinato tutto da solo il pranzo di Natale", "Il tipo più carino della scuola mi sta dietro da anni", "Ho una villa al mare con piscina e motoscafo a mia disposizione".
Il fatto di essere protetti dal muro invisibile della rete rende tutto molto facile, e nell'affollamento dei social network un po' di make-up al proprio profilo spesso aiuta a farsi notare e diventare popolari. E allora, se non superate il confine dell'etica e della legalità e non state facendo male a nessuno, d'ora in poi invece di ammettere che l'avete sparata grossa potete dire che avete fatto *autofiction*.
A livelli molto più alti, fa qualcosa del genere Alice Munro nel racconto *Uscirne vivi*. L'autrice e la voce narrante *coincidono*, ma è difficile dire se e quanto i fatti raccontati *corrispondano* del tutto alla realtà. "Sono autobiografici nel sentire", precisa Munro.

Per tornare invece alla questione del perché autobiografia e *autofiction* incontrino sempre un certo successo di pubblico, forse una risposta vera non c'è. Oppure va cercata nella sottile soddisfazione che si prova

quando si riesce a spiare le vite altrui da una postazione dove nessuno può vederci.
Il cinema, per esempio, ha capito tanto tempo fa quanto fosse potente e universale questa piccola debolezza degli esseri umani e ci ha costruito sopra il suo gigantesco impero: fateci caso, gli attori non vi guardano in faccia, siete solo voi a vederli da vicino, dal buio della sala.

Parole: *patto narrativo*, *autobiografia*, *diario*, *discorso* e *autofiction*. Puoi trovarle anche nel glossario.

Ripensa a quello che hai studiato in questa costellazione e leggi:
33 *Paura seconda* di Vittorio Sereni a p. 252;
36 *Per l'errore* di Daniele Del Giudice a p. 266;
49 *Invito in società* di Paolo Villaggio a p. 391.
Tra poco ti torneranno utili.

Esercizi

Aggiungi **V** *di vero o* **F** *di falso, altrimenti, scrivi se la risposta giusta è* **A**, **B** *o* **C**.

MAPPA

01 Il patto narrativo lega il lettore allo scrittore: il primo si impegna a credere al secondo. ◯

02 Qualsiasi autonarrazione è realistica. ◯

03 Tutte le storie partono da un elemento autobiografico, anche se magari non ne resta alcuna traccia. ◯

04 Nella gran parte dei casi un diario narra la verità dei fatti. ◯

05 Uno scrittore fa *autofiction* se: **A**. si inserisce in prima persona nella storia che va a raccontare; **B**. scrive una storia fantastica in cui compaiono alcuni elementi autobiografici; **C**. racconta la sua storia privata in forma di romanzo. ◯

06 Dante ha scritto un'opera di *autofiction*. ◯

07 Uno dei motivi per cui gli esseri umani amano leggere le storie private degli altri è lo stesso per cui trovano interessante guardare qualcosa senza essere visti: curiosità e voyeurismo. ◯

08 I social network facilitano: **A**. le menzogne; **B**. la narrazione di sé; **C**. le composizioni poetiche. ◯

PAESAGGIO

09 *Autopsicografia* di Pessoa è una poesia scritta in forma di diario. ◯

10 Alice Munro in *Uscirne vivi* parla di sé, usando il proprio nome. ◯

11 Alice Munro in *Uscirne vivi* parla di sé e della sua storia vera, per cui si tratta di una autobiografia. ◯

12 Konrad Lorenz, in *Una cosa che non fa danni: l'acquario* parla della sua esperienza diretta soprattutto per guadagnare: **A**. chiarezza; **B**. efficacia; **C**. autorevolezza. ◯

13 Aleksandr Puškin ha davvero soggiornato in campagna un inverno: è quel che siamo tenuti a credere fintantoché leggiamo la poesia *Inverno. Che fare in campagna?* ◯

14 *La mia università* di Majakovskij è una poesia in cui è possibile distinguere chiaramente quel che è vero da quel che è falso. ◯

TOUR

Istruzioni per l'uso: leggi la poesia numero **33** *e i racconti numero* **36**, **49** *e verifica quel che hai capito su* ***Raccontare di sé***.

15 *Paura seconda* di Vittorio Sereni è una poesia autobiografica. ◯

16 Vittorio Sereni in *Paura seconda* cita se stesso. ◯

17 *Paura seconda* è *autofiction*, perché: **A**. il poeta inserisce se stesso come personaggio all'interno di una narrazione inventata; **B**. il poeta cita il suo nome di battesimo; **C**. il poeta scrive un aneddoto autobiografico, che è sicuramente accaduto. ◯

18 Se fossimo certi che Del Giudice sapeva pilotare un aereo, potremmo dire che *Per l'errore* è un racconto autobiografico. ◯

19 *Invito in società* è un racconto d'invenzione: forse per scriverlo Paolo Villaggio ha tratto spunto dalla sua esperienza di vita, ma questo non è evidente nel corso della lettura. ◯

20 *Invito in società* è un racconto autobiografico perché Villaggio ha inventato il ragionier Fantozzi sul calco di un suo collega veramente esistito. ◯

Adam Jeppesen
AR-Chalten I
da *Folded*
2014

Costellazione 12
Sacro

Che cosa significa "cantare gli dei"?

Il sacro è un concetto instabile, traballante, indefinibile, che va immaginato come ciò che sta oltre la barriera, al punto che non si vede. Per capire di che cosa si tratta dovete ricorrere ad allusioni e sensazioni, vi tocca dire che cosa "non è". Eppure, in tutte le culture c'è una parola per dire "sacro" e all'orecchio di ogni essere umano la parola non suona a vuoto.

A causa della sua caratteristica volatilità, spesso si cade nel tranello di identificare il sacro soltanto con Dio, la divinità, gli dei. Sarebbe però piuttosto riduttivo pensarla così; meglio sarebbe chiamare "divino" tutto ciò che va al di là del mondo così come lo conosciamo adesso, ed è inevitabilmente più bello o perfetto, più infernale e terribile, più solenne e grandioso di quello a cui siamo abituati. Nell'antichità ad esempio, si ritenevano sacri i pianeti e le stelle perché erano tanto distanti e incomprensibili da racchiudere bene in una sola immagine il senso della grandezza e dell'irraggiungibilità, e non è un caso che con il dilatarsi degli spazi conosciuti – sia enormi come le galassie, sia minuscoli come

il virus dell'HIV – la parola "sacro" sia caduta un po' in disuso.
La letteratura è attratta dal sacro come il ferro da un magnete. D'altra parte, gli esseri umani scrivono e leggono per andare oltre perché, se bastasse loro il mondo così com'è, non impiegherebbero una valanga di sforzi e pagine per figurarselo diversamente.
Se ci fate caso, la stragrande maggioranza delle storie in circolazione parla di amore, di morte, di guerra, di viaggio, come se la totalità di quello che ci interessa leggere possa essere ricondotta lì, a quei quattro punti. Con ogni probabilità, la ragione è che quei luoghi contengono delle zone d'ombra, sono aperti e misteriosi, inespugnabili, si ricongiungono quindi al concetto di sacro. Non arriverete mai a sapere tutto al riguardo: l'amore è una forza irrazionale, la morte non si sa dove ci porti, la guerra è un acceleratore di morti, il viaggio è un'avventura aperta, dato che chiunque viaggi potrebbe continuare a spostarsi senza arrivare mai a una meta.

Le cinque poesie della costellazione sono un esempio del legame fortissimo che tiene insieme il bisogno di fare letteratura con l'idea che si possano "cantare gli dei", cioè ci si possa occupare di qualcosa che non si vede.
In generale, potete riconoscere il magnete sacro che fa capolino tra le righe da due indizi.

Si racconta un anelito verso qualcosa che non c'è. Spesso dicendo chiaro e tondo che non ci si può spingere oltre, ma mettendone su carta una mappa di descrizioni impossibili. A volte si scrive proprio "non posso dire quello che ho visto", o variazioni sul tema, ma poi ci si prova lo stesso.

Quasimodo in *Milano, agosto 1943* impiega poche lapidarie parole per descrivere la città ridotta in polvere dalle bombe: vuol dire com'è, non ci gira intorno, vi consegna l'immagine di un usignolo caduto a picco da un'antenna, ma poi, di fronte a una sensazione di dolore e di angoscia inesprimibile, la parola non basta, si ricorre al suono, alla ripetizione di una parola, «morta», le si affida un sentimento che i ragionamenti non potrebbero spiegare.

In *10 giugno 1962*, Pasolini sta parlando di qualcosa che non esiste più, il passato, e di qualcosa di impalpabile, il modo in cui quello che è alle spalle (il passato, appunto) continua a esistere ora, nel poeta. L'«io» che compare è un sacco di cose, ma nessuna in particolare: in ogni immagine che Pasolini è costretto a usare per la descrizione impossibile è più chiaro lo scarto tra ciò che è quel che vuole descrivere e la realtà, che non basta a dirlo, e prende la forma di una somma zero (potrebbe andare avanti all'infinito senza risolversi in una definizione completa).

Catullo nel suo *Carme 76* sta rivolgendo una vera e propria preghiera agli dei, perché l'amore che prova, irrisolto e infelice, possa finire. Non vi racconta com'è andata la storia; per dirvi come sta (malissimo), gli basta alludere a una condizione che forse chi legge conosce. L'amore deluso non si dice: si sa.

Si divaga. Ci si perde in narrazioni spesso vaghe, di chiacchiere, fondate sull'idea che a cercare il sacro non lo si troverebbe, allora meglio dedicarsi a ciò che è casuale, sprecare il tempo. Si può aggirare il problema parlando d'altro, oppure inseguendo un'ossessione, con un sistema rigoroso di rime, facendo una lista, alzando o abbassando a dismisura il grado di difficoltà della lettura. Sono comunque espedienti per lanciare un'esca al mostro, distrarsi, sperare che nel frattempo venga a galla.

Luna puella pallidula di Zanzotto è un elenco denso, di parole spesso difficili; alcune, stando al nostro immaginario, c'entrano poco o niente con la luna. Eppure Zanzotto si fa trascinare, le mette in fila. Se le parole fossero pennellate, il quadro sarebbe fatto come *Guernica* di Picasso, che per descrivere la guerra prende dei pezzi e li combina a sentimento. È un delirio: quello che il poeta vorrebbe smettere di soffrire (la pena d'amore) è più importante di quello che c'è (l'amore).

In *Palo* di Giorgio Caproni si è verificata una vera e propria avventura senza che sia accaduto niente. La poesia è una furia di negazioni («non ci sarebbe stato / nessuno», «non sapevo», «vuota», «non si trattava», «nemmeno / d'arrivo», «né sapevo», «inesplosa»), proprio perché è un viaggio interiore, e quindi impalpabile, inconsistente, difficile da dire a parole, puoi solo girarci attorno.

Spesso distinguere tra i due modi in cui il sacro irrompe in letteratura è irrilevante. Lo spazio bianco della pagina aiuta, già di per sé; allude a ogni cosa stia oltre, fuori, attorno. Con ogni probabilità, l'idea di assoluto che avete in testa quando dite che qualcosa è "sacro" arriva dritta dritta dalla religione, dal mistero di una distanza che rimbomba magicamente, fintantoché non riusciremo a vedere la barriera, il muro su cui rimbalzano le onde dei suoni. Abbiamo ricavato “assoluto” dalla religione, ma non è un termine religioso, significa “sciolto”, “unico”, come il Sole che ai nostri occhi sta su senza fili, un'aspirina che scompare nell'acqua (eppure c'è), un orecchio fenomenale che sappia riconoscere una nota solamente a sentirla.

Ripensa a quello che hai studiato in questa costellazione e leggi:
18 *Inni alla notte* di Novalis a p. 180;
29 *Il nautilo* di Callimaco a p. 232;
39 *Questa è l'acqua* di David Foster Wallace a p. 305.
Tra poco ti torneranno utili.

Esercizi

Aggiungi **V** *di vero o* **F** *di falso, altrimenti, scrivi se la risposta giusta è* **A**, **B** *o* **C**.

MAPPA

01 "Sacro" è sinonimo di "religioso". ○

02 Il "sacro" per definizione è qualcosa che non si può conoscere, perché è oltre ciò che si può percepire e vedere. ○

03 La maggior parte dei racconti e delle poesie parla del sacro. ○

04 La maggior parte delle storie ruota attorno a un mistero. ○

05 L'idea di che cosa è sacro ci arriva dalla religione, ma non è espressamente religiosa. ○

06 Dal momento che il sacro non è definibile, diversi autori ne parlano in maniera obliqua, per esempio raccontando fatti e pensieri che all'apparenza non c'entrano niente. ○

PAESAGGIO

07 Nella poesia *Milano, agosto 1943* Quasimodo parla delle devastazioni della guerra, usando un accumulo d'immagini orrende. ○

08 In *Milano, agosto 1943* Quasimodo, per parlare della città distrutta, utilizza due immagini precise (un usignolo che cade da un'antenna, i morti rossi e gonfi) e le lascia rimbombare nel vuoto. ○

09 L'«io» che Pasolini racconta in *10 giugno 1962* è ben riconoscibile. ○

10 *10 giugno 1962* è una poesia che allude a qualcosa di misterioso e forte, che chiama in causa lettore e poeta. ○

11 La poesia di Zanzotto *Luna puella pallidula* si rivolge alla luna, che non può essere descritta per intero neppure dalla lista di nomi che lui le dedica. ○

12 Nella poesia *Palo* Caproni racconta diversi pensieri in forma negativa: infatti, compie un viaggio stando fermo (appoggiato a un palo). ○

13 Catullo nel *Carme 76* trasforma il dolore enorme per cui soffre a causa di un amore non ricambiato in qualcosa di sacro, inesprimibile e assoluto. ◯

TOUR

Istruzioni per l'uso: rileggi con attenzione le poesie numero **18**, **29** *e il discorso numero* **39**, *e verifica quel che hai capito su* ***Sacro***.

14 In *Inni alla notte* Novalis dice che il sonno è sacro, perché: **A**. la notte è il tempo più alto e solenne che esiste, senza di lei non ci sarebbe il resto; **B**. chi dorme non piglia pesci; **C**. il sonno è il momento in cui gli esseri umani si abbandonano alla notte, che è il tempo più alto e solenne che esista. ◯

15 La poesia di Novalis canta la sacralità della notte. ◯

16 *Il nautilo* di Callimaco è una poesia che parla di: **A**. tristezza e passare del tempo; **B**. passare del tempo; **C**. amore e tristezza. ◯

17 Il mistero proprio del nautilo è la trasformazione che il piccolo guscio ha vissuto: da rematore, ad animale spiaggiato, ad addobbo in un tempio. ◯

18 La poesia di Callimaco affronta il tema del sacro perché, a un certo punto, parla di un tempio e di una preghiera. ◯

19 Nel discorso *Questa è l'acqua* Wallace sembra affermare che sono sacre quelle cose che riescono a infiammare di passione la vita di un uomo. ◯

20 Secondo Wallace il sacro può avere una funzione importante nella vita degli individui, perché: **A**. senza solennità la vita non vale la pena di essere vissuta; **B**. se non scelgono di credere in qualcosa, gli uomini tendono a vivere in modo passivo. ◯

Amy Elkins
Twenty-two Years out of a Death Row Sentence (Ocean)
da *Black is the Day, Black is the Night*
2009-2016

Costellazione 13

Il senso delle origini

Perché studiamo come ha avuto inizio la letteratura italiana?

Tra le domande che ci siamo fatti fin qui, questa è forse la più spinosa. Potete spaccarla in due. Perché si studia *letteratura*? Perché si studia soprattutto quella *italiana* e si parte dalle *origini*?
La risposta alla prima domanda è semplice: la letteratura è un enorme bacino di storie scritte, che permettono di vivere più di una sola vita, sorvolare altri mondi, fare esperienze che altrimenti ci sogneremmo. Rimane la seconda domanda: perché da un certo momento in poi il programma scolastico si sposta quasi esclusivamente sulla letteratura *italiana*, dalle *origini* in avanti? Per rispondere è bene ripassare la Storia e capire che cosa si intenda per "origini".

Una sola lingua

Un po' per caso, un po' perché era molto determinata a riuscirci, nel 1861, una nobile famiglia del Nord Italia, i Savoia, riuscì a conquistare quasi tutte le terre della penisola (isole comprese) in cui si parlava la lingua italiana, realizzando così un certo modo di sentire e pensare che era nell'aria già da più di mezzo secolo e che gli storici chiamano "sentimento nazionale". La gente che parlava italiano, o meglio, ne parlava una serie di varianti, si ritrovò riunita in un unico Stato.
Unico Stato presto significò unica scuola, e unica scuola significò unico programma di studi. Naturalmente era abbastanza ovvio che tutti dovessero imparare la matematica e che, per farlo, fossero, ad esempio, costretti a contare; allo stesso modo, era evidente che tutti dovessero parlare la stessa lingua e dovessero saperne fare un certo uso, magari imparando a leggere le storie più significative che quella lingua aveva ospitato. Ma quali tra le migliaia di storie esistenti?
Ecco che era appena nato il problema del *canone*.

Il *canone* è il meglio del meglio di una determinata materia. Quali sono i migliori poeti in lingua italiana? Stabilirlo è una sfida elettrizzante. Parecchi studiosi provarono a decidere chi fossero i migliori, ma ad avere la meglio sugli altri fu Francesco De Sanctis con la sua *Storia della letteratura italiana*, pubblicata tra il 1870 e il 1871. Ancora oggi lo studio scolastico della letteratura italiana si basa sul suo disegno. Come mai questo successo? Perché De Sanctis non si era limitato a elencare i fuoriclasse della letteratura italiana: li aveva presi e ne aveva fatto dei personaggi, raccontandone le vite e le opere con un piglio da narratore. La sua *Storia della letteratura italiana* è una storia. E, come tutte le storie, è finzione.

Quel lavoro è sopravvissuto al passare del tempo: nonostante lo Stato Italia sia il risultato dell'avventura conquistatrice di un casato nobiliare e la storia della letteratura italiana sia pura *fiction*, noi ci sentiamo parte di una nazione, ed esiste obiettivamente una letteratura italiana. Com'è potuto succedere? Semplice: la lingua. Ogni lingua forma una comunità di parlanti. Ben prima di De Sanctis, ben prima dei Savoia, la letteratura italiana (e l'Italia stessa) era nata nel momento in cui nacque la sua lingua, quando ancora si chiamava *volgare*, o *lingua del sì*, per distinguerla dal latino.

Studiamo la letteratura italiana delle origini non solo perché è una storia bella e avvincente, ma anche per il più trito (e vero) degli adagi: è difficile vedere dove si va, se non ci si ricorda da dove si è partiti.

Dal latino al volgare

Per capire come ha preso forma la lingua italiana, bisogna arretrare fino al Medioevo, quando il *volgare*, suo antenato, iniziò a fare una graduale scalata sociale nella gerarchia delle lingue.
Per moltissimi secoli, almeno dal tramonto dell'Impero romano (476 d.C.) in avanti, il latino volgare era il modo in cui si esprimeva oralmente il popolo: un latino povero e semplice, se paragonato a quello raffinato della cultura, della diplomazia e della scienza. "Volgari" furono dette le lingue locali che ne derivarono, mutevolissime perché, dato che nessuno le metteva per iscritto, si aggiornavano da sé di anno in anno e cambiavano da paese a paese, in base alle abitudini dell'Europa di allora e alle influenze delle *lingue di sostrato*, cioè le lingue parlate nei vari luoghi prima della conquista romana.
Non è facile ricostruire la storia di quelle parlate, ma gli indizi della loro esistenza vanno cercati nei grandi eventi pubblici dell'epoca, che erano in buona parte affari religiosi. Dunque, Tours, Concilio dell'813: i sacerdoti delle diverse chiese lì presenti decisero che era il caso di predicare in "lingua latina rustica", la chiamarono così. Era la prima volta che qualcuno nominava il volgare.
Com'è facile immaginare, i sacerdoti erano una categoria piuttosto conservatrice, avevano studiato il latino per leggere i testi sacri e non rinunciarono di buon grado all'idea di usarlo per le predicazioni. Tuttavia, il volgare era una lingua ormai indispensabile, degna, e quasi pronta a finire sulla carta.

Le nuove lingue volgari si svilupparono nell'area della *Romània*, che comprendeva le regioni che un tempo avevano avuto lingua e civiltà latina (Italia, Francia, Belgio, Svizzera, Spagna, Portogallo e Romania di oggi). Proprio dal nome di quest'area, via via che si definirono, le parlate volgari di questa zona presero il nome di *lingue romanze*. Erano l'italiano, il francese, il provenzale, lo spagnolo, il catalano, il portoghese e il rumeno.

Le prime tracce della futura lingua italiana

Quanto alle prime apparizioni del volgare in forma scritta, le geografie e le linee del tempo si complicano, perché ciascun ceppo procede per conto suo. La *primissima testimonianza di volgare italiano* che si conosce è un *indovinello*, scoperto nel 1924 a Verona, nella Biblioteca Capitolare. Era stato scritto tra la fine dell'VIII e l'inizio del IX secolo e dice:

Se pareba boves,
alba pratalia araba,
et albo versorio teneba,
et negro semen seminaba.
Gratias tibi agimus omnipotens sempiterne Deus.

Le prime quattro righe sono in volgare: "spingeva avanti i buoi", cioè le dita, "arava i prati bianchi", le pergamene, "teneva un bianco aratro", la penna d'oca, "seminava un seme nero", l'inchiostro. L'ultima riga è in latino: "ti ringraziamo onnipotente Dio eterno". Non è letteratura, ma è assai poetico che la soluzione del primo indovinello nella nostra lingua sia proprio "la scrittura".

Non è finita: al 960 risale il *Placito capuano*. Questa volta è la sentenza ("placito") emessa da un giudice di Capua a favore del monastero di Montecassino: si tratta della proprietà di alcune terre. Il documento, redatto in latino, riporta le parole in volgare di un testimone:

Sao ko kelle terre, per kelle fini que ki contene, trenta anni le possette parte sancti benedicti.
Significa: "So che quelle terre, entro quei confini che qui sono contenute, per trent'anni le ha possedute il monastero di san Benedetto".

Canti di corte

Perché il volgare diventasse una lingua letteraria, e non servisse soltanto da scrittura di servizio, come potevano essere un indovinello o la sentenza di un giudice, occorse più tempo.
Il primo paese dove si creò un ambiente favorevole al passaggio fu la *Francia*: è lì che si deve guardare per risalire alle origini della letteratura europea. Le corti francesi erano governate da agiati cavalieri locali laici, i fidati guerrieri dei signori feudali del luogo, che via via si erano guadagnati, insieme alla fiducia, un posto autonomo al comando e un'autorevolezza pari a quella dei nobili antichi, pur essendo nella gran parte dei casi di origine servile. I loro valori erano la prodezza, l'onore e la lealtà assoluta

al sovrano. Inoltre, in quell'ambiente nacque l'idea rivoluzionaria che la vera nobiltà non fosse basata sulle origini familiari, ma fosse la nobiltà d'animo, con l'inevitabile conseguenza che era per loro grande e giusto quel che elevava lo spirito: la donna, ad esempio.

Storici e critici hanno provato a spiegare da che cosa dipendesse quell'esaltazione della donna che andò gradualmente a formare il cuore pulsante della letteratura cavalleresca di corte, l'*amor cortese*.

L'amor cortese è l'amore assoluto, disinteressato e tormentoso che il cavaliere prova per una signora sposata con qualcun altro e che mai gli si concederà, appunto perché ha un marito al quale il suo onore non le consente di sottrarsi. Nei confronti della dama, il cavaliere si pone come il vassallo nei confronti del proprio signore, offrendole il proprio omaggio di lealtà e sottomissione. Il cavaliere la adora come una Madonna: tanto soffre per la sua lontananza, quanto gioisce perché lei – pazienza se non è sua – esiste, gli dà qualcosa per cui brandire la spada e una ragione per essere migliore, più valoroso e più puro, lo nobilita.

Ma com'era nata quell'idea di donna? Secondo alcuni critici, era un simbolo in terra della Madonna; secondo altri, era un'immagine del signore feudale, altri ancora riconducono quel motivo alla penuria di donne nella corte, e quindi al gran bisogno di immaginarsele che quei cavalieri avevano.

Se tutto questo immaginario si tradusse nel Nord della Francia in lunghi poemi epici (le cosiddette *chansons de geste*, come per esempio la *Chanson de Roland*) e romanzi cavallereschi in *lingua d'oïl*, nel Sud, invece, sbocciò una forma cantata di poesia, la *lirica provenzale* ("lirica" come il genere antico di componimento che veniva intonato con l'accompagnamento della lira, uno strumento a corde; "provenzale" dal nome della Provenza, regione meridionale della Francia). I poeti di corte, i cantori dell'amore cortese delle corti del Sud, che si esprimevano in *lingua d'oc*, si chiamavano *trovatori*, da *trobar*, "comporre musica". All'inizio le loro canzoni restavano in circolo solo qualche tempo, passando di bocca in bocca; poi, dal XIII secolo, furono scritte in canzonieri, così ne sono giunte fino a noi circa 2500. Inutile dire che la maggior parte dei canzonieri parlava di un amore che ingentilisce chi lo prova.

I trovatori erano spesso di origine nobiliare. Tradizione vuole che il primo a cantare a corte fosse un ricco signore feudale, Guglielmo IX di Aquitania; si ricordano inoltre Bernart de Ventadorn, Jaufré Rudel, Bertran de Born.

Tra i più noti e letti c'è Arnaut Daniel, che Dante ricorda come "il miglior fabbro del parlar materno". *Sopra un'aria gaia e leggera* è un classico esempio della sua lode alla donna, e insieme un'esaltazione del mestiere di poeta. Il mondo dei cantori di Provenza si estinse di punto in bianco a causa di una guerra: nel 1209, il papa Innocenzo III indisse una crociata contro gli Albigesi, una setta eretica che popolava quei luoghi. Le battaglie impoverirono e devastarono la zona, così le corti e il delicato sistema culturale su cui era attecchita la lirica provenzale decaddero. I trovatori si dispersero, e portarono la loro arte nelle corti feudali del resto d'Europa, specie nell'Italia del Nord e in Spagna.

La poesia in viaggio dalla Francia in Italia

La Scuola siciliana. La poesia provenzale arrivò anche in Sicilia, dove sorgeva l'orgogliosa corte dell'imperatore Federico II e dove nacque la prima tradizione letteraria italiana in volgare. I *poeti siciliani*, tra il 1230 e il 1250, diedero vita a una vera e propria scuola con scelte tematiche e stilistiche comuni, che abbandonò la lingua d'*oc* e iniziò a sperimentare il volgare siciliano "illustre", cioè liberato dai tratti dialettali più marcati.
I poeti siciliani erano funzionari dello stato: notai come Giacomo da Lentini, giudici come Guido delle Colonne, o cancellieri come Pier delle Vigne. Nei loro versi, destinati alla lettura (e non più alla recitazione, come succedeva per la poesia provenzale), si parla solo di amore, e non di politica (cosa, invece, frequente in Provenza). Il caso di *[E]o viso – e non diviso – da lo viso* di Giacomo da Lentini è lampante: un esercizio raffinato di stile per dire, nel numero minimo possibile di parole, le uniche cose che contano: il volto della donna e la propria distanza da esso.
Nel 1250 morì l'anima della corte, il sovrano Federico II, e meno di un ventennio più tardi il suo erede Manfredi. Di nuovo, come nel caso della lirica provenzale, quella tradizione avrebbe rischiato di scomparire per sempre se non fosse che altri poeti l'avevano amata, raccolta e trascritta: in questo caso furono i rimatori toscani, che iniziarono a copiare quelle poesie, adattandole alla musica della loro lingua.

La poesia toscana. In Toscana, però, non c'era nessuna corte, piuttosto andava definendosi l'identità dei Comuni – Firenze, Siena, Lucca, Arezzo – che lottavano tra loro all'ultimo sangue per il potere e la gloria, così i *lirici toscani* erano più liberi, e avevano a cuore temi politici oltreché amorosi. Il caposcuola di questa dinastia di rimatori fu Guittone d'Arezzo, un

agiato borghese, che cantò parecchio di amore e di guerra in una lingua spesso oscura e chiusa, ricca di dialettalismi e provenzalismi, per poi passare ai temi religiosi dopo la conversione, quando entrò nei Cavalieri di Santa Maria.
Tutt'or ch'eo dirò «Gioi», gioiva cosa, un *sonetto* – il nuovo schema metrico italiano che aveva affiancato la canzone e la cui invenzione viene attribuita al poeta siciliano Giacomo da Lentini –, è un esempio di un raffinato gioco di corrispondenze, difficile e colto, ma insieme vivo e tonante.

Dolce e nuovo

A Firenze, che era il più florido ed evoluto dei Comuni toscani, questo genere di poesia passò dalle parole di poeti dalla forte personalità, che inevitabilmente finirono per imprimergli una forma caratteristica. Il loro più diretto ispiratore fu un bolognese, il notaio Guido Guinizzelli. A lui si devono i primi versi nuovi, più limpidi e piani. *Omo ch'è saggio non corre leggero* è proprio un discorso contro chi, come Guittone d'Arezzo, usa la lingua per non farsi capire, in maniera troppo criptica e faticosa. Nella stragrande maggioranza dei casi, però, Guinizzelli parlò d'amore, affermando che solo coloro che hanno un animo nobile possono amare davvero. La canzone *Al cor gentil rempaira sempre amore* è considerata il manifesto di un nuovo modo di intendere la poesia: eccola qui.

Al cor gentil rempaira sempre amore
come l'ausello in selva a la verdura;
né fe' amor anti che gentil core,
né gentil core anti ch'amor, natura:
ch' adesso con' fu 'l sole,
sì tosto lo splendore fu lucente,
né fu davanti 'l sole;
e prende amore in gentilezza loco
così propïamente
come calore in clarità di foco.

Foco d'amore in gentil cor s'aprende
come vertute in petra prezïosa,
che da la stella valor no i discende
anti che 'l sol la faccia gentil cosa;
poi che n'ha tratto fòre

per sua forza lo sol ciò che li è vile,
stella li dà valore:
così lo cor ch' è fatto da natura
asletto, pur, gentile,
donna a guisa di stella lo 'nnamora.

Amor per tal ragion sta 'n cor gentile
per qual lo foco in cima del doplero:
splendeli al su' diletto, clar, sottile;
no li stari' altra guisa, tant'è fero.
Così prava natura
recontra amor come fa l'aigua il foco
caldo, per la freddura.
Amore in gentil cor prende rivera
per suo consimel loco
com'adamàs del ferro in la minera.

Fere lo sol lo fango tutto 'l giorno:
vile reman, né 'l sol perde calore;
dis'omo alter: «Gentil per sclatta torno»;
lui semblo al fango, al sol gentil valore:
ché non dé dar om fé
che gentilezza sia fòr di coraggio
in degnità d'ere'
sed a vertute non ha gentil core,
com' aigua porta raggio
e 'l ciel riten le stelle e lo splendore.

Splende 'n la 'ntelligenzïa del cielo
Deo crïator più che ['n] nostr'occhi 'l sole:
ella intende suo fattor oltra 'l cielo,
e 'l ciel volgiando, a Lui obedir tole;
e con' segue, al primero,
del giusto Deo beato compimento,
così dar dovria, al vero,
la bella donna, poi che ['n] gli occhi splende
del suo gentil, talento
che mai di lei obedir non si disprende.

Donna, Deo mi dirà: «Che presomisti?»,
sïando l'alma mia a lui davanti.
«Lo ciel passasti e 'nfin a Me venisti
e desti in vano amor Me per semblanti:
ch' a Me conven le laude
e a la reina del regname degno,
per cui cessa onne fraude».
Dir Li porò: «Tenne d'angel sembianza
che fosse del Tuo regno;
non me fu fallo, s'in lei posi amanza».

Sono sei strofe. Nella prima il cuore nobile che torna a provare amore viene descritto come un bell'uccello che torna nel verde del bosco, in più si dice che il cuore nobile e l'amore sono nati insieme, come il sole e la luce. Nella seconda strofa si racconta che, come una pietra preziosa discende da una stella solo se il sole l'ha resa abbastanza nobile per questa discendenza, così soltanto il cuore che la natura ha reso nobile può innamorarsi della donna, sua stella. Nella terza strofa si mette in chiaro che amore trova il suo rifugio naturale nel cuore nobile, perché altrove non potrebbe stare. La quarta strofa allarga il discorso, dicendo che come il sole colpisce il fango, ma non lo trasforma in qualcosa di più alto, così chi non ha un cuore nobile non può ricevere la luce. Infatti, l'amore è una luce che si vede solo attraverso l'acqua, mentre il fango non consente di vedere un bel niente. La quinta strofa è davvero difficile: come Dio illumina il creato e questo gli obbedisce, così l'uomo dal cuore nobile obbedisce alla donna che brilla per lui. Ci si avvia alla conclusione, nella sesta strofa, con un dialogo piuttosto surreale: l'uomo, interrogato da Dio sul perché abbia obbedito alla donna e non a lui, risponde che la donna aveva l'aspetto di un angelo (ed era perciò santa e irresistibile al tempo stesso).
Il ritmo fluido di questa poesia racconta che cos'è la *gentilezza* e dà istruzioni su come riconoscere le persone gentili.

Altrove (*Lo vostro bel saluto e 'l gentil sguardo*) Guinizzelli confessa alla donna che lo sguardo di lei ha il potere di trafiggerlo. Nel sonetto *Io voglio del ver la mia donna laudare*, oltre a paragonarla a qualsiasi cosa bella, le rime si spingono a dire che i pensieri cattivi si volatilizzano di fronte a lei: "null'om può mal pensar fin che la vede". Sono tutti segni del fatto che la rappresentazione della donna stava cambiando rispetto a quella cantata dai cavalieri e dai cortigiani, non era più tanto importante giurarle eterna fedeltà come a un signore. Piuttosto era un angelo, in grado di cambiare per sempre il cuore e lo spirito del poeta: la poesia diventava una sorta di arnese interiore, cantava i sentimenti anziché le gesta, abitava una corte ideale invece di quella vera, santificando chi la praticava, che rendeva migliore e gentile.

I fiorentini che raccolsero l'eredità dei trovatori, della scuola siciliana e le intuizioni di Guinizzelli furono i poeti dello *Stilnovo*: Dante Alighieri, Guido Cavalcanti, Cino da Pistoia e Lapo Gianni. È Dante che, nel *Purgatorio*, fa usare al poeta Bonagiunta Orbicciani l'espressione "dolce stil novo" per distinguere la nuova poesia da quella dei predecessori. In uno stile semplice e comprensibile, gli stilnovisti parlavano d'amore, analizzandone turbamenti e moti. La figura femminile, idealizzata e assimilata a un angelo, viene esaltata nelle sue virtù spirituali e diviene uno strumento per elevarsi verso Dio.
Cavalcanti e Dante, le personalità di maggior rilievo tra gli stilnovisti, furono entrambi di famiglia molto agiata, entrambi scesero in politica in un mondo di lotte intestine, tanto che da un certo punto in avanti vissero perennemente in esilio.
Nei versi di Cavalcanti, l'amore può essere una forza nera e sconvolgente, che scatena il dolore e l'angoscia. Il suo manifesto poetico, *Donna me prega*, è ancora una riflessione filosofica sul sentimento amoroso. La poesia che trovate qui sotto, invece, *Chi è questa che vèn, ch'ogn'om la mira*, a prima vista sembra una scopiazzatura delle rime più note di Guinizzelli, però questa volta la donna non è paragonata alle cose belle, alle piante o alle creature incantate della natura, il tono si fa più astratto: siete al cospetto di una specie di essere soprannaturale, che ha gli attributi della Madonna, ma è talmente al di là della vostra portata (e di quella del poeta) che mancano le parole per raccontarne la bellezza («piagenza»), le capacità («salute») per raccontarne la virtù. Cavalcanti si arrende, è costretto a chiedere aiuto a Dio e all'Amore stesso per dire qualcosa di sensato su di lei.

Chi è questa che vèn, ch'ogn'om la mira,
che fa tremar di chiaritate l'âre
e mena seco Amor, sì che parlare
null' omo pote, ma ciascun sospira?

O Deo, che sembra quando li occhi gira,
dical' Amor, ch'i' nol savria contare:
cotanto d'umiltà donna mi pare,
ch'ogn'altra ver' di lei i' la chiam' ira.

Non si poria contar la sua piagenza,
ch'a le' s'inchin' ogni gentil vertute,
e la beltate per sua dea la mostra.

Non fu sì alta già la mente nostra
e non si pose 'n noi tanta salute,
che propiamente n'aviàn conoscenza.

In *Noi siàn le triste penne isbigotite*, per esprimere un delirio amoroso tanto forte che a stento si può descrivere, il poeta ricorre alla personificazione: gli strumenti del suo studiolo, penne e calamai, diventano un manipolo di ambasciatori.

Quanto a Dante Alighieri, è il più famoso poeta italiano di tutti tempi: è per lui che molti poeti nel mondo scelgono di dedicarsi allo studio della nostra lingua. Non c'è università di Lettere che non ospiti un corso di studio dedicato ai suoi versi. In giovinezza Dante si era buttato a capofitto nell'atmosfera della poesia amorosa. La *Vita nova* è uno dei libri più straordinari sull'amore nei quali vi possiate imbattere. Racconta un viaggio fantastico del poeta attraverso la vita, scandita dai rari incontri con Beatrice, la donna amata, vista nel sonetto *Tanto gentile e tanto onesta pare* come una donna-angelo:

Tanto gentile e tanto onesta pare
la donna mia quand'ella altrui saluta,
ch'ogne lingua deven tremando muta,
e li occhi no l'ardiscon di guardare.

Ella si va, sentendosi laudare,
benignamente d'umiltà vestuta;
e par che sia una cosa venuta
da cielo in terra a miracol mostrare.

Mostrasi sì piacente a chi la mira,
che dà per li occhi una dolcezza al core,
che 'ntender no la può chi no la prova:

e par che de la sua labbia si mova
un spirito soave pien d'amore,
che va dicendo a l'anima: Sospira.

È racchiusa qui l'idea stilnovista della donna angelicata e – a differenza dei poeti provenzali e siciliani – lodata non tanto per la sua bellezza quanto per le sue virtù.
Dante scrisse poesie d'amore anche per donne diverse da Beatrice. Ad esempio, in *Al poco giorno e al gran cerchio d'ombra*, scritta in età già avanzata, canta l'amore per una donna spietata, chiamata con lo pseudonimo di Petra per indicarne la crudeltà (per questo motivo i critici hanno definito "petrose" le rime a lei dedicate). Qui, la fatica di amare si riversa in una lingua aspra e difficile, che riprende in qualche modo quei versi artificiosi di Guittone contro i quali lo stesso Dante si era scagliato da giovane.

Illustri giullari

Non mancò chi si prese gioco della serietà e del narcisismo dei poeti d'amore. Tra la seconda metà del Duecento e i primi del Trecento, in Toscana i *poeti comico-realistici* idearono poesie burlesche e leggere che prendevano spunto dalla realtà quotidiana e usavano un linguaggio vicino al parlato. Poeti come Rustico Filippi e Cecco Angiolieri contrapponevano donne scaltre e amori carnali alle donne angelicate e all'amore spirituale degli stilnovisti.
Il più noto poeta comico toscano è certamente il senese Cecco Angiolieri, che canta l'amore per i piaceri terreni (il vino, il cibo, il gioco) e popola i suoi sonetti di donne umili e rozze, umor nero, odio per l'umanità e improperi di vario genere (come fa nel suo sonetto più famoso, *S'i' fosse fuoco, arderei'l mondo*), il tutto, però, dimostrando un orecchio e una lingua fine ed evoluta al pari di quella dei suoi bersagli polemici.

Pregare su carta

Mentre i poeti di corte e gli interpreti del Dolce Stil Novo usarono il volgare per cantare la donna, alcuni religiosi cominciarono a usarlo per lodare Dio. Fu una scelta coraggiosa perché la lingua scritta della Chiesa era un'altra, il latino, e non erano tempi facili per chi non si allineava. È difficile dire quali sono i confini della *letteratura religiosa* nel Medioevo, perché non c'era ambito della vita che, nel sentire comune, non fosse in qualche modo abitato dalle forze ultraterrene e dagli spiriti. Inoltre, la maggior parte delle persone era analfabeta ma partecipava alle messe e ai sermoni religiosi: l'arte religiosa era quindi l'unico modo per entrare in contatto con gli uomini e le donne del tempo.

Secondo molti studiosi, il primo testo della letteratura italiana è il *Cantico delle creature*, o *Cantico di frate Sole*, di san Francesco d'Assisi, che in modo coerente alla sua personale visione popolare della religione e di che cosa è bene, scelse di esprimersi nella lingua del popolo per dire grazie al cielo. In realtà, il *Cantico* è una lode che straborda di riferimenti dotti ma, anche se non tutti li capivano, tutti potevano associare delle immagini a quei suoni, e avere un'idea di che cosa ci fosse da ringraziare. Secondo la leggenda, Francesco scrisse il *Cantico* nel 1224, dopo una notte di dolore agli occhi e in cui i topi non lo lasciavano stare, eppure trovò di che essere grato, proprio come si addice a un santo.

Una delle altre forme in cui si diffuse la poesia religiosa in volgare furono le *laudi*, componimenti in forma di ballata in onore di Cristo, della Madonna e dei santi, che venivano cantate da confraternite (gruppi di religiosi e di laici che si riunivano per recitare i testi sacri).
Una delle confraternite più radicate nell'Italia centrale era quella dei *Flagellanti*, frati che percorrevano in processione le strade dell'Umbria colpendosi con il flagello, in espiazione delle colpe umane, e recitando versi che trovarono proprio nella *lauda* una forma compiuta. Le varie confraternite raccoglievano le laudi in libri detti *laudari*. Grande interprete del genere fu Jacopo de' Benedetti, detto Jacopone da Todi, che entrò nell'ordine francescano in seguito a una tragedia: sua moglie era morta durante una festa per il crollo di un pavimento. La lauda più celebre di Jacopone è *Donna de Paradiso*, un dialogo tra vari personaggi che assistono alla crocifissione di Cristo. Nelle sue poesie, Jacopone affronta le questioni politiche del tempo o episodi della propria vita. Ce l'ha con il corpo, causa di peccato e perdizione. Pur essendo colto, usa parole del registro quotidiano, rozze, a volte volgari, e immagini

violente per marcare il disprezzo verso la Terra e per rivolta: i versi di *O Segnor, per cortesia* rappresentano un'accusa diretta e provocatoria alle miserie della vita, rispetto alle quali c'è da augurarsi che finisca tutto in lurido pantano.

Il versante luminoso della poesia religiosa è Caterina da Siena, un'attivista politica, incolta ed entusiasta. Il corpo, il sangue e la morte sono in lei magnifiche forme di un passaggio che porta i derelitti dritti a una vita migliore, a Dio, alla liberazione. Il suo linguaggio – a quanto pare un dettato – che impiegò soprattutto per la fittissima corrispondenza intrattenuta con vescovi e prelati di mezza Europa, è una processione di metafore e segni di punteggiatura, confonde e travolge. La *Lettera a frate Raimondo da Capua* non fa eccezione: è una delle decine di missive che Caterina inviò al superiore dell'Ordine dei Domenicani.

Parole: *canone*, *volgare (lingua)*, *lingue romanze*, *amor cortese*, *lingua d'oïl*, *lingua d'oc*, *provenzale*, *lirica provenzale*, *trovatori*, *sonetto*, *Dolce Stil Novo* e *lauda*. Puoi trovarle anche nel glossario.

In queste pagine hai incontrato:
Indovinello veronese a p. 612;
Placito capuano a p. 613;
Al cor gentil rempaira sempre amore di Guido Guinizzelli a p. 616;
Chi è questa che vèn, ch'ogn'om la mira, di Guido Cavalcanti a p. 619;
Tanto gentile e tanto onesta pare di Dante Alighieri a p. 620.

Esercizi

Aggiungi **V** *di vero o* **F** *di falso, altrimenti, scrivi se la risposta giusta è* **A**, **B** *o* **C**.

MAPPA

01 Il canone letterario è l'insieme dei testi più belli e importanti di un certo territorio culturale.

02 L'odierna Romania era compresa nell'antica regione di Romània, che si chiamava così poiché comprendeva i territori di cultura e lingua latina (quindi, romana).

03 Le "lingue romanze" sono le diverse evoluzioni del volgare parlato in diverse aree.

04 La prima testimonianza di volgare italiano è un indovinello.

05 L'amor cortese nobilita l'animo di chi lo prova e lo canta.

06 L'amor cortese trova sempre realizzazione.

07 Il romanzo cavalleresco è tipico dei poeti francesi del Nord.

08 La cultura cavalleresca era laica, perché: **A**. i suoi interpreti non erano religiosi e si occupavano di temi profani; **B**. parlava di donne; **C**. i cavalieri non prendevano i voti.

09 Il verbo *trobar* significa: **A**. "cantare"; **B**. "trovare"; **C**. "comporre musica".

10 Arnaut Daniel è vissuto nel Nord della Francia.

11 La lirica provenzale si estinse bruscamente a causa di: **A**. un terremoto; **B**. una crociata; **C**. la morte dell'imperatore.

12 La scuola siciliana raccolse l'eredità della lirica provenzale, conservandone i temi e la lingua.

13 La scuola siciliana nacque intorno alla corte dell'imperatore Federico II.

14 A differenza dei poeti provenzali, i poeti siciliani parlavano nelle loro poesie solo di politica.

15 Abbiamo notizia della scuola siciliana grazie ai copisti toscani che la amarono.

16 Guittone d'Arezzo contribuì a diffondere in Toscana il genere di poesia che era stato praticato alla corte di Federico II.

17 Guittone d'Arezzo è noto soprattutto per: **A**. la dolcezza e la leggiadria dei suoi versi; **B**. l'oscurità e il linguaggio difficile che usò; **C**. la cultura enciclopedica.

18 Guido Guinizzelli fu un noto rimatore fiorentino.

19 Guinizzelli, in un certo senso, può essere considerato il precursore del Dolce Stil Novo.

20 Il "Dolce Stil Novo" si distingueva dalla tradizione precedente per: **A**. un linguaggio piano e limpido, l'omaggio cavalleresco alla donna amata, il racconto dell'interiorità del poeta; **B**. un linguaggio piano e limpido, la figura della donna angelicata, il racconto dell'interiorità del poeta; **C**. la novità assoluta dei temi cantati e la dolcezza della lingua.

21 Guido Cavalcanti aveva un'idea serena e spensierata dell'amore.

22 Dante fu un poeta d'amore.

23 Dante non aveva mai sentito parlare di Arnaut Daniel.

24 L'impegno politico dei poeti del Dolce Stil Novo fu ininfluente per la loro poetica.

25 Nessuno mai si prese gioco della poesia d'amore toscana, dal momento che era considerata la massima espressione artistica della penisola.

26 Il volgare fu utilizzato anche per cantare Dio.

27 La letteratura religiosa e quella laica si svilupparono in parallelo.

28 Francesco d'Assisi scrisse il *Cantico delle creature* in volgare, ma non avrebbe mai potuto farlo, se non avesse incontrato Federico II.

29 Jacopone da Todi celebra il corpo, in contrasto con la tradizione religiosa che lo condanna.

PAESAGGIO

30 In *Sopra un'aria gaia e leggera* Arnaut Daniel parla soprattutto di Dio.

31 La poesia di Arnaut Daniel afferma che il poeta è vissuto in Francia.

32 La poesia di Giacomo da Lentini *[E]o viso – e non diviso – da lo viso* parla di quanto è doloroso per il poeta separarsi dalla sua amata.

33 Guittone d'Arezzo con *Tuttor ch'eo dirò «Gioi», gioiva cosa* intende dire: **A**. ogni volta che dico "gioia", mia creatura di gioia; **B**. nonostante io dica "gioia", mia creatura di gioia; **C**. ogni volta che dico "gioia", una cosa gioisce.

34 Guinizzelli è un rimatore toscano, maestro di Cavalcanti e Alighieri.

35 Nella sua poesia *Omo ch'è saggio non corre leggero*, Guinizzelli ce l'ha con chi si rifiuta di innovare la poesia.

36 In *Noi siàn le triste penne isbigotite* Cavalcanti dà la parola agli arnesi del suo studiolo di scrittore.

37 Cecco Angiolieri è un poeta toscano del Dolce Stil Novo.

38 In *Al poco giorno e al gran cerchio d'ombra* si può dire che Dante parla soprattutto di: **A**. amore e bellezza; **B**. morte e amore; **C**. natura e morte.

39 Il *Cantico delle creature* di Francesco d'Assisi è scritto in latino.

40 Jacopone da Todi prega Dio di mandargli diverse disgrazie, perché: **A**. è matto; **B**. vuole espiare i suoi peccati e dimenticare il suo corpo; **C**. si reputa brutto e non sopporta più di vivere.

41 Caterina da Siena ha scritto una sola lettera in vita sua, a frate Raimondo da Capua.

TOUR

*Rileggi l'*Indovinello veronese*, il* Placito capuano*,* Al cor gentil rempaira sempre amore*,* Chi è questa che vèn, ch'ogn'om la mira *e* Tanto gentile e tanto onesta pare*.*

42 La soluzione dell'*Indovinello veronese* è: la scrittura.

43 Il *Placito capuano*, conservato nel monastero di Montecassino, è una sentenza emessa da un giudice di Capua.

44 Il nuovo valore che emerge dal manifesto poetico *Al cor gentile rempaira sempre amore* di Guinizzelli è **A**. l'amore cortese; **B**. la nobiltà; **C**. la gentilezza.

45 *Chi è questa che vèn, ch'ogn'om la mira* di Cavalcanti è una poesia in cui: **A**. è difficile paragonare la donna amata a qualcosa, talmente è virtuosa e bella; **B**. la donna amata diventa santa quanto la Madonna; **C**. il poeta si esprime in maniera difficile per spiegare che non potrà mai più parlare della sua donna.

46 *Tanto gentile e tanto onesta pare* è una canzone di Dante contenuta nel libro *Vita nova*.

Vite

A

Dante Alighieri

Firenze, 1264
Ravenna, 1321

È considerato il padre della lingua italiana. Scrisse la *Divina Commedia*, ma anche una gigantesca produzione poetica, un trattato sul volgare (*De vulgari eloquentia*), uno di argomento politico (*De Monarchia*), un saggio dottrinale (*Convivio*), una specie di autobiografia che mescola sapientemente prosa e versi (*Vita nova*), tredici epistole e altre opere sia saggistiche sia liriche. Ricevette la migliore educazione dell'epoca, che fu soprattutto influenzata dall'incontro con il politico ser Brunetto Latini. A vent'anni sposò Gemma Donati, dalla quale ebbe tre figli, ma fu un matrimonio concordato che non si rivelò molto felice. Dante amò invece una fiorentina, che nelle opere chiamò Beatrice, la "Donna gentile". Odiò papa Bonifacio VIII, che rappresentava per lui l'emblema della decadenza della Chiesa (come Guelfo bianco, Dante era un sostenitore del pontefice in maniera molto più tiepida rispetto ai Guelfi neri). Nel 1301, accusato di baratteria e opposizione al papa, fu esiliato da Firenze e si rifugiò in varie città tra Toscana, Veneto e Romagna; arrivò fino a Ravenna, dove morì, probabilmente di malaria, a cinquantasei anni. Importante linguista, teorico politico e filosofo, oltre che scrittore e letterato, Dante spaziò all'interno dello scibile umano, incidendo profondamente sulla letteratura italiana e sulla cultura occidentale, tanto da essere soprannominato il Sommo Poeta.

poesia a p. 505

Cecco Angiolieri

Siena, 1260 circa
Siena, 1313 circa

Il padre era ricco e importante, banchiere e cavaliere, e faceva parte, con la moglie, di un ordine soprannominato «dei Frati Gaudenti». Si chiamava Angioliero, come la famiglia. Cecco, invece, era detto soltanto Cecco. Nel conflitto tra papa e imperatore tifava per i Guelfi (la fazione, opposta ai Ghibellini, che sosteneva il pontefice): nel 1281 partecipò all'assedio di Turri di Maremma e, più tardi, alla campagna contro Arezzo: fu lì che, forse, conobbe Dante. Nel frattempo, si fece multare più e più volte, perché davvero era "gaudente" anche lui, e alle regole proprio non ci poteva stare: vagava oltre il coprifuoco e si allontanava dalle postazioni sul campo di battaglia; tutto per le donne, il gioco dei dadi e le taverne. Alla fine, fu bandito da Siena e se ne andò a Roma a vivere come persona libera, probabilmente sotto la protezione di un cardinale.
Forse sfidò Dante in quello che era il *dissing* dell'epoca: una tenzone. Non sappiamo se Dante gli abbia mai risposto, ma le *Rime* di Cecco sono arrivate fino a noi e ci mostrano una poetica che prende in giro il Dolce Stil Novo: a Cecco poco importava degli angeli e della nobiltà; a lui piacevano le donne e il gioco. E gli piaceva ridere. I suoi figli, però, risero un poco di meno: preferirono rinunciare all'eredità, piuttosto che accollarsi tutti i debiti del padre.

poesia a p. 501

B

Guillaume Apollinaire

Roma, 1880
Roma, 1918

Non ci fu movimento d'avanguardia a cui non partecipò, sempre alla ricerca di nuove forme d'espressione in grado di raccontare i vortici creativi che nutriva dentro di sé. Nacque a Roma, figlio di un ex ufficiale italiano e di una nobildonna polacca con il vizio del gioco. Il suo vero nome era Wilhelm Apollinaris de Kostrowitzky. Con la madre si trasferì in Francia, ma presto cominciò a viaggiare. Nel 1911 fu sospettato di aver rubato la *Gioconda* e passò un periodo in carcere, per poi essere rilasciato. Si arruolò volontario nella prima guerra mondiale – che definì "un grand spectacle" – ma venne ferito gravemente a una tempia e fu congedato. Scrisse drammi (*Le mammelle di Tiresia*) e romanzi erotici (*Le undicimila verghe*). Le opere più famose però sono la raccolta *Alcools* e le poesie *Calligrammi*, ossia liriche in cui le parole sono disposte sulla pagina in modo da formare un disegno. Uno dei calligrammi più famosi, *Riconosciti*, forma il mezzobusto di una donna con un cappello a tesa larga. La donna in questione era Louise de Coligny-Châtillon; Apollinaire la conobbe a Nizza, durante un pranzo terminato tra i fumi dell'oppio. Lei era divorziata e piena di spasimanti, a cui diceva di non farsi troppe illusioni. Lui le scrisse duecentoventi lettere, soprattutto durante la guerra. L'ultima volta che si videro fu in Place de l'Opéra, a Parigi, dove si erano incontrati per caso.

poesia a p. 147

Honoré de Balzac

Tours, 1799
Parigi, 1850

Di famiglia borghese, nel 1830 aggiunse al cognome il "de". Faceva tutto all'eccesso: per esempio, progettò un'opera in 137 volumi, in cui si racconta la vita di 2209 personaggi, così tanti che per orientarsi esiste un *Dizionario biografico dei personaggi fittizi della Commedia umana*. La chiamò proprio così l'opera, *Commedia umana*, e cercò di racchiuderci la descrizione più precisa e realistica della società francese del diciannovesimo secolo. Fu tanto zelante che spesso il suo realismo superò la realtà: di lui Baudelaire disse che aveva inventato un "realismo visionario". Nei giorni in cui scriveva, Honoré de Balzac beveva cinquanta tazze di caffè. Amò molte dame aristocratiche, in particolare Madame Hanska, che riuscì a sposare poco prima di morire: diceva che "C'è tutta una vita in un'ora d'amore". Si imbarcò in imprese fallimentari contraendo parecchi debiti: nel libricino intitolato *L'arte di onorare i debiti e pagare i propri creditori senza scucire neanche un centesimo esposta in dieci lezioni* si dedicò a illustrare i metodi con cui tenere alla larga i creditori e vivere con serenità grazie al denaro degli altri.

racconto a p. 19

Alessandro Baricco
Torino, 1958

È un grande divulgatore, un preside, uno scrittore. Ancora giovanissimo, in uno dei suoi primi libri, intitolato *L'anima di Hegel e le mucche del Wisconsin*, ha raccontato di filosofia e musica, smantellando l'idea che si trattasse di attività accademiche riservate a un'élite di persone colte e barbose. Da quel momento, l'attitudine a mescolare mondi e restituirli in forma accessibile e *pop* segnerà quasi per intero la vasta produzione di romanzi, saggi, articoli, programmi televisivi, spettacoli teatrali ed esperienze registiche di Baricco. Prima di iniziare la carriera di scrittore ha lavorato come correttore di bozze, copywriter, critico musicale, e una volta ha giurato anche di aver venduto per qualche tempo lampadine porta a porta. Il suo romanzo d'esordio, *Castelli di rabbia*, è stato uno straordinario successo, replicato poco dopo con *Oceano mare*, *Seta*, *City*. Il suo *Novecento*, un monologo, è diventato uno spettacolo teatrale e poi un film. Ha fondato la Scuola Holden, un posto che vorrebbe formare gente simile al salingeriano Holden Caulfield, cioè ragazzi bravi a mettere al mondo le storie. Anche Baricco ci assomiglia, a questo Caulfield. Le sue parole hanno la capacità di trascinarvi dentro e, finché starete lì, avrete l'impressione che tutto sia possibile.

racconto a p. 118

Charles Baudelaire
Parigi, 1821
Parigi, 1867

Il padre, un sessantenne amante dell'arte, morì quando Charles aveva sei anni. La madre si risposò con un severo colonnello borghese, avvenimento che per il figlio rappresentò un vero e proprio trauma. Charles fu espulso dal liceo quando, sorpreso a scambiarsi bigliettini con un compagno, si rifiutò di consegnarli al professore; riuscì comunque a diplomarsi nel 1839. Da quel momento non fece altro che accumulare debiti, frequentando prostitute e artisti dediti a uno stile di vita bohémien. La famiglia, preoccupata dalla sua condotta, lo spedì in un viaggio in India da cui Charles tornò carico di suggestioni esotiche che avrebbe riversato nella più famosa raccolta di poesie, *I fiori del male*. Frequentò i circoli letterari parigini, facendosi un nome come critico d'arte, dilapidò l'eredità del padre, conobbe la musica di Wagner e volle tradurre gli scritti di Edgar Allan Poe. Amò tante donne (una soprattutto, Jeanne Duval, ballerina e attrice haitiana con cui visse una tormentata relazione) e detestò il regime di Napoleone III. Morì tra le braccia della madre, a quarantasei anni, dopo un'agonia causata dalla sifilide e dall'abuso di droghe e alcool. Cardine del Simbolismo francese, innovatore del linguaggio lirico e precursore del Decadentismo, ha influenzato con le sue opere generazioni di nuovi scrittori, artisti, poeti, studenti e giovani ribelli.

poesia a p. 138

C

Ray Bradbury

Waukegan, 1920
Los Angeles, 2012

Sarebbe potuto diventare un mago, se non avesse scoperto la passione per la scrittura. A quattordici anni, a causa della Grande Depressione che lasciò il padre disoccupato, si trasferì con la famiglia da Waukegan (Illinois) a Los Angeles (California), dove scoprì il mondo della fantascienza grazie alle librerie in cui si rifugiava tre giorni su sette. Nello stesso periodo scoprì il cinema di Hollywood e le sue star, che distavano da casa solo quattro isolati, veloci da percorrere in bici o coi fedeli pattini a rotelle. All'età di diciannove anni, Bradbury iniziò a scrivere per riviste letterarie di genere e per la compagnia teatrale in cui recitava, ma fu solo nel 1950 che raccolse molti dei suoi racconti in *Cronache marziane*. Tre anni più tardi pubblicò *Fahrenheit 451*, secondo lui l'unico suo romanzo fantascientifico, perché basato sulla realtà: gli altri, che raccontano storie del tutto inverosimili, li considerò fantasy. Di fantasia Bradbury ne ha avuta tanta: si inventò oggetti che poi sarebbero stati realizzati, come gli auricolari bluetooth, le televisioni a schermo piatto e l'intelligenza artificiale. Morì a novantuno anni dopo una lunga malattia, lasciando in eredità la propria biblioteca privata alla città natale. Con il suo stile lirico ed evocativo, Bradbury è stato il reinventore della fantascienza e colui che l'ha resa accessibile al largo pubblico.

racconto a p. 330

Callimaco

Cirene, 310 a.C.
Alessandria d'Egitto, 235 a.C. circa

Molti grandi scrittori che hanno iniziato come bibliotecari forse non sanno di avere un illustre predecessore. Discendente della nobile famiglia dei Battiadi, Callimaco dovette ricominciare dal basso: prima fu maestro elementare nei bassifondi di Eleusi, poi paggio e infine bibliotecario alla corte dei Tolomei. La storia iniziò con la classica missione impossibile: catalogare i 490.000 volumi della Biblioteca d'Alessandria. Né più né meno del mondo conosciuto. Ma il nostro non si tirò indietro e guadagnò, oltre alla fama imperitura, la padronanza di tutto quanto fosse stato scritto e detto prima di lui. Così, dal filologo nacque il poeta. Fedele alla linea *mega biblìon mega kakòn* ("grande libro, grande bruttura"), Callimaco ruppe con la tradizione del poema epico e inaugurò una nuova poesia, che oppose la levità alla pesantezza, la minuzia all'onniscienza, all'impegno politico il puro piacere dell'erudizione (lui avrebbe detto: al raglio dell'asino il canto delle cicale). Fu il primo scrittore-per-scrittori, interessato a stupire il lettore con un'allusione erudita piuttosto che a istruirlo sul bene e sul male. E, per stupirlo meglio, rimpicciolì gli dèi a quand'erano lattanti (*Inno ad Artemide*), fece bisticciare le piante come eroi omerici (*Giambi*) e – udite udite – diede voce ai capelli che abbiamo sulla testa (*La chioma di Berenice*). Da alcuni considerato il primo poeta moderno, Callimaco ha insegnato ai poeti romani (e non solo) la contaminazione tra i generi e il gusto del gioco linguistico.

poesia a p. 232

Achille Campanile

Roma, 1900
Lariano, 1977

Assunto come redattore di cronaca al periodico "L'idea nazionale", il giovane Campanile ebbe l'idea di titolare *Tanto va la gatta al lardo* l'articolo riguardante una vedova trovata morta sulla tomba del marito che andava a visitare tutti i giorni. Silvio D'Amico, allora responsabile della terza pagina, ne fu folgorato. Campanile iniziò la carriera da umorista nel giornalismo, per poi proseguire in altri campi artistici: in teatro si ricordano le fulminanti *Tragedie in due battute*, rappresentate per la prima volta nel 1925. Scrisse saggi e ironici interventi per diversi quotidiani e riviste, e a volte racconti, come nel caso di *Cantilena all'angolo della strada*, che lo portò a vincere il suo primo Premio Viareggio (lo vinse di nuovo con *Manuale di conversazione*). Dopo un calo di popolarità a metà degli anni Cinquanta, tornò alla ribalta con romanzi, sceneggiature e rubriche per la televisione. Si sposò con Pinuccia Bellavita, da cui ebbe il figlio Gaetano: furono loro a chiedergli, dopo aver sempre vissuto a cavallo tra Milano e Roma, di trasferirsi in campagna, a Lariano. Lui acconsentì, abbandonando per l'occasione l'abbigliamento divenuto il suo tratto distintivo: vestiti eleganti e monocolo. Talento versatile, Achille Campanile è ricordato come uno dei più importanti umoristi italiani.

racconto a p. 380

Giorgio Caproni

Livorno, 1912
Roma, 1990

Da piccolo, come molti bambini, sognava di diventare un macchinista, e passava ore su un cavalcavia di Livorno ad aspettare i treni. Dopo la prima guerra mondiale, si trasferì con la famiglia a Genova, che considerò sempre la sua vera città, dove cominciò a suonare il violino; ma presto abbandonò gli studi. Il talento nel comporre lo riversò nella poesia, a cui si era avvicinato grazie ai libri del padre e alla scoperta di Ungaretti e Montale. Collaborò con alcune riviste letterarie e giornali locali, come poeta, critico e recensore; intanto insegnava alle elementari (mestiere che lo accompagnò per tutta la vita, anche nel lungo periodo romano, fino al 1973) e traduceva molte opere dal francese. La morte per setticemia della fidanzata ispirò la raccolta *Come un'allegoria*. Nel 1937 sposò Lina Rettagliata, da cui ebbe due figli. Combatté sul fronte francese durante la seconda guerra mondiale, per poi unirsi alla Resistenza. Morì nella sua casa romana nel 1990: la raccolta *Res amissa* sarà pubblicata postuma un anno dopo. I versi di Giorgio Caproni cantano di Genova, della madre, di viaggi e di linguaggio, spezzando la regolarità del sonetto con una fantasia di rime interne, a capo e frequenti interiezioni. Contaminò le poesie ermetiche del suo tempo con riferimenti autobiografici, diventando uno dei massimi poeti del Novecento.

poesia a p. 464

Giosue Carducci

Valdicastello di Pietrasanta, 1835
Bologna, 1907

L'infanzia nella Maremma fu selvatica e sensuale: il poeta aveva falchi, civette e lupi come animali domestici; studiò Omero, Orazio, Virgilio; assunse regolarmente il chinino, un antimalarico che dava allucinazioni. Come il padre, un medico di fede rivoluzionaria, Giosue Carducci era sempre moderatamente furioso. Odiava lo scrittore Alessandro Manzoni, innanzitutto, e perciò fondò gli Amici Pedanti, un gruppo di ispirazione antiromantica. Odiava la Normale di Pisa perché, diceva, piena di gente che non pensava da sé, e soprattutto perché lo costringeva ad andare a messa tutte le mattine (lesse di nascosto i classici in formato mignon). Entrò nella Massoneria e scrisse l'*Inno a Satana*, in omaggio alla ragione umana e al desiderio di conoscenza; litigò coi fratelli massoni e li mandò al diavolo. Quando da repubblicano si fece monarchico, cinquecento studenti lo accolsero nell'aula dell'università di Bologna a suon di insulti. Le sue *Rime* furono stroncate da un critico; inutile dirlo, ci litigò con gusto. Primo italiano a essere insignito del premio Nobel, nel 1906, rinunciò a presenziare alla cerimonia perché già gravemente compromesso: morì poco dopo di cirrosi epatica, che come tutti sanno è la malattia di chi si è molto arrabbiato. Con le *Odi barbare*, audace esperimento di innesto della metrica greca e latina sulla lingua volgare, aprì la strada al verso libero del Novecento.

poesia a p. 256

Raymond Carver

Clatskanie, 1938
Port Angeles, 1988

Crebbe a Yakima, una cittadina a est di Washington: fu molto influenzato dalla provincia americana, che seppe descrivere con tremenda bravura. Prima di esserne testimone, però, ne fu membro: figlio di un falegname e di una cameriera, fu un ragazzino introverso e nervoso. In una lunga lettera a un amico racconta alcuni ricordi d'infanzia: dalle letture appassionate di Tarzan a quando, durante una notte di Halloween, qualche ragazzo del vicinato rubò per scherzo il gabinetto che i Carver tenevano fuori casa. Raymond sposò a diciannove anni Maryann, già incinta. Il matrimonio, in crisi, andò definitivamente in pezzi quando Carver incontrò Tess Gallagher, che divenne sua compagna di vita. Considerò i figli un ostacolo al proprio lavoro di scrittore. Frequentò corsi di scrittura creativa, e l'incontro con l'editor Gordon Lish gli cambiò la vita. Lish sforbiciò l'opera di Carver senza pietà, dando vita a quel minimalismo che rese celebre l'autore, ma che da lui fu sempre rifiutato, poiché troppo distante dalla sua percezione della scrittura come esperienza di scavo nelle situazioni e negli esseri umani. Noto per i racconti (tra le raccolte più famose *Di cosa parliamo quando parliamo d'amore*), Carver è anche autore di bellissime poesie. Iniziò a scrivere un solo romanzo, che non portò mai a compimento. "Un buon racconto vale quanto una dozzina di cattivi romanzi", dichiarò.

racconto a p. 280

Caterina da Siena

Siena, 1347
Roma, 1380

Caterina fu la venticinquesima dei venticinque figli di Jacopo Benincasa, tintore di panni nella contrada senese dell'Oca. Pare che già a sei anni avesse avuto la prima visione di Cristo, dopo la quale fece voto di castità e iniziò a dedicarsi a pratiche ascetiche; ma fu a dodici anni, quando i genitori volevano maritarla, che insistette per prendere i voti. Ci riuscì ed entrò nell'ordine delle Mantellate. Da allora Caterina iniziò ad assistere gli ammalati e i poveri, e intanto diventava più colta, imparava le storie dei santi, si faceva un'idea della politica. Dal 1370 fino alla morte scrisse (o meglio: dettò a chi sapeva scrivere, perché lei non lo sapeva fare) oltre trecento lettere alle più svariate personalità dell'epoca (re, papi, nobili, mercenari), in cui discuteva di questioni sociali, morali e teologiche con uno stile duro e privo di giri di parole. Fu richiamata dai Domenicani, che inizialmente l'accusarono di protagonismo. Viaggiò a Pisa, ad Avignone e a Roma come mediatrice del Vaticano. È suo il *Dialogo della Divina Provvidenza*, dettato, pare, mentre era in estasi, il grado più alto dell'esperienza mistica. Morì a trentatré anni, poco prima di mezzogiorno.

lettera a p. 524

Gaio Valerio Catullo

Verona, 84 a.C.
Roma, 54 a.C.

Catullo andò in città, dalla provincia alla capitale, con tante idee belle sull'arte e sull'amore. Fra triumvirati e lotte intestine, Roma era sottosopra. Ma lui non se ne accorse. Intanto perché era troppo impegnato a inserirsi nei circoli giusti: quelli dei *neòteroi*, i poeti romani dal gusto alessandrino che, come il loro maestro Callimaco, prediligevano i componimenti brevi e, per l'appunto, il disimpegno politico. E poi perché tra il 59 e il 57 (noi non possiamo essere più precisi, ma sicuramente lui lo ricordava bene) incontrò Clodia, musa della sua poesia e rovina di una vita intera. Donna bellissima, colta, disinibita (e dunque immancabilmente sferzata dall'acredine di Cicerone), Clodia era sorella di un importante tribuno di Roma e, si diceva, amante di alcuni pezzi grossi della città. Con lei, più vecchia di dieci anni, Catullo iniziò una burrascosa relazione che si sarebbe chiusa, dopo tradimenti e ritorni, circa cinque anni dopo. A lei, o meglio, a Lesbia (pseudonimo con cui il poeta rievocava Saffo, la grande poetessa di Lesbo) sono dedicate la maggior parte delle sue poesie, raccolte nel *Liber*. Qui il poeta esplorò l'intera gamma dei sentimenti d'amore – primo tra tutti a includervi anche l'odio –, riuscendo a incastonare in una lingua raffinata il cuore pulsante dell'esperienza vissuta. Amatissimo, molto imitato, citato anche da quelli che non lo conoscono, Catullo morì a trent'anni esatti, prima che il tempo lo costringesse a disfarsi delle sue idee belle sull'amore e sull'arte.

poesia a p. 470

Guido Cavalcanti

Firenze, 1250 circa
Firenze, 1300

In una novella del *Decameron*, riuscì a evitare una compagnia di fiorentini intenzionati ad attaccar briga semplicemente saltando dall'altra parte di alcune tombe; per Italo Calvino, sei secoli dopo, a causa di questo balzo, Cavalcanti è diventato l'emblema della leggerezza poetica. Figlio di Cavalcante dei Cavalcanti, nacque in una delle più potenti famiglie fiorentine, schierata dalla parte dei Guelfi bianchi (ovvero i sostenitori moderati del papa). Per favorire la riappacificazione con i Ghibellini, sposò la figlia del loro capo, Beatrice degli Uberti, da cui ebbe due figli. Prese parte alla vita pubblica di Firenze, sedendo anche nel Consiglio del Comune. Dopo alcuni tumulti del 1300, l'amico e allievo Dante Alighieri, allora priore della città, fu costretto a esiliarlo a Sarzana. Cavalcanti morì lo stesso anno, probabilmente a causa della malaria, pochi giorni dopo che gli fosse concesso di tornare in patria. Fu uno dei maggiori esponenti del movimento poetico del Dolce Stil Novo: compose 52 opere, per la maggior parte sonetti e ballate, in cui descrisse gli effetti prodotti dall'amore (come in *Donna me prega*) e di come questo porti spesso al dolore. Solitario, aristocratico nei modi, ateo, virtuoso filosofo: Guido Cavalcanti è annoverato tra i più importanti poeti della letteratura italiana.

poesia a p. 497

Paul Celan

Czernowitz, 1920
Parigi, 1970

La sua vita si intrecciò alle vicende dell'Olocausto in una notte del novembre 1938: Celan era in viaggio per raggiungere Tours, città francese dove avrebbe iniziato gli studi di Medicina, quando il suo treno si fermò in sosta a Berlino nell'esatto momento in cui centinaia di negozi ebraici venivano distrutti da un *pogrom* nazista (un violento moto popolare contro le comunità ebraiche). Era la Notte dei cristalli. Celan vide per l'ultima volta i genitori il giorno della deportazione degli ebrei della Bucovina, una regione dell'allora Regno di Romania: lui stesso fu rinchiuso per diciotto mesi in un campo di lavoro. Riuscì a salvarsi, e lasciò definitivamente la città natale. Visse a Parigi, all'ultimo piano dell'Hôtel d'Orléans e, poiché era socievole, conobbe presto un gran numero di intellettuali del posto. Iniziò a firmarsi con il nome d'arte Celan, anagramma del suo vero cognome: Antschel. Il suo esordio letterario è *La sabbia delle urne*, stampato in 500 copie un'unica volta, per via della quantità di refusi. Nel 1953 la vedova del poeta Yvan Goll, un amico a cui Celan aveva donato il sangue per una trasfusione, lo accusò di plagio, e l'episodio lo ferì profondamente. Morì una notte di aprile, lasciandosi cadere nella Senna dal ponte Mirabeau. Il corpo fu ritrovato da un pescatore, qualche mese dopo. È ricordato per aver cristallizzato nelle proprie parole l'orrore di Auschwitz, rendendo così dicibile l'indicibile.

poesia a p. 184

John Cheever

Quincy, 1912
Ossining, 1982

Nacque a Quincy, nel Massachusetts. La sua fu un'esistenza sempre in bilico: da un lato l'amore, in particolare per la moglie e per le storie, e dall'altro le contraddizioni e le dipendenze, prime fra tutte l'alcolismo e l'omosessualità, rinnegata fino agli ultimi anni. Dopo la separazione dei genitori, Cheever abbandonò gli studi e cominciò a viaggiare tra Manhattan, Saratoga Springs e Lake George, dormendo spesso in auto e cercando di guadagnarsi da vivere con lavori di ogni tipo, senza mai abbandonare la scrittura. Nel 1935 un suo racconto, *Buffalo*, venne acquistato e pubblicato da "The New Yorker", su cui compariranno moltissime delle sue storie brevi. Conobbe poi Mary Winternitz – la futura moglie – e con lei ebbe una storia in continua oscillazione tra nevrosi e amore disperato. John Cheever ha raccontato il suo mondo, quello dei sobborghi periferici in cui vivono le famiglie americane, con le tipiche abitudini, i vizi e le convenzioni sociali. Nel 1977 riuscì finalmente a disintossicarsi dall'alcool, grazie all'aiuto della moglie e del fratello; nello stesso anno uscì *Il prigioniero di Falconer*, uno dei romanzi di maggior successo. John Cheever morirà pochi anni più tardi, stroncato da un tumore.

racconto a p. 350

Julio Cortázar

Bruxelles, 1914
Parigi, 1984

Di origini argentine, nacque a Bruxelles durante i giorni dell'occupazione tedesca. Era l'inizio della prima guerra mondiale e il padre, diplomatico, era stato mandato lì in missione. Julio Cortázar aveva circa quattro anni quando la famiglia poté tornare in Argentina. Parlava soprattutto il francese, motivo per cui non riuscì mai a liberarsi di un certo modo di pronunciare la erre. Nel giardino della casa di Banfield, un sobborgo di Buenos Aires, si divertì a costruire labirinti, mentre nella sua camera scriveva parole sul muro con le dita. Abbandonò l'università per andare a insegnare in una cittadina di provincia, dedicandosi poi, negli anni successivi, a un'intensa e riservata attività di lettura. Nel 1945, in opposizione al populismo di Perón, rinunciò alla cattedra di Letteratura francese all'Università di Mendoza. Scrisse articoli e pubblicò traduzioni su diverse riviste; poi decise di raccogliere i suoi inediti nella celebre raccolta *Bestiario*. L'opera completa conta uno sterminato numero di racconti fantastici, dove i concetti di tempo, spazio e realtà vengono scombinati e stravolti con assoluta maestria. La consacrazione al mondo delle lettere avvenne dopo la pubblicazione del romanzo più conosciuto, *Il gioco del mondo* (*Rayuela*), composto da circa 300 paragrafi, che possono essere letti nell'ordine indicato dall'autore all'inizio del libro o in ordine di comparizione.

racconto a p. 344

D

Marina Ivanovna Cvetaeva

Mosca, 1892
Elabuga, 1941

Nacque in una famiglia dell'élite culturale moscovita: il padre, professore universitario, fu il fondatore del museo Puškin; la madre, nota pianista, la costringeva allo studio della musica. Con lei Marina si trasferì dalla Russia a Nervi, in Liguria, poiché la madre doveva curarsi dalla tubercolosi: tra le colline italiane passò il periodo migliore dell'infanzia. Alla morte della madre abbandonò la musica e si dedicò interamente alla poesia. Sposò Sergei Efron, ma lui partì per la guerra civile. Lei scrisse allora *Il campo dei cigni*; i cigni del titolo si riferivano all'Armata Bianca, di cui il marito faceva parte. Bloccata a Mosca nel pieno della carestia, perse una delle sue figlie per denutrizione. Riuscì a ricongiungersi con il marito solo cinque anni più tardi: insieme si trasferirono a Parigi ed ebbero un nuovo figlio, ma continuarono a vivere in povertà e Marina, per tenere alcune letture pubbliche delle sue poesie, fu costretta a chiedere in prestito il vestito. Tornò in Russia solo nel 1937 ma Efron, sospettato di spionaggio, venne fucilato. Visse gli ultimi mesi di vita in una condizione di totale indigenza e il 31 agosto, dopo aver scritto una lettera al figlio, si impiccò nell'ingresso di casa. Qualcuno disse che la sua opera si poteva rappresentare come una curva che s'impenna verso l'alto, nello sforzo di portare il linguaggio ai suoi limiti espressivi.

poesia a p. 134

Arnaut Daniel

Ribérac, 1150 circa
Francia (da qualche parte), 1210

Assistette di persona all'incoronazione di Filippo Augusto di Francia, e questo è l'unico riferimento autobiografico contenuto nei suoi scritti. Oltre a questo, tutto ciò che sappiamo di Arnaut Daniel (poco, comunque), si trova nella *vida*, cioè una biografia anonima che accompagnava le poesie dei trovatori. Sappiamo che nacque in una famiglia della piccola nobiltà, che studiò il latino, che si dedicò, prima in maniera amatoriale poi da professionista, al *trobar clus*, una forma di poesia difficile, allegorica e aspra, utilizzata da alcuni trovatori della lingua d'*oc*. Fu molto amico di un altro trovatore, Bertran de Born, e lavorò come giullare alla corte di Riccardo Cuor di Leone (pare che un giorno il re lo avesse sfidato a partecipare a una gara poetica con un altro trovatore, e lui, non sapendo comporre a comando, abbia vinto la gara rubando la poesia allo sfidante e recitandola per primo). Probabilmente, verso la fine, si fece monaco. Di Arnaut Daniel rimangono diciotto composizioni, quasi tutte di carattere amoroso: sedici canzoni, un sirventese e una sestina, di cui è considerato l'inventore. Influenzò la produzione di Dante – che lo designò padre della lirica e lo collocò tra i lussuriosi del *Purgatorio* –, quella di molti poeti catalani, di altrettanti italiani (come Carducci e Ungaretti) e dell'inglese Ezra Pound, che lo tradusse per il Regno Unito.

poesia a p. 478

Gabriele D'Annunzio

Pescara, 1863
Gardone Riviera, 1938

Nacque in una famiglia borghese, e presto manifestò grandi ambizioni e ottime doti poetiche. Trasferitosi a Roma per studiare Lettere, entrò in contatto con l'ambiente culturale della capitale, mettendosi in mostra con scelte di vita lussuose, raffinate ed eccentriche. Sposò la duchessa Maria Hardouin ed ebbe tre figli. Tuttavia, a causa delle ripetute relazioni extraconiugali, il matrimonio terminò presto. Il grande successo letterario coincise con la pubblicazione del primo romanzo, *Il piacere*: da quel momento il pubblico di estimatori crebbe enormemente e iniziò a crearsi un vero *fan club*. D'Annunzio si innamorò dell'attrice teatrale Eleonora Duse, e per lei si trasferì a Firenze: in questo periodo scrisse le migliori opere di poesia. Sviluppò un interesse particolare per la politica, fu eletto deputato e, allo scoppio della prima guerra mondiale, sostenne con fervore la linea interventista. È famoso il suo volo su Vienna nel 1918: 800 chilometri in territorio nemico per liberare sui cieli austriaci migliaia di volantini tricolori. D'Annunzio fu sostenitore del fascismo, ma sempre in modo indipendente: si oppose infatti all'alleanza con Hitler, definendolo un "pagliaccio". Nel 1921 si ritirò nella villa di Gardone Riviera, diventata in seguito meta di pellegrinaggio. Morì per un'emorragia cerebrale, lasciando in eredità un'ampia produzione di tragedie, poesie (*Alcyone*) e romanzi (*Le vergini delle rocce*). Da tutti soprannominato il Vate, fece della vita un'opera d'arte e dell'arte, in senso lato, la vita.

poesia a p. 227

Daniele Del Giudice

Roma, 1949

Quando era un giovane giornalista del quotidiano "Paese Sera", Daniele Del Giudice scrisse una recensione dell'immaginario romanzo dello scrittore Anton Ganzfalsch (nome che in tedesco significa "tutto falso"), e lo fece con una tale accuratezza e convinzione che un critico letterario lo contattò perché non riusciva a trovare quel libro. Del Giudice fu poi scoperto come scrittore da Italo Calvino, che lo accompagnò al debutto nel 1983, quando uscì *Lo stadio di Wimbledon*. La storia parla di memoria: un giovane aspirante scrittore lotta per tenere in vita il ricordo di un intellettuale scomparso, interrogando una frotta di vecchi che avevano condiviso la giovinezza con lui. Del Giudice ha scritto altri romanzi, diversi racconti, alcuni saggi, e uno spettacolo teatrale insieme a Marco Paolini (*I - TIGI Canto per Ustica*). Ha perfino organizzato, a Venezia, il festival letterario *Fondamenta*. Nel suo secondo libro, *Atlante occidentale*, che parla del rapporto tra un fisico del CERN e un famoso scrittore, Del Giudice ha intuito verità scientifiche che sarebbero state scoperte vent'anni dopo. Oggi vive a Venezia, dove ha insegnato Letteratura teatrale all'Università. L'Alzheimer l'ha costretto anzitempo al silenzio letterario e gli ha divorato l'hardware, altrimenti, forse, penderemmo ancora dalle sue labbra.

racconto a p. 266

Emily Dickinson

Amherst, 1830
Amherst, 1886

Nacque ad Amherst, in Massachussets, dove rimase praticamente tutta la vita; fanno eccezione il periodo in cui studiò in un collegio femminile (da cui si allontanò per aver rifiutato pubblicamente di professarsi cristiana) e alcuni viaggi con la famiglia. In uno di questi, a Filadelfia, conobbe il reverendo Charles Wadsworth: lo rivide solo poche altre volte, ma intraprese con lui una fitta corrispondenza epistolare; a detta della nipote, se ne innamorò. Tornata a casa, decise di chiudersi in camera, e di comunicare con le persone solo per lettera o attraverso la porta chiusa. In questo periodo scrisse la maggior parte delle sue 1800 poesie, di cui solo sette vennero pubblicate mentre era in vita. Ebbe pochi amici, a cui scriveva molte lettere, e un cane di nome Carlo. Fu quasi sempre sola, per scelta. Morì di nefrite a cinquantacinque anni, e fu seppellita vestita di bianco, il colore simbolo di purezza indossato per tutta la vita. Fu la sorella Lavinia a custodirne gli scritti e a farli conoscere al mondo: oggi Emily Dickinson è considerata una delle più sensibili poetesse della storia, sia per lo stile caratterizzato da ricche metafore e da una variegata punteggiatura, sia per i temi di morte, eternità e quotidianità affrontati nelle sue liriche.

poesia a p. 301

John Donne

Londra, 1572
Londra, 1631

Discendente dell'umanista inglese Thomas More, Donne fu cattolico in un'epoca in cui questa confessione religiosa, in Inghilterra, precludeva molte strade: studiò a Oxford e a Londra ma, non volendo dichiararsi anglicano, non poté laurearsi. Quando il fratello, anch'egli cattolico, morì in carcere, la sua fede s'incrinò, ma resistette. Donne servì il conte di Essex nelle spedizioni a Cadice e nelle Azzorre; divenne poi segretario del guardasigilli Thomas Egerton e, al suo servizio, abiurò il cattolicesimo. Sposò in segreto la sedicenne Anne More, nipote di Egerton e figlia di un alto dignitario di corte. Perciò fu licenziato e incarcerato e poi costretto a vivere di elemosina e aiuti, fino a quando si rappacificò con il suocero e rese pubblica la propria fede protestante. Lo fece pubblicando un opuscolo anticattolico con il quale conquistò le simpatie di re Giacomo I che – quando Donne ebbe preso gli ordini – lo fece prima cappellano di corte e poi decano della cattedrale di Saint Paul. La malattia che l'aveva perseguitato – prima come nevralgia, poi come tifo e infine come cancro allo stomaco – lo spinse a scrivere quello che viene considerato il suo sermone funebre, *Il duello della morte.* Fu uomo del suo tempo, che mescolava fede e scienza e che si dedicava allo studio dell'alchimia e della cabala. E, da tutto questo, nacque la sua poesia.

poesia a p. 222

E

Thomas Stearns Eliot

Saint Louis, 1888
Londra, 1965

Poeta, saggista, critico letterario e drammaturgo, Eliot fu il settimo figlio di una famiglia borghese del Missouri. A diciott'anni si iscrisse ad Harvard e iniziò ad appassionarsi alla letteratura europea: fu affascinato da Dante, che leggeva in italiano, e dalla letteratura francese. Quattro anni più tardi lasciò gli Stati Uniti e si iscrisse alla Sorbona di Parigi, dove conobbe gli esponenti del Simbolismo francese. Tornò ad Harvard e si laureò in Filosofia, poi sposò una ballerina inglese e si trasferì definitivamente a Londra. Lì lavorò in banca e allo stesso tempo commentò e scrisse poesie. Conobbe Ezra Pound e altri giovani interessati a rivoluzionare l'arte poetica. Fu tra i principali esponenti di un nuovo movimento che prese il nome di *Modernismo*, i cui autori e autrici denunciavano la crisi della cultura occidentale e il senso di alienazione dell'artista, rompevano con il passato e, a livello formale, sperimentavano nuove tecniche che frammentavano il linguaggio tradizionale. La più importante opera poetica di Eliot è *La terra desolata*, un poemetto diviso in cinque movimenti che influenzò tutta la poesia del Novecento. Lo scrittore vinse il Nobel per la letteratura nel 1948 e morì a Londra a causa di una malattia ai polmoni. Era convinto che la poesia potesse comunicare molto, ancora prima di essere capita.

poesia a p. 176

F

Ugo Foscolo

Zante, 1778
Londra, 1827

Nacque a Zante, isola greca allora sotto il dominio veneziano, ma trascorse parte dell'infanzia a Spalato, dove lavorava il padre. A quindici anni si trasferì a Venezia e lì scoprì la grande letteratura classica. Si dice che la sua vita si svolgesse quasi per intero nella Biblioteca Marciana, dove con l'aiuto del bibliotecario si dedicava in modo precoce e appassionato allo studio. A sedici anni scrisse quaranta componimenti e venne presto introdotto nei salotti letterari della Serenissima. La Rivoluzione francese fu sempre un argomento di suo interesse e Vittorio Alfieri il suo modello letterario. A diciannove anni, da grande sostenitore dei valori napoleonici, compose l'ode *A Bonaparte liberatore*; quando però i francesi cedettero Venezia agli Asburgo, Foscolo si sdegnò e partì in esilio volontario per Milano. Qui conobbe Parini e Monti e si innamorò della moglie di quest'ultimo: l'amore travagliato gli valse un tentativo di suicidio. Scrisse il patriottico *Discorso sull'Italia*, il romanzo *Le ultime lettere di Jacopo Ortis* e i *Sonetti*. Visse in Francia, dove ebbe una figlia con una donna inglese e dove conobbe Manzoni, prima di tornare a Milano e comporre il carme *Dei sepolcri*. Dopo la sconfitta definitiva di Bonaparte e l'arrivo in città degli austriaci, lasciò per sempre l'Italia. Morì a Londra, povero e tubercolotico, a quarantanove anni.

poesia a p. 190

G

Francesco d'Assisi
Assisi, 1182
Assisi, 1226

Si dice che la madre l'avesse battezzato Giovanni, ma il padre, mercante, al ritorno da un viaggio in Francia, cominciò a chiamare il figlio Francesco. Circondato da una ricca famiglia, Francesco crebbe con il sogno di diventare cavaliere. Probabilmente sarebbe pure riuscito a realizzarlo, se non si fosse messa in mezzo una profonda crisi religiosa che non solo lo portò a convertirsi, a rinunciare a tutti i suoi beni e a vivere in povertà, ma anche a predicare contro l'uso della violenza e a sostenere l'inutilità della guerra (in Egitto durante la quinta crociata, cercò persino di convincere alcuni soldati a non uccidere, in quanto cristiani). Pare fosse in grado di parlare con gli animali e che avesse le mani e i piedi segnati dalle stimmate. Di sicuro invece scrisse il *Cantico delle creature*, una lode alla fratellanza tra l'uomo e tutto ciò che Dio ha creato, nonché una delle più antiche testimonianze della lingua italiana. La notte di Natale del 1223 Francesco andò in un bosco nei pressi di Greppio: lì sistemò un bue, un asinello e una mangiatoia, e iniziò a celebrare messa. C'è chi dice che a un certo punto, sul fieno della mangiatoia, comparve un neonato: non si hanno certezze sulla questione, ma di sicuro questa storia piacque così tanto da essere affrescata da Giotto, quasi cent'anni dopo, nella basilica superiore di Assisi, e da dare origine alla tradizione del presepio.

poesia a p. 511

Federico García Lorca
Fuente Vaqueros, 1898
Viznar, 1936

Crebbe in Spagna nella tenuta del padre – un ricco possidente terriero – e venne allattato dalla moglie del *capataz*, il fattore; la madre, un'insegnante di salute cagionevole, gli trasmise la passione per la musica e il teatro. García Lorca compì gli studi prima ad Almeria e poi a Granada, dove scoprì i quartieri gitani; frequentò spesso Madrid, dove conobbe il pittore Dalí, il regista Buñuel e il poeta Jiménez. Si trasferì a New York, poi a Cuba e in Argentina, e lì rimase per qualche anno, prima di rientrare in una Spagna dal clima culturale in fermento, in seguito alla caduta della dittatura di Primo de Rivera. Realizzò il progetto di un teatro popolare ambulante, *La Barraca*; scrisse poesie (tra cui le raccolte *Poeta a New York* e *Sei poesie galiziane*), alcune opere teatrali e un libretto sulle ninne nanne, curioso di conoscere le melodie con cui le donne spagnole addormentavano i figli. Nel 1936 in Spagna scoppiò la guerra civile, che si concluse con la fine della Repubblica e la salita al potere del dittatore Francisco Franco. Il poeta, che parteggiava per i repubblicani, rifiutò la possibilità di asilo offertagli da Colombia e Messico, e cercò rifugio a casa di un amico. Il 16 agosto 1936 fu scoperto e arrestato dai franchisti; venne fucilato tre giorni dopo. Nei suoi versi risuona l'eco della tradizione popolare e della poesia colta del passato, arricchita dalle suggestioni delle moderne avanguardie.

poesia a p. 172

Giacomo da Lentini

Lentini, 1210 circa
1250 circa

Sulla vita di Giacomo (o Jacopo) da Lentini non si hanno molte certezze. Nacque nella Sicilia orientale e sappiamo, da alcuni documenti ufficiali, che ebbe una formazione di carattere giuridico, e che lavorò come scriba e funzionario dell'imperatore Federico II di Svevia. Molti dei suoi componimenti sono firmati "Notaro Giacomo" e con lo stesso termine lo battezzò Dante nel *Purgatorio*. Appare anche evidente, dalle sue opere, come Giacomo avesse interessi letterari e una solida preparazione nel campo della retorica. Fu tra i più autorevoli esponenti della scuola siciliana, quella corrente culturale fautrice di una poetica espressa in volgare siciliano, che avrebbe influenzato la lingua e la letteratura italiana. Giacomo fu anche l'inventore del sonetto: ne scrisse una ventina, di cui un paio in tenzone, cioè costruiti a battute alterne insieme a un altro poeta. Scrisse anche alcune canzoni, tra cui *Meravigliosamente*. Secondo lui, l'amore poteva essere raccontato solo se derivava da difficoltà e fallimenti, e proprio l'amore è il tema di tutta la sua produzione letteraria. A un certo punto, Giacomo da Lentini morì: il luogo è sconosciuto, il tempo solo supposto: in una poesia scritta nella metà del XII secolo viene nominato lo scomparso "Jacopo notaro", permettendoci così di collocare la morte del poeta prima del 1250.

poesia a p. 483

Guido Gozzano

Torino, 1883
Torino, 1916

Durante l'adolescenza non si applicò granché allo studio: fu bocciato due volte, poi iniziò a seguire lezioni di Letteratura all'università, anche se era iscritto a Giurisprudenza. Già allora frequentava diversi gruppi letterari, come la Società della Cultura, dove conobbe Amalia Guglielminetti, che sarebbe diventata amica, amante e corrispondente. Pubblicò diverse raccolte di poesie, di cui si ricordano *La via del rifugio* e *I colloqui*; scrisse per giornali e riviste, fiabe per bambini, novelle per il teatro, le didascalie di un documentario sulla vita delle farfalle; iniziò a sceneggiare un film su Francesco D'Assisi, che non sarebbe mai stato girato. Morì a soli trentadue anni di tubercolosi, la malattia diagnosticatagli già nel 1907, che lo aveva spinto a cercare climi più salubri prima in Liguria, poi attraverso un viaggio in India (da cui nacquero le *Lettere dall'India*). Poeta, dandy, crepuscolare: imitò musicalità e passione di D'Annunzio, modello lirico di riferimento dell'epoca, ma presto se ne allontanò, arrivando a scrivere del quotidiano, delle piccole cose, di malattia e di morte – caratterizzava ogni opera con un tono ironico e distaccato. Una volta, definì la propria poetica "ciarpame reietto".

poesia a p. 374

Mariangela Gualtieri

Cesena, 1951

Incontrò Cesare Ronconi alla facoltà di Architettura di Venezia e insieme fondarono il Teatro Valdoca, che nel 1983 rivoluzionò la scena contemporanea: lui, oltre che regista di spettacoli, era anche pedagogo e *allevattori*; lei era drammaturga di una specie strana, perché scriveva i testi direttamente sul palco, durante le prove. Quest'esperienza l'allontanò dalla "polvere della pagina" e la ispirò non soltanto nella scrittura, ma anche nella lettura pubblica delle poesie: dall'idea di una "partitura ritmica" del testo al concetto di "energia orale/aurale" che i "riti sonori" dovrebbero restituire alla parola, fino all'uso espressivo di strumenti di amplificazione della voce. Da leggere, tra gli altri (rigorosamente ad alta voce): *Fuoco centrale*, sul tema della necessità di colmare la distanza da se stessi e tornare alla propria essenza (il "fuoco centrale", appunto), e *Bestia di gioia*, una sorta di laude francescana alla meraviglia e al mistero della natura. Amata tanto dal grande pubblico quanto dalla critica, nel 2011 vinse il Premio Selezione Ceppo per la "forza lirica" con cui aveva cantato la natura. Forza che è propria, come si legge nelle motivazioni della giuria, di un "poeta antico". Lei non si scompose, anzi: commentò che per la parola "poeta", come per "atleta" e "asceta", il genere è di secondaria importanza (e poi, manco a dirlo, è una questione di suono).

poesia a p. 367

Guido Guinizzelli

Bologna, 1235 circa
Monselice, 1276

Incredibile a dirsi, ma non esiste un ritratto affidabile di Guinizzelli.

Fu l'ispiratore dello Stilnovo, vale a dire il padre letterario di Dante e Cavalcanti. Di Guinizzelli conosciamo circa venti componimenti. Tra questi, il più famoso per la portata innovativa dello stile e del contenuto è *Al cor gentile rempaira sempre amore*, una canzone suddivisa in sei stanze, in cui è messa al centro dell'attenzione la nobiltà d'animo e la lode misticheggiante della donna amata. Oltre a essere poeta, Guinizzelli fu anche un giudice. Partecipò alla vita politica bolognese e fu un fervente ghibellino: è facile immaginare come, al trionfo dei Guelfi nel 1274, l'esilio lo aspettasse dietro l'angolo. Fu infatti costretto a spostarsi a Monselice, vicino a Padova, insieme alla moglie e al figlioletto, e qui restò fino alla morte. A proposito di soggiorni: Dante, qualche decennio più tardi, lo collocherà in Purgatorio, tra le anime dei lussuriosi che in vita si abbandonarono eccessivamente ai piaceri sensuali, pur pentendosene prima della morte. Lì Guinizzelli cammina lungo un muro in fiamme, ma in buona compagnia: con lui infatti si trova Arnaut Daniel, celebre poeta provenzale, che influenzò enormemente la tradizione italiana.

poesia a p. 492

H

Guittone d'Arezzo

Santa Firmina, 1235 circa
Bologna, 1294

Nacque nei pressi di Arezzo e il suo nome – che, completo, era Guittone di Michele del Viva – ha origini oscure: c'è chi dice che derivi dalla parola "guitto", che vuol dire sporco, vile e spilorcio. Da giovane viaggiò molto e probabilmente si accostò al mondo delle lettere da autodidatta. La sua vita, poi, fu divisa a metà. Prima fu marito e padre di tre figli: nelle poesie cantò l'amore e si firmò Guittone. Parteggiò per i Guelfi e, in occasione di una loro sconfitta, scrisse *Ahi lasso, or è stagion de doler tanto*. Poi, Guittone si convertì, abbandonò la famiglia e fu membro dei Frati Gaudenti: nelle poesie parlò di dottrina e di morale, e si firmò Fra Guittone. La sua lingua fu il volgare, il suo sforzo quello di creare un linguaggio ricco: fu per questo che si servì anche di voci dialettali, termini di origine francese, provenzale e latina, e a causa di ciò Dante lo rimproverò di essere spesso oscuro e astruso. Nel *Canzoniere* raccolse 50 canzoni e 250 sonetti. Scrisse anche molte lettere, che messe insieme crearono uno dei primi epistolari della storia letteraria italiana.

poesia a p. 488

Friedrich Hölderlin

Lauffen am Neckar, 1770
Tubinga, 1843

Nacque in una famiglia che aveva dato alla Svevia funzionari e uomini di Chiesa. Per decisione della madre studiò prima al seminario di Maulbronn, poi presso il collegio di teologia a Tubinga, dove conobbe gli amici Hegel e Schelling; lì, l'amore per la poesia, unito a quello per gli ideali della Rivoluzione francese, si fece più forte. Terminati gli studi, avendo sviluppato un'insofferenza per l'ambiente ecclesiastico, Hölderlin si rifiutò di diventare pastore e – grazie all'amicizia con Schiller – ottenne l'incarico di precettore per il figlio dei nobili von Kalb, a Waltershausen. Nel frattempo, lavorò al romanzo epistolare *Iperione*. Lasciò Jena e divenne precettore a Francoforte, presso la casa del banchiere Gontard, dove si innamorò di Suzette, la madre dei suoi discepoli che, nelle poesie, chiamò Diotima. Quando la situazione si fece insopportabile, fu costretto a separarsi da lei. Andò quindi a insegnare a Bordeaux e, mentre stava tornando a piedi in Germania, apprese della morte di Suzette. Già vittima di profondi crolli psicologici, Hölderlin impazzì: ritornò a casa dalla madre e venne ricoverato in una clinica di Tubinga, dove fu dichiarato inguaribile. Fu quindi affidato a un falegname, che lo alloggiò in una torre di sua proprietà sulle sponde del fiume Neckar; lì visse trentasei anni, suonando il pianoforte e scrivendo versi che firmava con il nome di Scardanelli.

poesia a p. 340

J

Gerard Manley Hopkins

Stratford, 1844
Dublino, 1889

Gerard Manley Hopkins nacque in una famiglia anglicana di Stratford, Inghilterra. Studiò a Oxford, lesse l'*Apologia pro vita sua* di John Henry Newman e lì trovò le ragioni per convertirsi al cattolicesimo. Venne accolto nel 1866, dallo stesso Newman, nella Chiesa cattolica romana. Ben presto iniziò il noviziato come gesuita. Bruciò tutte le poesie scritte precedentemente, dichiarando che da quel momento in avanti avrebbe scritto solo per il volere dei suoi superiori. Il silenzio poetico durò sette anni, fino a quando, sotto suggerimento di un superiore, Hopkins scrisse *Il naufragio del Deutschland*, una lunga poesia che narra l'affondamento di un bastimento tedesco nel Tamigi, incidente nel quale persero la vita anche cinque monaci francescani. Dopo essere stato ordinato sacerdote svolse l'attività di predicatore a Oxford, Glasgow, Londra e Liverpool fino a quando, dopo aver ricevuto la cattedra di Letteratura greca, si trasferì a Dublino, città in cui si sentì esule. Fu un poeta originale e innovativo della letteratura anglosassone e, attraverso la metrica e il linguaggio, ruppe le radicate tradizioni della poesia d'età vittoriana.

poesia a p. 155

Jacopone da Todi

Todi, 1236 circa
Collazzone, 1306

Nel 1268, il notaio Jacopo de' Benedetti fu mandato a chiamare: il pavimento di una dimora era crollato durante una festa e, nell'incidente, sua moglie Vanna era morta. Legato alla coscia le era stato scoperto un cilicio: la donna lo portava ogni giorno come atto di penitenza. La vita del notaio, da quel giorno, cambiò: rifiutò il mondo terreno e le sue vanità, lasciò il lavoro ed elargì le proprie ricchezze ai poveri, assunse il nome di Jacopone e decise di vivere in penitenza. Per dieci anni visse di elemosina, mortificandosi – si racconta che si presentò al matrimonio del fratello, spalmato di grasso e vestito di piume –; poi, nel 1278, entrò nei Frati Minori. Qui, nel dissidio tra Conventuali – che desideravano ammorbidire la Regola francescana – e Spirituali – che ne volevano mantenere il rigore –, Jacopone si schierò con questi ultimi, forti del sostegno di papa Celestino V, che per loro istituì un uovo ordine religioso: i Poveri eremiti di Celestino. Ma il papa non si dimostrò all'altezza del soglio pontificio e abdicò. Al suo posto venne eletto Bonifacio VIII, che abrogò le disposizioni del predecessore. Jacopone sostenne che l'elezione di Bonifacio era stata illegittima, e per questo fu scomunicato e imprigionato. Il frate poeta – compositore, oltre alle *Laude*, dello *Stabat Mater* – venne liberato solo su ordine del nuovo papa, Benedetto XI.

poesia a p. 517

K

John Keats

Londra, 1795
Roma, 1821

Fra tutte le creature, il poeta è la più impoetica. Keats la pensava così, ma ebbe invece una vita intensa, anche se breve, e spesso tragica. Prima di dedicarsi alla poesia fu apprendista chirurgo. Le sue opere non ebbero un'accoglienza positiva: alla pubblicazione del poema *Endimione* un critico gli consigliò di tornare alla professione medica. A casa di un amico, conobbe Fanny Brawne. Non era bella, Fanny: aveva il naso aquilino e il volto pallido e smunto, ma era esperta di moda e amava parlare di letteratura, e Keats se ne innamorò subito. La madre di lei non lo vedeva di buon occhio. Ma fu la tubercolosi a separarli, costringendo lui a Roma, dove il clima mite avrebbe dovuto guarirlo. Dal n. 26 di piazza di Spagna, Keats scrisse molte lettere a Fanny. La madre della donna aveva finalmente acconsentito al matrimonio, ma il poeta morì prima di tornare. Quando seppe la notizia, Fanny si tagliò i capelli e tenne il lutto per dodici anni. L'anello che lui le aveva donato non lo tolse mai. Si diceva che Keats fosse morto di dolore per le troppe critiche ai suoi lavori. Ciò che gli veniva rimproverato era l'utilizzo di parole inconsuete e l'ambizione di raccontare ogni cosa attraverso i sensi, generando spesso un accumulo di immagini: le stesse caratteristiche che, dopo la sua morte, spinsero qualcuno a definirlo il più grande poeta del secolo.

poesia a p. 14

Daniel Keyes

New York, 1927
Boca Raton, 2014

"Che cosa faresti se potessi diventare una persona super intelligente? Avere ogni risposta proprio lì, nella tua testa". In risposta a questa domanda nacque, un giorno qualunque del 1944, l'idea di uno dei più famosi racconti fantascientifici mai scritti (diventato successivamente un romanzo). David Keyes, l'autore, aveva allora diciassette anni, era seduto sulla metropolitana per andare all'università, e si stava interrogando su come l'istruzione lo stesse allontanando dalla famiglia, per lo più analfabeta. Al suo racconto mancava però un protagonista, qualcuno che si sacrificasse per portare avanti la storia, una voce narrante. Le provò tutte: un criminale, un idraulico, un camionista, ma senza successo. Passarono gli anni, si arruolò per un breve periodo in marina, e tornò infine a New York, dove si laureò in Psicologia. Incontrò il suo protagonista poco tempo dopo, quando venne assunto come insegnante presso una scuola superiore di Brooklyn. Lì Keyes aveva due classi: quella dei ragazzi dotati e quella dei ragazzi "speciali". Il primo giorno, uno dei ragazzi speciali gli chiese: "Se mi impegno, a fine trimestre mi mette nella classe dei ragazzi normali? Voglio diventare intelligente". David Keyes aveva trovato Charlie, il suo protagonista. Gli avrebbe dato un compagno, il topo di laboratorio Algernon. Gli mancava solo un titolo: *Fiori per Algernon*.

racconto a p. 80

L

Giacomo Leopardi

Recanati, 1798
Napoli, 1837

Nacque nelle Marche e divenne presto uno dei massimi cantori dell'infelicità e del male di vivere. A undici anni leggeva già il greco antico; quando gli altri ragazzini ancora non distinguevano una lettera dall'altra, imparò l'ebraico, il francese, l'inglese e lo spagnolo, ma invece di partire per il mondo in cerca di fortuna, decise di restare a Recanati a guardare il mondo da dietro una siepe. Pare che finalmente a vent'anni progettasse di fuggire, ma il padre lo scoprì e non glielo permise. Allora Leopardi compose alcuni dei suoi versi più belli, tra cui *L'infinito* e *Il sabato del villaggio*. Tradusse più volte dal greco la *Batracomiomachia*; quando non sapeva che fare, la ritraduceva. Come tutti i conti che si rispettino, a un certo punto conobbe una nobildonna di cui si innamorò, a quanto pare non ricambiato. Purtroppo questo lo gettò sull'orlo di una crisi depressiva ancor più intensa. Poi scrisse *A Silvia*: a chiunque si riferisse nella realtà, la ragazza cantata nella poesia morì giovane di un male incurabile. Leopardi morì a Napoli. Lì vicino, vedendo le rovine di Pompei, il poeta ebbe occasione di riflettere sul rapporto controverso tra l'uomo e la natura, al tempo stesso madre e distruttrice. Lo raccontò in forma di poesia a una ginestra, il fiore del deserto: fu la penultima lirica che scrisse (l'ultima è *Il tramonto della luna*).

poesia a p. 247

Konrad Lorenz

Altenberg, 1903
Altenberg, 1989

Lorenz fu il padre dell'etologia e di un discreto numero di oche. Nacque nei pressi di Vienna, ultimo figlio di una famiglia benestante. Frequentò le migliori scuole e si laureò in Medicina. La sua vera passione, però, furono gli animali, che imparò ad amare e a conoscere nella villa di famiglia ad Altenberg: non a caso, si laureò anche in Zoologia. Per diversi anni Lorenz si dedicò allo studio approfondito di una specie particolare di oche, compiendo così l'importante scoperta dell'imprinting: semplificando un po', si tratta del riconoscimento come genitore – da parte di alcuni animali – del primo essere in cui si imbattono al momento della nascita. Fu quello che accadde con l'oca Martina: vide Lorenz prima della sua vera madre, e da quel momento iniziò a seguirlo ovunque, tanto che lo scienziato dovette costruire un cestino per portarla sempre con sé. Nei primi anni Quaranta Lorenz, sempre circondato dai suoi animali, si dedicò all'insegnamento e, allo scoppio della seconda guerra mondiale, fu reclutato nell'esercito tedesco. Fu catturato dai russi e inviato in un campo di concentramento armeno. Rientrato in Austria, riprese gli studi e scrisse molti libri, tra cui *L'anello di Re Salomone* e *E l'uomo incontrò il cane*. Grazie alle ricerche sul comportamento animale ricevette il Nobel per la Medicina nel 1973. Lo scienziato-scrittore si spense nel 1989, nella sua casa di Altenberg.

saggio a p. 428

M

Vladimir Majakovskij
Bagdati, 1893
Mosca, 1930

Nacque in Georgia, allora provincia della Russia zarista. Ancora adolescente, Majakovskij svolse un'intensa attività politica nel partito bolscevico e fu arrestato tre volte. Si dedicò poi allo studio delle arti figurative, ma venne presto espulso dall'Istituto di pittura, scultura e architettura di Mosca. Prima di essere cacciato, però, riuscì a entrare in contatto con un gruppo di futuristi, di cui diventerà presto, grazie alla sua forte personalità, la figura centrale. Nel 1913 apparve il suo primo libro, *Ja!* ("Io!") e, nel dicembre dello stesso anno, interpretò a San Pietroburgo la propria tragedia: *Vladimir Majakovskij*. Accolse la rivoluzione con grande entusiasmo e fu direttore del LEF ("Levyj Front Iskusstv", ossia "Fronte di sinistra delle arti"), rivista dell'omonimo movimento in cui confluirono le avanguardie artistiche, letterarie e cinematografiche vicine al Futurismo. Una mattina d'aprile del 1930, Vladimir Majakovskij venne ritrovato morto, ucciso da un colpo di pistola che si era sparato al cuore, nella stanza in cui viveva. Nella lettera d'addio aveva scritto: "A tutti. Se muoio, non incolpate nessuno. E, per favore, niente pettegolezzi. Il defunto non li poteva sopportare".

poesia a p. 442

Stéphane Étienne Mallarmé
Parigi, 1842
Valvins, 1898

Si dedicava alla scrittura con ascetica disciplina, lontano dalla vita mondana: così facendo lasciò dietro di sé una vita incolore e poesie sfavillanti. Nel 1863 ottenne una cattedra di Letteratura inglese nel liceo di Tournon. Fu l'inizio di una carriera da insegnante durata trent'anni e vissuta con poca soddisfazione: riteneva che gli sottraesse il tempo e la libertà di cui la poesia aveva bisogno. Lo stesso anno sposò Marie, una giovane istitutrice tedesca. Tempo dopo, trasferitosi a Parigi, ospitò ogni martedì nell'appartamento in rue de Rome riunioni letterarie che furono frequentate da Yeats, Rilke, Valéry e molti altri. Il suo capolavoro fu *Il pomeriggio di un fauno*, inizialmente pensato come un monologo teatrale, poi rifiutato dall'attore a cui era destinato e quindi pubblicato in forma di poema. Dello stesso poema fu pubblicata un'edizione illustrata da Manet. Mallarmé andò in pensione a cinquantun anni, trasferendosi con la famiglia a Valvins, in una casetta sulle rive della Senna. L'8 settembre 1898 rischiò di soffocare. Morì il giorno dopo, non prima di aver raccomandato alla moglie e alla figlia di distruggere tutti i suoi scritti; le donne non gli diedero ascolto. Ogni sua opera nacque da un desiderio di purezza e dalla convinzione che ai poeti sia concesso affondare le mani nel cuore del mondo.

poesia a p. 143

Osip Ėmil'evič Mandel'štam

Varsavia, 1891
pressi di Vladivostok, 1938

Nacque a Varsavia, all'epoca territorio dell'Impero russo, in una famiglia ebraica che ben presto decise di trasferirsi a San Pietroburgo. Qui Mandel'štam frequentò una scuola prestigiosa, sul cui annuario fu pubblicata la sua prima poesia. Studiò poi a Parigi, a Heidelberg, e di nuovo a San Pietroburgo (lì dovette convertirsi al cristianesimo metodista per iscriversi all'università russa), senza mai laurearsi. Aderì alla Gilda dei Poeti, che partorì il movimento letterario dell'*acmeismo*, le cui opere si caratterizzavano per chiarezza espressiva e concretezza dei contenuti. In un night club, Mandel'štam incontrò Nadežda, che due anni dopo sarebbe diventata sua moglie e, ancora più tardi, ne avrebbe imparato a memoria le poesie per evitare che venissero distrutte dal regime sovietico. Mandel'štam aveva duramente criticato Stalin in molte opere, come nel celebre *Epigramma di Stalin*, per cui venne arrestato una prima volta nel 1934. Seguì i carcerieri portando con sé soltanto una copia della *Divina Commedia*. Comunque, riuscì a non essere condannato, ma solo esiliato. Dopodiché tentò il suicidio, visse di stenti e venne arrestato nuovamente: infine morì in gulag, in Siberia. La moglie lavorò duramente per preservarne la memoria e per far pubblicare le sue ultime poesie. Mandel'štam fu riabilitato *post mortem* soltanto nel 1987.

poesia a p. 326

Giovan Battista Marino

Napoli, 1569
Napoli, 1625

Non uscì dal Regno di Napoli fino a trentun anni, periodo in cui il padre notaio cercò inutilmente di avviarlo alla giurisprudenza (ma il figlio preferiva le materie umanistiche, e vendette tutti i testi di legge per comprarsi libri di letteratura e poesia). Frequentò i letterati dell'Accademia degli Svegliati, finì in arresto due volte per cause mai chiarite; poi si trasferì a Roma dove sviluppò le sue doti relazionali; viaggiò a Venezia per pubblicare le *Rime*, il cui successo gli permise di ottenere un lavoro dal cardinal Aldobrandini, che lo volle con sé a Ravenna; passò alla corte dei Savoia a Torino, e a Parigi con Maria de' Medici; non si recò mai in Inghilterra, anche se l'avrebbe desiderato. Durante il periodo torinese, il poeta rivale Gaspare Murtola, geloso dei suoi successi, gli sparò cinque colpi di pistola, riuscendo a ferire solo un amico che si trovava insieme a lui; sempre in questo periodo il tribunale ecclesiastico dell'Inquisizione si interessò malauguratamente alle sue idee e per anni lo sottopose a indagine. Morì per una stranguria curata male o per cancro all'apparato genitale, dopo aver fatto testamento e bruciato i testi che riteneva blasfemi. Marino viene ricordato per essere il massimo esponente della poesia barocca in Italia: *L'Adone*, la sua opera più importante, racconta le vicende amorose tra Adone e Venere, in venti canti e più di quarantamila versi.

poesia a p. 398

Eugenio Montale

Genova, 1896
Milano, 1981

Sebbene abbia detto di aver vissuto al "cinque per cento", fu un poeta molto famoso già in vita e, nonostante l'astio per i "poeti laureati", vinse il Nobel, ricevette tre lauree *honoris causa* e fu persino eletto senatore a vita. Due furono le grandi presenze nella sua poesia: la Liguria e le donne, che cantò fin dalla prima raccolta di liriche, *Ossi di seppia*. Fu diviso tra Clizia, ovvero la critica letteraria Irma Brandeis, e Mosca, la scrittrice Drusilla Tanzi, soprannominata così per lo spessore degli occhiali. Di Clizia scrisse nelle *Occasioni* e a lei (che viveva negli Stati Uniti) indirizzò molte lettere in cui le dichiarava il suo amore, ma sempre procrastinava la data del loro incontro. Con Mosca invece visse più di vent'anni e ne impedì per due volte il suicidio (o almeno, così lui raccontava), tentato a causa della gelosia nei confronti di Irma. La sposò solo nel 1962; l'anno dopo rimase vedovo. Fu per la moglie con gli occhiali spessi che scrisse due sezioni di *Satura*: fu per lei, perché sapeva che "Di noi due le sole vere pupille, sebbene tanto offuscate, erano le tue".

poesia a p. 194

Alice Munro

Wingham, 1931

Alice Munro apprese di aver vinto il premio Nobel per la letteratura ascoltando un messaggio nella segreteria telefonica lasciato dall'Accademia svedese, che la definì "maestra del racconto contemporaneo". Nacque a Wingham, in Ontario, da madre insegnante e padre allevatore. Il suo cognome era Laidlaw. Il primo racconto lo scrisse mentre era una studentessa dell'University of Western Ontario; lì si manteneva facendo la cameriera, la raccoglitrice di tabacco, o la bibliotecaria. Sposò James Munro: con lui si trasferì a Vancouver ed ebbe quattro figlie. Nel 1972 divorziò dal marito e tornò in Ontario, dove sposò poi il geografo Gerald Fremlin. Ha pubblicato un solo romanzo, che definisce come una serie di storie interconnesse; il resto delle sue opere sono racconti, alcuni usciti singolarmente su riviste letterarie, altri riuniti in diverse raccolte. Con la prima, *La danza delle ombre felici*, vinse il Governor General's Literary Award, un prestigioso premio canadese (ne vincerà altri due nel corso della carriera). Alice Munro ha scritto i suoi racconti con un linguaggio asciutto e apparentemente semplice, e con una precisa e tagliente rappresentazione dei personaggi, guadagnandosi la fama di grande indagatrice dell'animo umano e migliore autrice vivente del Nord America.

racconto a p. 408

N

Pablo Neruda

Parral, 1904
Santiago del Cile, 1973

Si chiamava Neftalí Ricardo Reyes Basoalto, ma un uomo può scegliersi il nome e il destino. A sedici anni, quindi, decise di chiamarsi Neruda, come un poeta ceco dell'Ottocento. A tredici anni aveva pubblicato il primo articolo, a diciannove sarebbe uscito *Crepusculario*, il primo libro. Nel 1927 lasciò il Cile, dopo aver accettato l'incarico di console onorario prima in Birmania, poi a Giava – dove si sposò per la prima volta –, poi ancora in Argentina e in Spagna. Lì, dopo la morte della figlia e la separazione dalla moglie, s'innamorò di Delia del Carril e del marxismo. Allo scoppio della guerra civile nel 1936, fu costretto a riparare a Parigi. Tornato in patria, venne eletto senatore e si iscrisse al Partito comunista cileno, solo per dover fuggire, pochi anni dopo, dalla repressione del governo radicale che lo stesso Neruda aveva aiutato a eleggere. Per un paio d'anni si stabilì a Capri – Massimo Troisi l'ha raccontato nel film *Il postino*. Neruda tornò nuovamente in Cile per seguire l'impegno politico. Aiutò Allende a diventare presidente e nel 1971 ottenne il Nobel per la letteratura. Morì di cancro, o forse avvelenato da un sicario del dittatore Augusto Pinochet, il cui regime mise al bando le sue opere.

poesia a p. 242

Novalis

Oberwiederstedt, 1772
Weißenfels, 1801

Il poeta tedesco Friedrich Leopold von Hardenberg cominciò a firmare le sue opere con lo pseudonimo di Novalis solo nel 1798, ispirandosi a un antico nome di famiglia il cui significato – "terreno su cui si inizia a coltivare" – gli era parso piuttosto adatto. Profondamente influenzato dall'educazione pietista impartitagli dal padre (in contrasto con il protestantesimo luterano), scrisse i *Canti spirituali* per rinnovare i libri dei canti usati nelle chiese luterane. Studiò diritto, ottenendo il massimo dei voti, e tentò di approfondire anche la filosofia e la matematica, ma ebbe scarsi risultati. Si dedicò perciò alla scienza mineraria e divenne amministratore di alcuni giacimenti di salgemma. A ventitré anni si innamorò di una bambina di dodici, Sophie, con cui ebbe una relazione segreta, che si concluse quando, nel giro di due anni, lei morì di tisi. Da quel momento Novalis iniziò a comporre gli *Inni alla notte*. Morì a sua volta di tisi, giovanissimo, all'alba di un secolo che avrebbe raccolto la fascinazione per la notte in una lunga tradizione di notturni: dal musicista Chopin al pittore Caspar David Friedrich. Lo sguardo di Novalis fu sempre teso a svelare il brillìo dell'infinito nelle cose di ogni giorno.

poesia a p. 180

O

Joyce Carol Oates

Lockport, 1938

Joyce Carol Oates crebbe in una fattoria nella zona rurale dello stato di New York, a pochi chilometri dal lago Ontario. A otto anni ricevette dalla nonna *Alice nel paese delle meraviglie*: memorizzò ogni parola e ogni disegno, e si mise a sua volta a scrivere e disegnare. Alle scuole superiori ottenne una borsa di studio per la Syracuse University, dove si laureò in Letteratura anglosassone. All'università del Wisconsin, durante la specialistica, conobbe Raymond J. Smith, suo futuro marito, con il quale fonderà la prestigiosa "Ontario Review", periodico letterario e casa editrice. Quando lui morì, lei riversò il suo dolore nel memoir *Storia di una vedova*. Oates ha scritto moltissimo – oltre 70 titoli tra raccolte di racconti, romanzi e saggi –, spaziando dalla boxe, a Marilyn Monroe, al tema della violenza e dell'abuso. Con lo pseudonimo di Rosamund Smith si è dedicata invece al genere della *suspense*. Eppure, se c'è una domanda che la irrita, è proprio quella sulla prolificità della sua produzione. Joyce Carol Oates scrive ogni prima stesura a mano, per poi passare al computer. È convinta che gli scrittori siano stati toccati da una benedizione, per aver scelto di dare vita a discorsi che altrimenti sarebbero rimasti muti.

racconto a p. 42

Orazio Flacco

Venosa, 65 a. C.
Roma, 8 a. C.

Se vivesse adesso, Orazio sarebbe forse un premiatissimo copywriter: suo l'elogio all'*aurea mediocritas* ("aurea via di mezzo"), che i più distorcono con ironia; suo quel *nunc est bibendum* ("ora si deve bere"), ai tempi inno alla morte della regina Cleopatra, oggi poco più di un brindisi chic; sua, soprattutto, l'esortazione a *carpere diem* ("cogliere il momento"), universalmente equivocata come un invito a spassarsela. Un copywriter premiatissimo, dunque, ma destinato, nel passaggio di mano in mano, a essere frainteso. Va detto, comunque, che le tentò tutte: a vent'anni impugnò lo stilo (*Satire*) e la spada contro il futuro imperatore Augusto, ma all'ultimo gettò malamente lo scudo (*reclita non bene parmula*: un altro slogan dei suoi); a trentadue si ritirò a vivere nella casa donatagli da Mecenate nei pressi di Licenza in cui, *omen nomen* ("il nome è un presagio"), si dedicò all'*otium* e alle *Odi*, ma poi si ammalò di congiuntivite; a quasi cinquanta, sfiancato dai colpi della sorte, cambiò rotta e diventò poeta di regime, cantando con il *Carme secolare* le lodi di Roma e dell'imperatore. Era costui un voltagabbana? Un fifone irriducibile? Oppure più semplicemente uno che, come tutti, ogni tanto cambia idea? Difficile dirlo. Viene però il sospetto che il suo più celebre ferro del mestiere – quel *labor limae* ("lavoro di limatura") che gli valse un posto tra i grandi dell'*Inferno* – fosse una lezione di vita, non meno che di stile.

poesia a p. 74

P

Giovanni Pascoli

San Mauro di Romagna, 1855
Bologna, 1912

Quarto di dieci figli, crebbe in una famiglia di condizioni agiate. Quando aveva dodici anni, il padre fu ucciso mentre rincasava e questo ebbe un impatto enorme sulla psiche del figlio, che ne scriverà nelle poesie *X Agosto* e *La cavallina storna*. In seguito una sorella morì di tifo, la madre di crepacuore, un fratello di meningite. Dopo aver vinto una borsa di studio, Pascoli si iscrisse alla facoltà di Lettere di Bologna, dove insegnava Carducci. Perse i sussidi per aver fischiato il ministro dell'Istruzione, ma si laureò comunque con lode. Cominciò a insegnare nei licei e a trent'anni realizzò il sogno di metter su casa con le sorelle Ida e Maria – a cui era legato da un rapporto morboso – per ricostruire in parte il nido perduto. La raccolta di poesie *Myricae* segnò un distacco dalla tradizione letteraria a causa dell'uso di un linguaggio sperimentale e del continuo vagheggiamento dell'infanzia come età dell'innocenza. Dopo il matrimonio di Ida, Giovanni si trasferì con la sola Maria a Castelvecchio e, nello stesso anno, divenne professore universitario. Pubblicò il saggio *Il fanciullino* e più tardi uscirono i *Canti di Castelvecchio*. Poeta decadente, fu legato a D'Annunzio da un rapporto fraterno, con alcuni momenti di crisi. Negli ultimi anni si fece solitario e ombroso, incline al vizio dell'alcool: morì, probabilmente di cancro al fegato, a cinquantasei anni.

poesia a p. 199

Pier Paolo Pasolini

Bologna, 1922
Lido di Ostia, 1975

Aveva tre anni quando si rifiutò di andare all'asilo dalle suore, il primo di una lunga serie di gesti che lo avrebbero portato a definirsi ateo e anticlericale. In gioventù ebbe modo di appassionarsi alla letteratura, alla poesia, al calcio, alla cultura popolare e al dialetto friulano di Casarsa, il paese natale della madre dove si recò con la famiglia per attendere la fine della guerra (Pier Paolo si era arruolato, ma dopo l'Armistizio riuscì a sfuggire alla deportazione travestendosi da contadino). In questo periodo scoprì la propria omosessualità, che in futuro sarebbe stata al centro del suo personaggio pubblico. Si iscrisse al Partito comunista italiano, da cui venne espulso dopo accuse di atti osceni in luogo pubblico. Nel 1950 si trasferì a Roma, dove pubblicò *La meglio gioventù*, una raccolta di poesie in friulano, e *Ragazzi di vita*, un romanzo sui giovani delle borgate romane, poi accusato di pornografia (e successivamente assolto, grazie anche alla difesa di Ungaretti). Dagli anni Sessanta si dedicò al cinema, dirigendo *Accattone*, *Il Vangelo secondo Matteo* e il *Trittico della vita*, ma è *Salò, o le 120 giornate di Sodoma*, uscito postumo, il film più famoso e discusso. Anche il romanzo *Petrolio* venne pubblicato postumo nel 1992. Scrisse canzoni, testi teatrali, editoriali. Fu brutalmente ucciso all'Idroscalo di Ostia, in un delitto che ha ancora molti lati oscuri.

poesia a p. 454

Sandro Penna

Perugia, 1906
Roma, 1977

Fu poeta e prosatore. Crebbe in Umbria e a vent'anni, complice l'amore per un ragazzo di Trastevere, si trasferì a Roma. La sua fu una poesia descrittiva e lessicalmente semplice, lontana dalle correnti più rappresentative dell'epoca, prima fra tutte l'Ermetismo. Per questo si dice che seguì la linea "antinovecentesca" aperta da Saba, il quale gli divenne presto amico e corrispondente. Negli anni romani conobbe Gadda, poi si trasferì per un breve periodo a Milano, dove lavorò per la Bompiani. Nel 1939 pubblicò la prima raccolta, *Poesie*; passarono oltre dieci anni prima dell'uscita della seconda, intitolata *Appunti*. I testi di Penna dialogano con la tradizione e si avvalgono di un linguaggio immediato, di facile comprensione. Il tema prediletto sono i fanciulli, prede e desiderio d'amore. Questo aspetto, che segnala un ulteriore punto di contatto con l'opera di Saba, lo rende un "poeta esclusivo d'amore", come lui stesso si definisce, amore che è sempre omosessuale e realizzato attraverso forme semplici, brevi e cantabili. Penna morì a Roma a settantun anni. Nell'ultima parte della vita aveva abbandonato le amate passeggiate, girava in macchina e si faceva accompagnare da un cane lupo. Uno dei più grandi sostenitori della sua poesia fu Pier Paolo Pasolini; Roberto Vecchioni e Lorenzo Jovanotti ne hanno ripreso alcuni versi nelle loro canzoni.

poesia a p. 218

Fernando Pessoa

Lisbona, 1888
Lisbona, 1935

Poeta e scrittore portoghese, fu anche traduttore e giornalista. Il patrigno era console in Sudafrica e per questo Fernando crebbe a Durban, dove si imbatté presto in Shakespeare, Milton, Byron, Keats e Shelley, su influenza dei quali compose sonetti in inglese. A diciassette anni rientrò a Lisbona e si iscrisse alla facoltà di Lettere, ma presto capì che l'università non faceva per lui. Divenne traduttore di corrispondenza commerciale e questo lavoro, che lo occupò tutta la vita e che gli lasciava molto tempo libero (era una sorta di *free lancer* moderno), gli consentì di dedicarsi alla poesia. Alvaro de Campos, Ricardo Reis, Alberto Caeiro sono i suoi tre eteronimi più conosciuti: eteronimi, cioè personalità fittizie, *alter ego* dello scrittore divenuti autonome attraverso i libri che fece pubblicare a loro nome. Queste figure raccontano qualcosa sulla personalità di Pessoa e al contempo lo rendono inafferrabile. Non è un caso che Ophélia Queiroz, la sua innamorata, abbia creato con un gioco di parole l'eteronimo *Ferdinand Personne*: *pessoa* in portoghese significa *persona*, ma *personne* in francese vuol dire *nessuno*. Signor Nessuno morì di cirrosi epatica ad appena quarantasette anni, perché l'alcool, come la sua fantasia, lo aveva accompagnato sempre.

poesia a p. 404

Francesco Petrarca

Arezzo, 1304
Arquà, 1374

Molto di ciò che sappiamo riguardo a Petrarca lo dobbiamo al poeta stesso: si dedicò sempre con cura alla narrazione della propria storia, conservando un epistolario ordinato con l'intenzione di tramandare ai posteri un'autobiografia ideale piena di date e particolari. È probabile che qualche volta abbia mentito, ma è anche attraverso le bugie che si costruisce la narrazione di sé. A Bologna fu uno studente sfaticato di Diritto, ma solo alla morte del padre poté abbandonare l'università e dedicarsi agli studi classici che tanto lo appassionavano. Teneva sempre con sé una copia delle *Confessioni* di sant'Agostino e per tutta la vita gli fu caro un codice contenente gli scritti di Virgilio (si dice persino che morì mentre era intento in questa lettura). Lavorò presso la corte papale nella città di Avignone, e proprio in una chiesa di Avignone il 6 aprile del 1327 incontrò Laura, la donna di cui si innamorò e a cui rese omaggio nel suo *Canzoniere*. Petrarca viaggiò di corte in corte, in un secolo in cui la storia d'Italia era parecchio complicata. Fu amico di Boccaccio e nei confronti di Dante provò ammirazione, anche se alcuni contemporanei lo accusarono di esserne invidioso. Scrisse le opere per cui voleva essere ricordato in latino, allora lingua dei dotti; credeva invece che le poesie del *Canzoniere* fossero appena "frammenti di cose scritte in volgare".

poesia a p. 168

Aleksandr Sergeevič Puškin

Mosca, 1799
San Pietroburgo, 1837

Il nonno era africano: da lui ereditò il colorito bruno della pelle e i capelli crespi, che metteva in evidenza negli autoritratti caricaturali. Fu costretto a lasciare i luoghi dove viveva perché la sua scrittura veniva considerata rivoluzionaria: per questo viaggiò molto (senza però valicare il confine della Russia), tanto che si stima che nei suoi viaggi abbia percorso una distanza quasi pari alla lunghezza dell'equatore. Con il generale Raevskij viaggiò per la Crimea e il Caucaso, prima di scrivere l'*Evgenij Onegin*, romanzo in versi che è stato definito "l'enciclopedia della vita russa". Nel 1830 sposò la diciannovenne e bellissima Natal'ja Gončarova, che lo fece soffrire molto. Con i proventi delle opere faticava a finanziare la vita agiata che lei si ostinava a pretendere, e si sentiva umiliato per il gran numero dei suoi ammiratori, tra cui sembra ci fosse lo stesso zar. Nel 1837 ricevette una lettera anonima che rivelava la relazione tra la moglie e un barone francese. Sfidò l'uomo a duello alla pistola, alle quattro del pomeriggio, e rimase ferito mortalmente – il barone invece ne uscì incolume, si dice grazie a un bottone che deviò il proiettile. Con le sue opere, che gli diedero la gloria di un Dante di Russia, seppe raccontare il tempo in cui viveva meglio di chiunque altro.

poesia a p. 437

Q

Salvatore Quasimodo

Modica, 1901
Napoli, 1968

Figlio di un ferroviere, dopo il terremoto del 1908 si trasferì a Messina, dove il padre era incaricato di rimettere in piedi la stazione. Visse con la famiglia all'interno di un vagone fermo su un binario morto. A diciott'anni, come da manuale, fuggì verso il Continente ("di notte con un mantello corto / e alcuni versi in tasca"). A Roma fu costretto a interrompere gli studi in Ingegneria. Si mantenne facendo vari lavori e intanto, segretamente, prese lezioni di latino e greco da un monsignore in Vaticano. Aveva venticinque anni quando fu assunto al Genio Civile di Reggio Calabria. L'indipendenza era raggiunta. E allora? E allora, di nuovo secondo ricetta, mollò tutto e si dedicò alla letteratura. La città della svolta fu Milano. Lì fece tutto quello che gli scrittori dell'epoca facevano: il giornalista, l'insegnante, il critico teatrale. Persino le sue opere ricalcavano a pieno lo spirito del tempo: durante il fascismo fu il poeta ermetico che non parlava del fascismo, raccontò l'abbandono della casa e la perdita dell'innocenza (*Ed è subito sera*); dopo la guerra fu il poeta impegnato, adottò i temi neorealisti e una lingua più schietta (*Giorno dopo giorno*); quando scoppiò il boom, non mancò la critica alla "civiltà dell'atomo" e al suo consumismo (*Il falso e il vero verde*). Famoso come poeta e ancora di più come traduttore (da Catullo a Shakespeare, da Omero a Molière), alla fine tornò all'inizio: suo padre trasportava persone, lui trasportò parole.

poesia a p. 450

Francisco de Quevedo

Madrid, 1580
Villanueva de los Infantes, 1645

Entrambi i genitori furono legati alla regina Anna d'Austria: il padre fu segretario di corte, la madre dama d'onore. Per questo, l'educazione di Quevedo fu nobile e privilegiata: studi classici all'Università di Alcalà de Henares e teologia a Valladolid. Nel frattempo, scoprì la poesia. Intraprese la carriera politica e accompagnò il duca di Osuna, viceré di Sicilia e Napoli, in Italia. Qui fu coinvolto – o forse organizzò – una congiura per annettere Venezia alla Spagna. Scoperto, riparò in patria: fuggì travestito da mendicante, e si salvò grazie al suo perfetto accento italiano. Con la caduta di amici e protettori, fu condannato all'esilio, ma la sua fortuna volse in meglio quando il duca di Olivares prese il potere. Almeno fino a quando sotto il tovagliolo di re Filippo IV fu ritrovata una poesia satirica sulla gestione del potere, e fu attribuita a Quevedo – che nel 1639 venne condannato al carcere, da cui uscì solo alla caduta del duca di Olivares. Forte della propria conoscenza del mondo e dei suoi vizi, nei *Sogni e discorsi di verità scopritrici di abusi, vizi e inganni in tutte le professioni e stati* Quevedo intraprese un viaggio immaginifico nell'inferno di tutti i giorni, come faceva con i disegni il pittore fiammingo Hieronymus Bosch e come avrebbe fatto, più di un secolo dopo, Francisco Goya.

poesia a p. 238

R

Rainer Maria Rilke

Praga, 1875
Montreux, 1926

Da bambino la madre lo vestiva con abiti femminili nel tentativo di rivedere in lui la primogenita morta prematuramente. Per affrancarsi, a un certo punto Rilke decise di cambiare il proprio nome da René al più virile Rainer. Tormentato nell'animo e a causa della condizione fisica precaria, visse da apolide, viaggiando per l'Europa e innamorandosi di ogni donna che incontrava. Alcune furono più importanti di altre: con Lou Salomé, più grande di lui di quattordici anni, ebbe un rapporto epistolare sempre vicino a diventare una storia d'amore, mai coronata. Sposò invece Clara Westhoff, ma non interruppe mai i viaggi e, di ritorno da uno di questi, fece una tappa a Monaco per chiarire con la moglie i termini della separazione. Poco dopo soggiornò a Duino, nei pressi di Trieste, nel castello della principessa von Thurn und Taxis, che si dice gli avesse aperto le porte per proteggerlo dalla seduzione di altre donne. Lì iniziò la prima stesura delle *Elegie duinesi*. Passò gli anni che definì i più difficili della sua vita in alcuni sanatori, tormentato da dolori che i medici non riuscivano a spiegare. Arrivò a pesare quarantanove chili. A Valmont, prostrato da una leucemia diagnosticata con ritardo, indirizzò l'ultima lettera a Lou Salomé. Cantò la caducità della vita, ma proprio nella poesia trovò il mezzo per riscattare ogni cosa dalla morte, e per mantenerla in salvo dentro di sé.

poesia a p. 214

Amelia Rosselli

Parigi, 1930
Roma, 1996

Figlia di Carlo Rosselli, politico antifascista fucilato in Francia da sicari di Mussolini, è stata una delle più grandi poetesse italiane del Novecento. Ebbe una vita movimentata – la famiglia fu costretta a esiliare – e da Parigi si trasferì prima in Svizzera, poi negli Stati Uniti, infine in Inghilterra. Alla passione letteraria accompagnò lo studio della musica, così le sue sono poesie musicali, in cui ogni sillaba sembra sprigionare un suono. Amava definirsi poetessa della ricerca e sentiva il bisogno di scrivere solo quando c'era "qualcosa di assolutamente nuovo da dire". Frequentò diversi componenti del Gruppo 63 e attirò l'attenzione di Pier Paolo Pasolini. Sulla rivista "Il Menabò", diretta da Elio Vittorini, pubblicò ventiquattro poesie. Più tardi uscì *Variazioni belliche*, la sua prima raccolta, cui seguì una seconda, *Serie ospedaliera*, cinque anni dopo. Le situazioni della vita la resero apolide e multilingue. Scrisse poesie in francese e pubblicò *Sleep*, raccolta di testi in inglese. All'età di vent'anni le venne diagnosticata la schizofrenia, ma rifiutò sempre il verdetto dei medici. Morì suicida l'11 febbraio del 1996. Il giorno e il mese non sono casuali: esattamente trentatré anni prima aveva compiuto lo stesso gesto la poetessa statunitense Sylvia Plath, di cui Amelia Rosselli fu, oltre che grande lettrice, traduttrice appassionata e impeccabile.

poesia a p. 204

S

Carlo Rovelli

Verona, 1956

Carlo Rovelli è un fisico teorico, noto soprattutto per gli studi nel campo della gravità quantistica. Durante la gioventù, Rovelli ha partecipato ai moti politici studenteschi nell'Università italiana, contribuendo a fondare alcune radio libere e scrivendo, insieme ad alcuni amici, un libro sull'occupazione militare di Bologna nel 1977 (il libro non è piaciuto alla polizia, che ha accusato l'autore di reati d'opinione). Si è laureato in Fisica all'Università di Bologna e ha conseguito il dottorato di ricerca a Padova. Ha poi lavorato come ricercatore all'interno di varie università: Roma, Trento, Trieste e Yale. Ha insegnato a Pittsburgh e all'Università di Aix-Marseille, dove dirige un gruppo di ricerca. Ha pubblicato *Sette brevi lezioni di fisica*, best seller in diversi paesi che racconta, in modo semplice e con una prosa a tratti lirica, le tappe fondamentali della storia della fisica. Il libro è piaciuto persino all'avversario scientifico di Rovelli, David Gross il quale ha detto: "Su molte cose non siamo d'accordo ma riconosco che lei è animato dalla mia stessa passione". Carlo Rovelli è ateo, e grande divulgatore del pensiero scientifico (di cui parla in *Cos'è la Scienza. La rivoluzione di Anassimandro*) che, secondo lui, permetterebbe al genere umano di evitare molte sciocchezze.

saggio a p. 65

Umberto Saba

Trieste, 1883
Gorizia, 1957

Per i primi anni di vita crebbe con una balia soprannominata Peppa Sabaz. Del resto il padre, Ugo Edoardo Poli, aveva abbandonato la famiglia non appena era nato il figlio, e la madre, un'ebrea triestina di nome Felicita Rachele Cohen, lo rivolle improvvisamente con sé solo tre anni dopo. Forse fu anche per questo che il poeta firmò il proprio lavoro fin da subito con lo pseudonimo di Saba, che in ebraico significa "nonno". Studiò letteratura, archeologia, tedesco e latino all'Università di Pisa, ma fu costretto a tornare a Trieste a causa di una nevrastenia, che lo accompagnò per tutta la vita (e lo portò a conoscere Edoardo Weiss, lo psicanalista, allievo di Freud, con cui Saba riuscì a indagare sulla propria infanzia). Nella prima guerra mondiale fu interventista come il direttore del quotidiano con cui collaborava, tale Benito Mussolini; durante la seconda guerra mondiale dovette emigrare in Francia con la moglie Carolina e la figlia Linuccia, poi tornò per nascondersi a Roma e Firenze, cambiando casa molto spesso. Lavorò come direttore di un cinema, copywriter, libraio, giornalista, reporter, mozzo, romanziere (pubblicato postumo e incompiuto il suo *Ernesto*), ma è come poeta che viene ricordato: il *Canzoniere*, di ispirazione autobiografica, racconta la sua vita con strutture semplici e un linguaggio quotidiano. Morì in una clinica di Gorizia, dove si era fatto internare due anni prima.

poesia a p. 159

Saffo

Ereso, 630 a.C. circa
Leucade, 570 a.C. circa

La più grande poetessa dell'antichità nacque a Lesbo, e non poteva essere altrimenti: qui naufragò infatti la testa mozza di Orfeo, il mitico cantore che con la sua lira fermava i fiumi e ammansiva le belve. La vita di Saffo non fu meno spettacolare: aristocratica, si dice che sia stata in esilio in Sicilia per motivi politici (vero); che, innamoratasi di un giovane marinaio, sia stata respinta perché troppo brutta (falso); che in seguito a questo si sia suicidata, gettandosi da una rupe sull'isola di Lefkada (falsissimo); che sia stata maestra e sacerdotessa di un *tìaso*, qualcosa a metà tra un college e una setta religiosa, in cui giovani fanciulle di buona famiglia erano iniziate al culto di Afrodite e preparate al matrimonio (vero); e infine che abbia stretto con le allieve legami amorosi (vero e falso: era qualcosa in meno dell'amore romantico, ma decisamente qualcosa in più della metafora poetica). Di lei rimane ben poco: l'*Inno ad Afrodite*, in cui la poetessa invoca l'aiuto divino per conquistare qualcuno che la respinge; la cosiddetta *Ode alla gelosia*, prima (e più alta) anatomia del sentimento; e infine una serie di frammenti dal senso oscuro, per la delizia di critici e guardoni. Con i suoi versi ha inventato l'io lirico, riabilitato Elena di Troia e fatto dire allo statista ateniese Solone, suo contemporaneo: "Voglio imparare questa poesia a memoria e dopo morire".

poesia a p. 319

Vittorio Sereni

Luino, 1913
Milano, 1983

Nacque in Lombardia vicino al Lago Maggiore, nei luoghi che più gli saranno di ispirazione nelle sue poesie. Si formò a Brescia dove, grazie alle pagine di Ungaretti, conobbe l'amore per la letteratura; si spostò poi a Milano, dove incontrò Luciano Anceschi, filosofo e critico letterario, Salvatore Quasimodo, e molti poeti e scrittori che in seguito avrebbero fatto parte della cosiddetta Linea Lombarda. Un evento cruciale della sua vita fu la chiamata alle armi: venne assegnato a un reparto che avrebbe dovuto combattere nell'Africa settentrionale ma, giunto a Trapani, Sereni fu fatto prigioniero dagli americani e trasferito prima in Algeria e poi in Marocco. Tornò in Italia solo nel 1945 e, due anni più tardi, pubblicò *Diario di Algeria*. L'esperienza della prigionia influenzò moltissimo le raccolte successive e in particolare fece da sfondo alla sua opera più nota, *Gli strumenti umani*, raccolta divisa in tre parti, in cui le vicende private vengono costantemente messe in relazione con i grandi cambiamenti storici e culturali del secolo. Sereni fu anche assiduo viaggiatore, traduttore e direttore editoriale. Morì nel 1983 in seguito a un aneurisma.

poesia a p. 252

U

Wallace Stevens

Reading, 1879
Hartford, 1955

A sentire "poeta americano", che cosa vi viene in mente? Intrattabilità, colpi di testa e incostanza negli studi, per esempio? Niente di tutto ciò: Wallace Stevens si laureò in Giurisprudenza e passò il resto della vita a dirigere una società di assicurazioni. Tanti amori sbagliati? Nemmeno: conobbe Elsie, la sposò e non la lasciò più, neppure quando lei mostrava i primi segni di instabilità psichica. Una vita *on the road*, o almeno frequenti voli intercontinentali? In realtà la coppia si stabilì a Hartford e non si mosse da lì. Anche le vacanze, sempre uguali: Key West, Florida, per otto anni di fila. Unica nota di colore: una rissa con Hemingway. Che si fosse ucciso di noia, almeno! E invece morì al St. Francis Hospital, alle otto e mezza di un mattino d'agosto. Il fatto è che Wallace Stevens è uno dei più grandi poeti americani del Novecento non *nonostante*, ma *grazie* alla propria grigia esistenza. Qualcuno lo ha definito "un Kafka all'ennesima potenza". Qualcun altro fa notare che soltanto una persona abituata a redigere documenti legali può guadagnare quel "sovrano distacco" dalla realtà che permette di distillare l'emozione. Il poeta si descrisse, più prosaicamente: "l'eremita che vive solo con il sole e con la luna, ma continua a comprare un marcio giornale". Insignito del Premio Pulitzer per la poesia nel 1955, Wallace Stevens è amato dai critici, che consumano la loro vita a decodificare l'*Harmonium*. I musicisti, semplicemente, lo suonano (vedi "We Call upon the Author" di Nick Cave).

poesia a p. 151

Giuseppe Ungaretti

Alessandria d'Egitto, 1888
Milano, 1970

L'amore per la poesia gli nacque quando era ancora a scuola, e dalle riviste conobbe la letteratura italiana e quella francese. E infatti, poco più che ventenne, lasciò l'Egitto e si recò a Parigi, dove collaborò alla rivista "Lacerba" – su cui pubblicò le prime poesie. La Grande Guerra però era alle porte e Ungaretti, interventista, partì volontario. Era schedato come anarchico – nel 1914 era stato arrestato per aver fatto un versaccio mentre si suonava la marcia reale – e quindi non fu un ufficiale, né un aviatore come D'Annunzio. Ungaretti fece sì la guerra, ma da soldato semplice. Era un poeta: sul Carso, nelle trincee, non trovò l'odio per il nemico, ma il simbolo della società umana, tragica, disperata, umile e onorevole, unita nella sofferenza. Dall'esperienza al fronte nascerà la raccolta *Il porto sepolto*. Dopo la guerra Ungaretti rimase a Roma, prima come giornalista e poi come impiegato all'ambasciata italiana. Si sposò, aderì al fascismo e abbracciò il cattolicesimo. Viaggiò come inviato speciale e tornò in Italia per essere nominato professore di Letteratura italiana. Leggendo alla televisione i versi dell'*Odissea* in apertura all'omonimo sceneggiato nel '68, divenne noto anche ai milioni di spettatori che seguivano la trasmissione. Sei mesi prima di morire, scrisse l'ultima poesia, *L'Impietrito e il velluto*. Non disse a nessuno di aver custodito le bozze di un romanzo satirico, iniziato nel 1915.

poesia a p. 210

V

César Vallejo
Santiago de Chuco, 1892
Parigi, 1938

A Santiago de Chuco – oltre i 3000 metri, sulle Ande – viveva una famiglia poverissima. C'erano stati già dieci figli, e César fu l'undicesimo. Frequentò la facoltà di Lettere, ma si laureò dopo aver interrotto gli studi più volte per lavorare prima come amministratore in una miniera e poi in una piantagione di canna da zucchero, dove vide con i suoi occhi le condizioni di sfruttamento dei contadini, di cui parlerà in alcuni versi. Dopo la laurea si trasferì a Lima e divenne un maestro. Ai suoi studenti insegnava storia, geografia, religione e matematica – oltre che, naturalmente, a leggere e scrivere; ma, al contrario degli altri maestri, non si curava di insegnare loro a marciare: preferiva che imparassero a cantare. Lui, però, era stonatissimo. Nel 1918 riuscì a pubblicare *Gli araldi neri*. Quando la madre morì, Vallejo fece ritorno a Santiago de Chuco, dove venne incarcerato con l'accusa – poi smentita – di aver appiccato un incendio. Rimase in carcere per 105 giorni. Nel 1922 pubblicò una nuova raccolta poetica intitolata *Trilce*, vocabolo inventato dall'autore perché, disse, "Non trovavo nessuna parola degna di diventare un titolo". Vallejo emigrò in Europa, viaggiò in Spagna, in Francia e in Russia: il Perù reale venne sostituito da quello che viveva nei ricordi, ma non fu mai dimenticato.

poesia a p. 262

Paolo Villaggio
Genova, 1932
Roma, 2017

Villaggio nacque quarantotto minuti dopo il suo gemello Piero, anche se nessuno se l'aspettava. Il fratello perseguì una carriera apparentemente più rispettabile, divenendo docente alla Normale di Pisa. Paolo invece, come molti artisti, decise di intraprendere gli studi di Giurisprudenza solo per poterli abbandonare poco dopo. Le sue vere passioni erano la *performance live* e la scrittura. Fu amico di Fabrizio De André in tempi non sospetti, quando ancora non li conosceva nessuno e lavoravano come intrattenitori sulle navi da crociera. La madre, disperata come solo la madre di un artista può esserlo, decise di abbandonarlo a se stesso, per obbligarlo a trovarsi un impiego rispettabile. Questa fu una delle più grandi fortune per il comico, che venne assunto dalla Cosider di Genova. Lì, tra colleghi sfaccendati e pisolini nell'archivio, nacque il suo personaggio d'invenzione più noto: il ragionier Fantozzi. Il primo libro a riguardo uscì nel 1971, divenendo un best seller anche oltre i confini italiani e trasformandosi presto in una serie di film, nei quali lo stesso Villaggio vestiva i panni del protagonista. Paolo Villaggio è stato capace di penetrare nella cultura popolare fino a influenzarne alcuni modi di dire (è a lui che dobbiamo "92 minuti di applausi" e "la nuvoletta di Fantozzi") e diventando uno dei più amati attori e comici italiani.

racconto a p. 391

W

David Foster Wallace

Ithaca, 1962
Claremont, 2008

Nacque a Ithaca, nello stato di New York. A scuola ottenne sempre il massimo dei voti e fu un giocatore di football e un appassionato tennista. Scrisse una tesi in Filosofia del linguaggio e un romanzo (*La scopa del sistema*) prima di laurearsi ad Amherst in Letteratura inglese e Filosofia. La voglia di diventare uno scrittore gli venne, per la prima volta, dopo aver letto un racconto di Donald Barthelme. Scrisse – tra le altre cose – lunghi reportage (alcuni raccolti nel volume *Considera l'aragosta*), saggi sugli argomenti più disparati (dal rap alla matematica, passando per il tennis), molti racconti e il discorso per laureandi in cui prega sempre di ricordarci che "Questa è l'acqua". Quando finì la stesura del romanzo *Infinite Jest*, lo mandò all'editore in caratteri piccolissimi, per farlo sembrare più corto delle oltre mille pagine che aveva scritto (l'editore lo trovò divertente ma non ci cascò). Iniziò a indossare una bandana intorno alla fronte perché il sudore non colasse sulla macchina da scrivere, poi la tenne per paura che gli esplodesse la testa. Si impiccò nella sua casa a Claremont, in California. "Nella vita", disse, "si scrive perché la letteratura è un ottimo antidoto contro la solitudine". Dalla sua prosa schietta e brillante emergono una sterminata cultura e una profonda sensibilità: amato e imitato da molti, è considerato uno tra i più grandi scrittori della sua generazione.

discorso a p. 305

Z

Andrea Zanzotto

Pieve di Soligo, 1921
Conegliano, 2011

In seguito, avrebbe ricordato che già a sei anni percepiva la bellezza e la musicalità delle parole, ma è solo nel 1936 che riuscì a pubblicare le prime poesie, grazie alla complicità delle zie con cui era cresciuto nel trevisano e alla conoscenza di un nipote di Pascoli che gli aveva regalato delle raccolte originali del famoso avo. Dopo gli studi iniziò a insegnare nelle scuole, ma fu costretto a interrompere il lavoro perché chiamato alle armi. Dopo l'Armistizio, entrò nella Resistenza occupandosi della stampa, poi emigrò in Svizzera e in Francia. Rientrò in Italia, sposò Marisa Michieli da cui ebbe due figli, tornò a insegnare, continuò la carriera da poeta: è del 1968 *La beltà*, considerata la sua raccolta più importante, che parla della ricerca della verità poetica. Tradusse Balzac e altri autori francesi, lavorò nel cinema al fianco di Federico Fellini (per esempio nel film *Casanova*), scrisse storie per bambini, vinse riconoscimenti letterari come il Premio Viareggio. Morì all'ospedale di Conegliano a causa di complicazioni respiratorie, solo pochi giorni dopo aver compiuto novant'anni. Zanzotto è considerato uno dei più significativi poeti del secondo Novecento e un grande sperimentatore del linguaggio poetico.

poesia a p. 459

Glossario

A

Acmeismo p. 328
Da *acmé*, che in greco antico significava "culmine". È stato un movimento letterario russo, sorto nel 1910 ed estinto alla fine della seconda guerra mondiale. Gli artisti che ne fecero parte (tra gli altri Osip Ėmil'evič Mandel'štam) si scontrarono con la precedente tradizione (il *simbolismo*), riportando al centro dei versi la chiarezza e il mondo concreto degli oggetti.

Adýnaton p. 508
Si tratta di una parola traslitterata dal greco antico, significa "cosa impossibile": è una figura retorica che consiste nell'inventarsi una situazione, mettendo in relazione due fatti assurdi, iperbolici o irreali. Ad esempio, la frase di Cecco Angiolieri, «S'i' fosse foco, arderei 'l mondo», oppure la famosa frase del *Vangelo secondo Marco* «È più facile che un cammello passi attraverso la cruna di un ago, che un ricco entri nel regno dei cieli».

Aforisma p. 567
Puoi trovare la definizione nel *Piccolo dizionario di figure retoriche*.

Allegoria p. 567
Puoi trovare la definizione nel *Piccolo dizionario di figure retoriche*.

Allitterazione p. 568, p. 576
Puoi trovare la definizione nel *Piccolo dizionario di figure retoriche*.

Amor cortese p. 614
È un'espressione inventata nel 1883 da Gaston Paris, critico letterario francese, per descrivere l'idea di amore della poesia in lingua d'*oc* del XII secolo (praticata dai trovatori) e ripresa un secolo più tardi dai poeti italiani del Dolce Stil Novo. Si tratta di un amore adultero che lega una donna sposata a un cavaliere: i due si desiderano, ma non si possono avere. Di qui una forte passione per la donna, che rivaleggia con la fede in Dio, nobilita chi la prova, lo rende inferiore all'oggetto del suo desiderio.

Anafora p. 568
Puoi trovare la definizione nel *Piccolo dizionario di figure retoriche*.

Anagramma p. 197
È la combinazione delle lettere di una parola o di una frase di senso compiuto per formarne una o altre, sempre di senso compiuto (ad esempio, da "bianca" a "cabina").

Anastrofe p. 568
Puoi trovare la definizione nel *Piccolo dizionario di figure retoriche*.

Anestesia del cuore p. 593
Secondo Henri Bergson è la condizione suscitata dalle cose che fanno ridere, per cui non pensiamo alle conseguenze delle azioni ridicole, ma ci permettiamo di scherzarci su punto e basta: ad esempio, vediamo un tipo che scivola su una buccia di banana e ne ridiamo, anche se potrebbe essersi spaccato l'osso del collo.

Antitesi p. 568
Puoi trovare la definizione nel *Piccolo dizionario di figure retoriche*.

Antonomasia p. 568
Puoi trovare la definizione nel *Piccolo dizionario di figure retoriche*.

Apocope p. 568
Puoi trovare la definizione nel *Piccolo dizionario di figure retoriche*.

Assonanza p. 576
È la rima imperfetta che si ha quando le parole finali di due o più versi contengono le stesse vocali, mentre le consonanti sono diverse (ad esempio, matto e sasso).

Autobiografia p. 599
Racconto di sé e della propria vita.

Autodenominazione p. 253
È il poeta (o, meno comunemente, lo scrittore) che nomina se stesso nella sua opera.

Autofiction p. 600
La parola compare per la prima volta nel 1977, sulla quarta di copertina del libro *Fils* dello scrittore francese Serge Doubrovsky: indica il genere letterario in cui l'autore stesso è il protagonista della storia inventata che racconta.

B

Ballata p. 555
È un componimento letterario che prende origine dalla musica popolare (infatti si chiama anche *canzone a ballo*): è composta da diverse strofe dette *stanze*, intervallate dalla ripetizione di alcuni versi identici, detti *ritornello*.

Barocco p. 399
È il gusto dominante nei paesi cattolici d'Europa dopo la Controriforma cattolica, in netta contrapposizione con l'ideale rinascimentale e classico di compostezza, misura e pulizia: spazi stracarichi, grande ammirazione per i virtuosismi, le soluzioni formali estreme, l'uso insistito della prospettiva (in arte e architettura).

C

Canone p. 611
Deriva dal greco antico *kánon*, canna, cioè il regolo usato dagli artigiani per misurare gli oggetti. È l'elenco delle opere e degli autori proposti come modello di una certa epoca, un certo gusto o una certa corrente.

Canzone p. 555
È un componimento poetico solenne, costituito da una serie di strofe, dette *stanze*, che di solito hanno lo stesso numero di versi e le stesse rime.

Cesura p. 561
È una pausa forte all'interno del verso.

Chiasmo p. 568
Puoi trovare la definizione nel *Piccolo dizionario di figure retoriche*.

Chiave p. 555
È un verso della *canzone*. Ha la funzione di unire tra loro i versi iniziali (*fronte*) e i versi finali (*coda* o *sirma*).

Comicità p. 595
È la capacità di suscitare il riso, spontanea o meno, che una persona o una situazione hanno.

Composizione (poetica) p. 553
È la forma di una poesia.

Consonanza p. 576
È la rima imperfetta che si ha quando le parole finali di due o più versi contengono le stesse consonanti, mentre le vocali sono diverse (ad esempio, "sgommo" e "gemme").

D

Dandy p. 140
Fin dal XIX secolo, a Londra, indicava gli uomini eleganti, in particolare chi si rifaceva all'abbigliamento e ai modi di Lord G.B. Brummell, considerato arbitro di stile. Dopo è entrato nell'uso comune di molte altre lingue a significare qualcuno che ostenta eleganza, un forte individualismo e distacco ironico dalla realtà.

Diario p. 599
È la cronaca giornaliera dei fatti vissuti. Solitamente fedele alla realtà, ma nulla vieta che sia inventato.

Discorso p. 599
In retorica, è la tecnica che consiste nell'esporre ragionamenti adatti a persuadere un pubblico.

Dolce Stil Novo p. 619
L'espressione compare per la prima volta nella *Commedia* di Dante Alighieri. È un movimento poetico che nasce a Bologna da Guido Guinizzelli e si sviluppa a Firenze, tra il 1280 e il 1310: i suoi esponenti celebrano con versi piani e cantabili l'amore per una donna-angelo, sentimento che li nobilita e li avvicina a Dio.

E

Eclettismo p. 234
Stile che risulta dalla combinazione di tecniche e forme provenienti da repertori artistici diversi.

Editor p. 297
In casa editrice, è la professione di chi cura un testo altrui per prepararlo alla pubblicazione.

Elitarismo p. 234
Atteggiamento di una minoranza che consiste nel salvaguardarsi e nel salvaguardare i propri interessi di classe.

Ellissi p. 569
Puoi trovare la definizione nel *Piccolo dizionario di figure retoriche*.

Enjambement p. 561
È una frase di senso compiuto che comincia in un verso, ma si conclude in quello successivo.

Epifora p. 569
Puoi trovare la definizione nel *Piccolo dizionario di figure retoriche*.

Epigrafe p. 667
È una scritta a cui si affida il compito di ricordare un defunto o un'azione degna di nota. Si chiama così anche la citazione autorevole che apre un libro.

Epitaffio p. 177
È l'iscrizione funebre, spesso posta sulla lapide, che serve a commemorare il defunto.

Ermetismo p. 220
Stile basato sull'oscurità del testo. Si riferisce anche a una tendenza letteraria degli anni Trenta del XX secolo, diffusa nella zona di Firenze: erano poeti (il più noto è Mario Luzi) che, con l'oscurità e la durezza del linguaggio, cercavano di descrivere il rapporto drammatico che avevano con il mondo.

Estasi p. 528
Nella teologia cattolica è il grado più alto dell'esperienza mistica. È lo stato di isolamento e di evasione dalla realtà proprio di chi riesce a concentrarsi completamente su un solo oggetto.

Eteronimo p. 405
È un autore fittizio che spesso ha uno stile ben distinto dallo stile dell'autore in carne ed ossa che se l'è inventato (detto *ortonimo*).

F

Figure del discorso p. 567
Qualsiasi artificio del discorso che serva a creare un particolare effetto negli uditori.

Figure di suono p. 575
Sono tutte le figure retoriche relative alla musica delle parole.

Figure retoriche p. 566
Sono modi insoliti di dire le cose che nel tempo sono stati classificati e ricordati per l'effetto piacevole e particolare che erano in grado di suscitare in chi li ascoltava.

Flagellanti p. 622
Movimento cattolico medievale, attivo tra il XIII e il XV secolo, e costituito da sette i cui esponenti erano soliti flagellarsi pubblicamente per penitenza.

Fonosimbolismo p. 574
È la capacità che i suoni hanno di suggerire un senso o di creare un'atmosfera.

Freddura p. 387
Battuta spiritosa, spesso basata su un gioco di parole: pur essendo divertente, di solito suscita un riso freddo, intellettuale.

G

Genere letterario p. 115
È una famiglia di narrazioni che accomuna testi con caratteristiche simili.

Goliardia p. 502
È la trasgressione tipica degli studenti, specie universitari, che sdrammatizzano la serietà dello studio prendendosi gioco del sapere alto attraverso l'ironia, l'avventura e il gioco di squadra.

I

Idillio p. 249
È un componimento poetico o musicale, spesso ambientato in campagna o in una natura incontaminata, pervaso da un'atmosfera serena e paradisiaca.

Intensità p. 579
Ogni testo contiene una certa quantità di vita: se ciò non fosse, non andremmo avanti a leggere. Invece, leggiamo perché l'autore sta trasformando la sua lingua e la sua esperienza in un messaggio per noi, quindi, anche se non ci sta di fronte (magari perché è morto da milleduecento anni), è come se fosse vivo e avesse qualcosa da dirci. Quanto più questo messaggio è urgente (per lui e per noi), tanto più un testo è intenso.

Invocazione p. 569
Puoi trovare la definizione nel *Piccolo dizionario di figure retoriche*.

Iperbole p. 569
Puoi trovare la definizione nel *Piccolo dizionario di figure retoriche*.

Ironia p. 595
Metodo per cui si mette in luce un fatto descrivendolo in modo diverso da com'è: esagerandolo oppure sminuendolo.

L

Lamentazione p. 263
È una composizione poetica o musicale che esprime dolore, lutto o dispiacere.

Lauda p. 520, p. 622
Nella letteratura medievale è un componimento in versi di argomento religioso, ma spesso influenzato dalla lirica profana del tempo (soprattutto dalla poesia d'amore).

Lingua d'oc p. 614
Anche detta *lingua occitana*: si tratta di una lingua romanza parlata nella Francia meridionale.

Lingua d'*oïl* p. 614
È l'antenato del francese moderno, una lingua romanza parlata al Nord della Francia nel Medioevo, tra il X e il XIII secolo.

Lingue romanze p. 612
Sono le lingue derivate dal latino volgare.

Lirica provenzale p. 614
È la poesia praticata nel Sud della Francia dai trovatori di lingua occitana tra il X e il XIII secolo.

Litote p. 569
Puoi trovare la definizione nel *Piccolo dizionario di figure retoriche*.

M

Madrigale p. 399
È una composizione musicale o lirica per gruppi di 3 o di 5 voci, nata in Italia nel Trecento. Inizialmente è una successione di endecasillabi divisi in brevi strofe caratterizzate da una rima baciata finale.

Metafora p. 569
Puoi trovare la definizione nel *Piccolo dizionario di figure retoriche*.

Metagramma p. 197
È un gioco linguistico che consente nel passare da una parola a un'altra con cambi progressivi di lettere.

Metonimia p. 570
Puoi trovare la definizione nel *Piccolo dizionario di figure retoriche*.

Metrica p. 553
L'arte di stabilire la lunghezza e il ritmo dei versi.

Minimalismo p. 298
È una corrente artistica degli anni Sessanta del XX secolo fondata sulla riduzione della realtà alla sua struttura essenziale, fredda e impersonale. In letteratura si traduce in una grande economia di parole e in una rappresentazione quanto più possibile oggettiva della società.

Misticismo p. 528
È l'atteggiamento spirituale di chi cerca di fondersi con Dio, superando i limiti naturali dettati dal corpo e dalla personalità individuale.

Mockumentary p. 128
È un genere cinematografico e televisivo che consiste in un falso documentario: si raccontano fatti fantasiosi con il linguaggio realistico e affidabile tipico del *reportage*.

Modernismo p. 641
È la tendenza, spesso propria della letteratura e dell'arte, a occuparsi e ad adeguarsi alle idee e ai bisogni dettati dal progresso (scientifico, religioso o sociale).

N

Narrazione a parabola p. 114
Storia in cui il protagonista si muove da un punto e per tutto l'arco della narrazione si sposta fino a trovarsi molto distante da lì, per poi farvi ritorno.

Neologismo p. 461
Termine di nuova invenzione.

Nonsense p. 388
Qualsiasi testo, in prosa o in versi, caratterizzato da un umorismo dell'assurdo.

O

Onomatopea p. 576
Si realizza quando il suono di una parola suggerisce il suono dell'oggetto o dell'azione che indica.

Ossimoro p. 245, p. 570
Puoi trovare la definizione nel *Piccolo dizionario di figure retoriche*.

P

Parabola p. 114
È il racconto di un fatto reale o realistico che serve a mostrare un insegnamento morale o religioso.

Parodia p. 595
Imitazione di uno stile, di una persona o di una situazione per far ridere e riflettere chi l'ascolta.

Paronomasia p. 576
Consiste nell'accostamento di due parole che hanno suono simile o uguale, ma significato diverso.

Patto narrativo p. 598
Non dovrebbe essere la prima volta che vi imbattete in questa formula. Allude all'accordo immaginario che fanno il lettore e il narratore prima che ogni storia abbia inizio: il lettore si impegna a credere nella vicenda inventata che sta leggendo esattamente come se fosse vera (sospende l'incredulità).

Perifrasi p. 570
Puoi trovare la definizione nel *Piccolo dizionario di figure retoriche*.

Plazer p. 503
Nella lirica provenzale, è una poesia in cui vengono descritte cose e sensazioni piacevoli.

Plot p. 115
È la trama, l'intreccio.

Plurale maiestatis p. 192
Si ha quando chi parla o scrive si riferisce a se stesso usando la prima persona plurale.

Poliptoto p. 484, p. 570
Puoi trovare la definizione nel *Piccolo dizionario di figure retoriche*.

Prosa ritmica o poetica p. 557
È una poesia che non usa il verso, ma è distribuita nella pagina come un testo in prosa.

Provenzale p. 480
Si chiama anche lingua occitana, o *lingua d'oc* (cioè *lingua del sì*): è parlata, almeno dal XIV secolo, nella zona che viene chiamata Occitania (di fatto corrisponde alla Francia meridionale).

R

Racconto pp. 539-543
È una storia breve in prosa, in inglese è detto *short story*.

Rima (alternata, baciata, incatenata, incrociata) p. 562
È la ripetizione degli stessi suoni (dall'accento tonico in avanti) in parole che stanno alla fine di due o più versi consecutivi. A seconda dello schema che descrive la ripetizione, una rima può essere *alternata* (ABAB), *baciata* (AABB), *incatenata* (ABA BCB), *incrociata* (ABBA).

Romanzo pp. 539-543
Da *romanz*, che in francese antico significava il parlare in lingua romana, cioè in latino volgare. È un genere letterario in prosa che ha preso spunto dall'epica cavalleresca avventurosa che ruota attorno al viaggio di un eroe (sia esso una missione da intraprendere o un'esperienza interiore).

S

Sacro p. 604
È l'oggetto di una venerazione.

Sarcasmo p. 595
Ironia pungente e amara che mira a screditare un preciso bersaglio.

Sentimento del contrario p. 594
È la formula che Luigi Pirandello si è inventato per spiegare come sorge la risata: ridiamo per qualcosa di doloroso (uno che scivola su una banana), anche se in teoria dovremmo fare il contrario (dispiacerci per lui).

Short story p. 540
Vedi *racconto*.

Significato p. 554
È il contenuto di una parola, che si può tradurre in concetti o riferimenti.

Sillabe metriche p. 554
Sono le sillabe di cui è composto un verso.

Simbolismo p. 631, vedi *acmeismo* a p. 665
È un movimento culturale sorto in Francia, nel XIX secolo, descritto dal *Manifesto del Simbolismo* di Charles Baudelaire. I simbolisti cercano nella letteratura e nella poesia un mondo altro più vero e perfetto rispetto a quello reale, perciò le loro storie e la loro prosa sono antirealistiche.

Similitudine p. 570
Puoi trovare la definizione nel *Piccolo dizionario di figure retoriche*.

Sinestesia p. 571
Puoi trovare la definizione nel *Piccolo dizionario di figure retoriche*.

Sonetto p. 555, p. 616
Dal provenzale *sonet*, piccolo suono. Si tratta di una composizione formata da quattordici endecasillabi suddivisi in due quartine (spesso a rima alternata) e due terzine (con vario schema ritmico).

Spleen p. 140
In inglese significa "milza": è il sentimento tetro, annoiato e nostalgico di disagio esistenziale cantato dai poeti romantici francesi e inglesi.

Stanza p. 555
Ciascuna strofa della canzone (vedi *canzone*).

Strofa p. 554
Gruppo di versi con un preciso schema ritmico interno. Lo separa dai successivi uno spazio bianco.

T

Trovatore p. 614
Nella storia della letteratura in lingua romanza, è il poeta provenzale che canta l'amore e che presto diventa modello per gli interpreti delle letterature volgari.

U

Umorismo p. 595
Capacità di rilevare il ridicolo nelle cose, nelle persone e nelle situazioni, ma con simpatia, senza intento polemico.

Urgenza (di un testo) p. 534
È la misura della fretta che una storia ha di portare un messaggio a qualcuno.

V

Versi liberi p. 556, p. 563
Versi di diversa lunghezza senza uno schema metrico definito.

Versi sciolti p. 563
Versi endecasillabi che non rimano tra loro.

Verso p. 553
È l'unità minima del discorso poetico, delimitata da un a capo o da uno spazio bianco.

Volgare (lingua) p. 611
È l'insieme delle lingue derivate dal latino e parlate in Europa occidentale dopo la caduta dell'Impero romano d'Occidente.

Indice degli autori

Referenze

Testi

Cortázar, *Instrucciones para subir una escalera*, in *Historias de Cronopios y de Famas* © Sucesión de Julio Cortázar, 1962.

Eliot © 2017 Giunti Editore S.p.A. / Bompiani; prima edizione a marchio Bompiani: 1986.

Hopkins, *La bellezza cangiante*, published by arrangement with the Italian Literary Agency.

Montale, *L'anguilla*, published by arrangement with the Italian Literary Agency.

Zanzotto, *Luna puella pallidula*, published by arrangement with the Italian Literary Agency.

Fotografie

Anouk Kruithof, *Enclosed Content Chatting Away in the Colour Invisibility* (2009-ongoing), 410 x 230 cm, Installation out of approximately 3500 so found coloured books, 2017, installed at Casemore Kirkeby Gallery, San Francisco.

Mike Slack, *Untitled* (Blythe, CA), from *The Transverse Path*, 2017 - © 2017 Mike Slack.

Simon Roberts, *Beachy Head, Seven Sisters Country Park, East Sussex, UK*, from *Merrie Albion - Landscape Studies of a Small Island*, 2017 - Courtesy Simon Roberts / Flowers Gallery London & New York.

J Carrier, from *Elementary Calculus*, 2012.

Ron Jude, *Deadwood Reservoir Spillway #2*, from *Lick Creek Line*, 1998/2011 - Courtesy Gallery Luisotti, Santa Monica, CA.

Carly Steinbrunn, *Butterfly*, from *The Voyage of Discovery*, 2013 - Courtesy Carly Steinbrunn.

Lieko Shiga, *Wedding Veil*, from *Canary*, 2007.

Yann Gross, *Avalanche 1*, from *Lavina*, 2006 - Courtesy Yann Gross.

Stefanie Moshammer, *Almost Black*, from *Land of Black Milk*, 2016.

Andrea Micheli, *Bhaktapur*, 2014.

Federico Clavarino, from *Italia o Italia*, 2014 - Courtesy Akina Books.

Adam Jeppesen, *AR-Chalten l*, from *Folded*, 2014.

Amy Elkins, *Twenty-two Years out of a Death Row Sentence (Ocean)*, from *Black is the day, black is the night*, 2009-2016.